U0136072

# 臺灣史研究名家論集

## （二編）

尹章義　王見川　吳學明

李乾朗　周翔鶴　林文龍

邱榮裕　徐曉望　康　豹

陳小沖　陳孔立　黃卓權

黃美英　楊彥杰　蔡相輝

蘭臺出版社

# 作者簡介（依姓氏筆劃排序）

尹章義　社團法人臺灣史研究會理事長、財團法人福祿基金會董事、財團法人兩岸關係文教基金會執行長。中國文化大學民國 106 年退休教授，輔仁大學民國 94 年退休教授，東吳、臺大兼課。出版專書 42 種（含地方志 16 種）論文 358 篇（含英文 54 篇），屢獲佳評凡四百餘則。

赫哲人，世居武昌小東門外營盤（駐防），六歲隨父母自海南島轉進來臺，住臺中水湳，空小肄業，四民國校、省二中、市一中畢業，輔仁大學學士，臺灣大學碩士，住臺北新店。

王見川　1966 生，2003 年 1 月取得國立中正大學歷史所博士學位。2003 年 8 月至南臺科技大學通識教育中心任助理教授至今。研究領域涉及中國民間信仰(關帝、玄天上帝、文昌、媽祖)、預言書、明清以來民間宗教、近代道教、佛教、扶乩與慈善等，是國際知名的明清以來民間宗教與相關文獻專家。著有《從摩尼教到明教》(臺北新文豐出版公司，1992)、《臺灣的齋教與鸞堂》(臺北南天書局，1996)、《漢人宗教、民間信仰與預言書的探索：王見川自選集》(臺北：博揚文化公司，2008 )、《張天師之研究：以龍虎山一系為考察中心》(臺北：博揚文化公司，2015)等書。另編有《明清民間宗教經卷文獻》、《中國預言救劫書彙編》《臺灣宗教資料彙編：民間信仰、民間文化》、《中國民間信仰、民間文化資料彙編》、《明清以來善書叢編》等套書。

吳學明　國立臺灣師範大學歷史學碩士、博士，現任國立中央大學歷史研究所教授，曾任國立中央大學客家社會文化研究所所長、客家研究中心主任等職。主要研究領域為臺灣開發史、臺灣客家移墾史、臺灣基督教長老教會史與臺灣文化史，關注議題包括移民拓墾、北臺灣隘墾制與地方社會、南臺灣長老教會在地化歷程等。運用自民間發掘的族譜、契約文書等地方文獻，從事區域史研究，也對族群關係、寺廟與社會組織等底層民眾行動力進行探討。著有《金廣福墾隘與新竹東南山區的開發（1835-1895）》、《頭前溪中上游開墾史暨史料彙編》、《金廣福隘墾研究》、《從依賴到自立──臺灣南部基督長老教會研究》、《變與不變：義民爺信仰之擴張與演變》、《臺灣基督長老教會研究》

與學術論文數十篇，並着編《古文書的解讀與研究》（與黃卓權合編著）、《六家林氏古文書》等專書。

李乾朗　中國文化大學建築及都市設計系畢業，現任國立臺灣藝術大學古蹟藝術修護學系客座教授。致力於古建築田野調查研究，培養古蹟維護的專業人才，並積極參與學術研討會發表研究成果。曾出版了《臺灣建築史》、《古蹟入門》、《臺灣古建築圖解事典》、《水彩臺灣近代建築》、《巨匠神工》等八十餘本與傳統建築或近代建築相關之個人著作，同時也主持多項古蹟、歷史建築的調查研究計劃，出席各縣市政府之古蹟評鑑會議或文化資產議題會議，盡其所能地為臺灣古建築的保存與未來發聲。2011 年榮獲第十五屆臺北文化獎，2016 年榮獲第三十五屆行政院文化獎。

周翔鶴　廈門大學臺灣研究院歷史研究所副教授。

林文龍　南投竹山人，現寓彰化和美。1952 年生，臺灣文獻館研究員。喜吟詠，嗜藏書，旁及文房雅玩。近年，以科舉與臺灣書院研究為重點。著《臺灣的書院科舉》、《彰化書院與科舉》、《臺灣科舉家族——新竹鄭氏人物與科名》，以及《掃籜山房詩集》、《陶村夢憶雜詠》等集。別有書話《書卷清談集古歡》，含〈陶村說書〉、〈披卷餘事〉二編。

邱榮裕　臺灣省桃園縣中壢市人，1955 年生，臺灣省立臺北師專、國立臺灣師範大學、日本立命館大學文學碩士、博士。歷任國小、國中教師、臺灣師範大學專任助教、講師、副教授，全球客家文化研究中心主任；兼任中央大學客家學院副教授、臺灣大學客家研究中心特聘副研究員、中華民國斐陶斐榮譽學會榮譽會員等；曾任國立臺灣師範大學校友總會秘書長、臺灣客家研究學會第六屆理事長、考試院命題暨閱卷委員、客家委員會學術暨諮詢委員、臺北市客家事務委員會委員等。

學術專長領域：臺灣史、客家研究、文化資產與社區。專書有：《臺灣客家民間信仰研究》、《臺灣客家風情：移墾、產業、文化》、《臺灣桃園大溪南興庄纘紳公派下弘農楊氏族譜》、《傳承與創新：臺北市政府推展客家事務十週年紀實（民國 88 年至 98 年）》、《臺北市文獻委員會五十週年紀念專輯》等，並發表相關研究領域學術研討會論文數十篇。

徐曉望　生於 1954 年 9 月，上海人。經濟史博士。現為福建社會科學院歷史研究所研究員，閩臺文化中心主任。2000 年獲評國務院特殊津貼專家，2012 年獲評福建省優秀專家，2016 年獲評福建省文史名家。廈門大學宗教研究所兼職教授，福建師範大學歷史系兼職教授，福建省歷史學會副會長。2006 年被聘為福建師範大學社會歷史學院博士導師。主要研究方向為明清經濟史、福建史、海洋史等。發表專著 30 餘部，發表論文 300 餘篇，其中在《中國史研究》等核心刊物上發表論文 100 餘篇，論著共計 1000 多萬字。主要著作有：主編《福建通史》五卷本 186 萬字，《福建思想文化史綱》40 萬字，個人專著有：《福建民間信仰源流》《閩國史》《福建經濟史考證》《早期臺灣海峽史研究》《媽祖信仰史研究》《閩商研究》《明清東南山區經濟的轉型——以閩浙贛邊山區為核心》等；近著有：《福建文明史》《福建與東南：海上絲綢之路發展史》等。獲福建省社會科學優秀著作一等獎一次，二等獎三次，三等獎二次。

康　豹　1961 年在美國洛杉磯出生，1984 年耶魯大學歷史系學士，1990 年美國普林斯頓大學東亞系博士。曾經在國立中正大學歷史研究所與國立中央大學歷史研究所擔任過副教授和教授。2002 年獲聘為中央研究院近代史研究所副研究員，2005 年升等為研究員，並開始擔任蔣經國國際學術交流基金會研究室主任。2015 年升等為特聘研究員。研究主要集中在近代中國和臺灣的宗教社會史，以跨學科的方法綜合歷史文獻和田野調查，並參酌社會科學的理論。

陳小沖　1962 年生，廈門大學歷史系畢業。現為兩岸關係和平發展協同創新中心文教平臺首席專家，廈門大學臺灣研究院歷史研究所所長、教授，《臺灣研究集刊》常委副主編。出版《日本殖民統治臺灣五十年史》等多部專著及臺灣史學術論文數十篇。主持或參加多項重大科研課題。主要研究方向：海峽兩岸關係史、殖民地時期臺灣歷史。

陳孔立　1930 年生，現任廈門大學臺灣研究院教授、海峽兩岸和平發展協作創新中心學術委員會委員。曾任廈門大學臺灣研究所所長、中國社會科學院臺灣史研究中心副理事長、中國史學會理事。主要著作有：《臺灣歷史綱要》（主編）、《簡明臺灣史》、《臺灣歷史與兩岸關係》、《臺灣史事解讀》,《臺灣學導論》、《走近兩岸》、《心繫兩岸》、《臺灣民意與群體認同》等。

黃卓權 1949 年生於苗栗縣苗栗市，現籍新竹縣關西鎮。現任客委會諮詢委員、新竹縣文獻委員、國立交通大學客家文化學院客座專家、《關西鎮志》副總編纂。專長臺灣內山開墾史、客家族群史、清代地方制度史。發表研究論著約百萬言，主編「新竹研究叢書」及文史專輯等十餘冊。主要著作：《苗栗內山開發之研究》、《跨時代的臺灣貨殖家：黃南球先生年譜 1840-1919》、《進出客鄉：鄉土史田野與研究》、《古文書的解讀與研究》上、下篇（與吳學明合著）等書；出版詩集《人間遊戲：60 回顧詩選》、《笑看江湖詩選》二冊；參與編撰《新竹市誌》、《獅潭鄉志》、《大湖鄉志》、《北埔鄉志》等地方誌書。

黃美英 政治大學宗教研究所博士生、法鼓佛教學院碩士（主修：佛教史、禪學）。清華大學社會人類學研究所碩士（主修：歷史人類學、宗教人類學、族群史）。臺灣大學中國文學系畢業、臺灣大學考古人類學系肄業。中央研究院民族學研究所研究助理、國立暨南國際大學歷史學系兼任講師。相關學術著作《臺灣媽祖的香火與儀式》、《千年媽祖》及論文二十多篇，主編十多冊書籍。

楊彥杰 男，廈門大學歷史系畢業，長期從事臺灣史和客家研究。歷任福建社會科學院研究員兼臺灣研究所副所長、科研組織處處長、客家研究中心主任、中國閩臺緣博物館館長等職，2014 年退休。代表作：《荷據時代臺灣史》、《閩西客家宗族社會研究》。撰著或主編臺灣史專題、客家田野叢書十餘種，發表論文百餘篇。

蔡相輝 中國文化大學史學研究所博士，歷任任國立空中大學人文學系主任、圖書館館長、總務長等職。現任臺北市關渡宮董事、臺南市泰安旌忠公益文教基金會董事、北港朝天宮諮詢委員、中華媽祖交流協會顧問等職。

著有：《臺灣的王爺與媽祖》（1989）、《臺灣的祠祀與宗教》（1989）、《北港朝天宮志》（1989、1994）《臺灣社會文化史》（1998）、《王得祿傳》（與王文裕合著）（1998）、《媽祖信仰研究》（2006）、《關渡宮的歷史沿革》《關渡宮的祀神》（2015）、《天妃顯聖錄與媽祖信仰》（2016）等專書及論文篇多。

# 《臺灣史研究名家論集》——總序

　　《臺灣史研究名家論集》即將印行，忝為這套叢刊的主編，依出書慣例不得不說幾句應景話兒。

　　這十幾年我個人習慣於每學期末，打完成績上網登錄後，抱著輕鬆心情前往探訪學長杜潔祥兄，一則敘敘舊，問問半年近況，二則聊聊兩岸出版情況，三則學界動態及學思心得。聊著聊著，不覺日沉西下，興盡而歸，期待半年後再見。大約三年前的見面閒聊，偶然談出了一個新企劃。潔祥兄自從離開佛光大學教職後，「我從江湖來，重回江湖去」（潔祥自況），創辦花木蘭出版社，專門將臺灣近六十年的博碩士論文，有計畫的分類出版，洋洋灑灑已有數十套，近年出書量及速度，幾乎平均一日一本，全年高達三百本以上，煞是驚人。而其選書之嚴謹，校對之仔細，書刊之精美，更是博得學界、業界的稱讚，而海峽對岸也稱許他為「出版家」，而不是「出版商」。這一大套叢刊中有一套《臺灣歷史文化叢刊》，是我當初建議提出的構想，不料獲得彼首肯，出版以來，反應不惡。但是出書者均是時下的年輕一輩博、碩士生，而他們的老師，老一輩的名師呢？是否也該蒐集整理編輯出版？

　　看似偶然的想法，卻也是必然要去做的一件出版大事。臺灣史研究的發展過程，套句許雪姬教授的名言「由鮮學經顯學到險學」，她擔心的理由有三：一、大陸學界有關臺灣史的任務性研究，都有步步進逼本地臺灣史研究的趨勢，加上廈大培養一大批三年即可拿到博士學位的臺灣學生，人數眾多，會導致臺灣本土訓練的學生找工作更加雪上加霜；二、學門上歷史系有被社會科學、文學瓜分，入侵之虞；三、在研究上被跨界研究擠壓下，史家最重要的技藝——史料的考訂，最後受到影響，變成以理代証，被跨學科的專史研究壓迫得難以喘氣。另外，中研院臺史所林玉茹也有同樣憂慮，提出五大問題：一、是臺灣史研究受到統獨思想的影響；二、學術成熟度仍不夠，一批缺乏專業性的人可以跨行教授臺灣史，或是隨時轉戰研究臺灣史；三、是研究人力不足，尤其地方文史工作者，大多學術訓練不足，基礎條件有限，甚至有偽造史料或創

造歷史的情形，他們研究成果未受到學術檢驗，卻廣為流通；四、史料收集整理問題，文獻資料躍居成「市場商品」，竟成天價；五、方法問題，研究者對於田野訪查或口述歷史必須心存警覺和批判性。

十數年過去了，這些現象與憂慮仍然存在，臺灣史學界仍然充滿「焦慮與自信」，這些焦慮不是上文引用的表面問題，骨子裡頭真正怕的是生存危機、價值危機、信仰危機，除此外，還有一種「高平庸化」的危機。平心而論，臺灣史的研究，不論就主題、架構、觀點、書寫、理論、方法等等。整體而言，已達國際級高水準，整個研究已是爛熟，不免凝固形成一僵硬範式，很難創新突破而造成「高平庸化」的危機現象。而「高平庸化」的結果又導致格局小、瑣碎化、重複化的現象，君不見近十年博碩士論文題目多半類似，其中固然也有因不同學門有所創見者，也不乏有精闢的論述成果，但遺憾的是多數內容雷同，資料重複，學生作品如此；學者的著述也高明不到哪裡，調研案雖多，題材同，資料同，析論也大同小異。於是乎只有盡量挖掘更多史料，出版更多古文書，做為研究創新之新材料，不過似新實舊，對臺灣史學研究的深入化反而轉成格局小、理論重複、結論重疊，只是堆砌層累的套語陳腔，好友臺師大潘朝陽教授，曾諷喻地說：「早晚會出現一本研究羅斯福路水溝蓋的博士論文」，誠哉斯言，其言雖苛，卻是一句對這現象極佳註腳。至於受統獨意識形態影響下的著作，更不值得一提。這種種現狀，實在令人沮喪、悲觀，此即焦慮之由來。

職是之故，面對臺灣史這一「高平庸化」的瓶頸，要如何掙脫困境呢？個人的想法有二：一是嚴守學術規範予以審查評價，不必考慮史學之外的政治立場、意識形態、身分認同等；二是返回原點，重尋典範。於是個人動了念頭，很想將老一輩的著作重新整理，出版成套書，此一構想，獲得潔祥兄的支持，兩人初步商談，訂下幾條原則，一、收入此套叢書者以五十歲（含）以上為主；二、是史家、行家、專家，不必限制為學者，或在大專院校、研究機構者；三、論文集由個人自選代表作，求舊作不排除新作；四、此套書為長期計畫，篩選四、五十位名家代表

作，分成數輯分年出版，每輯以二十位為原則；五、每本書字數以二十萬字為原則，書刊排列起來，也整齊美觀。商談一有結論，我迅即初步擬定名單，一一聯絡邀稿，卻不料潔祥兄卻因某些原因而放棄出版，變成我極尷尬之局面，已向人約稿了，卻不出版了。之後拿著企劃書向兩家出版社商談，均被婉拒，在已絕望之下，幸得蘭臺出版社盧瑞琴女史遞出橄欖枝，願意出版，才解決困局。但又因財力、人力、市場的考慮，只能每輯以十人為主，這下又出現新困擾，已約的二十幾位名家如何交代如何篩選？兩人多次商討之下，盧女史不計盈虧，終於同意擴大為十五位，並不篩選，以來稿先後及編排作業為原則，後來者編入續輯。

我個人深信史學畢竟是一門成果和經驗累積的學科，只有不斷累積掌握前賢的著作，溫故知新，才可以引發更新的問題意識，拓展更新的方法、理論，才能使歷史有更寬宏更深入的研究。面對已成書的樣稿，我內心實有感發，充滿欣喜、熟悉、親切、遺憾、失落種種複雜感想。我個人只是斗膽出面邀請同道之師長友朋，共襄盛舉，任憑諸位自行選擇其可傳世、可存者，編輯成書，公諸同好。總之，這套叢書是名家半生著述精華所在，精彩可期，將是臺灣史研究的一座豐功碑及里程碑，可以藏諸名山，垂範後世，開啟門徑，臺灣史的未來新方向即孕育在這套叢書中。展視書稿，披卷流連，略綴數語以說明叢刊的成書經過，及對臺灣史的一些想法、期待與焦慮。

卓克華

2016.2.22 元宵　於三書樓

# 《臺灣史研究名家論集》——推薦序

陳支平教授在《臺灣史研究名家論集》第一輯之《推薦序》裡精闢地談論海峽兩岸學者共同參與「臺灣史研究」學科建設的情形，並謂「《臺灣史研究名家論集》，在一定程度上體現了當今海峽兩岸臺灣史學術研究的基本現狀和學術水準。這套論集的出版，相信對於推動今後臺灣史研究的進一步開拓和深入，無疑將產生良好積極的作用」。誠哉是言也！

值此《臺灣史研究名家論集》第二輯出版之際，吾人亦有感言焉。

在中國學術史上不乏「良好積極」的示範：一套叢書標誌著一門學科建設的開啟並奠定其「進一步開拓和深入」的基礎。

譬如，1935—1936 年間，由編輯家、出版家趙家璧策劃，蔡元培撰序，胡適、鄭振鐸、茅盾、魯迅、鄭伯奇、阿英（錢杏邨）參與編選和導讀，上海良友圖書公司編輯出版了十卷本《中國新文學大系》。於今視之，《中國新文學大系》之策劃和序論、編選與導言、編輯及出版，在總體上標誌著「中國新文學史研究」學科建設的開啟並為其發展奠定基礎。

「臺灣史研究」的學科建設亦然。1957—1972 年間出版的《臺灣文獻叢刊》具有發動和發展「臺灣史研究」學科建設的指標意義和學術價值。1988 年 1 月 30 日至 2 月 1 日在臺北舉辦的「臺灣史學術研討會」開始有邀請大陸學者、邀請陳孔立教授「共襄盛舉」的計畫。由於政治因素的干擾，陳孔立教授未能到會，他提交了論文《清代臺灣移民社會的特點》，由臺灣學者尹章義教授擔任評論人。陳孔立、尹章義教授的此次合作，值得記取，令人感慨！2005 年，陳支平教授主持策劃的《臺灣文獻彙刊》則是大陸學者對於「臺灣史研究」學科建設的一大貢獻。

在我看來，作為叢書，同《臺灣文獻叢刊》、《臺灣文獻彙刊》一樣，《臺灣史研究名家論集》對於「臺灣史研究」學科建設的意義和價值堪當「至重至要」四字評語。

《臺灣史研究名家論集》第二輯的作者所顯示的學術陣容相當可觀。用大陸學界的習慣用語來說，陳孔立教授、尹章義教授及其他各位教授

均屬於「臺灣史研究」的「學科帶頭人」、「首席學者」一類的人物。

　　臨末，作為學者和讀者，我要對出版《臺灣史研究名家論集》的蘭臺出版社與籌劃總主編卓克華教授表達敬意。為了學術進步自甘賠累，蘭臺出版社嘉惠學林、功德無量也。


汪毅夫

2017 年 7 月 15 日記於北京

# 《臺灣史研究名家論集》──編後記

　　《臺灣史研究名家論集》〈二編〉就將編校完成，出刊在即，蘭臺出版社編輯沈彥伶小姐，來電囑咐寫篇序，身為整套論集叢書主編，自是不容推辭。當初構想在每編即將出版時，寫篇序，不過（楊）彥杰兄在福州一次聚會中，勸我不必如此麻煩，原因是我在《初編》中已寫過序，將此套書編集成書經過、構想、體制，及對現今研究臺灣史的概況、隱憂都已有完整交待，可作為總序，不必在每編書前再寫篇序，倒不如在書後寫篇〈編後記〉，講講甘苦談，說說些有趣的事兒，這建議非常好，正合我意，欣然同意！

　　當初以為我這主編只要與眾位師長、好友、同道約個稿，眾志成城，共襄盛舉就好了，沒想到事非經過不知難，看似簡單不過的事兒，卻曲折不少。簡言之，有三難，邀稿難，交稿難，成書更難。此話怎說？且聽我一一道來：

　　一、邀稿難：這套論集是個人想在退休前精選兩岸臺灣史名學者約40-50 位左右，將其畢生治學論文，擇精編輯，刊印成書，流傳後世，以顯現我們這一代學人的治學成績。等到真的成形，付諸實踐，頭一關便遇到選擇的標準，選誰？反過來說即是不選誰？雖然我個人對「名家」的標準指的是有「名望」，有「資望」，尤其是有「重望」者，心中雖有些譜，但真的擬定名單時，心中卻忐忑不安，擔心得罪人。一開始考慮兩岸學者比例，以三分之二、三分之一為原則，即每編 15 位學者中，臺灣學者 10 人，大陸學者 5 人，大陸學者倒好處理，以南方學者為主，又集中在廈門大學。較困難的是北方有那些學者是研究臺灣史的？水平如何？不過，幸好有廈大諸師友的推薦過濾，尚不構成困擾。較麻煩的反倒是臺灣本地學者，列入不列入都是麻煩，不列入必定會得罪人，但列入的不一定會答應，一則我個人位卑言輕，不足以擔此重任，二則有些學者謙虛客套，一再推辭，合約無法簽定，三則或已答應交給某出版社出版，不便再交給蘭臺出版社，四則老輩學人已逝，後人難尋，難以

簽約。最遺憾是有些作者欣然同意，更有意趁此機會作一彙編整理，卻不料前此諸多論文已賣斷給某出版社，經商詢該出版社，三番兩次均不答應割愛，徒呼奈何。此邀稿難。

　　二、交稿難：我原先希望作者只要將舊稿彙整擇精交來即可，以15萬字為原則，結果發現有些作者字數不足，必須另寫新稿，但更多的作者都是超過字數，結果守約定的學者只交來15萬字，因此割愛不少篇章，不免向我訴苦，等出版社決定放寬為20萬字時，已來不及編輯作業，成為一大憾事。超過的，一再商討，忍痛割捨才定稿。更有對昔年舊稿感到不滿，重新添補，大費周章，令我又佩服又慚愧。也有幾位作者真的太忙，拖拖拉拉，一再延遲交稿，幸好我記取《初編》經驗，私下有多約幾位作者，以備遞補，遲交的轉成《三編》、《四編》。但最麻煩的是有一、二位作者遲遲不簽合約，搞得出版社不敢出版，以免惹上著作權法的法律問題。

　　三、成書難：由於不少是多年前的舊稿，作者雖交稿前來，不是電子檔，出版社必須找人重新打字，不免延擱時間。而大部份舊稿，因是多年前舊作，參考書目，註釋格式，均已改變，都必須全部重新改正，許多作者都是有年紀的人，我輩習慣又要親自校對，此時已皆老眼昏花，又要翻檢原書，耗費時日，延遲交稿，所在皆是。而蘭臺出版社是一家負責任且嚴謹的公司，任何學術著作都要三校以上才肯出版，更耗費時間。

　　不可思議的在《二編》校對過程，有作者因年老不慎跌倒，顱內出血；或身體有恙，屋漏偏逢連夜雨，居然又逢車禍；或有住家附近興建大廈，整日吵雜，無法專心校對，又堅持一定要親自校對……等等，各種現象都有，凡此都造成二編書延遲耽擱（原本預計九月底出版），而本論集又是以套書形式出版，只要有一本耽誤，便影響全套書出版。

　　邀稿難，交稿難，成書更難，這是我個人主編《臺灣史研究名家論集》最大的切身感受，不過忝在我個人自願擔負此一學術工程的重大責任，這一切曲折、波折都是小事，尤其看到即將成書的樣稿，那心中的

喜樂是無法言宣的，謝謝眾位賜稿的師友作者，也謝謝鼎力支持，不計盈虧的蘭臺出版社負責人盧瑞琴女士。

卓克華

106 年 12 月 12 日 於三書樓

# 尹章義

# 臺灣史研究名家論集

## （二編）

蘭臺出版社

# 目　錄

《臺灣史研究名家論集》──總序　卓克華　　　　　　　　　　　　　　IX

《臺灣史研究名家論集》──推薦序　汪毅夫　　　　　　　　　　　　　XII

《臺灣史研究名家論集》──編後記　卓克華　　　　　　　　　　　　XIV

自敘：統獨問題何時已？──赫哲人觀點　　　　　　　　　　　　　　5

一、中國統一與臺灣獨立問題試析──歷史的觀點　　　　　　　　　9

二、臺灣人的國族認同─張福祿、李登輝的比較研究　　　　　　　37

三、從中國歷史上的分合論大前研一與章家敦的洞見和盲點　　　59

四、美國的擴張主義與臺灣的命運　　　　　　　　　　　　　　71

五、日本人在臺灣焚掠屠殺暴行的幾個個案─以日方官書及當事人即時記錄所
　　作的研究　　　　　　　　　　　　　　　　　　　　　　　83

六、臺灣人前日本兵的賠償及其相關問題　　　　　　　　　　　99

七、臺灣人的日本觀─以日臺關係史為軸心所作探索　　　　　105

八、日治時代臺灣歷史人物的評價問題　　　　　　　　　　　121

九、滄桑之際的臺灣豪門　　　　　　　　　　　　　　　　　137

十、從唐山、半山聯合治臺到福佬沙文主義──光復以來的省籍問題　153

十一、與清修《明史》外國列傳〈雞籠〉篇相關的幾個問題的初步探索　163

十二、吉娃斯・阿麗版的臺灣原住民族史綱　　　　　　　　　　187

十三、臺灣移民開發史上與客家人相關的幾個問題　　　　　　211

十四、東、西洋人眼中的劉銘傳：抗法英雄　偉大的巡撫
　　　臺灣現代化的推手　　　　　　　　　　　　　　　　233

十五、大清帝國的落日餘暉─臺北設府築城史新證　　　　　　299

十六、從暴力邊緣到戰爭邊緣─臺灣的民主化與民進黨的執政之路　405

十七、臺灣佛教史之展開　　　　　　　　　　　　　　　　411

十八、清代臺灣婦女的社會地位　　　　　　　　　　　　　433

十九、什麼是臺灣文學？臺灣文學往哪裡去？　　　　　　　443

二十、從古契、老字據、古文書到古契文物─運用古契文物研究臺灣史卅五年
　　　的回顧　　　　　　　　　　　　　　　　　　　　449

# 統獨問題何時已？——赫哲人觀點

## 自敘

筆者為赫哲苗裔，從愛新覺羅統一東北，國號大金，族稱滿洲；隨福臨入關統一中國，國號大清，族稱中華。收蒙古、新疆、西藏、臺灣於版圖，建立中華帝國，國強勢盛，曠古所無。乾隆中（1770 年前後），再隨荊州將軍駐防武昌，世居小東門外營盤，六歲隨父母經海南島遷台，初居台中水湳，定居台北新店。

康熙二十三年（1684）臺灣設府，屬行「護番保產」政策，凡漢人之贌耕平埔原住民者，必納番餉、番租，輯和民番關係；設理番衙門，以防漢民欺辱侵耕；置番屯，抑止漢民械鬥、民變，終清之世，平埔原住民賴以保全。又禁止漢民入侵山地，設土牛、劃界、立碑，彼此相安。光緒初（1875-1887）開山撫番，山地原住民力抗阻止。日人據臺，視臺灣漢人與平補族為次等國民，殺戮鎮壓；視山地原住民為「頑蠢難馭」之「野性禽獸」，大肆屠殺、限期「滅絕」，山地林野盡歸日人之手。光復後國府沒收敵產，遂入國府。2017 年民進黨恃其完全執政之國家暴力；設《促進轉型正義條例》，為維護民進黨漢人之利益，將原住民所受不義之害者排除在外，原住民嚴正抗議，亦毫不理會，假民主正義之名，行邪惡攘奪之實，此一例也。

清代臺灣漢人 86% 來自閩南，13% 來自粵東，原鄉本即狂躁好鬥、囂訟難治之區，謝金鑾稱其「極拙而易怒，闇於利害而無遠圖，少屈抑而發之暴」。既冒險東渡，亟思飽攫而歸，離鄉背井，社會約束力更為薄弱。

初期地曠人稀、缺乏人力，原住民與閩粵人雜居，尚得相安。康熙末年草莽跳梁（朱一貴事件，康熙 60 年，1721），從此以往，三年一小反，五年一大反，閩粵拼（械鬥）、漳泉拼，頂下郊拼（泉之南北人械鬥），燒殺擄掠之慘，甚於「番害」數十百倍。

光緒二十一年（1895）甲午戰爭，中國棄臺灣而保朝鮮，予日人以

屠殺鎮壓、屬行皇民化之機。民國三十九年（1950），韓戰爆發，中國再度棄臺保朝，國府重施鄭氏延平王國陽統陰獨之故技，兩岸對峙，徒予美、日以可乘之機，國府為鞏固其政權，在臺推行土地改革，行選舉制，振興經濟，普及教育，嘉惠臺人。然其高壓統治亦不得無怨。不逞之徒合哮哮魑魅之輩，專以話術，欺弄頑民，以「本省人／外省人」之分，妖魔化新移漢民，製造差異、創造認同；激怒群眾，扭曲人性、禁錮人心。使臺灣人彼此相仇，假民主之名、行鬥爭之實，蠱惑60%之閩南人即可操控大局，胡作非為，其殘虐恐怖，遠甚於日本據臺鎮壓殺戮臺人之一視同仁。

國民黨陽統陰獨，「黨外」及民進黨以臺灣獨立相激，以住民自決為餌，使國民黨進退失據，遂予民進黨以可乘之機。民進黨兩度執政，挾民主之名，行挑撥對立、貪汙斂財之實。恃美、日為奧援，將國民黨反共之毒，轉化為仇中之蠱，冒充日裔、南島裔以抗中，人性因而扭曲，心靈因而禁錮，臺灣幾乎成為精神分裂之島。

2013年習近平高舉一帶一路之大旗，世界各國望風景從；2016年，民進黨再度執政，以維持現狀為號召，以其完全執政之暴力，推行《黨產條例》、《促進轉型正義條例》，專事追殺國民黨從事歷史報復；拒絕處理漢人侵占原住民土地以及國民黨所掠故宮及中央圖書館珍寶，抑不處理日據時代欺壓臺灣人之漢奸問題。

赫哲人參與了中華帝國的建立和中華民族的摶成，赫哲裔的筆者則目睹了臺灣從中國分裂，也目睹了臺灣島內為了維持偏安之局而操弄兩岸對立，島民互仇、相殘之歷程。統獨之爭影響臺灣歷史之深、之廣，無與倫比。身為歷史學者，對於國民黨之漢賊不兩立、革新保臺由陰獨轉為陽獨不能無感；對於民進黨抹煞國民黨保衛臺灣、建設臺灣之貢獻，追隨李登輝認賊作父、凡臺灣之惡皆歸因於中國，逢中必反之行徑，不得不作口誅筆伐。

臺灣自入中國版圖333年以來（1684-2017），臺民絕大多數為漢人，民進黨及台獨人士，雖自云為荷裔、南島裔，既無證據，人數也極少，

信口開河，難掩漢人互殺之歷史事實，同族相殘，唯利是圖，舉世所無，赫哲人恥之；身為臺灣人，抑甚憂之，一生研究漢人相殘史，以及日人屠殺史，雅不願見諸今日；回想收入版圖之初，中華民族在此開拓新天地，創新基業，人人獲利，彼此相安，時人謂之堯天舜地，謂之新桃花源，何其嚮往之至，漢人相殘何時已？為原住民所笑，猶不自省乎？

　　筆者刊行專著四十有二種，含臺灣地方志十六種、英文《醫院與病人的安全》一種( 與 Pro. Huey-Ming Tzeng 合作，Mova Science Publishers, New York, USA, 2008.12 )，論文 358 篇，含英文醫學論文 54 篇（皆與 Pro. Huey-Ming Tzeng, PhD. 合作），屢獲佳評凡四百餘則，其中與統獨問題相關之歷史研究以及參與、目睹之紀錄甚多，取其精華彙為本書，便利讀者賞覽。

　　史學本是經世之學，本書出版之目的，一者貽實錄於後昆以為龜鑑，一者供智者、權者採擇。在臺灣，獨立是內鬥的利器，無論何人執政，都絕不會放棄既得利益而追求統一；在大陸，統一是凝聚力、也是政治號召，朝鮮優先臺灣其次之中心思想不變，不待美國從中作梗，統一之局亦難成形。

　　拙荊李惠勇女史身任教職兼持家務，劬勞備至，仍鼓勵筆者全力從事研究、寫作，故能略盡本分，謹以此書呈獻，聊表感激之意。

社團法人臺灣史研究會理事長　尹章義

識於中華民國 106 年 12 月 22 日

台北新店萬山千水樓

# 中國統一與臺灣獨立問題試析
## ——歷史的觀點

## 一、前　言

　　最近幾次演講，我常以熊貓與雲豹比喻臺灣的統派與獨派。二者的共同特徵是：一、明顯而易於辨識，二、都是稀有動物；二者間的差異則是：熊貓壯碩溫和，原產中國大陸；雲豹短小慓悍，是臺灣特產。

　　以熊貓與雲豹比喻臺灣的統派與獨派，自立早報的編輯認是「妙喻」（1988.4.29 文化版），在演講會場上也都引起相當的共鳴，但是，要以此說明統派與獨派分子中含有社會主義／封建殘餘／改革者／野心家等等不同屬性的人，甚至要以此說明統獨問題的複雜性與急迫性都遠嫌不足。

　　本文嘗試以歷史研究法說明「獨立／統一」現象在中國史和世界史上的意義以及統獨問題在臺灣的形成與發展；以觀察法、參與調查法和筆者親身體驗所得，藉「光譜論」和「磁場論」試成兩個模型，說明臺灣統獨主張的類型、結構及其趨向。

　　本文主要目的在分析臺灣統獨問題的歷史、現況、屬性，為瞭解統獨問題提供若干知識基礎，為統獨問題的解決提供若干線索。

　　目前，臺灣還沒有產生以獨立為主要訴求的政黨，普遍調查臺灣住民對於統獨問題的主張也存在著許多問題，因此，本文無法廣泛引證數據來證實筆者所做的分析，不免有主觀之嫌。不過，在史學領域中，所謂「主觀」的判準有二：其一，是否為先入為主的成見，其二，是否與事實相符。先入為主的成見是史學研究的大忌，筆者已盡力避免；是否與事實相符合則有待普遍調查數據的產生、未來歷史發展的印證以及讀者的批判與評估。

# 二、兩種世界史潮流：獨立與統一

　　近代國家論大抵是以人民、土地、主權、政府四者為構成國家的要素。所謂「獨立國」乃指一國政府在本國擁有完整的主權、統治權的行使，不受他國的干涉。所謂「獨立」則指由殖民地、屬地、附庸、屬民脫離母國或宗主國而成為「獨立國」的過程。一國之中有兩個或兩個以上的政權分界而治，分別行使其統治權而形成兩個或兩個以上的政治實體卻未成為獨立國的不穩定狀態則稱之為「分裂」。而所謂「統一」則指結束分裂的不穩定狀態，將分立的政權容納在一定的組織系統中而形成一體的過程。

　　「獨立國」、「獨立」、「分裂」、「統一」等幾個概念的涵義簡述如前，然而各個概念的形成，則是歷史發展經驗的累積。

　　西元一七七六年，北美洲十三處英國人的殖民地聯成一氣向英國宣佈獨立之後，鼓動了世界革命的風潮，也掀起了「獨立」運動的序幕。

　　十九世紀初，拉丁美洲的各處殖民地紛紛脫離西班牙、葡萄牙而獨立。一八二一年希臘向土耳其帝國宣布獨立，一八三〇年尼德蘭向荷蘭宣布獨立，一八七八年巴爾幹半島的羅馬尼亞等國也脫離土耳其獨立。十九世紀末到二十世紀初，英國的屬地加拿大、紐西蘭、澳大利亞、南非也相繼獨立。第一次世界大戰之後，德、奧、俄、土四大帝國解體，「民族國家」的觀念被廣泛地接受，「民族自決」的原則獲得多數國家的認可，獨立的國家更多，第二次大戰使得獨立國如雨後春筍般產生。

　　一八九九年的荷蘭海牙國際和平會議到會的有三十六國，一九〇七年第二次海牙會議有四十四國。一九三二年日內瓦世界裁軍大會有六十四國參加。一九四五年聯合國成立，有五十個國家參加，一九七一年中華民國退出聯合國的時候，已經有一百三十二個會員國了。

　　從前面簡單的敘述看來，我們說「獨立」是近兩百年來世界史上的主要潮流並不為過。

　　進一步把世界各國獨立的背景歸納為四種類型：

　　一、殖民地的獨立。其中又分為兩類，一是殖民地政府對母國的獨

立；一是被統治民族對殖民政府及其母國的獨立。美、加、澳、紐屬前者，第二次世界大戰以後獨立的國家多屬後者。

二、多民族國家中的各民族獨立。希臘、羅馬尼亞等國對土耳其帝國獨立，第一次世界大戰後四大帝國解體之後紛紛獨立的各國，第二次大戰後獨立的部分國家屬此一類型。有不少多民族國家也正面臨分離主義的挑戰，像加拿大的魁北克問題，塞浦路斯的土耳其裔與希臘裔之間的問題，比利時的南北問題，甚至英國、瑞士也有分離主義的問題。

三、宗教信仰不同而獨立。印度獨立之後，一九四七年又因印度教和回教的不同而分立為印度、巴基斯坦二國。菲律賓有回教分離主義問題，而不願偕同愛爾蘭獨立的北愛爾蘭也有基督教的新教徒和舊教信徒之間的問題。中東各國因為宗教而分立或因宗教信仰不同而有分離主義問題的也不少。

前述的殖民地獨立、多民族國家分立和宗教信仰而獨立的三類型，（都是由於國民的結構產生問題而形成）。

四、國土分裂所造成的問題。國土分裂的原因很多，像巴基斯坦在一九四七年獨立之初，國土分成東西兩個巴基斯坦，一九七一年東巴基斯坦獨立成孟加拉國。像這種在國家形成的過程中就造成國土分裂的現象並不多見。這種結構性的國土分裂，使得巴基斯坦再度面臨獨立問題而分立出孟加拉國。

德國分裂為東、西德，韓國分裂為南、北韓；統一前的越南分為南、北越則是另一種類型。三國都是由於第二次大戰結束的時候，列強各自劃分勢力範圍，各自培育與本國意識形態相近的政權所造成的。他們的分裂，主要源於外在形式的誘迫，而不是內在的、結構上的問題所造成。

一國之中出現兩個意識型態不同的對立政權分界而治，二者各自鞏固和伸張自己的政權。鞏固政權時的內凝態勢產生「獨立」的傾向，對於佔領國或保護者的依賴則有「屬國」附庸的傾向；伸張政權時，對於佔領者或保護者的拒斥則產生「獨立」的傾向，對於對立的政權的擴張則又產生「統一」的傾向。於是呈現從「對外為附庸／對內求獨立」轉變為「對外求獨立／對內求統一」的錯綜複雜、過度期的不穩定狀態。

一旦某一方面的政權穩固之後，便會企求結束這種過渡期的不穩定狀態而致力於尋求國家的統一。

「統一」有兩種模式；其一是越南的「武力統一」的模式。經過長期的戰爭，北越終於統一了南越；另一種是尚未完成的德國「和平統一」模式，東、西德降低了雙方的對立態勢，兩個政權的領袖也有相互訪問的行為，統一則不急於一時。南北韓也有專司國土統一的機構，對立的態勢也有降低的趨勢。

若說獨立是兩百年來世界發展史上的一大潮流，「統一」則是另一股潮流，國際聯盟、聯合國和其他的國際組織在國際政治上顯示統一的趨勢；而「操縱分裂／反操縱分裂」之間的互動，越、德、韓等國的統一運動則在國內政治上顯示統一的潮流。

中國如同德、韓等國正處於「獨立」與「統一」的兩大潮流沖激的焦點上。

## 三、統一論與正統論對於中國歷史發展之影響

西元前七七〇年，周平王不敵犬戎的壓迫而東遷雒邑，從此，封建諸國進入所謂「春秋」、「戰國」彼此爭雄兼併的時代。封建諸侯爭雄兼併的過程產生了稱霸、稱王和會盟運動，最後產生稱帝運動，封建諸國逐漸減少，其極致則為天下一統。

當時所謂的天下就是今天所謂的「國家」；封建體系內的諸國，相當於分立的政治實體；春秋、戰國時代的爭雄兼併也就是從封建過渡到天下一統－－中國一體化－－－的過程。

封建諸國無論要自保、兼併鄰國或稱霸、稱王、稱帝，都要推行改革運動－變法、求富、求強以超越鄰國，變法所需要的大量資源和人才，不是傳統社會所能供應的，於是整個中國一體化的過程中，呈現出社會、經濟、政治和文化學術的鉅變，各個學派為了滿足時代的需求，或多或少都發展出從如何保全一個封建小國以至統一天下的策略。

法家、縱橫家不必說，連講究兼愛非攻的墨家，也有一套里長同其

里之義尚同於鄉長、國君、天子，最後同於天下之義而達到天下一統的構想（墨子尚同）。孔子說：「克己復禮、天下歸仁」（論語顏淵），孟子認為不嗜殺人者能使天下定於一（梁惠王）。荀子常說，人主務道則「百里之國足以獨立」（仲尼、富國），否則「楚六千里而為仇人役」（仲尼）因而講求百里之國進取天下之道。荀子所謂的「獨立」正是「統治權之行使不受他國干涉」的意思，而楚「為人所役」也是楚國成為他國附庸的意思。

西元前二二一年，秦始皇終於統一了天下。這是法家「術勢統一論」使得「六王咸伏其辜」的結果。秦統一了天下的法度、文字、貨幣、車軌、度量衡，以咸陽為中心大修馳道更加速了中國的一體化，也加速了華夏各族和戎、狄、夷、蠻各族融合的步伐，凝鑄成最早的漢族，使中國成為統一的多民族國家。另一方面，秦廢封建而設郡縣，也使得妨礙中國一體化的政治實體──封建諸國，除了在漢初之外，都成為但有供養而不享治權的采邑。「中國」不再是一個概念或一個地理區而是具有擴大綿延機能的「國家」。

秦始皇死後，戰亂又起，六國餘孽跟著起鬨，為時八年（西元前二○九~二○二）就被劉邦所統一。統一後六十二年，董仲舒應漢武帝的詔命，上「天人三策」論古今興亡治亂之道，便曾在策文中宣言：

「春秋大一統者，天地之常經，古今之通誼也！」

「大一統」不僅是「太平」的象徵，是亂世之民對於政治之期待，經過兩度統一之後，竟然成為常經、通誼，成為歷史的規律和政治信仰，能夠統一天下的人物或政權，不僅得到擴大統治區的實利，也獲得當時人民和後世史家的讚美。

董仲舒的說法顯示出「統一論」的政治信仰；另一方面也顯示出「正統論」的鬥爭。因為希望得到統治權的人不只一人，誰是一統天下的真正主人？在皇室內部有疏孽、正統之爭，與原有的皇室爭權而抗衡、分立者，也有正統之爭。

漢代有秦、漢正閏之爭，劉氏亡後始定。三國志以魏為正統，漢晉

春秋以蜀為正統。南北朝時代的宋、齊書以魏為偽，魏書以宋、齊為偽，相戶排斥。唐代修南北朝史，南史以北為偽，北史以南為偽，毫無定見。由於唐朝政權襲自北方，因此，一般而言，唐人在三國中取魏，南北朝則以北朝為正統。五代梁太祖出身盜賊，為正統論增加一項新因素，歐陽修的新五代史則排除自漢以來五德終始說的定正閏的說法，而採春秋「因亂世而立治法」的宗旨，「以治法而正亂君」，以「名實論」為斷，以統一天下的人為正統。

　　宋代由於遼、金、蒙元入侵的壓力太大，正統論的紛爭也最盛，歐陽修作「正統論」七篇主張名實論，章望之作「明統論」三篇為難他。蘇軾也持「名實論」以有天下者為正統，支持歐陽修。司馬光著資治通鑑，認為「正閏之論誠為難曉」（答部麻長官書），朱熹著通鑑綱目則持「名分論」，主張周、秦、漢、蜀漢、晉、唐為正統，三國的魏、吳，晉的五胡諸國都屬僭國，南北八朝與五代都無正統可言。朱熹的說法，顯示尊王攘夷思想在宋代的激揚。

　　清人以邊疆的少數民族入主中國，極力矯正夷夏對立的觀念，清人急遽漢化的同時，也使得民族關係更加融洽。清末西力東健，攘夷論轉而針對歐西列強，「尊王論」一度而成為保大清的理論基礎，滿清也成為中國的正統王朝。

　　筆者曾經統計自秦始皇統一天下至今的統一與分裂的時代，約略為七與三之比。三國鼎立、魏晉南北朝、唐末以至五代十國，遼、金、元與宋，都是長時期的分裂，而且有不少是當時所謂的「異族入侵」，像中國這樣的多民族國家，在每個分裂的時代，都可能像歐洲的神聖羅馬帝國一樣的分崩離析，獨立成若干「民族國家」。為什麼中國反而擴大綿延成為統一的大國呢？

　　要解答這個問題，固然可以舉出民族、文化、政治、經濟、社會甚至地緣政治學上的許多解釋來作答；但是，縱使在分裂的時代和異族入主的時代，分立的政權和所謂的滲透王朝、征服王朝都積極的爭取正統地位，積極的要統一中國是不容忽視的特殊現象，統一論和正統論在中國擴大綿延的發展史上毫無疑問的曾經產生一定的作用。

# 四、近代中國的分裂與獨立

　　晚近一百多年中國歷史的演變與帝國主義的衝擊以及中國模仿歐西文化的趨勢密切相關；世界史上獨立與統一兩大潮流的發展 也深刻地影響了中國。

　　鴉片戰爭失利與英國訂定南京條約之後，一連串的失利，和約接踵而來，中國的固有疆域和主權受到極大傷害。租借地成為國境內的敵國；越南、朝鮮脫離中國成為法國和日本的屬國；香港割讓給英國，臺灣澎湖割讓給日本；各國還在中國境內劃分勢力範圍，進行瓜分中國的工作。

　　一九一二年革命初起的時候，有十四省宣布「獨立」。「獨立」一詞受到世界潮流的影響，但是，實質上，他們既不屬前文所述「獨立」的任何類型，也沒有建立主權國的意思，只是不願再服從中央政府的政令罷了。此後二三年，「獨立」和「通電」流行全國，成為割據和內戰的工具。

　　中國內戰的敵對各方，幾乎都有帝國主義或明或暗的支持與操縱。內戰加上帝國主義明火執仗的侵略，使得中國澈底地分崩離析，也使得西藏、滿、蒙和回疆產生分離主義的獨立運動。第一次大戰之後，民族自決的思潮舉世瀰漫，中國也受到強烈的沖激，「對外爭取獨立、對內要求統一」成為中國人對於政治最高的期盼。西方各種新思潮和任何可能救國救民的辦法都迅速湧進，在固有的各種政爭緣由中，又增加了一項意識型態的對立。其中最凸顯的就是中國國民黨和中國共產黨的長期對立與內戰。一九二五年至二八年國民革命軍北伐的成功，造成短暫的「假相統一」，事實上內戰並未停止，一九三〇年更爆發了規模空前的中原大會戰，除了南京的國民政府之外，一九三〇年北平有擴大會議派的國民政府、一九三一年廣州有非常會議派的國民政府。中共在贛南和粵、湘、贛、鄂、豫、皖各省邊區建立「蘇維埃區」之後，一九三一年也在瑞金建立「中華蘇維埃共和國」。一九三二年溥儀在長春成立滿洲國。一九三七年中國全面抗日之後，國共分別製造以重慶和延安為中心

明爭暗鬥；日本則在北平、南京分別製造傀儡政權與之抗衡。一九四五年中日戰爭結束，國共鬥爭轉劇，一九四九年九月中共在北京成立」中華人民共和國」，一九五〇年三月，共軍攻佔了國府在大陸的最後據點西康，次年十一月更進軍拉薩，以圖解決西藏問題。國民政府於一九四九年十二月遷往臺灣，一九五〇年三月蔣介石復任總統，國共分立之局形成。是年六月，韓戰爆發，在美、俄兩個超級強國操縱下，韓國分裂成南北韓，而中國的「中華人民共和國」政府統治大陸，「中華民國」政府統治臺灣，形成兩個敵對的政治實體，和前述近代中國的各個對立的政權一樣，他們在政權的名稱上都冠上「中華」兩個字，都繼承了傳統的「正統論」和「統一論」，都千方百計的證明自己是中國的正統政權，而且都以完成統一中國的使命為最高的政治目標。

三國鼎立之局形成四十多年後，習鑿齒分析「吳人不能越淮沔而進取中國，中國不能陵長江以爭利」形成「三家鼎足」之勢的原因是由於三者「力均而智侔，道不足以相傾」（三國志吳志陸抗傳裴注引）。

三國鼎立是自秦統一天下以後，中國首度出現分裂態勢，習鑿齒的分析可謂正中肯綮，若非如此，政權分立之勢是無法形成的。

國、共也在「力君均而智侔，道不足以相傾」的情況下隔海對峙至今將近四十年，中國依舊維持分裂之局。不同的是，漢人所佔比例比大陸為高，漢儒化的程度比大陸大部份地區都深，不是中國蕃屬而是中國固有疆域——初為福建一府，光緒十三年成為中國一省——的臺灣，卻出現了要建立一個「獨立國」——在中國歷史上前所未見的「獨立」問題。

## 五、臺灣獨立的歷史經驗

根據一九八六年八月在檀香山舉行的「國家政策與少數民族文化研討會」的資料，中國大陸的少數民族人口合計有七千多萬人，佔全部人口的百分之六・七，漢族佔百分之九十三・三，臺灣的少數民族人口合計三十二萬五千人，佔全部人口百分之一・七，漢族佔百分之九十八・

三，臺灣漢族的比例遠高於中國大陸。

　　一六六一年鄭成功東渡臺灣的時候，他所帶來的就是一個六官俱全的「中央政府」和高度「儒漢化」的官僚、軍人集團。一六六五年鄭經建聖廟、設學校、開科考，更奠定「儒漢文化」移植臺灣的基礎。一六八四年臺灣設一府三縣，成為隸屬於福建省的正式行政區。

　　臺灣沃野千里，吸引大陸移民來臺墾殖；一府三縣的學額也吸引大陸士子來臺投考、落籍、參與墾殖。早期移民絕大多數來自漳、泉、潮、惠四府，都是全國經濟比較富裕，文化比較發達的地區，各地的人才、資金進入臺灣，加速臺灣的開發和儒漢化。政府在臺灣厲行「護番保產」政策，也使漢番關係相當融洽，先住民易於接受儒漢文化。因而，臺灣不僅是中國比較繁榮的地區，也是中國邊疆儒漢化最速、最深的地區。迨至清末，臺灣更是領先中國實踐近代化運動的一省。

　　臺灣絕非形成「獨立」問題的溫床。

　　中華民國政府在漢族比例如此高，漢化程度如此深的臺灣，秉持傳統中國「正統論」和「統一論」的政治信仰，堅持本政權是中國的正統政權，也堅持要完成統一中國的神聖使命，為什麼還會產生「獨立」的問題呢？

　　世界近代史上的「獨立潮」、帝國主義的操縱以及近百年海峽兩岸的隔絕，尤其是一九五〇年～八七年間斷然的隔絕，為臺灣獨立問題的形成提供完整的溫室等都是基本原因；決定性因素則是臺灣人民獨特的歷史經驗，對於國、共兩政權的不滿與恐懼，以及源於前二者的認同危機（identity crisis）。

　　臺灣人民的特殊經驗：

　　鄭成功要東渡臺灣之前，張煌言曾經致書鄭氏，以傳說中的虬髯客諷勸鄭氏自愛，不要意圖稱雄海外而不顧大明朝（上延平王書）。一六六一年鄭氏到臺灣後，改赤崁為「東都明京」，設「承天府」，要在臺灣「開國立家」建設「萬世不拔」的基業等，都是自立一國的作為；另一方面又奉大明正朔，不受大清朝的招降；到了鄭經的時代，雖然答應清朝要稱臣納貢，卻堅持「須援朝鮮例，不剃髮、不易服」以海外藩屬自

居。三藩起事（一六七三），鄭經還乘機西渡，不久又退守金、廈，清廷勸鄭經回臺灣，以澎湖為雙方通商往來的中介站，鄭經則要求以海澄為「往來公所」，一六八〇年才兵敗回臺灣。次年，鄭經暴死，諸子爭立，給清朝有用間和用兵的機會，一六八三年施琅攻進澎湖，鄭軍大敗之後才投降。

　　鄭成功是臺灣人民心目中的英雄，也是民間信仰中的神。清人入主中原，在當時人看來並不是正統，但是，鄭成功離開中國而到臺灣這個「夷區」延續正統（奉大明正朔），在「夷夏之辨」和「正統論」、「統一論」三點上都有問題。鄭氏東渡前，張煌言以虬髯客諷刺他，鄭氏來臺之後，又有帝制自為的傾向，張煌言在詩中也說：「寄語壁秦島上客，衣冠黃綺總堪疑」（得故人書自臺灣二首）。鄭氏雖然沒有宣布「獨立」自外於中國，在議和的時候以「朝鮮」的地位自居，要做中國的藩屬，也不自認為是中國的一部份了，這是臺灣首次名義上承續中國實際上脫離中國的經驗。

　　一八九五年，中國因戰敗而割讓臺灣、澎湖給日本。朝野反對的聲浪都很高卻又都無可奈何，曾經有抵押給英、俄以保臺之計；也有邀請法國助戰，威脅日本廢約之計；也有請俄國援三國干涉還遼之例贖回臺灣之計，都沒有得逞。正式換約之前，臺灣官民曾經向滬尾英國領事表達全臺灣願歸英國保護的意願（四、廿），接著又希望仿照舟山和朝鮮巨文島不讓他國占有之例，把臺灣中立化（四、廿三），隨後又要求把臺灣變成公共租借，由各國共管（四、廿七），次日又要求援引萬國公法「割地須商民能順從與否」「民必須從，方得視為易主」的原則，希望在國際監督之下，由臺灣住民自決，五月初更盼望法「派輪護商」。

　　要求成為英國屬地、要求中立化、要求國際共管、要求住民自決的努力失敗之後，臺灣官民終於再五月廿五日成立了「臺灣民主國」，「獨立」成為臺灣人民自保的最後武器。五月廿八日日軍就在澳底登陸了。

　　臺灣背負了中國國弱民貧的惡果，單獨成為中國的「棄地」，臺灣人民「欲盡棄田里則內渡後無家可歸，欲隱忍偷生，實無言以對天下」（臺民布告中外文），對中國自然不能無怨，但是二百多年與中國一體

化的結果，也使臺灣人民不能斷然割捨這種一體的感覺，所以在決定成立臺灣民主國的同時也電奏清廷曰：「臺灣士民，義不成倭；願為島國，永戴聖清」（中日戰輯臺民抗約自立卷）。

這是臺灣人民第二次脫離中國的經驗。與第一次不同的是：延平王國實際上是與清廷對立的政治實體，名義上卻奉大明正朔；臺灣民主國實際上完全脫離了中國而成為日本的殖民地，卻掙扎著要成為永戴聖清的「獨立國」。另一點也值得我們注意：大清朝從臺灣人民極力抵禦的夷狄，變成臺灣人民的「永戴」的正統王朝。

日本佔據臺灣之後，臺灣人民公開與日本人血戰了七年，直到林少貓一夥在南部被消滅之後，才轉入地下運動。第一次世界大戰之後，民族自決的風潮雲湧，中國掀起內除國賊外抗強權的抗日運動，臺灣產生追求自治的政治運動也受到影響。此後若干年，國、共兩黨都曾鼓勵臺灣人民爭取獨立（參見蕭欣義文），一方面是基於兩黨的民族策略，另一方面也因為臺灣不屬於兩黨或其中之一的統治區，不必背負什麼歷史或政治責任，否則，絕無支持臺灣獨立的可能。臺共在三〇年代末期也有臺灣獨立的主張，但其對象也是統治臺灣的異族——日本。日治時代呈現的是近代世界民族自決和獨立潮的一部分，獨立的對象既不是中國而且也未見有力的行為，對於當時的臺灣人民影響也極為有限，但是，這種「獨立」觀念傳承，最後仍指向中國，對於近四十年臺灣獨立問題產生一定的影響力。

一九四五年八月十五日，日本宣布無條件投降之後，駐臺日軍的少壯軍人心有未甘，聯合臺灣的御用紳士辜振甫、林熊祥、許丙等人，發動臺灣獨立自治運動，經日本總督制止而取消。一九四七年辜、林、許等人分別以「共同陰謀竊取國土」的罪名判刑（參見王曉波文）。這是第四次臺灣獨立的經驗。「獨立」的主導者辜振甫是日後臺獨分子所謂「第一號臺奸」辜顯榮之子，林熊祥是臺灣富豪板橋林本源家的代表，許丙是林家的管家和日本貴族院議員，都是站在日本人那一方面剝削、壓迫臺灣人民的御用紳士。戰後的臺獨運動，不可避免的要批判這些「臺奸」。國府遷臺之後竟然重用這些「臺奸」及其子弟，這是臺灣統、獨

兩派都難以接受的事實。某些臺奸或者出身相近的人對於早期的臺獨運動也曾有相當貢獻，這也是臺獨運動最不願意援引闡揚的獨立經驗。

戰後的動盪不安，日本在臺灣厲行皇民化運動的殘毒，美國對臺灣的覬覦以及國府在接受其所表現的大陸與臺灣兩地在紀律、生活品質上的差距，使得臺灣獨立自立的想法在二二八事件前後再度湧現。海外的臺獨運動隨即在香港興起，不久轉往美國佔領下的日本發展，再轉往美國本土發展。由於長期在美國的卵翼下發展，因而染上工具色彩。受國府迫害的人和不滿分子出國之後相繼投入，終於造成至今長達四十年的海外臺獨運動。

一九五○年國府東遷，次年中共揮軍西入拉薩，中華人民共和國可以說大抵把中國統一了——臺灣除外。中共努力「武裝解放臺灣」，其事難成，一九五五年起才與美國展開「華沙會談」，以謀解決臺灣問題。一九六○年起，中共與蘇俄交惡，那年，美國總統艾森豪訪問臺灣，中共開始砲轟金門。七一年，中共進入聯合國，國府退出，次年二月，美國總統尼克森訪問大陸，發表尼周「上海公報」，申明只承認一個中國，中共停止砲轟金門。那年，東、西德簽訂基本關係條約，相互承認；南、北韓也同時宣布終止雙方的敵對態度。

一九七三年美國與中共換駐聯絡處，七九年元旦，美國與中華人民共和國斷交。國府的御用文人在報端發表題為「奈何明月照溝渠」的論文，顯示國府不願放棄而又不得不放棄附庸於美國的臣妾心態。斷交之後，美國隨即以國內法地位「臺灣關係法」維繫美國與臺灣的半官方關係。美國的轉向和隨之而來的斷交風，使得國府被迫以政治實體的身份和現實主義的態度在國際社會中尋求發展。臺灣要以主權國的身分重返國際社會，首先遭遇的應是承認的問題。以現實主義為基礎的國際關係，若不能得到中共的允諾和美國不顧一切的卵翼，恐怕不是一件容易的事。

一九六○~七○年間是中共從「對俄為附庸／對內求獨立」轉變為「對外求獨立／對內求統一」的轉型期。一九七○~八○年間，國府被迫進入此一轉型期。國府對國際形勢反應遲緩而僵化，對內一向標榜「反

攻大陸」而忽略了臺灣的建設。經過七○年以後的一連串挫折，對外被迫放棄虛矯的「正統論」而以政治實體的身分活動；對內由於中共的壓力太大，島內抗爭勢力抬頭和島內外臺獨運動的威脅，不得不表面維持「統一論」，實際上卻回頭走向「鞏固政權的內凝態勢」而呈現臺灣化的「獨立」傾向。

國府從「保衛大臺灣」，「反攻大陸」一變為「革新保臺」，「維護國家安全」。在群體意識的塑造上，其文宣和教育政策的方向也由中國認同轉為「中華民國認同」──認同於國民黨、國府和臺、澎、金、馬。國府官員所謂的「我國」不再是全中國，而是限於臺、澎、金、馬的「中華民國」。

若干批判者認為國府是「陽統陰獨」，另一些人則認為國府「實際上已經獨立三十多年了」。若以一九七○年以後國府力行「落實臺灣」的政策看來，自無疑問。國府開始臺灣化的前後，臺灣日漸蓬勃的政治抗爭運動，也將海外的臺獨理論引進，同時反芻遠在一七七六年美國獨立之前，臺灣就已經開始的隔海對立，自主，自治，民族自決和獨立等各種歷史經驗，形成臺灣內部另一股臺獨力量。

原來，海外臺獨鬥爭的對象是國府，中共還曾經鼓勵，協助海外臺獨運動以牽制國府。七○年以後，海外臺獨運動，島內抗爭勢力的臺獨運動固然仍然直接針對國府，但是，國府的獨立傾向，使得臺獨不僅是國府在臺灣的問題，更成為中國統一的先決問題。在某種意義上，中國統一所面對的是三位一體，舉臺一致的局面。

# 六、恐共症，民怨與統獨問題

統獨問題假若僅限於國、共兩政權的意識型態之爭和權力分配問題，要解決問題已相當困難，但是它涉及人民的福祉與意願，中國人民尤其是臺灣人民的態度更居於決定性的關鍵地位，解決起來更為不易。

在近二十年臺灣抗爭勢力日漸壯大的過程中，國府昔日標榜的「正統論」對外受到挫折，對內得不到同情；「統一論」無法實踐，反而成

為國府拒絕改革的藉口，引起臺灣人強烈的反感，改弦易轍乃勢所必然。國府落實臺灣而呈現獨立的傾向，國際形勢的丕變固然影響極大，國府要獲得臺灣人民的認同，要凝聚臺灣人民的力量，實在是主要的原因。

一九五〇年~七〇年間，國府厲行軍事統治，在反共，反臺獨和清除異己的強力鎮壓下，殘害了許多人民，泡製了不少假案、冤案，至今未予平反，其中尤以匪諜，通匪，資匪，共匪同路人，為匪宣傳，與匪隔海唱和等罪名的案件難以數計，遠超過臺獨案（林樹枝：出土政治冤案）。晚近幾年的的解嚴，開放黨禁、報禁，開放大陸探親等政策固然獲得臺灣人民普遍的讚揚，但是，長期恐怖統治所滋生的民怨，絕不是三、五年所能平復的。天下絕無施捨的民主，今天臺灣的民主是人民長時期奮鬥而得來的。近二十年的政治抗爭運動史中，已經發展出新的政治道德——政治迫害塑造政治英雄，入獄英雄的家屬高票贏得選戰。不少人因為政治資源不足而從事「暴力邊緣路線」的社會運動或激烈的政治活動，希冀政府將他逮補入獄，入獄前的說明會，巡迴演講會不但能增高聲望，還能乘機募得大量政治資金，探監、開庭、宣判時的聲援活動和出獄時的歡迎活動，都能豐富他的政治資源。至於獄中絕食就更令政府頭疼了。所謂「民不畏死，奈何以死懼之」，這種不畏死的精神，使得抗爭勢力日漸壯大，也迫使國府修正它的治術與政策。

另一方面，臺灣人民對於中共的印象更壞。

中共統治大陸之後，一九四九~五二年間發動五大運動，其中的鎮壓反革命，三反五反，思想改造等運動；一九五三年三大改造中的私營工商業改造；一九五七年起推行的所謂「三面紅旗」的左傾冒進運動和全民大整風運動中的反右派鬥爭對於學生、教師、知識份子的全面鎮壓，都給臺灣人民難以磨滅的印象。一九六四年的文藝整風和隨之而來的「文化大革命」對於中華民族的摧殘，不僅是大陸人民的噩夢，也令隔海的臺灣人民有不寒而慄之感。

至於中共宣稱，要以法律和憲法保障臺灣人民的權益和統一以後臺灣的地位，臺灣人民也要仔細而長久的觀察大陸政局和港、澳的情況之

後才可能安心。以過去中共的憲法為例，一九四九年的「臨時憲法」為五四年「憲法」所取代，六六年文革爆發之後，棄五四憲法如敝屣，七〇年的林彪憲草，轉瞬間作廢，七五年的憲法，四人幫跨臺後也失效，七八年為新憲法取代，七九年隨之修改憲法七條，八二年又通過新憲法。

中共統治下的經濟發展和民主化，自由化的進程遠落在臺灣之後，對於國府猶懷不滿的臺灣人民，當然無法接受比國民黨更差的中共。毛澤東時代對中國人民的摧殘，臺灣人民知之甚詳；因此，對於鄧小平時代的穩健改革，臺灣人民也都寄予厚望，獨派則凜於中國四化完成之後，臺灣獨立無望而抬高要求自決、獨立的聲浪。臺灣人民的「恐共症」固然有一部分是國府反共政策下刻意宣傳的結果，中共統治的歷史經驗，仍是最根本的原因。

# 七、臺灣人民的認同問題

認同問題從一九七〇年之後凸顯，由國、共雙方爭取海外華人的認同開始。

一九六九年中共與蘇俄在珍寶島發生邊界衝突，同年進行首次地下核爆，次年又發射第一顆自造地球衛星。對外禦侮，國內自強，與人耳目一新之感。另一方面，七〇~七一年間，日本企圖佔領臺灣北方的釣魚臺群島，臺灣、美國、香港等地都掀起「保衛釣魚臺運動」的熱潮，國府不聞不問任令日本奪取，七二年，日本竟然搶在美國之先與國府斷交。國府這種喪權辱國的自私愚行，造成極大的不滿。所謂「認同與回歸」遂成為國、共雙方的新戰場和海外華人社會的熱門話題。國府在臺灣推行「文化復興運動」，希望海外華人向代表真正中華文化的中華民國認同。殊不知「文化復興運動」連在臺灣都淪為儀式，引不起共鳴，如何吸引海外華人的認同與回歸？

國府與中共較勁失敗後，才轉向島內致力於「中華民國認同」的發展，中華民國認同使得國府原先努力二十多年的中國認同（或大陸認同）和臺灣人民原有的臺灣認同同時面臨危機。

　　一九七九年的「美麗島事件」逮捕大量抗爭分子之後，激進分子把國府視為異族外來政權，把對國府的怨恨和「恐共症」混合投射成對中國的仇恨，使得認同危機猛然升高。八三年的選戰黨外陣營中出現「民主，自決，救臺灣」的口號，也使他們產生中國意識與臺灣意識的論戰。八六年「民主進步黨」成立的時候，為了黨名的前面是否要冠上臺灣和中國的字眼而引起相當大的爭論，決定只用「民主進步黨」這幾個字。表面上是避免了中國結與臺灣結的困擾，實際上卻與近代史上中國的政權，政黨一向以「中華」和「中國」為標榜的作風呈現截然不同的面貌──它揚棄了中國與中華。

　　這些年來，討論鄉土意識，臺灣意識，中國意識和統獨問題的論文不虞千數，按照心理學，心理史學大家艾力生（E.H.Erikson）的說法，就是臺灣人民已經面臨了認同危機（identity crisis）。

　　艾力生是猶太裔德國人，受不了納粹的壓迫而遷居美國。一個猶太人在德國和美國的體驗加上實證研究，他認為「認同」通常是在遭遇到認同危機的時候，才能引起廣泛的討論，才成為問題。認同是相當複雜的情緒、態度和意識、行為，涉及心理、文化、社會和政治的變遷以及因變遷而產生的矛盾、抉擇問題。因此，他認為，無論探討個體認同或集體意識，都不可忽視歷史的研究與思考。

　　我曾經寫過三篇論文從歷史的角度討論臺灣的認同危機和臺灣意識的發展，此處只摘要作簡略敘述。

　　在臺灣割讓給日本之前，並沒有形成主體性的臺灣意識。

　　大陸人民移民到臺灣，經過若干時日之後，很自然地落籍於此，認同這片土地而產生所謂「蘭人」，「臺人」的觀念，蘭人是臺灣府轄下的噶瑪蘭廳人或是臺灣省轄下的宜蘭縣人，他們也是臺灣人，福建人，更是大清朝的子民，中國人。

　　日本佔領臺灣之後，絕大多數的臺灣人民仍是「漢民族」，這是無法更改的事實，但是，他們已不再有中國國籍而成為日本國屬民（殖民地的屬民，非國民）。日本人在臺灣實行各種制度，推行各種運動，希望把臺灣人民「皇民化」成日本人。中國的積弱不振使臺灣人民無法奢

望祖國拯救他們，雖然絕大多數的人仍然心懷祖國，嚮往「父祖墳墓」之地，但是威脅利誘使得少數「御用紳士」，「三腳仔」傾向日本人。一九二〇年，林茂生在報端發表「國民性涵養論」指責臺灣人不愛日本國，已見其端倪。一九二三年辜顯榮，林熊徵等一千六百餘人組織「臺灣公益會」，次年，針對「臺灣議會設置運動」，他們又召開「全島有力者大會」顯示他們已經相當的「有夠力」。

經過十七年文官總督統治之後，一九三六年日本又派軍人擔任臺灣總督，強化臺灣的軍事統制和軍國民教育，次年禁止報紙，雜誌上出現漢文版。三九年，日本在臺灣全面推行皇民化運動，給予說日語和改成日本姓氏的家庭許多好處。七七事變爆發，隨著日軍向中國內陸進逼的腳步，三九年臺灣出現了歌頌皇軍攻陷南京、武漢的功業以「激勵宣提日本魂」的漢詩集《現代傑作愛國詩選集》，作者大多數是漢人，少數是日本人。中國亡國在即，愛日本比愛中國有利，恐怕也是當時許多人的想法。

雖然一九三五年臺灣總督府出版的內部參考書，三鉅冊的《警察沿革誌》的總序中，日本人仍然強烈地譴責臺灣人民的漢民族意識「牢不可破」，臺灣人民對於祖國「思慕不已」；對於日本人統治臺灣的「極大惠澤」「仍然無視這些事實，故意加以曲解」，「不平不滿」。我們也不可以無視於前述皇民化和「日本意識」存在的歷史事實。

臺灣人民中少數人具有日本意識，和國府的統治相較，不少人對日本人的統治具有好感，這樣心態，對於二二八事件、臺灣獨立運動和近四十年的臺灣的政治發展都有不同程度的影響，甚至對於臺灣的經濟發展──特別是技術的引進和對外貿易兩方面，都有深刻的影響。

此外，在臺灣人民長期抗日的過程中，有些人已經養成抗爭性和主體性相當強的「臺灣意識」；少數人不愉快的大陸經驗，也形成所謂的「孤兒意識」。孤兒無依無靠，不獨立自主也不行。二者對於臺灣意識的形成、臺獨運動的發展也都有一定程度的影響。

假若一九五〇年前後中國能真正統一而不是分裂的話，臺獨運動和前述的歷史經驗亦必隨著歲月而消失，臺灣也不至於產生認同問題，因

為臺灣原本沒有發生這些問題的條件。歷史的發展卻由不得我們幻想。國、共的對立，海峽兩岸的長期隔絕，國府的嚴厲統治和鎖國政策，將臺灣塑造成結構完整的封閉溫室，前述的歷史經驗隨著政治抗爭運動的升高，不停的反芻，傳播，在和現實的政治、社會，文化的變遷交互影響，使得臺灣人民必須面臨認同的危機。

臺灣認同植基於鄉土的認同，由於對國府的不滿和歷史經驗的反芻，易於和臺獨運動合流。一九八三年選舉期間「民主，自決，救臺灣」的口號，使臺獨運動在臺灣雖然沒有合法化，但是已達到公開化。八六年民進黨進一步割捨「中華」的瓜葛，自決、獨立的聲浪更高，要求國會全面改選，排除大陸代表成為實踐的步驟。

一九八七年七月十五日，臺灣正式解嚴。廿七日，浙江籍的蔣經國總統邀請地方耆宿茶敘，言談中談到自己在臺灣住了將近四十年，也已經是臺灣人了，次日，臺灣各大報以頭條新聞刊出這則消息，使「中華民國認同」和國府的「臺灣化運動」達到新高潮。接著又提出國會改造方案和大陸老中央民代退職辦法，回應民進黨的挑戰。

另一方面，「大陸認同」自從一九七八年中共對外門戶開放，臺灣人民與大陸的來往日見頻繁之後也出現了轉機。轉口探親，旅遊，投資和海上直接貿易，使得臺灣形成一片「大陸熱」，每個市場上都有大陸商品，每個書店都有大陸出版品的臺灣版和報導大陸狀況的資訊；尤其是臺灣島內政抗爭運動的刊物，極力引述大陸出版的資料批判國府或揭人瘡疤，連民進黨的機關刊物也大量引述魯迅的話，運用毛澤東的思想來討論問題。政治抗爭運動刊物大量的大陸資訊是造成大陸熱和強迫了臺灣「匪情研究」公開化的主要原因，也迫使報禁開放之後的各大報，不得不專闢一版大陸消息。

一九八七年，要求大陸探親合法化的「外省人返鄉探親運動」崛起，像滾雪球一般地迅速壯大，終於獲得輿論和絕大多數臺灣人民的支持，當年十月，國府宣布基於人道的理由，大陸探親合法化。

探親合法化不到半年，臺灣人民到大陸的已經以十萬為單位計數；光復後的新移民多半返鄉探親兼旅遊，光復前的老移民則拜神禮佛兼尋

親訪故兼觀光旅遊，所有通往大陸的交通工具班班爆滿，新班次，新航線不斷增加，臺灣資金流向大陸的也高達數十億美金。這種現象令一九七二年就訂定基本條約的德國人驚訝，也令韓國人瞠目。對於臺灣人民的認同產生前所未有的鉅大影響，也給臺灣各黨派前所未有的巨大壓力。

　　國府對於新大陸政策所顯現的效果一則以喜一則以憂。不止新移民返鄉探親，老移民也湧進大陸並且普獲好評這一事實，不僅紓緩獨派的壓力，也贏得更多民心，中共的和平統一攻勢落實到實務層面，對於國府也有極大助益。外貿依存度極高的臺灣經濟，在對美貿易受阻，臺幣升值的壓力下，貿易的對象、資金、人才的走向，原料的取得都有了新的方向。憂的是在國、共鬥爭史上，國府自以為吃過幾次大虧，如何調整大陸與臺灣的關係以獲得最大的政治利益和如何調整國府臺灣化的步伐，成為國府當前兩大課題。

　　一九八〇年以前所謂的「黨外」匯聚了反國民黨的力量，批判國民黨、提出制衡的口號就足以獲取民心，贏得選票，美麗島政團形成的過程當中，意識型態逐漸被凸顯，因此，美麗島事件之後，少數人高舉臺獨的大旗，希望達到意識型態掛帥的地步，八三年提出「民主，自決，救臺灣」的口號，就是他們的初步成果。問題是支持黨外，希望黨外批判國民黨，推動民主政治產生制衡作用的中堅，多半屬於中產階級和知識份子，他們不願意見到一個社會秩序混亂的臺灣，同時也希望有更開闊的領域讓他們施展才能，就當今臺灣的社會，經濟結構而言，以中小企業為主的中產階級的挫折，同時也是臺灣多數工農的挫折。民進黨成立之後吸收黨員的過程中，支持黨外的中、智階級卻很少投身於民進黨，這已經充分地反映了前述心態。八七年民進黨黨員大會中，激進份子迫切地希望把「有主張臺灣獨立的自由」列入黨綱，為黨內穩健份子所阻止而發生流血事件。因此，在支持「外省人返鄉探親運動」和「老兵返鄉運動」時，已經使民進黨人頗為躊躇。大陸探親合法化之後所呈現的現象，不能不說是臺灣人民意志的表徵，從民意中誕生的民進黨更不能忽視這種澎湃的現象。於是，如何訂定一個不傷害民進黨的民意基

礎，既能應付新形勢又能兼顧意識型態的大政策，就成為民進黨最新也最艱鉅的難題。

民進黨面臨大陸四化穩健改革和八七年大陸與臺灣關係的大變局的焦慮，表現在獨派身上，他們主張臺獨的聲調越來越急促，越來越高亢，八八年四月民進黨第二次黨員大會，激進派再度要求將「有主張臺灣獨立的自由」列入黨綱，討論時會場充滿火藥味（四月十八日臺灣各報），終於以「臺灣地位未定論」的議案替代「黨綱列入臺獨案」而暫時把問題擱置。

大陸政策八七大變局給「統派」的壓力小，鼓舞大。

臺灣的「統派」多半是基於民族立場批判國府的大陸政策、外交策略和政治措施的受刑人或不滿份子。八三年獨派提出「民主，自決，救臺灣」之後，「黨外」陣營因「中華意識」和「臺灣意識」的分歧而產生裂痕，統派也以鮮明的旗幟積極參與政治活動，協助「外省人返鄉運動」，迫使國府開放大陸探親以及協助工黨建黨兩項事業的表現，使統派感到振奮。大陸探親合法化之後的潮湧現象給統派觀察和反省的機會，使得統派的態度更為審慎。另一方面，國府掌握大陸政策主導權的政治現實和獨派日漸高亢的聲浪，也使統派覺得非整合統派分散的力量不足以形成對國府的壓力和對獨派的對抗。一九八八年清明節（四月五日）「中華統一聯盟」終於在臺北正式成立。

以上所述，是對於活躍在臺灣政治舞臺上的獨派，統派和國府臺灣化近年的變化的觀察。絕大多數臺灣人民對於統獨問題所持的立場則藉「統獨光譜」和「統獨磁場」兩個模型來分析。

# 八、「統獨光譜」與「統獨磁場」

統獨問題是辯證性的存在，沒有獨立問題就沒有統一問題，反之亦然。

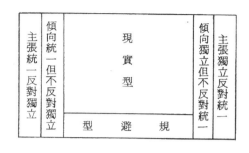

（統獨光譜示意圖）

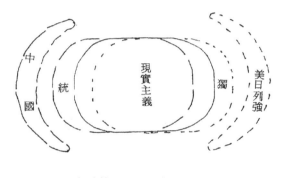

（統獨磁場示意圖）

本文所謂的統一是指結束當前的分裂狀態，將大陸與臺灣容納在一定的組織系統中而形成一體。所謂的臺獨則是臺灣成為有完整主權的「獨立國」。就近代歷史的經驗和當前國、共雙方以及某些論者所提出的口號或方案而言，從統一到獨立之間又有以下模式：統一方面有國府的三民主義統一中國，中共的一國兩制，越南的武力統一，和統派的召開國民會議。介於統獨之間的則有多體制國家（魏鏞）、一個主權兩個治權（沈君山）、一國兩席（楊力宇）、德國模式（高英茂）、韓國模式（蘇永欽），新加坡模式（張旭成），完全自治（丘宏達）和維持現狀。獨立方面則有自決和獨立。

　　海外獨派有親日派、有親美派，有民主主義者，也有暴力革命派，有資本主義者也有社會主義者；在臺灣則有暴力邊緣論者臺獨法西斯和民主自決派。「臺獨」的主張建立一個新而獨立的臺灣國，臺灣與大陸的關係到臺灣人當家做主或臺灣是我的家等說法都有。獨派的問題是如何利用臺灣人民所能接受的方法迫使國府澈底臺灣化或者本身成為執政黨，最終則是如何獲得絕大多數臺灣人民的支持，共同抗拒大陸政權統一中國的企圖與行動。

　　在海外的統派多半經歷認同與回歸的掙扎而到過中國大陸；臺灣的統派多半傾向社會主義，他們主張「臺灣人也是中國人的主人」（陳其昌），他們也認為工人運動、統一運動和民主運動雖然同主體而不同層

次，仍然可以同軸同軌齊步向前（林書揚）。也有人主張召開國民會議以解決中國統一問題（胡秋原）。

統一的問題是；用什麼方式統一？如何進行能使國、共使雙方接受？還是提高雙方在社會、經濟、政治等各方面的同質化之後，再統一在雙方都能接受的新系統中。

討論統、獨問題的書籍、論文數以千計，多半是情緒的發洩，對未來的期待而少知識的探討，多半站在各自的立場說明自己的觀點而批判、否定對方。以前國府在批判、否定統、獨雙方的說法之外，往往繼之以威刑。他們很少分析對方或他方發生的原因和存在的意義；也很少探討彼此之間的差異和共通性，他們多半宣揚自己主張的益處，很少探討在實踐過程中可能遭遇到的困難及其成功後的害處；他們也不太重視統獨問題影響最大最深的臺灣人民的想法，他們談誰該當家做主，他們談主張、談意識型態，談政權、法說，卻很少或根本不談臺灣人民的想法和取向。事實上，臺灣人民的取向才是真正的關鍵。

一九八六－八七年間，張茂桂、蕭新煌以問卷抽樣調查一千二百六十一個臺灣大學生的「自我認定」態度，結果選擇「我是臺灣人」的占百分之八‧八，選擇「我是臺灣人也是中國人」的占十四‧九，選擇「我是中國人也是臺灣人」的占十四‧五，選擇「我是中國人」的占三十五‧五。至於選擇「中國人、臺灣人，或者臺灣人、中國人沒有差別」的占二十‧三，選擇其他的占五‧九（中國論壇二八九期）。

一九八七年的另一個調查顯示「僅百分之七的人贊成『臺灣獨立』，百分之五十一的人反對，百分之廿六的人未表示意見」（中國時報七、八）。八八年二月「民意調查基金會」以電話抽樣調查全臺二十歲以上的成年人的一一四五人「贊不贊成臺灣獨立」的意見，其中「非常贊成」的占百分之二‧一，「贊成」的占七‧四，「看情形」的占二‧九，「不贊成」的占四十‧九，非常不贊成的占二十三‧九，「無意見」的占四‧八而「不知道」的占十七‧三。

前述的三項調查都以抽樣調查法完成。我不清楚報端消息的產出過程，而張茂桂和民意調查基金會的方法都相當嚴謹。我並不懷疑三項調

查結果的可信度與效度。兩項對於臺獨的單一目標調查使我們對於主張臺獨的情況有比較具體的數據,「自我認定」的調查使我們對於認同的傾向也有比較深入的瞭解。筆者借用「光譜論」構成「統獨光譜」模型來嘗試說明我對於臺灣人民統獨傾向的看法。

　　臺灣人民對於統獨問題的主張,涉及個人的歷史背景、現實環境和對於未來發展的期待等複雜因素,而且,或統或獨都不是單一選擇的是非問題,而是具有方向性和強弱程度的複雜問題。為了便於分析起見,筆者根據前文的分析和觀察所得,將臺灣人民對於統獨問題的態度分成三組別和六個基本類型並以此構築成「統獨光譜」:

　　主張獨立反對統一(簡稱獨立型)

　　主張統一反對獨立(簡稱統一型)

　　傾向獨立不堅決反對統一(簡稱傾向獨立型)

　　傾向統一不堅決反對獨立(簡稱傾向統一型)

　　現實型

　　規避型

　　獨立型和統一型是顯性的獨派和統派;其他四型屬於隱性的獨派和統派。

　　統派以戰後移民的不滿份子和被迫害者佔多數;日治時代有民族鬥爭經驗的老移民,戰後多半也受到迫害,他們的中華意識強,由於日治時代的教育背景和鬥爭經驗,他們的理論水平高,動員能力也強,是統派中的實力派,統派在國府強烈臺灣化的趨勢中能和獨派分庭抗禮,主要靠的是他們的力量。「中國統一聯盟」是統派的統合性組織。

　　獨派以老移民的不滿份子和被迫害者為主,第二代的新移民也有少數人參與。恐共症強化了獨派的力量,選戰的時候常能製造聲勢,由於獨派絕大多數投入民進黨,臺獨的主張能得多少支持和民進黨其他的主張能獲得多少支持難以區分。「統聯」成立之後,筆者也幾次呼籲獨派脫離與國民黨同質性甚高的民進黨,仿照「統聯」,另外成立一個組織,以「獨立」為訴求來贏取臺灣人民的認同。

　　統派在促成大陸探親合法化之後,態度轉趨謹慎;獨派則更為焦

慮。獨派之所以成為獨派除了歷史背景和主觀認同之外，主要是他們非常清楚客觀的形勢不利於臺灣統一大陸，恐共症也使他們不願意被中共統一，因此不得不選擇獨立一途。大陸穩健的改革步伐和日趨繁榮的現象，在獨派看來正是形成另一霸權、提升中共統一臺灣的能力，兩岸同質化更是中共統一臺灣的前奏。

　　事實上不僅獨派如此，絕大多數臺灣人民都不向統派或獨派這樣具有濃厚的浪漫色彩的思考方式考慮統獨的問題，而是如何才能維持當前的經濟繁榮、社會公義和政治民主化和自己的既得利益的問體。因此，他們思考統獨問題的時候，也是以現實利害者為基點，這一類型我稱之為「現實型」。

　　前舉三項民意測驗，張茂桂調查報告中，自我認定「我是臺灣人」的占百分之八‧八；八七年中的調查報告顯此百分之七的人贊成「臺灣獨立」。假如我們假定這兩項數據足以反映筆者所謂的第一類型和第三類型所佔臺灣人口比例的總和的話，在我看來，可以說是「庶幾近之」而稍微偏高。民意調查基金會調查報告中的「非常贊成」一項的比例，假若是反映第一類型，百分之二的比例，在我看來「相當偏高」；假若「贊成」一項的比例是反映第三類型，百分之七‧四的比例仍高了許多。

　　據我觀察，臺灣人民百分之九十五以上屬於「規避型」和「現實型」。「規避型」之一是平日忙著過日子，他們的生活圈和認同範圍範疇不出鄉里之外，根本不涉及統獨的意識形態問題；其二才是有意規避的人，或者是由於出身背景、或者認為或統或獨由人不由己多談無益，不如埋首賺錢。

　　「現實型」的特徵是但求維持既得的利益，有機會追求更大的利益的時候再談。一九七〇年以後國府的臺灣化和對外尋求實質關係的路線是典型的「現實主義」，民進黨也有非常強烈的現實主義傾向。他們在統獨問題上的差異也不大，一個是現實主義傾向統一型，另一個是現實主義傾向獨立型。有少數獨立型的人隱身於國民黨中，民進黨中也有少數統一型。

　　中國的分裂和列強的利益有密切關係。國、共分裂之後分別附庸於

美、俄也是基於現實的考慮。統獨問題未來的發展除了內在的原因之外，也必須考慮國際的因素。由於中共的對外獨立性較強，俄國對於中國統獨問題的影響力已經非常微弱，但是，美國對國府和獨派的兩元支持政策（加上與中共建交是三元政策），對於臺灣獨立問題仍具有關鍵性的影響，撇開美國的影響力來討論統獨問題是不切實際的事。

以下則借用「磁場論」建構「統獨磁場」模型來分析統獨問題未來的發展。

我以實線表示臺灣現實主義的力量，這種力量包含了現實型、規避型，也包含了傾向獨立型和傾向統一型的部分人口。在「力均、智侔而道不足以相傾」的情勢下，占臺灣人口百分之九十五以上的現實主義者將是臺灣的絕對優勢，也是穩定現狀的力量。

我以虛線代表統一的可能發展。一九八七年以前，統派的力量極其微弱，但是，臺灣是中國一省和臺灣居民百分之九十八‧三是漢人的經驗事實既然無法改變，一旦臺灣政治民主化、經濟自由化能夠繼續進展，社會公義和臺灣居民的權益能夠確保，恐共症能夠袪除，則臺灣海峽兩岸的一體化將能贏得「現實型」臺灣人民的贊同而成為新的統一力量。

一九八七年，中共提出「實踐決定論」，七九年決定反霸、四化、和平統一為九〇年代三大任務之後，臺海兩岸的敵對意識降低，政治、經濟互動的關係增強。八七年又提出「社會主義初級階段論」和隔海國府的解嚴，開放港、澳旅遊，大陸探親合法化等降低衝突的政策相互呼應，兩岸之間的關係更形密切。尤其是「經濟互補論」和從「國際大循環」中脫穎而出的「兩岸經貿大循環論」（張五常）對於臺海兩岸逐步一體化都具有更實際的意義。

我以點線表示臺獨的可能發展。

臺獨是相對於統一的另一磁場；美國則是相對於大陸的另一塊大磁鐵。

美國為了維持它在西太平洋的勢力，韓戰爆發之後，立即提出「臺灣地位未定論」並扶植東遷不久的中華民國政府，使臺灣成為他的保護

國，也造成中國的分裂。一九七一年，美國提出「接納中華人民共和國但不排除中華民國」的建議；消極抵制聯合國的「排國納共案」。七二年二月尼克森與周恩來的「上海公報」聲明雙方都承認只有一個中國。七九年元旦，美國與中共正式建交，是年六月，美國實施「臺灣關係法」以美國國內法的資格和具有國際人格的政治實體「臺灣」往來。美國在迫使國府臺灣化的同時，也扶持在美國和在臺灣的臺獨力量。一九八〇年代美國實施戶口普查，在「民族」調查中增列「臺灣」民族，把「臺灣民族論」在美國領土上合法化，隨即又在移民配額上區分臺灣人和中國人。在國、共隔海上對立的情況下，美國在軍事、經濟、政治各方面都扮演大磁鐵的角色，在符合美國和臺灣的利益情況下，美臺彼此吸引。一旦臺灣與美國的利益衝突時，美國為保護本國的利益，自然就轉而排斥臺灣。近兩年來美國為解決其本國經濟問題而強迫臺幣升值和強迫臺灣降低對美貿易的順差，就讓臺灣吃足苦頭。美國這個大磁鐵用另一磁極面對臺灣的時候，強大的拒斥力迫使國府不得不迎合臺灣人民的願望，降低國、共間的敵意，實行開放政策，傾向吸引力轉大的中國大陸。假若這種現象不變的話，獨派既無法滿足現實主義者的需求，也很難扭轉現實主義者傾向大陸的方向。除非中共改變他們和平統一的政策，逕行武力統一，現實主義者為了維護既有的生活方式，就不得不投入臺獨的陣營，獨派在臺灣就能獲得廣泛的支持。

　　國民黨為了維持它在臺灣的地位，不得不順從人民的願望改善臺灣和大陸的關係。但是，中共統一臺灣之不利於國民黨是顯而易見的，國民黨不但將淪入歷史上的敗部，也將失去不少實利，因此，國民黨只有在有利於國府立足與國民黨的發展條件下才可能降低國、共敵對關係，打開統一之門。以今天臺灣政治民主化和經濟自由化發展的情況看來，中共政權也必須以穩健的步伐實踐四化和更開放、更民主，才能使臺灣人民的恐共症逐漸平復，才能加強大陸的吸引力，否則臺灣人民不但無法向國民黨和國府施加壓力，大陸的停滯、動亂或倒退，必將加深臺灣人民的恐共症，為了保全目前的生活方式不得不犧牲未來的發展退而求其次，轉趨保守而重行關閉通好的大門，那麼統一就更遙遙無期了。

以磁場論說明統獨問題的現況與發展仍然存在一些問題。懸掛的磁片會固定的指向南磁極和北磁極，即使受到擾動之後，仍然會再轉向南北向，因為地球本身可視為一個大磁鐵，而磁鐵和磁場的物理性格也相當規律和穩定。就歷史的經驗看來，經過若干次分裂，中國終究都統一了，似乎就像受過擾動亂了方向的磁鐵，最後仍會轉向南北一樣。問題是與統獨問題未來發展關係最密切的臺灣人民不是磁鐵，不像磁鐵那樣具有非常穩定的方向性。就算把臺灣人民當作磁鐵看待，經過鄭氏延平王國以迄今臺灣和大陸之間的分立、對立、自主、自治、民族自決和獨立等各種經驗，也使臺灣人民的磁力減退、磁場紊亂，它和地球的關係已經沒有從前那樣緊密了。何況在臺灣這塊小磁鐵的旁邊不止一塊大磁鐵，可能其他的磁鐵距離都遠一點，一旦臺灣人民再染上嚴重的恐共症，大陸這塊大磁鐵和臺灣不但不能相互吸引；很可能還是相互排斥最厲害的兩塊磁鐵。臺灣就會轉向遠一點吸引力大的磁鐵。

# 九、結論

「獨立」和「統一」是世界近代史上顯而易見的兩種潮流。臺灣海峽兩岸的分裂現狀是一種不穩定狀態，中國統一和臺灣獨立是兩種可能的結果。

「統一論」在漢代就成為中國的政治信仰，「正統論」以統一論為基礎同時也強化了統一論，對於中國的擴大綿延產生過深遠的影響。

明清之際才有漢人移民臺灣，清末已經成為漢人比例高、漢化深、最能接受歐西文明、經濟繁榮、全國唯一出超的省分。甲午戰爭中國失敗，把臺灣割給日本，光復不久，由於國、共內戰和列強的操縱，又形成分裂對立的狀態。

統一固然是中國正史發展的理想狀態，分裂也是相當顯著的狀態。像臺灣這樣出現獨立的傾向和統獨問題的紛爭卻是向所未有的現象。其原因相當複雜：世界潮流的影響，列國的操縱，國、共雙方「力均而智侔道不足以相傾」使臺灣海峽兩岸相互隔絕都為臺灣獨立運動的形成提

供良好的環境，決定性的因素則是臺灣人獨特的歷史經驗，對於國、共政權的不滿與恐懼以及源於前二者的認同危機問題。

　　文革以後，大陸人民求治心切，終於出現以「實踐決定論」成為指導原則的局面，因而落實到四化和統一的問題上來。美國與中共發表上海公報、換駐代表之後，國府受迫走向臺灣化的途徑，以政治實體的身分在國際社會活動；對內則落實於臺灣的建設與發展，並在臺灣人民強而有力的民意驅迫下，走向政治民主化和經濟自由化的途徑。國府和民意緊密結合之後，才使國府有雄厚的政治資本解除戒嚴並且產生新大陸政策，降低國、共敵對的態勢。

　　國、共雙方近年來逐漸產生擺脫意識形態的牢籠、落實到經驗世界從事改革的傾向。改革不但使政治主體——兩岸人民的生活日漸改善，也使兩個政權本身都產生了一些根本的改變。由於兩岸人民同出一源、同質性高，也使得實踐落實政策的兩個政權和國、共兩黨出現同質化的趨勢。

　　分裂的狀態不是一天所造成的，臺灣人民分立、自主、獨立的經驗斷斷續續也有三百多年，當然不是短時間所能祛除的。恐共症強化了臺灣獨立的傾向；中共在大陸穩健的改革增強了對於臺灣人民的吸引力，恐共症也有緩和的趨勢。國府新的大陸政策，正式打開臺灣海峽兩岸人民互相往來的大門，造成兩個政權直接溝通的可能，使得臺海兩岸的關係產生新的形勢。

　　分裂狀態和統獨問題的形成，都有複雜的歷史的和現實的原因，除非造成現狀的原因有結構性的改變，否則就得累積周邊的、局部的、非結構性的改變引起結構的改變。穩健的改革、善意的體諒、溫和的手段，和長遠的眼光，應該是解決分裂和統獨問題可行的途徑。

一九八八年七月十五日完稿於萬山千水樓
原文刊於《臺灣研究》第 6 期，頁 18-26 及第 7 期，頁 9-16。中國社科院臺灣研究所，1989 年 6 月及 9 月，北京，收入拙著《臺灣歷史與臺灣前途》，頁 19-61，1988.07.07，臺灣史研發會，臺北。

# 臺灣人的國族認同——
# 張福祿、李登輝的比較研究

## 第一章 臺灣人的精神特質

臺灣人好亂，三年一小反，五年一大反，成不了氣候，既不曾翻天覆地改朝換代；也沒有創立百年基業、造福子孫。原因固然複雜，主要原因如下：

**一、受到傳統儒家思想、家族主義和祖籍意識（地域）的深厚影響。**

秀才造反，三年不成。康熙二十五年（西元 1686 年），清朝在臺灣一府三縣開科取士，大量的寬鄉名額，吸引閩、粵兩省窄鄉的士人東渡求取功名，有眼光和企圖心的就參與招墾的行列。張福祿的七世祖張士箱在康熙四十年（西元 1701 年），率四子東渡取功名，乾隆十五年（西元 1750 年）之前，就成為滿門貢生、拔貢，富比王侯的「素封」之家，乾隆廿五~卅五年間，考中六個舉人[1]，科名之盛冠甲全臺。

士族群起東渡，考上秀才的到福州考舉人，考上舉人的到京師（北京）考進士，使得臺灣與福州、北京社會產生制度性的連繫，士大夫成為臺灣社會的領導階級，臺灣迅速的「儒漢化」，儒漢文化成為臺灣社會的穩定力量[2]。

移民東渡，帶來家族主義和祖籍認同，產生群聚效應，以家族或同鄉形成聚落，莊社（漢移民和原住民）雜居。一旦利害衝突或小故生釁

---

[1] 參見尹章義《張士箱家族移民發展史——清初閩南士族移民臺灣之一個案研究(1702~1983)》，民國 72 年，張士箱家族拓展史纂委員會，臺灣，臺北縣，樹林鎮。又，民國 90 年，臺灣省文獻委員會影刊本，臺灣，南投。

[2] 尹章義，〈臺灣←→福建←→京師——「科舉社群」對於臺灣開發史以及臺灣與大陸關係之影響〉，近代中國區域史研討會宣讀論文，收錄於該會論文集，頁 153-191，中央研究院近代史研究所，臺北，又收於《臺灣開發史研究》，頁 527-583，聯經出版公司，1989 年 12 月，臺北。

就分類械鬥，械鬥之後，弱勢者向同類強大聚落遷徙，形成各分氣類的區塊雜居，各分畛域而犬牙交錯，相互牽制。

臺灣在三年一小反，五年一大反之際，必有叛民／義民；聯盟／分類；群體意識／個體利害等內在矛盾，產生機會主義和分裂作用。造反之初即盼招安授官；結盟時即存異心，故而叛服不常、盟約不堅、戰亂不久、大軍東渡、摧枯拉朽、繳械易幟、旋起旋滅[3]。流傳至今，平日派系、語群壁壘分明，選舉時跳船、帶槍投靠，唯利是圖，所謂理念、信仰，灰飛煙滅。

## 二、尚武、重商、輕人文

臺產米糖大量外銷則重商，府學生員（秀才）特設「商籍」；民變、械鬥分類仍則尚武：臺灣武將王得祿（1770－1841 年）嘉義人，官居浙江水陸提督二等子爵，鴉片戰爭守澎湖，殉國，贈伯爵。林文察（1828－1864 年）臺中霧峰人，官居福建陸路提督，太平軍之役，戰歿漳州萬松關，授振武將軍。

臺地不乏官商勾結聚斂致富之土豪而乏藏書家。終清之世，堪稱學者者僅吳子光一人；日據五十年，亦不過日儒伊能嘉矩一人，惟二人皆思想貧乏，未能具有啟示性之成就。

國府遷臺以來，輔育國家幼苗之教育體系與培養社會中堅之研發體系，重關係而輕成就，略有成就者，學而優則仕，但求升官發財，拉幫結黨，攬權弄政。從美歐移植所謂「民主」，逾淮變枳，變成「作人民的主人」；「修憲」修成大權獨攬，「民之所欲，常在我心」變成私心自用；民意機關也變成利益交換的暗室，所謂政黨輪替，也只是換一批人壓迫別人，換一批人數鈔票而已。

清末民初，孫中山有三民主義，五權憲法之說；毛澤東移植無產革命之說，偷天換日，以農民取代工人，完成革命之後，明目張膽以黨領

---

3　尹章義，〈天地會在林爽文事件中所扮演的角色——以臺北土城大墓公的起源為中心所作的探索〉，《臺北文獻》直字第 174 期，頁 208-238，臺北市文獻委員會，臺北。

政，全部私產黨有化，劣則劣矣，臺人無此格局。

　　「民主」固然是臺灣怪胎，形式上尚有「選舉」一端值得一道；解嚴之後，「言論自由」則是普遍接受的概念。近年瀰漫「多元文化」一詞，全世界除了基本教義派、神學政權，無不是與時俱進的多元文化。在臺灣，此一概念的政治鬥爭的工具性格，遠大於文化性與哲學性。統獨認同，不但阻礙了臺灣民主政治的正常發展，更妨礙了原本應當秉持中立的學術界，尤其是史學界的理性發展。

## 三、移民性格的兩極化

　　臺灣本是移民世界，根據 1926 年的《臺灣在籍民鄉貫別調查》，86.4%是閩南語系，客語系占 13.6%。《福建通志‧風俗志》說泉州人「狂躁爲能，好鬥而喜訟」，漳州人「俗好訟，喜爭鬥，矜懽忮囂訟難治」，福建侯官人（今福州市）謝金鑾，久任臺灣縣教諭（1804－1822 年），在〈泉漳治法論〉中說：「泉漳之民性極拙而易怒，拙則闇於利害而無遠圖；易怒則不可磯；少屈抑而發之暴矣」[4]。

　　東渡的移民相較留在泉、漳的留民，更不滿現實，更勇於冒險犯難、更短視、衝動、更不安份，唯利是圖的利益導向更強烈。孔曰成仁，孟曰取義等價值，早已拋到腦後而缺乏中心思想，遂出現了移民性格的兩極化。

　　世界各地在侵略者占領區，降附敵人的奸佞並不罕見，臺灣在中英鴉片戰爭以及日美聯合侵占琅橋（今恆春）牡丹社事件和中法戰爭、日本侵臺之乙未戰爭和日據時代都所在多有。

　　依田學海在專記牡丹社事件（1874 年）的《征番紀勳》一書中，記載彰化廖仕強、廖有富叔姪投靠日本人而日本人不接納的事蹟如下：

　　　　「臺灣彰化縣人廖仕強上書都督曰：『清官貪虐，誅求無已。加以客歲用讒言，謂臣姪有富窩藏賊匪，舉兵襲擊。今年三月，復侵我；事逼危急，會日本二大人辱臨，慰藉甚殷。不幸清兵猖獗，

---

[4] 《福建通志‧風俗志》，清同治十年刊本，大通書局影刊本。

　　燒燬有富家，並收奪二十餘鄉熟禾。臣等痛憤切骨，誓欲報讎。
近聞都督率兵南伐，天賜機會；伏望愛憐，臣等首尾相應，以除
貪官污吏，以活我小民』。所謂二大人者，我海軍士樺山資紀、
水野遵也。先是，征番師未發，使二子探偵番情往。至彰化縣廖
有富家，有富大喜，饗待甚恭；欲推二子為將，拒清兵。二子諭
以『我與清同盟，不得相仇』；乃辭去。至是，從道亦斥其書，
不納。」[5]

　　根據《風港營所雜記》二廖是今臺中市西屯區人，是戴潮春（北屯
區人）同治元年（1862 年）以八卦會名義起事的殘黨。日軍與中軍對
壘，不願節外生枝，故拒之。雜記中還記載吳文鳳、劉歲等多起事件，
不贅述[6]。

　　日據時代，在帝國主義高壓統治下，少數人移植反帝、反殖民主義
思想；多數人吞悲而懷抱祖國之思，極少數人則依附日帝以求富貴。

　　光復以後，《懲治漢奸條例》不行於臺灣，陳儀制定的《臺灣省停
止公權人登記規則》，企圖阻止漢奸擔任公職，也被監察委員丘念臺所
阻止[7]。既無法律制裁，更無道德譴責。依附日帝得富貴者，依然鮮衣
怒馬，聞達於國府；昔日之抗日份子則多陷囹圄。蔣介石譽辜顯榮「獨
秉孤忠」[8]；馬英九以林熊徵為抗日英雄[9]（二人為日據時代頭號及二號
漢奸，「公益會」頭領[10]），故而李登輝自以為是皇軍，以「為祖國而戰」
為榮，不足為奇。雖然日本人認為臺灣只是屬地，臺灣人是屬民（英國

---

5　依田學海，《征番紀勳》，頁 83。臺灣銀行編印《臺灣文獻叢刊》第 308 種之附錄。

6　《風港營所雜記》第二號、《牡丹社事件史料專題翻譯》，民國 92 年，國史館臺灣文獻館，
　南投。

7　國家發展委員會檔案局，檔號 A3055100000C/0035/180.1/4022/1/011，檢察漢奸軍事方面條例。
　監察員向行政院呈送監察委員丘念台之建議：「漢奸條例已宣布不適用於臺胞……行政院
　發文至臺灣行政長官公署，請其停止頒行〈臺灣省停止公權人登記規則〉」。

8　參見尹章義，〈滄桑之際的臺灣豪門──一九四五～一九五〇〉，《歷史月刊》24 期，1990.01，
　歷史月刊社、聯經出版公司，臺北。(ISSN:1019-9144)

9　參見尹章義《自娛集》所收影刊〈紀念抗日戰爭暨臺灣光復 65 周年特展〉，4-9「抗日英雄
　林熊徵」相片一禎，圖說如下：「臺灣板橋仕紳林熊徵（字薇閣），資助三千日圓，作為
　林覺民等革命志士回國參加辛亥『三二九』起義的旅費」。尹章義自印發行，2011，臺北。

10　葉榮鐘，《臺灣民族運動史》（公益會的反文化協會運動），頁 39-316，自立晚報出版社，
　民國 60 年，臺北。

視香港亦然），臺灣總督府認為臺灣人資質太差，不可以擔任日本軍人，只能擔任軍屬、軍伕；戰後，日本法院判決臺灣人不是日本人，不適格接受日本《援護法》（退除役官兵撫卹法）、《恩給法》（退休法）之援助與保護。縱使在日本軍隊中擔任軍屬、軍伕、學生兵而滯留在日本的臺灣人，也必須經過歸化申請核准後，確定為日本公民，才能申請援護[11]。

臺灣人不但排除於兵役之外，也沒有參與國政權，直到 1945 年，美軍轟炸到關東、九州和東京，3 月 17 日，日本政府才訂定《殖民地政府待遇案》，21 日眾議院才通過配給朝鮮二十三名眾議員，臺灣只有五名眾議員。8 月 15 日日本無條件投降，在此期間，沒有辦過選舉，《殖民地政府待遇案》只是空包彈，臺灣人只有繳稅加捐的義務，沒有國民的權利[12]。

光復之後，雖然有所謂「民族精神教育」，但是漢奸卻得享高官、厚祿、富貴、當總統，甚至以皇軍自居而以日本為祖國，實施反民族精神教育，都有其根源。假若光復之初，在臺灣嚴懲漢奸，使漢奸受到法律和道德兩方的教訓，這些人絕不敢明目張膽倒行逆施。

試以張福祿與李登輝兩個案為例分析臺灣人國族認同的兩極化。

# 第二章 張福祿（1915.06~2008.05）海峽兩岸七修宗祠

張福祿祖籍福建泉州晉江，生於臺北樹林。

康熙二十二年（1683 年）施琅平臺，次年（1684 年）設臺灣府，下轄臺灣、諸羅、鳳山三縣，二十五年（1686 年）設置府學及三縣學開科取士。決定了臺灣儒漢化的歷史道路。

根據雍正二年（1724 年）諸羅知縣孫魯的詳文載：「富豪節次來臺

---

[11] 台灣人元日本兵の補償問題考える會，《非情の判決を乗ソ越元て》（《補償請求訴訟資料第 3 集》），頁 24-49，昭和 57 年(1982)2 月 26 日，東京地裁（地方法院）「ク第 7674 號」判決書，昭和 57 年 4 月，東京。

[12] 黃昭堂（黃英哲譯），《台灣總督府》〈虛幻的國政參與〉，頁 187-189，前衛出版社，1994，臺北。

稟請昭立墾……曠土清埔盡為業戶所墾無餘」[13]，大陸的農業資本家挾
雄貲來臺墾闢荒地，確立了臺灣農業資本主義的經濟型態[14]。

　　張福祿的七世祖張士箱在康熙四十一年（西元 1702 年）到臺灣來，
考入鳳山縣學，四個兒子：方高、高升、方遠、方大隨後也都成為臺灣
秀才。乾隆廿五~卅五年間（1760~1770 年），子孫六人考中舉人，科名
之盛，冠甲全臺[15]。

　　追求功名的同時，張士箱也看準了臺灣沃野千里而乏人墾耕的龐大
利基，投資拓墾、製糖、典鋪和商業，財力雄厚。在晉江興建大、小宗
祠、修族譜，在臺灣捐獻改建府學孔廟、縣衙、海東書院。乾隆十五年
（1750 年）臺灣知府方邦基在詳文上，稱張家為「素封之家」[16]。

　　張福祿的六世祖張方大（1715~1764 年）在今天的雲林、彰化置有
龐大產業，捐建彰化孔廟和白沙書院，捐置宗祠祀業。乾隆十六年（1751
年），進墾淡水廳海山莊（今新北市樹林、新莊一帶），成為臺北的開基
祖。子孫以大地主、縉紳世家的身分活躍於晉江和北臺[17]。

　　張方大在樹林興建的園邸稱為「必榮公館」，銘自宅為「方大居」，
張家是泉人領袖，宅邸兩度燬於泉、漳械鬥，日人侵臺，再燬於戰火而
重建，日據初期仍被譽為「壯麗有如小諸侯的城堡」[18]。

　　滄桑之變，科舉制度不行，張家主要的經濟來源——水租（張厝圳）
和大租都被日本人徵收，加上主觀的調適感不上客觀世界變化，坐吃山
空，家道中落。張福祿出生前，張家靠變賣殘餘祖產度日，張福祿出生
時，張家已淪為佃農、借債度日[19]。

---

[13]　《孫太爺開租碑》，《臺灣南部碑文集成》，頁 126-127，《臺灣文獻叢刊》第 218 種本。

[14]　尹章義，〈臺北的歷史飛躍與臺北人的精神特質〉「從部落主義到資本主義的飛躍」，《臺
　　　北文獻直字》第 154 期，頁 61-106，臺北市文獻委員會，2005 年 12 月出版，臺北。又收於
　　　2006.01，〈臺北的歷史飛躍與臺北人的精神特質〉，《第一屆臺北學國際學術研討會論文
　　　集》，頁 29-43，臺北市文化局，民國 95 年 1 月出版，臺北。

[15]　同註釋 1。

[16]　《重修臺灣縣志》，《臺灣文獻叢刊》第 113 種本，建置志公署門縣署條，頁 92。

[17]　尹章義，前書，第三章第五節「張方大及家人之舉業、仕途與社會地位」，頁 66-70，以及
　　　第四章第三節，「張士箱家族在臺灣北部的拓墾事業」，頁 121-147。

[18]　張福壽，《樹林鄉土誌》第八章第一節「潭底公館」（1938 年油印本），頁 149-150。

[19]　張福祿，《自敘》，《七星居文集》，頁 8，財團法人福祿文化基金會，2008 年 5 月，臺北。

　　民國十九年（1930 年），張福祿畢業於樹林公學校高等科（六年），白天在樹林酒場擔任工友，傍晚搭乘火車趕到臺北，就讀於專供工友進修的夜間學校（不設日間部）——成淵中學[20]，經常餓著肚子上學[21]。民國二十二年（1933 年）畢業，進入鶯歌街役場（下轄今新北市鶯歌和樹林區），1942 年轉任藥品貿易組合擔任主事。次年，以歷年省吃儉用的積蓄，買回祖宅和前後的田地，1944 年任臺灣物資營團（光復後改組為臺灣省物資局，舊址在今臺北市開封街），擔任交易不輸出課書記[22]。

　　光復後以六世祖之名創立方大行，從事化工貿易，民國三十八年（1949 年）成立方大股份有限公司，專營化工原料之國際貿易與國內買賣，稍有積蓄，再度買回因為政府施行耕者有其田而收轉佃之祖地、整修祖厝、祖墓，捐建樹林國校教室，捐修五世祖張源清倡建的濟安宮（乾隆五十三年，1788 年，奉祀保生大帝，醫藥神）[23]。

　　民國四十二年（1953 年），政府獎勵工業發展，施行進口替代政策，張福祿試製滅菌素、非肥皂和檸檬酸等食品添加劑；四十三年創辦三福化工廠，由商業轉進工業。民國五十五年增建水電解設備，踏入氣體工業[24]。

　　生活稍微富裕之後，張福祿的歷史使命感更加強烈，興起了修建祖祠和纂修族譜的雄心。民國六十五年（1976 年）成立「財團法人臺北縣私立張方大慈善基金會」，因為福祿、福壽、福春三兄弟把方大居（含土地）捐給基金會，杜絕祖宅和祀地的變賣流失。民國七十年（1981 年）興建「張方大紀念堂」，就是主祀張方大的祠堂。民國七十二年，紀念堂落成時出版《張士箱家族移民發展史》，就是傳統族譜的進化版。民國七十四年（1985 年）又出版《臺灣鑑湖張氏族譜》[25]。假若可能的

---

[20] 尹章義，〈臺北成淵中學百年史與張福祿〉，《臺北文獻》直字第 177 期，頁 121-169，2011 年 9 月，臺北市文獻委員會，臺北。

[21] 李端明，〈士族、企業與成淵—傑出校友張福祿訪問記錄〉，謝念慈總編輯，《老樹新枝 105 特刊（1897-2002）》，頁 156-157。成淵中學，2002 年 5 月 25 日，臺北。

[22] 張福祿，《自敘》，頁 12。

[23] 前書，頁 18。

[24] 前書，頁 18-23。

[25] 前書，頁 18、24 以及第七節「尋根與懷祖」，頁 30-43。

話，他早已返鄉謁祖、建祠、修譜；可是，客觀的環境條件不容許他逐行他的意志，海峽兩岸因為政府對立而隔絕，咫尺天涯，張福祿只能望洋興嘆。

　　早在民國七十五年（1986 年）鄧小平宣示「對內改革，對外開放」之初，張福祿在巴西經營有成的長子張勝凱就到大陸考察投資環境，並回晉江尋根謁祖；七十六年（1987 年）再度前往，謁拜六世祖方大公祖墓以及歷代祖墳，並出資修護，聊盡子孫之責[26]。

　　早在民國七十九年（1990 年）政府開放大陸觀光和兩岸經貿往來，八十年十月（1991 年），張福祿率領一個十七人的返鄉謁祖團回到晉江祭祖，受到空前盛大的歡迎[27]。

　　張福祿是成功的企業家，研究、分析、判斷都必須精準，難免乾綱獨斷。但是，他認為敬宗收族的事業，必須闔族團結和諧，共襄盛舉，營造家族的一體感。這正是家族主義的精義，他回到故鄉也是秉持著這種精神。不過，經歷中共數十年的統治，曾視家族系統和宗教系統如讎寇，家族主義精神已淡薄。張福祿一面受到官方的阻撓，一面承受了分隔百餘年宗親的刁難和需索，排除萬難於民國八十三年（1994 年）起興建「開閩始祖張延魯」的大宗祠，八十六年（1997 年）正月落成，「廟貌宏偉居閩南之冠」[28]。

　　張福祿在臺灣建祠修譜，各家電視臺和平面媒體大肆報導，在臺灣掀起了修譜、建祠的風潮。回晉江謁祖建祠，在中共反家族主義和反宗教的政治環境下，突破禁忌，更為轟動，也掀起了閩南尋找文革動亂十年、除四舊之餘，倖存的族譜和重建祠堂的風潮。

　　民國八十一至八十五年間，張福祿往返晉江、臺灣之間，達十八次之多，完成的敬宗收族，十大志業如下[29]：

　　重建「鑑湖張氏延魯公」大宗祠

---

[26] 前書，頁 34。

[27] 前書，頁 34。

[28] 《續修鑑湖張氏族譜》第三章之二十九〈福祿公重建祖廟記〉，頁 79-81，民國 100 年 10 月，張方大基金會，樹林。

[29] 《續修鑑湖張氏族譜》第三章第廿九節〈福祿公重建祖廟記〉，頁 79-82。

重修霞行古道公宗祠

重修碩庵公小宗祠

重修安溪張氏宗祠

重修象岡公宗祠

重修安溪東坑張氏宗祠

新建延魯公大宗祠牌樓與神道

重建碩庵公小宗祠廟埕

重修張士箱墓，再修張方大墓

出版《泉州、臺灣張士箱家族文件匯編》

民國九十二年（2003 年），以八十八歲高齡，還率親友到典阜進謁孔廟並登泰山，得嘗「一覽群山小」的宿願。

民國九十三年（2004 年），張福祿九十歲，耆老之齡以毛筆寫下七千字的《自敘》，在全文之末他說：

> 「由西元一九九二年第一次組團謁祖，到大宗祠、小宗祠等家廟進謁及主持重建修繕計畫，以迄九六年工程全部完成，四年間，共記返鄉十八次之多。一心一意只為祖先聊盡孝思而已。
>
> 如今，臺灣張方大慈善基金會、紀念堂、幼稚園、宗親公會等運作順利；大陸大宗祠、小宗祠、安溪家廟等祖廟均告完成，子孫有回歸之處，心願已了！略述平生，以供後人了解創業維艱，守成不易之理，知所勉勵，並以弘揚家訓為志，是為最大的願望！」[30]

張福祿所從事的是前所未有的大規模的重修和重建祠堂的事業，既然海峽兩岸的宗廟完成，祖靈有所棲止，而子孫又「有回歸之處」，九十歲的張福祿，心滿意足，愉悅地寫下「心願已了」四個字，並且勉勵子孫們「以弘揚家訓為志」，《自敘》便以此圓滿結束。

張福祿生長於日據時代，曾經擔任日語教員[31]和日人在臺機構的基層人員，他的事業也與日本人關係密切，但是，他出身書香世家，他的

---

[30] 張福祿，《自敘》，頁 40。

[31] 張福壽，《樹林鄉土誌》第四張第二節「社會教育」，頁 83。

家族主義、祖先崇拜和對於祖先的感恩戴德，自然流露在他的國族認同上，雖然祖籍晉江的敬宗收族事業受到不少挫折，他也無怨無悔。

# 第三章　李登輝（1923.01~）日本人的法定棄嬰

李登輝，祖籍福建省汀州府永定縣（客語區）[32]，生於臺北三芝。

李登輝的祖父李財金，從桃園龍潭遷居三芝，成為客籍地主傅印的佃農，兼營肉攤，寅緣日警而獲得販賣鴉片的執照[33]，是為佃農兼屠夫兼毒販，因而臻至小康之家，興建三合院稱「源興居」，李登輝發跡後，人稱「李祖厝」。李財金遷居三芝之前的族史不詳。父李金龍任「巡查補」（候補警察），擔任臺灣人聞之喪膽的刑警，光復後曾任臺北縣議員[34]。兄長李登欽，也是巡查補，1943 年徵充日本軍伕，死於南洋。

李登輝 1935 年畢業於日本公學校入臺北中學（今泰山中學），次年入淡水中學。1940 年出，臺灣人改姓名運動開始即改名「岩里政男」[35]

---

[32] 李登輝是汀州客家人。根據日本人在 1926 年（昭和元年）對於臺灣漢人的祖籍所做的調查，將近 45%來自泉州，35%來自漳州；15.6 來自粵東、嘉應、惠州及潮州三府，只有 1%來自汀州。因此，汀州客比其他 15%的客家人更加福佬化（俗稱福佬客）。在 80%的福佬人中權充福佬人，佔了很大便宜。

[33] 中島嶺雄，《亞洲的智略》中透露，李登輝親口向他證實，李的祖父李財金取得販賣鴉片的許可執照（頁）178。王作榮、戴國煇合述的《愛憎李登輝》一書，兩度提到這件事（頁 46、185），天下遠見出版，2001，臺北。

[34] 關於李登輝的身世，《商業周刊》第 361 期（1994）曾經刊出〈李登輝的爸爸是日本人？〉一文，並附刊一禎原置於三芝源興居神桌上的照片，照片中有九個日本警察和一個中國人，照片前排左一，是一個高瘦的日本警察，相貌身材與李登輝酷似。出刊之前，該刊黃副總編輯曾經到舍下相詢，是否可以根據此一相片，參酌其他資料撰寫一文？筆者認為，在源興居神桌上放置此照片，的確耐人尋味，但就筆者掌握和可能掌握的資料，無法證實或證否李登輝與該日警的關係。建議該刊可循線找到李登輝母親娘家的親人或該名日警的後裔，真相或可大白。該刊並未依筆者建議處理，故引起許多揣測。筆者則認為，1991 年的《從少年劍士到總統——李登輝成長的過程》一文，已經明白指出李以上帝自居的獨裁及臺獨傾向，也明確地指出李缺乏處理島內和兩岸問題的能力；但是，李登輝大權在握之後，國民黨大老爭相輸誠，人人都想分食殘羹剩飯，毫不顧及國家民族的前途。筆者認為，合九州之鐵（含中共）已鑄成大錯，縱使證明李為日警之子，也無濟於事。故而婉拒黃副總編輯的邀請。假若李登輝果然為日警之子，他又認為日本人品質優於中國人，日本文化優於中國文化，日本國又強於中國，則李登輝的親日仇中言行不難理解。

[35] 李登輝，《臺灣的主張》，附錄二〈李登輝先生年表〉，民國 29 年（1940）改姓名，而李改進臺北高等學校為次年。故而，李以日本人姓名入學而非臺灣人姓名入學。1940 年 2 月

因而得以進入臺北高校，因為「大東亞戰爭」激烈，於 1943 年 8 月提早畢業，10 月入京都大學農林經濟科就讀，又因開羅會議（1943.11.26）重新編定東亞新秩序，日本強徵臺、韓學生入伍（日人習稱「學徒出陣」）擔任非戰鬥勤務。李於 1944 年 10 月以學生身分入伍，一度回臺受訓，再調赴日本受訓，入高射炮部隊。來往於臺日之間，曾經船過青島，驚鴻一瞥，是僅有的大陸經驗[36]。1945 年 7 月 26 日波茨坦宣言，要求日本無條件投降，8 月 6 日，美軍在廣島投下原子彈，9 日在長崎再投原子彈；8 月 15 日，日本帝國徹底崩潰而宣布無條件投降，時人謔稱戰爭結束前濫竽充數如曇花一現的科長為波茨坦科長[37]，李登輝這一類短命的善變少尉，則是波茨坦少尉。

民國卅五年（1946 年）春天，李登輝回臺，就讀臺大農經系，卅八年畢業留校任助教，四十一年獲得中美基金獎學金，到美國愛荷華大學進修，次年回臺，經歷臺灣省農林廳技士、合作金庫研究員、農復會技士，並兼臺大教職。民國五十四年到美國康乃爾大學進修，五十七年（1968 年）取得農經博士，回任農復會技正兼臺大教授[38]。

民國四十九年（1960 年）行政院美援經濟研究中心主任王作榮負責設計第四次四年經濟建設計畫，邀請李登輝參與。五十九年（1970 年）王作榮受獎經國之召，辭卻聯合國工作回臺，以中美經濟合作委員會顧問身分，考察臺灣經濟，王又邀請李登輝偕行，蔣經國又命王作榮考察日、韓經濟，王又邀李偕行。是年六月，王又推薦李登輝加入中國國民黨[39]。

民國六十一年（1972年）五月，蔣經國出任行政院長，徐慶鐘任副

---

　　21 日為日本天皇紀元 2600 年紀念日，日本政府訂定此日為臺灣人和朝鮮人皇民化「創氏改名」的日子，半年間，朝鮮百分之八十改姓名，臺灣只有 168 人。參見《臺灣總督府》頁 171-172，李登輝是臺灣三百餘萬人中，最先改名的 1/168。

[36]　蔡琨燦，《臺灣人と日本精神》，頁 98-102，教文社，1991，東京。

[37]　吳濁流，《波茨坦科長》，小序。遠行出版社，民國 66 年，臺北。

[38]　陳世宏等著，《李登輝先生與台灣民主化》，附錄一〈李登輝先生重要紀事〉，李登輝主持，群策會編輯，玉山社，2004，臺北。

[39]　王作榮、戴國輝，《愛憎李登輝：戴國輝與王作榮對話錄》，頁 22-35，頁 101-104，天下文化出版社，2001，臺北。

院長，6月1日任命謝東閔為臺灣省主席、張豐緒為臺北市長，6月2日任命李登輝為行政院政務委員，由技術官僚轉入政壇，從此平步青雲、飛黃騰達。六十七年任臺北市長，七十年任臺灣省主席，七十二年（1983年）超越本省籍政界前輩謝東閔、戴炎輝、徐慶鐘、林洋港和外省籍的孫運璿、李國鼎、李煥等人脫穎而出，被蔣經國拔擢為副總統[40]。

民國七十八年（1989年）一月十三日蔣經國逝世，李登輝依法繼任為總統，七月八日任中國國民黨主席。民國七十九年三月廿一日，李登輝當選中華民國第八任總統。是年六月（1990.06.23），我在《時報週刊》第278期發表〈從少年劍士——李登輝成長的過程〉。編者加上按語：

> 「國府總統李登輝日前曾在一些政治作風上，引起朝野不少爭論，李登輝的政治性格真的難以理解嗎？本文是從李登輝的成長背景、學習過程、政治歷練等角度解析他，觀察他。」[41]

民國七十七年一月十三日，蔣經國總統逝世，當時擔任副總統的李登輝依法繼任為總統。一月廿七日代理黨主席、七月八日當選黨主席，經過黨內主流、非主流之爭，李登輝結合地方派系、黑金勢力、民進黨和「野百合學運」[42]，於七十八年三月二十一日當選中華民國總統，五月廿日宣誓就職。

批判李登輝的文章如車載斗量，筆者是第一個從發展心理學和政壇歷練角度剖析李登輝的人，這篇文章引起政界很大的騷動和反響，我在文中說：

> 「今年五月二十二日，李總統在就職後的首次記者會中，答覆有關『治國理念』和『怎樣來釐清政治與宗教的分際』時，李總統說：『宗教信仰對本人來說，比本人得到的幾十年的教育、知

---

[40] 許策，《李登輝評傳》第九、十章，天元出版社，1988，臺北。

[41] 尹章義，〈從少年劍士到總統——李登輝成長的過程〉，《美洲版時報週刊》278 期，頁 68，1990 年 6 月，中國時報社，臺北。又收於《臺灣史研究會論文第三集》，頁 1-12，1991 年 4 月，臺北。

[42] 「野百合學運」在中正紀念堂鬧了三個月，於李登輝、李元簇當選總統、副總統次日嘎然而止。

識，可能有更大的力量』。顯示主觀的心靈體會已經超越了客觀的理性。李總統強調自己是『透過禱告』來得到『性靈的感受』，強調無我、無私。就宗教學的角度而言，祈禱不只是祈求句，同時也是命令句，人透過神意、透過性靈的感受將自己的思想、意志和行為合理化。所了解的『神的話』，其實是透過自我和意志的投射。」[43]

我斷言李登輝「隱然以上主自況」，卻「充滿殺伐之氣」，「對於美國式的民主並沒有產生性靈的感受」。看到 1996 年之後臺灣的總統獨裁制，當年稱他為「民主先生」的美國人，後來卻稱他為「麻煩製造者」，一定羞愧得無地自容。

我又說：

「在就任總統的首次記者會中，他曾經這樣說：『在總統府有沈秘書長（昌煥）為我跑腿；在黨裡面有李秘書長（煥）為我跑腿』。……李總統入仕十六年，沾染了官場上的習氣；在蔣經國庇蔭之下無往不利的『李登輝傳奇』，使李登輝產生『狐狸的錯覺』，蔣經國的庇蔭下反而使李登輝誤以為他的主觀意志可以克服一切難題而錯失了學習、成長的機會。」[44]

「跑腿」是非常封建又非常輕蔑的辭彙，通常用在奴僕身上，以沈昌煥（1960~1961，1971~1979 擔任外交部長）和李煥（1952~1963 擔任救國團主任，1976~1978 國民黨組工會，1984~1987 教育部長）兩人的資歷，蔣經國也不至於使用這麼不敬的說法，由此可看出李登輝的志得意滿和荒腔走板。

如今看來，李登輝只是越來越退步，宛如無知的孩童一樣信口開河的人。最讓那些黨國大老們不可置信的是我說李登輝不但參加過共產黨，而且「李登輝和彭明敏等令國民黨頭痛的異議份子交稱莫逆，而且和在紐約刺殺蔣經國的黃文雄過從甚密。」[45]

---

[43] 仝注釋 41，頁 72。
[44] 仝注釋 41，頁 72。
[45] 仝注釋 41，頁 70。

若干作者，捕風捉影，描述彭明敏逃亡海外之初，以及李登輝在康乃爾大學與黃文雄交往甚密[46]，但是筆者獲得的確訊是民進黨成立前後。李登輝大敗主流之後，黨、政、軍、特權一把抓，國民黨大老爭相歸附，冀求一官半職，根本不敢追究。

該篇文章全文一萬餘字，結論如下：

> 「李登輝繼任總統之後，不但舊有的問題仍然存在，新問題更層出不窮。……至於統獨和海峽兩岸的關係問題，如何真正的突破外交困境的問題，民主和政黨政治的發展問題以及受到國民黨、民進黨雙重壓迫的原住民、客家人和第二代外省人的問題，都期待李總統以更成熟、圓融的心智去解決，大家所關心的經濟問題則猶其餘事。」[47]

筆者的論文 1990 年 6 月在《中國時報》發表之後，李登輝仍然維持他在國民黨中的「國家統一論」，1990 年（民國 79）年 10 月 7 日，宣布成立「國家統一委員會」，1991 年 2 月 23 日，在民進黨參與決議過程下，通過《國家統一綱領》，其〈四大原則〉之首即是：

> 「大陸與臺灣均是中國的領土，促成國家的統一，應是中國人共同的責任」。

在此同時，又以「臺灣省立博物館」成立八十五周年為由，邀請筆者策畫「臺灣文化溯源與發展」特展，1992 年 10 月 7 日開幕[48]，李登輝親臨並頒賀辭，立紀念碑於該館正門右側，辭云：

> 「三臺風物　源遠流長　中原修睦　上溯隋唐

---

[46] 譬如《愛憎李登輝》，頁 29，即持此說。

[47] 仝注釋 41，頁 72。

[48] 當局邀請筆者擔任策展人，筆者根據策展計畫，撰寫了〈科舉制度對臺灣歷史發展的影響〉、〈日據時代臺灣的發展〉、〈源遠流長的姓氏堂號〉、〈臺灣——中國現代化的實驗室，我們到底要用什麼樣的姿態來面對二十一世紀？〉、〈愛鄉更愛土的環保運動〉五篇文章做為導覽之用，並發表於《臺灣博物》第 11 卷四期「臺灣文化專刊」（臺灣省立博物館），1992 年 10 月 8 日，文化版。後又發表〈和諧、安定、進取、開創——臺灣文化的特質〉於中華復興委員會的《活水》34 期（1992.11.20）。因而對於李登輝執政初期及其後的轉變知之甚詳。

　　　　鄭王開府　　沈撫啟疆　　抗日終戰　　海甸重光

　　　　爰收斯館　　乃積乃昌　　文化資產　　杜教津梁

　　　　新猷丕展　　績效孔彰　　臺灣經驗　　大我宗邦」[49]

　　仍是一貫的「國家統一論」。

　　當時李登輝最盼望的是兩岸進行政治談判，他可以和中共領導人鄧小平見面握手，進而獲頒諾貝爾和平獎；李也屢次派遣密使前往，始終不得其門而入，惱羞成怒，走向親日反中之路。

　　1993 年 1 月 5 日，李登輝和日本作家司馬遼太郎夜談，李雖然告訴司馬，希望有機會和江澤民會談「國家統一前臺灣的處境問題」[50]，但是，李登輝也接受了他的「家內」——曾文惠女士的建議，大談「生為臺灣人的悲哀」和《舊約聖經・出埃及紀》的議題[51]。李登輝也告訴訪客：「鄉土意識可能野火燎原，成為百年禍根」[52]，轉念之間，那「百年禍根」就變成他的「百年大業」，1997 年就推出親日反中的《認識臺灣》教科書（分為歷史、地理、社會三篇，各一冊）。1999 年更推出「兩國論」——「臺灣已經獨立，名字叫中華民國」，借殼上市的臺獨論正式登場。

　　李／司馬夜談之後，李登輝的「殖民統治優越論」和媚日言論越來越令人有不可思議之感。曾經多次提拔李登輝也曾被李登輝任命為考選部長和監察院長的密友王作榮說：

　　　　「李登輝有濃厚的自卑感和強烈的優越感，他的矛盾性格，多拜日本高壓統治之賜」[53]

　　連幫他傳播媚日言論的日本學者都認為「全世界找不到，真的很難

---

[49] 參見《臺灣博物——臺灣文化專刊》，頁 3，〈臺灣省立博物館獲頒李總統登輝先生紀念碑文暨「臺灣文化溯源與發展特展」開幕典禮紀事〉，頁 2 為李登輝立於紀念碑前的照片。

[50] 司馬遼太郎，《台灣紀行》，頁 381-382，朝日新聞社，單行本，1994.11，《朝日文庫》本，1997.06，東京。

[51] 前書，頁 378。

[52] 前書，頁 370。

[53] 前書，頁 370。

找到第二個曾經身為被統治者，卻對過去的統治母國如此讚許的人」[54]；李登輝以日語、日文發表的親日、媚日、愛日言論更是車載斗量，日本右翼文人更賜以「愛日家」的名號，筆者曾經發表〈臺灣的愛日家與親日族〉一文以及其他相關論文，本文不再贅引贅述[55]。但是，即使極右派的小林善紀在《臺灣論》中雖然力捧李登輝，但是，在序言中，也明確地指出：「戰後的日本人看到臺灣人的親日，都是立刻腦中一片空白」，「在韓國找不到類似的人」[56]，也不恥李登輝親日、媚日的言行。

　　曾經極力向蔣經國推薦李登輝，也推薦李登輝加入中國國民黨，從此飛黃騰達；李登輝擔任總統之後，知恩圖報，委以考選部長和監察院長大位的王作榮，在李登輝執政期間（1988~2000），也是為李登輝言行辯護的第一員大將。民國九十年（2000）李登輝卸任後，概括描述李任總統任內表現：

> 「第一、使用正當的與不正當的手段修改憲法，集大權於總統一身，在民主政治的掩護之下，成為實際的獨裁者，嗜愛誇耀權力，也玩弄權力；第二、積極推動臺獨，並與日本軍國主義餘孽極右派份子緊密掛勾，盡情地侮辱中國與中國人，包括歷史與文化，推崇中國世仇日本與日本人，因此而不惜歪曲中國歷史與日本侵略中國及統治臺灣的歷史。」[57]

　　王作榮又分析李登輝挑起臺灣內部對立和兩岸對立：

> 「李總統這十數年來對臺灣社會的影響，非常重大，不論是政治、社會的情況都有巨幅翻轉，其中最重要的就是『去中國化』，甚至是激起情緒對立，陳水扁的當選，實際上是李總統的力量使

---

[54]　《愛憎李登輝》，頁 91。

[55]　尹章義，〈臺灣的愛日家與親日族〉，《海峽評論》月刊 127 期，頁 51-59。《遠望》月刊 154 期，頁 37-47。《政治評論》2001 年 6 月及 7 月份分上下兩篇刊出。又參見尹章義，〈臺灣人的日本觀－以日台關係史為軸心的探索〉，《歷史月刊》2001 年 6 月號，頁 32-41，歷史智庫出版公司，臺北。

[56]　尹章義，〈臺灣人的日本觀－以日台關係史為軸心的探索〉，《歷史月刊》2001 年 6 月號，頁 34，歷史智庫出版公司，臺北。

[57]　《愛憎李登輝——戴國煇與王作榮對話錄》，頁 11，王作榮序，2001 年，天下遠見，臺北。

然。……社會上同樣有去中國化、反中國的情緒，更重要的是也激起了中共的情緒。現在搞成大問題，激起對抗情緒，中共不會善罷干休。」[58]

對於李的作為，王的評論尚稱中肯，最讓王受不了的是：

「中華民國的大總統，中國國民黨的黨主席竟然變成了日本人心目中的臺灣系日本人，李總統泰然接受，無一言更正。」[59]

此說有為李登輝開脫之嫌，其實，李不是被動接受而是積極營造。李所營造的也不是「臺灣系日本人」，而是「日本人」和「皇軍」，並以此為傲。

李登輝於民國一〇四年七月訪日本期間，接受日本右翼雜誌《Voice》專訪，宣稱：中日戰爭期間，臺灣和日本同屬一國，臺灣人身為日本人，是「為祖國而戰」，竟然以己身「皇軍」為榮，認同日本是「祖國」[60]。根據筆者在第一章所述，日本人始終看不起臺灣人，認為臺灣人沒有資格參軍[61]，只能徵召為比軍犬、軍馬還不如的軍屬和軍伕[62]，李登輝所引以為傲的「皇軍」，也不過被迫志願「學徒出陣」的學生兵[63]。根據 1982 年（日本昭和 57 年）2 月 26 日，東京地方法院「ク第 7674 號」，針對「臺灣人前日本兵」請求補償的訴訟的判決書：臺灣人不是日本人，請求補償「不適格」，原告的訴求「棄卻」（不受理）[64]。

根據「國籍法定主義」，「國籍」必須由主權國依法授予，但是，日本據臺五十年，臺灣人始終是日本國屬地臺灣的「臺灣籍民」，沒有一條法律規定臺灣人是日本國籍，日本人從來沒有賦予臺灣人日本國籍[65]，日

---

[58] 前書，頁 11-12。

[59] 前書，頁 13。

[60] 參見民國 104 年 8 月 21 日，《中國時報》，A4 版之報導。

[61] 臺灣總督府，《台灣統治概要》，昭和 20 年（1945），第一章兵事。台灣人元日本兵士の補償問題考える會，《台灣人元日本兵士の訴え。補償要求訴訟資料第一集》，頁 80-85，昭和 53 年（1978），東京。

[62] 黃昭堂（黃英哲譯），《台灣總督府》，頁 169-170，1994 年，前衛出版社，臺北。

[63] 仝注釋 51，58。

[64] 台灣人元日本兵士の補償問題考える會，《非情の判決を乘り越えて》，頁 26-49。

[65] 尹章義，〈日本殖民臺灣時臺灣人的國籍與認同問題〉，《歷史月刊》2001 年 11 月號，頁

本據臺五十年，在日本帝國眾議院中，從來沒有臺灣眾議員參與國政[66]。

　　1939 年（昭和 14 年），小林躋造總督開始高唱皇民化，適足以證明臺灣人「非國民」，同時高唱工業化和南進化，把臺灣變成軍工基地和攻打南洋各地的軍屬、軍伕的來源才是重點。昭和 57 年（1982）2月 26 日東京地方法院對於「臺灣人前日本兵」的判決，把 1942 年以後在「一視同仁」的謊言之下所徵調的二十幾萬「砲灰」，判定為「不具有日本國籍」（非日本人），沒有資格受訓日本《援護法》和《恩給法》的照顧（不適格）。對於李登輝這一類一廂情願以日本人自居的臺灣人，不啻以法律手段全面否定。當天《朝日新聞》的夕刊（晚報）就以〈"祖國"の差別に怒り〉為頭條標題[67]；《日本經濟新聞》的夕刊也以〈臺灣人元日本兵に國籍の壁〉為頭條標題[68]。《朝日新聞》和《日本經濟新聞》都是日本的主流媒體，早在三十多年前已經針對一廂情願以「皇軍」自居而且宣稱自己是為「祖國日本」而戰的李登輝強烈的批判，徹底否決他存在的意義與價值。

　　其實李登輝只能和日本極右派媒體和文人往來，製造一些話題，搞出口轉內銷的把戲在臺灣興風作浪。

　　日本暢銷作家大前研一，李登輝就任總統後聘請他為經濟顧問，經常到臺灣來，李登輝奉為上賓，因為他的「無國界世界論」、「中國崩潰論」和「七塊論」，都符合李登輝的需要。尤其是《無國界世界》（1990年出版）一書，預言所有的中央集權國家都將崩解，該書出版次年，蘇聯解體，大前研一因而聲名大噪。後來，他目睹了中國不但沒有崩解，反而飛躍發展，因而態度丕變，連續出版《中國，出租中》、《前進大中國》和《中華聯邦》等「中國三部曲」，預言中國將超越日本而成為世界超級強國[69]。他在《中華聯邦》一書中，五度（頁 36、127、204-206、

---

　　40-51，歷史智庫出版公司，臺北。

[66]　仝注釋 56，頁 186-187。

[67]　仝注釋 58，頁 107。

[68]　仝注釋 58，頁 108。

[69]　尹章義，〈崩解的是中國還是預言：章家敦—忽略中國是個有機體、預言父親祖國的崩解、解決自己的認同焦慮；大前研一——只懂經濟不懂政治、認為臺灣二零一零年前加入中華

279-287、311）大篇幅提到李登輝，甚至坦率指出李登輝「一直喋喋不休的談著中國警戒論」，不容許作一份滿意的中國「近況報告」的情緒化表現，甚至預言李登輝受客觀形勢所迫，會惱羞成怒「逼到和中國敵對的立場」（頁206）。果然，大前的預言又一語中的，2003年3月，《中華聯邦》出版不及兩個月，李登輝就提出了中華民國要改國旗、國號、要制憲、要成立臺灣共和國的激進主張了。[70]迫使當時擔任總統的民進黨陳水扁也不得不公開表態：「做不到就是做不到」。李登輝緊閉雙眼，掩住雙耳，一昧侮辱中國，討好日本軍國主義的言行，我們不僅可以從「生長在日本軍國主義下的日警之子」這一個角度理解他，更可以從王作榮說了一半的「多拜日本高壓統治」來理解他。國府遷臺之後，長期戒嚴下的高壓統治和他長期在金融和美援機構坐領高薪，也同樣的形塑他「濃厚的自卑感和強烈的優越感」。

　　1971年，王作榮推薦李登輝參加國民黨，他的美式民主教育蕩然無存。1972年出任行政院政務委員，長期過著「伴君如伴虎」自我壓抑的日子，性格的豹變和人格的扭曲更甚。一旦大權在握，原本被壓抑、扭曲的人格得到釋放，有如脫韁的野馬，無拘無束而任意逃竄奔馳，什麼樣荒謬的話都說得出口，什麼樣荒唐的事都作得出手，他以「皇軍」自居，與「認同日本軍國主義為祖國」也不足為奇。

# 第四章　結論——臺灣人的中國認同與日本認同

　　張福祿是臺北樹林人，出身書香世家，是成功的企業家。民國三十五年，以六世祖之名，創辦方大行，民國四十三年，以三兄弟之名創辦三福化工廠。民國六十五年成立方大基金會，七十年興建張方大紀念堂，寫族史、修族譜，七十九年返回祖籍福建晉江祭拜祖先，八十三至

聯邦，可能檳龜〉，《聯合報》民意論壇版，2003.04.06，臺北。尹章義，〈從中國歷史上的分和論大前研一《中華聯邦》與章家敦《中國即將崩潰》的洞見與盲點〉，《歷史月刊》183期，頁105-113，歷史智庫出版公司，2003年4月，臺北。
[70] 前文，頁112-113。

八十六年間，返鄉十八次，興建祠堂、修祖墳，出版族史文件。民國九十三年，以九十嵩齡，用毛筆撰寫《自敘》七千字，慶幸「祖靈有所棲止」，而子孫「有回歸之處」，時時以「弘揚家訓為志」。

　　李登輝是臺北三芝人，祖父是鴉片販仔，父親和哥哥都是日本人的「巡查補」（候補警察），1943 年入伍當學生兵，光復之後回臺進臺大農經系，兩度進出共產黨，後來加入國民黨而發跡，加入聚會所派又改宗長老會，在國民黨中飛黃騰達時，又和彭明敏交稱莫逆，和暗殺蔣經國的黃文雄過從甚密。

　　民國六十年十二月，在「漢賊不兩立」的旗幟下，中華民國退出聯合國，在一片斷交聲中，蔣經國擔任行政院長，正式走向臺前，推行「本土化政策」，延攬年輕有為的臺籍青年進入政府擔任要職，李登輝以青年才俊之姿擔任行政院政務委員（不管部部長），六十七年出任臺北市長，七十年任臺灣省主席。

　　民國七十三年三月，依省籍的配比和打破半山的優勢，蔣經國選擇沒有派系奧援的李登輝當他的副總統[71]。蔣經國於七十七年一月逝世，李登輝依法繼任總統，蔣經國地下有知，一定極為懊惱，栽培不遺餘力的李登輝，竟然以「元首叛國，黨魁謀逆」回報他的黨、國和不遺餘力提拔他的蔣經國和王作榮[72]。俗謂：「政治是高明的騙術」，李登輝可謂最高明的騙子。

　　艾力克生（Erik Homburger Erikson, 1902~1994）祖籍丹麥，生於德國，1939 年逃避納粹而移居美國，是著名的心理學家、人格發展階段論和認同論的巨擘，影響超越學科和國界。所著《童年的社會》、《青年馬丁路德：精神分析與歷史的研究》、《甘地的真理：論不抵抗精神的來源》等，都是膾炙人口的經典名著。

　　艾力克生認為認同（identity）不僅是成長經驗的情感積累；也有許多利害得失的理性算計，也會隨著客觀環境的改變而改變。

---

[71] 許策，《李登輝評傳》第九章〈接班大勢〉和第十章〈台籍政要的未來〉，1998，天元出版社，臺北。

[72] 民國八十八年五月十八日，某政要致筆者函用語。

　　1980年以後，臺灣一些報刊、民意調查機構、研究機構，甚至於政府機構，發表了關於臺灣人的認同的問卷抽樣調查報告，但是，毫無例外的，都只有中國認同和臺灣認同兩個選項，甚至於設計出繞口令式和誘導性的問題，取得設計者所期待的答案。沒有人問過：你是臺北人（臺南人、高雄人）還是臺灣人？更不曾設計開放性的問卷，試問：你認為你是哪一國人？很多人認同美國，自認為是美國人，甚至於移民到美國。也有不少像李登輝、許文龍一樣的「愛日家」和「愛日族」，公開表示他認同日本為「祖國」，不曾出現一份問卷，試問臺灣人，你認為你是中國人還是日本人？李登輝還擔任了中華民國十二年的總統，沒有任何一份問卷正視「愛日家」和「愛日族」等認同日本為祖國的事實從事問卷調查。

　　張福祿代表千千萬萬返鄉探親、祭祖、定居的臺灣人，而李登輝則代表了成千上萬、主導臺灣政治和經濟發展、認同日本為「祖國」的愛日家和愛日族。這些人，在過去的民意調查中，都不曾如實呈現。民國八十年代，筆者曾發表數篇關於國族認同的論文，[73] 曾經手繪了一幅可能影響臺灣人認同的「磁場圈」，或許比那些民意調查容納了更多選項和變項，附圖於此，僅供參考：

---

[73] 關於臺灣的認同危機，筆者曾經發表下列各文：

甲　1984.10.25，〈日據時期臺灣的祖國意識〉，《中國時報》光復節特刊專論，中國時報社，臺北。

乙　1984.12，〈臺灣意識與臺灣文學〉，《文季雙月刊》，2卷4期，頁9-31，文季出版社，臺北。

丙　1986.10，〈臺灣意識之史的發展〉，《中國論壇》，23卷2期，頁19-25，中國論壇社，聯經出版公司，臺北。（《臺灣命運中國結》，敦理出版社當代批判文庫，1987.07轉載）

丁　1986.12，〈臺灣的認同危機及其發展史〉，香港大學「臺灣歷史國際學術會議」宣讀論文，收錄於《近代臺灣社會發展與民族意識》，頁263-285，香港大學出版社，1987.12，香港。又《自立晚報》副刊轉載，1987.04.23-25，連載三日，自立晚報，臺北。

戊　1987.10，〈臺灣意識試析—歷史的觀點〉，聯合報文化基金會主辦「中國結與臺灣結研討會」宣讀論文，《中國論壇》，25卷1期，頁95-112，中國論壇社，聯經出版公司，臺北。

己　1988.07，〈中國統一與臺灣獨立問題試析—歷史的觀點〉，北京中國社會科學院與臺灣史研究會合辦「海峽兩岸學術研討會」宣讀論文，收於《臺灣研究》，第6期，頁16-28（上）及第7期，頁9-16（下），1989.06及1989.09，中國社會科學院與臺灣史研究所，北京。又收於《抽濃煙、喝烈酒、大聲抗議—臺灣歷史與臺灣前途》論文集中，作者自印，1988.07，臺灣歷史研究會出版，臺北。

　　艾力克生認為一般人在青少年時期（12-18歲），會出現認同危機
（identity crisis），出現角色混亂（role confusion）和認同拒斥（foreclosure）
的問題，正視問題適當調整，即可循著正確的方向健康發展而邁進成熟
期，這樣的狀況適足以說明臺灣的當前的認同亂象。

　　臺灣人的認同危機的形式，源自於 1895 年甲午戰爭中國敗於日本
而割臺，分離五十年，以及民國三十九年中華民國政府遷臺，國共的對
立和對峙（1896~2016）。而在臺灣島內，反對國民黨政權的「黨外政
團」、「民主進步黨」和「臺獨份子」，始則以切割臺灣人／外省人，企圖取
得人數的優勢，繼則切割臺灣人為四大族群：福佬人／客家人／原住民
／外省人，取得「福佬沙文主義」人數的優勢，繼之則以主張中國統一
／主張臺灣獨立從事意識形態的鬥爭。長期以來，國民黨灌輸「漢賊不
兩立」的「反中共意識」，以及李登輝和民進黨灌輸的「反中意識」匯
流形成的「恐中症」，使得李登輝和民進黨長期執政，進一步利用其掌
握的公權力，深化「反中意識」而獲得更大的政治利益。既得利益者不
可能放棄「反中意識」這個既廉價又犀利的鬥爭工具，使得單純的認同
問題演變成複雜的政治問題。

　　只要兩岸維持對立和對峙的現狀，臺灣人的認同危機便沒有解除的
可能[74]。

原文刊於東吳大學、社團法人臺灣釣魚台光復會，《乙末戰爭 120 周年暨臺灣光復
70 周年紀念研討會論文集》，頁 9-39，2017 年 5 月，臺北。

---

[74]　參見 1990.01.01，〈九○年代的統獨大辯論─國家認同與憲政危機〉，楊國樞、盧修一、謝
　　　長廷、蕭新煌、尹章義，座談會紀錄發表於《中國論壇》344 期，頁 7-27，1990.02.10，中
　　　國論壇社，臺北。

# 從中國歷史上的分合
# 論大前研一與章家敦的洞見和盲點

預言，基本上可以分成兩大類，一種是有期限、可觀察驗證、可期待的；另一種是沒有期限、可揣摩、只能被動等待實現的預言。

## 中國治亂分合循環的預言

沒有期限的預言，像中國民間盛傳假藉邵雍之名的〈梅花詩〉、姜太公的〈乾坤萬年歌〉、諸葛亮的〈馬前歌〉、李淳風和袁天罡的〈推背圖〉、劉基的〈燒餅歌〉、鐵冠道人的〈玄機數〉和黃檗禪師的〈仙機詩〉，只待讀者遇事詮釋，驚嘆奇準。

邵雍的《皇極經世書》則是異數，他以元（十二會）統會（三十運）、以會統運（十二世）、以運統世（三十年）和六十四卦相配，推論帝堯甲辰年（公元前二二六七年）至後周顯德六年（公元九五九年）之間的治亂之跡。以今天的眼光看來，並不是那般「若合符節」，而是牽強附會，卻也開了後世讀書人以分合治亂分析中國歷史的先河。明人羅貫中寫《三國演義》，以「天下大勢，分久必合、合久必分」一語開其端，把「一元復始」的「元會運世」十二萬九千六百年一輪的歷史大循環，變成沒有具體年限的「歷史形勢分合循環」的抽象預言模型。「分久必合」也成為中國人心目中不明確而又必然的期待。

一九五二年，翁之鏞在經過長期戰亂之後，面對國共分裂對峙的新局，出版了《中國經濟問題探源》一書，以經濟演變的三大循環，詮釋中國歷史的發展。在治亂循環的討論中，他認為自秦王朝統一中國後的二千一百多年，中國經歷了十次的治亂循環，治世十之三而亂世長達十之七，未來必須要有一次新的經濟大變局，才可能「分久必合」。

邵雍手中拿著元會運世之尺，硬套在過往歷史軌跡之上，是王錫闡所謂的「以法度天」；翁之鏞受到近代科學方法的影響，後出轉精，「因天求法」，得到十次治亂循環，總年數三治七亂的結論，不過仍舊依賴

「分久必合」的趨勢預言，無法完成科學的「預測模型」。

　　值得注意的是：所有的預言都設定在「合」是天下太平的大治。而「分」則是災禍連連的亂世這個是前提之上。一九八八年元月，筆者發表〈知識分子與中國前途——知識分子與中國的分合強弱〉一長文，以分裂時期，分立的各個政權由於對立、競爭而求治、求富、求強而勇於改革、招徠人民、善待人才，故而在中國歷史上，分裂時期的改革雖然也有極大阻力，卻「無一不成」；相對於大一統時代，人主之威雷霆萬鈞，連思想也要「定於一尊」，王莽、王安石、張居正的變法和戊戌變法都「無一不敗」，嘗試說明「諸國競長是中國改革成功的關鍵」，從而得到「不幸而分裂的中國未必是中國人的不幸」這樣的結論。

　　筆者無力建構一個可資預測的理論模型，更無意增加一個可有可無的預言，只是對於和平統一以及中國是否能脫離分合的循環充滿期待。

# 可驗證的預言壽命不長

　　有期限、可驗證的預言壽命不長。

　　個人的能力無法掌握歷史發展的全貌，無法分析所有的變數固然是先天不足，至於趕時髦、主觀而貿然的提出預言則是後天失調。

　　二十世紀末期「末世預言」火紅了二、三十年，福山的《歷史的終結》就是一個例子。末世預言源自基督教的經典——《新約·啟示錄》。古波斯流傳「世界末日」神話，每一個亡靈都要面臨「最終審判」和古印度的「地獄審判」以個體為對象相近。人死後是否真的要面對審判，既無確證也沒有否證；〈啟示錄〉中所謂基督再臨的「最終審判」則是「世界全體」面對審判，而且明確的指示，期限是一千年。

　　基督再臨和末世預言的信徒，把自身所處的時代，當作是最悲慘、最黑暗的時代，亦即所謂「末世景氣」。公元九九九年十二月三十一日那天子夜，彌撒剛做完，鐘聲大作，信眾發現自己竟然還活著，當然要狂歡慶祝。終於到了二十世紀末，還是有人相信末世預言，也有人炒作末世預言，我們也安然度過。

〈啓示錄〉中「末世預言」的壽命是一千年，一次不準又延了一次，「末世預言」的信徒仍不死心。

一九九四年，我讀到《一九九五閏八月》這本預言海峽兩岸大戰的「臺灣命運預言」書，一九九五年七月，中國向臺灣近海試射了飛彈，戰爭卻並未發生。「一九九五閏八月」的期限顯然比「安危他日終須戰」要短命得多。

《一九九五閏八月》一書的作者和出版商，由於加入預言遊戲成為暢銷書而大獲其利，他沒有必要為預言失效而感到抱歉，這本是預言遊戲的規則。但是，他們卻自以為洩漏了天機，而防止了大戰而沾沾自喜。

一九五二年翁之鏞完成《中國經濟問題探源》的時候，臺灣上空瀰漫著「毛澤東的喪鐘」這首歌，而預言「暴政必亡」的書也不勝枚舉。一九七八年，鄧小平高舉「實踐是檢驗真理的唯一標準」的旗幟，全面推動改革開放之後，中國進入經濟高速成長期，「黃禍論」又從美國興起。一九九一年，戈巴契夫的經濟改革失敗，蘇聯解體，各國共產政權相繼崩潰，中國成為僅有的共產黨主政的大國，宣揚「中國分裂論」和「中國崩潰論」的出版品又如雨後春筍，美籍華人章家敦的《中國即將崩潰》是其中比較引人注意的一本書。章家敦舉了許多數據和實例，說明中國存在的老問題和新問題多而複雜，許多問題甚至「立即且危險」，章預言中共受限於意識形態與能力、「頂多十年」，中國體制必定全面崩潰，北京統治者的好日子不多了。

到底是《中國即將崩潰》這個有具體期限的預言會失敗（英文書名中 collapse 一句可譯為崩潰也可譯為失敗，最好的譯法是潰敗）？還是中國面臨崩潰的命運呢？

## 見樹不見林的《中國即將崩潰》

《中國即將崩潰》一書在臺灣之所以轟動有幾個原因：首先，只要是能唱衰中國的人物和論述在臺灣就能令人著迷。其次，章家敦在二〇〇一年初版序言中斷言：「北京當局只有大約五年可以撥亂反正」，二〇

〇二年在中文版序言中又斷言：「頂多十年」，北京政權垮臺、「中國體制全面崩潰。」極短的預言期限，就像一翻兩瞪眼的賭局，相當刺激。第三，本書描繪中國的「末世景象」，在新世紀元年，由美國著名的藍燈書局出版，書名又極其聳動，難怪一鳴驚人。

　　章家敦在書中臚列了中國政府的內在敵人：法輪功以及其他可能的新興宗教、地下的基督教、藏獨、維獨、臺獨，其中任何一個處理不慎就會星火燎原，何況有五個？接著論述產能無法提升、競爭力不足、流血輸出的工業，垂死掙扎的國營企業，而下崗工人和失業狂潮，隨時可能讓中共政權沒頂，加上銀行、生產者、銷售者三者的三角債，造成銀行呆帳無法處理，整個金融體系會被拖垮。因而，外資停滯不前了，縱使外資投入也無補於實際。最糟的是加入世界貿易組織 WTO，外國優良的工業產品大量向中國傾銷，中國商品滯銷，原來工資低廉的優勢也將隨之消逝。更慘的是：中國最重要的資產——大量培育的人才和新興的科技產業救不了中國，相反的，互聯網路很容易就突破中共的新聞管制和封網措施，反政府、反共言論蔓延，加上中共的意識形態以及部分當權者故意阻礙進步，短期之內即將分崩離析。

　　章家敦是美籍華人第二代、著名律師，在中國居住多年，做過深刻的研究觀察和體驗，書中充滿了數據和看似親歷的小故事，足以發人深省，一則則名人金句更能收提綱挈領之效，使得全書生動活潑，看起來又像是經過實際調查的社會科學研究成果，因而具備科技研究成果的特質——可供再審視及預測的功能。這是本書的優點！

　　就像多數社會科學研究的成果一樣，本書將中國支解、剖析，每一種成分、因素都弄得一清二楚，就是忘掉中國是個有機體，而經濟的改革開放就是中共在俄共戈巴契夫之前十年就全面推動的。蘇聯在毫無預警下，崩潰解體，而中國得以創造持續二十多年的高成長率，二者之間，顯然有極大的不同。更進一步申論，若非中國在經濟上的改革開放，除了章家敦所臚列的內在敵人之外，所有問題都無從發生；中國若不是在戈巴契夫改革之前即已棋先一著，也必然隨著蘇聯的崩潰解體而崩潰，章家敦的預言也無由產生。

　　章家敦所列舉的問題，最近中共領導人世代交替之際幾乎都拿出來攤在陽光下檢討，是否能一一解決雖尚待觀察，可是，任何改革都必然衍生新問題，卻是歷史的鐵律。章家敦所列舉的問題也即是中國長期發展過程中的部分現象，章家敦拿中國來和他生長的美國逐項比較，看起來落後而腐敗，因而憂心忡忡也相當合理。何況，章家敦的許多提法，其實也是見仁見智的事，以加入 WTO 為例，假若中國不加入 WTO 又如何呢？閉關、鎖國的結果，是不是加速崩潰呢？就臺灣立場而言，章家敦記錄了一段北京市民在書肆中的言談更值得臺灣人深思：

　　　　我到長安大街的書店要買本毛澤東選集買不到，書店裡倒是有七十本講 WTO 的書。

　　我們到重慶南路的書店裡，可以買到七十本談李登輝和陳水扁的書，又買得到幾本講 WTO 的書呢？

# 章家敦是父親的影中影

　　章家敦受到父親「很久以前」的言論影響極深。他說：「很久以前我父親就說對了，中華人民共和國將會覆亡」。

　　這是一九六○、七○年代的「暴政必亡論」的美國華人版。章家敦全書所談論的卻是中國改革開放之後的「德政必亡論」（假如改革開放也算德政）。章父的預言沒有期限，章家敦卻預言五年，頂多十年，「德政也必亡」。其實，歷史的另一條鐵律是：沒有一個政權可以永久存在，無論暴政、德政都必亡。五年、頂多十年是蘇聯戈巴契夫「德政必亡」的中國版預言，中國在蘇聯之前就全面推動經濟的改革開放，在章家敦駐華時期也出現政治民主化萌芽和言論鬆綁的現象，更重要的是，中國人民、體制外的力量，無組織系統的活力，才是中國免於崩潰的主要支撐。章家敦在「謝誌」裡感謝十幾位「住在中國的中國公民」冒著受迫害的危機幫助他完成此書就是明證。章書的完成與出版對中國而言，是有百利而無一害的，有這樣的認識，《中國即將崩潰》一書，恐怕和之

前所有的預言家的說法一樣：若不是我洩漏天機，中國因而採取因應措施，我的預言怎會失敗？其實，我的預言是成功的。

　　章家敦在書中有一段小故事，最足以說明章書的問題。在第十二章「中國淪亡錄」中，他記錄了章父站在世界第三高的大樓上，俯瞰著浦東說到：「外國人看到這幅景象，一定又驚訝又嫉妒。」

　　章父在第二次世界大戰結束之前離中赴美，成為美籍華人，以「暴政時代」的歷史記憶和改革開放之後的現實美景兩相比較，因而產生前述的喟嘆，其中突出的民族情緒，躍然紙上。

　　章家敦生長於美國，長期在上海執業，在中國是生活優渥的特權族群，接觸他的人，都把他當作是「最佳的、安全的」傾訴對象，他也隨時把他的見聞拿來和他在美國的生長經驗逐項比對。中國改革開放之後的現象，和美國相比，理所當然地都成為「暴政」，而他最終的判準則是他父親在很久很久之前告訴他的歷史名言：「暴政必亡。」再加上戈巴契夫在蘇聯從事改革，導致蘇聯迅速崩解的誤解（其實是時機太晚了、手段太急了！）就構成了《中國即將崩潰》一書的基本邏輯。

　　在筆者看來，章家敦筆下無能的中共所造成的管理上的鬆懈，正是中國人民的力量、體制外的力量發揮的空間，也正是呼應中共堅持改革開放的體制內力量，使中國蓬勃發展的另一支柱。

　　像章的父親一樣，惱恨中國的積弱不振，奮不顧身奔赴美國而去，成為美籍華人的老人，在黃浦江頭的喟嘆，則代表了無數因為國弱民貧而受到帝國主義的屈辱，一心只想中國富強，因而容忍中共的反民主措施，腐敗行為，少績效而鬆懈的管理的廣大百姓的心境，則是整合中國體制內和體制外力量的凝結劑，構成了中國這個既強固又鬆懈的結構體（另一種說法是共犯結構）。這種承繼了傳統社會、舊文化和現代精神的複雜結構，當然不是章父口中的外國人——包括像章家敦這樣的香蕉人（外黃內白）所能理解的。

　　社會科學包括心理學，都無法駕馭研究對象（客體）的心理、情緒和非理性因素，往往也無能研究客體的歷史演變所產生的神祕因素，這也是章家敦的最大難題——他只是父親在鏡子中的倒影，看似相近卻左

右相反，更糟的是，他無法瞭解他的父親！更無法瞭解連他父親都無法瞭解的祖國！只好預言父親祖國的崩潰，以解決自己在認知和認同上所出現的問題。

一九八八年八月，筆者首次訪問大陸，回臺之後在報端發表訪問報告〈沒有幻想、只是無知〉一文，衷心承認一個歷史學者對於中國發展諸因素的無知，這裡的無知當然包括個別事物和整體現象的掌握兩個面向。《中國即將崩潰》一書增強了我對於中國二十世紀末景象的個別事物的瞭解；對於中國整體現象的掌握，也給予思辨的空間，尤其在社會科學方法論上，讓我有機會作更深刻的解析，其實是值得一讀的書。

## 大前研一的遽變與鉅變

大前研一是日本著名的經營管理學者、趨勢分析專家和暢銷書作者。前兩個身分都得順著趨勢走，暢銷書要引人矚目的聳動，深入淺出，知識密度不能太大。三種身分，看起來矛盾，但本質上卻有極大共通性——觀察力敏銳。

大前研一曾經擔任經濟部國營事業會的顧問，他在臺灣聲名大噪卻是因為《無國界世界》一書，受到一心一意只想模仿日本「脫亞入歐」而「脫中入日」的李登輝總統的青睞。大前認為所有的中央集權國家都會崩解（日本也陪榜），那本書出版一年後，蘇聯果然解體了。

大前認為中國也會崩解，原因相當複雜，李登輝有興趣的是中國會依七大軍區之分，崩解為七塊——這就是著名的「七塊論」。軍區崩解，不可避免會發生戰爭，當時李登輝只朝「去中國化」有利的方面臆想，不自覺地亢奮起來，也影響到整個臺灣社會。其實，根據歷史的經驗，中國大陸軍頭對抗，勝利者到北京當皇帝，敗軍之將就率兵攻打臺灣，到臺灣來當統治者，前有鄭成功、後有蔣介石，這都是李登輝之輩沒想到的事。

一九六七年，我在臺大念書，同學金寬中是金大中的弟弟，有一回他跟我開玩笑：「中國人說中韓是兄弟之邦，可是中國總是老大哥，假

如中國分裂為三十五塊，韓國才有機會變成大哥。」雖然是玩笑話，也可以視為友邦的「無害期待」。戴高樂說：「分裂的德國，是法國的幸福。」日本自明治維新之後，長期侵略中國，中國分裂成七塊，日本就更容易下手了。美國不期望中國統一，自然也不在話下。

此外，大前一向不看好中國，認為共產中國的經濟不可能持續成長。這種說法，固然源自於他的「地域國家論」或「經濟區塊論」，更深的源頭，應該是因為日本是小國，希望所有的大國都分裂成比日本更小的國家，大前有這樣的私心也不一定。

## 從七塊論到中國聯邦

蘇聯崩解之後，中國不但沒有隨之崩解，反而經濟持續成長，更為繁榮。這樣的趨勢，使得大前研一不得不大幅度修正他的說法。二〇〇二年的《中國，出租中》、《轉進大中國》和他的《中華聯邦》等所謂「中國三部曲」持續出版，大前的說法產生遽變和鉅變。當然，正急著去中國化成立臺灣國的李登輝、陳水扁，對他的態度也有一百八十度的大轉變！

在《中華聯邦》中最新的說法是：

> 中國這個國家並不是靠共產主義，而是靠市場主義在建設國家。
> 中國大陸的體系只有一個，那就是資本主義。
> 中國大陸是我見過將資本主義的機能發展到極致的國家。

更重要的是，大前認為中國已經不是中央集權國家，而是像美國一樣的地方分權、地方自治的國家（中譯本頁六一～六四）。更徹底的是「中國的軍隊採獨立核算制」預算而各軍區間「對抗意識非常強烈」、「有太多分歧的問題」也形成地方分立狀態（頁一八三）。這不是美國的聯邦制而成邦聯制了。

大前自承「我們沒有想到中國覺醒得如此快速」（頁五二），就像是所有的失敗的預言者，不會承認自己預言有誤一樣。

中國的政府結構自江澤民起已有所改變，特別是在朱鎔基九八年改革的時候。（頁六二）

過去三年來，特別是九八年之後，朱鎔基展開歷史性的改革……中國有了很大的轉變，國營企業由地方接管，而中國各地……權限已經接近美國的各州政府，所以我用中華聯邦稱之。（頁六十）

既然不是中央集權，經濟又繁榮，自然不在崩解之列。這也是大前研一最大的轉變。

大前和章家敦在研究方法上極端不同。章家敦是「微觀研究」，用顯微鏡找中國身上的病菌，察覺中國已經病入膏肓，有藥也治不了。大前則是「宏觀研究」，拿中國和美國比分權，又拿中國六大經濟區和亞洲各國比較。中國的六大經濟區是：

1.遼東半島（東北三省）

2.北京天津迴廊（中關村）

3.山東半島

4.長江三角洲

5.廈門、福州（福建）

6.珠江三角東莞、深圳（廣東）

大前以人口、GDP（國內生產總值）和日本、韓國、印尼、越南、菲律賓、泰國、馬來西亞等國比較，前十二名經濟區塊中，前述六區占了四席，加上香港、臺灣占六席。而且日、韓都有一半商機來自中國，也勢必要被吸納進中華聯邦（頁二一八～二二八），尤其是中國六大經濟區，至今仍然維持百分之二十的成長率（頁二二九），世界各國的資金、生產技術、生產設備都流向中國，昔日有「世界電腦基地」之稱的臺灣、以零件製造業著稱的韓國，空洞化的可能性愈來越高（頁二三二），臺灣的出口率負成長，失業率攀升，臺灣企業和人才大舉擁入中國（頁一〇九～一二六），而且由於臺灣的戒急用忍政策，數字所顯示的只是冰山一角（頁二六二），甚至於幾年前還說大陸投資風險很大的臺灣土生土長的本省人企業家：

最近幾乎已經把中國當作是自家庭院一樣，不僅是廣東和福建，甚至也在大連、煙臺、西安、汕頭等地昂首闊步。（頁一二八）

## 臺灣執政者的盲點

（李登輝、陳水扁）兩人從未去過中國大陸，實際上，無論什麼地方都在進行中國的臺灣化（即工業化），臺商則是持續中國化（前進大陸），他們（李、陳）的盲點是沒有認清這個現實。（頁一二七）

大前的宏觀分析，利用了大量數據和圖表來說明大陸向上提升、臺灣向下沈淪的現象，而得到與章家敦的微觀研究截然不同的結論：中國還會持續繁榮下去；也得到令李、陳不悅的結論：「政治上，中臺可以說已經到了不得不進行融合的狀況了。」（頁一九一）

做為一個成功的經營管理專家和趨勢分析專家，當然對於人性也有相當透徹的瞭解，大前在書中五度（頁三六，一二七，二〇四~二〇六，二七九~二八七，三一一）大篇幅提到李登輝，甚至坦率指出李登輝「一直喋喋不休的談著中國警戒論」，不容許做一份令人滿意的中國「近況報告」的情緒化表現，甚至預言李登輝受大形勢所迫，會「逼到和中國敵對的立場」（頁二〇六）。果然，大前的預言一語中的，二〇〇三年三月，《中華聯邦》一書出版不及兩個月，李登輝就提出了中華民國要改國旗、國號、要制憲、要成立臺灣共和國的激進主張了。大前研一強調「臺灣是中國最大的出資者」（頁三〇五~三〇六），大股東的前後兩任龍頭都不高興，因為他們無法控制趨勢。

## 大前研一的盲點

大前研一是非常敏銳的經濟趨勢分析專家，宏觀分析研究法也相當圓熟，他也是相當成功的經營管理專家，希望臺灣發展服務業；代替香港，做一個更大的，外商投資中國的介面、平臺，都是相當卓越的提法。問題之一是：他以為他是預言家。蘇聯崩解是趨勢分析的成果，不是預

言的兌現，中國就阻止了中央集權國家崩解的風潮與期待。所有的成功
的預言都不設期限，大前認為臺灣加入中華聯邦不會超過二〇一〇年，
最好的時間點是二〇〇五年，很可能就要槓龜。不是大前擅長的經濟原
因所造成的，而是他的盲點——他不太瞭解中國政治。

　　二〇〇三年三月，中國第四代領導人順利接班，江澤民退居二線，
就出乎大前意料之外，《中華聯邦》剛出書，中共就證明他猜錯了。

　　大前認為好的政治家會順應人民的需要，為人民服務，他也認為臺
灣錯過了江澤民主導的這段時間就會錯過了機會（頁二九），「**所以我認
為，臺灣方面會很主動提出會談**」關於加入中華聯邦的事（頁二八）。
雖然大前經常和臺灣高層會談，顯然他並不瞭解臺灣政治，更不瞭解陳
水扁。陳水扁根本不是大前想像中的「好的政治家」，臺灣的政治評論
家一致認為：「臺灣沒有政治家、只有政客。」政客只管自己選不選得
上，不管人民死活，偏偏臺灣的票選制度是庸俗文化，只看你表演得好
不好，不問你有沒有能力。甚至有一部分人投票的時候只問爽不爽，不
問臺灣前途和臺灣人民的死活。

　　大前最大的盲點是不懂中國歷史，「大一統」是中國人的政治理想；
執政、當總統、當大官卻是政治現實。要放下既得的權力和利益，不可
能！因此，不到黃河心不死，秦統一中國以來二千二百年，曾經有過十
次的「統一」經驗，每次都是兵戎相見，沒有一次是透過談判競爭、整
合而和平統一。廿一世紀的中國和臺灣的領導人，會不會生起為了避免
生靈塗炭的慈悲而產生和解的智慧？恐怕很難。何況，在筆者執筆撰稿
的此時（二〇〇三、三、二十），美國發動了對伊拉克的侵略戰爭。正
如戴高樂所說的：「分裂的德國是法國的幸福。」長期以來，美國領導
人也天天都在宣示：「分裂的中國是美國的幸福。」思慮及此，大前研
一應該不會把他那具有說服力的趨勢分析，改成無厘頭式的、短期內即
應兌現的預言。

原刊《歷史月刊》183 期，頁 105-113，2003 年 4 月號，歷史智庫出版公司，臺北。

# 美國的擴張主義與臺灣的命運

## 106 年來美臺關係的回顧

公元 2000 年，民進黨的陳水扁就任中華民國總統。首度政黨輪替，由主張臺灣要獨立的民進黨執政，陳水扁的國家政策走向，令各方憂心。5 月 20 日的就職演說中，陳水扁提出「四不一沒有」——不宣布臺獨、不更改國號、不推動兩國論入憲、不推動公投和「沒有廢除國統綱領及國統會的問題」，並且宣稱，他的就職演講內容「將會讓國人及美國滿意、國際肯定及中共找不到藉口挑釁」。

「讓美國人滿意」是中華民國總統的重要任務。

2003 年，扁政府執意「以公投綁大選」，美國總統布希嚴肅告誡陳水扁，當中共總書記胡錦濤訪美時，布希又當著胡錦濤的面，嚴斥陳水扁。此後，凡是出現有違「四不一沒有」的言論，大抵都會受到「麻煩製造者」的批評以及相應的懲戒。

2006 年 1 月 29 日是農曆元旦。陳水扁為了挽救跌到谷底的支持度，又在大年初一拋出「廢除國統會、國統綱領」的議題。美國國務院不但主動嚴辭批評陳水扁，總統布希也以不堪的評語羞辱陳水扁，並透過重要幕僚容安瀾撰寫以「臺灣近來的發展」為題的文章，重批陳水扁「民主並不是讓一個政府不負責任的護身符」，如果陳水扁執意廢統，「美國將以符合本身利益的方式回應」。

很多人質疑，到底美國與臺灣是什麼關係，為什麼美國可以恣意支配在臺灣的中華民國政府？本文嘗試循著歷史發展的脈絡來找尋答案。

## 美國的擴張主義主宰臺灣的命運

世人眼見二戰之後，美國在世界各地發動侵略戰爭、政治顛覆、經濟操控和文化侵略，以為美國是新興帝國主義。其實不然！擴張主義原

本就是美國立國的基本精神！

首先，1775~1783 年發動獨立戰爭的北美十三個殖民地，就是歐洲擴張主義者在北美建立的擴張基地，搶占土地、奴役原住民、掠奪資源就是他們的根性。

右手持槍南侵、北討、西進，1846 年的美英俄勒岡條約、1848 年的美墨條約，美國打敗了英、法、西班牙、墨西哥，占領了太平洋東岸；左手拿銀子，在鏖戰之後，買下佛羅里達、路易斯安那和阿拉斯加，今日美國的疆域才大體定型。

1783年，美國獨立情勢初定，由於財政困難，主管財務的羅伯‧莫斯里（Robert Morris, 1734~1806）即建議展開對中貿易，美國政府改裝一艘武裝私掠船稱為「中國女皇號」（Empress of China），任命一名海軍軍官為船長，一名陸軍軍官為經理人，從事東方貿易。1832年，應美國商人和傳教士之請，又成立美國東印度艦隊，亦即日後亞細亞船隊和太平洋船隊的前身。

美國在華商人、傳教士，很早就注意到臺灣的地理位置和重要性，要求政府占領或價購臺灣。

美國官方覬覦臺灣，則以最高法院參議班然（Aaron H. Palmar）和眾議院海軍事務委員會主席荊妥瑪（Thomas B. King）為代表，1848 年，他們建議政府開闢由舊金山或蒙坦拿到上海的北太平洋輪船航線。臺灣北部以產煤著稱，正可設置貿易基地和儲煤站，擴展對中商務。

1852 年，美國以四艘動力軍艦組遠征軍，由海軍准將培里（Mathew O. Perry）率領東來，1853 年 4 月到香港與東印度船隊會合，1853 年 7 月、1854 年 2 月兩度率船到日本，訂定神奈川條約（日人稱之為黑船事件），日本開放對美貿易，並以函館、下田為美艦基地，1854 年 7 月 11 日美艦支隊到達基隆。事後，培里建議美國政府，「應單獨在臺灣採取機先行動，建立一個美國殖民地或居留地，做為美國發展東方商務的中心」。

1844 年，在中國的美國傳教士伯駕（Peter Parker）協助美特使顧盛（C. Cushing），繼英國在鴉片戰爭訂定南京條約之後，不費一兵一卒，

訂定了「利益均霑」無限延伸的望廈條約。此後，傳教士及其子孫主導美中外交，即為常態。

　　1856 年將屆 12 年修約之期，伯駕聯合英法脅迫修約，以占領臺灣作為談判修約的最後手段。美國商人違反條約，私下到臺灣貿易，在打狗（今高雄）設港懸旗，1857 年美軍也悄悄進駐，設營升旗，為美國占領臺灣預做準備，不久之後，南北戰爭爆發（1861~1865），美國無暇外顧，侵占臺灣的腳步才放慢。

## 李仙得首創「東亞文明月彎論」督促日本入侵臺灣

　　李仙得（Charles W. Le Gendre）是南北戰爭的退役軍官，1866 年到中國擔任廈門領事，當時臺灣仍是廈門領事的管轄區，經常以「砲艦外交」要脅臺灣地方官，為美國商人解決問題；又經常以尋訪失事船隻和流落臺灣的美國人為藉口，到臺灣山區從事調查工作，並結好原住民，以備不時之需。

　　培里准將到日本叩關之後，美國便極力促進美日親善，協助日本近代化，以便操控日本。由於美國自覺國力無法與英、法等國在東亞對抗，不敢輕啟戰端佔領臺灣，轉而鼓勵日本從事代理人戰爭，占領朝鮮和臺灣，一方面可以維護美國利益，一方面可以讓日本和中國敵對，使東亞永無寧日，美國也可以坐收漁翁之利。

　　執行前述政策最厲害的人選就是李仙得。

　　1872 年 10 月 16 日，日本宣布將琉球王國收歸日本帝國的一縣，李仙得到了日本。美國駐日公使德朗（De Long. C.E.）將熟悉臺灣事務的李仙得介紹給日本政府。李仙得告訴日本政府，臺灣是個好地方，中國國力薄弱，遲早會落入他國之手，日本是亞洲國家。比歐洲列強易於下手。

　　在李仙得獻給日本政府的第四號備忘錄中，首先提出「東亞文明月彎」的概念：

日本、朝鮮、琉球、臺灣這個半月形地區，在日本領導下，將是
亞洲現代化的重心，為了亞洲未來的繁榮，日本向臺灣用兵，既
是應然，也是必然的。（日本海軍部文件 JN-R34-F44937-45）

　　這正是二十世紀前半日本所謂「大東亞共榮圈」的源頭。當時日本
瀰漫著出兵征韓的聲浪，又恐引發中日大戰，對於國力未豐的日本未必
有利。李仙得認為日本以保護琉球難民做題目，展開對中「欺騙外交」，
取得出兵臺灣的藉口，不必與中國決裂。

　　日本聘李仙得主持大局，到中國從事外交戰，再招募退役美國軍
官，教導日本人在中國南方和臺灣從事間諜活動、從事收買漢奸的工
作，以備不時之需。1873 年（明治六）8 月，日本 「征韓武斷派」敗
北，次年 2 月，決定以 1871 年牡丹社民殺害琉球島民為藉口出兵臺灣，
4 月 13 日英國駐日公使禁止英人、英船參與，日本政府不得不中止出
兵。

　　由於和李仙得緊密掛勾的日本西部軍人，已有箭在弦上不得不發的
趨勢，5 月 4 日再度決定出兵，5 月 22 日即登陸琅嶠，人數多達 6000
人，其中有 500 名工匠，182 種植物和許多農具，明顯的是準備武裝殖
民、久占臺灣，而不是懲罰原住民。由於中國極力抵抗，而日本因為國
力未豐，過分提早發動對外侵略戰爭，呈現力有未逮的窘況，不得不在
12 月 3 日從琅嶠撤兵。

　　日本雖然灰頭土臉，收穫卻意外豐碩：

　　1.中國承認「日本國此次所辦，原為保民義舉起見，中國不指為不
是」，間接承認日本占領琉球的合法性。

　　2.英、法兩國自幕府末期，即藉口日人欺擾英、法商人而駐兵橫濱，
日本出兵侵臺之役，英、法知趣撤兵。

　　3.李仙得執行美國「替代戰爭」策略，成功率領日本出兵侵略臺灣。
在日本控制下的臺灣、等於控制在美國手中。李仙得為日本訂定欺騙外
交先行，軍事行動繼之的策略，為日本訓練侵略、擴張的人才。二十年
後的甲午戰爭，主其事的海軍大臣西鄉從道、海軍軍令部長又擔任首屆

臺灣總督的樺山資紀以及第一任民政長官水野遵等人，都是李仙得一手訓練的侵略者。

「瑯嶠事件」之後，李仙得又到上海出版《*Is A-boriginal Formosa a part of the Chineses Empire?*（臺灣番區是中華帝國的一部分嗎？）》，則是二十世紀中期「臺灣地位未定論」的先聲。1890 年李仙得到朝鮮出任「皇室顧問」的要職，為日本侵占朝鮮做準備，直到 1899 年 9 月病逝漢城。

## 柯喬治推動託管不成鼓動臺灣獨立

光緒二十年（1894）中日甲午戰爭爆發，美國售予日本四艘鐵艦和許多軍火。馬關和議之前，李鴻章拜會各國公使，商請各國出面，制止日本奪取中國領土的野心；美國駐華公使田貝（Charles Denby）則力勸各國毋庸過問此事，又力勸李鴻章「以散地易要地」，樂於看到日本統治臺灣，日本占據臺灣遂成定局。

1895 年 5 月 31 日，日軍在臺灣北端三貂角登陸，6 月 6 日，甫由日本轉到臺北採訪戰事新聞的美國記者大衛遜（James W. Davidson）與洋商二人組成諜報小組，趕赴水返腳（臺北汐止）日軍前線陣營，告知臺北虛實，領導日軍攻占臺北城，完成了美國人協助日本取得臺灣的最後一個程序。

日人據臺之後，臺北領事館的官員，累積了四十多年的情報，又從活躍在臺灣的英國和加拿大的傳教士、醫生、護士、教師、牧師手中，取得豐富的有關臺灣的情報，收藏在美國國務院的檔案中。1941 年 12 月，珍珠港事件爆發之後，美國國防部軍事情報處(G－2)在日滿分處之下成立朝鮮／臺灣情報組。清末在臺北活躍的寶順洋行行東兼淡水美國副領事代理人顧爾（Crawford D. Kerr）之子，曾經在臺灣住過 4 年（1937~1940）且曾環遊全島各地的柯喬治（George Kerr）就以「臺灣專家」的身分成為臺灣小組的主要負責人。

1942 年，美國情報機構完成了臺灣島戰略測量，印行《臺灣財富

摘要》。1944~1945 年初，又陸續完成了十二套相當完備的民政手冊，
準備 2000 多名美軍軍官登陸臺灣之後，作為軍政人員行動準則之用。
最重要的是：他們主張在臺灣實施聯軍臨時託管制，由美國人掌握臺灣
的命運。以「臺灣問題專家」身分參與訂定「臺灣政策」的柯喬治，更
以駐臺北副領事職銜作為掩護，執行上述政策。

　　1943 年 12 月 1 日，美國總統羅斯福、英國首相邱吉爾和中國蔣介
石委員長簽署並發表《開羅宣言》，在宣言中決定「剝奪日本自第一次
世界大戰後，在太平洋奪得或占領之一切島嶼；再使日本所竊取於中國
之領土，如東北四省、臺灣、澎湖等群島，歸還中華民國」。

　　將臺灣、澎湖歸還中國的決定，美國的軍政官僚並不以為然。只是
開羅宣言決定之後，「不久就於德黑蘭、雅爾達、波茨坦，產生重新確
認、擴大承諾和進一步的聲明」的效果（柯喬治語），使得他們不得不
陽奉陰違。

　　1945 年 4 月 25 日，美國出席舊金山聯合國大會的代表史汀生（E.R.
Stettinius，美國國務卿）正式在大會中提出國際託管地計畫，聲稱：「戰
後將繼續統治美國用生命換來的若干島嶼。」

　　臺灣包括在這項計畫中，當然違反了開羅宣言的決定，當時在大陸
協助祖國抗日的臺灣人群情激憤。國府遷臺之後，曾任臺灣省主席、副
總統的謝東閔發表〈國際託治制與臺灣〉，要求「不折不扣收復臺灣」。
戰時擔任對日諜報首腦，國府遷臺後成為批判者領袖的李萬居，發表〈確
立臺灣的法律地位〉一文，責備國府畏縮的態度：

> 三大強國開羅會議既經決議公布於前，中央對這個問題所取的態
> 度為什麼那麼謙遜、遲疑、顧慮，不明朗而堅決地向中外宣布：
> 臺灣是中華民國的領土，臺灣人就是中國的人民。這使我們感到
> 很不可思議。（1945.06.01，《臺灣民聲報》第四期）

　　1947 年 2 月 27 日，臺灣因為緝查私菸用槍失當而爆發所謂「二二
八事件」，事件中，有些人到美國駐臺北領事館請求協助，3 月 18 日，
到臺灣查訪的蔣經國致電蔣主席，在電文中即謂：

親美派——林茂生、廖文毅與副領事 Kerr，請美供給槍枝及 money，美允 money，Cal. Daw 來、Kerr 調，有關。（原件尚存）

柯喬治後來成為支持臺獨運動的主要力量，他所撰寫的《被出賣的臺灣》一書，也成為宣傳臺獨的主要文宣。柯喬治立論的基礎即是：假若臺灣由美國人託管，臺灣人會很幸福，西太平洋形勢也會很安定，可惜臺灣被出賣了！

但是，柯喬治在《被出賣的臺灣》一書中也明確的指出：

臺灣人的悲劇乃在臺灣島離大陸不夠遠，以至於無法永久分離，以及無法擺脫外來勢力干涉他們拓荒式的生活。該島小得無法獨立，同時也太富饒，普遭垂涎。（陳榮成譯前衛版頁五十）

後來的臺獨運動宣傳者，雖然找到許多比臺灣更小的獨立國家，來批判柯喬治的說法，但是無法批評「臺灣島離大陸不夠遠」這一點。其實，身為美國人，雖然在臺灣住了一段時間，他的美國文化形成過濾器（cultural filter）使他無法理解，真正的問題是：臺灣人的「中國大一統意識」，遠遠超過地理和物質條件，使得臺灣獨立運動行不通，甚至連託管都不可能。柯喬治終究還算有點見識，知道臺灣是無法獨立的。柯喬治顯然也代表了美國一般軍、政官僚的看法。

# 形式上的光復、實質的託管

1949 年春，由於國共內戰勝負已判，國府退保臺灣的態勢也日漸明朗，美國為了防止臺灣落入中共之手，宣稱：對日和約尚未簽字，臺灣在法律上仍是日本帝國之一部分，美國視臺灣為「軍事占領區」，只承認中國對該島是「事實上的控制」。

1949 年冬，國府退保臺灣，6 月 25 日韓戰爆發，兩天後，美國總統杜魯門發表對華關係聲明（Tru－man's ststement on Relation with China）：「臺灣未來地位的決定，必須等待太平洋區域安全的恢復，對日和約簽訂或經由聯合國的考慮。」

　　同一天，杜魯門宣布美國第七艦隊進入臺灣海峽。臺灣海峽兩岸一國兩府的分裂形式由此形成。9 月 1 日，一向以武力解決國際問題的美國，宣稱他們正在「尋找和平解決臺灣問題的辦法」。1951 年 2 月，美國和國府簽訂軍事援助協定，臺灣成為美國和平（Pa Americana）的棋子，圍堵中國（Containing China）的前鋒。形式上光復的臺灣，實質上成為美國的託管地。

　　二十世紀以來，太平洋早已成為美國的內海、禁臠，所謂「太平洋的區域安全」就是美國的安全；美國又以世界警察自居，四處駐兵開戰，臺灣地處美國內海——太平洋的前線，不毀於戰火已是萬幸，美國所謂「尋找和平解決臺灣問題的辦法」，只是堅持將臺灣繼續作為美國託管地的藉口。

# 《臺灣關係法》是託管屬地法

　　1970 年 11 月 20 日，聯合國大會以 51：49，支持中共的票數首次超過國府的票數。次年 2 月，尼克森向美國國會提出世界情勢的咨文中宣稱：「準備與北京對話！」1972 年 2 月 21 到 27 日，尼克森到中國訪問，1979 年 1 月 1 日中美正式建立外交關係。1972 年 2 月 27 日上海公報；1978 年 12 月 16 日中美建交聯合公報；1982 年 8 月 17 日中美簽署八、一七聯合公報，逐步提出解決臺灣問題的方案。但是，中美建交之後的 1979 年 4 月 10 日，美國總統卡特卻又簽署了《美臺關係法》，宣稱是「基於臺灣的前途將通過和平方式決定」，任何以非和平的方式來決定臺灣前途的努力，是「對西太平洋地區的和平與安全的威脅」。仍然重彈 1949 年杜魯門對華關係聲明的老調，實際掌握臺灣的命運。

　　美國宣稱《臺灣關係法》是國內法，法中卻又強調「凡當美國法律提及或涉及外國和其他民族、國家、政府或類似實體時，上述各詞涵義中應包括臺灣，此類法律亦應適用於臺灣」，視臺灣為一國，和美國的屬地法近似，亦即意味臺灣是託管屬地的地位。在這個架構之下，中華民國的總統，雖然有總統之名，實際上也不過是美國屬地的總督罷了。

瞭解這一點，就不難理解美國總統和各級官員對付陳水扁的態度何以如此霸道了。

# 中國的崛起與美臺關係的鉅變

1955 年 8 月，美中便在日內瓦召開第一次大使級會議，一度中斷。1958 年 8 月 23 日，中共以群砲猛轟金門（八二三砲戰）之後，中美大使級會議又在華沙恢復。1959 年 11 月，美國參議院外交委員會發表《康隆報告》，主張「一中一臺」，這就是李登輝兩國論和陳水扁一邊一國論的先聲。

1963 年 12 月，美國國務院遠東事務助理國務卿希文斯曼發表題為〈美國對共黨中國的政策〉中謂：「美國沒有理由認為中共會被推翻，決心對可能發生的改變敞開門戶。」1964 年，中國第一次核爆成功而美國卻逐漸陷入越戰的泥淖。1969 年尼克森就任總統，要求精研維也納會議（1814 年 9 月~1815 年 6 月）強國秘密外交的季辛吉探索和中國建立友好關係的一切可能辦法。此後十年，終於完成中美邦交的正常化。

1978 年 5 月 11 日，《光明日報》發表〈實踐是檢驗真理的唯一標準〉，中國逐漸擺脫十年文革的玄學夢魘，進入「解放思想、實事求是」的時代，1979 年起，更推動「對外開放、經濟改革」和農、工、科技、國防「四個現代化」，每年的國家生產總值呈現百分之八以上的成長。

1988 年，美國國防部的《廿一世紀世界霸權消長分析》，把中國列為敵國，並且視中國為美、蘇兩個超級強國的共同敵人。1991 年，美國國務卿貝克在權威的《外交季刊》冬季號上發表〈美國在亞洲——形成中的太平洋共同體新架構〉一文中宣稱：美國將以「扇形架構」圍堵中國。彷彿是十九世紀李仙得「東亞文明月彎」的現代版。同一期中，吉爾伯（L.H. Gelb）也發表〈粉碎中國〉一文，主張美國應該採取非比尋常的手段裂解中國，甚至不惜煽起「分離主義」的野火！

美國人想不到的是：《外交季刊》發表這些聳動言論的同時，蘇聯各加盟共和國陸續發表主權宣言、獨立宣言，1991 年 12 月 21 日，俄

羅斯等 11 國領導人在哈薩克首都阿拉木圖（Almaty）舉行高峰會議，簽署《建立獨立國家聯合體協議書》、發表《阿拉木圖宣言》，宣布蘇聯正式解體。國力蒸蒸日上的中國，成為惟一可能和美國抗衡的大國，美國的對中政策，不得不由「圍堵」和「裂解」轉向 Engagement（翕合、介入、束縛），美國無論是擔任世界警察（美其名曰維持世界秩序）、侵略弱小國家（美其名曰維護世界和平）或對他國施壓或要求分擔維護世界和平的責任，都不得不尋求既對立又契合的中國的合作。

既然冀求中國的合作，美國就要信守上海公報、中美建交聯合公報和八一七聯合公報（三個公報）之中，有關臺灣問題所作的對中國的承諾。臺灣領導人的言行受到美國的看管、評論與斥責，在國際形勢不可能遽變之前，一時之間恐怕是不可能改變的現實。

# 結論

由於美國的立國精神——擴張主義，不但在北美洲形成一個龐大的亞美利堅共和國，太平洋也成為美國的內海。太平洋西側的花綵列島遂成為美國在西太平洋的邊疆、前線。位居花綵列島之中的臺灣，遂成為美國亟須掌握的寶地。經過百餘年的經營和若干歷史的錯亂，美國也的確掌握了臺灣；造成了中國的分裂。

2003 年 9 月，筆者在〈全球化發展史與臺灣的本土化危機〉（《社會新天地》第五期）一文中謂：

> 由於土地擴張和軍事征服必須付出極大代價，野心家乃改採政治、經濟甚至宗教、文化做為擴張的工具與手段。此法的優點是被征服者往往不知不覺，有如水中煮蛙，待蛙覺悟時已無法脫身。此法雖然長效且深刻，對於野心家而言則是緩慢難耐，恐無法接受英雄式的崇拜與歡呼之樂。故而強國領袖依然蠢動，尋求機會發動具有即時性而且效果聳動的武力擴張。眼見民調支持率節節高升，面向群眾，宣布虛構的被征服者的罪狀，顧盼自雄，有若凱撒凱旋，享受羅馬議會和人民的歡呼。至於極大的代價，

自有人民付出，與英雄無涉。

　　綜觀現今的國際形勢和兩岸關係，美國為世界超級強國，美國的總統以全球化為名，軟硬兼施，享受凱撒之樂，卻必須與中國妥協，不敢輕易蠢動；臺灣的領導人，若產生凱撒式的幻覺，以英雄自居，恐怕不但享受不到議會和人民的歡呼，臺灣人民反而必須付出極大代價！如何誠實的面對美國入據臺灣和製造中國分裂的歷史事實，體會當前的國際形勢，作成明智的抉擇，實乃當務之急。

原刊《歷史月刊》219 期，頁 46-54，歷史智庫出版公司，2006 年 4 月，臺北。

# 日本人在臺灣焚掠屠殺暴行的幾個個案─以日方官書及當事人即時記錄所作的研究

## 一、導論

臺灣抗日史可上溯自清同治十三年（1874，日明治七）日美聯軍入侵臺灣南部的瑯嶠事件（牡丹社事件）中的焚掠屠戮；下及民國三十三年（1944，日昭和十九）的瑞芳事件（五百餘人被補、三百餘人死獄中），論者已多，不再贅述。

本文探索的客體是日軍在臺灣實施的無差別焚掠屠殺行為，特別是針對無辜的臺灣人的無差別焚掠屠殺行為。由於論文篇幅的限制，自然無法做賅博性（comprehensive）和徹底性（grundlich）的全面論述，先行就下列事件擇要敘述：

(一)、牡丹社事件日軍在臺灣南部恆春一帶對臺灣人的焚掠屠戮。

(二)、甲午戰後日軍侵臺之役的焚掠屠戮暴行。

(三)、日軍對於臺灣山地原住民的焚掠屠戮暴行。

田中琢、粟屋憲太郎等編集的《角川日本史辭典》「三光作戰」條：（角川書店 1996 年版，頁 452）

> 「さんこうさくせん三光作戰　日本軍が日中戰爭で組織的に行った非人道的な破壞、殺戮戰術。三光とは中國側の呼稱で，燒光（燒きつくす）、殺光（殺しつくす）、搶光（奪いつくす）の意。これに對し北支那方面軍（司令官多田駿、岡村寧次）は根據地の潛在抗戰力の徹底的な爐滅戰術を實施し，世界の非難と日本軍の軍紀の低下を招いだ。のち華北以外の戰線でも實施，毒ガスも使用された。」

該條文描述日軍對於抗戰根據地的「潛在」抗戰力，實施「徹底的爐滅戰術」，也曾經使用毒氣。該條文聲稱，「三光」一辭，是中方對於日軍在日中戰爭（1931 滿州事變~1945 日本敗戰的十五年戰爭）中，實

施組織的、非人道的破壞與殺戮戰術。

　　為了防止「中國方面的稱呼」這樣的說法，或者「誤譯」、「誤解」等挑剔，扭曲，誣衊，本文只採用日本官方的官書和日方當事人的「直下史料」（即時紀錄）；所使用的名辭（出處詳正文）也取自前述日方史料而非筆者杜撰。本文完全不引述中方史料，防止「不實」、「造假」等誣衊；本文只作日本人組織性，非人道的破壞，殺戮行為的敘述，不作數量統計，防止因數字不一而遭刻意「抹殺」。

# 二、瑯嶠事件中的焚掠屠殺

　　1853 年以前，日本在名義上以天皇為國主、實際上由幕府將軍掌握實權，下轄數以百計大小強弱不一的「藩」。藩主稱為大名，在藩中享有莫大權力，幕府以貢賦和「藩勤制」（藩主輪年到江戶幕府值勤）相羈縻，迹近邦聯制。將軍基本上不干涉藩政，而由若干「武士」協助理藩，是為「藩士」。

　　1853、1854 年美國海軍准將培里（Matthew O. Perry）率領四艘動力軍艦組成的遠征軍到日本扣關，訂定〈神奈川條約〉，開放對美貿易，並以函館下田為美軍基地。日人俗稱「黑船事件」。

　　黑船事件是日本現代化的轉捩點，接受西方船堅砲利文明的雄藩快速崛起，1867 年（慶應三）薩摩、長州、土佐聯手倒幕，成立奉天皇之名，其實是雄藩共議制的新政權。1868 年（慶應四）4 月，討幕軍攻進江戶城（改名東京），8 月，明治天皇即位，9 月 8 日改年號為明治，新政府的新政史稱「明治維新」。1869 年（明治二）雄藩推行「版籍奉還」，1871 年 8 月，天皇下詔「廢藩置縣」實行中央集權制。

　　廢藩置縣之後，多半的藩士變成浪人（無職武士）。

　　日軍攻佔瑯嶠（今恆春）的之前 1872 年（明治五）9 月 26 日，外務卿副島種臣告訴美籍參謀李仙得（Charlee W. Lw Gendre）[1]：

---

[1]　李仙得駐華以及協助日本發動侵臺戰爭事蹟，參見尹章義，〈美國的擴張主義與臺灣的命運—

　　「目前日本有四十餘萬武士，皆為剛猛難御之輩，若有事皆欣然願意出兵」。[2]

　　廢藩置縣之後的浪人多達四十餘萬，成為社會動亂之源。變亂時起。擔任新政府參議、陸軍元帥兼近衛都督的西鄉隆盛（薩摩藩士、討幕軍都督）主張出兵朝鮮、臺灣以為疏解，並自荐為遣韓使。當時七名參議之中的木戶孝允、大久保利通、大隈重信、大木喬任等，認為國基未固、國際氛圍亦不利於輕啟戰端，極力反對。1873 年（明治六）年10 月，西鄉憤而辭職抗爭。西鄉辭職後，近衛局官佐傳出不穩的消息，天皇兩度親諭安撫，西南各地也變亂蜂起。大久保利通等不得不妥協而於次年四月，任命西鄉隆盛之弟西鄉從道少將（臨時提升為中將）為「臺灣蕃地事務都督」，偕同李仙得和美軍顧問，假借 1871 年（明治四，清同治十）琉球漂流民為瑯嶠牡丹社原住民所殺為由，出兵臺灣。[3]

　　明治 7 年（同治 13、1874）5 月 6 日（3 月 21 日）下午 7 時，日本陸軍少佐兼福州領事、征臺軍前鋒福島九成少校，乘坐日本軍艦「有功丸」，在落日餘暉下，毫無阻攔地駛進臺灣南端的瑯嶠港，隨行的有美軍海軍少校克沙勒（Douglas Cassel）和中尉華生（Tames R. Wassen），7 日晨，福島請美軍軍官一同登陸，克沙勒請福島一人先行上岸，並且祝賀福島是大日本帝國遠征軍登陸臺灣第一人。10 日，日艦明光丸、日新號到達；13 日，孟春號抵達，14 日三國丸抵達，一路暢行無阻。[4]

---

160 年美臺關係史的回顧〉第二章「李仙得首創「東亞文明月彎論」督促日本入侵臺灣」，《歷史月刊》219（2006 年 4 月），頁 49-50。

[2]　明治五年(1872) 9 月 26 日，〈節錄副島外務卿於延遼館與美國人李仙得再度對談之紀錄〉，臺灣蕃地事務方《處蕃提要》卷 1-6，JCAHR（アジア歴史資料センター）：a01000077400。本文引述，採自王學新譯，國史館臺灣文獻館編印（民國九十四年，臺中）之《處蕃提要》本，譯者王學新嘗謂：「國內的歷史研究者，皆以研讀第一手史料為理想，而較不重視翻譯」。歷史研究者的態度正確。JCAHR 早已開放且上網公布，筆者亦下載《處蕃提要》，板心皆有「蕃地事務局」字樣，想必是彙錄抄件。然而，為了彰顯國史館臺灣文獻館及王學新先生的苦心與勞蹟，特引述該譯本。

[3]　日本出兵的曲折過程，請參閱尹章義，〈大清帝國的落日餘暉—臺北設府築城史新證〉，第三章「牡丹社事件與臺北地位的倩升」，《臺北文獻》直字第 188 期（民國 103 年 6 月），頁 64-78。

[4]　福島九成，明治 7 年 5 月 16 日，〈上函大隈長官有關兵艦抵瑯嶠港當地實況併附筆談等其他文〉，《處蕃提要》，頁 174－175。

臺灣蕃地事移局檔案《處蕃提要》揭示日軍暴行如下：

1. 五月二十二日，進攻牡丹社人堡壘「松永少尉率領分隊前進放火燒屋，松永少尉再次率兵前進，再放火燒屋」（頁 197，括弧中的數字為該書頁碼）。

2. 六月一日，進攻狡獅猲，「奪賊四營，放火燒之」（頁 226）

3. 六月三日，進攻牡丹社，「將三、四十間民宅放火燒燬」，「進入南方溪中民宅，屋主已逃逸無蹤，四處搜尋並放火將民宅燒成灰燼」（頁 228）

4. 六月三日，進攻爾乃社，「放火焚燒爾乃社所有民宅」（頁 230）。

5. 六月七日，〈西鄉都督陣報大隈長官有關蕃地處分大致平定案〉：「不殲滅其巢穴，不足以斬其殘害……一舉將牡丹社蕃部落徹底掃盡……三日，全軍會師牡丹社，破其巢穴，悉數焚燒無遺。」（頁 231）

6. 六月十七日，〈李仙得轉陳大隈長官有關克沙勒 C .Douglas Cassel〉蕃地之行來函抄件：「我軍斬敵十二首級提回陣營時，此村所有清國人皆言，牡丹社酋長阿洛克之首級亦在其中，日本人仿傚彼恐怖野蠻之作風，斬取死者及負傷未死者之首級作為戰利品，掠取蕃敵之兵器及裝束回營。此戰我軍固然旗開得勝，但一舉殲滅牡丹人之策略也為之破滅。」（頁 245）

此函道格拉斯、克沙勒 5 月 24 日「書於瑯嶠嶼陣營」，26 日另一函謂：

「余必殲滅殆盡，寸草不留」（頁 247）。

　　根據克沙勒的揭發，日軍的「三光作戰」，並不始於 1931 年之後的「日中戰爭」而是始於 1874 年的侵臺戰爭。克沙勒雖然輕責日軍仿傚牡丹社人之「恐怖野蠻作風」；但是他更痛心日軍輕舉妄動，破壞了他提議的「一舉殲滅牡丹社人之策略」，這也是歐洲列強在十五世紀以後的「擴張主義時代」，在世界各地巧取豪奪，對付各地原住民的手段。

　　此外，國史館臺灣文獻館也影印出版了一本《風港營所雜記》，似

乎是駐在風港的日軍主官的手稿，始於 6 月 9 日而終於 11 月 23 日奉命撤兵回國。[5]　6 月 9 日「與莿桐腳頭人阮有朝筆談」云：

> 「前日我兵剿滅牡丹社，你們即知之歟？」（頁 43）

（剿滅牡丹社又有殺雞儆猴的作用。）

6 月 10 日，英國人コッタス來訪，《風港營所雜記》載：主官問：

> 「往日我兵剿滅牡丹社生蕃之事，兄等在府既（章義：既疑即之誤）聞之乎，客答：「可喜，我實不知。」（頁 57）

初生帝國主義以剿滅生蕃向老牌帝國主義誇耀，想必非常無趣。

日本是初生的帝國主義，出兵臺灣是明治維新之後第一場侵略戰爭，貿然向臺灣發動侵略，卻後續乏力，10 月 31 日簽訂和協議之後，12 月 3 日悵然退兵。

## 三、日軍侵臺之役在臺灣北部的焚掠屠殺

### （一）日軍在臺北城南的焚掠屠殺

日軍侵臺之役鎩羽而歸之後，加速推行新政，國力日強。1879 年併吞琉球之後進圖朝鮮。光緒 20 年（1894，甲午，明治 27），中、日兩國因朝鮮而開戰，臺灣戒嚴。早年丁日昌力主購艦造船，成立海軍，沈葆楨倡議將南洋經費盡歸北洋，由李鴻章主導。李鴻章老於吏事、長袖善舞，坐擁鉅資而北洋艦隊卻柔弱無力。次年（1895）正月，北洋艦隊為日本海軍所敗，潰不成軍，3 月，簽訂《馬關條約》割讓臺灣、澎湖。5 月 29 日，日軍登陸澳底（今新北市貢寮區），6 月 3 日陷基隆，6 日，發兵往臺北，在艋舺「瑞昌成」號經商的鹿港人辜顯榮循鐵道往汐止，向日軍報告臺北軍情、帶領日軍進攻臺北。8 日，日軍抵達北門城外，姚憨官之妻陳法助日軍進城，偌大一座府城，日軍不發一槍一彈即

---

5　佚名，《風港營所雜記》。南投：國史館臺灣文獻館影刊及譯文對照本，民國九十二年九月。

輕易取下，既不衛君、亦不守民，大清帝國的餘暉，無聲無息的墜落[6]。

　　為了慶祝日本佔領臺灣四十年，各機關出版了許多回顧性的官書，臺灣總督府警務局也委託警察官訓練所教官鷲巢敦哉，主持《臺灣總督警察沿革誌》的編纂工作。今見全書三編（五鉅冊）；第一編是《機關構成》；第三編是《警務事蹟》；第二編是《領臺以後の治安狀況（上卷）》，中卷是《臺灣社會運動史》，下卷是《司法警察及犯罪即決の變遷史》。

　　日本人炫耀的偉蹟，正是臺灣人民的血淚史。本文使用的資料，主要的是第二編的上卷，引述時括弧中的數字即該書的頁碼，不另作注。

　　該書第二章「本島の武力平定」，第三節第六目「北部賊情の不穩ど南征計劃の變更」，第七目「山根支隊大嵙崁河盂の掃蕩」，敘述的是山根信成少將揮軍對於臺北城南方的大嵙崁溪（今大漢溪）兩側的無差別的屠殺和焚掠。

　　屠殺焚掠不是筆者杜撰的名辭。該目之「內藤支隊の運動」1895年6月第六中隊之戰功云：

> 「二十三日，三角湧（今三峽）方面を瞥見するば火煙天に漲り遙……翌二十四日は更海山口（今新莊迴龍）向て背進して、殘餘の敵家を悉く燒拂……支隊にて屠れる故三四百、傷者算なく家を燒くこと一千以上。」（頁91）

> 又，「松原支隊の運動」云：

> 「此の大掃蕩は以上四日に亘に賊屠ること數百、家を燒夷すること數千に及び沿道の村落は悉く彼我の銃聲爆煙を以て包まり喊聲は絶聞なく各村落に響き、三角湧附近數里に亘る復聞人影を認めざるに至れり。」（頁92~93）

　　內藤支隊在大漢溪西側，屠敵三四百、傷者無數，焚燒家屋一千以上，把海山口聚落全部燒毀。

　　松原支隊在大漢溪東側，屠賊數百、焚燒家屋數千、沿途村落和三角湧附近數里都渺無人跡。

---

[6]　參見註釋3所引，第九章第一節「兵不血刃日軍入城」（頁70-174）

日本佔領臺灣四十年（該書出版昭和 13 年、1938），日本人並沒有避諱日軍的暴行，仍然使用「屠殺」「燒夷」等名辭，並非筆者杜撰。

### (二)日軍在桃竹地區的焚掠屠殺

1. 粉碎安平鎮（今桃園市平鎮區）

7 月 1 日，以砲兵轟擊安平鎮，「沿道の民屋を燒き」（頁 76）施以猛轟之後，遣爆破手「爆裂門扉を粉碎せり」，「砲兵補充彈藥到著を待ち」再行猛攻，「翌日偵察の際には、故の隻影をも止めず、死屍の累累たるを見のなりき。」（頁 77）。

2. 火燒大溪悉斃殘兵

7 月 16 日，先以砲兵突擊大嵙崁街（今桃園大溪），放火燒屋「殘兵及敵壘粉碎」，次日入街「民家を搜索して悉殘兵を斃し」（頁 88）以免他日禍害日軍。

3. 砲轟新埔放火燒屋

8 月 2 日，山根支隊占領新埔東北側高地，猛轟新埔街，入街後「家屋を破壞し尋で火放ちえ。」（頁 94）

此後一路南下，戰術大抵都是砲轟、爆破、火燒屋、掃蕩，無差別殲滅，不再贅述。

## 四、慘絕人寰的雲林大屠殺

1895 年 9 月 1 日，日軍南北兩路進攻雲林，進攻大莆林（今嘉義縣大林鎮）：「攻擊約一時間、遂に火放ちでを驅逐して全くでを佔領」（頁 118）；攻西螺：「西螺街に進入し火を放ち……火勢旺にして殆ど市街の全は烏有に歸したり。」（頁 119）；攻土庫：「家屋漸漸延燒，殘賊を掃蕩。」（頁 119）。

1896 年 1 月，簡義、黃丑、簡大肚等聚集大坪頂（今雲林古坑鄉）起兵抗日，6 月 16 日，日本聚集大兵四出搜索焚掠。《沿革誌》第四章

第四節「雲林地方の騷擾」第二目第三小目「應援隊大焚蕩を行ふ」載：

> 「後民戶の兵燹に匇罹りしものを調査せるに斗六街に於て三
> 百九十六戶を首めして附近村庄五十五庄三千八百九十九戶に
> 及び土民殺戮の數の如きは審にすべからさりき、討伐で慘烈斯
> の如きに」（頁432）

此即震驚世界的雲林大屠殺。

關於雲林大屠殺，當時擔任雲林支廳主記的今村平藏無疑是當事人
和最初目擊者，他手記的《蠻煙瘴雨日記》（以下簡稱《日記》）無疑也
是最原始的報導。

1896年春，平民逐漸安堵，臺灣總督宣布4月1日起結束軍政進
入民政時期。4月12日，島田少佐進剿義民簡義於雲林橫路庄，簡義
逃逸，島田「收兵集合於北方曠地，斬殺俘虜」。殺俘事件，使得義民
大為憤慨，乃以內山大坪頂為根據地，襲擊各地日人。6月14日，雲
林守備中村道明中尉率兵20餘人進窺大坪頂。今村以兵員短少又不諳
地形「惟恐後悔莫及」為由勸阻，中村不從，輕率前往，遇伏，陣亡過
半，日人遷怒於無辜百姓，6月20日至23日集結重兵，在雲林東南一
帶實施大掃蕩（報復性屠殺）《日記》載：

> 「凡兵煙之下，無不盡成肉山血河，既不分良匪，復未辨薰蕕，
> 幾千房屋竟付諸一炬，無數生靈，頃刻間盡成斬首臺上之冤魂。」

掃林圯埔回程，路過九芎林莊東端，今村又記：

> 「井口警部迎接我隊，提交一信予兒玉市藏中隊長，此乃討伐之
> 嚴令也。倏忽間九芎林莊成為焦土，村民血肉飛散，變成慘絕人
> 寰之地獄；旋行石榴班、海豐崙，殺戮燒毀，腥風捲煙，陽光淒
> 然。同時全部討伐隊，橫掃雲林平原。」

今村又記：

> 「調查管內之被焚房屋，實56村4,947戶之驚人數目，可見當

時慘殺焚屋，何等殘酷。」[7]

　　總督府檔案《公文類纂》V00076/A037 誌其事：雲林大屠殺發後，在臺灣的洋人、傳教士陸續投書香港、日本、英國各大報，7 月 4 日即見載於《中國通訊報》（China Mail）和（香港日報）（Hong Kong Daily Press）。7 月 14 日鄧肯的通訊即謂：「日本人正採取殲滅所有臺灣人的策略……臺灣人的收獲破壞、家園燒毀，祖先墳墓挖掘、婦女遭凌辱，憤怒到極點……」（總督府檔案 Vooo76/A037 之附件，引文為國史館臺灣文獻館中譯，下同。）

　　駐守臺中的混成第二旅團長田村寬一，再度糾集大軍討伐南投、集集、林圯埔和雲林各地，7 月 7 日，根據總督之訓令發出「對於土匪之巢穴，要盡力斬草除根」、「趕盡殺絕」之訓令。（總督府檔案 V00093/A005-14）。

　　由於林圯埔和集集有若干洋商收購樟腦，為了避免引起國際事件，總督府民政局長水野遵派遣事務官佐野友三郎隨討伐隊到林圯埔、集集、埔里，目睹日軍之恣意暴行。根據佐野明治二十九年七月二十二日的《覆命書》所附〈備忘錄之一林圯埔〉載：

> 十四日上午十時隨今橋討伐隊長之聯隊進入林圯埔……旅團長曾密令要燒光該地房屋，且該隊長亦下定決心要切實執行……有關外國人房屋……當作砲擊之結果、斷然實施燒光策略。

〈備忘錄之三其他事項〉載：

> 關於仁沙慶記商社社員歐李雅被殺疑案……不知去向，怡記洋行僱用人，攜帶二千圓前往製腦地點途中，被警察逮捕，隨後死亡案。據雲林支廳員所言，此人大概被當成土匪同類而遭斬首。（V00093/A005-15）

　　日軍嚴令燒光殲滅的政策，在佐野友三郎的正式官方報告中非常明確。連外國人的身家性命也不顧，終致引起震驚國際的軒然大波，良有

---

[7]　今村平藏，《蛮烟瘴雨日記》，引文據劉枝萬編譯《南投文獻叢編》本。

以也。

　　臺灣總督府檔案《公文類纂》（V00076/A037）號檔〈拓殖務局送來有關外文報紙報導臺灣中部土匪蜂起之記事〉，即收存「有關在臺灣日本人之殘忍行為」之報導，刊載於《泰晤士報》（Times）和《蘇格蘭人報》（Scotsmen）。8 月 25 日《泰晤士報》謂：「日本士兵暴戾侮慢之程度令人咋舌……肆無忌憚地殺人放火……老幼婦女皆不能免……野蠻且苛酷之東方新強國。」8 月 22 日之《蘇格蘭人報》謂：「日本之政略，似乎在於將全島居民都趕出去。」

　　為了平息國際輿論和日本國內政治的壓力，臺灣總督將雲林支廳長松村雄之進以「該員稱雲林轄下無良民，並斷定馴良村落為土匪，讓軍隊加以焚燒」為由免職。（《公文類纂》V00117/004 號檔案）

　　國際社會向日本施壓，日本政府向臺灣總督府施壓，臺灣總督府則虛與委蛇，實際上仍然以燒光殺盡為常，1896 年 11 月 14 日，臺灣總督乃木希典訓令「各混成旅團長、憲兵隊司令官」，嚴禁燒夷良民家屋，但是，「若戰術上有其必要，述明理由報告」即可（臺灣總督府檔案000000610320200 號），大開方便之門，變相鼓勵燒光、殺光的兩光政策。

　　《警察沿革誌》以「大焚蕩」為題記錄此事件，對於第二次大焚蕩到底殺了多少人、燒了多少房子，並無計數。

## 五、阿公店大屠殺國際譴責

　　《警察沿革誌》第二編上卷《領喜以後の治安狀況》，全書 844 頁，每一頁都是臺灣人被屠殺的記錄。鷲巢敦哉摘錄檔案，不經意出現這樣的句子：

　　　「今一一之を揭ぐること煩に堪へざる以てで省略せんとす」
　　　（今一一揭示將不堪其煩故予省略）（頁 610）

　　日人占領臺灣之後，臺灣人的抗暴事件無日無之、無地無之。反抗

者日本人就稱其為「土匪」。

　　該書第四章「本島治匪始末」第一節第二目「土匪とは何ぞや」（什麼是土匪）

　　文中明言「所謂土匪意味土著匪賊，並不是臺灣習慣用語，而是日本入臺之後新創的名詞」。包含了三種人，其一是殘留在臺灣的清國舊兵，在舊檔中未視之為「土匪」；其二，乃本意之土匪，即「草寇」，有巢穴、在特定地區肆虐；其三，當初掃蕩的時候，當局不易甄別良莠，往往玉石混淆而誤殺。「良民目睹父兄親戚被屠殺，心懷怨恨。也有受到臺灣人充日本密偵的誣陷，恐懼殺身毀家之禍而加入匪群，在兵馬倥傯之際，這是無可避免的事。」（頁267）

　　把屠殺無辜的臺灣百姓，「玉石俱焚」視為無可避免的事，正是牡丹社事件以來，日軍一貫的戰術、戰略和戰爭邏輯。而濫殺無辜的結果，必然造成更多的「土匪」。

　　1896年7月，宜蘭警察署長即曾建議，既然屠殺無辜臺灣人導致「土匪」滋生，不如寬恕渠輩，放還清國，可以省卻麻煩。當時的臺北縣知事上報總督桂太郎，桂總督有意執行，11月初，乃木希典繼任，遍發告示，勸誘「土匪」歸順（《沿革誌》頁285）。由於憲兵和警察爭功諉過，向某甲歸順者，某乙殺之；向乙之密偵連絡者，甲捕之，歸順政策弊害百出，12月底就停辦了。（頁285）

　　1898年（明治30年）3月兒玉源太郎出任總督，後藤新平擔任民政長官，他們認為誘降歸順不失為釜底抽薪的辦法，再加上以《保甲法》嚴密地方組織，頒布《匪徒刑罰令》嚴懲土匪，軟硬兼施，以期解決「土匪」問題。當時駐在臺灣的文武官吏中，有許多人反對這項「招降撫綏政策」（頁289）；於是發展出「臨機處置」以及在歸順儀式場中全部屠殺等兩種更為狠毒的手段。（他日另撰一文叙述）

　　鷲巢估計，明治30-33年（1898-1900）間，「土匪の跳梁」（頁267）大約，8258件（頁268），「所謂土匪の數」「殺獲を被りしもの前後一萬數千を計上し得む、全臺各地寧日なかりしも亦宜なりと云ふべし」。（頁269）

　　被殺被捕的「土匪」多達一萬數千以上，可以說是全臺各地都居無寧日。1898 年 3 月，兒玉源太郎就發出討伐令（頁 275），全臺展開屠殺焚掠。《沿革誌》敘述討伐事蹟多達三百餘頁（頁 261~638），本文根據鷲巢摘錄官方報告中有具體統計數字的項目略述如下：

1. 鷲巢摘錄明治 30 年 10 月~12 月大掃蕩的《總督の報告》，被逮捕者中，自認為冤曲而申訴者 134 人，起訴 51 人、不起訴 93 人。向警署申訴，良民家屋被燒毀者 3,007 戶，其中全燒 2,764 戶，半燒 243 戶（頁 359）

2. 《臺南縣知事申報》31 年末兩次討伐以及阿猴（屏東）、潮州、恆春等地，「土民損害の統計中，被殺の受けしもの二〇五三人，傷者數知らず、家屋を燒燬せられしもの全燒二七八三戶、半燒三〇三〇戶」（頁 512）。總督報告涵括全臺，其數字竟然少於臺南縣知事申報，顯然由於國際矚目，都有可能以多報少。

3. 殺人如麻的阿公店事件國際譴責

《總督報告》：

> 「就中殺害及逮捕人員中其の最も多きものは阿公店（今高雄市岡山區）附近なりとす。逮捕人員 1,845，殺害人員 2,043，押收銃器 1,437」（頁 396）

鷲巢為之疏解云：

> 「今次臺南管下旅團の討伐は正に疾風暴雨の勢を以て山地平地を一掃し、一時民心洗滌するの概ありしが、其の氣呵勢激の間、失宜の處置も亦免れざりしものゝ如く、久しからずして怨聲起り地方官を惱殺する至れり。」（頁 511）。

　　住在安平、打狗（今高雄）傳教士紛紛投訴外國媒體，受害者也向安平英國領事館投訴，又如雲林大屠殺一般引起喧然大波。在總督府檔案中，筆者未能檢得相關資料，無法據以申述。

　　日本人屠殺焚掠臺灣漢人的事蹟，簡述如上。

　　《沿革誌》第四章第四節第九目「林少貓討伐狀況」（頁 614-633），
筆者已有「林少貓抗日殉國事蹟考實」一文，刊於《臺北文獻》直字第
69 期，頁 93-129〈民國 73 年 9 月、臺北〉，不再贅述。

## 六、日軍屠殺山地原住民

　　全世界的原住民對於列強的入侵都竭力抵抗，臺灣也不例外。筆者
曾經根據《バタヴア城日誌》（村上直次郎譚註、平凡社）和《遮蘭遮
城日誌》（江樹生譯、臺南市政府）等資料，撰寫〈福爾摩沙原住民部
落對抗荷蘭帝國的禦侮戰爭〉（《歷史月刊》185 期、2003.06）；也曾經
發表〈吉娃斯、阿麗版的臺灣原住民史綱（上）（下）〉（《歷史月刊》2002.10
號及 11 月號），闡述臺灣原住民抵抗外敵的事蹟。

　　漢移民入侵臺灣的過程中，由於清朝厲行「護番保產」政策，並設
置理番衙門，專責處理番產問題，又建立「番屯」制度，漢人與平地原
住民尚得相安。瑯嶠事件之後，沈葆楨、劉銘傳相繼推行「開山撫番」
政策，山地原住民極力抵抗，耗資千萬兩，死亡以千計而進展有限。

　　日本入臺之後，當局深深瞭解臺灣平地已經佈滿漢人，「臺灣將來
ノ事業ハ實ニ蕃地ニ在リ蕃地ニ事業ヲ興スハ先ツ蕃民ラシテ我政府
ニ服從」（第一任民政局長水野遵語）[8]，「理番」成為第一要務，而必
先使蕃民服從日本政府。兒玉源太郎總督宣示他對於臺灣原住民的瞭
解：「蕃人は頑蠢馭し难く、野性禽獸齊……斯る緩漫なる始息手段を
准さや、宜しく速がに銳意其前途の障碍を絕滅せしむるを期すべきな
り云云。」[9]

　　討伐和膺懲從此以後變成理番的內涵、成為屠殺焚掠的代名詞。就
像《警察沿革誌》視屠殺焚掠為理所當然一樣，日本人所寫的《臺灣蕃

---

[8]　伊能嘉矩，《理番誌稿》第一編，明治二十八年，頁 3；臺灣總督府警察本署，大正七年（1918），
　　臺北。

[9]　井出季和太，《臺灣治績志》，第四章「兒玉總督時代」第四節「警察」第五目「理番政策」
　　之一「理番方針」，頁 319。臺灣總督府囑託，臺灣日日新報刊行，昭和 12 年（1937），
　　臺北。

政志》、《理番志稿》、《治蕃紀功》、《臺中廳理蕃史》等書，也視討伐、
膺懲、屠殺、焚掠為理所當然，直到 1937（昭和 12）年出版的《臺灣
治績志》，都沒有絲毫反省，何以用如此殘酷的手段對付殖民地的人民？

　　一九三〇（昭和五）年十月二十七日上午，日本官民與學童齊集於
霧社公學校，參加公、小學校聯合運動會，以馬駭坡等六社為中心的原
住民，突襲霧社公學校、郵局、衙門、宿舍、民房及警察駐在所，殺死
日人 134 名，兩名漢人因著和服而被誤殺。

　　霧社是日人心目中的「開化首善之區」，日語之普及、生活方式之
進步、郵政儲蓄額之高、與埔里之往來密切，都是其他地區所望塵莫及，
是以事件爆發，實出意外。其原因除了原住民的反抗意識，日人的欺壓
之外，最主要的還是替日人搬運木材的原住民，受不了日人奴役之苦。

　　事發後，總督府緊急調遣各地警察及軍隊入山，不僅有大砲，還有
飛機撒布國際公禁的毒瓦斯，原住民戰死及自殺者九百餘人。事平，石
塚總督引咎辭職，世人才知道日人所謂的「理番治績」是何等的血腥。

　　1981 年，臺灣學者戴國煇編著了一本《臺灣霧社蜂起事件——研
究と資料》[10]資料之一為當時拓務省管理局長生駒高常的〈霧社蕃騷擾
事件調查復命書〉（昭和五年十一月廿八日），文末附載「蕃人騷擾事件
表」共五件，附載從明治 29 年（1896）至大正九年（1920）的「前進
討伐膺懲表」共 138 次，還不含 1921-1930 年 10 月，霧社事件爆發前
的討伐膺懲。[11]按照比例推估，應當在 185 次以上，加上此後十五年，
應當多達 265 次以上。

　　日方紀錄詳盡地記載了動員軍警的人數、武器種類和數量，也記載
日方的傷損數目，除了霧社事件之外殊少記載原住民的傷損，或許是事
前日本人對於山地原住民的訊息掌握有限而事後崇山莽莽，抑不知原住
民葬生何處，或許在鎮壓漢人的紀錄中，也有類似狀況。

# 七、結論

---

[10]　戴國煇，《臺灣霧社蜂起の件—研究の資料》。東京：社會思想社，1981 年。
[11]　前書，頁 339-347。

　　殖民主義的基本邏輯是優勢文明駕馭劣勢文明，它的發展流程則是佔領土地，鎮壓、奴隸原住民；繼而掠奪資源奉獻母國。慈悲殖民主義（殖民地優越論）不但事實上不曾出現，這個名詞本身就由兩個極端對立的概念組合而成。殖民主義者和被殖民者關係，彷彿養雞戶為雞造雞舍、餵雞食、維護雞群健康，目的在於取卵、殺雞，不是施恩於飼料雞。

　　日本人在臺灣掠奪了多少資源？僅舉「砂糖消費稅」一例，《臺灣治績志》謂：

> 「大正三年以降昭和九年迄二十ケ年間の移出糖に屬する直接又は間接の内地國庫給與した消費稅は總額十億近き巨額に達するが如く、植民地としての臺灣の價值が如何に大なるかを知ること出来る」（頁 132）

　　臺灣總督府對於中央政府的態度何以如此囂張？《臺灣治績志》載，大正三~四年，總督府歲出平均四千四百萬；大正五~九年；歲出平均六千二百萬；大正十~十四年，歲出平均九千萬；昭和元~十年，歲出平均一億元（頁 127）。僅此一項稅目貢獻給日本本國（內地國庫）的金額平均每年高達五千萬，難怪臺灣總督宣稱：從砂糖消費稅就可以知道殖民地臺灣的價值！

　　但是，從臺灣人的立場應該如是說：從砂糖消費稅就可以知道殖民地臺灣人的稅負之沉重。何況還有田賦、米、茶、木材之龐大利益。

　　臺北帝大總長幣原坦為《臺灣治績志》作序謂：

> 「無智の民人は、動きすれれぼ自家の被れる恩澤忘卻する至らむとす」（頁三）

　　身為大學校長，要求雞群感謝飼主培育新品種、改良雞舍、施打性激素、餵食抗生素、取卵、食肉，何其荒唐！

　　血腥鎮壓先行，搜括壓榨繼之，掠奪龐大經濟利益、差別待遇、教育晉用任公職薪資遠低於日本人，還要責備臺灣人忘恩負義，縱使身為臺北帝大校長，也毫無反省能力，這才是殖民主義者的真面目。

　　日本自從 1874 年，第一次派兵海外、侵略臺灣，就以焚掠屠殺為手段；1895 年仍然不改其惡質習性，以焚掠屠殺的血腥手段鎮壓臺灣人直到 1945 年戰敗投降。在日本人的檔案和出版的官書中，也不見一語反省而視焚掠屠殺為理所當然。

　　日本人認為住在高山上的臺灣原住民是頑蠢難馴的野獸，實施二百七十次以上的討伐，原住民若有反抗則再施討伐而名之曰膺懲，飛機航炸、投擲毒氣、砲轟、放火焚掠、屠殺，直到原住民臣服為止，何其殘忍？

　　本文以日方官書和當事人的即時記錄為資料，略述幾個事件，探索歷史真象。焚掠屠殺的血腥歷史是否可以原諒，那是情感和態度問題；血腥屠殺焚掠事實的探究，則是史學工作者的問題。至於是否存在自覺幸福的飼料雞，則是莊周與惠施的問題，不在本文探討之列。

　　史學以求真存真為第一無上要義。求真存真是我的使命，謹以此文追念那些命喪鐵蹄下的亡魂。

原刊：中國近代史學會、社團法人實踐研究文教基金會、「臺灣近代史學術研討會」開幕專題演講論文，刊於該會《論文集》頁 1-12，民國 105 年 10 月 26 日，中研院近史所檔案館會議室，南港，臺北。

　　一九七七年六月，日本國會議員成立超黨派的「臺灣人原日本兵等四問題懇談會」，八月十三日－日本的終戰紀念日－日本志士結合臺灣前日本兵傷殘者和戰歿者家屬組成原告團，以日本國為對象，向東京地方法院提出「戰死傷補償請求」的訴訟，以無比的毅力，準備以司法為最終手段，喚起日本輿論並迫使日本政府正式在法庭上面對問題，促成國會的補償立法。

## 補償已成為國際人權事宜

　　一九八二年二月二十六日，東京地方法院以臺灣兵非日本人，要求補償，於法無據為由，判決原告敗訴。傷亡「臺灣人原日本兵」的處境，深獲廣大日本民眾與輿論的同情，議員懇談會更乘機邀得四百八十九位，六成以上的國會議員簽署支持立法案。補償運動雖然初審敗訴，却贏得國會立法成功的機運。是年六月，日本外務省中國課發布「歐美各國對於傷亡外國人之措施概要」調查報告，清楚的說明，美、英、法、義、西德對於舊殖民地軍人傷亡者都是和本國人一樣給予同等的補償。補償問題不僅是日本的國家責任問題，更成為戰爭責任和國際人權問題。

　　補償臺籍前日本兵勢必要從日本國會立法着手，但是，立法案的提出並不順利。國府對於臺獨、日共的忌嫌，國府與中共「一個中國」的立場，或多或少都給「補償立法」帶來無謂的困擾，根本的問題仍在日本政府的態度。

　　日本政府把臺灣人原日本兵的賠償問題和日本國民在外財產補償問題、西伯利亞滯留民問題、中國殘留之日本孤兒問題以及庫頁島殘留朝鮮人歸國問題，甚至和日本的和平基金問題牽扯在一起，使得問題複雜化而難以一舉解決。另一方面，日本却又積極發展軍備、增加國防預算，所謂「人道精神」，仍是日本國權謀的一部分。議員懇談會幾度準備提案立法，都因日本政局變嬗和無法獲得財源保證等理由而擱置。一九八四年底，日本政府在次年預算中編列了西伯利亞滯留民調查費一億

五千七百萬日圓，卻只編列臺灣人原日本兵問題「檢討費」五百萬日圓。調查費表示政府確定了處理原則與方式，檢討費則止於「檢討」是否該處理臺灣人原日本兵的問題。次年又編列「企劃檢討費」二千萬日圓。去年年底終於編列了「調查委託費及事務費」四千六百餘萬日圓。這是日本政府首度表示要處理此一問題。

今年九月二日，超黨派的國會議員「臺灣人原日本兵等問題懇談會」終於向國會提出「支給臺灣人原日本兵遺族弔慰金」法案，而於九月十日、九月十八日分別經眾、參兩院通過而完成立法。

自從民國三十五年二月，日治時代投保人壽保險的臺胞在全省各地舉行「契約者」大會，要求日本的保險業者退回保費、保險金以來，臺灣同胞即不斷的要求日本按照幣值及物價指數償還存款、債券和戰時的德國馬克。民國四十一年，日本「戰傷病者戰歿者遺族等援護法」實施，次年，日本「軍人恩給法」復活之後，臺籍前日本兵的未領薪餉、軍儲、傷亡恤償和死者的喪葬費，更成為臺胞索賠運動的重點。經過四十多年的奮鬥，終於促使日本國會立法給戰歿者的遺族若干「弔慰金」，自可視為日本國「人道精神」的靈光初現而給予喝采，可是，他們並沒有得到同戰場上、同時死去的戰友們「一視同仁」的待遇，已經是非人道的了。何況「弔慰金」不同於撫卹金，弔慰是第三者非責任性的給予，仍然是不負責任的態度。

死者已矣！對於臺籍前日本兵的傷殘者、為日本國坐牢的「戰犯」以及當年被日本徵召從軍參戰而流落在外的數千臺胞，至今仍然在受殖民統治和發動侵略戰中者殘害的人，日本政府也絲毫沒有照顧的意思，無論如何，這些人都應該是日本的「國家責任」和「人道責任」吧！他們的補償和救援，亟待中、日雙方志士繼續努力，到底大家的心血已有初步的成果，而日本政府也不應再以法律和預算、外交等問題為藉口來推諉敷衍，應當堂堂正正的負起國家最基本的責任，「弔慰金」漫長而艱辛的立法過程已經為此開闢了一條坦途。我們也呼籲全世界的人道主義者和相關組織，共同關切此事的發展並積極地給予支援。

# 期待我政府積極處理協助

　　另一方面，我們更期待中華民國政府能一改過去壓制甚至破壞索賠運動的態度；無論是民間債權問題或前日本兵所留下的問題，都要積極的處理或協助，無論當事人、受害者以及他們的親屬都是我們的同胞，光復以後更是中華民國的國民，我們也無可推諉的國家責任。

原文刊於 1987 年 9 月 22 日《中國時報》第二版專論。

# 臺灣人的日本觀──
# 以日臺關係史為軸心所作的探索

一八七四年，日本藉口臺灣人殺害琉球難民，首次入侵臺灣。一八九五年的馬關條約，日本又迫使清廷割讓臺灣，實施了長達五十年的殖民統治。戰後至今已超過半個世紀，怎樣看待這段日本對臺的殖民史，由於政治環境的變化和人為的操作，真相似乎越來越模糊。探討臺灣人的日本觀，有助於我們瞭解歷史的真貌以及日本殖民統治的本質。

## 反殖民宣言與臺灣愛日家的復甦

一九六○年十二月十四日，聯合國大會通過了《給殖民國家和人民獨立宣言》（以下簡稱為「反殖民宣言」），除了「莊嚴地宣布，需要迅速和無條件地結束一切形式和表現的殖民主義」，也強烈地批判了殖民主義的各種不義和偏差，認為殖民主義：

> 阻礙了附屬國民的社會、文化和經濟發展……必須結束殖民主義和與之相關的一切隔離與歧視的措施。

「反殖民宣言」雖然意識到殖民主義的不義，並且阻礙了附屬國民的社會、文化和經濟發展，卻忽略了附屬國民在精神上的創傷以及人性上的嚴重扭曲。

經歷帝國主義治理的殖民地，或者和祖國形成政治、經濟、社會、教育以及效率、紀律上難以銜接的斷層；或者由於帝國主義者的差別統治，形成內部的矛盾與對立；最嚴重的是殖民地教育的反民族主義傾向（例如英國在香港的教育是教導香港人向英國而不是向中國忠誠）使得附屬國的人民在回歸之後，產生嚴重的國家或民族認同問題。

日本人統治臺灣五十年，最後五年才厲行強制性的軍國主義教育，絕沒有想到他們對臺灣的影響會有這麼大。

本文撰寫期間：公元二○○一年五月十日，《李登輝執政告白實錄》

出版了。這一本號稱由前總統李登輝口述、由一位「深受李登輝信任」的記者記錄,並由現任總統陳水扁寫序的書,充滿了「權力運作」與「人事恩怨」。反芻了十二年來,李前總統把他的政敵、肝膽相照的盟友、部屬、積極培育的子弟兵們,相繼鬥垮、鬥臭的故事。這本書的出版,也正如李登輝所預期的,在政壇和社會上引起非常熱烈的討論與迴響。臺灣的政黨是否會如李登輝所預期,重整為意識形態對立的兩大政黨?臺灣人民是否會如李登輝所預期,因為內在矛盾的發酵而一分為二,也成為論者注目的焦點。

筆者在《李登輝執政告白實錄》一書第一五五頁,注意到關於「臺灣日語族」(意指在日本治臺後期出生、受日本軍國主義教育、以日語思維、表意的族群)的一段「實錄」:

> 三月初,選戰已經打得如火如荼,李登輝的老友許文龍卻在這個時候再度找李登輝深談,由於不善駕馭中文,他同時以日文寫了一封非常感性的長信給李登輝。許文龍剴切的指出,「連戰未來並無法繼承李登輝路線……過去十二年,在我認為是臺灣最自由美好的時代;但對有些人來說,可能是屈辱的十二年」。

幾天之後,公元二〇〇〇年三月十日,陳水扁的國政顧問團組成,十三日,許文龍公開發表談話「挺扁」,許文龍認為只有民進黨的候選人陳水扁才能繼承李登輝路線,李登輝擔任黨魁的國民黨總統候選人連戰則早已背離了李登輝精神。許文龍的談話等於公開宣布「棄連保扁」策略的確定。這個策略,使陳水扁險勝宋楚瑜、大勝連戰而以百分之三十九‧二的得票率選上總統。

一年之後出版的《李登輝執政告白實錄》一書的封面,是一幀李登輝正在拍照的相片,一個是總統兼國民黨主席,一個是企業界龍頭,他們在二〇〇〇年三月初的那一次以日語、日文密談,決定了臺灣政局的發展——國民黨下臺、民進黨執政。李、許兩人想不到經歷了兩蔣(一九四五~一九八八)四十三年統治之後,竟然出現了由「臺灣日語族」決定臺灣命運的歷史階段。

　　讀到許文龍對於李登輝執政十二年的評價，不禁讓我想起迭更斯在《雙城記》一書開頭幾行所說的：這是一個光明的時代，也是黑暗的時代；這是一個充滿希望的春天，也是令人絕望窒息的嚴冬以及其他善惡、好壞、睿智與愚蠢的對比。不同的是：迭更斯呈現的是他個人的透視和理解；許文龍呈現的是「我」和「有些人」兩種不同的人的兩極化的理解評價。

　　一九八八～二○○○年之間擔任中華民國總統兼中國國民黨黨主席的李登輝，本來就是爭議性很大的人物。他的言行舉止、所作所為，對於像許文龍這樣的「臺灣日語族」和「有些人」出現「自由美好」和「屈辱」這樣極端對立的價值觀，當然也不是一時一人所造成的。

　　僅就「臺灣人的日本觀」這個議題而言，李登輝總統一向把他治國的種種困境，歸因於中國傳統文化與中國國民黨的舊包袱；而把他自以為是的成就與光彩，歸因於一九四五年以前的日本教育。一九九四年，他召集了一批「殖民地肯定論」的學者，編寫《認識臺灣》教科書。雖然學界認為其書內容多違背史實，又充滿了媚日意識，對於日本治臺五十年的正面事蹟過分渲染，李登輝也不理不睬，仍然規定國中學生於一九九八年起一體研讀。

　　許文龍則在他自己的企業體所招募的新員工的教育訓練中，親自講授「臺灣的歷史」課程，也高度肯定日本人的對臺統治，在治安上達到「夜不閉戶的大同境界」；在經濟上，一九三九年便邁入工業國家之林，臺灣人的生活「簡直與天堂相去不遠」。

　　二○○○年夏天，許文龍接受日本右翼漫畫家小林善紀的訪問，送了一本《臺灣の歷史》給小林，在談到日治末期，日本人在臺灣強徵慰安婦（軍妓）時，他認為「成為慰安婦收入穩定、也可以存錢，再加上有嚴格的衛生管理，對她們而言，簡直再好不過」，「能成為慰安婦對這些婦女而言，反而是出人頭地，每個人都是抱著希望進入軍隊」。二○○○年十一月小林的《臺灣論》出版，次年二月中文本出版，許文龍的言論受到臺灣社會廣泛的批判和撻伐，最後，許不得不承認自己的偏見與錯誤，以公開道歉收場。

　　小林在《臺灣論》中，記錄了李、許和何既明、彭榮次、蔡琨燦、金美齡等「臺灣日語族」老人的言論，認為他們都「親日家」和「愛日家」（中譯本刪去），「在韓國絕對找不到類似的人」，「至少在公共場合不可能發現」。

　　小林覺得最有意思的是：戰時不論日本、臺灣、中國、朝鮮人民應該都是不幸的，而帶給大家不幸的則是日本國，「但這都和許文龍氏的結論大相逕庭」，而許文龍認為日本殖民統治臺灣的五十年間「簡直與天堂相去不遠」，臺灣人「嚐到了幸福的滋味」。小林雖然很訝異在臺灣會碰到一群沈溺在「臺灣的日本精神」中的「臺灣日語族」老人，並為之欣喜若狂，但是，他對於許文龍的說法也不以為然。他假借名導演黑澤明的《七人の侍》（中譯《七武士》）那部影片中的農民，只想苟且偷生、只顧現實利益、既沒有應戰的能力、甚至連應戰的覺悟都沒有。（《臺灣論》後記）就一個右翼好戰分子而言，小林把熱愛日本、親切而熱烈地接待小林等一行人的許文龍的「順民史觀」拿來和《七武士》中沒有知識、沒有抵抗意識的農民類比，毋寧是既諷刺又殘酷的。

　　小林看到日本精神在臺灣「復甦」，除了訝異之外，還有一份七武士見獵心喜偏見、偏聽的快感。直到《臺灣論》中文版在臺灣印行，引起軒然大波，小林才感到臺灣社會的日本觀，並不像他所接觸的那些「臺灣日語族親日愛日系」那樣單純。縱使是「臺灣日語族」也有「反日抗日系」的團體存在，也有像許月里、林書揚、陳明忠等人，在日治時代反日抗日而至今不悔的「臺灣日語族反日抗日系」存在。

　　假如一九六〇年聯合國在列強環伺之下通過的反殖民宣言，代表著一種普世價值，那麼，小林在《臺灣論》後記中所謂：「戰後的日本人看到臺灣的親日，都是立刻腦中一片空白」。那些腦中空白的日本人就符合殖民宣言所代表的普世價值；而親日的臺灣人和小林善紀則是普世價值的主流——反殖民主義的逆流。

　　前述的現象，不是一時一人所造成的，而是臺灣歷史發展過程中的「潛伏／跳躍」的現象，接著筆者就略述這種現象形成的歷史背景。

# 日本高壓下臺灣人兩極化的日本觀

　　臺灣位居西太平洋花綵列島的中段。十七世紀以前，日本人順著親潮南下往南洋各地或者順著黑潮北上回日本，臺灣都是必經之地，日本人視打狗嶼（高雄）和雞籠嶼為貿易港避風港和淡水、食物的補給地。明代末期「倭寇」猖獗，臺灣也成為倭寇的巢穴，却始終沒有殖民的意願。十七世紀中期，中國打敗西班牙、荷蘭、日本等海上勢力，臺灣成為中國的殖民地。十七世紀末期，第一波移民潮，約有一百五十萬人湧進臺灣；十八世紀末第二波移民潮，臺灣人口達到二百六十萬。在這段時期，日本的德川幕府，勵行鎖國政策，和臺灣沒有什麼關係。

　　一八二三年後，日本人佐藤信淵（一七六九~一八五〇）出版了一本《混同秘冊》──以征服世界「全球混同」為目標，要統治世界，先征服中國。征服中國要兩線開戰，其一是朝鮮→滿洲→山海關→北京；另一線則是經過琉球取臺灣，以臺灣為基地經略中國東南沿海，再由天皇親征逕襲江南，直取南京。（混同秘冊》比《田中奏摺》的出現早了一百多年，而日本在中國的「進出」，竟然和佐藤的方略幾乎完全吻合。

## 侵臺的序幕

　　日本鎖國之後兩百年，第一次和臺灣人接觸就是大規模的軍事入侵──同治十三年（一八七四年，明治七年）的「琅𤩝事件」──日本藉口臺灣人殺害琉球難民而出兵臺灣。而且在出兵之前，日軍早已經派樺山資紀和水野遵（一八九六年領臺後的第一位臺灣總督和民政長官）到臺灣各地查訪了。日人依田學海根據水野遵的日記，寫成《征番紀勳》一書，敘述日軍侵臺的經過，其中「明治七年七月一日條」載：

臺灣彰化縣人廖仕強上書都督（章義：指西鄉從道，時駐恆春）曰：「清官貪虐……客歲用讒言，謂臣姪有富窩藏賊匪，舉兵襲擊。今年三月，復侵我了事逼危急，會日本二大人辱臨，慰藉甚殷。不幸清兵猖獗，燒燬有富家……臣等痛憤切骨，誓欲報仇。

近聞都督率兵南伐，天賜機會，伏望愛憐，臣等首尾相應，以除
貪官污吏。以活我小民」……從道亦斥其書，不納。

對於廖仕強、廖有富而言，國家民族是一回事，家族和私人利益是
另一回事。由於族大勢盛，想和清官、清兵對抗而向日本稱臣，希望能
聯合日本「首尾相應」，自然不是《七武士》劇中無知、無能的農民。
這也具體反映出地方豪強的心態。

### 日本的誘殺政策

一八九五年日軍征臺，對於「有敵意或妨礙者」即實施「無差別殲
滅」（不分軍民、男女老幼）和「三光掃蕩」（殺光、搶光、燒光），新
莊、三峽間的「三鶯走廊」掃蕩三次，燬屋三千，殺人四千五百，六萬
多人流離失所。據日本隨軍文人今村平藏《蠻烟瘴雨日記》，一八九六
年六月，數日間在雲林近山一帶，燒燬村莊五十六處，民居四千五百四
十七戶，殺害無辜人民不計其數。上舉兩例只因為它有具體事蹟和數字
可計，其實，各地都是如此殺戮。

大體鎮壓之後，一八九八年制定〈土匪招降策〉，在歸順儀式中將
抗日臺灣人集體屠殺。第三任民政長官後藤新平（一八九八~一九〇五）
在《日本殖民地政策一斑》一書中，誇示他誘殺抗日分子一萬六千人。

抗日最持久的，在臺灣南部是林少貓，一八九九年後藤在高雄小港
劃一自治區給林少貓屯墾，一九〇二年才調集大軍以重砲和艦砲猛轟，
激戰七小時才打敗義軍。在臺灣北部的則是泰雅族烏來八社的總頭目大
豹社的馬來詩昧，他和漢族義軍合作抗日長達十二年，一九〇六年還高
揭「大谷王」旗號，以「去明復清」為口號，出兵攻打臺北。日本人設
置重重電網（專為此事建設臺灣第一個水力發電廠——龜山發電廠）地
雷，並以大砲轟擊各部落，馬來詩昧才不得不歸順日本。日人將八社分
別遷往桃園角板山等地監管。臺灣光復之初，大豹社民還上書政府，希
望能「復歸故土」，回到臺北三峽、烏來、新店一帶原住地，政府無法
處理這個棘手的問題，只好擱置不理。

根據臺灣總督府所公布一八九六~一九二〇年間討伐生番的紀錄，共討伐生番一三八次，殺死七、〇八〇人，傷四、一二三人，收繳槍枝二九、三五八枝。一九〇五年調查，原住民人口八二、七九五人，死傷人口約占八分之一。一九二〇年以後和「霧社事件」的傷亡還沒有計入。

## 資源的掠奪

日本人占領臺灣，主要目的當然是掠奪臺灣的資源。首先是清丈田土、統計戶口，以利統治和收取大量田賦。又扶植日本商人，壟斷臺灣糖業。一九三八年，臺灣共有三十多家新式糖廠，其中最大的四家日本公司，擁有土地十四萬五千餘甲，占全臺耕地百分之十七‧五。糖業公司控制土地、農人、產量、蔗價，剝削農民，還要在磅秤上做手腳，當時流傳著「三個保正八十斤」的笑話，民間的順口溜：「第一憨，種甘蔗去乎會社磅」就是反映蔗農的無奈。

至於在許多愛日族、親日族口中的「綠色革命」更是笑話。一九三〇年代固然培植稻米的新品成功，臺灣米的質量都高幅度的提升，但是臺灣人米的消耗量減少了百分之二十以上，甘藷的消耗量增加了百分之三十以上。臺灣優質米在政府控制下輸往日本，結果東京的米價反倒比臺灣便宜。

日本人在臺灣山區大肆砍伐優質木材，一九四一年日本人發動太平洋戰爭之前，官方的統計伐林面積三十四萬多公頃，材積二千四百萬立方公尺，造林面積不及八萬公頃，成材更不及十分之一。一九四一年之後濫伐的尚未計入。同時，臺灣向日本和朝鮮大量進口劣質的松、杉等木材供臺灣人使用。

## 高壓統治

在教育方面是日本人、臺灣人、原住民差別待遇的三元結構，不但師資、設備、教材不同，連修業年限都不一樣。使得臺灣人升學銜接不易，難以和日本人競爭，除非你當日本人的走狗，子弟才能比照辦理。

在人事方面，根據一九四五年（昭和二十年）日本領臺最後一版《臺灣總督府職員錄》，一六一個敕任（相當於簡任）職位，只有一個擔任臺大教授的臺灣人（百分之○‧六）。二、一二○個奏任（荐任）職位，只有二十九個臺灣人（百分之○‧七），二一、一九八個判任（委任）職位，只有三、七二六個臺灣人（百分之十七），其中絕大多數是小學教員、鎮庄役場（鄉鎮公所）低階職員和候補警察。日本統治臺灣五十年，臺灣人只有兩個科長、三個郡守、三個法官、九個中學教員和兩個大專教授。沒有一個臺灣人進入中上位階的管理職位。

另外，根據統計，在日本本土每名警察管理的人數是一、二二八人，朝鮮是九一九人，臺灣只管五四七人。朝鮮每平方公里有一‧三名警察，臺灣則有三‧一名，臺灣是朝鮮的兩倍半，可以說是警察之島。透過保甲組織，日本警察控制了臺灣人的一舉一動。

臺灣人是日本國殖民地臺灣的屬民，不受日本憲法和法律規範和保護，由總督全權控制。當時的人稱臺灣總督為臺灣皇帝，稱日本人為「四腳仔」，稱漢奸和御用仕紳為「三腳仔」。若干御用仕紳曾經組織「有力者大會」幫助日本人壓制臺灣人的反抗運動。但是，臺灣人組織「無力大會」與之對抗，而新民會、臺灣文化協會、臺灣民眾黨、臺灣自治聯盟、臺灣工友聯盟、臺灣農民協會等各式各樣的抗日組織，更是前仆後繼，都在總督府高壓政策下一一消逝。

少數有良知的日本人敢於為臺灣人申冤。日本自由派學者矢內原忠雄在《日本帝國主義下の臺灣》一書中，便明白宣告「日本的資本，乃是在臺灣豐富的天然資源、低廉的勞動力及強固的總督府保護下積蓄而成」。矢內原認為，日本的大財閥都以臺灣為根據地崛起，臺灣一般庶民則被迫走向無產化，縱使是大資本家，相對於日本人仍然是卑躬曲膝的被支配者。臺灣人的參政權等於零，因而臺灣人的社會運動、政治運動都帶有民族運動的特質。

## 皇民化政策

　　一九三七年盧溝橋事件爆發，日本人全面侵略中國。為了更有效的控制臺灣、攫奪更多資源，便在臺灣厲行「皇民化」，其目的是「把臺灣人變成像日本人一樣為天皇效命的人」。戰爭末期，四十多年來被壓迫、歧視的臺灣人，被「一視同仁」的軍事動員，到軍隊中做軍伕、軍屬、軍妓（慰安婦）。日本人恐怕臺灣人背叛日本，不讓臺灣人擔任正規軍人，日軍有所謂「軍人、軍犬、軍馬、軍屬、軍伕」的歧視性排序，臺灣人只能當砲灰，連軍犬、軍馬都不如。

　　一九四八年，日本厚生省公布處理戰後軍人復員的數字，臺灣人日本兵死亡三〇、三〇四人、復員一七六、八七九人，共計二〇七、一八三人，實際上徵集的當不止此數。根據同一資料來源，臺灣人死亡的，竟然是朝鮮兵的五倍。前幾年「臺灣人前日本兵」根據日本的「援護法」，要求日本政府「一視同仁」的照應，日本政府以「不適格」（不是日本人）為由，悍然拒絕，只編列少許金額，做為「弔慰金」（參加別人喪禮時的白包）。臺灣人要為日本所發動的戰爭像日本人一樣「一視同仁」的犧牲性命，戰後該受到照應的時候卻不再真是日本兵，這種奇怪的邏輯，才是「日本精神」。

　　一九四五年三月十七日，美軍飛機已經轟炸過東京，日本眾議院才通過「法三十四號」〈殖民地政治待遇案〉，給朝鮮二十三席、臺灣五席眾議員，再度凸顯臺灣人是比朝鮮更次等的日本國屬民。這個法案還沒有準備施行，日本就戰敗投降了。

## 兩極化的日本觀

　　縱使是在日本人的壓迫、歧視下，人心不同各如其面，利害的糾葛常教人意識混亂、行為乖張。

　　有人認為改朝換代是「奇貨可居」，甘為日本人的馬前卒，引日本兵攻進臺北城和臺南城，殺戮臺灣人（辜顯榮、陳中和）；有人為鴉片、食鹽、菸草等專賣小利而甘為御用紳商；有人組織「公益會」，召開「有

力者大會」，宣稱臺灣人並不像民族運動者所說的反對總督專制，臺灣人也不要爭取設置臺灣議會更不要爭民權（辜顯榮、林熊徵、簡朗山、余逢時）；有人自恃為日本屬民的身分，到大陸各地作威作福，開賭場、鴉片館、走私、綁票、姦殺、搶掠、出賣軍事機密，汕頭、廈門、福州等地的臺灣流氓，成為治安的毒瘤，大陸人民的眼中釘。一九三八年德國發動歐洲戰爭之後，山東逐漸轉為日本的勢力範圍，連青島的兩千多家鴉片館老板，也幾乎都是臺灣人。

雖然日本人不願意給予臺灣人真正的日本國民身分，不在臺灣實施徵兵制（血稅），在軍中也歧視被徵召的臺灣軍屬和軍伕。可是，在戰場上，有人比兇殘的日本兵更日本兵；有人忘了自己的屬性，隨著日軍侵略中國的進展而懸燈結綵，在嚴禁漢文出版品的戰時，也出版漢文《愛國詩集》為日本人「膺懲暴支」（處罰暴虐的中國），而歡欣鼓舞。

其中爭議性最大的則是林茂生的《國民性涵養論》事件。林茂生是日本據臺後，最早取得學士學位的臺灣人，也是第一個擔任中學老師的臺灣人。一九二○年的天皇生日（天長節、七月三十一日），林茂生在報端發表了〈國民性涵養論〉一文，文中以自己認同日本、同化為日本人為榮，指責其他臺灣人拒絕學日本話、拒絕做日本人為「國家觀念皆無之臺灣人」。此文一出，受到臺灣人強烈的批評，吳三連指斥他「晏然不知恥辱，何其醜態乃爾……殊令人驚愕不已」。黃玉齋更諷刺他「木本水源、責祖求榮、小子何敢？高等官林大老爺明察，小人該死，從今寧賣屁股，誓不敢欺負同胞。」

林茂生事件，具體地反映了縱使是在日本統治臺灣時代，臺灣人也有兩種極端對立的價值觀。縱使在日本臺灣總督府的高壓下，很多真正的臺灣人，也勇於表達他們對林茂生的不齒。小林善紀筆下復甦的「親日家」、「愛日家」，或許生錯了時代、也或許不知道今夕是何夕。

## 臺灣現住民的日本觀

一九七八年，北京國務院成立「港澳辦公室」，八四年訂定《香港

基本法》，動用了無數人力、財力為一九九七年接收香港做準備。一直到一九九五年，政協主席李瑞環檢討努力了十七個年頭的成果，公開承認：要使香港平穩過渡，不是一件簡單的事，儘管香港只是與中國相連的彈丸之地。李也承認，中共在九七事件上「過於急躁」「有時且不知如何處理相關問題」。

一九九五年四月，筆者在香港《明報月刊》上發表〈二、二八與殖民地回歸的痛苦教訓〉一文。筆者揭示「殖民地回歸症候群」和「戰後復元症候群」是臺灣光復之初的痼疾，國共內戰造成的動盪不安和走私貿易引爆了這個火藥庫。

殖民地回歸、脫離帝國主義的束縛，應該是歡迎鼓舞的大事，殖民地的人民卻往往恐懼回歸。香港是稱九七回歸為「九七大限」，「大限」在中文有瀕臨死亡的意思，很真實地反映了九七以前香港人的心理。在舊中國，各大都市都有「租界」，租界地域中的治安、整潔與繁榮，普遍優於「華界」。租界成為富商巨賈、高官豪強擇屋的第一選項，在上海，連黑社會大亨黃金榮、杜月笙都託庇於法租界。一旦回歸，租界房地價格的暴跌，就足以激起原租界住民的反感（九七之前的香港也有嚴重的房價暴跌、居民外移問題），九江、青島等租界回歸，都曾發生大規模的暴動。先進國的德國、法國交界的亞爾薩斯和洛林兩省，在往復過渡回歸的過程，也都發生嚴重的問題。

著名的印度史學家迪特馬在名著《殖民統治的結束》一書中，曾經廣泛地研究了印度、巴基斯坦、斯里蘭卡、伊拉克、摩洛哥、東南亞各國和黑色非洲各國，在脫離殖民統治或回歸時，都發生嚴重問題，無一倖免。

經歷帝國主義統治的殖民地，無可避免的和母體形成政治、經濟、教育和效率、紀律上的落差。帝國主義的差別統治，在殖民地內部造成矛盾與對立，甚至反殖民地運動陣營內部的相互猜忌。而殖民地教育的反民族主義傾向，使得國家和民族認同也產生嚴重問題。

香港能夠平穩過渡，是中國傾全國之力長期努力的成果。臺灣卻沒有那麼幸運，中國不曾想像臺灣在短期間有回歸的可能，直到一九四三

年底的開羅會議。回歸的準備期極短，而且政府絀於應付日本的大軍，沒有太多的人力、財力準備解決臺灣回歸問題。中國政府接收東北、華北、華東、華南都是一塌糊塗，更別說臺灣了。

「殖民地回歸症候群」雖然是筆者提出來解釋「二二八事件」爆發的原因的理論，卻不是「後見之明」。一九四四年，國府成立準備接收臺灣的機構——臺灣調查委員會，陳儀和一批臺灣出身的專家，早已預言了殖民地臺灣回歸時可能發生的各種問題，在他們的會議記錄中都斑斑可考。有一位許顯耀先生（光復後擔任高雄港務局副局長）甚至明白的指出：

> 我國軍警的服裝和日本的比較一下，必使臺灣人發生不好的印象。

他的預言成真，而且成為近年臺灣街頭經常演出的諷刺劇。陳儀政府面臨更大一個問題：安頓十七、八萬從各地回臺的「臺灣人前日本兵」（其中包含了曾經在日軍中服役的李登輝，雖然他是以京都大學學生身分回臺）。這些臺灣人雖然絕少加入正規軍，卻是經歷過戰爭洗禮和皇民化軍國主義訓練的青年，他們在「二二八事件」中起了極為重要的作用。這也是「臺灣人前日本兵」向日本人索賠運動中，國民政府處境尷尬的原因之一。

臺灣人評比中、日兩國政府統治和管理能力的結果，是「二二八事件」爆發的重要原因。二二八事件的鎮壓，正如小林善紀所說的，臺灣人內心的「日本」，埋藏得更加深裡。直到反對運動勃起，以評比日本總督府和國民政府的治績，來強化反國府、反中國的正當性，加上李登輝的撩撥和公然鼓舞，「臺灣日語族親日愛日系」就在小林善紀的筆下鮮活起來。

一九五〇年國府遷臺，臺灣像抗戰時期的四川一樣，也產生中央政府和地方政府的摩擦。直到一九八〇年代，大體維持中央由大陸各省精英和少數臺灣精英共治，而地方上由臺灣精英治理的樣態。蔣經國執政之後，才打破這種格局，起用大量本土精英進入中央政府，李登輝就是

其中之一。

　　中央政府理解到臺灣人對於日本統治臺灣的評價，有礙於國府的發展。因此，遷臺之初，就極力剷除日本人所留下的殘跡，例如日文、日本神社、紀念碑、禁演日本電影、禁唱日本歌。實際上，日本歌卻以各種形式在臺灣流行。筆者在臺灣師範大學音樂研究所，指導學生張純琳研究臺灣城市歌謠，就特別重視這個問題。粗略的估計，翻譯成國語、閩南語在臺灣流行的日本歌多達四千首。直到一九八〇年代，「唱自己的歌」運動逐漸成形，本土歌謠抬頭，才能與日本歌抗衡。近年「哈日風」流行，臺灣青少年以日本影歌星為偶像，對於他們的事蹟也如數家珍。本質上只是「跟風現象」，就像臺灣青少年以美、歐影歌星為偶像一樣，意識形態鬥爭的意義已經非常淡薄了。

　　一九八〇年代，錄影機逐漸成為臺灣居家用品，日劇的錄影帶充斥市面。有線電視風行之後，日劇又侵入各個頻道，近年，已有專業的日劇頻道出現，論者已視之為文化入侵現象，和美國好萊塢文化入侵並列。實際上，其商品意義也遠大於文化意義。

　　為了維持法統和國際地位以及中華民國在聯合國的席次，國府在美國卵翼和指導下，和日本保持相當密切的關係。一九五二年，日本利用韓戰爆發後，海峽兩岸的分裂形勢和國際形勢的巨變，和在臺灣的中華民國政府簽訂和平條約。其中竟然出現中國在臺灣和澎湖的政府和人民以及日本國、日本國民之間的財產、債權的處置，應由中、日兩國政府「另商特別處理辦法」的條文。這就是國際法上所謂的「相互請求權」。臺灣人的對日求償、索賠運動就在這個條文之下受到壓制。一九七二年日本與中共建交，片面撕毀一九五二年的中日合約，相互請求權理應隨之消逝，雙方又以「吉田書簡」等特殊形式保持正式外交關係以外的兩國關係。國府對日本的隱忍，特別表現在日本的歷史教科書扭曲史實和日本政府官員參拜靖國神社諸事件上。

　　靖國神社是祭祀日本陣亡將士的神社，日本官員參拜靖國神社，在日本即有違反憲法第二十條非戰條款的爭議。一旦有這種事情發生，韓國、中共和東南亞曾受日本侵略的各國，都會群起抗爭，只有中華民國

政府始終保持沈默或微弱的抗議，至今猶然。而日本人把歷史教科書中的侵略行為，逐漸軟化、除罪化、中立化，每回都引起各國激烈抗議，中華民國政府也依然保持低姿態來討好日本。

今年四月三日，日本文部省又公布新審查的教科書，「偷渡」的情況更為嚴重，韓國政府和人民立即有激烈的抗議，中共稍後也略有表示，國府仍然依舊。當時筆者的日本友人跟我開玩笑，以男性的性能力嘲弄臺灣。他說：韓國是正常青年，一挑逗就勃起，中共有點陽萎，吃一顆威而鋼也產生效果；中華民國政府已經殘廢，怎麼挑逗都硬不起來。筆者也不甘示弱，告訴日本友人最好的壯陽藥不是威而鋼而是「李鹹」。日本友人不解的問：鹽漬李子真有壯陽效果？舉座大笑。我就告訴日本友人，只有碰到李登輝的問題，臺灣政府才有反應，李先生雖然卸任，威力還是很大。不久就發生李登輝要到日本就醫的事件，中華民國總統陳水扁竟然召見日本駐臺最高官員當面責難，外交部也再三嚴重抗爭，李先生終究順利成行，讓日本友人見識到「李鹹」的勃起功效。

在經濟上，臺灣對日本依賴仍深，一九六〇年以前，仍舊維持殖民時代「工業日本、農業臺灣」的態勢，日本是臺灣農產品的主要市場。一九六〇年以後，臺灣逐步工業化，日本和臺灣則形成「垂直分工」的結構，臺灣成為日本工業的主要代工者，資金、技術、行銷、市場都掌握在日本人手中，直到臺灣的電子產業勃興，才略為改變這種形勢。臺灣的重要企業家像王永慶、張榮發、許文龍、高清愿……都和日本企業有密切的關係。長年來，臺灣對日貿易都是大量入超，至今仍然沒有改善的跡象。

一九五〇年前後，隨國府遷臺的近代移民大約有一百五十萬，大部分是國民黨系的黨、政、軍、特、文教、技術官僚和反共的商人、資本家。國府掌握了黃金、工商資源、生產設備，甚至中央圖書館的善本書、故宮的文物、中央研究院的善本書和明清檔案、考古資料。還有學者、藝術家甚至佛教、道教、儒教、基督教的高僧大德、傳教士也隨之東來。一國之才濟一省之用，自然大大改變了臺灣的文化風貌，沖淡了殖民統治五十年中的日本風味和色彩。

　　根據一九九五年內政部的統計資料，臺灣二千多萬常住民中，百分之一‧六是南島語系的先住民，百分之九十八是漢人。漢人當中，百分之六十九屬福佬語系、百分之十五屬客語系，近代移民則占百分之十四。由於早期戶籍登記制度中，有本籍、外籍之分，外籍又有外省、外縣市之分，因此，近代移民常被稱為「外省人」。其實自一九五〇年前後遷臺至今也達五十年之久，多半的所謂「外省人」其實是土生土長的臺灣人。

　　早期，國民黨為了管理和統治的方便，維持近代移民的省籍屬性，一九九五年才把身分證明文件上的省籍消除，改採出生地主義。近年，許多政客為了選票便於切割操作，仍強調本省人和外省人之間的差別。其實，第一代的近代移民雖多半還是以滿人、蒙古人或上海人、山東人自居，第二代和第三代則以臺灣人自居。

　　第一代的外省人由於經歷中日戰爭的關係，他們的日本觀和「臺灣日語族反日抗日系」的老一輩臺灣人相近，每一次在日本歷史教科書和靖國神社參拜事件的抗議活動中，大抵都以這兩類臺灣人為主，他們對於像李登輝、許文龍這類的「愛日家」、「親日家」的言行都頗不以為然。基本上都是由於反殖民主義以及對於戰爭責任的價值判斷所形成的。假若「愛日家」、「親日家」不檢點言行，而日本國對於發動戰爭的道德反省不足、不願承擔發動戰爭的責任，對於殖民臺灣的罪惡又沒符合聯合國「反殖民宣言」的普世價值的善意表現，前述嫌惡日本的態度，自然還會延續下去。

原刊於《歷史月刊》2001 年 6 月號，頁 32-41，歷史智庫出版公司，臺北。轉載：《海峽評論》127 期，頁 51-59，《遠望》154 期，頁 34-47，《政治評論》2001 年 6、7 月分兩期轉載。

# 日治時代臺灣歷史人物的評價問題

## 第一章 如何評價歷史人物

人物的評價是史學領域中最重要，也是最複雜的課題。

歷史現象的研究固然涉及時間、空間、情境等要素，但仍以人的行為與意志為主。某一時期我們取某甲而不取某乙，不免要涉及價值判斷。影響判斷的因素大抵有兩項：第一是認知的問題，有的是當時的知名度本來就較高；有的是留下的史料較為豐富，比較容易出現「發潛德幽光」的機會。其二是價值結構的問題，為了民族、國家的延續或易於統治，「忠」常是中心價值，孝和節、義在中國的也很受執政者和民間社會的重視。「價值判斷」本身固然是客觀的存在，但是在判斷的時候，往往受到利害關係和意識型態的影響。一般而言，愈符合統治者的意識型態則評價愈高，而愈悖離統治者意識型態的則評價愈低，亦即俗謂的「隨人君揄揚」。這一類型在近世發展出另一形式，亦即政治上的抗爭者根據自己的政治訴求塑造自己想像中的英雄，對於比較符合統治者意識型態的人則刻意壓抑，對於歷史的傷害與前一形式並沒有太大差異。

史學以求真、存真為第一無上要義。價值判斷必須也唯有建立在事實的基礎上才有意義。縱使是「人君」的揄揚，一旦與史實不合，也終必有被拆穿或平反的一天。歷史人物的評價隨著政治形勢的移轉而反覆，不僅是歷史學者的責任，也是人類歷史的悲哀。因此，歷史人物的生命史、他的行為與意志的史實，首先應當究明。被隱瞞的真象和贗偽的功過都要釐清。

其次，某一史實一旦離開了它原處的資訊網絡（Contentual information），往往就失去了它原來的意義。把史實回復到原來的時、空、情境和價值結構裡，才能恢復它原來具有的意義，價值判斷才比較不容易受到後代的意識型態和利害關係的影響。

究明歷史人物的行為、意志，根據當時的價值體系判斷出哪些行為

不當做而做了，哪些行為又是當做而未做，再進一步與同一時、空、情境的人物的行為與意志互相比較。一經比較，歷史人物是否被過分揄揚、是否過分壓抑就更加明顯了。

歷史人物的生命史有其階段性與局限性。

許劭在東漢末年以知人聞名於世，月旦人物謂曹操乃「清明之姦賊，亂世之英雄」[1]。劉毅是魏晉之際臧否人物的高手，有「人物難知、愛憎難防、情偽難明」所謂三難的感嘆，認為人「自仲尼以上至於庖犧莫不有失」[2]，因而「丈夫蓋棺事方定」。我們不僅不要因為維護某人的「全譽」「聖貌」而否認其惡行、敗德，更應當研究其惡行、敗德是否促成其自覺、反省而促使為某人成為歷史人物的關鍵。

經前述求真的程序之後，對於歷史人物的同情與體諒才有客觀的價值與意義。同情體諒與曲意迴護與偽造贋史之間都有很大的差距，這也是在評價歷史人物時不得不予以判明的。基於某種利害關係或意識型態的同情體諒甚至曲意迴護，對於同一時代其他的人是非常不公平的，偽造贋史更屬不誠、不信、更是不義。歷史研究者不但要有學術良知、向學術負責、向現代人負責，更要向古人負責，向歷史負責。有這樣的覺悟，才能鑑空衡平，更平允、公正的對待歷史人物。

最重要的是歷史人物的評價理當與他的行為、意志一致。名實相符是最基本的要求，名實不符不止於混淆歷史的視聽，更強烈地摧殘人生存的價值——只要你有大勢力的黨徒、子孫，生前作惡也無所謂——這樣的人間與地獄何異？

# 第二章　日治時代臺灣歷史人物評價的幾個個案

甲午戰敗，中國將臺灣割讓給日本，直到民國卅四年臺灣光復，由於異族入主的民族對立和統治者與被統治者的對立關係的重疊，已然造成人物評價極大的困擾；晚近，執政者和政治抗爭運動的對立以及日治

---

[1] 《後漢書》列傳卷五十八許劭傳（百衲本，下同）頁十。
[2] 《晉書》列傳卷十五劉毅傳頁二。

末期「皇民意識」的若隱若現，都使得日治時代臺灣歷史人物的評價問題更形凸顯。

本文謹就幾個比較著名的個案試行分析，以就教於方家。

## 第一節　丘逢甲的評價問題

丘逢甲是光復以來最受政府尊崇的人物，卻也是疑議最多的歷史人物。

連橫所撰《臺灣通史》列傳最後的第卅六卷首列丘逢甲傳，其次是「吳（湯興）徐（驤）姜（紹祖）林（崑岡）列傳」，其次是吳彭年傳而以「唐（景崧）劉（永福）列傳」殿最。

連橫推重吳、徐、姜、林、吳等人的大忠大勇，對於唐、劉文武「不能協守臺灣，人多訾之」也相當體諒而有「此不足為二人咎也」的論斷，唯獨對於丘逢甲則不無微詞。丘逢甲傳云：

> 「光緒二十一年春三月，日軍破澎湖……紳士亦群謀挽救，逢甲為首……和議成，各官多奉旨內渡而景崧尚留……逢甲乃議自主之策，眾和之，五月朔改臺灣為民主國……當是時義軍特起……各建旗鼓，拮抗一方，逢甲任團練使總其事，率所部駐臺北，號稱二萬，月給餉糧十萬兩，十三日，日軍迫獅球嶺，景崧未戰而走，文武多逃，逢甲亦挾金以去，或言近十萬云」。

傳末仿古史論贊載連橫曰：

> 「逢甲既去……觀其為詩，辭多激越，似不忍以書生老也。成敗論人，吾所不喜，獨惜其為吳湯興、徐驤所笑爾」。[3]

連、丘都是光復以來政府最尊崇的人物。臺北市新公園內同時、同地立有連、丘、劉銘傳等人的銅像。但是，連橫所撰的丘逢甲傳對於丘所受的尊崇毫無影響。臺中有以逢甲為名的大學，各地有逢甲路、逢甲國校、官方機構、執政黨經營的書局出版丘逢甲傳和他的詩集，各級學

---

[3] 連橫《臺灣通史》（大正十年刊本）頁一一四〇。

校的課本也屢屢稱頌，待遇之尊，只有劉銘傳勉強能和他比擬。臺灣省文獻會於民國五十九年刊行的《臺灣省通志》人物志也將丘逢甲列為〈抗日先賢篇〉的第一人，只差沒有把他列入〈民族忠烈篇〉第一人，放在吳湯興、徐驤等人的前面。彼一時也、此一時也，何以有這樣大的差別？

　　要給予丘逢甲比較公允、合理的評價，首先要解決丘逢甲是否名符其實地「抗日」的問題。既然是「抗日先賢」第一人，丘逢甲是否像其他「抗日先賢」一樣地以真正的領軍與日軍交戰，以行動「抗日」？身為義軍統帥，丘逢甲是否像劉永福、林少貓等抗日先賢一樣地身先士卒或堅持到底？

　　丘逢甲之子丘念臺的《嶺海微飆》一書中，有「父親參加抗日」一節，很生動地描述丘逢甲參加臺灣北部「十分激烈」的抗日戰爭的經過，直到「新竹和苗栗相繼陷落之後」，在義軍司令部—柏莊召開第二次軍事會議，丘逢甲主張「退入山地和山胞合作，繼續抵抗日軍」而大多數人卻主張解散司令部，丘逢甲不得已才率領部屬族人等三四十人由梧棲港乘船經廈門、汕頭回蕉嶺故鄉。[4]

　　蔣君章在〈臺灣抗日民軍領袖丘逢甲〉一長文中，也盡力鋪陳丘逢甲抗日之功，並謂丘逢甲「渡海時蓋在十月」。[5]

　　高信在〈抗日保臺之義軍大將軍丘逢甲〉一文中更描述丘逢甲血戰至臺南失陷後，「丘氏憤欲自殺殉臺，部將謝道隆救之」才離臺，六日始抵泉州。[6]

　　丘式如在〈丘逢甲在臺抗日史略〉一文更謂丘氏奮勇抗日，日軍相繼佔領臺中、臺南之後「同時以重賞懸緝先生」而丘氏本人則「匿居深山內，預計重整隊伍，據山死守，與臺灣共存亡」；反而因為有人「為敵內應」，不得不內渡。[7]

　　光復以來像前舉渲染丘逢甲抗日的激烈、奮勇、悲憤甚至要以死殉

---

[4] 丘念臺述著《嶺海微飆》（中國日報社民國 65、12 再版）頁 38～41。
[5] 《丘逢甲的一生》所收，（中外文庫之二十，民國 64、11 初版）頁 30。
[6] 前書所收，頁 83。
[7] 前書所收，頁 96。

臺，血戰到全臺淪陷的故事的文章和專書，不勝枚舉。光復前較早的一篇〈丘滄海傳〉是江瑔於民國四年在上海商務印書館刊行的《小說月報》上發表的，描寫全臺淪陷最後階段丘逢甲的奮鬥過程謂：

> 「永福尚堅守臺南，日軍攻之，數月不能下，滄海思往依之，道中梗……竄身深菁窮谷間……臺南亦失守，滄海知大勢已去，無可挽回，乃亦痛哭辭故國而行，臺灣遂亡矣。」[8]

史學家羅香林在民國二十三年撰〈丘逢甲先生傳〉，大抵抄襲江傳，更依據劉永福離臺的光緒二十一年九月三日而推定丘逢甲離臺是當年九月。[9]

這些文章都是基於某種利害關係而為丘逢甲偽造贗史。其大膽的程度，已經到達不可思議的地步。寫丘逢甲傳記不可不讀丘著的《嶺雲海日樓詩鈔》，詩鈔之末附有丘逢甲四弟丘瑞甲所撰的〈先兄滄海行狀〉很明白的說：

> 「先兄知事無可為，乃回臺中，與先考妣倉卒內渡，時已六月初旬矣」。[10]

在《嶺雲海日樓詩鈔》卷一〈乙未稿〉之六是「乙未秋日歸印山故居，因遊仙人橋作」詩二首，第八是「中秋夕烏石岡眺月同三弟崧甫作」詩一首。丘氏不可能在蕉嶺故鄉而同時又在臺灣參與血戰。

《嶺雲海日樓詩鈔》卷二〈丙申稿〉載有丘逢甲「送頌臣之臺灣」詩八首、「古別離送頌臣」和「重送頌臣」詩各一首。「重送頌臣」詩云：

> 「忽行割地議，志士氣為塞，刺血三上書，呼天不得直，北垣據中亂，滿地淆兵賊，此間非死所，能不變計亟，親在謀所安，況乃虜烽迫……君亦挈家來，航海期不忒，得君意中慰，歸粵途始即」。[11]

---

[8] 《嶺雲海日按詩鈔》附載，後有丘念臺按語（臺灣文獻叢刊第七十種本），頁379。

[9] 前書卷首所收頁7。

[10] 前書頁368。

[11] 前書頁25。

　　「抗日先賢」無一語及於「抗日」事跡，卻有「此間非死所」和「親在謀所安」的表白，逢甲的自白和其弟瑞甲所寫的行狀的內容是一致的。在丘逢甲兄弟和「與汝偕逃」的朋友之間，他們知道自己是沒有抗日的，因此只提上書而不及於抗日。

　　當丘逢甲六月初遺棄義軍，私自逃往大陸悠哉悠哉的時候，正是義軍兄弟吳湯興、徐驤、姜紹祖等人在臺灣的臺北、桃園、新竹一帶焦土血戰的時候，也正是浙江餘姚人吳彭年以文職記室請纓，奉劉永福之命率黑旗軍兼程北上援助義軍殺敵的時候（吳彭年於六月廿一日趕到苗栗），連橫所說「獨惜其為吳湯興、徐驤所笑爾」正指此事。丘逢甲在祖居「秋日遊仙人橋」的時候，正是吳湯興、吳彭年等人相繼殉國的時候。丘逢甲中秋節在烏石岡一家人團聚賞月的時候，正是義軍和劉永福的黑旗軍在南臺灣血戰的時候（劉永福於九月三日西渡）。

　　丘逢甲憑那一點名列「抗日」先賢？面對當時的臺灣人就不敢自吹自擂曾經「抗日」的丘逢甲，後人憑那一點極力渲染他「抗日」的業績？

　　其次要討論的是：丘逢甲是不是抗日詩人？他的名句：「宰相有權能割地，孤臣無力可回天」到底是割地當時激勵人心的抗日悲憤詩？還是若干年後因為心病而呻吟的感傷詩？

　　名句全詩收於丘逢甲「自光緒至宣統辛亥遺作中未被選入正集者」的《嶺雲海日樓詩鈔選外集》最後的「離臺詩」六頁中，詩前有署名〈海東遺民〉的小序：「將行矣，草此數章，聊寫積憤，妹倩張君請珍藏之，十年之後，有心人重若拱璧矣」。詩後有丘念臺附記：「此詩乃公乙未夏將乘舟離臺時倚裝忽忽所作，民國十四年八月琮遊臺錄得者，原稿尚存親友家」。[12]丘念臺的附記由於他對父親的抗日事蹟吹擂過甚，已無法信以為真。而《嶺雲海日樓詩鈔》卷六〈己亥稿下〉（光緒二十五年秋冬）倒數第三的「有感書贈義軍舊書記」四首之二，首兩句即此二名句，兩句之末另加附記：「別臺舊句」。[13]前詩小序是否出自丘逢甲之手，相當令人懷疑，所謂「十年之後，有心人重若拱璧矣」之語，恐怕不是有「此

---

[12]　前書頁365～366。

[13]　前書頁128。

間非死所，能不變計亟」心境而急著「親在謀所安」的人所當有。縱使真出於丘逢甲之手，此詩刊行也是在民國十四年丘念臺遊臺之後。「贈義軍舊書記」詩刊於民國二年，作於光緒二十五年冬，此名句的引用流布正如該詩末句「沈鬱風雲已五年」，距離乙未割讓也有五年之久。司馬遷著太史公書藏諸名山，至其外孫楊惲時始刊布，對於漢武帝時代已失去立即批判的意義；丘逢甲的名句也不是抗日時期在臺激勵士氣的「抗日」悲憤詩，而是在中國大陸迎合恐日病和仇日情緒的「應時感傷詩」。尤其是「孤臣無力可迴天」一句，成為許多人效法丘逢甲實際上逃遁、不抗日卻又要維持顏面的藉口，因而傳頌一時，蔚為名句，再加上國民黨人的渲染，使得大陸上不知歷史真相的人，以為丘逢甲是「抗日」英雄了。

周憲文讀施梅樵編的《丘黃二先生遺稿合刊》，頗訝於「**編者所推崇於丘氏的，祇是其『詩聞名海內外』，對於丘氏一生最為國人所景仰的愛國思想與抗日活動，隻字未提**」[14]，施梅樵所瞭解的丘逢甲是符合史實的，周憲文的驚訝只是他中毒太深而又疏於追求歷史真相結果。我們前引丘氏兄弟的自白，正出自周先生寫「後記」的那一本《嶺雲海日樓詩鈔》！

周憲文所受的遺毒在統治者和丘逢甲的學生、子孫、親朋的刻意經營下更深更廣的流布，一個自己都不曾說自己曾經「抗日」的人，終於成為「抗日英雄」了。

最後不免也要談一下丘逢甲「挾金乃去」的問題。無論丘逢甲的子孫，或與其利害相關的人，一談到丘逢甲，都要以最顯著的地位、最大的篇幅為此事辯解。在我看來，這件事情並不重要，原因有二：其一，丘以義軍統領的身分毫未抗日即因私利而西遁，又未於臺灣抵抗日本佔領期間在臺灣以其文采鼓舞士氣，最多只算得上是「詩聞名於海內外」的文人罷了，是否「捲走十萬餉銀」已無關宏旨。證明他捲逃，最多為「文人無行」增一註腳；證明了他未「挾金以去」，也不過說明他逃而

---

[14] 前書頁 411 周憲文所撰出版後記。

未捲而已。其二，丘逢甲捲逃不僅在當時的文獻中留下不少記錄，丘氏的捲逃也引起許多人覬覦而衍生不少事端。但是，在兵馬倥傯中要證明丘氏捲逃相當不易，反過來要丘氏自己證明自己未捲逃則是事實的不可能。後人更不可能證明其是否曾經捲逃。因此，討論這個問題不可能有結果也無實質的意義。

　　此處我只引述一則自稱「生於臺、長於臺、身受臺之創鉅痛深、親見臺之同遭蹂躪而痛定思痛」的「思痛子」其人在《臺海思慟錄》一書中記載唐景崧繼邵友濂為臺灣巡撫後：

> 「奏派在籍兵部主事丘逢甲廣募民兵，以輔官兵不逮，稱為義軍統領……逢甲月支公費數百金，兵則食數軍之半餉……數月之間，逢甲去官，餉銀十餘萬兩，僅有報成軍之一稟而已」。[15]

　　這則記錄極可能是「挾金以去說」的源頭。但是，數月領去十餘萬兩和月餉十萬兩捲逃近十萬兩二說，也很可能是不同來源的兩個案子，如今恐難窮究了。

## 第二節　羅福星的評價問題

　　國立編譯館刊行的「國民中學歷史教科書」第三冊敘述日本統治五十年間的臺灣抗日史如下：

> 「臺灣割讓給日本以後五十年間，臺灣同胞反抗日本苛政統治的壯烈行動，屢仆屢起；像羅福星，他加入同盟會，參與三二九之役，且身受重傷。民國初年，他奉命返回臺灣，發展組織，召募同志，圖謀大舉，光復臺灣，但不幸被日本當局探知，被捕殉難。其後蔣渭水等人繼起從事反日運動……」。[16]

　　那五十年間，大陸上大小軍閥之間的內鬥，張三李四的圖畫、小說，訂而不行的法，在國民中學的歷史教科書上都佔了相當篇幅而大書特

---

15 思痛子《臺海思慟錄》（文獻叢刊第四十種本）頁3～4。
16 國中歷史教科書第三冊（民國七十四年八月試用本）頁119。

書，臺灣同胞在日本的鐵蹄下拋頭顱灑熱血，而國民必讀的課本卻吝於多寫幾個抗日英烈的名字，豈不是令人遺憾的事？

民國三年羅福星在臺就義是事實，但是，他尚未展開行動就被日警偵破捕獲了，不但對於臺灣日後的抗日運動不曾發生什麼影響，反而使得劉士明等人發動的抗日革命計畫全面崩潰。[17]

難道羅福星密謀抗日前後的臺灣就沒有抗日事件，沒有抗日英雄嗎？其實不然。民國四年余清芳、羅俊所領導的「噍吧年事件」（又稱西來庵事件），不僅襲擊了甲仙埔、噍吧年等支廳、南庄小林等警察所和小張犁、大坵園、蚊仔腳、河清湖等派出所。此事件涉案之臺灣同胞，判死刑的多達八百六十六名，繫獄者一千七百餘人，是「世界裁判史上未曾有之大事件」。

噍吧年事件影響之深遠，羅福星的苗栗事件何可比擬？何以取羅福星而捨余清芳、羅俊？若以未起事而已成仁為準，則羅福星前後何止萬數？何以獨厚於羅福星而無視於數以千計的起義抗日的英靈？難道只因為羅福星曾經加入「中國同盟會」嗎？

寫給國中歷史老師指導他們教學的《國民中學教師手冊》第三冊敘述羅福星時有如下記載：「民國元年十月，羅福星奉　國父的命令，來臺灣發展革命組織。民國二年三月，黨員激增至五萬人，後來增加至十二萬人，日本人非常畏懼這股革命勢力」。[18]同書引述陳三井所撰刊載於《近代中國》第四十三期的〈大湖英烈—羅福星〉一文為「參考文獻」。陳文謂羅氏來臺是「由於　孫中山先生革命思想的感召，因為組織的派遣」，關於黨員的募集則謂「羅福星到臺灣尚不及一年……共招募會員達九萬五千多人……這個數字大約可靠……參加羅福星一系列抗日革命的人數，估計雖有一千人或數千人，然實際上有姓名可稽者只有四百餘人……受到祖國辛亥革命成功的鼓舞及羅福星宣傳的影響，一批革命志士在民國元年年底到民國二年的一年中間，先後發動了四起抗日革命

---

[17] 賈怡輝《羅福星抗日革命事件研究》（中央研究院三民主義研究所叢刊第六種、民國 70、9）結論之三，頁 27。

[18] 《國民中學歷史教師手冊》第三冊（民國七十五年八月試用本）頁 358。

事件，那是陳阿榮的『南投事件』、張火爐的『大湖事件』、李阿齊的『關帝廟事件』、賴來的『東勢角事件』……」。[19]

　　根據陳三井指導而完成的覃怡輝所撰《羅福星抗日革命事件研究》一書結論的第三項認為羅福星來臺「乃是地方黨部（福州黨部或汕頭黨部之命」「亦非此次抗日運動的最初發起人」。該書的第五項結論認為陳阿榮、張火爐、李阿齊、賴來等人四次起義「並不能找出其有力的史實證據」證明與羅福星有關，而且除了李阿齊外「羅福星的抗日革命事件都先於他們而被日人偵破」「其實他們都是個別性的抗日事件」。[20]

　　陳文較覃書晚出，陳文對覃書的論點無一語批判，可是他的文章卻與他自己指導的覃書有極大出入。

　　《國民中學教師手冊》和陳三井的「大湖英烈—羅福星」一文，極力的嚮壁虛構，牽強附會而使羅福星成為國中歷史課本中臺灣抗日五十年的代表人，對於臺灣的抗日先烈與抗日先賢都是極不公平的。

## 第三節　林茂生的評價問題

　　第一次世界大戰期間，俄、土、德和奧匈等四大帝國解體，美國總統威爾遜審度時勢提出「十四點原則」，其中「民族自決」一項，使巴黎和會順利地承認了各帝國分裂出來的一些新興國家。歐洲各國實力減弱；對於殖民地的控制大不如前，殖民地受到民族自決和民主思潮的影響，普遍興起了民族覺醒運動的浪潮。

　　巴黎和會期間勃發的「五四運動」，不僅是中國的啟蒙運動，也是澎湃的民族運動，在日本帝國統治下的殖民地的臺灣，也毫不例外的興起了民族抗爭運動。民國九年（大正九）一月十一日，東京的臺灣留學生組織了「新民會」在澀谷蔡惠如的寓所開成立大會，同年七月十六日在東京創刊機關雜誌「臺灣青年」，蔡培火擔任編輯、發行人，林呈祿司庫、彭華英管庶務。積極參與的除上述三人外，還有林仲澍、王敏川、

---

[19] 同前頁 368～371。原刊於「近代中國」雙月刊第四十三期、民國 73、10）。
[20] 同註一七，頁 27～28。

徐慶祥、蔡式穀、羅萬俥、陳炘、吳三連等人，甚至得到田川大吉郎、島田三郎、五來欣造、安崗正篤、坂谷芳郎、川上勇、下村宏、神田正雄等日本學者和開明政治家的協助。

正在臺灣民族運動勃起的時候，發生了林茂生的「國民性涵養論」事件。

林茂生、臺南人，京都第三高等學校畢業，民國五年（大正五）東京大學哲學系畢業，是最早取得學士學位的臺灣本島人。歸臺就任臺南長老教中學教務主任，民國七年到公立的臺南師範學校兼課，民國九年轉到公立的臺南商業學校就任教授。[21]

就在林茂生由臺南長老教中學轉任公立的臺南商業學校教授這一年的天長節—天皇生日、十月三十一日、日本三大節之一——林茂生在報紙上發表了〈國民性涵養論〉一文，自喜已同化於內地人（日本人）而指責「國家觀念皆無之臺灣人」。當時在東京商科大學求學的吳三連讀到林茂生該文之後，就在次年三月刊行的《臺灣青年》第二卷第三號中以日文發表〈文學士林茂生君に呈す〉一文，向林茂生的「日本意識」提出質疑[22]，接著在三個月之後的二卷五期又以漢文寫成〈呈文學士林茂生君書〉一文再向林茂生質疑：

> 「足下為日本領臺二十餘年來第一代學士、第一回高等官、第一次教授，其名聲之赫赫，與夫所得地位皆屬第一……足下國民性涵養論一大論文……其所言甚乏常識，自相矛盾，足以表明自己氣象之貧弱、觀察之不足，猶以自欺為得意、莫知愧報……
> 足下論文中，自喜受高等官七位之殊遇、形式上之林姓早稱下野屍、而得全與內地人同模樣……不得不感福足下，化為內地人之能且捷……
> 足下計臺灣文化之促進，曾主張謂必要創設多數私立學校之語，是余所表贊意者也。然足以既當經營私立學校之大任矣，何故去

---

21 大正五年的《臺灣人物誌》和大正十一年的《南國之人士》都沒有林茂生其人。昭和九年臺灣新民報的《臺灣人士鑑》頁230載其小傳。
22 臺灣青年》二卷三號（大正十年三月）頁51～54。

而就官立學校，足下之主張與實際毋乃過為矛盾……才智之狡、口舌之詐如足下，是必有種種理由在焉。餘謂以下二理由外無以解釋，其一……先積許多經驗……其二，乃迷於頭戴燦爛兩條金綫之制帽、身穿兩顆金鈕之官服、腰橫金光閃耀之佩劍而目遂盲……

足下謂「國家觀念皆無之臺灣人……」其言出乎……本心與否抑或將有買乎人之歡心……足下之獨斷的平然而語，恬然不知所恥，殊令人驚愕不已……晏然不知恥辱，何其醜態乃爾耶……」。[23]

吳三連一文後面附載〈樵父漫評〉云：

「林君……其與官紳相周旋，聲音笑貌、晉接極其圓滑，未嘗犯顏觸忌，故吾鄉黨父老尊之以八方美人之徽號，以其有婁師德唾而自乾之堪忍也……吾為吳君懼、假管城子代三連請罪於林茂生君曰：木本水源、賣祖求榮、小人何敢、高等宮林大老爺明察，小人該死，從今寧賣屁股，誓不敢欺負同胞」。[24]

正在民族意識高張的時期，林茂生以同化為日本人為榮而指責臺灣同胞不愛日本國，顯然是貪圖私利而忘了民族大義，受到吳三連、樵父二人站在民族立場大加撻伐可謂咎由自取。

《臺灣青年》第一卷第四期、第二卷第三期、第三卷第六期、第四卷第二期都因為提倡臺灣議會設置請願運動和批評日本治臺策略較為嚴厲而遭到日本政府「禁止發行」的命運[25]，但是，批判林茂生最強烈的第二卷第五號卻發行無阻。或許日本官憲雖然樂於找到林茂生這樣的人寫〈國民性涵養論〉這樣的文章，但他們內心中卻卑夷他的行為也不一定，因此，雖然強烈的批判林茂生，雜誌也沒有被禁止。

經過臺灣的民族主義運動者強烈的批判之後，林茂生也略有反省。民國十二年以後，正如吳三連所批判的，林茂生為私立臺南長老教中學校創立基金的籌募工作效力，民國十三年至十五年間，也擔任臺灣文化

---

[23] 《臺灣青年》二卷五號（大正十年六月）頁1〜4。

[24] 同前頁4〜5。

[25] 葉榮鐘等合著《臺灣民族運動史》第十章第一節「臺灣青年發刊緣起」頁546。

協會主辦的霧峯夏季學校的講師[26]，但是，此後又停止參加臺灣的民族運動。民國十七年在美國取得哲學博士學位，學位論文中，多多少少也批判了一點日本人在臺灣推行的「同化教育」[27]。返臺後，林茂生也未再參與民族運動。

光復以後，臺大校長邀請林茂生擔任臺大預科主任，不久出任臺大文學院院長，民國三十五年三月，又擔任「民報」社長，但是，僅僅掛名而未負實際責任。[28]三十五年八月，臺灣省參議員選舉「國民參政會」參政員，十六日開票，結果第五高票的廖文毅十三票中有一票廖字弄髒了一點，第六高票的五人中，楊肇家的十二票中有一票肇字多了一畫，監選的民政處長周一鶚宣布選票有問題，只決定前四名當選，其餘的尚待向中央請示而後定。九月一日中央來電：疑問票作廢、楊肇嘉落選、廖文毅只具抽籤資格。抽籤前一天，林茂生宣布棄權以示抗議。[29]

在日本殖民統治下，無論臺灣同胞受到何種壓迫，林茂生從來沒有向異族政府採取積極的抗爭行動；面對祖國政府的惡行，林茂生採取了向所未有的激烈手段。民國卅六年，臺灣發生了「二二八事件」，數以千計的人在事件中喪命，曾任長官公署教育處副處長的宋斐如；積極參預臺灣民族運動，協助林獻堂等組織民族資本的大東信託會社的陳炘；曾任臺灣新民報販賣、會計、印刷部長的阮朝日；積極參與臺灣地方自治聯盟的王添燈等人和林茂生也都在這事件中喪生。

近年由於朝野的抗爭昇高，正如丘逢甲一般，林茂生在其子孫親朋和意識型態掛帥的情勢下，也被高高的捧起。民國七十六年在海外為林茂生百齡而開紀念會，在臺灣島內也有人以「歷史裂痕下受辱的靈魂」

---

[26] 臺灣新民報《臺灣人士鑑》（昭和九年版）頁230。

[27] 廖仁義：「歷史裂痕下受辱的靈魂」（自立副刊、民國76、10、30～31）。

[28] 梅村編校注釋「二、二八史料舉隅」之八曾今可：「臺灣別記」編者按語：「他（指林茂生在認同祖國熱潮的社會新風潮裏，始終自感不安，他為了乘味潮而急欲填滿過去沒有機極參預過的「文化協會」運動，亦不曾發出過任何具有「抗日」的積極言論而焦急並行動起來也說不一定」，他明知空銜而積極接上臺灣民報社社長的名堂，不外是上述「心不寧」的一種「反應」。原刊於「臺灣與世界」月刊，《二二八真相》一書所收，頁147～148。

[29] 參見民國卅五年九月六日民報、新生報以及《楊肇嘉回憶錄》（三民書局、59、7三版）頁357～359。

為題，撰文為林茂生叫屈。林茂生無疑是〈陳儀惡政下的犧牲者〉，但是，不以虛捧林茂生者所杜撰的「抗日史觀」來評價林茂生，至少也應該以林茂生當時——第一次戰後瀰漫全世界和全中國、全臺灣的蓬勃的民族運動的價值觀來衡量林茂生吧？林茂生的研究者是否應當為林茂生一生最具關鍵性地位的行為——也是臺灣民族運動史上重大的歷史事件——「國民涵養論事件」，提出合理的解釋呢？一味的隱蔽遮掩，而以「偶而必須提出公務言論」一語帶過，恐怕也不是虛捧林茂生的研究者應有的態度吧？寫出〈國民涵養論〉一文是身為教授的公務嗎？是身為臺灣人所「必須」提出的嗎？這樣的說法不僅對於吳三連、樵父、臺灣青年社的同仁們不公平，對於那些被林茂生指責為不愛日本國、不同化為日本的臺灣人也是極不公平的。刊布了〈國民涵養論〉的林茂生假若是「受辱的靈魂」，其他的臺灣人不是受到更殘酷的雙重屈辱嗎？歷史的公道與正義何在？臺灣人應該受到狂捧林茂生的人如此這般的扭曲與侮辱嗎？

　　評估林茂生的歷史價值的人，應當指出林茂生生命史的階段性與局限性，而不是以侮辱其他臺灣人的手法來虛捧林茂生。偽造膺史虛捧丘逢甲的人們，並沒有扭曲、侮辱其他的臺灣人！自吹自播並且強迫他人相信固然不應該，以扭曲歷史、侮辱他人和隱蔽遮掩的手法來掩飾林茂生生命史上的問題來凸出、提升他的歷史地位就更不應該！

# 第三章　結論

　　自從「賴和平反事件」、「林少貓被臺奸子弟誣為盜匪事件」和「王敏川平反事件」相繼發生以來，我發現朝野雙方利用臺灣歷史作為鬥爭武器的時候，都極盡所能的歪曲歷史，以黨派利益優先，以意識型態掛帥，而把歷史的真象放在腳下踐踏，這不僅是臺灣歷史的悲哀，更是臺灣人的悲哀。本文首先從評價歷史人物的方法論討論起，也就是希望建立以史實為基礎，以歷史事件發生時代的資訊網絡為基礎，以歷史事件發生時代的價值系統為基礎，以歷史人物的比較為基礎，以及以臺灣人

民為基礎的方法論。

由於篇幅的限制，我只討論了丘逢甲、羅福星和林茂生等三個個案，我盡力嚴守我自己所建立的方法論，疏陋之處在所難免，假若尚有疏陋之處，那是由於我的學養不足、力有未逮，期待各位同道的批判與討論。我希望他日還有機會繼續循此方法，多討論幾個個案，或許有益於歷史迷霧的澄清並給那些拿臺灣歷史做為政治鬥爭工具的人們少許警惕。

原文刊於臺灣史研支會，《第一屆臺灣史學術研討會論文集》，頁 54-79，1988 年 1 月；轉載《慶祝王任光教授七秩嵩慶中西歷史與文化研討會論文集》，頁 221-238。輔仁大學史學系，1988 年 4 月，臺北。

病亡。由於歷年辦理團練，林家耗費過多、財力大損，占梅死後，人才不濟，「林恆茂」就逐漸衰微了。

鄭崇和出身漁民、小商人家庭，鄭崇和本人則「以耕讀養志」，家境逐漸富饒。嘉慶二十三年（一八一八）鄭崇和之子鄭用錫中舉，接著在道光三年（一八二五）又高中進士之後，「使得鄭家同時成為官商、地主和鄉紳」，因而累積了龐大的財富。鄭家對於公共事務的關注遠不及同城的林家，因此，始終沒有產生像林占梅一樣具有全臺聲望的領袖人物（張炎憲〈新竹鄭氏家族的發展〉[1]）。

在臺灣歷史上，堪稱為第一大家族的則非臺中霧峰林家莫屬。

臺中林家的奠基者是林甲寅。林甲寅的父祖輩亦農亦商，林甲寅本人則以商販和燒炭致富，再投資於土地而成大地主。甲寅的兩個兒子定邦、奠國已經成霧峰一帶的地方領袖。從甲寅為二子所取的名字看來，他對子孫們有極高的期待。

咸豐九年（一八五九），林甲寅的長孫林文察應閩浙總督王懿德之召，率領臺中一帶的鄉勇兩千人，以「臺勇」的名義到福建參與平定太平天國以及相關亂事的戰役。屢建戰功，又以「閩勇」名義，轉戰浙江各地，曾國藩曾經讚美林文察謂：「閩中健將，文察為最」。同治元年（一八六二）林文察因功升任福寧總兵，次年，左宗棠奏署福建陸路提督，一度兼署福建水師提督。那年十二月，因為戴潮春之亂，林文察率兵返臺，林家的聲勢至此達到第一次高潮。林家也乘機擴張土地、擴充勢力，成為臺灣中部第一的豪族。

林文察是第一個率領「臺勇」到大陸平亂的名將。文察殉國之後，他的弟弟林文明成為林氏族長。林家擴充太快、樹立了不少敵人也得罪了地方官，同治九年（一八七〇）林文明以謀叛罪嫌被殺於彰化縣衙，林家的發展陷入了低潮（麥斯基爾原著《霧峰林家》[2]）。

---

[1]　張炎憲著；《中國海洋發展史》（二）（台灣新竹鄭氏家族的發展）；中研院三民所發行；1989 年出版。

[2]　麥斯基爾(Meskill, J. M.)著、王淑琤譯；《霧峰林家：台灣拓荒之家》；文鏡出版社發行；民 75 年出版。

　　光緒十年（一八八四）法人犯臺，林文察的兒子林朝棟率鄉勇據守
於獅球嶺、八堵一帶、劉銘傳籌備建省，相當倚重林朝棟，命他為撫墾
局局長，由於開山撫番有功，又命他統領「全臺營務處」並賜予全臺樟
腦專賣之權。林朝棟不但重振林氏的家聲，擴充了林家的土地、勢力，
也使林家由臺中豪門一變而成為全臺縉紳領袖。乙未（一八九五）割臺
之役，林朝棟率兵北上，再度扼守獅球嶺，隨即又調防臺中。日軍攻佔
臺北之後，林朝棟眼見大勢已去才奉旨內渡。日本領臺期間，林朝棟的
堂弟林獻堂等人又領導臺灣士紳、有心青年推動文化啟蒙運動和民族主
義運動，贏得「臺灣第一公民」的美譽，也使霧峰林家贏得「臺灣第一
家族」的名聲。

## 四、臺灣近代巨族豪門的崛起與滄桑之際的應變

　　前年（民國七十六年八月）司馬嘯青刊行《臺灣五大家族》[3]一書，
他以基隆顏家、霧峰林家、高雄陳家、板橋林家和鹿港辜家為臺灣五大
家族。除了霧峰、板橋兩個林家有悠久的家族傳統之外，其他三個家族
都是日治時代才發跡的新興豪門。

### 1、基隆顏家

　　早在西元十七世紀，雞籠便以盛產煤炭的良港而為人所熟知，官方
雖有禁令，但私採流行。道光年間，顏斗猛定居雞籠以務農為生，因著
地利之便，也投入私採的行列。同光新政，開採煤礦繼樟腦、茶葉而成
為新興的重要產業。光緒十三年，劉銘傳興築臺灣鐵路在基隆河發現砂
金之後，淘金業也盛極一時。基隆的煤行銷東南沿海，顏斗猛的孫子顏
雲年，在沿海各埠已是小有名氣的「臺灣礦商」。日本人佔領臺灣之後，
立即發布「臺灣礦業規則」，由於臺灣礦業多屬私採，並無明確礦權憑
證，各礦遂歸日人所有。顏雲年以擔任通譯和巡警之便，陸續承接日人

---

[3]　司馬嘯青著；《台灣五大家族》；自立晚報發行；民 76 年 8 月出版，台北；（上、下兩冊）。

經營不善的礦權,在短短的二十年間,顏家在煤、金兩礦上都大獲其利,成為臺灣第一的礦業集團(《顏雲年翁小傳》[4])。雲年死後其弟國年掌理家業,國年於一九二七年被選為臺灣總督府評議會議員、一九三七年過世(長濱實《顏國年君小傳》[5]),由雲年長子顏欽賢接掌家業。

民國三十四年臺灣光復,顏欽賢率先加入中國國民黨,次年四月當選省參議員,隨即當選制憲國民大會代表。是年十月底,往南京出席大會,曾蒙當時國民政府蔣介石主席召見,由於語言無法溝通,顏氏急得連尿都流出來,事後常以此自嘲說:「大汗、小汗一道出來」(司馬嘯青《臺灣五大家族》[6])。三十八年十二月吳國楨任臺灣省主席,顏欽賢奉召擔任省府委員,受到當道的重視。

## 2、瑞芳李家

基隆顏家之外,瑞芳李家也是以礦業起家的豪門。李家的始祖李建興出身農家,一九一六年受雇為瑞芳福興炭礦公司書記,一九三四年承接日人放棄經營的福興煤礦,在深處發現產量豐富的良質煤層,從此事業迅速擴張,成為僅次於顏家的礦業鉅子。一九四○年以「支那間諜」罪名下獄,臺灣光復後才放出來。民國三十五年八月參加「臺灣光復致敬團」,暢遊大陸並遍謁國府要人。李家煤礦產能曾經多達全臺總產量一半以上,三十九年四月擔任「臺灣省石炭調整委員會」主任委員,達到事業的高潮(吳國柄《傳奇人物李建興》)。

## 3、高雄陳家

自從荷蘭人佔領臺灣開始,種蔗製糖外銷便是臺灣南部重要的產業。咸同年間陳福謙經營的「順和行」便是其中翹楚。順和行不但在東南沿海各地設有「分棧」(分公司),也是最先將臺灣糖直銷日本和英國

---

[4]　友聲會編,《顏雲年翁小傳》,基隆友聲會;大正 13 年(1924)。

[5]　長濱實編;《顏國年君小傳》;長濱實監發行;昭和 14 年(1939)。

[6]　司馬嘯青;《臺灣五大家族》上冊;自立晚報發行;民 76 年 8 月出版,台北。

的臺灣商人。在臺灣本地，順和行也以「青苗貸款」、自營加工等手法，掌握高雄地區大部份的糖源。高雄陳家的奠基者陳中和便是「順和行」的學徒、幹部以及經營日本市場的主力。光緒二十一年（一八九五），日軍進佔臺灣，在北部遭遇到激烈的抵抗，因而在圍攻臺南時，改採取三路圍攻策，其中一枝軍隊從今天的高雄小港一帶登陸。陳中和「派遣三名旅居橫濱時僱傭的、通日語的店員」幫助日軍並嚮導日軍進攻臺南府城。隔年日本政府以陳氏幫助日本平定臺灣有功而敘勳六等、頒瑞寶勳章。此後，陳家的財、勢也隨著他們對日本人的效忠而舉日俱增，成為南臺第一的大地主、財閥、政客。一九〇二年幫助日本人消滅南臺第一大敵林少貓以及一九〇五年派遣數十艘帆船搜索俄國波羅的海船隊的蹤跡，使日本海軍以逸待勞而擊敗俄軍，都受到日本政府的獎賞（宮崎健三《陳中和翁傳》[7]）。一九二三年日本皇太子（日後的昭和天皇）遊巡臺灣，高雄下榻處就是陳家的產業。一九二八年陳中和的長子陳啟貞由高雄州協議會議員改任臺灣總督評議會議員，陳家終於成為臺灣鉅族。

陳中和有十男四女。光復當初接收大臣之一、外交部特派員、民國三十五年壓倒臺灣縉紳領袖林獻堂而當選首任臺灣省參議會議長的黃朝琴就是陳中和八子陳啟清的妻舅。民國三十五年，陳啟清當選制憲國大代表，次年更奉派為臺灣省政府委員。陳家在黃朝琴和其他裙帶關係的庇護下，安安泰泰地渡過了政權迭嬗的危險期。

民國三十七年國府軍隊在共軍壓制下節節敗退。三十八年一月二十日蔣中正總統「引退」，以中國國民黨總裁身份指揮全局。四月二十日，共軍大舉渡江，五月十七日，蔣總裁飛抵馬公，二十六日自馬公飛岡山轉高雄。蔣總裁下榻處即陳家產業，也正是昔日日皇太子下榻處。一時黨政要人雲集，日後與陳家關係密切的谷正綱等人都在其列。而日後的蔣總統經國也隨侍蔣總裁在此「草擬防守以及治理臺灣的計劃」（蔣經國〈危急存亡之秋〉[8]）。從此以後，陳家與蔣家又結下了不解之緣，成

---

7　宮崎健三編撰：《陳中和翁傳》；1931 年出版。
8　蔣經國著：《危急存亡之秋》；正中書局；臺北；臺初版；民 65 年。

為陳家繁榮發達的保證。

## 4、鹿港辜家

司馬嘯青稱鹿港辜家為「臺灣近代最顯赫而受爭議的家族」[9]。

辜家的始祖辜顯榮南人北相、身軀魁梧，在人群中非常醒目。他的「一朝驟起」更令人醒目。

辜顯榮小商人出身。一八九六年，臺灣割讓給日本，日軍佔領臺灣之初，出乎意外的遭到激烈的抵抗。從基隆攻向臺北的途中，除了駐在臺北的洋人引導日軍之外，辜顯也出現在水返腳（今汐止）的日軍陣前，以筆談的方式告訴日軍當時臺北混亂而宜於急襲的狀況。從此以後，亦步亦趨，隨著日本人的進展而進展，短短幾年中就超越臺灣其他的豪門，成為最富、最有權勢的臺灣人。

辜顯榮首先超越板橋林家和大稻埕富商李春生出任「臺北保良總局長」，接著設置「大和行」，從事茶葉貿易並取得樟腦和鹽的販製特權，一九〇〇年擔任「官鹽賣捌組合長」，接著又投資蔗田和改良糖廍（新式糖廠），一九〇九又取得販賣鴉片的特權。其中鹽的專賣權曾經造就新竹林恆茂和板橋林本源兩個豪族，樟腦專賣也使霧峰林家走上鼎盛期，而糖業則繁榮了高雄陳家。鹿港辜家由於辜顯榮「出迎皇軍」，一舉而攫取諸利源，從此以後，又染及香菸、鳳梨、草帽、木材水泥、不動產和證券、金融等業，根深柢固，成為一個龐大的產業體（大園市藏《怪魔辜顯榮》以及《辜顯榮翁傳》[10]）。

一九三四年，辜顯榮經「勒選」為日本貴族院議員，臺灣第一「御用紳士」的地位也從此屹立不搖。

大凡富豪之家不吝於施捨小惠以市恩，板橋林家和辜家都常資助有潛力的青年求學。

一九一三年林獻堂等人發起的興建「臺中中學」（今省立臺中一中

---

9　司馬嘯青著；《臺灣五大家族》下冊；自立晚報發行；民76年8月出版；頁81。

10　辜顯榮翁傳記編纂會[編]；《辜顯榮翁傳》；辜顯榮翁傳記編纂會；昭和14（1939）。

前身）運動，辜顯榮等一干「御用紳士」都名列前茅，林獻堂等人創辦
霧峰夏季學校和臺灣民報，御用紳士也有間接參預的。一九二五年辜顯
榮等人倡建臺北孔廟，表面上是「儒學道義」，成為盡忠於日本的「好
國民」。一旦遭遇真正的民族運動，譬如臺灣議會設置運動、臺灣文化
協會、民眾黨、臺灣地方自治聯盟等，御用紳士則絕少涉及。一九二四
年辜顯榮、林熊徵等御用紳士還組織「公益會」來抑制臺灣議會設置運
動的活動。

　　一九二三年十二月十六日，日本人在全臺灣搜捕參預議會設置運動
的臺灣人，被扣押傳訊者多達九十九人，是即「治安警察法違反事件」。
一九二四年八月一日第四次公判開庭的時候，三好檢查官在論告中曾
說：「被告之中頗多崇拜印度顏智的人……臺灣如果有顏智，可能就是
辜顯榮這樣的人」。（顏智在大陸的習慣譯法是「甘地」），把辜顯榮視為
甘地，自然引起臺灣人的譏評。臺南詩人謝星樓做了一首〈新聲律啟
蒙〉，以下的句子風行一時[11]：

　　　辜顯榮比顏智，蕃薯比魚翅，破尿壺比玉器。

　　將辜顯比作「破尿壺」，可見臺灣人對辜氏觀感之一斑（葉榮鐘《臺
灣民族運動史》）[12]。

　　辜顯榮在逢迎日本權貴之外，也結交當時大陸各黨派、各政府的要
人。一九二五年大陸之行結好段祺瑞接受北洋政府的勳章，又和段的對
手倒戈將軍馮玉祥連絡，籌備合資開發山西煤礦。至於辜是否也和廣州
政府有某種程度的往來，則有待深入研究。

　　辜顯榮以臺灣豪門而玩弄大陸政客於鼓掌之上，則以「閩變」事件
為最。

　　九一八事變之後，日軍又到上海挑釁，一九三二年爆發了一二八淞
滬之戰，五月，日軍撤退。這是鴉片戰爭以後，外國軍隊唯一的一次無

---

11　司馬嘯青著；《臺灣五大家族》上冊；自立晚報發行；民 76 年 8 月出版；頁 123。

12　葉榮鐘、蔡培火、陳逢源、林柏壽、吳三連著；《臺灣民族運動史》；自立晚報：臺北；
　　民國 60 年初版。

條件撤兵。在淞滬戰役中表現最佳的第十九路軍於是年秋天調駐福建。次年十一月，陳銘樞等人在福州組織「中華共和國」，是所謂「閩變」。當時政界傳言，臺灣總督松井派大軍閩赴，藉保僑為名，暗助陳銘樞。國府主席蔣介石乃派李擇一來臺遊說。事後，蔣公以為幸得辜顯榮之助，不僅日軍迅速撤回，還得到一份十九路軍兵力部署圖，才使「閩變」急轉直下（《辜顯榮翁傳》[13]及翁建中〈辜顯榮在閩變中建奇功〉）。十九路軍既以抗日勁旅聞名於世，且有將與中共聯手的傳言對於日本甚為不利，日本出兵又收兵，正是避免與十九路軍衝突而假國府之手除去十九路軍的借刀殺人之計。同時，辜與閩變要角陳銘樞也維持極為密切的關係，辜給陳的信件中，還批評蔣主席「因循弊政，徒以籠絡技倆、排斥異己，以致地削民貧，禹域山河，岌岌可危」，而稱讚陳銘樞「欲勉為其難，爰揭義旗是亦一大快事」，並且說：「非藉外援，決難成事」，暗示陳銘樞聯日。

　　廖慶洲敘及此事認為辜顯榮對陳銘樞的批評挑撥和對國府的「獨秉孤忠」「簡直判若兩人」。

　　一九三四年十二月，辜顯榮只參加了貴族院的開院式，第二天就迫不及待的背負著日本貴族院議員的新頭銜走訪中國大陸，一方面為日本的侵華行動辯護；一面進行分化各派系的活動。辜顯榮見到楊永泰、汪精衛等人，大談「滿州乃我日本人之生命線」和「日支親善論」。二十四年元旦，蔣委員長在西湖接見辜，當面表達閩變事件「備承鼎力」的謝意，並以王道期待日本。辜則以王道無法「救迫切之邦」來為日本的侵略行動辯護。在遊走於國府諸政要之間的同時，辜顯榮也資助陳炯明以「中國致公黨」總理身份和北方軍人周旋。

　　民國二十六年二月，辜顯榮再訪大陸，和張嘯林、杜月笙、陳儀、汪精衛、張群等朝野要人交往，推銷他的日支親善論。是年七月，蘆溝橋事件發生，年底辜顯榮就病死了（《辜顯榮翁傳》[14]）。

　　司馬嘯青敘及前述史實，認為辜之發迹有其傳奇性，「但若論起其

---

[13]　辜顯榮翁傳記編纂會[編]；《辜顯榮翁傳》；辜顯榮翁傳記編纂會；昭和14[1939]。

[14]　辜顯榮翁傳記編纂會[編]；《辜顯榮翁傳》；辜顯榮翁傳記編纂會；昭和14[1939]。

富貴的模式與行徑，令人不恥，實係由這些毫無準則、也不磊落的舉動而來」[15]。辜死後，其子振甫繼承了總督府評議員的位置。民國三十四年八月十五日，日皇宣布投降，辜振甫、林熊祥、許丙（林本源家帳房）等人與臺灣日軍少壯軍人共謀獨立，三十六年七月辜振甫被「臺灣省戰犯軍事法庭」判處有期徒刑二年二月，林、許各判處有期徒期刑一年二月，量刑如此寬大，與三人出身臺灣豪門不無關係。三十八年十月，辜振甫繼娶林熊祥的外孫女，與中央社臺北分社首任主住葉明勳結成連襟，在葉明勳、蕭同茲、黃少谷等人的幫助下，辜家又穿梭於權貴之間。國府遷臺之後，蔣中正並不瞭解辜顯榮的兩面性和投機性，更不知道辜顯榮在「閩變」時扮演著多重角色，反以閩變時辜的「獨秉孤忠」為念（辜家也常以此傲人），從此辜家也迅速地恢復昔日的財勢（辜振甫〈含淚追憶　蔣公大德與訓勉〉）。民國七十年，辜振甫擔任中國國民黨中常委，使得辜家又重新回到日治時代政、商兩皆得意的局面。

## 5、板橋林家

板橋林家崛起於嘉慶、道光年間，光緒十二年（一八八六）林維源任臺灣撫墾大臣幫辦而臻於極盛。乙未割臺，臺灣縉紳共建「臺灣民主國」以謀自救，公推林維源為議長，維源辭讓不就而西渡廈門，林氏族人多半也隨之內徙，散居於廈門、福州、上海、香港等地，將資產轉投資於大陸新興的實業。一九〇〇年，臺灣民政長官後藤新平親履廈門，勸林家回臺投資以為倡導，林家才大量回臺投資，族人也來往於大陸、臺灣之間。相較於鹿港辜家、高雄陳家，林家已失其先機。林家「受國厚恩」而自我約束，或許也是主要原因。一九〇九年，林本源製糖會社成立之後，民族意識的束縛消失，林家的事業就順利的發展起來。

國民革命軍北伐成功之後，板橋林家對於大陸的新形勢相當隔閡，滿州國成立之後，林維源之長孫林景仁即任滿州國外交部歐美司長（王

---

15　司馬嘯青著：《臺灣五大家族》上冊；自立晚報發行；民 76 年 8 月出版；頁 137。

國瑤〈林公景仁傳略[16]〉），抗戰期間，林氏服務於汪氏政權者也不乏其人。民國三十六年林氏族長林柏壽回臺時，與之偕行的是過氣人物許崇智（葉明勳〈典型始信布衣尊－敬悼林季丞先生〉），顯然林家缺乏敏銳的政治長才。林熊祥參加臺獨運動亦可作如是觀。

　　民國三十八年中國國民黨蔣總裁中正來臺，首先到高雄，落腳於陳家，離開高雄飛抵桃園，轉大溪，即落腳於林家產業。蔣總統過世後，慈湖凌寢用地仍是林家產業，民國七十四年才由林家捐獻歸公。蔣經國麾下政戰系的黃埔－政戰學校的校地－日治時代的北投馬場，原來也是林家的產業。林家雖然缺政治人才，惟其族大勢盛要找門路和權貴搭上關係並非難事；另一方面，國府遷臺也急於得到臺灣豪門的支持，板橋林家當然會受到執政者的重視。

## 6、霧峰林家

　　乙未割臺之役，霧峰林家的林朝棟率兵駐守獅球嶺，因為受到客軍的排擠而調守臺中；板橋林家的林維源則根本拒絕接受「臺灣民主國」議長的職位，二林都舉家內渡，民間卻有不同的評價。當時臺灣民間盛傳的一首民謠謂：

　　　日本憲兵若出門
　　　紅的帽仔手拿刀
　　　第一盡忠林朝棟
　　　第一怕死林本源

　　霧峰林家也有不少人避難而離開臺灣。稍微安定之後，林家的子弟出錢出力領導臺灣士紳從事抗日工作自然就成為民族運動的領袖，林獻堂尤為其中翹楚。日本人不能不重視林家所代表的民意和力量，也更加注意防範林家勢力的增長。

　　光復當初，鹿洪辜家、板橋林家忙著搞獨立運動，以維護他們在日

---

[16]　王國璠撰稿；《板橋林氏家傳》〈林公景仁略傳〉；祭祀公業林本源發行；民64年元月18日：頁97～101。

本人統治下所發展出來的實力。來不及以接收大員身份回臺的,也有人間關萬里,兼程趕到重慶去「恭迎王師」,像蔡培火、蘇東啟等都是著名的例子。在日治時代依附於統治者的,又想辦法找關係以圖自保,像屏東藍高川的兒子藍家精擔任南京汪政權的顧問,藍高川的女兒藍敏就找國民政府的軍特人員建立關係以備不時之需(喬家才〈臺灣奇女子藍敏〉)。而林獻堂他們則秉持向來對國家民族的關切,忙著歡迎國軍和籌組「臺灣建設協會」,「為建設臺灣為模範省」而盡力,顯然他並不瞭解當時中國官場的習氣。臺灣長官公署將林獻堂列入將捕治的漢奸名單中當非無因。民國三十五年五月,臺灣省參議會選議長,丘念臺又「因公私環境關係,勸止獻老勿競選省議會議長,推讓與後進少壯黃朝琴」。接收者佔據所有的重要職位,正是釀成二二八事變的主要原因,聲望高如林獻堂者亦不可免,自可想像其餘(丘念臺〈追懷獻堂先生〉)。次年春,二二八事件爆發,林氏把正在臺中參加彰化銀行創立大會的財政處長嚴家淦請到家中加以保護(嚴家淦〈憶灌園先生〉),事後林氏也曾向當局和白崇禧陳述善後工作以及今後治臺方針之意見。二二八事件使林氏彷彿「吃了一記悶棍」,精神上受到極大打擊(葉榮鐘〈杖履追隨四十年〉[17])。五月,臺灣省長官公署改組為省政府,林氏被任為省府委員,次年六月又被任為「臺灣省通誌館」館長,這是傳統中國尊敬耆老的最敬禮,也象徵著在新任臺灣省主席魏道明心目中,林獻堂已是過時的人物。

民國三十七年七月三十日,「臺灣省收購糧食辦法」亦即俗稱的大戶餘糧收購辦法公布實施。林獻堂對於這個辦法有不同見解,特別是形同強制徵購的手段,尤令林氏寒心。三十八年四月,在臺灣省主席陳誠的強力推動下,又制定了「三七五減租」的各項實施辦法,是年九月,不待三七五減租條例公布實施,林獻堂就以治療頭昏宿疾為名飛到日本,民國四十五年終老異鄉。

民國三十八年六月二十一日,中國國民黨蔣總裁由高雄萬壽山遷居

---

17 葉榮鐘著;《林獻堂先生紀念集》(杖履追隨四十年);林獻堂先生紀念集編纂委員會發行;民 49 年出版。

桃園大溪，沒有造訪臺中霧峰。

　　林獻堂赴日之後，林家沒有出現相當的人才替代他，「霧峰林家」似乎也逐漸成為歷史名詞，從臺灣政治舞臺上消失了。

　　巨族豪門的興衰和家族中的人才、機運以及產業經濟結構的變遷、巨族豪門與執政者之間的關係都密切相關。在臺灣發展史上，漢移民開拓土地和糖、鹽、樟腦、茶、鴉片、煤、金礦業都曾經塑造出富甲一方的巨族豪門。民國三十九年中華民國中央政府遷臺，大量的新移民也隨之東來，政經與社會結構因而鉅變，也產生了新型態的巨族豪門。近四十年來，特權壟斷、新興工業和對於土地、股票的投資，也造就不少舉世聞名的富豪；而傳統的析產制度、政商關係和人才的培育，仍然是巨族豪門所必需面對的問題。臺灣的巨族豪門在滄桑之際的應變之道以及是後的榮枯盛衰，或許可以為我們的明天帶來某些啟示。

原文刊於《歷史月刊》24 期，頁 34-18，歷史月刊社，聯經出版公司，1990 年 1 月，臺北。（原刊刪去注腳）

# 從唐山、半山聯合治臺到福佬沙文主義
## ——光復以來的省籍問題

　　每次公職或民意代表選舉，省籍問題就像鑼鼓陣中的嗩吶一樣，高亢、雜亂地喧囂起來，大家早已見怪不怪而習以為常了。今年三月選舉第八任總統，國民黨的臺籍雙雄李登輝、林洋港二人相持不下，某些主流派的國民黨籍立委祭起「省籍糾結」的大帽子逼退非主流派；李登輝也以「同屬臺籍政治人物」為由勸退林洋港而演出一場前所未見的高層次權力鬥爭的鬧劇。

　　這場鬧劇不僅讓臺灣人和新潮流系竊笑不已，也讓當年極力提拔這些政客以消泯臺灣的省籍隔閡，甚至以「臺灣人」自居的蔣經國先生在九泉之下也難以安枕。

　　「省籍問題」到底有什麼魔力？使得好之者如癡如狂而畏之者又惟恐避之而不及呢？

## 一、省籍問題源遠流長

　　所謂「省籍問題」說穿了也不過是由於「地域觀念」所造成的利益分配不均或者以此為藉口所造成的社會、政治不安而已。

　　地域觀念是數不清的群體意識之中的一種類型。心理學家麻士勞（A.H.Maslow）認為「需求」是人類行為的內驅力。需求由低而高可分為五個層次：生理，安全，愛和歸屬，尊重和自我實現。每當較低層次的需求因目標達成而獲得滿足時，較高一層次的需求隨即成為行為的新驅力。地域觀念和家、團體、國家一樣，都屬於「歸屬」的需求，只是層次不同。因此，世界各地的人對於外來者多半心懷疑慮（動物也多半各擁地盤），除非證明外來者對自己有利無害。地域觀念是普遍存在的人類本性的一部分，現在無法消泯、將來也辦不到，除非小國寡民、老死不相往來。

　　中國的疆域遼闊，屬於多民族國家，各族、各地的風俗、語言或多

或少有所差異。為了管理方便，明清以來逐漸形成若干「省區」。稅負、治安、遷徙和科舉的名額等等都受到戶籍的影響；政治上的權利分配往往也要考慮省區，任官更形成「迴避本籍」的制度，各省的官吏都來自外省。

康熙二十二年（一六八三）施琅平臺，次年正式將臺灣收歸中國版圖，屬於福建省轄下的一府，下設臺灣（中路）、鳳山（南路）、諸羅（北路）三縣。由於施琅對於粵人有相當成見，便以粵人來臺為「隔省流寓」是違法行為作為藉口，禁止粵人東渡。施琅死後（康熙三十五年）臺灣的地方官才逐漸放寬這項禁令，閩西和廣東的客家人遂大量東來。客家人東遷刺激了閩南的泉州仁人和漳州人，彼此競墾的結果，使得原本侷限在今天臺南市區和東郊一帶的漢人社區，在短短的二十年中，便擴張到臺灣西部北起臺北南抵屏東的原野上。一年的移民就比荷蘭時代和鄭氏時代漢移民的總合還要多。臺灣北部「大半」是廣東移民；南部三十三莊「皆粵民墾種」，總人口大約是閩、粵各半。

當時臺灣地壙人稀，需要勞動力。因此，最初的「省籍問題」只是生員（俗稱秀才）的學額和舉人的名額問題。乾隆四年（一七二九）決定「粵童」的名額「另編新字號應試」，既不影響臺灣一府三縣一廳的學額，也不影響閩省舉人名額的情況下，解決了粵人科考的問題。第二個問題才是語言隔閡和經濟利益衝突所引起的人民內部矛盾、對立的問題。

乾隆中期臺灣西部平原開發完畢，乾隆末期（一七八○~九○）群體意識和利益衝突所造成的對立被凸顯出來，造成長達六十年的「閩、粵械鬥」，死傷了無數人民。死亡的閩人強化了「大墓公」信仰；死亡的粵人則創造了獨特的「義民爺」信仰。高屏一帶的粵人倚賴「六堆」的鄉團組織力抗閩人，保住近山一帶水源豐沛的家園；臺北一帶的部分粵人直到道光年間丘陵、淺山地區樟腦、茶葉之利逐漸開發出來才遷移到今天桃、竹、苗地區，追求這些新興產業所帶來的財富。粵人離開臺北之後，省籍問題消失，升高為閩南泉、漳二府的「府籍衝突」，其後，又升高為泉州府人之間的「分縣衝突」（晉江、南安、惠安三邑人和同

安人的「頂下郊拼」)。

　　前述閩粵、泉漳人的問題，在過去的研究論文中，我都稱之為語群衝突，用以區別漢移民和原住民之間的「族群衝突」。在臺灣開發史上，語群衝突遠甚於族群衝突，顯然是同一民族間的利害衝突遠甚於異民族間的種族矛盾，這是值得令人引為鑑的歷史經驗。

　　光緒十年（一八八四）中法戰爭，劉銘傳奉令來臺辦理防務，泉、漳二府人之間的隔閡，仍是相當嚴重的問題。十三年臺灣建省，似乎有凝聚「臺灣人」省籍意識的機會，甲午戰後，臺灣割讓給日本，省籍意識的形成因而遲滯下來。

　　日本統治臺灣期間，由於臺灣與大陸兩地的往來比以前困難，而殖民體制強烈的執行日、漢之間種族的差別待遇，使得閩、粵和泉、漳之間的省籍問題逐漸消泯，而福佬和客家之間的語群隔閡仍然相當明顯。著名的客家作家劉榮宗（龍瑛宗）在中、日戰爭末期和一些福佬作家一起到日本開會，仍然有被福佬閩人歧視的感覺。這種隔閡，至今仍然很明顯地影響到桃園、新竹、苗栗、屏東甚至花蓮、臺東、高雄、臺中等地的地方政治。

## 二、國府統治下臺灣政權的二元性格和省籍問題的淡化

　　一九四五年臺灣光復。經過五十年的分隔，大陸各省人士對於臺灣的了解並不深刻，因此，接收臺灣的人員便由半山（到大陸參加祖國建設和抗日陣營的臺灣人）和唐山客（大陸人）所組成。半山之中原屬軍界的有黃國書、林頂立、劉啟光（侯朝宗）、鄒滌之、陳嵐峰、王民寧、李萬居、蘇紹文、陳漢平、黃光平、李友邦等人；政界的則有丘念臺、黃朝琴、謝東閔、游彌堅、蔡培火、連震東、吳三連、陳尚文、宋裴如、黃及味、林忠、謝掙強等人。軍界的半山回臺後，都改往政界發展，是以國府遷臺之初，軍隊裡已經沒有臺籍將領了。

　　光復當初，臺灣也不可避免的遭受到大戰之後百廢待舉、生產不

振、經濟蕭條、復員困難、社會不安的困境。接收客取代原日本人的地位卻又缺乏日本人的紀律和效率，貪賄公行、行為粗暴，引起人民極大不滿，加上五十年來海峽兩岸的隔閡和發展上的差距，終於在接受之後十六個月爆發了二二八事件。

查緝私煙的誤殺事件，終於點燃起憤怒之火，演變成為反支配的抗暴運動，抗暴運動又轉化成攻擊外省人的省籍問題。三月九日二十一師進抵臺灣，展開長達四晝夜法西斯政府所慣用的鎮暴手段，隨之而來的查緝、追捕暴徒的工作，也傷害不少人命。但是，不可諱言的二二八事件中也不乏真正的暴徒在趁火打劫，土豪劣紳藉機報復，其中也隱含著「土臺客」和半山之間的矛盾，土臺客王添燈等提出的「四十二條處理大綱」中，要求重用「本省人」，顯然並未將半山客算進去；而在查緝追捕行動中，又產生「四大魔王」──李萬居、游彌堅、黃朝琴、劉啟光和「四大金剛」──王民寧、蘇紹文、陳嵐峰、黃國書等名目，也顯示出本土臺客對於半山客的不滿。

二二八事件造成政府與人民之間的裂痕，也造成省籍問題的傷痕，但絕不至於像近年反國府運動者所渲染、誇張的如此之甚。臺灣歷史真正的大變局是一九四九年的國府遷臺。

一九四九年的國府遷臺，就國府的立場而言，正是一九三七年遷都重慶的翻版，是由各省菁英組成的中央政府的轉進。除了政權、治權各機關和國軍、特務之外，各種文教機構（中央圖書館善本書、故宮文物、中央研究院等）工廠、國營事業甚至黃金、白銀也轉移到臺灣，隨之而來的則是六十萬的「外省」百姓和數十萬的「外省」國軍。

國府遷臺和國府的「四川經驗」一樣，仍然在一省中形成「二元政治」：中央政府維持中央的各省共治；地方政府則以臺治臺。以一九五〇年八月成立的國民黨「中央改造委員會」而言，該會的十六名委員中，只有連震東一名為半山客，直到一九六三年十一月底，國民黨十五名中常委裡才出現黃朝琴、謝東閔兩名半山客。

臺灣省政府委員則是另一種結構：一九四七年魏道明任省府主席時，十六席省府委員中臺籍主有六席，比率是百分之四十四。一九四九

年十二月吳國楨任主席時二十四席省府委員中，臺籍有十七席，比率是百分之七十一，此後直到九〇年代，都維持在百分之七十以上，而且其中至少有一席是原住民（山地籍）。

　　日治末期，臺灣本地人口在六百萬左右，一九五〇年增長到七百萬，國府東遷帶來百萬以上的「外省」軍民，約占臺灣總人口的百分之十五以上，使得臺灣在語言隔閡之外又加上省籍隔閡的因子，似乎臺灣的語群、族群問題又面臨更強大的挑戰。社會心理學家認為，消除隔閡最好的方法是讓不同的群體在共同接受的架構下有機會彼此接觸溝通。臺灣光復以來，土臺客、半山客、唐山客都努力的在臺灣推行「國語運動」，國府遷臺之後，更積極的普及國語。近年反對運動者常常猛烈攻擊國府以強硬的手段推行國語，但是，不容否認的，國語使得本省人和外省人能彼此溝通，也使三百年來困擾臺灣社會的福佬／客家之間的語群隔閡逐漸消泯，漢族和原住民甚至原住民各語群之間也都有了溝通的工具。其次，差別待遇的教育制度（對於原住民和大陸人少數民族反而優待）和徵兵制度，使得不同省籍、語群、族群的人們，在學校、在軍隊中共同度過少年和青年期，對於消除隔閡、增進彼此間的情誼都有積極的功能。第二則是大陸來的軍、公、教、警、特等男性青年，逐漸和本省人通婚。婚姻關係是人際關係中最親密的部分，五〇年代，本省少女嫁給外省郎而遭家庭反對的還時有所聞，六〇年代以後本外省通婚已是普遍現象，時值八〇年代末期，因為省籍因素而反對通婚，將是一大笑談。以筆者的弟妹為例，舍弟娶了臺中的福佬人、舍妹嫁給桃園的客家人都沒有省籍和語群問題發生。而今反對陣營中的若干成員，像朱高正、尤清等人都是不同省籍通婚的顯例。第四是大陸人的本地化，外省第二代和三代自然形成「土生仔」而本地化不必申論，五〇年代中期以後，外省人逐漸退役或轉業進入山地或各地行政機構、學校、公民營企業的日多。省籍企業主在招募員工時，也逐漸消去「限本省籍」的條件，而開始接納外省人。蔣經國總統於一九八七年七月接見地方耆老，宣稱自己在臺數十年，早已經是臺灣人了，更將外省人本土化運動推展到最高潮。一九八七年大陸探親合法化之後，很少外省人回大陸定

居則是大陸人本地化的明顯證據。

　　國語的普及，無差別待遇的教育、徵兵制度、通婚，大陸人的本地化等等固然有助於省籍隔閡的消滅，但是，國府為了在臺灣一地維護中央／地方的二元統治結構，不得不維持大陸時代中央政權由各省分享的制度以及由於歷史的淵源或統治方便起見，在某些特定機構重用外省人的現象，在民主意識高張和統治結構一元化的呼聲中，就顯得有省籍區分和歧視被統治的多數人的傾向，一旦遭遇強而有力的挑戰，就難以招架之感。

## 三、統治結構一元化的要求和省籍問題挑釁

　　一九七〇年代是臺灣從二元政治轉向統治結構一元化的關鍵年代，一九六三年十一月底黃朝琴和謝東閔進入國民黨中常會具有象徵性的意義，臺灣地方政治人物終於進入中央的權力核心。一方面是政治實力隨著歲月和各人的努力而成長，另一方面也顯示政治理念和認識有所不同的蔣介石時代即將成為過去而蔣經國時代即將來臨。一九六九年，中央民意代表的補選和一九七二年中央民意代表增額選舉，則顯示國府正式將中央政府開放給臺灣人民直接參與。一九七五年蔣介石總統逝世，是年十一月，蔣經國當選為國民黨主席，隨後選出的二十二席中常委中，省籍的有五席，其中林金生、林挺生、徐慶鐘、蔡鴻文都不是所謂的「半山派」。一九七九年，蔣經國先生為了既維持中常委會原有的權力結構，又要容納更多的省籍人士進入中央，採行了擴增中常委名額的辦法，廿七席中常委中佔了九席，林洋港、邱創煥、李登輝、洪壽南因而晉入國民黨中央的決策層。

　　一九七二年，蔣經國被提名為行政院長，他任命謝東閔為省主席，並起提升屏東縣長張豐緒為臺北市長。謝東閔之前的八位省主席都是外省人，後續的林洋港、李登輝、邱創煥等人都是當今當紅的政治人物。蔣經國的魄力和遠見實在令人懷念。

　　七〇和八〇年代是蔣經國重用臺籍政治人物和拔擢臺籍青年才俊

的時代，也就是仿間流傳的「崔苔青時代」。許多外省籍的青年才俊都興起了向隅之感。

八○年代不僅是國民黨的「崔苔青時代」，也是「黨外」在野勢力蓬勃發展和全民要求政治民主化、經濟自由化的呼聲日漸高亢的時代。光復以後在國民黨統治教育下受教育、成長的新生代投入了反對陣營。

中產階級的成長和新生代的投入臺灣政治活動，改變了臺灣的政治生態。一九七七年五項地方公職人員選舉，出現了參與爆炸的現象，新生代的活力和浪漫激情，終於醸成了「中壢事件」─這是二二八事件以來第一次群聚暴動事件。一九七八年底的中央民意代表選舉，有許多高學歷的新生代知識份子積極參予並且籌組「臺灣黨外人士助選團」，是年十月卅一日發表「十二大政治建設」，其中第十一項就是「反對省籍和語言歧視，反對限制電視方言節目」。省籍問題和電視方言節目放在一起，雜湊的痕跡非常明確，而且放在第十一項，顯然並不是什麼強而有力的政治主張。

一九七八年的選戰，由於卡特宣布次年元旦和中共建交而終止，黨外政治運動的激情卻沒有因此而冷卻，次年十二月十日終於爆發了「高雄事件」。

在高雄事件朝野衝突中，在野的黨外人士向軍、警高喊「臺灣人不打臺灣人！」從此以後，省籍問題再次被政客們凸顯為支配與反支配甚至臺灣人民內部矛盾的問題。

## 四、福佬沙文主義帶來的問題

八○年代後期，在野（黨外）民主運動蓬勃地成長。新生代的政客們由於缺乏鄉土的草根性，不得不揚棄前輩體制內、務實的路線，走上街頭群眾運動的「暴力邊緣路線」。街頭運動具有啟蒙和凝聚群眾的功能。運動者便移植、構造、經營一些理論來吸引、驅使群眾，列寧、毛澤東等等中外運動家的理論都一一引進，海外臺灣獨立運動者所發展出來的臺灣地位未定論、自決論、臺灣民族論也適時地引進臺灣。

　　若干新生代政客和運動家把自決論、臺灣民族論解釋成臺灣民主化必經的歷程。臺灣人追求幸福而走上獨立的道路也是無可奈何的事，但是，臺灣民族論否認臺灣人也是中國人的說法，對於仍然存有自己是臺灣人也是中國人的想法的臺灣人而言，臺灣民族論自是違背經驗事實的謬論。

　　部分政客和臺獨論者一方面享受到以福佬話號召民眾、爭取選票而發展出政治實力的樂趣與實利；一方面得到海外以福佬人為中心的獨立運動者在人力、物力上的協助，因而逐漸產生福佬自我中心主義甚至福佬沙文主義。比較明顯的跡象是他們以本土化和母語權為藉口，堅持以福佬話為臺語、國語而排斥其他語言。他們無視國語（北京話）經過四十餘年的推展，早已成為臺灣各語群、族群的共通語言的經驗現實，也忽略了臺灣的未來無論是統是獨，「臺灣人」或「臺語」都應該是一個民主的具有包容性的複合概念。

　　我會說流利的福佬話和少許客家話，演講的時候也經常摻合使用。我曾經三次遭遇臺下的福佬沙文主義者在臺下嚷嚷，要我使用「臺語」，不要用國民黨的「國語」，我直截了當的告訴臺下的群眾，這種缺乏包容性而且不尊重他人的態度，必定會摧毀全臺灣人民好不容易掙得的民主和繁榮。我曾經目睹同樣的情形發生在清華大學教聯會會長張昭鼎教授（臺南人）身上，至於民進黨的費希平、傅正、張德銘、林正杰等人也飽受福佬沙文主義的困擾。至於三月中旬中正紀念堂前學生運動會場上福佬沙文主義得強暴傾向和李登輝等人的省級區分，上下相互輝映，都令人有不寒而慄的焦慮。至於民進黨縣市長在推行母語教學時，只推行福佬話而以各種藉口推卻客家話和原住民語言，和他們所攻擊的國民黨實在沒有什麼不同。

　　福佬沙文主義和省籍觀念、語群觀念合流而產生的「非我族類意識」和排斥行為，則是更深一層的隱憂。江南案發生後，民進黨某臺籍立委在美國呼籲臺灣同胞不要幫江南的太太控訴中華民國政府，因為打贏了官司是幫外省人贏得臺灣人繳納的稅金，完全缺乏人道思想也無視於反支配運動的一體性。趙少康和朱高正在立法院發生扭打事件，某國民黨

籍立委對新聞記者表示，這是外省人打臺灣人。五二○事件發生後，民進黨部分黨工擬出一份「大陸人統集團毆打臺灣人」的聲明，而無視五二○當天，雙方都有臺灣人和大陸人的事實；這種專務挑撥省籍對立，扭曲農民抗議的正當性說法，和李林雙雄競選總統時國民黨籍立委林鈺祥等人以「省籍糾結」為口實展開赤裸裸的權力鬥爭，同樣令人齒冷。

一九八七年十月，「臺灣原住民權利促進會」決定到中國大陸考察中共的少數民族政策，一九八八年十二月客家人的「還我客家語運動」，都是在國民黨少數族群和福佬沙文主義的夾縫中尋求生存之道的自救活動。前者因為承受不了壓力而取消行程，後者則在各方的夾殺之下成效不彰。而外省籍臺灣人的新生代也在「你不認同臺灣就滾回大陸去」的荒謬宣示中，也逐漸組合成若干團體，成為他們在臺灣的生存權奮鬥。

一九八九年十二月臺灣大選，葉菊蘭（客家人）參選新國家連線，投入臺北市南區立委的選戰，她發表「臺人不論省籍族裔全民共創新國新憲」一文，宣示她的第一個政治立場，她說：「我必須嚴肅而鄭重地指出：這兩千萬人，包括的是所有以臺灣為家園的閩南裔、客裔、外省籍，以及原住民社群。在我心目中，『臺灣人民』不以省籍族裔而定，更不以來臺先後而論。我們要求整個臺灣命運共同體的自決與自主，因此，只要是這個共同體的一員，都有平等而充分的權利，都是『臺灣人民』。」

葉菊蘭深刻地體會到臺灣當前「省籍族裔」所存在的問題，才產生如此明快、深刻的文宣。可是，當葉菊蘭在政見發表會上，準備以母語（客家話）發表政見之前，先以福佬話向臺下的聽眾致歉，希望福佬人容許她用母語發言的時候，我聽見身邊的人在輕聲抗議：「為什麼使用母語都要福佬人答應呢？」說完就轉身離開會場，我隨著他的腳步向場外走去，看見不少人也湧向政見發表場的窄門。我當時的想法是：連葉菊蘭都要在福佬沙文主義的陰影下成長嗎？開票結果，葉菊蘭僅以比林正杰（福建人）略高的次低票當選，大家所期待的「周清玉旋風」終於沒有出現。誰離開了葉菊蘭呢？

做為一個臺灣史研究者和現實的觀察者，長達六十年，血流成渠的

閩粵械鬥、泉漳械鬥和引起臺灣社會動盪不安的二二八事件、中壢事件都近在眼前。群體意識是人性的部分，是無法消滅的；可是水能載舟也能覆舟，我們期待的那些政客和運動家們能認識群體意識對立可能導致的惡果，不要因為一己一時而利用善良的人性本質做為政爭、奪權的工具；轉而謀求臺灣社會的融洽與和諧。否則，國民黨、民進黨的政爭未已，獨統之論爭未定，臺灣就會因為福佬沙文主義所造成的「省籍族裔」歧視、排斥而形成臺灣人民內部尖銳的矛盾與對立。屆時，不僅臺灣人民沉淪燎原的火海之中，那些政客和運動家們也終必成為在患難中覺醒的臺灣人民、絕不饒恕的罪魁禍首，他們縱使是「自食惡果」恐怕也無補於實際了。

原刊《美洲版時報周刊》268 期，頁 30-33，時報周刊社，1990 年 4 月 14 日，《中時晚報》1990 年 5 月 12-14 日，分三天連載，又收於《臺灣史研究會論文集③》，頁 305-315，1991 年 4 月，臺北。

# 與清修《明史》外國列傳〈雞籠〉篇相關的幾個問題的初步探索

## 一、研究動機與研究史

筆者生於武漢，長於臺灣，對於中國人對臺灣的認知和態度這類的題目，一直保持高度的興趣。

一九九〇年，筆者發表〈臺灣移民開發史上與客家人相關的幾個問題〉一文，在第二節「荷鄭之前客家人即已移民臺灣之謎」中，分析各種古地名「多屬望文生義、穿鑿附會之說」，學界爭議、莫衷一是，「適足以反映國人在宋以前對知識的模糊性格」，認為明代小東說、雞籠、淡水說、北港說、東番說，「對於臺灣有較為清晰的概念」。我認為一六三〇年正月隨沈有容到臺灣的陳第所撰的〈東番記〉一文「對於今天的臺灣才出現更清晰的描述」。[1]

陳第到臺灣之前，請熟悉臺灣的漁人到臺灣一趟，根據實況畫了一張地圖並為之講述臺灣情況，沈有容率艦駐紮臺灣（今安平），陳第親自到魍港（今嘉義布袋一帶）、堯港（今高雄茄萣鄉一帶）、打狗嶼（今高雄市）等地做了深入觀察，故而〈東番記〉文章不長，卻記錄了魍港、打狗嶼之間十個漢地名，也描述了先民鑿首習俗、村落組織、農耕漁獵技術、蔬果作物、蔬果作物獵物種類以及漢人與先住民的關係、貿易方式等等，陳學伊認為：「國家承平兩百餘年矣，東番之入記載也，方自今始」。筆者以〈東番記〉和葡萄牙、荷蘭、西班牙人的圖、誌比較，

---

[1] 1990 年筆者發表〈臺灣移民開發史上與客家人相關的幾個問題〉（本文蒙各單位垂青，曾經在中研院設社科所《中國海洋史論文集》第四輯，1991、03，以及《輔仁學誌》二期，1990、08，《臺灣史研究會論文集》第三輯，1991、04，《客家》雜誌 1990 年 8 月號以及《中原周刊》第 677～682 期，1990、08、26～1990、09、30 連載，共五次刊出）。文中引述荷方檔案，日人村上直次郎抄錄翻譯的《バタヴィア城日誌》全三卷，《東洋文庫本》，昭和 50 年（1975）平凡社，東京（中譯《巴達維亞城日記》）1624 年 2 月 16 日條所載，謂：這兩則資料顯示，在荷蘭人佔領臺灣之前相當長久，即已經有不少中國人定居於此，並且對於先住民有相當影響力。「混合語」的形成，需要很長的時間，更值得研究者注意。

在二○○○年二月出版的《臺灣發展史》第二章第一節「元代設治與明代中國對臺灣的經營」中說：

> 「其實〈東番記〉也是我們所知對於臺灣先住民生活最早、最翔實的文字紀錄」。[2]

　　一九九三年，在紀念李友邦將軍逝世四十周年的學術研討會上，筆者發表〈朝鮮義勇軍與臺灣義勇隊─兼論二十世紀中期中國人的「朝鮮臺灣觀」〉一文。分析在一九三五至四五年間，中國人對於朝鮮和臺灣的看法和態度的轉變。認為在一九四三年十一月開羅會議決定戰後朝鮮獨立、臺灣回歸祖國之前，無論朝野，都是朝鮮優先於臺灣，此後，才轉變為臺灣優先於朝鮮。此文因故未刊。[3]

　　二○○二年四月，到廈門參加廈大臺研所與鄭成功紀念館合辦的「鄭成功驅荷復臺三百四十年學術研討會」，發表〈延平王國的性質及其在國史上的地位─兼答廈大鄧孔昭教授〉一文，說明「延平王國」既非臺灣獨派見獵心喜，具有現代主權獨立意義的「臺灣第一個漢人政權」，也不是大陸學者以及臺灣統派所認定的「臺獨意識」，而是被永曆

---

[2] 葡萄牙、西班牙和荷蘭人認知的錯覺，可參閱陳其南〈臺灣地圖史上的「三島」傳統〉《中國時報》2003、04、23，十四版，臺北。

荷蘭人承襲葡萄牙人稱今臺灣為福爾摩莎，他們認知中的福爾摩莎是兩三個大島和許多小島組成的「島群」。1930年代，日本學者矢內原忠雄在《日本帝國主義下の臺灣》中指稱，全世界有十二個福爾摩莎，筆者在1967年版的《The Rand Mc. Nally CONCISE ATLAS OF THE EARTH》書中，查到六個福爾摩莎，其中有山有河亦有島。

有人認為1624年荷蘭人佔領臺灣是臺灣文明之母，在臺北故宮博物院大辦荷蘭文物展且宣揚此一說法，若不是別有用心就是孤陋寡聞。1636年以前，荷蘭人對於臺灣的認知也是「三島說」。因為荷蘭人在印尼和麻六甲燒殺擄掠成功，在臺灣受阻於麻豆社，因而侷促於臺灣（今安平）那個小沙灘島和對岸福爾摩莎（今臺灣本島）今臺南市區赤崁樓附近那一小塊地方長達十二年之久。1635年底，荷蘭大批援軍到達，聯合新港人打敗麻豆人之後，勢力範圍急遽擴張到今雲林以南，南迄屏東北部，才逐漸瞭解臺灣是一個島（參見拙著〈福爾摩莎原著民族部落對抗荷蘭帝國的禦侮戰爭〉第七節「麻豆部落力戰荷蘭帝國」以及第八節「荷蘭人與新港人聯軍對麻豆人的決戰」，《歷史月刊》2003年6月號，智庫出版公司，臺北。）荷蘭人的認知，比陳第晚了三十幾年。

[3] 研討會後年餘，電訊李友邦夫人嚴秀峰女士，何以未見拙文刊出，嚴女士告以原稿遺失故未刊。余謂：現場散發之遺稿尚存！嚴女士謂：遍尋未得！我寄上一份影印稿，卻無下文。此後，又經修訂，在同一單位主辦的學術研討會上再宣讀一次，又未見刊載。目前正尋求出版中。

皇帝小朝廷敕封的一姓諸侯王，奉大明正朔、道道地地的中華帝國中的封建王國。[4]

此番，乘東吳大學歷史學系創系卅周年之便，探索清人纂修《明史》之際，如何看待臺灣的問題。

## 二、官修正史的利弊和清修《明史》的問題

「正史」之名，首見於梁元帝（508~554）《金樓子》一書中，正史觀念之形成則始於魏晉之際的正統思想。經三百年之醞釀，形成史分「正」「偽」之觀念，而「正史」之名於六世紀初出現，七世紀初唐人修《隋書》，〈經籍志〉首列正史，正史之名稱與特質乃定。[5]

唐太宗貞觀三年（629）設史館，集眾史官撰修正史之制度於焉成立[6]，後世史家批評集眾史官修史，「沒有適當的領導人通盤精密設計，監修者尸位素餐，撰修者互相推避，條章不立，著述無主，選材不宜，擇事欠精以致苟延歲月，雜亂成書」，西方史家則視之為「大體上歷史由官吏而寫，為官吏而寫」，「歷史被視為統治者的有效輔導」[7]，杜師維運先生認為，在實際運作上，「秉筆者常為反現實政治的史學家」，「史館所蒐集的材料，不盡為官方實錄、國史的記註者，亦具有獨立精神、超然於政治之上」。杜先生也特意指出官修最嚴重的問題是：「監修官肆

---

[4] 臺灣獨派援用「延平王國」一詞入杜正勝、黃秀政、張勝彥、吳文星等人所編寫之《認識臺灣（歷史篇）》教科書中，大陸學者開研討會，出版專文、專書批判。杜正勝在臺灣，微疵必應， 極逞雄辯之能者，惟於此無一字回應，其他人亦然，任大陸學者痛勦。拙文除了在學術研討會上作為大會論文，次日（2002、04、18）並在「廈門市各界人士紀念鄭成功收復臺灣三百四十周年大會」（人民大會堂）演講本文。

該會尚未出版論文集。筆者摘要並略去注釋，以〈延平王國的性質及其國史上的地位〉刊於《歷 史月刊》2002 年 6 月號，頁 37～44，歷史智庫出版公司，臺北。

嗣後，該會出版《長共海濤論延平—紀念鄭成功驅荷復臺 340 週年學術研討會論文集》（上海古籍出版社，2003.07 上海）本文刊於頁 140～156。

[5] 杜維運師著《中國史學史（第二冊）》第十章第二節「正史概念的形成與正史的叢出」，頁89～91，三民書局總經銷，1998、01，臺北。

[6] 前書第十一章「盛唐史學的特色及成就」第三節第二目「史館的設立與記註制度的健全」，頁 138～185。

[7] 前書十一章三節第三目「集體創寫歷史—修史的國營化」，頁 200～201。

意的改寫歷史！」總而言之，杜先生認為：「其弊端雖然昭著，然其利足以彌補其弊。國家尊重歷史，傾全國之人力物力，及時修成當代史與前代史……大量的基本歷史事實，賴以保留，史學上的偉業，孰過於此！中國因這種修史制度，留下的珍貴史料，無法估計；中國的一套正史，被認為是世界史學最突出的成就，是在這種修史制度之下而產生的」。[8]

清修《明史》正是前述傳統的一部分。

崇禎十七年（1644）三月十九日，李自成率闖軍攻入京城，崇禎帝自縊煤山，名亡。五月二日清軍入北京，十月初一日，福臨在北京即皇帝位，國號大清，建元順治，中華帝國政權更替。

金國天聰九年（1635）四月，皇太極改國號為「清」，即仿中原歷代皇朝之制，撰修《清太祖武皇帝實錄》，是年一月完成。尚未入關前之三月，清國翻譯《遼史》、《金史》、《元史》為滿文，成書。入關之次年，下詔修明史。《東華錄》順治二年五月癸未條載上諭云：

> 「命內三院大學士馮銓、洪承疇、李建泰、范文程、剛林、祁充格等，纂修明史」。

清國舊臣，可能沒有太多問題，前明舊臣如洪承疇、馮銓等人，首先遭遇的就是忠貞順逆問題，這是滿人入主中原之後，漢人普遍存在的問題。其次則是史料問題。前引實錄順治五年九月庚午條載：

> 「諭內三院：今纂修明史，闕天啟四年、七年實錄，及崇禎元年以後事蹟。著在內六部、都察院衙門，在外督、撫及都、布、按三司等衙門，將所關年分內，一應上下文移有關政事者，作速開送禮部，彙送內院，以備纂修。」

有明歷朝《實錄》除了崇禎一朝來不及纂修之外，僅闕天啟四年及七年實錄，顯然明代實錄極其完備，萬曆以後，「邸報」亦甚完備。而公文、檔案之彙整備用，也不形成問題。

問題是歷朝實錄於修成之後，藏在深宮內院，何以天啟朝缺兩年份

---

8 前書頁 200～202。

呢？朱彝尊《曝書亭集》〈書兩朝從信錄後〉嘗謂：

> 「考熹宗實錄成，藏皇史宬。相傳順治初，大學士涿州馮銓復入閣，見天啟四年紀事，毀己尤甚，遂去其籍，無完書。」[9]

康熙十八年召試博學鴻詞五十人入史館修明史，朱彝尊為其中之一。在史館，凡七次上書總裁，論定凡例，商榷史文，撰〈文皇帝本紀〉和列傳三十篇，對於史館事跡，應有相當瞭解，若所言屬實，主持修史的首席史官竟然湮滅史料以免暴露自己的惡行，對於修史所造成的問題，可能是前所罕見。但是，清修明史，必須面對明代的儒林、道學之爭；閹黨、非閹黨之爭；東林、非東林之爭、浙東、浙西之爭，甚或同籍、非同籍之爭；同籍人又各有其恩怨情仇。朱彝尊嘗謂：「東林多君子而不皆君子，異乎東林者亦不盡小人，作史者實不可先存門戶之見而以同異分邪正賢不肖」。「世皆以為有識」〈清史列傳本傳〉。門戶之爭，顯然綿延數世，明人修明實錄，使得貳臣馮銓必須銷毀實錄以自保，比明代黨爭更複雜的形勢，當然是清修明史更大的問題。

杜維運先生認為，史館的監修官肆意改寫歷史是「官修歷史的最大弊端」，其罪可「肆諸市曹，投畀餵虎」。[10]清修明史，也出現曾經三次擔任明史總裁官的王鴻緒的「攘善盜名」事件，更甚於「肆意改寫」。康熙四十八年王鴻緒休致回籍時，將史館中眾手所撰成的草本稿盡數攜去，以數年之力，點竄增損併合，於康熙五十三年，進呈列傳二百五卷，雍正元年「合訂記、志、表、傳，共三百十卷」進呈。當時人已經有欺世盜名的評語，清末魏源也說，「鴻緒身後，其子孫鏤板進呈，以板心雕橫雲山人史稿，遂得頒發。攘善而不遂其攘，盜名而適阻其名，其非天哉！」[11]；好名之人攘奪他人著作據為己作，其實只有瞭解內情的少數人或飽學之士才能確知，剽竊之作照樣流傳，若干歲月之後，創作者

---

[9] 朱彝尊《曝書亭集》卷四十五，康熙末刊本，臺灣世界書局排印，1989.4 再版本，頁 549。

[10] 前引杜著頁 202。

[11] 魏源《古微堂外集》卷三，光緒四年八月淮南書局刊本（今藏中央圖書館）。民國十八年，鄧文如訪得康熙刻本《明史列傳稿》一部，及《明史列傳》殘稿六冊，侯仁之據以撰〈王鴻緒明史列傳殘稿〉一文為王辯白。

反遭淹沒之事也屢見不鮮，《橫雲山人集》版本的《明史稿》流傳至今，屢經影刊是為明證。其實王鴻緒從康熙四十八年到雍正元年，也費了十三年功夫「補綴其未備，或就正於明之老儒，或咨訪於博雅」，把五百餘卷的散稿整理成三百十卷，並且確實成為乾隆四年刊行欽定《明史》的底本，其功頗鉅。但是，康熙五十三年王鴻緒〈進呈明史稿疏〉續其初任總裁官時「僅成數卷」，再任總裁，又自稱比監修張玉書、總裁陳廷敬二人「得有餘暇」全力「刪繁就簡，正繆定偽，如是數年，彙分成秩」[12]，既不提徐元文、萬斯同核定之四百六十卷本，又排除張、陳而獨任其功；王死後其子孫又於《明史稿》板心鑄《橫雲山人全集》，實亦難逃攘善盜名之譏！究其實，任總裁而將刪定稿置入己身文集之中，實繁有徒，非僅王鴻緒一人而已，惟未若王鴻緒之鯨吞全稿也。非關本文宏旨，不贅舉。

　　監修官「肆意改寫」，總裁「攘善盜名」之外，清修明史最關緊要的恐怕是皇帝的關切和督促。《康熙實錄》中關切、督促的上諭甚多，僅舉數例於下：《東華錄》康熙二十六年四月己未條載上諭云：

> 「……爾等纂修明史，曾參看明實錄否？……修史宜直書實事，豈可空言文飾……俟明史修成之日，應將實錄並存，令後世有所考據」。

　　又，康熙二十九年二月乙丑條載上諭云：

> 「爾等所修明史，朕已詳閱，遠過宋、元諸史矣……朕於明實錄詳悉批覽，宣德以前尚覺可觀，宣德後頗多偽謬，不可不察！」

　　又，康熙三十一年正月丁丑條載上諭云：

> 「朕詳悉批閱並命熊錫履校讎。熊錫履寫籤呈奏，於洪武、宣德本紀賞議甚多……朕自反厥躬，於古之聖君既不能逮，何敢輕議前代令主耶？……纂修史書史臣職也，適際朕時纂成明史，苟稍有未協，咎歸於朕矣。」

---

12 二疏參見《橫雲山人全集》《明史稿》卷首。

又，康熙三十一年己卯條載上諭云：

> 「明末朋黨紛爭，在廷諸臣置封疆社稷於度外，惟以門戶勝負為念，不待智者，知其必亡。乃以國祚之顛覆，盡委罪於太監耶？朕於宮中太監……從不假借……作史之道，惟在秉公持平，不應謬執私見。」

又，康熙四十二年四月戊戌條載上諭云：

> 「明末之君，多有不識字者，遇講書則垂慢聽之，諸事皆任太監辦理，所以生殺之權，進歸此輩也。」

康熙帝諡曰「聖祖」，學識、人品優於前朝諸帝者不勝枚舉，歷代帝王干預修史者，史不絕書，不贅舉。然以皇帝之尊兼監修之責，涉入之深，前古所未有，史館諸臣之惶恐可想而知。筆者所舉前兩則上諭，可見康熙注重前明實錄，而有實錄與《明史》並存之說，尤具識見。第三則獨任明史優劣成敗之責，更為可觀。第四、五則顯示康熙對於明末諸臣重門戶而輕社稷，明社既屋又盡委罪於太監之事實瞭然於胸。既存門戶之見，纂修明史欲求「秉公持平」，無異緣木求魚！

康熙帝對於明歷朝實錄和纂修中的《明史》各篇章經常表示大大小小的意見。康熙四十三年，有感於「今之史官，或執己見……或據傳聞……或用稗史，任意妄作，此書何能盡善？……當今之世，用人行政、規模法度之是非，朕自任無容他諉，若《明史》之中，稍有不當，後人歸責於朕，不可輕忽也」因而「為明史作文一篇」。

〈康熙御制文〉云：

> 「明史不可不成，公論不可不採，是非不可不明，人心不可不服……朕不畏當時而畏後人，不重文章而重良心者此也……刊而行之，偶有斟酌，公同再議。朕無一字可定亦無識見……」[13]。

康熙帝於《明史》一書力求周全，雖然自稱「無一字可定亦無識見」，

---

13 康熙御制文見《東華錄》康熙四十三年十一月條。

在史館諸臣看來，卻是「一字不苟胸羅成見」。惟其期望於完稿之後「刊而行之」，根據刊本「偶有斟酌、公同再議」之說，可謂通情達理，否則沒完沒了，《明史》永無告成之日。此說為雍正、乾隆兩帝所採行。

雍正帝即位，他認為「有明一代之史屢經修纂，尚未成書」是由於康熙帝「大公至慎之心」「鄭重周詳」「多歷年所」，然而「歲月愈久、考據愈難」，遂再度組織史臣，命令他們「再訪山林績學之士，忠厚淹通者，一同編輯，俾得各展所長，取舍折衷，歸于盡善，庶成一代信史」[14]實務操作上，因為雍正帝為雄猜之君，史臣更加小心，何況原有草稿，都在王鴻緒手中，康熙朝蒐集的資料也散佚不少，「僅於王稿紀傳之後，綴以贊辭及以意更其目次或點竄字句而已」[15]。縱使如此，也牽延歲月至雍正十三年十二月告成進呈。鄭重周詳反成懶散苟且藉口，於此可見。乾隆帝即位，詔以史稿付武英殿鏤板，至乾隆四年（1739）七月，全書刊成，即今通行之欽定本《明史》。設官任職，纂修前朝史之「正史」傳統也於焉告終。民國以來，雖有所謂「國史館」之設，進用人員往往數以百計，民國所修僅成《清史稿》，而《清史》終若鏡花水月。吾人欲效清人、清帝之惡行劣跡者，猶不可得也。

乾隆帝雖然刊行《明史》，也常懷「偶有斟酌公同再議」之想。乾隆四十年五月，因為編纂明紀綱目「考覆未為精當」，要求「另行改輯」的同時，也下詔重理《明史》。《東華錄》乾隆四十五年五月甲子條載上諭云：

> 「《明史》內，於元時人、地名，對音偽舛，譯字鄙俚，尚延舊時陋習……，今遼、金、元史已命軍機大臣改正另刊，《明史》乃本朝撰定之書，其可轉聽其偽謬？……蓋各國語言不同，本難意存牽合……誠以此等無關褒貶而適形鄙陋，實無足取。」

乾隆原意只是查覆校訂譯名鄙陋之處，「其間增損成文，不過數字，

---

14　《東華錄》雍正元年七月甲午條。

15　楊椿〈上明鑑綱目館總裁書〉，《孟鄰堂文鈔》，上海古籍出版社影刊嘉慶二十四年楊魯生刻本，1995，頁十之乙。

於原書體例，無多更易」，不料史臣藉機更張，乾隆皇帝亦順勢而為。乾隆四十二年五月丁丑上諭云：

> 「……《明史》修自本朝，屢淹歲月，直至朕御極以後，始克勒成一書……前因明紀綱目所載本末未為賅備，降旨另行改輯。所有《明史》〈本紀〉並著英廉……等，將原本逐一考覆添修，務令首尾詳明，辭義精當。仍以次繕進，候朕親閱鑑定，重刊頒行，用昭傳信」[16]。

乾隆帝拿《明史》〈本紀〉開刀，到了史臣手上，更是興風作浪。但是《明史》終究經過康熙帝審定，若干論斷也出自康熙帝，雍正朝也曾經略為調整，父祖之書，也不宜大事更張，加以乾隆帝明示，欲效康熙帝「親閱鑑定」，史臣自以保守相應，故「重刊頒行」終不果行。

乾隆重修明史本紀二十四卷於四十七年前後成書，民國後清理故宮舊藏典籍，始為世人所知。段瓊林據以與武英殿本、四庫本對勘，綜為一編，明其異同成《明史本紀原本補本異同錄》。長洲王頌蔚，光緒時三年入直樞院，屬館中令史張大誥遍尋改訂本及明史考證，得正本、稿本、進呈本，三本皆列傳無紀、表、志，王頌蔚取三書參校互證，排比成《明史考證攟逸》，其哲嗣季烈又取文津閣本所附考證逐條互勘，得攸關考訂者三十餘條，錄為一卷，以補攟逸所遺[17]。民國十九年商務印書館張菊生校刊景印《百衲本二十四史》，置《明史考證攟逸》於殿最，為他史所無。

康、雍、乾三帝乃皇帝中之聖賢，既然是聖賢就要宵旰勤勞、事事用心。殊不知天壤之間，唯有修史一事，事關皇帝本人及家族之是非評價，甚至「皇帝」地位及立場之評價，皇帝關心不得；大臣任監修，職司「監而修訂之」，若肆意改寫歷史即是「官修歷史的最大弊端」，其人當「投畀豺虎」！皇帝以無上權威，雷霆之怒，無論明示、暗示，都能左右修史方向，何況從關心史料到關心成文，從價值體系關心用字遣

---

[16] 《東華錄》乾隆四十二年五月丁丑條。

[17] 包師遵彭〈明史考證攟導論〉，臺灣學生書局《明史論叢》之三《明史考證攟逸》卷首。1968、臺北。

辭，康熙皇帝字斟句酌，反成修史之最大壓力，康熙一朝《明史》難成良有以也。康熙死後諡曰聖，可見鑑空衡平，雖聖人亦難拿捏！

# 三、《明史》外國列傳〈雞籠〉篇的作者問題

清修《明史》，自順治二年（1645）至乾隆四年（1739）刊行，前後凡九十五年。諸帝一再任命監修、總裁及撰稿館臣，故一稿往往經數人之手。

民國二十六年，侯仁之在其師鄧文如處借得《明史》列傳殘稿六冊，批改刪削有朱、紅、墨、淡墨四色，根據字跡、內容、避諱、推定為王鴻緒所刪訂之明史原稿與王鴻緒進呈本《明史稿》之間的「過渡稿本」，至少即經五人之手[18]。這只是《橫雲山人集》本《明史稿》刊印前的狀況，尚未包括王氏《明史稿》至《武英殿本明史》之間的變化，也不包括《王鴻緒過渡稿本》之前的變化。若上溯自原始起草人，下達《攟逸稿本》，《明史》某些篇章，可能經十數人之手，還不包括康、雍、乾三帝在內。因此，探索《明史》各篇章的撰稿及改訂人，本身就是非常具有學術興味的題目。

各種明史刊本、稿本中，都沒有臺灣傳，而在武英殿本《明史》和王本《明史稿》中都有外國列傳〈雞籠〉篇。多年前筆者曾詳加核對，在前述極其複雜的寫作刊行過程中，兩個版本的〈雞籠〉篇，竟然無一字之異。何以如此？筆者深感疑惑。

康熙十八年，清聖祖遴選五十博學鴻詞入史館修明史，將館臣分為五組「拈派而專責成」，為避免徇私，何人修何篇，完全由拈圖（今人謂抽籤）決定。雖有名卿鉅儒，心所好慕者，不敢越俎而問[19]。李晉華撰〈明史纂修考〉，曾搜檢館臣文集中之明史擬稿，撰成「纂修各官所擬史稿考略」一編。據尤侗〈西堂餘集悔菴年譜下〉：

---

[18] 侯仁之〈王鴻緒明史列傳殘稿〉，明史刊成二百年紀念，《燕京學報》25 期，P123～238、1937、06，北京，收入《明史編纂考》P231～259。

[19] 尤侗〈明史擬稿自序〉，轉引自李晉華〈明史纂修考〉頁 77 及 81。

「康熙十八年……應召博學鴻詞，授翰林院檢討，纂修明史，列
第五班，分纂弘、正諸臣列傳。在史局三載，纂列朝諸君傳、外
國傳，共三百餘篇；藝文志五卷。二十二年四月乞假歸」[20]。

尤侗《山堂餘集》刊有〈明史擬稿〉六卷，無外國列傳；另刊〈明
史外國傳〉八卷。復譜外國竹枝詞百首。臺灣學生書店將《明史外國傳》
抽出，以單行本問世，卷首〈明史外國傳作者略歷〉云：

「歷代史記列傳之末，例及四夷，明史自不例外。尤侗修史之餘，
另纂外國卷十卷（章義按：八卷之誤）似有深意……倘能以《明
史》之四裔列傳與尤侗之外國傳互為參酌，其於史迹論見將多有
發明」[21]。

再者，雍正元年入史館的楊椿(字先麓)嘗謂：

「湯斌為太祖本紀……尤侗為藝文志，汪琬為后妃諸王開國功臣
傳，毛奇齡為流賊、土司、外國傳，其餘各有所分」[22]。

惟細檢毛奇齡《西河合集》擬明史史稿中無外國傳，《勝朝彤史拾
遺記》為后妃傳，《蠻司合誌》誌西南土司，亦無外國傳。

尤侗自撰《明史外國傳》未列入所撰「明史擬稿」中，毛奇齡撰〈蠻
司合誌〉亦未列入所撰「明史擬稿」之中。王鴻緒《明史稿》及《明史》
〈外國列傳〉作者究竟為何人？

民國二十二年，馬廉在舊書店購得《萬氏家譜稿》一部，於其中偶
得萬斯同長子世標所書「先君子明史原稿家間所有者」目錄一紙云：

「……倭偉奸臣傳有。流賊傳無。土司傳無。外國傳，稿存半，
其原稿皆在儼齋先生家。至橫雲山人集所刻史稿，止得十分之
一，皆係錢亮公改本。如后妃、諸王、外國諸傳不涉諱忌者，又

[20] 轉引自李晉華〈明史纂修考〉頁 81 及 116。
[21] 尤侗編纂《明史外國傳》臺灣學生書店，1977 年影刊本，本文作者僅署「學生書局編輯部」，未詳其人也。
[22] 陳守實〈明史稿考證〉原刊《國學論叢》一卷一號，收入《明史編纂考》頁 181～209。引《孟鄰堂集》。

仍先君原本。熊中堂進成之史，又倩人改過，另是一冊進呈，在
壬午年二月初二日。先君卒於史館，在壬午年四月初八日，遺書
盡為亮公取去，無一好本寄回家者，都內士大夫皆知其事也。雍
正三年乙巳七月，四明萬世標據事直書」[23]。

馬廉得此一紙，錄示馮貞群，馮氏撰《萬世標明史稿流散目錄》，
民國二十三年三月刊於《國風》半月刊四卷四期，鏡考明史之學者，多
稱引之，無一人質疑此目錄之真偽。目錄中謂：「外國傳，稿存半，其
原稿皆在儼齋先生家」，儼齋即王鴻緒也。又謂：「如后妃、諸王、外國
諸傳不涉忌諱者，又仍先君原本」，若然，則王本《明史稿》及欽定本
《明史》〈外國列傳〉、〈土司傳〉皆為萬斯同原稿。題材既無門戶之慮，
又無忠貞價值問題，作者又為大國手，無可爭議之處。故而王鴻緒專主
萬稿而未用尤侗、毛奇齡所擬諸傳，是以尤侗《明史外國傳》與毛奇齡
《蠻司誌》皆自立門戶而未入二人文集中之「擬明史稿」之列也[24]。

## 四、《明史》〈雞籠〉篇文列外國傳之問題

佚名撰《明史外國傳作者略歷》謂：

「歷代史記列傳之末，例及四夷，明史自不例外」

倘究其實，亦不盡然。

《史記》於〈李廣傳〉之後列〈匈奴傳〉、〈南越傳〉、〈東越〉、〈朝
鮮傳〉、〈西南夷傳〉，而以〈司馬相如傳〉為續，首尾以人因事相繫，
且無四裔、外國之目。譽之者謂之貼切，責之者謂之體例未嚴。

《漢書》將〈匈奴傳〉、〈兩粵傳〉、〈朝鮮傳〉、〈西域傳〉、〈西南夷
傳〉置諸全書之末；《後漢書》循例而為，四夷傳置諸全書之末之例形

---

[23] 侯仁之前引文論之綦詳。本節則轉引自張須〈萬季野與明史〉，原載《東方雜誌》三十三卷
　　十四號，收入《明史編纂攷》頁 221～226。

[24] 本節文稿得自先師包遵彭先生所輯《明史編纂攷》者獨多，黃雲眉、李晉華、陳守實、侯仁
　　之、馮貞群諸先生之功也。第二節有關正史之說明，則得自吾師杜維運先生《中國史學史
　　（第二冊）》。不敢掠美，謹此申明。惟轉述、解讀之責，筆者自負。

成。

《三國志》僅《魏書》撰四夷傳,《蜀志》、《吳志》未有也。

《舊唐書》於〈突厥傳〉、〈迴紇傳〉、〈吐番傳〉之外,撰〈南蠻傳〉、〈西戎傳〉、〈東夷傳〉、〈北狄傳〉四集傳,四夷傳之例成立。高麗三韓及日本、倭國諸傳在焉。

《宋史》撰〈夏國傳(上)(下)〉兩篇,高麗、交趾、大理、占城、三佛齊、天竺、高昌、于闐、大食、拂林皆有傳,歸屬〈外國列傳〉,琉求、日本、渤海在焉。另編〈蠻夷列傳〉,西南諸夷歸之。是為〈外國列傳〉與〈蠻夷列傳〉並存之例。

《遼史》撰〈外紀〉,繫高麗傳、〈西夏傳〉兩篇。

《金史》撰〈外國列傳〉,繫〈西夏傳〉、〈高麗傳〉兩篇。

《元史》設〈外國列傳〉。高麗、日本、安南、緬、暹、占城、爪哇、琉球皆有傳。

此節詳參諸史,不一一贅列出處。

清修《明史》設〈土司列傳〉、〈外國列傳〉、〈西域列傳〉等三集傳於殿最。《外國列傳》首列〈朝鮮傳〉、〈安南傳〉、〈日本傳〉,外國第四則分撰琉球、呂宋、合貓里、美洛居、沙瑤吶嗶嘽、雞籠、婆羅、麻葉甕、古麻剌朗、馮嘉施蘭、文郎馬神等篇,王本《明史稿》與《明史》全同,乃至外國列傳,亦無不同。兩本相異者,僅外國列傳第八,《明史稿》繫韃靼、瓦剌、朵顏三傳而《明史》將瓦剌、朵顏二傳分列為外國列傳第九也。此即世傳〈萬世標明史稿流散目錄〉所謂「不涉忌諱者,又仍先君原本」之故也。

茲將欽定本《明史》〈外國列傳〉、王本《明史稿》〈外國列傳〉以及尤侗〈外國列傳〉目次列表比較如下:

| 三版本外國列傳篇目比較表 | | |
|---|---|---|
| 《明史》 | 《明史稿》 | 《外國傳》 |
| 外國一 | 朝鮮 | 全左 | （卷一）朝鮮 日本 |
| 外國二 | 安南 | 全左 | （卷二）琉球 安南 |
| 外國三 | 日本 | 全左 | |

| | | | |
|---|---|---|---|
| 外國四 | 琉球、呂宋、合貓里、美洛居、沙瑤吶嗶嘽、雞籠、婆羅、麻葉甕-作麻逸東、文郎馬神、古麻次朗、馮施嘉蘭 | 仝左 | |
| 外國五 | 占城、真臘<br>暹邏、爪哇　闍婆　蘇吉丹<br>碟里　日羅夏治<br>三佛齊 | 仝左<br><br>仝左 | （卷三）占城　賓童龍<br>靈山、崑崙<br>真臘　爪哇　蘇吉丹　丁機宜<br>碟里　日羅下治<br>重迦邏　吉里地悶　合貓里<br>三佛齊 |
| 外國六 | 浡泥　滿剌加<br>蘇門答剌　須文達那　蘇祿<br>西洋瑣里　瑣里　覽幫<br><br>佛郎機　和蘭 | 仝左 | 文郎馬神　百花　浡泥　南巫里<br>（卷四）蘇祿　彭亨　柔佛<br>婆羅<br>滿加剌　龍牙門　龍涎嶼<br>龍牙菩提　東西竺<br>龍牙犀角　九洲山<br>佛郎機　呂宋<br>和蘭　歐邏巴<br>（卷五）蘇門答剌<br>那孤兒　黎伐<br>阿魯　錫蘭　覽邦　溜山 |
| 外國七 | 古里、柯枝、小葛蘭<br>大葛蘭<br>錫蘭山、榜葛剌　沼納樸兒<br>祖法兒、　木骨都束、　不喇哇<br>竹步、　阿丹、剌撒、　麻林<br>忽魯模斯　溜山　　比剌<br>孫剌<br>南巫里　加里勒　甘巴里<br>急蘭丹、　沙里灣泥、　底<br>里　千里達　失剌比　古<br>里班卒　剌泥　夏剌比　八可 | 仝左 | 柯枝　　　小葛蘭　卜剌哇<br>木骨都束<br>古里　古里班卒　竹步　剌撒<br>忽魯模斯<br>阻法兒、阿丹、古麻剌<br>西洋瑣里　瑣里　亦兒把<br>罕　淡巴　甘巴里　討來恩<br>打回　白葛達　黑葛達　榜葛<br>剌　沼納樸兒　巴剌西　古<br>辣　麻木阿哇諸國<br>（卷六）于闐　亦力把力<br>撒馬爾罕　沙鹿海牙　　迭里<br>迷　賽蘭　卜花兒　達失干　芐里<br>奇　渴石　失剌思　　納失兒干 |
| | 意　身剌泥　烏沙剌踢　窟察泥<br>坎巴　捨剌齊　阿哇　彭加那　打回<br>白葛達　黑葛達<br>拂菻　意大里亞 | | 哈烈　俺嘟淮　八剌黑　　魯迷<br>拂森 |
| 外國八 | 韃靼 | 韃靼、瓦剌、朵顏、福餘、泰寧 | 天方、默得那、阿速 |

| 外國九 | 瓦剌　朵顏　福餘　泰寧 | 無 | 沙哈魯　白松虎兒　火剌札　喫力麻兒　敏真誠　西番（卷七）哈密、赤斤蒙古、曲先、安定、阿端、罕東黑婁　土魯番　火州柳黑城（卷八）蒙古　兀良 |

　　由前列表所列可知，尤侗《外國傳》卷六、七所列諸國，《明史》《明史稿》皆入新增之《西域列傳》。尤侗所著《外國傳》與萬斯所撰相較，則萬稿國多、文豐、體例嚴謹，遠非尤侗所能及。王鴻緒捨尤侗而取萬斯同者，良有以也。

　　馮嘉施蘭、美洛居麻葉甕、彭亨、沙里灣泥、失剌比、急蘭丹、八可意、千里達、意大里亞以及雞籠（臺灣）皆為萬斯同所有而尤侗所無者。既然康熙二十三年（1684）臺灣已收歸版圖設一府三縣，尤侗何以未撰雞籠篇？據前引尤悔菴年譜，康熙二十二年尤侗六十六歲乞假歸，侗卒於康熙四十三年，年八十七。尤侗離館後，似無增稿也。

　　前引《東華錄》乾隆四十年五月甲子條所載，乾隆帝改正遼、金、元史之中「對音乖舛、譯字鄙俚」之陋習之後，亦命諸史臣將《明史》中之「元時人、地名」循例改正，其上諭謂：

　　　「蓋各國語言不同，本難意存牽合」

　　其時所謂「國」者，區域之意，並非今人所謂「主權國家」。

　　《明史》〈土司列傳〉、〈外國列傳〉、〈西域列傳〉之共同特質，則為諸國、諸地明時尚未收入版圖、設置郡縣也。安南設而復失，故在此例中。臺灣雖於康熙二十三年設置郡縣，但在明代尚未設置郡縣，合乎前例。既為《明史》，僅誌明代史事，僅誌明人之認知，而不以臺灣於清代入版圖之現實，混淆明人之認知，故而《明史》將〈雞籠〉篇置於〈外國列傳〉之中，誠為大史家之識見、權衡也。

# 五、《明史》外國列傳〈雞籠〉篇之史料來源及明末清初中國人之臺灣觀

　　筆者弱冠之年從杜維運先生習史學。杜先生治史，就趙甌北《廿二史箚記》入手，授予亭林先生《日知錄》曰：「小子何妨一試」。鑽研多年，積稿盈尺，惜因轉治臺灣史而擱置。

　　亭林先生清初儒宗，上承經世致用之學，下啟考據之學，《日知錄》卷十六〈經義論策〉條云：「今之所謂時文，既非經傳，復非子史，展轉相承，皆杜撰無根之語」，自註云：「前輩時文，無字不有出處，今但令士子作文，自註出處，無根之語，不得入文」。卷二十〈述古〉條：「凡述古人之言，必當引其立言之人，古人又述古人之言，則兩引之，不可襲以為己說也」。

　　《史記》開「正史」先河，為史學正宗，司馬遷即「自註出處」；《漢書》稍微疏簡，《後漢》以下愈簡，故《明史》並無「自註出處」之例，學生書局編輯部於《明史外國傳》書封面標「尤侗編纂」是也。近人論史，多未及此，積非成是；甚者剽竊人作為己作，習以為常，愧對子長、亭林也。

　　萬斯同為大儒黃梨洲先生高弟。梨洲先生於明史之役，厥功最偉，儲備史料、海內第一，成《明史案》二百四十二卷（已佚），《行朝錄》九種，存南明三王史事，內含《日本乞師記》則梨洲泛海求援故實也。又撰《賜姓始末》，亦誌鄭延平遷臺史事。不受博學鴻詞之召，命萬斯同以布衣參史局，論者咸稱《明史》之成，季野之功獨多。是以季野亦必嫻於臺灣史事。[25]

　　茲錄《明史》外國列傳四，卷三百二十三〈雞籠〉篇於下，以亭林之法試析之：

> 「雞籠山：在澎湖嶼東北，故名北港、又名東番。去泉州甚邇，

---

[25] 杜師維運《清代史學與史家》第四節「黃宗羲與清代浙東史學派之興起」頁157～205，東大出版，1984，臺北。

地多深山大澤，聚落星散，無君長；有十五社，社多者千人，少或五六百人，無徭賦，以子女多者為雄，聽其號令。雖居海中，酷畏海，不善操舟，老死不與鄰國往來。永樂時，鄭和偏歷東西洋靡不獻琛恐後，獨東番遠避不至，和惡之家貽一銅玲，俾掛諸項，蓋擬之狗國也，其後人反寶之，富者至掇數枚，曰：此祖先所遺。俗尚勇，暇即習走，日可數百里，不讓奔馬，足皮厚數分，屨荊棘如平地，男女椎結裸逐無所避；女或結草裙蔽體，遇長老則背身而立俟過乃行。男子穿耳，女子年十五斷唇、旁齒，以為飾，手足皆刺文，眾社畢賀、費不貲，貧者不任，受賀則不敢刺。四序以草青為歲首。土宜五穀而不善水田，穀種落地則止殺，謂行好事、助天公、乞飯食，既收穫即標竹竿於道，謂之插青，此時逢外人便殺矣。村落相仇，刻期而後戰，勇者數人前跳，被殺則立散，其勝者眾賀之，曰：壯士、能殺人也；其負者家眾亦賀之，曰：壯士、不畏死也。次日即和好如初。地多竹，大至數拱、長十丈。以竹搆屋，覆之以茅，廣且長，聚族而居。無曆日、文字。有大事，集眾議之。善用標槍，竹柄、鐵鏃銛甚，試鹿，鹿斃、試虎，虎亦斃。性既畏海，捕魚則於溪澗。冬月，聚眾捕鹿，鏢發輒中，積如丘山。獨不食雞雉，但取其毛以為飾。中多大溪、流入海。水澹，故其外名淡水洋。嘉靖末，倭寇擾閩，大將戚繼光敗之，倭遁居於此。其黨林道乾從之。已，道乾懼為倭所併、又懼官軍追擊，揚帆直達浡泥，攘其邊地以居，號道乾港。而雞籠遭倭焚掠，國遂殘破。始、其人悉居海濱，既遭倭難，稍稍避居山後。忽中國漁船從魍港飄至，遂往來通販以為常。至萬曆末，紅毛番泊舟於此，因事耕鑿，設閭閻，稱臺灣焉。崇禎八年，給事中何楷陳靖海之策，言自袁進、李忠、楊祿、楊策、鄭芝龍、李魁奇、鍾斌、劉香相繼為亂，海上無一歲寧息，今欲靖寇氛，非墟其窟不可，其窟維何，臺灣是也。臺灣在澎湖島外，距漳泉止兩日夜程，地廣而腴。初，貧民時至其地，規魚鹽之利，後見兵威不及，往往聚而為盜。近則紅毛築城其中，與奸民互市，屹然一大部落，墟之之計非可干戈從事，必嚴通海之禁，俾紅毛無從牟利，奸民無從得食，出兵四犯，我師乘其虛而擊之，可大得志。紅毛捨此而去，然後海氛可靖也。時不能用。其地北自雞籠，

南至浪𡒄，可一千餘里；東至多羅滿，西至王城，可九百餘里。
水道順風自雞籠淡水至福州港口，五更可達；自臺灣港至彭湖
嶼，四更可達；自彭湖至金門，七更可達；東北至日本，七十更
可達；南至呂宋，六十更可達。蓋海道不可以里計，舟人分一晝
夜為十更，故以更計道里云。」

　　章義按：萬斯同撰《明史》外國列傳，多據明歷朝《實錄》以及黃
省曾《西洋朝貢典錄》，取材張燮《東西洋考》者尤多。〈雞籠〉篇前段
自「雞籠山」至「中多大溪流入海」，乃節錄《東西洋考》卷五〈東洋
列國考〉之附錄〈東番考雞籠淡水〉篇[26]。張燮特注云「不在東西洋之數，

---

[26]　茲據謝方點校本《東西洋考》（中華書局《中外交通史籍叢考》第五種本，2001、01，北京）〈東番考〉於下，關於此篇與〈東番記〉之關係，詳謝方「前言」頁10～110。東番考（不在東西洋之數，附列於此。）

雞籠淡水：雞籠山、淡水洋在澎湖嶼之東北，故名北港，又名東番。深山大澤，聚落星散，凡十五社。（《名山記》云：社或千人，或五六百。）無君長、徭賦，以子女多者為雄，聽其號令。性好勇，暇時習走，足蹋皮厚數分，履棘刺如平地，不讓奔馬，終日不息，縱之，度可數百里。男女椎髻於腦後，裸逐無所避。女或結草裙蔽體，人遇長老則背身而立，俟過乃行。至見華人，則取平日所得華人衣衣之。長者為裏衣，而短者盟其外，凡十餘襲，如群帷颺之，以示豪侈。別去，仍掛於壁，裸逐如初。男子穿耳，女子斷齒（女年十五，斷脣兩旁二齒。）以此為飾。手足則刺紋為華美，室者，遺以瑪瑙一雙。女不受則他往，受則夜抵其家，彈口琴挑之。口琴薄鐵所製，齧而鼓之，錚錚有聲。女延之宿，未名便去，不謁女父母。自是宵來晨去，必以星。迨產子，始往婿家迎婿，婿始見女父母。或云既留為婿，則投以一箕一鋤，傭做女家。有子然後歸。妊婦產門外，手拄兩杖，跽地而娩，遂浴子於清流焉。人死，以荊榛燒坎，剝屍烘之，環繞而哭。既乾，將歸以藏。有祭則下所烘。居數世一易地，乃悉汙其宮而埋於土，他夷人無此藏法也。
四序以草青為歲首。土宜五穀，而皆旱耕。（《名山記》曰：治畬種禾，山花開則耕，禾熟，拔其穗，粒比中華稍長。）穀種落地，則禁殺人，謂行好事，從天公乞食飯。比收稻訖，乃摽竹竿於路，謂之插青，此時逢外人便殺矣。村落相仇，訂兵期而後戰。勇者數人前跳，被殺則皆潰。其殺人者，賀之曰「壯士」，前殺人也；見殺者，亦賀之曰「壯士」，前故見殺也。次日即解嫌，和好如初。
其地多竹，大至數拱，長十丈。伐竹構屋，而茨以茅，廣長數雉，聚族以居。無曆日文字，有大事集而議之。位置如橫階陛，長者居上，以次遞下，無位者乃列兩旁。至宴會，至疊團坐，酌以竹筒，時起跳舞，口烏烏若歌曲焉。
其人精用鏢，竹棟鐵鏃，長五尺九呎，銛甚，攜以自隨，試鹿鹿斃，試虎虎斃。居常禁不得私補鹿，冬，鹿群出，則約百許人即之。鏢發命中，所獲連山社社無不飽鹿者。取其餘肉，離而臘之。篤嗜鹿腸，剖其腸中新咽草旨嚼之，名百草膏。畜雞任自生長，拔其尾飾旗。射雉，亦拔其尾。見華人食雞雉，輒嘔。居島中，不善舟，且酷畏海。捕魚則於溪澗。蓋老死不與他夷相往來。
永樂初，鄭中貴航海，喻諸夷，東番獨遠竄不聽約，家詒一銅玲，使頸之，蓋擬之狗國也。至

附列於此」，又於篇末論曰：

　　「雞籠雖未稱國，自門外要地，故列之附庸焉」

　　臺灣既未設郡縣，抑非外國，乃「門外要地」，故附諸〈東西洋列國考〉。張燮漳州龍溪人，萬曆二十二年（1584）舉人，著述十五種六百九十六卷，《東西洋考》一書於萬曆四十五年（1617）出版，此書由漳州府及海澄縣地方官敦請撰寫又出資刊行，應可代表陳第之後、荷蘭人佔領臺灣（今安平）之前，閩南士大夫對於臺灣的認知。尤侗《明史外國傳》未將「雞籠淡水」或「臺灣」列入，不知是否與此相關？陳第稱臺灣為「東番」。明季中國人亦常以「雞籠淡水」連用，指稱臺灣，荷蘭人和西班牙人亦然。《東西洋考》之張燮亦然，不知何故此篇改為「雞籠」？起首首稱「雞籠山」；依例應以「雞籠山」為篇名，未審何以去一「山」字？

　　〈雞籠〉篇引崇禎八年（1635）給事中何楷所陳〈靖海策〉，何楷為漳州鎮海衛人，天啟五年進士，此策應節自兵部所存舊檔或《鎮海衛志》〈藝文志〉[27]。此處所謂「臺灣」，即今臺南安平。當時之臺灣尚為一沙灘島（濱海沙線之一島），荷蘭人為臺灣原住民族麻豆族所扼，侷促於安平以及對岸之赤崁（今臺南市赤崁樓一帶之小區域），故而何楷稱之為「屹然一大部落」，建議「非墟其窟不可」。何楷之說，又代表荷蘭人自 1624 年佔領「臺灣一小沙島」尚未擴張勢力之前之「臺灣觀」。然而此時中央政府忙於建州與流寇，無暇顧及東南沿海也。〈雞籠〉篇所謂「萬曆末，紅毛番泊舟於此，因事耕鑿闢闠闠，稱臺灣焉」，即此後

今尤傳為實，富者至摎數枚，曰是祖宗所詒云。

厥初朋聚濱海，嘉靖末，遭倭焚掠，稍稍避居山後。忽中國漁者從魍港飄至，遂往以為常。其地距漳最近，故倭每委延閩中，偵探之使，亦歲一再往……。夷人至舟，無長幼皆索微贈。淡水人貧，然售易平直。雞籠人差富而慳，每攜貨易物，次日必來言售價不準，索物補償。後日復至，欲以元物還之，則言物已雜不肯受也，必豔捐少許以塞所請，不則喧嘩不肯歸。至商人上山，諸所嘗識面者輒踴躍延至彼家，以酒食待我。絕島好客，亦自疎莽有韻。

論曰：合東洋諸國，僅足當西洋大國之三。呂宋既折入干係蠟，以非貢夷之舊，直蒙故號與相羈縻而已。蘇祿、婆羅。賈類藏珠，會均執玉，異防風之後至，同儷日之齊翱，宜其久也。雞籠雖未稱國，自門外要地，故列之附庸焉。

27　陸潛鴻《鎮海衛誌》二卷，手抄本，中央同書館藏，臺北。

之發展。其所謂「萬曆末」則年份有誤,蓋荷人佔澎湖,事在天啟二年（1622）,為明軍所迫遷徙臺灣（今安平）事在天啟四年（1624）非「萬曆末」,萬氏何所據焉?

篇中以「臺灣」隸「雞籠、淡水」;而非以「雞籠、淡水」隸「臺灣」,蓋明末「臺灣」一詞,僅為今臺南安平彈丸之地,尚非今日所謂「臺灣」全島之稱謂也。清人修《明史》,於〈雞籠〉一篇中,以「臺灣」隸「雞籠」,堪稱能得其大體也!

篇末,敘臺灣道里與水道（未及針路）,所謂「東自多羅滿西至王城可九百餘里」。王城之說不知何所指?臺灣原住民族乃採集經濟、部落主義,無所謂王或王城,然〈雞籠〉篇無一字及於延平王國,時在順治十八年（1661）乃清之世,宜哉!若然,則〈雞籠〉篇即以「王城」稱明亡以前之熱蘭遮城也,惟熱蘭遮城僅為荷蘭人之一「商館」而已,豈宜稱之為「王城」哉?多羅滿（Danaum）在今花蓮木瓜溪,相對西邊應為馬芝遴（Betgierem 今彰化鹿港）、貓兒干（Vasikan 今雲林崙背一帶）,並非臺南安平。九百餘里之里程亦相差過鉅。

# 六、結論

正史之傳統,自《隋書》〈經籍志〉始,官修正史自唐太宗始,上溯正史傳統之成立,自《史記》始,上下兩千年,幾乎與中國的皇帝制度相始終。

清人修《明史》,始於順治二年,刊行於乾隆四年,前後九十五年,修史歲月之長,前所未有。修史經眾手,可以日臻完善抑可日漸糊塗。清人修史除卻前人修史之難之外,尚有滿漢畛域之分,明代與清初門戶之見,而聖賢皇帝前所未有之關切、求全自責,反成官修正史之最大阻礙。《明史》外國列傳因屬「不涉忌諱者」,故而由萬斯同稿以至《明史稿》、《明史》一字不易,最為真醇。

以未入版圖之地域入國史列傳而不入地理志,肇始於《史記》,《史記》因人繫事繫地也。《漢書》始以四夷列傳置諸全書之末。《舊唐書》

確立四夷集傳之例，《宋史》再立〈外國列傳〉與〈蠻夷列傳〉分立之例。清人修《明史》，亦仿前史，充分反應客觀環境之演變，以土司、西域、外國之集傳分立，體例不可謂不嚴謹，惟〈雞籠〉篇是為特例。

　　然詳考〈雞籠〉篇所據史料以及傳文，萬斯同並未引述明人對於臺灣認知之典範，不足以代表明代臺灣知識之發展，尤其是巡臺遊兵未嘗中斷，實錄、方志、奏疏多載之。故張燮《東西洋考》〈東番考〉中首尾皆強調「不在東西洋之數，附列於此」，「雞籠雖未稱國，自門外要地，故列之附庸焉」，張顯「雞籠」地位之特殊性。萬斯同撰〈雞籠〉篇引述《東西洋考》過半，卻刪略張燮將雞籠特殊化處理之見解，入〈雞籠〉篇於外國列傳，筆者認為，未嘗不受康熙二十二年施琅平臺、二十三年在臺灣設立一府三縣之影響，若將雞籠視為「未稱國」之「門外要地」「附庸」，則臺灣設郡縣為半功，若置諸外國列傳中則臺灣之入版圖則為全功矣！面對臺灣收歸版圖問題，滿漢之分亦全然消失，他稿一改再改甚至十改八改，而〈雞籠〉篇一稿到底、一字未易，未經刪削挪移者或亦在此也。[28]

---

[28]　參見拙著〈福爾摩莎原住民族對抗荷蘭帝國的禦侮戰爭〉《歷史月刊》2003 年 6 月號。

# 參考書目

## 一、

《史記》、《漢書》、《三國志》、《舊堂書》、《宋史》、《遼史》、《金史》、《元
　　史》，皆為上海商印書館，百衲本。

萬斯同等官修《明史》，北京武英殿，1739原刊，上海商務印書館，百
　　納本影刊。

王鴻緒等官修《明史稿》，華亭、敬慎堂，1723原刊，臺灣文海影刊。

鄭樵（宋）王樹民監校，《通志二十略》，北京，中華書局，1995。

朱彝尊（清）《曝書亭集》，原刊康熙中，臺北世界書局排印本，1984。

尤侗編纂（清）《明使外國傳》，原刊康熙中，臺北學生書局影刊，1984。

楊椿（清）《孟鄰堂文鈔》，嘉慶二十四年，楊魯生刻本，上海古籍出版
　　社影刊，1995。

紀昀等官修《四庫全書總目》，乾隆六十年刊本，臺北藝文印書館影刊。

紀昀（清）《閱微草堂筆記》，臺灣新興書局排印本，1967。

于敏忠《于文襄手札》，上海陸氏藏，民國二十二年，國立北平圖書館
　　影刊。

紀昀等官修、邵懿辰注、楊家駱增編《增訂四庫簡明目錄標註》，臺北
　　世界書局，1977。

趙翼《廿二史箚記》，原刊清乾隆中，臺灣世界書局排印本，1970。

章學誠《文史通義》，臺灣國史研究室彙印本，1773，增訂三版。

夏燮《明通鑑》，清中葉原刊，臺北世界書局排印本，1962。

魏源《古微堂外集》，淮南書局，光緒四年刊本。

王頌蔚《明史考證攟逸》，吳興，嘉業堂刊本，光緒末，上海商務印書
　　館百衲本，《明史》附刊，1937。

## 二、

汪大淵著（宋）、蘇繼頤校譯《島夷紀略校譯》，北京，中華書局，2000。

鞏珍著、向達校注《西洋番國志》，北京，中華書局，2000 再版。

黃省曾著、謝方校注《西洋朝貢典錄校注》，北京，中華書局，2000。

張燮著、謝方點校《東西洋考》，北京，中華書局，2000。

嚴從簡著、余思黎點著《殊遇周咨錄》，北京，中華書局，2000。

艾儒略《義大利人》原著，謝方校釋《職方外紀校釋》北京，中華書局，2000。

三、

吳晗〈明史十評〉，《圖書評論》，一卷九期，1928。

丁謙〈明史外國傳地理考證〉，〈明史西域傳地理考證〉，《浙江圖書館叢書（一）》，1930。

黃雲眉《明史編纂攷略》，《金陵學報》一卷二期，1931。

李晉華《明史纂修考》，《燕京學報》專號之二，哈佛燕京社，1993。

侯仁之《明史考證》，北京，中華書局，1979。

梁嘉彬〈明史稿佛朗機傳考證〉，《廣州中山大學文史學研究所月刊》，二卷三、四期合刊。

張維華《明史佛朗機、呂宋、和蘭、義大利四傳注釋》，《燕京學報》專號七，哈佛燕京社，1934。

梁啟超《中國歷史研究法（附補編）》，臺灣中華書局重刊本，2001。

梁啟超《中國近三百年學術史》，山西古籍出版社重刊本，2001。

金毓黻《中國史學史》，臺北國史研究室編印修訂本。

柳詒徵《國史要義》，臺灣中華書局重刊本，1969。

鄭鶴聲《中國史部目錄學》，臺灣華世出版社，1984。

陳登原《國史舊聞》，臺灣明文出版社重刊本，1981。

謝國楨《增訂晚明史籍考》，上海古籍出版社，1981。

李宗侗《中國史學史》，臺灣中華文化出版委員會，1955 再版。

傅吾康（德人）《An Introduction to the Sources of Ming History》《明代史籍彙考》，臺北，宗青出版公司影刊，1978。

杜維運《清代史學與史家》，臺北，東大圖書公司，1993；第二冊，1998。

杜維運《中國史學史》，作者自印，東大圖書公司代售，第一冊，1993；
　　　第二冊，1998。

方豪《中國交通史》，臺灣，中華文化出版委員會，1953。

兀邦建等編著《澳門史略》，香港，中流出版公司，1988。

梁志明主編《殖民主義史—東南亞卷》，北京大學出版社。

姜勝利《清明史學研究》，天津南開大學出版社，1997。

錢茂偉《明代史學的歷程》，北京社會科學文獻出版社，2000。

尹章義〈臺灣移民開發史上與客家人相關的幾個問題〉，刊於 1.中研院
　　　社科所《中國海洋史論文集（四）》。2.《輔仁學誌》第二期，1990。
　　　3.《臺灣史研究會論文集（三）》。4.《客家雜誌》第二期，1990。
　　　5.《中原》週刊第 677-682 期，1980 年 8 月 10 日。6.收入尹章義著
　　　《臺灣客家史研究》論文集，臺北市客家委員會，2003 年六月號，
　　　臺北，智庫出版社。

尹章義〈福爾摩沙原住民部落對抗荷蘭帝國的禦海戰爭〉，《歷史月刊》，
　　　2002 六月號。尹章義，〈延平王國的性質及共在國史上的地位—兼
　　　答廈門大學鄧孔昭教授〉《長共海濤論延平—紀念鄭成功駁荷復臺
　　　340 周年學術研討會論文集》，上海古籍出版社，2003 年 7 月，上
　　　海。

原文刊於《東吳歷史學報》第十期，頁 151-177，東吳大學歷史系，民國九十二年十二月，臺北。

# 吉娃斯・阿麗版的
# 臺灣原住民族史綱

1. 我保證你們付出慘重的代價
2. 吉娃斯阿麗／高金素梅
3. 「有唐山公無唐山媽」的鬼話
4. 漢人都是「外來人民」
5. 臺灣媽不容漢人侵占
6. 原住民的土地財產不容漢人侵奪
7. 「敗狼」和「流番」
8. 漢人把原住民族趕上山變成高山民族的神話
9. 漢人「開山撫番」的挫折
10. 劉銘傳視馬來詩昧如兄弟
11. 日本人視高山原住民族如動物
12. 日本人視高山原住民族土地生命如己產
13. 臺灣魂、日本神
14. 感言

閩粵等地漢人以臺灣為寶地，紛紛移入，使原住民的生存空間日益狹小。四百年來原漢之間的糾葛不斷。日本統治臺灣，原住民更被壓迫，多次造成流血事件。今天已到了民主時代，原住民手上有選票，已大受重視，但成立馬告國家公園計畫涉及原位民權益，引起以立法委員高金素梅為首的部分原位民的怒吼，並乘機提出成立原位民自治區，以加強照顧原住民為要求。值此時刻，作為強勢族群的漢人，除了虛心自省，也應審察幾百年來原位民的歷史遭逢，認真實踐對原位民的承諾才對。

將我們祖先的刀磨亮，

讓我們抖落心靈的負擔，出發吧！

吉娃斯・阿麗帶領穿著各族傳統服裝的原住民，在街頭高唱「出草」

戰歌，吹響了臺灣原住民族保衛家園的聖戰號角。

## 一、　我保證你們付出慘重的代價！

　　二〇〇二年四月九日，國會殿堂之上，立法委員高金素梅質詢中華民國的行政院長——民進黨輪替執政之後，剛上臺不久的漢人游錫堃。一九八六年支持原住民的「還我土地運動」之後，利用原住民族反體制的正當性，強化「黨外」陣營反國民黨的道德力量，一九九九年，民進黨的總統候選人陳水扁更和原住民簽訂七條和約，建立「新夥伴關係」，答應「恢復原住民族的傳統領域，並承認原住民族擁有自然主權」因而順利走進總統府。高金素梅要求踩著原住民族血淚奪得政權的民進黨實踐他們的諾言，要求成立自治區，要求在限期內把蘭嶼核廢料遷走，要求停止成立馬告國家公園，要求原住民有公平受教育和就業的機會。

　　高金素梅問行政院長：「你願意從今年起開始彌補這些傷痛嗎？」

　　執政前的民進黨員，習慣以高亢的音調、尖銳的詞句、激烈的動作來質詢國民黨的高官大員，所謂《原住民政策白皮書》只不過是親民進黨學者們的集體作業，和原住民族簽訂新夥伴關係的和約，也不過是進占新聞版面的噱頭，早已忘得一乾二淨。從來沒有想過什麼是漢人，什麼是原住民族的全國最高行政首長，面對高金素梅的一連串問題，顯得有點驚慌失措，支支吾吾。

　　望著游錫堃院長，高金素梅厲聲指責：「我要告訴院長，千萬不要硬拗，我保證你們會付出慘重的代價！」

　　高金素梅堅定的民族立場，痛斥游錫堃敷衍塞責的畫面，透過電子媒體的傳播，產生非常震撼的效果。長期以來，臺灣習於黑金政治的橫暴，執政者的愚昧粗魯和原住民族民意代表的軟弱，高金素梅的一席話，彷彿將整個社會從大夢中驚醒！

　　這到底是怎麼一回事？高金素梅怎麼了？人們到處追問！

## 二、吉娃斯・阿麗／高金素梅

金素梅是著名的歌星和演員，也是吉娃斯・阿麗的漢式姓名。二〇〇一年底，剛當選代表泰雅族的國會議員。金素梅的父親是金德培，安徽省巢縣人，一九四九年追隨國民黨的軍隊到臺灣來。母親高香妹，臺灣省苗栗縣泰安鄉人。這是戶籍別的說法，依民族別的說法，金德培是漢人，高香妹是泰雅族梅原社（近人稱之為部落）人，原名阿麗・阿外。

金素梅顛覆漢人的傳統，二〇〇一年底競選立委時，在父姓之前冠上母姓；更顛覆傳統，當選為泰雅族第一位女性立法委員，因為泰雅族是父系社會，連吉娃斯・阿麗這個名字，也只是勉強符合泰雅族的父子連名式傳統而成為親子連名式。三、四百年來，漢人和原住民族的文化糾結和近三、四十年來的巨變，彷彿都反映在吉娃斯・阿麗／高金素梅身上。

根據一九八四年的戶籍資料，泰雅族有八萬四千人，僅次於阿美族的十三萬二千人（其他依序是排灣六萬四、布農四萬七、魯凱一萬、卑南九千七、鄒六千六、賽夏五千四、雅美三千八），也是原住民族中最強悍的一族，他們的「固有領域」也最大，幾乎包含了「馬告國家公園」五萬三千公頃的全部和太魯閣以及雪霸等國家公園的大部分土地。禁錮他們「自然主權」、使用權，破壞原有生態，卻又圖利他人，難怪泰雅族人要強烈反對增設馬告國家公園。

三十萬八千原住民族只占臺灣現住民的百分之一・七，其他百分之九十八・三都是漢人。

公元十七世紀以來，漢人政權打敗了葡萄牙人、西班牙人和荷蘭人，把臺灣當做漢人最新、最肥美的殖民地，大量移植到臺灣來，不但以其強大的國力宰制了原住民族土地、財產和身家性命，更以其優勢文化，欺負沒有文字的原住民族，掌握了臺灣歷史的解釋權和全面偽造臺灣歷史的機制。雖然十九世紀末到二十世紀中期，大和民族一度取代漢人宰制臺灣，也同樣的欺壓和誣衊臺灣的原住民族。

## 三、「有唐山公無唐山媽」的鬼話

不知道什麼時候開始，漢人捏造了「有唐山公無唐山媽」的鬼話。近年部分臺灣漢人為了要建構「臺灣民族」神話和「去中國化」，這句話更風行一時。有些學者甚至以現代醫學、生物科學的各種手段，想證明自己是「臺灣民族」而不是漢人，來強化臺灣漢人掠奪臺灣這個美麗之島的正當性和合法性。

長期以來，從漢人的觀點，把臺灣原住民族區分為「平埔族」——住在平原的原住民族或「高山族」——住在山區的原住民族。或者又分為「化番」、「熟番」——接受漢文化的原住民族或「野番」、「生番」——還沒有接受漢文化的原住民族。

十九世紀中期以前，漢人全力經營臺灣西部平原、宜蘭平原，掠奪原住民族的資源、安撫原住民族的情緒，給予若干經濟利益，換取漢人在此生根、茁壯的機會。基本上很少和住在山地的野番、生番接觸，當然不可能出現高山原住民族和漢人的混血。直到一九六〇年代，開鑿中部橫貫公路和此後的北橫、南橫以及產業道路網之後，漢人和高山原住民的通婚，才有明顯的跡象。

平地原住民和漢人通婚的情況又如何呢？移民的基本理論是移入區的條件優於移出區。臺灣是新闢之區，機會無窮，誘使漢人大量東渡，「唐山媽」也隨之而來。

鄭成功轉進臺灣是「攜眷東渡」，據《臺灣外記》一書記載廣東省潮陽縣的豪強邱輝的事跡云：「邱輝自踞達濠有年，橫行無忌……所有擄掠婦女悉販臺灣船隻販賣。」其數不詳，可能有婦女偷渡來臺，亦未可知。

鄭氏敗亡，臺灣歸大清版圖之後，首任知府蔣毓英首創的《臺灣府志》〈戶口〉篇記載：康熙二十三年（一六八四年）臺灣漢人三萬二百二十九人，其中男子一萬六千二百七十四人，婦女一萬三千九百五十五人。男女比約為一一六比一〇〇，屬於正常值，所謂「有唐山公無唐山媽」真是無的放矢、睜眼說瞎話。康熙五十六年的《臺灣縣志》更記載

了臺灣女性「艷粧市行」的事跡，對於臺灣婦女「招群呼伴，結隊而行，遊人遍於寺中，邂逅亦不避之」，看戲的時候「團集於臺之左右以觀，子弟之屬代為御車」，寫志書的書呆子，對於臺灣這些「唐山媽」們普遍的、大膽的「細行」深深不以為然。康熙六十年藍鼎元隨堂兄藍廷珍東渡，平朱一貴之亂，他記錄了一個「大埔莊」（潮州大埔人的墾莊，在今臺南白河鎮）的人口數，他說，亂前該莊「人口差盛」，亂後只剩七十九戶、二百五十七人，其中只有女眷一人。許多人以此為當時臺灣地區男女比例懸殊的證據。其實這是一個特例，大埔莊位居深山之中，又逢大亂之餘，老弱婦孺走避他方或府城是求生的本能，只有女眷一人，更非常態。何況藍鼎元認為：有室有家的人，「無輕棄走險之思」堅決主張廢除「婦子渡臺之禁」，所以有人過分誇張男女兩性比例亦非無因。

　　康熙五十七年至乾隆五十五年間（一七一八—九〇年），清廷曾經四度頒布「嚴禁搬眷渡臺」的禁令又四度解禁，適足以反映「程序偷渡」（未請領東渡執照逕行來臺）和「實質偷渡」的盛行以及禁令的無效。乾隆二十五年（一七六〇年）福建巡撫吳士功上奏，敘述乾隆二十三年十二月至次年十月不滿一年期間，在福建沿海查獲的二十五宗偷渡案，共計「老幼男婦九百九十九名」；黃榮洛先生發現的「帶路移民臺灣合約書」（一八〇四年），其中也是「合家男婦老幼共九人」，不但有唐山媽，還有「唐山祖媽」和唐山子、唐山孫。

　　陳亦榮的《清代漢人在臺灣地區遷徙之研究》一書，引述了六十五個族譜，其中有六個家族是由「唐山祖媽」或「唐山太祖媽」攜帶子孫來臺開基，其中包括臺北艋舺的黃許氏、彰化土庫的邱詹氏、新竹的陳楊氏、臺南白河的謝黃氏、桃園的曾詹氏和臺北瑞芳的李翁氏，形成「孀寡移民」的形態，也就是「只有唐山媽，沒有唐山公」的移民形態。

## 四、漢人都是外來人民

　　再就臺灣原住民族「平埔族」方面來談這個問題：平埔族的女性，

會輕易的、普遍的就和男性漢人交往混血嗎？答案也是否定的。

　　首先，平埔族的人口不多，學者依據各種記錄和荷蘭人的原住民族戶口表推論，十七世紀中葉，臺灣西部大約有一百二十至一百五十個平埔族村落，人口在五萬上下。蔣毓英《臺灣府志》中的番戶口更少。康熙末年漢人東渡的人數在官府中有案可稽的，每年「以十數萬計」，縱使半數平埔族女性，在客觀環境許可下，人人都歡欣逢迎漢人男性，「臺灣媽」恐怕也不夠分配給那麼多「唐山公」。

　　曾經擔任臺灣縣知縣（一七○二年）、臺灣府知府、臺灣道道臺（一七一○年）和福建巡撫（一七一四年）和閩浙總督（一七一六年），曾經踏遍臺灣西部，主導中國政府治臺政策的陳璸曾說：

> 內地人民輸課，田地皆得永為己業而世守之，各番社自本朝開疆以來，每年既有額餉輸將，則該社尺土皆屬番產，或藝雜籽、或資放牧、或留充鹿場，應任其自為管業；且各社毗連，各有界址，是番與番不容相越，豈容外來人民侵占？

　　陳璸的這一段宣示，是清代「護番保產」政策的理論基礎。首先，他承認了漢人政權是「先住民族自治」的繼承者；其次，原住民族自治時期所形成的各種權利義務關係，大清朝都尊重；第三，原住民族各社，每年都繳納定額「番餉」和漢人「輸課」一樣，享有相同的權利；第四，原住民族的土地，不容「外來人民」侵占！

　　近年有許多臺灣漢人，因為要瓜分選票、執掌大權而誣指中華民國政府和中國國民黨為「外來政權」，連擔任中華民國總統和中國國民黨主席十二年的李登輝，都無時無刻不以「外來政權」來打擊他在黨內的政敵。

　　陳璸是籍貫廣東海康的漢人，站在臺灣父母官的立場，視原住民族為「天朝赤子」，而稱呼移民臺灣的漢人為「外來人民」。遠在公元十七世紀，陳璸就有這樣先進的民族觀，真是具有良知的漢人知識分子；反觀李登輝、民進黨和他們的同路人，不但是乞丐壓迫廟公（原住民族），更在臺灣漢人之中，以「外來政權」拒斥同族人，掀起同族（漢人）相

殘的巨浪，又以「本土化」掠奪臺灣原住民族在臺灣這片土地上的正當
性和合法性，真是惡質！

## 五、臺灣媽不容漢人侵占

　　捏造「有唐山公無唐山媽」一語的人，不瞭解臺灣歷史，更不瞭解
臺灣原住民族的社會。

　　臺灣西部平埔族各社，絕大多數都是母系社會。男性成年後便聚居
在專供男性使用的大屋子，原住民各族都有不同的稱呼，古代漢人稱之
為「公廨」，近人則稱之為「集會所」（其實是常住不是集會），某家婦
女看中某男子之後，必須經過一、二年（或更久）試婚，假若男子的貢
獻令婦女滿意，才正式成婚，承擔家主的責任；若婦女不滿意，就重回
「集會所」群居，等待下一次機會。各村社是原始共同體，土地財產為
闔社所共有，獵物也均分。

　　在這樣的社會結構下，漢人要娶番婦並不容易。

　　一九七九年筆者就注意到漢人與原住民族的關係。一九八二年在
《臺北文獻》上發表篇幅多達一五四頁的〈臺灣北部拓墾初期「通事」
所扮演的角色及其功能〉一文，筆者研究乾隆中期「番通事」全面取代
漢通事之前的二十六個知名通事；只有今天臺中盆地岸里社通事張達京
和今天臺北盆地的淡水社通事林秀俊兩人才有「娶番婦」的記錄，林、
張兩人「充北路通事數十年，田園、房屋到處散布」，地方大吏曾經派
人密訪二人「勾結民番、盤剝致富實跡」，是名聞京師的大通事，其他
通事都沒有娶番婦的記錄。淡水內北投通事金賢想娶土官麻里即吼之
女，麻里即吼虛與委蛇而發生衝突，麻里即吼連絡鄰社土官冰冷，《諸
羅縣志》〈雜記志・萑苻門〉載：「冰冷故凶悍，怒！率眾射殺賢，諸與
賢善者皆殺之！」

　　正如偉大的臺灣領導人——漢人陳璸所說，原住民族自治，有自己
的規範，也有一定的實力保護自己的土地財產和子弟婦女，「豈容外來
人民侵占」！一心以為原住民族婦女「愛嫁漢家郎」或任漢人蹂躪的大

漢沙文主義者和大男人沙豬，造出「只有唐山公沒有唐山媽」這種鬼話的人，讀到「率眾射殺賢」，更進一步「諸與賢善者皆殺之」，肯定要嚇出一身冷汗！身為官方差役和番社頭人的「通事」尚且如此，其他漢人更是想也別想。

更何況清政府除了嚴禁漢人越界、侵科之外，乾隆三年（1737）更嚴禁「臺灣漢人不得擅娶番婦」，違者不但本人受罰，所屬的地方官也要受罰。此則載入《大清會典》，可見其鄭重。

## 六、原住民的土地財產不容漢人侵奪

陳璸宣示的「護番保產」政策中，最重要的就是原住民族的土地可以租賃，不可以買賣。平埔族所收的地租稱為「番大租」或簡稱番租，可以維持基本生活。又仿漢人一田二主或三主而衍生出來小租型態的「番租」，二者一般漢佃都稱之為「番頭家」。土地大又有水圳灌溉的「大社」，生活更為優渥、往往「富比王侯」。臺灣的著名學者吳子光（一八一九一八三年，苗栗銅鑼人，一八六五年中舉）在《一肚皮集》卷十七〈紀番社風俗〉中說：

> 全臺皆番地……番俗重女輕男，子壯出贅於外……曩有潘君春文者，饒於財，慷慨好賓客，且精飲饌，為海疆第一家。常招飲……罔不精且潔……所製魚肉尤精……其餘點心小品……一一和盤托出，奇思妙製，色香味俱絕……崔浩食經、韋巨源食單所未有也，亦豪矣哉！今聞其家式微……

潘春文是岸里社的通事，臺灣第一的美食家，餐前酒已經是無美不備，菜餚點心更是「色香味俱絕」，和古代富豪美食家崔浩和韋巨源相比也不遜色。大量揮霍的結果是「其家式微」，縱使是漢人富豪，如此奢侈的過日子，不久也要式微！現今臺中縣神岡社口和豐原的月餅、點心和所謂「臺菜」，都是承潘春文之遺緒；新竹的竹塹餅也是竹塹社流傳的絕妙點心。

從十八世紀初到十九世紀中末期的將近兩百年間，由於陳璸的護番

保產政策，使得「全臺皆番地」的形勢不變，平埔族母系社會的結構不變，而在日常生活上卻臻於漢人的上層社會甚至「第一家」。當然，不是所有的平埔族都能像潘春文一樣的奢侈過活，也不是每個漢人都循守法紀，徒法也不足以自行，因此，政府採取一連串的行動來實踐護番保產政策，除了康熙末、雍正三年、乾隆二年四度頒布「番地只許租佃」，禁止買賣的禁令。乾隆三十一年，更設置臺灣南北兩個理番同知（南路駐府城，北路駐鹿港），專門管理「民番交涉事件」，主要的工作就是清丈侵墾、侵耕的土地，譬如乾隆三十二年，臺北的大通事劉和林以多報少，判處「一百九十一甲零歸番」；三十六年，大通事林秀俊開墾的「漳和永三莊奉憲清丈，溢出田二百四十七甲零……歸番」。乾隆三十三年臺灣道張珽也頒告示：

> 不准漢佃杜賣典贌，續後查出歸番……
> 凡被漢人侵欺田園，悉斷還番管業。

此外，又開挖土牛溝（深溝高壘，綿延數十里，為漢番界限，臺中石岡、苗栗頭份、臺北鶯歌仍有土牛地名），立石豎碑（臺北士林、桃園新屋、苗栗通霄、彰化市內、基隆市內都有石碑地名，筆者老家位於臺中水湳下石碑，上石碑亦相距不遠）。乾隆五十五年，林爽文事平之後，又設「番屯」，將漢人私墾、侵耕的田園，以及新生河埔，海埔地收歸屯有，安置從征有功的平埔原住民族。

不僅如此，原住民族參加科考，和今天一樣，也有許多優待和保障名額，四處設置「番學堂」、「社學」，「番秀才」所在多有。因此，平埔原住民族縱使因為參加科舉而改漢姓名，也不願放棄「番籍」。因此，漢人不僅想娶「番婆」，還想辦法取得番籍。由於康熙末年政府即要求各社「自舉通事」，乾隆初入墾南投的漢人葉順，命其子為社番螟蛉，改名三甲，亦承充南北投社通事。

乾隆中期，「番通事」全面取代漢通事之後，番社幾乎等同今人所謂的「自治區」。

光緒十年（一八八四年）底，劉銘傳到臺灣來主持抗法之役，事平

後主持建省事宜，清賦是主要工作，雖然清賦並不徹底，也由原本升科田六萬八千甲達到四十二萬甲，漢人地主增加不少負擔，劉銘傳對於番租也是「裁四留六」，平埔族人的經濟生活受到相當影響。

臺中縣沙鹿鎮天公廟前立有光緒十三年的一方〈遷善社番勒索示禁碑〉：

> 本保……番民雜處，每有棍番相傳套語，藉以民間置買田園，無論何地概屬番墾，是以勒索習以為常，名曰社規。

顯然有不少漢人所謂的「社棍」瞭解「護番保產」政策的各項規定，會向漢人要求付與「社規」。可惜世事變化，光緒初，沈葆楨和劉銘傳已經開始在臺灣「開山撫番」，把注意力指向山區和「高山原住民族」，進而積極建省，番租和漢人的大租一樣，受到「貼四留六」的待遇，而番屯租也「裁四留六」，昔日的「社規」也被地方官禁止索取了。

日本人據臺，平埔族和漢人受到相同對待。一九○三年，日本再度清丈土地，總面積增加為七十七萬八千甲，是劉銘傳清丈前的十二倍，人民的田賦倍增。接著，日本人根據清丈所得的資料，以廉價徵購臺灣本島人的大租權、水租權，平埔族的番租權也不能倖免，依賴番租為生的平埔族人再受重創，除了戶籍之外，連殘餘的平埔族經濟保障，同時也是平埔族人的標幟也袪除了。原本就漢化成熟的平埔原住民族更迅速地消失了。研究者和田野實地調查員很不容易發現平埔族人，直到最近幾年，原住民族的族群意識抬頭，平埔族人才逐漸從隱沒的漢人中浮現。

## 七、「敗狼」和「流番」

終清之世，清政府厲行護番保產政策，顯然是在漢人殖民臺灣的大洪流中，嘗試為原住民留存一線生機。雖然經過長期努力，終究抵不過大量漢人東移的人口和文化優勢，一旦政策轉向，住在平地的原住民族社會，便面臨崩解的命運。

既有保護政策，另一面自然是迫害和壓力。

原住民族的各種語言，泰半都稱漢人為「敗狼」或相近的音，正是閩南語的「壞人」。「敗狼」欺壓原住民族的事蹟，在清代歷史記錄中俯拾皆是，本文不一一贅舉，只談談原住民的肆應之道。

首先，原住民族面對漢人、漢文化不全然是弱勢。

荷蘭人入臺之前，派人到臺灣調查形勢，就發現臺灣西南潟湖區原住民普遍說一種「馬來話和中國話」的「混合語」，呈現文化學上所謂的「涵化」現象。荷蘭人據臺之後，也運用原住民的力量壓制漢人，一六五二年郭懷一事件，新港、麻豆、蕭壠、目加溜灣等社助戰，在漚汪一帶（今臺南佳里）殺害漢人一萬二千人。入清之後「番害」不斷，尤其是「內山生番」（高山原住民族）為害尤烈。

平埔族在漢化過程中學習到漢人的農耕技術、經營策略、組織溝通的能力，清中葉之後，也和漢人競爭開拓噶瑪蘭（宜蘭）、水沙連（今南投大部以埔里盆地為主）、後山（花蓮、臺東）和今天桃園、新竹淺山丘陵區。原來住在臺灣西南潟湖區，今天臺南縣市境內的平埔族（西拉雅及四社熟番），也於道光年間移住臺灣東部，（花蓮——洄瀾都是卡瓦蘭的譯音）。

嘉慶初年岸里社潘賢文和前述的「海疆第一家」潘春文，爭任通事不成，「合岸裡、阿里史、阿束、東螺、北投、大甲、吞霄、馬賽諸社番千餘人」（都是住在臺灣中部四縣市境內）穿越內山到噶瑪蘭和漢人爭地，並參與漳人與泉、粵三籍之間的械鬥。

埔里盆地的爭奪戰更精采。

水沙連社早在康熙末年（十七世紀初）就有「內附」的記錄，更早的傳說則是鄭成功的部將林圯進入今天的竹山（古名林圯埔），但是，最肥美的埔里盆地則遲至嘉慶年間才受到漢人覬覦。

嘉慶十九年（一八一四），水沙連隘丁首黃林旺和嘉義人陳大用、彰化人郭百年請得開墾埔里的執照（當時通稱「墾照」），次年即示照擁眾入山，模仿吳沙等入墾噶瑪蘭的「武裝集團」開墾模式，在社仔開墾三百甲、水里四百甲、沈鹿五百餘甲，又到埔里「囊土為城」，準備大事開墾，和埔里廿四社番產生嚴重衝突，二十二年以侵耕罪予郭百年枷

杖判刑，這就是著名的郭百年事件。此後，是否讓漢人入墾成為各級長官的爭議焦點。

道光三年（一八二三）萬斗六社（社址在今臺中縣霧峰鄉）通事田成發事先取得埔里各社同意，仿潘賢文之例，招募中部五族三十社的平埔族人入墾。道光二十七年，閩浙總督劉韻珂到臺灣巡視，親自到埔里查勘，除了承認漢人和平埔族競相私墾的事實之外，也別無他法。

道光年間，竹塹泉籍周邦正和粵籍姜秀鑾等合組「金廣福」墾號，在新竹東南設隘拓墾，金惠成等墾號也相繼設立開發桃、竹、苗丘陵及淺山地區。同時，霄里社（桃園八德市）的蕭家也進墾龍潭、竹塹社的衛阿貴也率眾入墾新埔、關西（公號「衛壽堂」建公館於新興莊，即今之關西），錢朝拔入墾橫山、潘文啟開發芎林、廖老萊等開發竹東，較之漢人也未遑多讓。

臺灣西南潟湖區的平埔族因為和漢人接觸最早，向外移民也早。以四大社之最的赤嵌社為例，原來住在潟湖邊今臺南市赤嵌樓附近，荷蘭人據臺時期便移居稍北的新市鎮而改稱新港社，一部分又繼續移往新化再遷到關廟、旗山和臺東。又如大傑顛社，原居高雄路竹初遷居旗山，道光九年，有三十餘戶遷屏東枋寮，又越山遷臺東，又北遷大庄（花蓮富里鄉）開墾，不久又經布農族人導引越關山到高雄荖濃、六龜，不久又糾合新港、卓猴社眾十二戶又越山至今臺東池上鄉一帶落腳，是最典型的「流番」。今嘉南潟湖區的平埔族，道光年間也興起東移或南移的風潮，本文不一一贅述。

平埔族的移民固然是受到漢人的壓迫，也和他們遷村的故俗相關，嘉慶、道光年間平埔族人和漢人競墾宜蘭、埔里和桃、竹、苗丘陵、淺山所形成的臺灣內部移民潮，顯然也影響了潟湖區的平埔族。具有冒險精神的平埔族假如有高山族親戚或有交情的高山族，才方便穿越中央山脈到宜蘭（如潘賢文等）、臺東（如潟湖區平埔族和四社番），否則越山遷徙並不是容易的事。

同治年間擔任噶瑪蘭通判（宜蘭地方長官）的柯培元，見到新競墾區噶瑪蘭平埔族的生活景況，作〈熟番歌〉云：

> 人道生番猛如虎，人欺熟番賤如土，強者畏之弱者欺，無乃人心
> 失太古。熟悉歸化勤躬耕，山地一甲唐人爭……竊聞城中有父
> 母，走向城中崩厥首，唧啾烏語無人通……堂上怒，呼杖具，杖
> 畢垂頭聽官諭，……爾與唐人我子孫，讓耕讓畔胡弗遵？

　　漢化已深而強勢的平埔原住民族可以和漢人競爭噶瑪蘭的土地，新
歸化的噶瑪蘭人漢化未深，以弱勢的條件要在漢人體制下、漢人社會中
競爭，很難占到便宜。懷璧其罪，他們擁有的土地，反而成為漢人覬覦
的對象，在國家機器的壓迫下，又不像遷善社「社棍」，懂得漢人的遊
戲規則，轉而欺壓漢人，否則只有被欺凌的份，若不是遷徙花蓮，就得
請「猛如虎」的高山泰雅族親戚庇護了，難怪他們要稱漢人為「敗狼」。

### 八、漢人把原住民族趕上山變成高山民族的神話

　　除了「只有唐山公沒有唐山媽」這句意淫的混話之外，近年也流行
「漢人把平地的原住民族趕上山變成高山族」的神話。

　　關於臺灣原住民族的來源，過去有馬來人南來說、大和族北下說、
中國西南人南下轉北上說和由中國大陸東渡說。近年考古學發展迅速，
臺灣各遺址考古資料和中國東南沿海各遺址高度相關，是學者共同接受
的說法。自從新石器時代的河姆渡文化（以杭州灣餘姚縣河姆渡遺址為
主）發掘之後，兩岸新石器文化的相關性更為肯定。

　　許多學者從語言學的角度做廣泛研究，認為東到南美復活島，西到
非洲馬達加斯加，南到紐西蘭之間的「南島語族」，多半都發源於臺灣，
李壬癸在《臺灣原住民史——語言篇》中，總結各家說法，得到以下說
法：

> 愈來愈多的南島語言學者承認臺灣南島語的重要性，而且臺灣至
> 少是最古老的南島民族的居住地之一，甚至，極可能就是古南島
> 民族的發源地。

　　語言的傳播不具備定向線形發展的模式，更有可逆性，DNA 的傳
播亦然，李氏的推論很危險，從「重要性」跳躍到「最古老之一」，再

跳到「發源地」，在邏輯上缺乏必然性，甚至相關性都有問題。

　　平埔族既然已經漢化而隱沒於漢人之中，許多大漢沙文主義者就宣稱，他們畏之如虎的高山族，就是被漢人趕上山的，以滿足他們自瀆的慾望。

　　高山族真的是被漢人趕上山的嗎？無數人類學者、語言學者的研究都不支持這個論點；而筆者則要指出，考古學的研究則有更多反證。

　　根據近年考古學者整理的結果，臺灣已知的考古遺址中，位置在海拔一百公尺以上的有三十六個。像南投縣仁愛鄉的「曲冰遺址」，位居海拔九○○~九二三公尺的河階臺地上，碳十四年代公元前三九九○＋－八十八~七五○＋－七十五。南投集集鎮的「洞角遺址」，位居海拔二七○~三一○公尺的河階臺地上，碳十四年代公元前三八四○＋－八十五~三八○。像臺中新社「新六村遺址」，南投集集「鵝田遺址」、「大坪頂遺址」，竹山「水車頂遺址」、「後溝坑遺址」的碳十四年代，都在三千年以上。也就是說，在那些遺址上，高山族原住民族早在三千年前就住在那裡了！

　　三千年以前，在中國史上，約當周王朝前期（學者推算周召共和約當公元前八四一年），曲冰和洞角遺址的年代，約當中國夏王朝時代，漢人有什麼能耐壓迫原住民族上山呢？漢高祖元年是公元前二○六年，兩、三千年前連漢朝都沒有，那來的漢民族呢？

　　最大的可能性是那些高山原住民族移住臺灣的時候，今天的臺灣西、南平原區、潟湖區還沒有成形，移民逕自登山居留下來。

　　臺灣西、南沿海的海岸線向臺灣海峽延伸變化很大。三百年前，今天臺南市赤嵌樓附近還在海邊，笨港也在北港溪南的濱海；三百年後的今天，前者距海七、八公里，後者距海十六、七公里，臺灣島最寬的地方也不過百來公里，滄桑之變，出人意表。

　　我們也可以根據存留大量鹹水貝的遺址——貝塚的碳十四年代來推定更早的海濱，譬如高雄市覆鼎金貝塚二○○○~四○○○年，高雄縣湖內鄉湖內貝塚二○○○~一○○○年，臺南縣歸仁鄉八甲貝塚六○○○~五○○○年，臺南縣仁德鄉牛稠子貝塚四○○○~三○○○年，雲林

縣崙背鄉崁頂貝塚一〇〇〇~三〇〇年，臺中大甲番仔園貝塚一五〇〇~
四〇〇年。因此，遠在三、四千年前，沿海適合人居的沖積平原並不多，
從中國大陸沿海東渡的原住民族逕自山居是理所必然。

　　十九世紀中末期之前，漢人對於高山原住民族是畏之如虎，沈葆
楨、劉銘傳治臺，厲行「開山撫番」，高山原住民殺漢人的慘痛經驗固
然值得同情，但是，模仿《老子化胡經》，硬指佛陀、耶穌都受中國文
化影響的阿Q精神，宣稱原住高山民族是被漢人趕上山的，也大可不
必。但是，不容諱言的，少數平埔原住民投奔山上的親戚、盟友而滯居
山區，倒也是事實。

### 九、漢人「開山撫番」的挫折

　　嘉慶十六年（一八一一年）「驗對保甲門牌」，相當於今天的戶口普
查，查得全臺二十四萬一千餘戶、二百萬零三千餘人，臺南、嘉義、彰
化三縣占百分之七十五‧二。光緒十九年（一八九三年）查得五十萬零
七千餘戶、二百五十四萬五千餘口，臺灣南部占百分之四十四、臺灣中
部百分之二十九五、臺灣北部百分之二十五‧八。一八九八年日本人在
臺灣實施第一次戶口調查，總計四十八萬七千餘戶、三百零三萬九千餘
人。若以日本現代式普查為「精確」，則清代調查的戶數和人口數也是
合理的精確。

　　以上的數字顯示，邁入二十世紀之前，臺灣並不存在人口壓力的問
題，當然也沒有被迫上山的問題。

　　臺灣沃野千里，康熙六十年（一七二一年）隨兄來臺平朱一貴之亂
的藍鼎元在〈覆制軍臺疆經理書〉中說：

> 國家初設郡縣，管轄不過百里，距今未四十年，而開墾流移之眾，
> 延袤二千餘里，糖穀之利甲天下。過此再四、五十年，連內山、
> 山後野番不到之境，皆將成良田美宅，萬萬不可過抑。

　　歷史的發展大體如藍鼎元所料，嘉慶年間（一七九六—一八二〇年）
漢人和平埔族（平地原住民族）就開始競墾埔里、宜蘭、花蓮和桃、竹、

苗丘陵淺山區。南部的平埔族,也於嘉慶道光年間,向東部和南部遷移。基本上,還沒有進入山區的意圖。到了十九世紀中期,臺灣的樟腦和茶葉繼米、糖之後,成為熱門貿易商品,臺灣中、北部的淺山區才有些許壓力。

早期漢移民為了自衛,設置望寮、隘、木柵等「防番」,又立石設碑和設置土牛分隔民番。乾隆末年,漢人早已越過土牛進入番界,於是福康安仿四川屯練之制,增設官隘和番屯,都消極的阻止漢人、平埔族急遽擴充以及「嗜殺的內山生番」出界。

臺灣內山政策的轉向,關鍵在於同治十三年(一八七四年)的日本出兵琅璚(今恆春)攻打牡丹社的事件。同治十年底,有六十六名琉球人隨風漂至璚琅,其中五十四人遭牡丹等社原住民殺害。一八七三年日本外務卿副島種臣到北京交涉在臺灣施行「國際政教管轄權」,中國政府答以原住民族地區乃「化外之地」,「不能制禦生番之暴橫,是中國政教不及之故」。日本就自行處理,於同治十三年琅璚,五月進攻膺懲牡丹璚社,是謂「琅事件」或「牡丹社事件」。

同光中興名臣沈葆楨奉命為欽差大臣,處理善後事宜,厲行「開山撫番」政策。沈葆楨派兵開鑿北路(蘇花古道)、中路(八通關古道)、南路(赤山古道和射寮—今枋寮古道),由於地形險惡、疾疫流行和高山原住民族的襲擊,半年之間,死亡將近兩千人,許多人表示反對的意見,沈葆楨在〈通籌全臺大局,撫番、開路勢難中止摺〉中說:

> 人第知今日開山之為撫番,固不知今日撫番之實以防海也;人第知預籌防海之關繫臺灣安危,而不知預籌防海之關繫南、北洋全局也。

其說頗有見識,態度也極為堅定,直到今天,南投鹿谷新寮公路旁,還立著一方〈私入番境撤禁告示碑〉,沈葆楨不但把所有防犯臺灣漢人和原住民的禁令「一律弛禁以廣招徠」,還到處立碑告示,如果「仍有藉端扣留勒索情事,官則撤參,兵役通事、匠首即立提究辦,決不姑寬」。

漢人政權厲行「開山撫番」,高山原住民族寧死不從、極力抵抗,

形成處處衝突的緊張關係。

### 十、劉銘傳視馬來詩昧如兄弟

光緒十年劉銘傳奉命到臺灣來主持中法之役臺灣戰區的防務，在淡水、基隆力抗法軍，贏得近代中國抵禦外侮史上少見的勝利。

中法戰後，劉銘傳留在臺灣從事建省事宜，光緒十一年，他在〈臺灣暫難改省摺〉中說道：

> 現既詔設臺灣巡撫，必先漸撫生番，清除內患，擴疆招墾，廣布耕民，方足自成一省。

劉銘傳採行「剿撫兼施」手段，首先結合防隘和勇營創設「隘勇營制」，在臺灣各地設置隘勇，沿番界設防，稱為「隘勇線」；設置撫墾總局，以林維源為總辦，又設招撫局，官兵士紳招撫高山原住民族都有獎賞。當時號稱招撫前後山未化土著二百六十餘社、三萬八千餘人。

雖說是招撫，實戰仍不可免，筆者略述卓蘭之戰和新店之戰如下：

> 苗栗卓蘭（當時稱為罩蘭）和泰雅族鄰近，漢人時遭殺害，光緒十年至十一年間，即有二十八人被割去頭顱，劉銘傳派抗法名將有臺灣第一勇士之稱的林朝棟率一營兵力駐紮，各社暫時就撫。十二年，泰雅族和漢人衝突再起，林朝棟和湘軍總兵柳泰和率兵進剿失利，劉銘傳急調澎湖、淡水駐軍馳援，自己也趕到卓蘭親自督陣，激戰月餘，各社再度就撫。劉銘傳動員數千兵力，死傷在五百—八百之間，至今，卓蘭尚有「湘軍祠」供奉陣亡將士。

光緒七年福建巡撫岑毓英巡視臺北時，便有意招撫烏來八社，光緒十一年新店屈尺莊民被殺了十四個人。劉銘傳命令他的姪子劉朝祜帶領親兵百人和張李成的土勇五百人，由大坪林紳士劉廷玉遣通事入山招撫。

光緒十二年，新店山中「竹家山」「加九岸」等社泰雅族人又在三峽、屈尺殺漢人，劉銘傳命提督康仁元以歸順的馬來巴克志等人為嚮

導，各社又繼烏來八社後歸順。

　　光緒十二年八月「未降生番」白阿歪等社總頭目馬來詩昧等人又殺防番隘勇二十一人，事件擴大後劉銘傳以化番為嚮導，親率總兵吳宏洛、朱煥明、萬國本、劉朝祜等名聞全國的淮軍大將並會合土勇深入番境，十月二十九日吳宏洛直抵熊空山，三十日，朱煥明等部亦到，將白阿歪社團團圍住，要求馬來詩昧投降就撫，馬來詩昧認為總兵層級不夠（同治之前全臺只有一個總兵），找你們漢人總頭目來再談。當天，劉銘傳親至白阿歪社，馬來詩昧率妻、子出降，同時就撫的還有十七社。劉銘傳視馬來詩昧如兄弟，對於馬來詩昧殺害隘勇二十一人採取「既降不殺」的態度，又派人教導各社耕種。光緒十六年，在臺北城內辦「番學堂」，招屈尺、大豹等社頭目子弟二十一人入學，次年再招十人。劉銘傳厚待馬來詩昧等人，引起不少人非議，劉銘傳說：

　　　生番未化，豈能律之以平民？武侯七擒孟獲，卒赦使歸。英雄作用，固有非可以常理度測者！

　　一方面是劉銘傳的胸襟與策略，另一方面，泰雅族各社的實力不容小覷，名將劉銘傳也占不了便宜，不得不然耳！

　　日本占領臺灣之後，大豹、烏來等社和義軍共同抗日達十二年之久，直到一九〇六年（明治三十九年）還高張「大谷王」的義旗，喊出「去明（日本）復清」的口號，出兵攻打臺北。一九〇三年，日本人在龜山興建臺灣第一座水力發電廠，目的就是要順著隘勇線，設置通電的鐵絲網，再加上地雷和山砲，甚至加上飛機投彈威脅，各社才不得不陸續「歸順」（事詳筆者所著《新店市志》頁一七九-二〇七），歸順各社被分別遷社到宜蘭、桃園、花蓮等地。民國三十四年臺灣光復，被遷到桃園復興鄉的大豹社人，在林瑞昌等人領導下，上書政府，歷數其事，希望政府能安排他們重回插天山群的故土，終因插天山一帶已經另有高山原住民族和漢人定居，茲事體大而不了了之。林興仁在〈臺北縣山胞編年〉一文中引述其陳情書，極為感人，據說另有日文原本，不知尚存否？

新店山區馬來、大豹、白阿歪各社，回報劉銘傳的情義亦不可謂不厚！

## 十一、日本人視高山原住民族如動物

甲午戰爭末期，雙方在馬關第三次談判時（一八九五年三月二十四日），李鴻章為了不割讓臺灣給日本，告訴伊藤博文兩件事，其一，臺灣人嗜食鴉片，難以治理。伊藤認為這是小事一樁，日人自行禁絕。其二，臺灣人口百分之六十是生番，嗜殺，幾乎無法可治，對日本人不利。伊藤支吾其辭。日本吞臺之心未變。

日軍占領臺灣之初，漢人抗日活動激烈，日人無暇旁騖，基本上採取懷柔政策，只有幾次威力鎮壓，談不上什麼戰事。

當時的民政局長水野遵向樺山總督提出意見書：

> 臺灣將來事業在乎番地，欲在番地興起事業，須先使番民服從我政府……須用武力，同時兼行撫育……一面給以一定土地，設法使其從事耕耘，當能逐漸感化成為良民。

說起來容易，做起來難。

一八九六年，軍方建議調查東西橫貫路線而籌組番地查勘隊，共兩大隊、四小隊，其中一小隊由深堀大尉等十四人組成，次年一月十五日到達埔里，十八日入山，二十八日到達哆囉咯社，嗣後消息中絕，全部失蹤。日人推測，死於太魯閣番之手，次年元月，乃發大兵、軍艦、山砲、機槍討伐太魯閣各社，損傷慘重。

日本政府檢討初期討伐的結果，決定加強清末的隘勇營制，加長隘勇線並輔以電網、地雷；另一方面則加強高山原住民族習俗的調查，其次則率領大嵙崁（大溪）、埔里、林圮埔（竹山）、番薯寮（旗山）等地歸順的原住民族頭目到日本觀光，希望誘使他們「順天應人，刻苦努力……進步繁榮，如同日本內地」。

一八九七年三月，兒玉源太郎任臺灣總督、後藤新平任民政局長，主張循自然法則——適者生存、弱者淘汰——治理臺灣。一旦親臨臺

灣，了解實際狀況之後，驚覺平地與番地無法兼顧，先是以律令規定：
「非番人，不論任何名義，不得占有番地。」繼之於一八九八年二月，
兒玉向「殖產協議會」宣示：

> 平地各種事業，今已漸告就緒，須移步或進行番界之拓殖工作。
> 而棲息番界之番人，頑蠢難馭，野性等於禽獸。若饗之酒食，加
> 以撫慰誘導，則長年之間，當見其相當進化。然而，現下急需經
> 營以新領土，決不許如此遲緩之手段……

經過一八九九年新店、安坑的幾場激戰之後，新店山區已大抵平
靜。日人土倉龍次郎提出《新店溪上游番界殖林意見書》，以撫番、造
林並用之法，獲得兒玉核准他長達三百年的造林許可書。

兒玉既以開拓「新領土」當作第一要務，「腦丁」——製樟腦的工
人和隘勇大量擁入山地、進逼番社，一九〇〇年新店山區又爆發大規模
的反抗戰爭。

> 一九〇〇年，阿里山山區發現大片檜木林區的消息傳來，兒玉認
> 為有更廣泛、更深入的調查番人、重擬理番策略的必要。當時臺
> 灣日人流行的看法，正是在臺灣主持「臺灣舊慣調查會」的東京
> 帝大教授岡松參太郎在《生番意見書》中所說的：「生番在社會
> 學上固為人類，而由國際法上觀之則如動物。」

而主張將生番全部消滅！
兒玉派參軍官持地六三郎重行調查並研擬理番策略如下：

> 其方針以先加威壓然後撫育，速行方法為設隘勇線採取攻勢而前
> 進，調動軍隊協助討伐。一面利用番族以番制番，出懸賞獵番人
> 頭。物品之交換由官方經營，以制其死命。撫育方法以宗教行之。
> 對於南番主撫，對於北番以威力臨之。

持地的《覆命書》和清末的治番策相比，雖然沒有什麼新意，卻是
此後治番的「指針」。既然結論是對於北番要「以威力臨之」，首當其衝
的是泰雅族，「須先從大嵙崁及三角湧大豹社開始討伐」。自然又是一番

腥風血雨。

　　一九○六年新任總督佐久間左馬太上任。佐久間主張積極討番，上任後就大規模開鑿山地道路，延長、推進隘勇線，訂定「五箇年計畫理番事業」，自一九一○年至一九一五年，以六百多公里的隘勇線，將中央山脈兩翼東西南北縱橫貫穿，配置警備人員六千一百多人，再發動軍人（臺灣守備隊），全面大舉討番。這次五年計畫，可以說是英國人在澳洲的絕滅計畫的重現。

　　根據臺灣總督府的記錄，一八九六~一九二○年間，共討番一百三十八次，殺死八千零八十人，傷四千一百二十三人。謹將五年討伐計畫之後，高山原住民族所有人口及所繳槍枝製表如下：

| 民族別 | 人口 | 繳槍數 | 平均百人持槍數 |
|---|---|---|---|
| 泰雅 | 29,149 | 10,841 | 37 |
| 排灣 | 21,224 | 5,901 | 28 |
| 曹 | 2,291 | 612 | 27 |
| 卑南 | 6,564 | 1,055 | 16 |
| 阿美 | 29,380 | 4,652 | 16 |
| 布農 | 15,749 | 2,407 | 15 |
| 查理仙 | 13,423 | 1,791 | 13 |
| 賽夏 | 762 | 29 | 3 |
| 雅美 | 1,667 | | |
| 小計 | 120,254 | 27,288 | 22 |

　　人口十二萬多，死傷一萬一千二百零三人，比例高達十分之一。平均每百人二十二枝槍，戰力不可謂不強，泰雅族每百人有三十七枝槍，更是火力強大。可是他們面對的整體大環境是一個比中國先進、且更強大的日本殖民政府。

## 十二、日本人視高山原住民族土地生命如己產

　　日本人統治高山原住民族，經常維持警力在五千人至七千六百人之間。五年討番計畫執行過後，高山族原住民族傷亡慘重，元氣大傷，日人才推行原住民教育，設置「番童傳習所」、「番童教育所」、「番童公學校」，又設置「山地交易所」，管制交易，設置「番人療養所」、「番人施療處」，配醫配藥。又獎勵高山原住民學習農業和畜牧並開闢山區道路以利交通。為了控制深山中不馴的原住民，把他們從深山中集體遷移到淺山、平原，或移住雜居於其他民族之間，以方便控制。從一九二二年起到一九三四年止，集體遷移的原住民，共五十五處，三千三百九十五戶、一萬八千五百零四人，占原住民總戶數百分之二十、總人口百分之十七，可以說是五年討伐之後的一大歷史事件。

　　日本在平地從事土地調查後，接著又於一九一〇年至一九一四年間，從事「林野調查」，以「無主地即國有」的原則，調查了九十七萬二千多甲地，只有五萬六千九百餘甲林野的地主拿得出有效的所有權證件，其餘九十一萬六千多甲地都變成了「官有」，其實原本都是傳統的「村社共有地」，並沒有個別自然人的所有權證件，一概都被日本政府吞沒了。一九二一年調查高山原住民族土地，共計一百六十七萬八千餘甲，因為也是各社群共有地，拿不出權狀，也都根據「無主地國有化」原則，都變成了日本國有地。

　　日本人在高山原住民族的土地上，任意開設林場，掠奪高貴的林木。一九四一年日本發動太平洋戰爭之前，伐木面積三十四萬多公頃，材積二千四百萬立方公尺，原住民沒有得到任何好處，反而因為童山濯濯，必須受到水土保持失利的危害。

　　一九三〇年，南投山區爆發了驚人的霧社事件。

　　一九三〇年十月七日上午，日本官民與學童齊集於霧社公學校，參加公、小學校聯合運動會，以馬駭坡等六社為中心的原住民，突襲霧社公學校、郵局、衙門、宿舍、民房及警察駐在所，殺死日人一百三十四名，只有兩名漢人因著和服而遭誤殺。

霧社是日人心目中的「開化首善之區」，日語之普及、生活方式之進步、郵政儲蓄額之高、與埔里來往之密切，都是其他地區所望塵莫及，是以事件爆發，實出意外。其原因除了原住民的反抗意識，日人的欺壓之外，最主要的還是替日人搬運木材的原住民，受不了日人奴役之苦。

事發後，總督府緊急調遣各地警察及軍隊入山，不僅有大砲，還有飛機撒布國際公禁的毒瓦斯，原住民戰死及自殺者九百餘人。事平，石塚總督引咎辭職，世人才知道日人所謂的「理番治績」是何等的血腥。

## 十三、臺灣人日本神

一九四一年底，日軍偷襲珍珠港，大東亞戰爭全面開打，日本人認為高山族原住民族擅長森林戰，曾經在臺灣打敗皇軍和警察，利用他們到東南亞各地從事叢林戰，做日軍的前鋒最好不過了，於是以「高砂義勇隊」的名義一批批地送上前線，他們知道「為何而戰嗎」？顯然不是為了自己的族人和土地而戰！臺灣子民的亡靈，戰死後進了日本的「靖國神社」，成了日本神，沒人照顧、撫卹的神。

一九八〇年代、臺灣興起「臺灣人前日本兵」的對日索賠運動，日本政府拒絕承認「為日本戰死的臺灣人前日本兵」是日本人，不得按照日本的《援護法》獲得相同的照顧。一九七七年八月十三日，臺灣前日本兵以日本國為被告，一狀告到東京地方法院。一九八二年二月二十六日，法院又以臺灣兵非日本人，要求補償於法無據，判決原告敗訴。最後，日本人以「弔慰金」——鄰人親朋喪葬的禮金——名義，發給戰歿者兩百萬日幣，重、輕傷者遞減。

臺灣魂非日本人卻進了日本人的靖國神社，做了日本神，豈不令當年上戰場的義勇隊員們迷惑？

魂兮！魂兮！何所依？因此而有原住民要求自東京「靖國神社」迎回臺灣原住民族的神位。

## 十四、感言

　　很想以臺灣原住民族的觀點寫出臺灣史或臺灣原住民族史，可惜我雖然有赫哲人血緣，卻是運用漢文資料，受到漢文化及意識的影響，始終擺脫不了父系漢人的陰影，希望有機會改寫或續寫一九四五年至今的高山原住民族奮鬥史，像吉娃斯・阿麗這個名字一樣，做一點顛覆的事業。

原刊《歷史月刊》2002 年 10 月號，頁 88-98，以及 11 月號，頁 98-105，歷史智庫出版公司，臺北。

# 臺灣移民開發史上與客家人相關的幾個問題

## 一、發現客家人移民開發史問題的個人經驗

1980 年春夏之交，承鄭余鎮、顏伯川二先生之邀撰寫《新莊發展史》和《新莊志》，展開了我個人的臺灣史研究生涯。

依據原訂的計畫，研讀了已刊的日治時代和近人所撰與新莊有關的方志、隨筆、踏勘記錄和研究報告之後，我們在新莊平原上展開田野（實地）調查工作，在調查新莊地區各寺廟的過程中，意外的發現，新莊地區三大寺廟中，關帝廟（乾隆二十五年建，1760）和廣福宮（乾隆四十五年建，1780，主祀三山國王，是潮州人的福神）都出於客家人之手。新莊最古老的慈佑宮（雍正九年建，1731，主祀媽祖）也和客家人有著相當密切的關係。臺北地區的名剎——觀音山麓的西雲寺（乾隆十七年建，1752）古稱西雲巖大士觀位於新莊市北鄰的五股鄉）和臺灣北部最古老的書院——明志書院（乾隆二十七年，1762，位於新莊市西鄰的泰山鄉），也都是汀州貢生胡焯猷所捐獻的。我們所蒐集的大量的「老字據」也說明新莊平原大部分地區是客家人開墾的，尤其是林口臺地（古稱平頂山）邊緣、水源豐富的山腳地區——成仔寮、五股、山仔腳（今泰山）、十八份（今丹鳳。胡焯猷捐獻的明志書院及八十餘甲的學田即在山仔腳與十八份之間）、搭寮坑（今迴龍）一帶，原來都是「客家莊」，而五股、蘆洲、三重一帶也散布著客家莊[1]。在採訪地方耆老的過程中，某人是「汀州客」、某人是「潮州客」，某些聚落以前是「客人莊」，甚至於某個公墓區每年有大量客家人回來祭掃祖墳，對於少數耆老而言是耳熟能詳的事，對於絕大多數的耆老而言，卻又茫然無所知。我們採訪這些「古代的客家莊」時，莊裏居民都早已經由福佬人取代而形成「交替聚落」；我們採訪的汀州客和潮州客，也已經沒有人會說流利的客家

---

[1] 參見拙著，〈臺北平原拓墾史研究〉，（1697－1772），《臺北文獻》，五三、五四期合刊本，70、4。收於《臺北開發史研究》論文集，聯經臺灣研究叢刊，7812。

話而成為「福佬客」。

　　當時，興起了一連串的問題：清康熙、雍正年間開發新莊平原的客家人，何時？因為什麼原因離開了新莊？到那裏去了？他們開發新莊的事蹟，為什麼在地方志和晚近百年的研究報告中都鮮有記載？

　　1982 年，我到臺灣中部彰化、雲林等地從事實地調查工作，發現彰、雲等地福佬人散布區中，雜居著一些既說客家話，也操著腔口很重的福佬話的「詔安客」和「興化客」聚落。次年，在臺北縣淡水鎮也發現「汀州客」和「惠安客」，研究淡水最早的廟宇——福佑宮（嘉慶二年建，1797，主祀媽祖）時，史料顯示，福佑宮是由客家人和福佬人合作建立的，直到日治時代汀州客所奉獻的廟產還可收租百餘石，是福佑宮最大一筆收入。福佑宮祭祀時的順序是：汀州人、惠安人、安溪人、晉江人和同安人[2]。淡水開發史的初步試探，也使我開始懷疑今天士林、大直、內湖一帶的大墾首——「何周沈墾號」的領袖——漳州府詔安縣人何士蘭[3]，是否「詔安客」？而開鑿瑠公圳的郭錫瑠是否「南靖客」？

　　1985 年，漢光建築師事務所的漢寶德先生承攬新莊廣福宮三山國王廟的研究與規劃工作。為什麼在福佬人的分布區會聳著一座巍峨的客家廟呢？漢先生認為，這個問題或許筆者能提出合理的解釋。是年十二月，我在《臺北文獻》第七四期發表「閩粵移民的協和與對立——客屬潮州人開發臺北與新莊三山國王廟的興衰史」一文[4]。在以客家人開發臺北史、客家人在臺北盆地中大略的分布情況以及全省各地三山國王廟的分布和建廟年代等為主要研究對象所提出的報告中，首先批判了伊能嘉矩《臺灣文化志》第十四篇第四章「移殖臺灣的漢移民的原籍及其拓地年代」中所提出的閩人先到、粵人後至，所以閩人散布在「海岸平野」而粵人散布於「山腳丘原」的說法。

　　伊能嘉矩的說法只是伊能氏粗略地觀察十九世紀末期和二十世紀初期臺灣北部閩、粵散布的大要，並不包括臺灣中南部，也不是「拓地

[2] 這些資料，1989 年 3 月發表於《漢聲雜誌》，20 期〈臺北盆地的開發〉，一文中。
[3] 參見楊老師雲萍先生所撰，〈士林先傳哲記資料初輯〉，《民俗臺北》一卷六號。
[4] 這篇文章也收錄在拙著《臺灣開發史研究》一書中。

年代」的狀況[5]；我也批判了臺灣的開發是由南而北的說法。從而提出
「先住民，閩、粵移民雜居共墾」以及「根據自然、人文條件擇地拓墾」
等與伊能嘉矩以下的前行學者們不同的說法。開墾初期（康熙末期暨雍
正年間）新莊平原由先住民漁獵經濟轉變成漢人農業經濟型態的過程
中，先住民因而獲致相當大的經濟利益；同時待墾地廣大卻缺乏勞動
力，因而不同的族群、語群（或籍貫）並無嚴重的利害衝突，在新莊平
原上形成「莊社雜居」（閩、粵等各籍漢人的墾莊和先住民武勝灣社及
各支社）和「家戶雜居」（同一墾首之下有不同籍的墾佃，新莊街上各
籍移民雜居，各籍移民先後建立的三大寺也等距並列，並以其圍牆和灌
溉渠構成一大防禦體系——大城仔）。新莊平原大體開發完成後（乾隆
初），閩、粵移民由於戶籍造冊規費問題而產生磨擦。乾隆中期（二十
六~三十七）閩、粵移民由於開鑿灌溉渠爭奪水源而形成對立的緊張形
勢。乾隆四十五年創建的三山國王廟（廣福宮），可視為「群體意識」
對立的象徵。乾隆五十一年（1786）林爽文事件暴發，臺北地區的客家
人和泉州人幫助政府平亂而與漳州人對立。次年五月發生，「分莊互殺」
的鬥爭。嘉慶年間，噶瑪蘭（今宜蘭）平原的開發，移轉了臺北地區漢
移民的注意力，舒緩了各籍漢移民的對立情勢。道光六年（1826）現今
苗栗中港溪一帶的閩、粵械鬥，重燃了各籍移民對立的戰火。道光十四
年至二十年（1834~40）新莊平原上的漢移民經過長達六、七年的纏鬥
之後，大部分的粵人才變賣田業遷移到今天桃、竹、苗一帶富於樟腦、
茶葉之利的粵籍移民區。此後到清末，臺北一帶成為漳、泉人互鬥的形
勢[6]。根據前列簡述的「雜居共墾」以及各族群、語群關係的演變，筆
者也構造出「雜居共墾→小故摩擦（群體意識高漲）→利害衝突（群體

---

[5] 參見《臺灣開發史》358 頁。許多學者根據日治時代昭和 3 年（1928）總督府官房調查課刊
　行的《臺灣在籍漢民族鄉貫別調查》一報告（昭和元年的資料）中的人口數字和其中的〈臺
　灣在籍漢民族鄉貫別分布圖〉來說明開拓時期各籍移民的分布，都和伊能嘉矩犯了同樣的
　毛病：錯把二十世紀初期各籍漢民族的分布圖，當作是十七世紀、十八世紀和十九世紀的
　分布圖。其實各個不同的時期都有相當大的變化。伊能嘉矩沒有機會讀到這一份報告。
[6] 參見註 1 所示文。

對立）$\left\{\begin{array}{l}\text{留居（同化）}\\\text{遷徙（分化）}\end{array}\right.$」這樣的族群、語群關係演變的模式[7]。

前述的「雜居共墾說」、「擇地拓墾說」和族群、語群關係演變的模式，由於筆者將開發史的研究領域逐漸擴及高雄、臺南、嘉義等地，支持前述說法的證據也日增[8]。而筆者以某一祖籍福神廟宇為中心，研究一地的開發史以及當地族群、語群關係演變的方法，對於學界也形成相當的影響[9]。

除了前述的初步研究報告之外，在研究臺灣漢人移民開發史的過程中，筆者也發現若干問題。由於能力所限，有的問題雖有初步心得卻難以深入研究，謹於此提出，就教於方家，若因此而獲致解決或因而引起同好之重視，則為筆者之大幸。

# 二、荷鄭之前客人即已移民臺灣之謎

臺灣的古地名有《禹貢》揚州島夷說，《列子》岱員說，《史記》瀛洲說、《漢書》東鯷說，《三國志》夷洲說，《隋書》流求說，宋代《諸番志》毘舍耶國說。前述諸說多屬望文生義、穿鑿附會之說，縱使其中一、二或即臺灣，學界爭議也多。這種現象適足以反映國人在宋代之前對臺知識的模糊性格。

明代中葉以後則有小東島說，雞籠、淡水說，北港說，東番說，對於今天的臺灣漸有較為清晰的概念。萬曆三十年十二月（西元 1603 年 1 月）陳第隨石湖游擊沈有容追擊海寇而至「東番」，次年春撰〈東番記〉一文，對於今天的臺灣才出現比較清晰的描述[10]。萬曆三十二年，（1604）荷蘭人韋麻郎（Wijbrand Van Waerwijdk）聚舟澎湖，沈有容逕

---

[7] 參見拙著，〈閩粵移民的協和與對立——客屬潮州人開發臺北與新莊三山國王廟的興衰史〉，《臺北文獻》74 期，74、12 以及〈臺灣開發史的階段論與類型論〉，《漢聲雜誌》19 期、77。

[8] 參見拙著，〈臺北盆地的開發〉，《漢聲》，20 期、78、3。〈高雄發展史〉，《漢聲》21 期78、6，〈臺南發展史〉，《漢聲》，22，78、8。〈嘉義開發史〉，《漢聲》23 期、78、12。

[9] 參見洪麗完，〈清代臺中地方福客關係初探——兼以清水平原三山國王廟之興衰為例〉，中華民國臺灣史蹟研究中心編，《臺灣史研究論文集》，77、12，臺北。

[10] 沈有容輯，《閩海贈言》卷二所收。臺灣銀行經濟研究室編印《臺灣文獻叢刊》（以下簡稱文獻叢刊），第五六種，頁二四。

往交涉，直到今天，澎湖天后宮中尚存留「沈有容諭退紅毛番韋麻郎等」石碑一方。天啟二年（1622），荷蘭人攻佔澳門失利而轉據澎湖，並派員偵測臺灣。天啟四年（1624）荷蘭人轉據臺灣。從此以後，有關臺灣的文獻紀錄也逐漸的精確、豐富起來。

　　荷蘭人初至臺灣，此地的中國人除了「游移型」的漁民、商人、海盜之外，也有「定居型」的移民。根據村上直次郎抄錄翻譯的《バタヴイア城日誌》西元 1624 年 2 月 16 日條所載，荷蘭人到今天臺南縣佳里一帶的街村勘察，發現先住民對自己抱持著恐曬的態度，另一方面：

> 「各村男人的住屋中，都有一、二、三，甚至五、六個中國人同居……說馬來話並使用大量的中國話成為不甚一致的混合語」[11]。

　　同一紀錄又載及荷蘭人建「臺灣砦」（今臺南安平古堡的前身）時先住民態度的轉變云：先住民原來對於荷蘭人表示好感，並有協助建砦之意，

> 「由於中國人居間煽動，先住民改變了對我們的態度，以槍、矢襲擊我們派去砍竹子的士兵而射殺了其中三個人」[12]。

　　這兩則資料顯示在荷蘭人佔領臺灣之前，已經有不少中國人在此定居，並且對於先住民有相當的影響力。「混合語」的形成，更值得注意。

　　1980 年冬，我讀到周學普翻譯的猶太裔德國史學家 Ludwig Riess 寫於 1897 年的《臺灣島史》，其中第一章談臺灣遠古史，第二章談西元 611~1500 年間的馬來人佔領臺灣史。第三章的篇名是〈客家人怎樣到臺灣——臺灣成為東亞海盜的巢窟〉（1368~1600）其中有如下的敘述：

> 「從中國大陸流浪而來的客家族，散住在臺灣島西部及平原的諸種族之間。到十七世紀中葉，荷蘭人與臺灣島酋長之交涉卻由客家族當為翻譯，他們與中國人毫無差別。對臺灣物產與外國人之

---

[11]　村上直次郎譯著、中村孝志校注《バタヴイア城日誌》，平凡社東洋文庫本，1982 初版四刷，東京，頁 47-48。

[12]　仝前頁 44。

交易也盡了大力」[13]

　　Riess 未說明資料來源，筆者又無法利用荷蘭文史料比對研究，對於 Riess 所描述的「客家人／海盜／定居型漢移民」之間的關係取材於何處一無所知。但是在中文史料中則有蛛絲馬跡可尋。

　　明末的海上巨寇多半是粵東人。嘉靖萬曆年間縱橫於中國東南沿海、菲律賓、臺灣之間的林鳳是潮州饒平人，萬曆二年（1574）即曾屯兵「東番魍港」（今嘉義境內）[14]，稍早於嘉靖四十二年（1563）率眾盤踞東番、屯兵打狗山下（今高雄市）的林道乾則是潮州惠來人[15]。饒平、惠來都是客家人的分布區。隨林道乾、林鳳等人東來的客家人若留住臺灣，經過五、六十年的交往到了天啟年間，應當可以發揮荷蘭人所描繪的作用——產生混合語言並且煽動先住民了。

　　由於尚未蒐集到足資證明「客家人／海寇／定居型移民」之間關係的明確史料，以上所言，不免淪於推論，不過也未嘗不是一愚之得，或有助於同好焉。

## 三、鄭氏延平王國與客家人的關係

　　南明唐王隆武二年（清順治三年，1646）8 月，清軍入福州，唐王出奔、死於途中。鄭芝龍之子鄭森（俗稱鄭成功）起兵勤王。鄭氏，福建泉州南安人。起兵之初，游移於泉漳沿海，永曆三年（1649）轉進潮州「入粵屯田」[16]，得到第一個根據地，此後之抗清運動，頗得潮人、潮將以及潮餉之力。永曆八年（1654）十一月，「漳州協守清將劉國軒

[13] 見臺灣銀行經濟研究室篇印《臺灣研究叢刊》第三十四種以下簡稱研究叢刊），《臺灣經濟史三集》45、4，臺北，頁9。又參見戴國輝〈猶太裔德國人史學家——客家人渡臺原委〉，《漢聲雜誌》23 期，78、12，臺北，頁 112-114。譯文採自戴著。

[14] 陳荊和〈林鳳襲擊馬尼拉事件〉，《學術季刊》，2 卷，1 期，42、9，臺北。收於包遵彭編《明史論叢》之七，《明代國際關係》，頁 109-130。

[15] 周恒重修《潮陽縣志》（光緒十年刊本），卷 13 紀事，萬曆十年條。

[16] 楊英《先王實錄》，福建人民出版社，《八閩文獻叢刊》，陳碧笙校注本，1981，福州，永曆三年十一月初一條頁 7。又，七年癸巳八月條「稟文書」云：「兒於己丑歲亦已揚帆入粵，屯田數載矣……父在本朝時，坐鎮閩、粵」頁 63。

獻城歸正」[17]，鄭氏東遷之後，劉國軒漸成肱股之臣。江日昇《臺灣外紀》云：

> 「國軒，汀州府長汀縣賴坑人……雄偉魁梧、胸藏韜略[18]」

長汀為客家散布區。劉國軒應當是客家人。

永曆十四年底（1660~61 之間），鄭成功決定東征臺灣，先命各兵鎮「南下取糧」於潮州，「各船俱取有糧米稱是」[19]，次年三月即出兵臺灣。

由鄭成功「入粵屯田」，導致「潮王」之封[20]。而東征之前，先往潮州取糧，以及軍中有汀州籍將領而言，鄭氏東征臺灣時，除了泉、漳兵，北兵北將之外，應當也有相當多的粵東潮州等地和閩西客家人隨之遷臺。

鄭氏東遷原因之一乃清廷執行封鎖政策的成功。鄭氏東遷之後，清廷更厲行「遷界」政策，嚴禁沿海各地和臺灣往來。惟有潮州府潮陽縣人邱輝所佔據的達濠例外。達濠是潮陽縣的要港，而「潮陽饒富甲于各邑」[21]，嘉靖以來即為豪強所據，邱輝為其中之尤者。《臺灣外紀》載：

> 「潮陽人邱輝（綽號臭紅肉）年少猛勇，糾眾出踞達濠，結茅為屋；造八漿船、舡艣，與蛋家（蛋家即同庚船）漁船交好，引港搶掠潮陽……官軍莫禦，人眾強盛……其達濠貨物。聚而流通臺灣，因此而物價平、洋販愈興」[22]。

又載：

> 「邱輝自踞達濠有年，橫行無忌，官軍無奈之何。所有擄掠婦女，悉係臺灣船隻販買，因而室家日多……（鄭經）以為義武鎮，遣人齎印剳到達濠授輝，輝集廣、惠亡命以相助，且善為交通接濟，

[17] 《先王賞錄》頁 97。

[18] 江日昇，《臺灣外紀》《文獻叢刊》，第六○種方豪校訂本，頁 142。

[19] 《先王實錄》，頁 243。

[20] 桂王晉封鄭成功為潮王事在永曆九年四月，見《先王實錄》，頁 113，成功未受。

[21] 《先王實錄》，頁 8—9。

[22] 《臺灣外紀》，頁 238-239。

貨物興販而臺日盛」[23]。

　　雄踞達濠的邱輝在清朝地方官但求苟安無事以及水師兵力不厚的情況下，形成封鎖、遷界政策的一大漏洞。邱輝不但供應臺灣所需要貨物，還供給臺灣最需要的「婦女」。因此，透過邱輝的關係，不僅「廣、惠亡命」往來與臺灣，應當也有不少粵東客家婦女到達臺灣。

　　《潮陽縣志》卷十三〈紀事志〉康熙八年條載：

> 「邱輝綽號臭紅肉，頻年海上跳梁勢甚烈，是月由練江入和平，焚刦前後諸鄉，男婦米穀悉載出海」[24]

　　平和也是客家人散布區，其中當有不少客家「男婦」。

> 「廣東巡撫王來任、兩廣總督周有德先後奏准復地，來任血疏墾請有德繼之。得旨展復，惟達濠海島仍為界外」[25]。

　　康熙十六年（1674），鄭經應耿精忠之邀西渡，響應三藩之亂，不過，耿精忠也只容許鄭氏在閩南泉、漳以及粵東潮、惠等地活動。潮、惠等地客家人散布區再度成為鄭氏的根據地。康熙十五年，鄭經以會師江南借道汀州為名，進圖閩西客家人聚居的汀州，結果造成耿精忠和鄭氏的激烈衝突[26]。耿精忠北抗清軍內禦鄭軍，腹背受敵，遂於是年九月降清。耿精忠降清後，鄭經獨力難支，亦於次年正月倉皇出走廈門，興、泉、漳、汀、邵各府隨之冰消互解。據守惠州的劉國軒與劉進忠相約共同守禦惠、潮，六月劉進忠以潮州降清，劉國軒不得不將惠州交給陳璉而轉赴廈門。鄭經以劉國軒為正總督，專征伐，與清軍週旋，力圖恢復。康熙十九年（1680）2月林陞率艦隊北上迎戰福建水師提督萬正色於海壇，林陞雖略佔上風，卻由於艦隊無處寄泊，退守遼羅（今金門料羅灣），

---

[23]　《臺灣外紀》，頁 258。
[24]　《潮陽縣志》，卷 13，頁 17。
[25]　同前。
[26]　《臺灣外紀》，頁 306-309。

鄭經懷疑林陞戰敗「借言塞責」而倉惶東渡回臺[27]。

　　鄭經、劉國軒回臺之後，久據達濠的邱輝又回復孤軍奮鬪的情勢，廣東、福建兩省聯兵進剿達濠，邱輝自忖「孤軍恐難與敵」，遂「將埠頭居民悉移東都」[28]。

　　《潮陽縣志》卷十三《紀事志》康熙十九年條載：

>　「輝據達濠，久為海邊患黨與日熾，至是決策剿除，水陸並進，鏖戰於牛田磊口，我師得勝搗其巢」

又云：

>　「相持數月，輝戰敗始揚帆去」

又云：

>　「故老云，經子克塽歸順之年，輝獨不降，戰死於臺灣之七鯤身」。[29]

　　邱輝率眾東渡後，「分配屯地安插」[30]。

　　邱輝歷年活動範圍，有閩南和汕頭系福佬語群散布區也有客家人散布區，隨邱輝東渡臺灣安插的潮惠和閩南客家人應不在少數。

## 四、施琅嚴禁粵中惠、潮之民渡臺？

　　1987年冬，承施偉青先生惠贈大作《施琅評傳》[31]，這是筆者首見的施琅專傳。作者將森田明作品兩篇中譯置於篇末，在正文中強烈支持森田明所謂施琅「從資金、人力等方面幫助赴臺的族人經營田地、水利，

---

[27]　《臺灣外紀》，頁367-370。

[28]　《臺灣外紀》，頁376。

[29]　《潮陽縣志》，卷13頁18。

[30]　同28。

[31]　施偉青，《施琅評傳》，廈門大學出版社，1987、廈門。早在筆者就讀輔仁大學史學系時，同窗施溪潭同學即曾於《中外雜誌》發表〈施琅評傳〉，對於施琅生平及其平臺之功過作一評斷。

發展生產」；堅持施琅曾經「庇護」在彰化開鑿八堡圳的施世榜家族的
發展，並且以「施氏大族化」等理由，批判了筆者 1985 年七月在「臺
灣研究會」上。當面向森田明先生所提出的以族譜證明兩個施家的關係
的三個層次的質疑的第一部分[32]。筆者認為施先生以六十餘頁篇幅來批
判我的幾句話，實在不敢當，因而對於《施琅評傳》也不敢贊一詞。

　　本文僅止於討論「施琅嚴禁粵中惠、潮之民渡臺。」此一問題，不
再討論施琅與鹿港施家以及八堡圳的關係。《施琅評傳》頁二六○載：「清
廷又頒布了禁止大陸移民臺灣的三條規定……三、潮惠之地，為海盜淵
藪，積習未脫，其民禁止渡臺」。注釋中說明引自李震明《臺灣史》，轉
引自黃大受《臺灣史要略》[33]，並未引證任何直接史料或間接史料。

　　筆者於 1980 年首先在《臺灣省通誌》卷二〈人民志〉人口篇第四
章第三節「附考一：臺灣與大陸之交通及遷徙之管制」中讀到「清廷」
「嚴禁粵地人民渡臺」的說法，也未引證相關史料。但謂：「禁止粵人
渡臺，實與施琅有關」，又謂：「據臺灣府志卷十（章義按：當為卷十一）
義民附考云：將軍施琅之世，嚴禁粵中惠、潮之民不許渡臺；蓋惡惠、
潮之地，數為海盜淵藪而積習未忘也。琅沒，漸弛其禁，惠、潮之民乃
得越渡」[34]。

---

[32] 筆者向森田明先生質疑的有三點：最低一層是假定森田先生所依據的族譜所載的世系是真
　　的，施世榜和施琅要上溯十世才是同一個祖先，根據「五世則遷」的原則（記錄誤寫為為
　　「五世則親」施先生並沒有覺察而沿襲了手民之誤），相隔十世是否還有親屬關係存在？
　　第二層次是根據族譜系統排行的字輩不一樣，我認為兩個施家「不但三百年前不是一家，
　　甚至五百年前也不是一家」，並且判斷這是「後來做族譜的人，順便牽上去的」。第三層
　　次則是筆者認為森田先生「需要一些更明確的證據」才能把兩個施家牽在一超，「尤其在
　　考證族譜的真偽上面，可能需要更加仔細」（參見臺灣風物 36 卷 1 期，頁 27-128）施偉青
　　先生只答覆了筆者所提出的三個層次的最低一層，而且根據錯誤的記錄把問題本身都弄錯
　　了。森田先生和施先生：「直至目前還未發現施琅支持族人開發臺灣的資料」就推論施琅
　　曾經「從資金、公力等方面幫助赴臺族人經營田地、永利，發展生產」是相當離奇的。以
　　筆者研究臺灣開發史的經驗，如果真「幫助」過，則必有合約、鬮書、族譜等資料說明其
　　事。以兩處施家的財勢，以及已經發現的老字據、族譜等眾多史料，卻仍然「還未發現施
　　琅支持族人開發臺灣的資料」是不可思議的。

[33] 《施琅評傳》，頁 260 注 3。

[34] 臺灣省文獻委員會編，《臺灣省通誌》，卷二，人民志人口篇，第 2 冊，頁 99，61、6，
　　臺中。

　　《臺灣省通誌》所根據的是乾隆二十七年（1762）余文儀等續修的
《臺灣府志》，府志自注引自〈理臺末議〉。首任巡臺御史黃叔璥（康熙
六十一，1722 年任）的《臺海使槎錄》數度引用此文，其書卷四〈赤
嵌筆談〉之末為「朱逆附略」，所引〈理臺末議〉的文字比余志為多，
且自注云引自〈理臺末議〉[35]。似乎余志乃轉引自《臺海使槎錄》。引文
中有「朱一貴為亂……今始事謀亂者既已伏誅」之語，則其文似乎成於
康熙、雍正之際。

　　根據〈理臺末議〉的說法，嚴禁惠、潮之民東渡的是將軍施琅而不
是「朝廷」。到底「朝廷」有沒有頒布此禁令呢？這是我的第一個問題。
第二個問題是：武職的「將軍」有沒有權力禁止惠、潮之民東渡呢？

　　「將軍」不是地方有司，在制度上並無禁止惠、潮之民東渡的行政
權。不過「靖海將軍靖海侯兼管福建水師提督事務」的施琅，卻經過特
別授權管理與臺灣相關的事務。據康熙三十五年三月施琅「遺疏」的「君
恩深重疏」載：

　　　「且臣衙門更有統轄臺灣之責，彈壓之寄，出自宸衷簡在」[36]。

　　顯然施琅是可以以治安為由禁止惠、潮之民移民來臺。

　　第三個問題：假若果如〈理臺末議〉所言，施琅嚴禁惠、潮之民不
許渡臺，其原因是「蓋惡惠、潮之地數為海盜淵藪而積習未忘也」那麼
自明中葉以來閩南的泉漳兩府難道不也是「數為海盜淵藪」而且直到清
中葉嘉慶、咸豐年間，仍然產出不少大海盜嗎？到底施琅禁止惠、潮人
民東渡的原因何在？

　　是由於施琅與鄭森的有仇，而惠潮人幫助了鄭氏？還是施氏曾經吃
過惠、潮人的大虧？或是由於地域觀念、語群隔閡，而「隔省流寓」反
成藉口？或許需要學者做更深刻的研究才能解答這個問題。

---

[35]　黃叔璥，《臺海使槎錄》，卷 4《文獻叢刊》，第四種本赤嵌筆談，頁 93。

[36]　施琅，《靖海紀事》，《文獻叢刊》第十三種，下卷頁 750。

# 五、客家人帶動康熙移民洪潮以及客家人對於臺灣開發的貢獻

康熙二十年（1683）施琅平臺，次年設一府三縣，招徠移民成為當時的要政，但是，成績似乎並不理想。康熙四十年以後，惠、潮人由於禁令鬆弛，可以公然、大量的移民臺灣，終於造成康熙末期的移民狂潮。康熙五十年（172）三月，臺灣知府周元文〈申請嚴禁偷販米穀詳稿〉云：

> 「閩、廣之梯船日眾，綜稽廣籍，每歲以十數萬計」[37]。

康熙六十年藍鼎元隨兄廷珍統軍渡臺平朱一貴之亂，曾經「上窮淡水；下盡郎嬌」「深諳全臺地理情形」，其〈覆制軍臺疆經理書〉云：

> 「國家初設郡縣、管轄不過百里，距今未四十年，而開墾流移之眾延袤二千餘里，糖穀之利甲天下……北至淡水、雞籠，南盡沙馬磯頭，皆欣然樂郊，爭趨若鶩」[38]

這一股移民洪潮與客家人東渡移民有密切的關係。

第一任巡臺御史黃叔璥於《臺海使槎錄》卷五〈番俗六考〉北路諸羅番之四云：

> 「羅漢內門、外門田，皆大傑嶺社地也。康熙四十二年，臺、諸民人招汀州屬縣民墾治，自後往來漸眾[39]」。

「汀州屬縣民」即所謂「汀州客」。汀州位於閩西·地處韓江上游之鄞江。由汀州各縣順鄞江、韓江而下，以潮州之汕頭為出海口，遠較由汀州翻山越嶺以廈門為出海口便利許多，故而汀洲客家人多取道於惠、潮由汕頭出海來臺。筆者認為所謂施琅「惡惠、潮之地數為海盜淵

---

[37] 周元文續修，《臺灣府志》，卷10，藝文志，中華大典方志彙編本，頁122。

[38] 藍鼎元，《東征集》卷3《文獻叢刊》，第十二種，頁34。

[39] 《臺海使糟錄》，卷5，頁112。

藪而積習未忘」恐怕不能成為官式的、公開的反對惠、潮人東渡的理由，施琅果真嚴禁惠、潮人民東來，他所用的理由應當是「隔省移民」亦即所謂「偷越」或「隔省流寓」[40]等違法犯禁行為。

康熙五十六年所修的《諸羅縣志》對於客家人的移民開發情況有相當詳細的記載。《諸羅縣志》風俗志漢俗考載：

> 「自下加冬至門斗六，客莊、漳泉人相半……斗六以北客莊愈多，雜諸番而各自為俗」[41]。

「下佳冬」在今臺南縣後壁鄉，「斗六門」在今雲林縣斗六鎮，約占所謂「嘉南平原」的三分之二，「漢俗考」又云：

> 「諸羅土曠，漢人閒占草地……潮人尤多，厥名曰客，多者千人，少亦數百，號曰客莊」[42]。

同書風俗志雜俗考載：

> 「凡流寓，客莊最多，漳泉次之，興化福州又次之」[43]。

《諸羅縣志》風俗志述及客家人之處，貶多於褒，未必為持平之論。同書兵防志陸路防汛門載：

> 「大抵北路之内憂者二：曰土番，曰流民……汀漳與潮州接壤，明季數十年，汀被潮寇者十有一，漳被潮寇者十有六，而饒寇之張璉，程鄉之李四子，至於攻破城邑，洗蕩邨坊，兩郡記載，斑斑可考也……今之流民大半潮之饒平、大埔、程鄉、鎮平，惠之海豐，皆千百無賴而為一莊」[44]。

---

40　參見《會典事例》吏部「邊禁」例，戶部「戶籍」例、「流寓異地」例，兵部「邊禁」例，刑部「私出外境及違禁下海」例等各則例。乾隆四年攝理臺灣道劉良璧說明何以「臺童」對於「粵童」何以「攻揭惟嚴」亦謂：「溯其本源，究屬隔省流寓」（參見拙著，〈臺灣↔福建↔京師──「科舉社群」對於臺灣開發以及臺灣與大陸關係之影響〉，《臺灣開發史研究》，頁848。

41　《諸羅縣志》，《臺灣研究叢刊》，第五五種，頁8。

42　同前。

43　《諸羅縣志》，頁88。

44　前書，頁78。

　　此節文字說明了康熙末期臺灣中北部的開拓者「大半」是客家人；
同時也說明清代各類紀錄中對於客家人貶多於褒的原因：一方面是現實
利害的衝突，另一方面則基於明末以來「潮寇」的歷史評價所形成的刻
板印象。

　　無論褒貶是否摻雜了偏見，前引《諸羅縣志》各節記載也不完全一
致。但是大體透露了「自下加冬至斗六門」（今天臺南縣後壁鄉到雲林
縣斗六鎮）一帶開拓者的籍貫組合是閩、粵人各一半，而斗六門以北則
以粵人居多。假定開拓時代的人口比例即勞動力的比例，而此比例又適
足以說明拓墾者的功績，則伊能嘉矩以及前行作者們，所謂的「粵人後
至」，「粵人居山腳丘原」的說法是謬誤的，並且忽略了粵人對於嘉南平
原以及彰化以北地區開發的貢獻。

　　《臺灣使槎錄》所引的〈理臺末議〉中說：「雖在臺地者閩人與粵
人適均，而閩多散處，粵恆萃居，其勢常不敵」[45]，粵人比較團結，閩
人不是粵人對手，或許這也是當時的紀錄中對於粵人貶多於褒的原因
吧。

　　客家人在今天高屏地區的比例比嘉義、雲林地區還要高

　　《鳳山縣志》風土志漢俗門載：

　　　　「淡水溪以南則番漢雜居，而客人尤夥」[46]。

　　但是，康熙五十八年（1719）所修的《鳳山縣志》對於客家人的記
載卻不及《諸羅縣志》來得豐富。

　　朱一貴事件之後，客家人開發高屏地區的事蹟由於助平亂事而稍微
彰顯，相關的紀錄仍不免貶過於褒。

　　《臺海使槎錄》卷四〈赤嵌筆談〉「朱逆附略」載：

　　　　「南路澹水三十三莊皆粵民墾耕。辛丑變後，客民（章義按，原
　　　　注云：閩人呼粵人曰客仔）與閩人不相和協……保正里長非粵人

---

[45]　《臺海使槎錄》，頁 92。
[46]　《鳳山縣志》，中華大典臺灣方志彙編本，卷 7，風土志，漢俗門，頁 80。

不得承充……」[47]。

康熙六十年朱一貴事件將起之前，首先告變的是粵民高永壽，（康熙五十九年），藍鼎元《平臺紀略》載：

> 「先是粵民高永壽在笨港負販為生，有病者於破廟饑且死，永壽活之。一日至南路，遇前所活人，欷歔感泣，引之深山中……與見朱一貴，刀鎗森列，言倡亂謀甚悉，邀永壽入伙，佯許之，乘間逃回，赴南路營告變，弗信，至府、復告之鎮道；鎮道以為狂疾，會審嚴刑，坐妖言惑眾，將論殺，從寬責逐過海，遞回原籍」[48]。

官方把告變之人當瘋子看待，高永壽差一點因「妖言惑眾」而喪命。事平之後，閩浙總督覺羅滿保請高永壽回臺指認，在臺灣南部跑了一個多月，高永壽都沒有帶官兵找到賊巢[49]。

朱一貴起事之後，杜君英「糾粵眾二千」響應他[50]。但是李直三、賴君奏等人則「密謀起義、誓不從賊；糾集十三大莊、六十四小莊，合鎮平、程鄉、平遠、永定、武平、大埔、上杭各縣之人，共一萬二千餘名於萬丹社，拜叩天地豎旗，立『大清』旗號，供奉皇上萬歲聖牌，推莊民侯觀德指畫軍務……遂分設七營，排列淡水河岸、連營固守」[51]。客家義軍使得朱一貴的軍隊無法據下淡水溪以南之地為羽翼終致失敗。覺羅滿保奏保多人獲獎，皇上也賞賜了不少銀兩絲綢以及「懷忠里」匾額，諭建「忠義亭」。覺羅獲保還建議「優恩蠲免差徭，立碑縣內，永為定例」[52]。

客家義軍保鄉衛國，立功之後，我們對於客家人開發現今高屏地區的情形才有進一步瞭解。結合的義民有一萬二千餘人，分為十三大莊、六十四小莊。筆者相信，其中若干村莊應當奠基於鄭氏時代甚至更早之

---

[47] 《臺海使槎錄》，頁 80。

[48] 藍鼎元，《平臺紀略》，《文獻叢刊》，第十四種，頁 5。

[49] 同前。

[50] 乾隆 28 年 1763 王瑛曾重修《鳳山縣志》，臺灣方志彙編本，卷 11，雜誌災祥門附兵焚贅康熙六十年條，頁 272。

[51] 《重修鳳山縣志》，藝文志所錄閩浙總督覺羅滿保〈題義民效力議敘疏〉，頁 340。

[52] 前書，〈人物志義民列傳〉頁 256-257。蠲免差徭似乎未蒙准許。

前，這也是我們應當努力研究的課題。

《臺海使槎錄》卷三〈赤嵌筆談〉物產條亦謂：

> 「澹水以南悉為潮州客莊，治埤蓄洩，灌溉耕耨，頗盡力作」[53]。

今人研究高屏地區開發史，應致力於蒐集老字據，研究當地「水田化運動」的發展史進一步暸解高屏開拓史的實際狀態。

雍正十年（1732）藍鼎元在廣東聽說臺灣北部發生番亂而且「南路客子豎旗同謀」。他認為潮惠人民在臺灣「人眾不下數十萬」，「時聞強悍，然其志在力田謀生，不敢稍萌異念」而斷然認為客家人謀反之說是「謠言」[54]。是年「義民侯心富等」助官兵弭平吳福生之亂有功，閩浙總督德沛〈題議敘義民疏〉亦謂：

> 「臺灣一郡為閩省海疆重地，番黎雜集，奸良不一；惟粵潮客民往臺耕讀，急公好義」[55]。

早在康熙年間就遍布於臺灣各地的客家人，不但努力開發臺灣，其盡忠向義的行為，也成為維持臺灣安定的主導力量，和〈理臺末議〉一文中所示施琅對於惠、潮人民的評價顯然是大相徑庭。

乾隆二十八、九年重修的《鳳山縣志》對於客家人的態度有相當大的轉變，前面所引述的史料，多半引自這部重修的《鳳山縣志》。這部書也透露出不少漳、泉人不合的信息[56]。

康熙末期，當時人所謂的臺灣北（諸羅縣）、南（鳳山縣）兩路客家人和粵民移墾的情形略如前述，而開發較早的臺灣中路（臺灣縣）在康熙末年也有相當多的客家移民遷入。康熙五十九年所修的《臺灣縣志》卷一輿地志風俗門載：

---

[53] 《臺海使槎錄》，頁53。

[54] 藍鼎元，〈粵中風聞臺灣事論〉，《平臺紀略》附錄，選自《鹿洲初集》，卷11，頁63。

[55] 《重修鳳山縣志》，頁341。

[56] 《重修鳳山縣志》，卷3，風土志風俗門載：「市肆之間，漳、泉二郡常犄角不相下，官司化導之，不能止也」，頁57。藝文志書山、張湄「請採買米穀按豐歉酌價疏」載：「即如御史陳大玠生長泉州，尚疑臺郡有歧視漳、泉之見」顯示臺灣與漳、泉二地也有隔閡。

「客人多處於南、北二路之遠方；近年以來，賃住四坊內者不可勝數」。

當時臺灣府治所在地的臺灣縣轄區劃分為四坊十五里。東安、西定、寧南、鎮北四坊就是當時全臺灣最繁榮的市集。康熙末年客家人進入「四坊」（即今臺南市市中心區）租屋居住的已經「不可勝數」成為修志者所重視的社會現象。

乾隆七年（1742）潮州的客家人還捐款在小北門內（今臺南市北區西門路三段）興建了一座供奉故鄉福神的「三山國王廟」。潮州客家人在臺南應有相當大的勢力。

# 六、客家人與閩南人人口比例逆轉之謎

乾隆二十八年的《重修鳳山縣志》風土志序云：

「臺自鄭氏挈內地數萬人來居茲地，半閩之漳泉、粵之惠潮民」[57]。

前節所引述的各項史料也大體上說明清康熙、雍正年間臺灣各地移民的籍貫結構是粵人佔一半或者更多一些。這裏所謂一半或更多些只是印象似的說法，當然沒有像現代戶口登錄調查法這樣精密的數據。

乾隆五十一年底（1786）林爽文事件爆發，次年福康安率大軍東渡平亂，有不少熟習臺灣形勢的人為他籌謀策劃。鄭光策〈上福節相論臺事書〉便提出「宜招義勇以厚兵威」等六策，其中第三策是「宜通廣莊以分亂勢」，文中了談到當時閩粵移民的關係和比例：

「按全臺大勢，漳泉之民居十之六七，廣民在三四之間。以南北論則北淡水南鳳山多廣民，諸彰二邑多閩戶；以內外論，則近海屬漳、泉之土著，近山多廣東之客莊。廣民驕悍騰銳、器械精良，閩民亦素畏之。前漳、泉械鬥時，廣莊不與，閩民亦無敢撓亂之者。此番逆首多係漳、泉，廣莊……未嘗投合於賊……其迫近賊

---

界者累遭焚殺，訴援無人，不得不依違其間……」[58]。

鄭光策提到廣莊的處境，也提到當時閩、粵人口的比例約在十之六七比十之三四之間，粵人的比例已經比康熙、雍正和乾隆初期少得多。

民國十七年（昭和三，1928）臺灣總督府官房調查課根據民國十五年（昭和元，1926）的資料，刊布「臺灣在籍漢民族鄉貫別調查」在當時三百七十多萬漢人中百分之四十五是泉州人，百分之三十五是漳州人，只有百分之十五點六是廣東各籍人。

何以在十八世紀還佔臺灣人口「十之三四」以上比例的粵人，到了十九世紀末期、二十世紀初期又只佔「十之一二」呢？

何以客家人、粵人所佔的比例從乾隆中期以後就直線下降呢？

長期的械鬥阻礙了粵人東來的意願？粵人移出的意願降低？粵人發現了更適宜的移出區？還是我們前節所引述的史料本身就有問題？假若康熙至乾隆初期的史料出了問題，又何以不同來源的史料又眾口一詞呢？還是有其他的原因呢？這些恐怕都是有待學者們努力研究的課題。

# 七、臺灣早期文獻上的粵民、客子、客民和客家人

一般而言，「客家人」大體是指有「客家」血統或仍行客家風俗，使用「客家話」的人。一般學者認為「客家」一詞，是由於南遷的中原族系和先住民區分的結果，或者和戶籍制度中的「客籍」有相當關係。

客家人的主要分布區在贛、閩、粵、湘等省鄰近地域，和畬族的分布區部分重疊，不少地區也是閩南語系和客家語系雜居，譬如廣東潮州府的揭陽、潮陽等縣。福建的泉、漳和興化等府，也有客家人散布。因此，以戶籍所在地域辨識所屬語群、族群，在某些地區或許會產生相當誤差。昭和三年（民國十七，1928）刊布的〈臺灣在籍漢民族鄉貫別調

---

58 鄭光策，〈上福節相論臺事書〉，賀長齡編《皇朝經世文編》，卷84。收於《文獻叢刊》，第二二九種，《清經世文編選錄》頁17。

查〉報告，就無法將泉、漳二府籍中客家語群以及潮州籍中的汕頭系福佬語群區別出來。

康熙二十三年在臺灣設置一府三縣之前，戶籍上的主、客之分尚未形成。蔣毓英《臺灣府志》風俗志云：

> 「中土之民，人世其籍、家世其業……臺灣自紅彝僭竊以來，因仍草昧，鄭氏父子相繼，民非土著，逋逃之淵藪，五方所雜處。」[59]

「五方雜處」是形容詞，也頗得其實。

康熙三十四年高拱乾主修的《臺灣府志》風土志亦謂：

> 「隸斯籍者，非有數世高曾之土著也；有室、有家，父而子、子而孫即為真土著矣。以故宗族之親少、洽比之侶多」[60]。

康熙三十六年，郁永河東渡臺灣，他在《裨海紀遊》一書中記臺灣縣云：

> 「臺灣縣治即府治……內地寄籍民居多焉」[61]。

亦視當時臺灣的漢移民為「寄籍」而非「土著」。

殆及康熙四十年以後，汀州客家人和粵東潮州人大量東渡引發移民洪潮之後，客家人和「客籍」問題才引起廣泛注意。

本文第五節曾經引述康熙末年所修臺灣所屬三縣的縣志。《諸羅縣志》謂：「潮人尤多，厥名曰客」，又謂：「今之流民大半潮之饒平、大埔、程鄉、鎮平，惠之海豐」。此處所謂「客」，當指潮、惠之「客家人」而非僅「客籍」而已。《鳳山縣志》所謂：「客人尤夥」和《臺灣縣志》中所謂「客人……不可勝數」者亦當指客家人而言。藍鼎元謂：「廣東潮、惠人民在臺種地傭工謂之，客子所居莊曰客莊」，此處之「客子」顯然也是指「客家人」。

朱一貴事件當時的閩浙總督覺羅滿保在「題義民效力議敘疏」中，

---

[59]　蔣毓英《臺灣府志》，廈門大學出版社陳碧笙校注本，1985、1月，頁 54。

[60]　蔣毓英《臺灣府志》，廈門大學出版社陳碧笙校注本，1985、1月，頁 54。

[61]　《裨海紀遊》，頁 11。

曾經嘗試將戶籍上的「客籍」和「客家人」釐清，他說：

> 「查臺灣鳳山縣屬之南路淡水，歷有漳、泉、汀、潮四府之人墾
> 田居住。潮屬之潮陽、海陽、揭陽、饒平數縣與漳、泉之人語言、
> 聲氣相通，而潮屬之鎮平、平遠、程鄉三縣則又有汀州之人自為
> 守望，不與漳、泉之人同夥相雜。……杜君英等在南路淡水檳榔
> 林招夥豎旗……多係潮之三陽及漳、泉人同夥作亂；而鎮平、程
> 鄉、平遠三縣之民並無入夥。三縣義民……密謀起義、誓不從賊，
> 糾集十三大莊、六十四小莊，合鎮平、程鄉、平遠、永定、武平、
> 大埔、上杭各縣之人共一萬二千餘名于萬丹社……分設七營」[62]。

　　覺羅滿保雖然以籍貫地域區分出亂黨和義民的不同屬性，同時也以
「語言、聲氣相通」從語群的觀點，說明二者屬性的不同。不過覺羅滿
保所謂的潮屬三陽、饒平等數縣人，「與漳、泉之人語言、聲氣相通」
則不盡然，因為三陽和饒平等潮州屬縣，也是客家人和汕頭系福佬人雜
居的縣分，而閩南籍中也有「客家人」在其中。

　　康熙末期的史料中，也有僅就官方、戶籍的觀點使用「客民」一詞
的情況。康熙四十六年任臺灣知府的周元文在〈申禁無照偷渡客民詳稿〉
中曾說：

> 「此輩偷渡者，俱係閩、廣遊手之民」[63]。

　　則所謂「客民」在此乃指未嘗在臺灣設籍之新移民，既沒有籍貫的
區分，也不按語群來區分。康熙四十九年臺廈道陳璸「請禁販米出海稟
督院啟」中亦有「船戶張合興冒稱提督差官偷載無照客民」的記錄[64]，
此處「客民」也指未嘗在臺設籍的偷渡客。

　　前述各名詞中，「客民」大抵用在行政、律令上，以是否設籍為準；
「粵民」則以省籍為準；潮州人以府籍為準，在某些場合則指「客家人」；
所謂「客子」則是福佬語群對客家人的稱呼，多多少少有些輕視的意味。

---

[62] 《續修鳳山縣志》，頁339-340。

[63] 周元文，《續修臺海府志》，頁123。

[64] 《陳清端公年譜》，《文獻叢刊》，第二〇七種，頁60。

至於覺羅滿保在〈題義民效力議敘疏〉中，以籍貫和語群兩個指標來說明朱一貴事件時不同陣營的構成分子，在清代文獻中並不多見。這些名詞在不同的作者、不同的史料中可能有不同的指涉內涵，研究者仍以小心處理為宜。

# 八、結語

由於筆者的涉獵有限，在研究臺灣開發史時，對於客家人在臺灣開發史的貢獻所產生的問題遠比獲得的答案要多上許多，尤其是荷蘭人、西班牙人佔領臺灣時期的狀態，因為筆者不識荷、西文字，連提出問題的能力都缺乏。以上僅就個人注意所及的少許心得和若干問題，求教於同好，也盼望有更多的朋友們參與客家人移民開發臺灣史的研究工作。

本文原刊中央研究院中山人文社會學研究所主辦第四屆「中國海洋發展史研討會」論文集，頁 259-282，1991.03，中央研究院中山人文社會學研究所，臺北。又收入《輔仁歷史學報》，第 2 期，頁 77-94，1990.08，輔仁大學歷史系，臺北。又收入《客家雜誌》第 31 期，頁 64-78，1990.08，臺北，（補題為「誰最早來臺灣？」）。又轉載於《中原周刊》第 677-682 期，1990.08.26—09.30，苗栗。又收於《臺灣史研究會論文集第三集》，頁 211-234，1991.04，臺北。

# 東、西洋人眼中的劉銘傳
## ——抗法英雄、偉大的巡撫、臺灣現代化的推手

## 第一章　導論

### 第一節　研究動機

　　〈大清帝國的落日餘暉—臺灣設府築城史新證〉一文在《臺北文獻》直字第 188 期刊出後，許多讀者認為此文考證綦詳、足以了解臺北設府築城之始末，但是，對於筆者引述當時的淡水海關稅務司美籍歷史學家馬士（H.B.Morse）讚美劉銘傳為「偉大的巡撫」和之後四十年，駐在臺北的日本記者田中一二等人讚美劉銘傳為一代「英傑」、「將永垂不朽」提出質疑，認為二人的說法與近年臺灣所流行的揚後藤新平、抑劉銘傳的諸多說法不盡相同，甚至還有人發表〈劉銘傳、後藤新平與臺灣近代化論爭〉之論文[1]。聚訟紛紜才有論爭，到底孰是孰非？

　　是非是一種價值判斷，是評鑑人的主觀判斷。在政治上以實力為前提，以實踐為判準；在社會上則是譁眾取寵、一呼百應；但是，在史學研究上，則以求真為前提，以區別歷史人物和評鑑者不同時代的價值觀以及評鑑者個人的意識形態（或集體意識）和利害關係為手段，爾後才有評價和是非可言。

　　如果研究者認真、努力而方法無誤而誠實的話，事實只有一個，可能因為認識、理解、表達能力各有不同，而產生不同的論述。

　　劉銘傳去古未遠，又是當時的焦點人物，遺留的資料車載斗量；訊息來源有進步主義／守舊派；盟友／敵人；旁觀者／利害關係人；參與者／目睹者／耳聞者／以訛傳訛者……認知者往往墜入雲霧之中，連自己是誰？在那裡都不知道，遑論認知客體。蘇軾〈題西林壁〉詩云：

---

[1] 張隆志，〈劉銘傳、後藤新平與臺灣近代化論爭〉，國史館，《中華民國史專題論文集》（臺北：國史館，1998），頁 2031-2056。

橫看成嶺側成峰，遠近高低各不同；

不識廬山真面目，只緣身在此山中。

　　無論是嶺是峰，都是偏見、臆想，都不是廬山真面目；必須全面、有足夠的高度與深度，才能識得廬山真面，才是判斷廬山之美的基礎。

　　把廬山比擬為歷史人物劉銘傳，要怎樣避免「橫看成嶺側成峰」，喪失「真面目」呢？

## 第二節　評鑑歷史人物的方法與態度

　　後漢許劭與從兄許靖「共有高名，好共覈論鄉黨人物，每月輒更其品題，故汝南俗有月旦評焉」，「曹操微時常卑辭厚禮求為己目……伺隙脅劭，不得已曰：君清平之姦賊，亂世之英雄，操大悅面去」。[2]

　　千餘年來，學界許為臧否人物之典範。

　　許劭評鑑的是目接、耳聞的「鄉黨人物」，受評者「不悅」，後世許為知人，可見評鑑人物之難。歷史人物既非鄉黨人物，又無法目接、耳聞，評價尤難。

　　一般人常有認識不清、理解有誤、表達能力不足等弱點，說謊、欺騙、推諉卸責、脫罪、栽臟等詐偽，也是人類的本能與自衛機轉（self—defencemechanism）。因此在現行的《刑事訴訟法》中，嫌疑人或被告享有「不證己罪」的權利和可以任意湮滅、偽造、變造、隱匿、破壞證據以脫罪的權利，近親可拒絕證言。但是，證人、鑑定人和通譯「為虛偽陳述者」，卻犯了偽證重罪。除了偽證為重罪之外，「傳聞」也「不得作為證據」，「證人之個人意見或推測之詞，除以實際經驗為基礎者外，不得作為證據」，歷史學者彷彿重建現場的刑警和檢察官的角色。[3]

　　但是，臧否人物的評鑑者卻是法官的角色，史學工作者評價歷史人物，更是異時、異地穿越時空的法官。法界傳言：原告、被告都知道事

---

[2] 《後漢書》列傳卷 58，百衲本，頁 3587。

[3] 詳細法條及論證，參見尹章義，〈吳沙出身研究之補遺與訂正—以史學方法論和歷史訊息傳播理論為基礎所作的反省〉，臺北市文獻委員會，《臺北文獻》直字 186 期（臺北：民國 102 年 12 月），頁 228-229。

實、真相，只有法官不知道。此語雖謔，卻是自由心證又不尊重證據、不講求真實、隨意套用法條的恐龍法官的寫照。

　　一般人所謂的「歷史」其實是綜合名詞。由真實、不變的「歷史本體」（事實）和反映歷史本體或構成元素的「歷史訊息」；人類直接觀察、體會之後，利用紀錄工具如影像、聲音、文字或其他符號，所留下來的「紀錄」以及非觀察、親歷者的「轉錄」（整體移轉）、重述（部分加工）、轉述（訊息加工）、論述（論者意見大於加工訊息）和綜合論述，一般人都稱之為「歷史」，其實，其間差異很大。

　　歷史本體存在於宇宙間，具有特定的時間、空間、人、物和條件、流變等元素；每種元素都散發特定的訊息，亦即歷史訊息；歷史訊息只是歷史本體的具體反映，然非歷史本體。

　　最初感知歷史本體和歷史訊息的人，透過內心思維的過程，綜合過去的經驗邏輯，再表述於外，此即歷史訊息的加工，亦即最初的歷史紀錄。不論加工者的認知、思維和表述能力如何，訊息既非本體，加工者又無法掌握全般訊息，加工過程中，由於經驗和邏輯的不同，不免遺漏和抹滅了若干訊息，同時又摻入加工者自具而與歷史本體或訊息無關的訊息。亦即「歷史紀錄」本身即增加或減少了若干訊息，與歷史本體不盡相符。重述和初代轉述者和直接觀察、體會的原始感知者與「歷史本體」的關係不同，所具備的認知、思維和表述能力亦不同，二次加工之後的轉述，和本體之間的差異更大。再三轉述的結果：歷史本體（事實）不變，隨著轉述次數的增加，原始訊息遞減而雜訊與加工者自具訊息漸增，逐次產生「真相遞減」作用而進入人類社會傳播，形成「離真趨勢」，轉述和論述則更加加強此一趨勢。

　　試以甲君的誕生時間為例：

　　甲君為「實體」，亦即「歷史的本體」，但是，甲君無法覺知他的誕生時間，茲依傳播的次第說明於下：

　　一、甲君誕生現場若有記載時間的影音紀錄，如錄影機、錄音機的紀錄，即可稱之為原始紀錄。

　　二、甲君誕生現場，若有行政護理人員作下紀錄，便是二級紀錄，

它與前者必有時差。

　　三、接生醫生或接生婆所開立的「出生證明書」就是三級紀錄，因為醫師若根據行政護士的紀錄轉錄，即可能產生筆誤；若在接生二、三個嬰兒之後，再依他所看到的時間開立，常常是幾個小時之後，甚至是第二天的上班時間，其間誤差更大。

　　四、戶政機構登載於戶政檔案的紀錄是四級紀錄。

　　　登錄者根據「出生證明書」再轉錄，也增加致誤的可能。

　　五、戶政機構頒發的「戶口名簿」或「身分證」則是五級紀錄。因為戶政人員轉錄戶政檔案可能致誤。

　　六、甲君入學時填寫的表格或自敘，無論是自為或他為（父母代填、代撰），都可能致誤。是為六級紀錄。

　　七、甲君自傳或自敘是七級紀錄。一般人或許寫錯。古人在婚配時往往偽造良辰吉時；換帖時恐懼他人施術陷害，往往也刻意偽造生辰八字。歷史學者若以此為甲君的誕生時間的原始訊息，往往差若毫釐、謬以千里。

　　八、他人撰寫甲君傳記或記錄其口述歷史是八級紀錄。甲君可能失憶或仿七級紀錄之作偽，而他人則可能誤記。

　　以上所述，近人皆稱之為「史料」—構成歷史寫作的基本材料。其實史料只是訊息的載體，歷史學者需要的是載體所承載的歷史訊息而非載體本身。

　　初始的感知者若有兩個或兩個以上，自然產生兩種以上的認知和表述。《維摩詰經・佛國品》：「佛以一音演說法，眾生隨類各得解。」遂產生「同源異說」，在經過二、三、四次的「垂直加工」（轉述），每次垂直加工都增生同源異說，佛陀的「一音」，終於演變成八萬四千法門。佛教如此，耶穌基督和穆罕默德的「一音」也無不如此，所有的宗教都有正統與異端邪說之爭，在筆者看來，也不過是歷史訊息傳播的必然—真相遞減，雜訊漸增的「離真趨勢」。

　　以上所述，僅止於傳播者（轉述者）無意間所造成的「離真趨勢」，若是傳播者因其好惡、利害關係或其他原因，刻意作選擇性的提示或隱

匿、湮滅、修飾、隨機增減訊息；甚至故作不實論述，任意顛倒黑白是非，則真相湮滅於私慾之中，渺不可及。

中國的史學理論發達甚早，唐代劉知幾即提出史家三長：才、學、識之說，清代章學誠更超越「顯性條件」，提升至道德心性的「隱性條件」—史德說，梁啟超更將史德推為史家四長之首，強調忠於史實為史家首要任務。

每個文化、每個時代都有它的價值體系，每個個體都難免受其影響。

價值體系固然是客觀存在，但是在作判斷的時候，惟一心之用，隱晦難知，介於科學與玄學之間，往往受到利害關係和意識形態的影響。一般而言，愈符合統治者的意識形態則評價愈高，而愈悖離統治者的意識形態的則評價愈低，亦即俗謂的「隨人君揄揚」。這一類型在近世發展出另一形式，亦即政治上的抗爭者根援自己的政治訴求塑造自己想像中的英雄，對於比較符合統治者意識形態的人則刻意壓抑，對於歷史的傷害與前一形式並沒有太大差異（都是政治正確）。

其實某一史實一旦離開了它原處的資訊網絡（Contentual of information），就失去了它原來的意義。把史實回復到原來的時、空、情境和價值結構裡，才能恢復它原來具有的意義，價值判斷才比較不容易受到現代的意識形態和利害關係的影響。[4]

而所謂史德，尤重於史家對於己身之價值觀與意識形態之自覺與反省。

# 第二章　法軍侵臺劉銘傳臨危授命

## 第一節　受命即行的劉銘傳

一般動、植物的擴散常常因風、因水、因就食的自然擴散，只有人

---

[4] 尹章義，〈日治時代臺灣歷史人物的評價問題〉，《臺灣史研究會第一屆臺灣史學術研討會論文集》頁 54，該會，臺北，1988 年 1 月。又收於：《慶祝王任光教授七秩嵩慶中西歷史與文化論文集》，頁 221-237。輔仁大學歷史，臺北，民國 77 年 4 月。

類才出現有意識地擴散，稱之為擴張主義。有文字之前，擴張主義的領
導人都成為口傳文學的英雄，他們的行為就成為傳奇。有文字紀錄之
後，英雄傳奇依舊流傳，但是，產生新一類抵抗擴張主義、維護民族生
存、救亡圖存的民族英雄。

武器和運輸工具的進步，造就一波一波的擴張主張高潮。19 世紀
初，後膛槍砲和蒸氣鍋爐鐵甲船的發明，把擴張主義推上另一高潮，落
伍的中國人毫無抵抗之力，臺灣北端產煤的良港—基隆，成為列強覬覦
之地。

1803 年，阮福映滅越南西山王朝，建立阮朝，請封於清，次年，
清遣使冊封阮朝世祖阮明映為越南王，成為中國藩屬，1820 年阮福皎
嗣立，受封為越南明命王，1831 年仿清制設省，1858 年，法軍入侵越
南，越南成為中法兩國競逐的場域。

1883 年 2 月（光緒 9 年正月），法國茹斐禮（JulesFerry）新閣成立，
決定增兵越南，要求越南承認為法屬保護國、驅逐中國勢力；中國也調
兵遣將，助劉永福黑旗軍，與法軍互有勝負。

1883 年 12 月（光緒 9 年 11 月），法國將組成龐大艦隊，準備攻占
瓊州、舟山、基隆，「劫地索賠」之說甚囂塵上[5]，隨後傳來越南東京法
軍提督孤拔（I'amiralCourbet）派為「中國海面之水師提督，以來恩伯
副之」，「統帶大小兵船二十餘艘」、「統觀各國水師提督所管之船，從無
如此之多者」。[6]

孤拔計畫向中國沿海的旅順、威海衛、吳淞、福州等地採取壓迫行
動，法國政府則認為以富產煤礦的基隆可作為法國在遠東的前哨基地和
最佳擔保品。[7]

---

5 《清季申報臺灣紀事輯錄》，頁 1098-1090（以下簡稱《申報》，光緒 12 月初六（1884.13）
　「狂言可駭」條。初八「論法人劫地索賠之謀」（頁 1100-1102）。13 日「電音破綻」條（頁
　11036-1104）。16 日「論各報述法越信息」條（頁 1104-1107）。又《法軍侵臺檔》光緒 9
　年 12 月 22 日（1884.1.19）「同文館譯報法京巴黎新聞紙催逼法軍占據瓊州、臺灣、舟山
　三島等事」，頁 13。

6 《申報》，頁 1107，光緒 9 年 12 月 20 日（1884.1.17）「法師消息」條。

7 Le Capitaine GARNOT，L' EXPEDITION FRANCAISE DE FORMOSE，1884-1885，
　LIBRAIRIECH DE LAGRAVE，PARIS，1894.AVANT-PROPOS，pp.23-24。譯文採自黎

　　1884 年 4 月 13 日（國曆 3 月 18 日），法國巡洋艦 Volta（中譯為哇爾大或樓打）突如其來的由香港闖入基隆，要求買煤、水、食物，並「預為布置交戰之事」,[8] 4 月 18 日（3 月 23）中國朝廷又得到「法水師提督謂：兵船入華，將奪據一大口岸為質」的情報[9]，經過研判，知道法國「據地為質」的目標就是基隆。[10]

　　中國政府決定由剿平髮匪（太平天國）、搶亂，立有大功、同治 3 年（1864）才 29 歲就「補授直隸提督」衛戍京畿，7 年（1868）就「晉一等男」「素著威望」的名將劉銘傳處理臺灣問題，3 月 26 日（4 月 21 日）密召進京[11]，5 月 29 日，劉銘傳到京請安，上《時事艱難亟宜切實整頓海防講求武備遵旨敬陳管見十條摺》[12]，閏 5 月初一（1884.6.23）、初二連續召見兩次，初四奉上諭：「劉銘傳著賞加巡撫銜督辦臺灣事務所有鎮道以上各官，均歸節制」，初五日謝恩，12 日請訓，召見，陛辭出都[13]，14 日到天津，當時銘軍散處京畿、江南、廣東，各地督撫在顧慮本地的防務的私心之下，都不答應銘軍離境。劉銘傳面臨是「臺軍器械不精、操練不力」；「時間緊迫，不能布置防務，尤恐難控制臺軍」，只能就駐在天津的銘軍中，挑選了一百二十幾個親隨，包括「教習十名、砲隊教習三十名，水雷教習四名」和「前門砲十尊、後門小砲二十尊、水雷數十個」，閏 5 月 18 日（1884.7.10）自天津南下，到上海訂購槍砲、子彈[14]，

---

　　烈文譯本《法軍侵臺始末》，頁 42。以下未經特別說明，皆採用黎譯本。

8　〈總稅務司赫德申報：法艦在基隆藉故尋釁經淡水關總巡胡美利協助處理平息〉（5 月初十日，6.3），《法軍侵臺檔》，頁 33-34。臺灣銀行經濟研究室，《臺灣文獻叢刊》第 192 種本。又，同書頁 34-49，另有〈福州將軍穆圖善咨呈法艦在基隆購煤拒藉故尋釁一事法官員與基隆廳往來公文及臺灣道擬具辦圖章程等件〉，又附〈照錄廈防同知申報法國兵船進口日期〉。

9　《法軍侵臺檔補編》，《臺灣文獻叢刊》第 204 種本，頁 8，〈北洋大臣李鴻章來電〉（光緒 10 年 3 月 23 日到）。

10　法國也知道「哇爾大」事件驚動了中國。見《法軍侵臺始末》，頁 12。

11　《光緒朝東華續錄選輯》，《臺灣文獻叢刊》第 277 種本，光緒 10 年 3 月辛丑條。

12　《清宮月摺檔臺灣史料（四）》，頁 3569-3572，國立故宮博物院影本，民國 84 年，臺北。

13　劉銘傳，〈咨史部履歷〉（光緒 16 年 10 月初八日），《劉壯肅公奏議》，頁 79，《臺灣文獻叢刊》第 27 種本。

14　劉銘傳，《巡撫銜督辦臺灣事務前直隸提督一等男劉銘傳恭報自津啟程日期摺》，同註 5 書，頁 3589。又《法軍侵臺檔》，頁 17。

22 日下午潛行渡臺，24 日（7.16）到達基隆，勘察形勢布置防務，28 日
趕到臺北府城巡察滬尾（今新北市淡水區）及附近碉堡、砲臺防務[15]。劉
銘傳從奉命主持臺灣防務到趕抵基隆，前後才 20 天。

## 第二節 劉銘傳的內憂

　　劉銘傳為了抵抗法國的侵略，急忙趕到臺北，臺北的防務又準備怎
麼樣呢？著名的茶商陶德（John Dcdd），在當時寫給「香港孖剌西報」
（HongkongDailyPress）的通訊報導中說：

> 劉銘傳抵達後，隨時校閱守軍……老當益壯，馬不停蹄的巡視北
> 臺各地砲臺、部隊，要求守將加強訓練士卒。一路由港口、山區、
> 基隆河到新建的臺北府、艋舺、大稻埕，最後到淡水河口、滬尾。
> 他巡視了各地所謂的砲臺，相信必然傷心無比。[16]

　　經歷了左宗棠、沈葆楨、王凱泰、丁日昌、吳贊誠、何璟、岑毓英、
張兆棟這些總督、巡撫，夏獻綸、張夢元、劉璈這些臺灣兵備道等人的
治理、籌防，臺灣防務少有起色。[17]

　　劉銘傳到臺灣之前，閩浙總督是何璟、福建巡撫是張兆棟、臺灣的
最高長官—臺灣兵備道是劉璈，臺灣鎮是吳光亮，統軍駐防臺北的是總
兵曹志忠。劉璈與吳光亮水火不容，指控總督何璟「徇庇同鄉」、「臺地
粵官多不馴、粵勇毫無紀律」，「粵黨為臺地隱憂」，轉由左宗棠奏請將
吳調往內地[18]，由「與劉璈相知有素」的楊在元代替[19]。左宗棠又奏請

---

[15] 李鴻章，〈閏 5 月 23 日西刻寄譯署〉：「劉省三於昨午後由滬赴臺，倉卒禦敵，更無把握，
　　敢以密聞」，《李文忠公選集》，頁 386，臺灣銀行經濟研究室，《臺灣文獻叢刊》第 131
　　種本。

[16] 陶德（John Dcdd）原著，陳政三譯，《北臺封鎖記—茶商陶德筆下的清法戰爭》，原民文
　　化，2002，臺北。（條末所注頁碼即譯本頁碼）

[17] 尹章義，〈大清帝國的落日餘暉—臺北設府築城史新證〉，《臺北文獻》直字第 188 期，民
　　國 103 年 6 月，臺北。

[18] 《法軍侵臺檔》頁 23-25，〈南洋大臣左宗棠函抄臺灣道劉璈請調兵增守及吳鎮貪鄙、閩督
　　袒護同鄉密稟〉。光緒 10 年 2 月 20 日（1881.3.17）。

[19] 前書，頁 26-27，〈軍機處交出福州將軍穆圖善奏閩省防軍續籌布置並委署臺灣鎮篆抄摺〉，
　　光緒 10 年 2 月 23 日（1884.3.20）。

曾經三度率兵駐防臺北，也是曹志忠老長官的「署陸路提督孫開華」「督辦臺北防務」[20]。

劉銘傳雖曾協助李鴻章創辦淮軍、最早接觸西式操典和使用洋槍洋砲、戰功彪炳，曾任直隸提督、拱衛京畿的名將，但是，臺北三帥同城，孫、曹都是左宗棠舊部，臺灣兵備道劉璈也是左宗棠舊屬。

劉璈字蘭州，湖南岳陽人。以附生從軍，在左宗棠行營多年[21]，張之洞推薦劉璈為臺灣道，稱其「才識雄毅兼有權略，前官浙西，治行第一，曾隨沈葆楨渡臺辦理倭案」，左宗棠譽之為「南洋砥柱」[22]。

光緒7年10月到任[23]，8年正月福建巡撫岑毓英奠定臺北府城規模之後，5月，劉璈即任性「更改規模，全城舊定基址均棄不用」，浪費民脂民膏二萬多銀元[24]。他看不起行伍出身沈葆楨譽為「赤坎一柱」的臺灣總兵吳光亮[25]，時生衝突勢同水火，吏科給事中萬培因嚴劾他們「鎮道不合」，有礙臺灣防務[26]。劉璈自視甚高，出自湘軍系統，又有左宗棠、張之洞做靠山，不把頂頭上司張兆棟、何璟放在眼裡，許多事情「不待批而行」[27]，「勸誡僅只一兩語，竟拉雜千餘言以相牴觸」[28]，他又批評前任巡撫岑毓英雖然兩次巡臺，卻「見聞未周」，大甲建堤、臺北設碼、開路撫番都犯了大錯[29]。又批評何璟「未嫻軍旅」「隔

[20] 同前，頁 26。

[21] 何璟、張兆棟等《籌備臺防摺》（光緒 10 年正月初四），《清宮月摺檔臺灣史料四》，頁 3507，國立故博物院影刊本，民國 84 年，臺北。

[22] 光緒 6 年 10 月 11 日〈張之洞片〉，前書，頁 3250。

[23] 《申報》光緒 7 年 10 月初一，〈閩撫岑（毓英）奏新授臺灣道到臺接印片〉，9 月 19 京報，頁 1011。

[24] 《申報》光緒 8 年 5 月 21 日，〈臺事彙錄〉，頁 1058。

[25] 何璟、張兆棟等，《法信日緊籌備臺防摺》光緒 10 年正月初四，《月摺檔（四）》，頁 3507。

[26] 萬培因，〈臺灣防務緊要鎮道不和請飭巡撫照章移駐摺〉，光緒 9 年 12 月初十日，《月摺檔（四）》，頁 3491-3493。

[27] 劉璈，〈詳覆奉批籌議臺北觀音山基隆仙洞旁等處分別擇修營房并鎮海後營調回臺南道用由〉，〈總督何批〉，《巡生退思錄》，頁 135，《臺灣文獻叢刊》第 21 種本。

[28] 同前，頁 134。

[29] 同前，頁 133。

海籌調、百密之疏」[30]，何璟則痛斥劉璈「果於自信」、「執物」、「鹵莽」、「誣罔」[31]。

劉銘傳雖然功業彪炳，封一等男，終究出身團練，沒有功名，劉璈也看不起他（雖然劉璈也只是附生）。劉銘傳雖然勇於承擔重任，潛渡臺灣「督辦臺灣事務，所有臺灣鎮道以下各官均歸節制」，但「賞給巡撫銜」終究只是虛銜，既不是福建巡撫、也不是「臺灣巡撫」，並無地方專責，何況劉璈擔任的臺灣道加按察使銜，可自行奏事。以劉璈之素行，連廣東名進士、湘系大老的閩浙總督何璟都敢於鬥爭，怎麼容得下團練出身的劉銘傳？

當時全臺防軍共四十營，臺北只有孫開華三營，基隆有曹志忠六營，都是鮑超麾下，臺南有三十一營，只有章高元、武毅二營是劉銘傳舊部[32]；劉璈道、府兩庫，合計存銀百餘萬兩[33]，虛銜巡撫劉銘傳想不受制於有兵、有銀子又囂張跋扈的臺灣道劉璈也難。

劉璈擁兵、擁餉力圖自保、又有湘、淮派系矛盾，劉銘傳無兵無餉、求助無門，與劉璈發生激烈衝突。

# 第三章　謀勇兼全用兵如神的劉銘傳

## 第一節　孤拔提督和葛諾特上尉：謀勇兼全的主帥

就在劉銘傳受命督辦臺灣軍務的同一天（光緒 10 年閏 5 月初 4，1884.6.26），法國政府將東京艦隊和中國海艦隊合組成「臺灣遠征軍」，由孤拔（Courbet）中將擔任提督，李士皮斯（Lespés）少將擔任副手。孤拔麾下有戰艦四艘、巡洋艦九艘、情報艦一艘、砲艦六艘和運輸艦四

---

[30] 同前，頁 129。

[31] 同前，頁 135。

[32] 劉銘傳，〈恭報到臺日期並籌辦臺北防務摺〉（光緒 10 年 6 月初四），《劉壯肅公奏議》，頁 166。《臺灣文獻叢刊》第 27 種本。

[33] 劉璈，〈稟請通籌預先奏請指撥可靠省分協餉由〉（光緒 10 年正月 12 日），《巡臺退思錄》，頁 245。

艘[34]，陸戰隊 2250 人，[35] 以及增援而來的「亞非利加大隊（d'AfriqueLibérérs）」（由陸軍監獄和苦役場的犯人組成）千餘人[36]「外國人聯隊（LebataillonEtranger）」（由德國人和 Alsaciens—Lorrainsm 亞爾沙斯—洛林人和從歐洲各地招募投效法國的志願軍）千餘人，二者都是非常慓悍、無堅不摧的部隊[37]。

西方列強自從有蒸汽動力的鐵甲船和後膛巨砲之後，中國船和陸上堡壘就有如朽木糞土。

1884.7.16 劉銘傳乘海晏輪到達基隆，隔天法國砲艇帕塞伯號（Parseval）就進了基隆港，接著，巡洋艦威刺士號（Villars）駐泊基隆港[38]。8 月 2 日，孤拔奉到「破壞基隆港灣的防禦設施、占領市街和煤礦」的命令[39]。孤拔命令李士皮斯帶領一支分遣艦隊於 8 月 5 日攻打基隆。就在前兩天，德籍貨輪萬利號（Welle）為劉銘傳運來他訂購的十九門砲、砲彈和水雷[40]。

8 月 5 日（6 月 15）清晨，法國軍艦五艘向「三座低砲臺」發出排砲，中國的砲臺也立即猛烈還擊，其中的「新砲臺」「五顆砲彈中有三顆擊穿了 Galissonniére 艦的鐵甲」[41]，這正是李士皮斯的旗艦。著名的傳教士馬偕（George Leslie Mackay，1844—1901）在《臺灣遙寄》一書中記載：

> 四天後……法國人請我們到旗艦 La Galisonair 上去參觀，我們下來時，注意到在船面上有三個直徑約一呎的大洞。副司令官說是從中國要塞射來的砲彈打的，他非常稱讚能打得這麼準的

---

[34] 葛諾特上尉（Le Capitaine Garnot），《Lʼ EXPÉDITION FRANÇAIS DE FORMOSE，1884-1885》，Ch.V，pp.97-98，Libraire CH.Delagrave，PARIS，1894。本文引述之中譯本：黎烈文譯，《法軍侵臺始末》，頁 50，《臺灣研究叢刊》第 73 種本，頁 19。

[35] 前書，頁 18。

[36] 前書，頁 56。

[37] 前書，頁 61。

[38] 前書，頁 12。

[39] 前書，頁 12-13。

[40] 前書，頁 13。

[41] 同前。

砲手[42]。

　　劉銘傳帶了一百二十多名親兵到臺灣，其中包括「砲隊教習三十名、水雷教習四名」，明顯可知劉銘傳是精於防守港口要塞，有備而來的統帥。

　　法軍打了兩天，由於過分低估劉銘傳，且陸戰隊人數不足，只好退回海上[43]，劉銘傳也下令燒燬港邊待運的煤堆和礦坑、採煤機器以免資敵[44]。

　　8月22日，法國海軍部長下令孤拔「對中國艦隊實行攻擊，並破壞福州兵工廠以及閩江沿岸的防禦設備」。8月23日至29日（7月初三至初九），法軍即摧毀了福建水師揚武等七艦、馬尾船廠和沿岸砲臺[45]。

　　9月2日（7月13），孤拔親巡基隆：

> 砲臺附近及海濱，幾乎成了荒涼之境，並已完全被敵人拋棄了。敵人只在山頭，沿著一條新近築成的防禦工事上可以看到。築造陣地是中國人的特長，他們不停地從事這類工作；他們以一種驚人的速度在各方面築造陣地[46]。

　　中國人在海上完全無抵抗之力，只能誘敵上陸、深入，利用地形、地物牽制，再乘間襲擊。這是鴉片戰爭時期，王得祿教姚瑩的戰術[47]；劉銘傳再進化成圍堵牽制戰術，法軍跳進陷阱，吃了大虧。

　　9月18日（7月29）法國政府下令孤拔占領基隆和臺灣島北部[48]。來自交阯支那和東京的海軍步兵一千八百餘人來援[49]。孤拔決定兵分兩

---

[42] George Leslie Mackay，D.D.Editedby the Rev.J.A.Macdonald，《From Far Fomnussa-TheIsland，its Reopleanel Missions》，Thecopton Press，New York，1895。引文譯本為：周學普譯，《臺灣六記》，臺灣銀行經濟研究室，《臺灣研究叢刊》第69種本。頁79。

[43] 《法軍侵臺始末》頁15-16。

[44] 《北臺封鎖記》，頁18。

[45] 同註10，頁15-16。《法軍侵臺檔》，頁84。

[46] 《法軍侵臺始末》，頁16。

[47] 尹章義，〈大清帝國的落日餘暉—臺北設府築城史新證〉，第二章第二節「火輪東來」。

[48] 同註46。

[49] 前書，頁20-21。

路，他自己取基隆、李士皮斯攻滬尾，二者再合攻取臺北[50]。

10月1日，孤拔派兵登陸基隆，10月4日占領了基隆和鄰接地區，但是，「敵人已先一夜向淡水方面撤退」[51]。同時執行攻略滬尾的李士皮斯少將，因此更加困難，「因為他要克服敵人集中在淡水方面的防禦設備和眾多的兵力」[52]。

葛諾特上尉在《1884年至1885年臺灣的法國遠征軍》（以下簡稱法國遠征軍）（即黎烈文譯本《法軍侵臺始末》）中所謂的「防禦設備」主要的是指劉銘傳命李彤恩在淡水河上，用戎客船裝載石塊沉入河中再加上水雷所構成的封鎖線，把法國分遣艦隊阻止在淡水河口之外，無法駛近滬尾，更無法溯河而上，攻擊臺北府城[53]。

法軍要攻擊滬尾之前，於10月1日派了兩艘鐵甲船逼近封鎖線試探可否突破，知道事不可為，遂通知各國領事、洋人、洋商，將於10月2日上午攻擊滬尾砲臺[54]，想不到10月2日上午6時40分左右，「清軍竟然先發制人的向法艦開火」，因而展開激烈砲戰[55]。持續了十三個小時才停火[56]。陶德估計法艦至少濫射了一至二千發砲彈，「每發以五英磅計，卻只讓對方傷亡二十人，乖乖，可真貴！」[57]。10月8日上午9時，法軍展開猛烈砲擊，掩護海軍步兵登陸，陶德說：

我們知道滬尾會在黃昏前失陷，清軍必將被逐出滬尾[58]。

結果是：「激烈的戰鬥持續至下午一、二點全部停止」[59]。法軍慘敗

---

[50] 前書，頁23-24。又，《法軍侵臺檔》，頁216。〈總稅務司赫德面遞節略縷述滬尾中法戰況〉（9月13日—西曆10.31）。

[51] 《法軍侵臺始末》，頁24。

[52] 同前。

[53] 前書，頁24-26。

[54] 《北臺封鎖記》，頁41。

[55] 前書，頁43。又，《法軍侵臺檔》，頁215。〈淡水新關稅務司法來格呈〉謂六時三刻起「砲聲過烈，幾至令人耳聾」。

[56] 《北臺封鎖記》，頁49。

[57] 同前書，頁53。

[58] 同前書，頁57。

[59] 《法軍侵臺檔》，頁319。法來格呈文：「力戰四點鐘之久，法兵終不獲已而退」。《法軍侵臺始末》，頁24-28，「退命的命令發了，時候是正午」。

而退。

葛諾特在《法國遠征軍》一書中說：

> 為著減輕這次痛苦事件的結果起見，人們將它稱為偵察戰；實際，這卻是一次最嚴重的敗戰。這次敗戰對於以後的戰役必然會發生最壞的影響。與中國的任何協商已經成為不可能。若干時日以來希望美國出來調停的想頭也不得不放棄了。

> 10 月 8 日對淡水所實行的作戰行動，以後再也不曾重演過。這據點變成了中國軍隊對基隆的作戰根據地。直到中法和平條約簽訂為止，法國艦隊僅止輪流著在淡水河口對這海港加以最嚴格的封鎖而已[60]。

葛諾特所謂的「最嚴重的敗戰」，中國人稱之為「滬尾大捷」。葛諾特說：「從陸上進攻淡水成了一種瘋狂之舉」[61]，法軍何以不能從海上攻擊呢？劉銘傳帶了四名「水雷教習」到臺灣，他們所設置的封鎖線，使法軍無法越雷池一步！

10 月 20 日（9 月初二）孤拔從基隆發出自 10 月 23 日起封鎖臺灣西部沿海的「封鎖公告」[62]， 12 月 24 日聖誕夜，孤拔致電海軍部長：

> 中國會在這帶地方和我們不停地作戰。至於目前，準備激戰的敵人，其主要目的也許不在將我們逐出基隆，而是要迫使我們將海陸軍都固定在這地方；因為我們的海軍在中國其他地方會更加有效地使敵人受到威脅，敵人便竭其所能地來將我們牽制在這地方。從這最後的觀點說來，最近的發展已使敵人感到「正中下懷」。基隆的占領由於兩個原因對我們變成了不幸：一是淡水的敗戰使得封鎖勢在必行；二是遠征軍的可悲的衛生狀態，逼使提督非將所有可以動用的兵力留在基隆保護病兵不可[63]。

---

[60] 《法軍侵臺始末》，頁 28-29。
[61] 前書，頁 31。
[62] 前書，頁 39。
[63] GARNOT，CH.V，pp.97-98。中譯採自《法軍侵臺始末》，頁 50。

葛諾特對於這場戰爭的看法是：

> 在該地展開並且幾乎繼續了一年的惡戰，1884 年至 1885 年的法
> 國遠征軍，曾引起全世界對於臺灣的注意。和日本遠征軍比較起
> 來，具有著一種全然不同的嚴肅面貌。可是這次戰爭僅和臺灣極
> 北部有關；換言之，戰爭地域只限於基隆附近一帶，間或也蔓延
> 到淡水和淡水盆地[64]。

劉銘傳圍困牽制戰略，使得法軍困在基隆而進退失據，不停的增
兵、增餉，導致茹斐禮內閣於 1885 年 3 月 31 日倒臺，4 月 15 日（3 月
初一）臺灣停戰，撤除封鎖，4 月 29 日，孤拔卒於澎湖。

在北京主持大計的醇親王奕譞致書軍機處曰：

> 香濤以法攻臺得計；尚欲令省三（劉銘傳）誘之、怒之，仍他處
> 又以為憂；見解不同有此者[65]。

張之洞是兩廣總督，主持中越邊境大局。劉銘傳牽制法軍，兩廣的
壓力降低，越局也易於掌握。

臺地孤島，劉銘傳單騎，奏請援臺。朝廷命南、北洋各撥兵輪五艘，
廣東調十艘，會同救臺，經過三個月不見動靜[66]。南洋大臣曾國荃遲遲
不派船，屢屢嚴令亦不服從，直到朝廷震怒，嚴懲「革職留任」才答應
派五艘船援臺解圍[67]。船隊 12 月初三出航[68]，到正月初一（1885.2.15）
遊蕩了快一個月才走到舟山群島附近的石浦港，被法國艦隊發現，擊沉
兩艘，三艘逃進寧波港[69]。輿論痛責，曾國荃卻要求劉銘傳為他的五艘
船解圍：

---

[64]　GARNOT，CH.Premier，p.90。中譯同上，頁 5。
[65]　《法軍侵臺檔補編》附《醇親王奕譞致軍機處尺牘》之 70，頁 113。
[66]　《述報法兵侵臺紀事殘輯》，頁 230。〈臺援益不可緩說〉；頁 236，〈撥船緩臺不宜再遲
　　　說〉（12 月 18 日）。
[67]　《法軍侵臺檔》，頁 78-81。《月摺檔（五）》，頁 3868。
[68]　《法軍侵臺檔》，頁 376。
[69]　同註 33，頁 312。正月 19，〈戰艦慘況〉：「緩臺五艦，去年 11 月晦日從滬尾解維，聲言
　　　往解臺圍，不意效春秋時邊延之役，緣岸而走，歷一月之久，僅至石浦……該兩船如此力
　　　戰，雖遭沉沒，亦覺增光。惟既奉命援臺而沉於浙江洋面，局外人皆不免為之灰心。」

南洋五船被法圍困，必須基隆告捷、法船回救，我船方可乘隙前
駛……。[70]

曾國荃派船解臺灣之圍，結果，船隊在浙江沿海遊蕩不進，反被法
軍圍困擊沉，卻要求劉銘傳為它解圍，這是很明顯的卸責行為，卻也顯
示基隆牽制之功。甚至負責京師防務的大臣，人人都希望劉銘傳把孤拔
大軍困在基隆，無法領軍北擾。

光緒年 12 月 16 日（1885.1.31）廣州《述報》上出現一則「敵將傾
心」的文章：

聞法督致書巴德諾脫，極言劉省三爵帥，謀勇兼全，罕與倫比。
部下將士亦皆矯健精悍，能聽主帥號令，防守各隘，頗覺無懈可
擊……法兵雖駐基隆，華軍時思掩擊……。[71]

抵禦外侮、捍衛國家是英雄事業。法國英雄讚美劉銘傳可謂英雄識
英雄。巴德諾脫（Jutes Patenôtre）自 1884 年 7 月擔任法國駐華公使，「敵
將傾心」應該不是空穴來風。

光緒 17 年 4 月 28 日（1891.6.4）劉銘傳因為基隆煤務問題而離職，
其實這是沈葆楨、丁日昌、劉璈以來，煤務官員貪污舞弊的沈痾，戶部
尚書翁同龢以帝師主政，「嫉公甚」，[72]藉小故尋釁，劉銘傳認為事不可
為，毅然求去。

光緒 20 年（1894）6 月，中、日出兵朝鮮，大戰一觸即發，朝廷
因為劉銘傳「光緒 10 年，奉特旨督辦臺灣軍務，力遏法氛、勳勤備著」[73]
而再度徵召劉銘傳統帥六師，打中日甲午戰爭。8 月 20 日平壤戰敗之
後，朝廷再度急召劉銘傳：

前臺灣巡撫劉銘傳，馭軍有法，卓著勳勞，六月間因日人筆釁，
特旨起用……現在軍事日棘，統帥乏人……該前撫忠勇素著，諒

[70] 《法軍侵臺檔》，頁 343-345。〈欽差大臣左宗棠咨呈北洋電文〉。

[71] 《述報法兵侵臺紀事殘輯》，頁 224。〈敵將傾心〉。

[72] 《劉壯肅公奏議》，〈出處略序〉，頁 7；〈理財略序〉，頁 35。

[73] 《月摺檔（八）》，頁 6953-6954，光緒 20 年 5 月 29 日〈李鴻章片〉。

不致藉詞諉卸……。[74]

劉銘傳終因病弱，未能奉召。

光緒 21 年 3 月 23 日（1895.4.28）簽訂馬關條約，5 月 16 日（6.8）日軍入臺北城，9 月 1 日（10.18）劉永福離臺，不久，劉銘傳在合肥老家抑鬱而死。

## 第二節　葛諾特、馬偕、陶德、德衛生、伊能嘉矩等人的評價

1884 年 10 月 1 日，孤拔和李士皮斯分襲基隆和滬尾。孤拔奮戰四天，占領了基隆盆地；劉銘傳放火燒了基隆煤場、礦坑和機器，帶著輜重，轉進臺北。

10 月 1 日，李士皮斯派軍艦嘗試突破劉銘傳、李彤恩所安置的封鎖線（沉石＋水雷）失敗後，宣布第二天攻擊滬尾砲臺，激烈砲戰十幾個小時，雙方停火。10 月 8 日，李士皮斯「瘋狂的」從今天淡水區沙崙外海遂行勇奪滬尾的登陸戰，經過三至四小時的激戰，法軍獲致「一次最嚴重的敗戰」。當時在軍中的葛諾特上尉認為淡水河口的封鎖線和劉銘傳軍轉進滬尾是法軍慘敗的原因（參見前節）。

從此以後，法軍進行反封鎖淡水港，妨礙了海上貿易增加了大陸援臺的難度，在基隆和劉銘傳形成彼此小勝小負的膠著戰；法國不停的增兵、增餉，直到 1885 年 3 月 31 日（2 月 15）茹斐禮內閣下臺，四天後中法議和停戰。

劉銘傳的對手孤拔提督和在戰場上的葛諾特，都從大戰略的角度，讚美劉銘傳是非常傑出、打敗法軍的統帥，葛諾特更讚美劉銘傳棄基隆保淡水和在淡水河口設置封鎖線，是法軍「最嚴重的戰敗」的主要原因。（參見前節所引述者）

以下則分述當時或稍後一些西洋人或東洋人的看法：

壹、葛諾特上尉（Le Capitain Garnot）在《1884 年至 1885 年臺灣

---

[74] 《光緒朝東華續錄選輯》，頁 185-186，光緒 20 年 9 月初七日條。

的法國遠征軍》（以下所注為黎烈文譯本《法軍侵臺始末》中的頁碼）

　　1、中國軍隊善於挖壕溝、築長牆、建築防禦工事阻止法軍（頁
　　　　16、22）。
　　2、中國的砲雖弱又小，但是砲手卻很準確（頁13）。
　　3、中國軍隊經常夜間偷襲法軍（頁35）。
　　4、中國人在基隆煤炭上澆石油燃燒、無法止熄、困擾法軍（頁
　　　　37）。
　　5、中國軍隊有勇氣且自信（頁47）；法軍士氣消沈，人們盼望
　　　　生病（頁77），逃亡的官兵不少（頁114）。
　　6、1884年1-3月，法軍死亡四分之一（頁126）。
　　7、基隆法國遠征軍墓場下葬二十七名軍官，五百名以上的士兵
　　　　（頁37）。

　　貳、馬偕的評價
　　1、馬偕在日記中記載：劉銘傳透過李彤恩處理七座教堂被毀的教
案問題，果決明快[75]。
　　2.馬偕在《臺灣遙寄》中記載：

　　　　劉巡撫思想很新，對我和佈道會都很友好，而對艋舺的人民則不
　　　　大有好感，因為他們在法國人侵擾時曾經毀謗反對他[76]。

　　參、陶德（John Dcdd）在《Journal of A Blocked Resident in North
Formosa, During the France-Chiness War 1884-5》。（《1884-1885年中
法戰爭期間北臺滯留者日記》）。該書前有德衛生《臺灣的歷史與現
況》引述、蔡啟恆譯本以及郭獻東譯註〈中法戰爭封鎖日記─約翰、
杜特的秘錄〉《臺北文物》九卷四期本。（本文所注頁碼為陳政三譯

[75]　《Mackay's Diaries─Original English Version，1871-1901》，1891 Junethurs.4，Page803，The
　　Relic Committeeof the Tamsui，Taipei，Taiwan，Decemler 2007。本書譯本：《馬偕日記：
　　1884-1901》，頁476，陳志榮、何畫瑰等譯，玉山出版社，2012年3月，臺北。
[76]　George Leslie Mackay，D.D.Editedby the Rev.J.A.Macdonald，《From For Fommssa─TheIsland，
　　ite Reopleane lMissions》，Thecapton Press，New York，1895。引文譯本為：周學普譯，《臺
　　灣六記》，臺灣銀行經濟研究室，《臺灣研究叢刊》第69種本，頁84。

註本）[77]

　　陶德為著名英國茶商，咸豐 11 年（1861）滬尾開港設關，來臺從事貿易，發現臺茶大有可為，1866 年引進安溪（泉州府）烏龍茶，運銷美國，臺北茶業大興。1884 年 8 月 1 日，孤拔奉命攻打基隆，據地為質，要求賠償早巨額軍費並作為前哨基地之後，消息甚囂塵上，《Hongkong Daily Press》（《香港孖剌西報》）的主編，便邀請老臺灣陶德撰寫通訊報導，陶德以「幽默筆調」（頁 2）「從各種可靠或不可靠的消息來源」（頁 19）寫成文章，在報上逐篇發表，1888 年集結成冊，筆者摘要如下：

　　1、劉銘傳趕到基隆之後，立即馬不停蹄的巡視防務；「相信必然傷心無比」（頁 14—15）。

　　2、8 月 5 日清晨開戰，「劉銘傳立即由臺北府趕赴基隆坐鎮」（頁17）。

　　3、劉銘傳「下令焚燬港邊待運的煤堆、礦坑場、及採煤機器」（頁 18）。

　　4、「淡水河水已被一些載著石塊的帆船半堵塞了，形成一道人工阻絕線，內側再布置六枚大水雷、守軍隨時可以操控引爆」（頁 18-19）。（以上為 1884.8.11 日報導）

　　5、法將李士皮斯下戰書，「劉銘傳無畏的因應：來吧」（頁 21，68.14）。

　　6、淡水守軍忙著修築新砲臺，將萬利輪運來的大砲裝上（頁22，8.16）。

　　7、「今日基隆戰火再起，雙方損失不大。守軍占有天時、地利、人和之優勢」（頁 27，8.30）

　　8、「本日劉銘傳由基隆前線來淡水視察新砲臺」（頁 31，9.9）。\

　　9、淡水聚集了很多政府招募的客家人（頁 34，63，65，67，頁31，137）。

　　10、「劉銘傳在基隆高山戰壕窺探法艦」，指揮砲擊，「存心挑釁」

---

[77] 此書之中譯本名為《北臺封鎖記—茶商陶德筆下的中法戰爭》，陳政三譯述，原民文化，2007 年 7 月，臺北。以下簡稱《北臺封鎖記》。

（頁 36-37，9.22）。

11、淡水砲戰，劉先發制人，清晨開砲（頁 43，10.2）

12、「這兩個月來的危機期，中國官方約束屬下不得冒犯任何外僑；要在十五或二十年前，是不敢想像的……事實證明，此地未發生類似廣州、福州等地的排外事件」（頁 48，10.02）。

13、「法軍在 10 月 1 日登陸基隆，劉銘傳終於下令撤退，狼狽的撤往大稻埕和淡水……從大稻埕傳來，劉銘傳帶著一千名士兵逃到艋舺，有意帶著珠寶、金銀、細軟、糧秣，再往南逃到三十哩外的竹塹，但被艋舺民眾發現，他們抓住劉銘傳，把他軟禁在廟裡」（頁 51，10.3。章義按：雖是傳言，也是惡意毀謗，見前引述馬偕文，又詳下章之辨證）。

14、法艦濫射、浪費國庫一大筆錢（頁 53，10.4）。

15、「聽說劉銘傳由艋舺率六千兵反攻七堵，殺死二百法兵，不知是否真實」（頁 55，10.6）

16、「經過五天沈默，老法終於按捺不住，決定上岸席捲本城……我們知道淡水會在黃昏前失陷，中國軍必將被逐出淡水……外僑希望法國人勝利……激烈的戰鬥持續下午一點全部停止……原船敗退」（頁 57-61，10 月 8 日，此即滬尾大捷）。

17、「劉銘傳仍然帶領六千大軍，穩穩的坐鎮臺北府；法軍則掌握七堵以北的控制權」（頁 63，10.10）。

18、客家軍立射、腰射都很準，「最使敵人困惑的方法，是仰躺射擊法，法軍常搞不清楚子彈從何處射來……假如敵對雙方都用這個仰躺姿，那豈不是打不完這個仗？」（頁 69，10.18）

19、「據傳，昨中軍攻打嶺腳、暖暖的法軍」（頁 78，11.03）。

20、「此地盛傳，法國不斷有援軍開抵基隆，總共兵力已光約四千名」（頁 103，1885 年 1 月 19-24 日）。

21、前幾天有二位外國人偷渡來臺抵達臺北府，是守軍的外籍顧問（頁 105，2 月 3-13 日）。

22、中國軍隊在淡水河口增建第二道防線（頁 107，2 月 3-13 日）。

23、「2 日下午，滬尾守軍將領李彤恩拜訪英艦金龜子號，由於
他在去年 10 月 8 日的傑出表現，已被擢升為淡水防務僅次
於孫開華的第二號人物」（頁 110，3 月 1-7 日）。

24、14 日，法軍陸續後撤登船，電線、武器、裝備已打包裝船，
準備撤離（頁 118，4 月 10-15 日）。

雖然陶德對於劉銘傳不懷好意，甚至散播劉的謠言，但是，全書說
不出作為統帥的劉銘傳，有什麼缺點，反而呈現劉的布防智慧與驍勇善
戰，也沒有忘記李彤恩的「傑出表現」。

肆、德衛生（James io. Davidson）在《The Island of Fornuosa, Past and
Present》，臺北廳大稻埕庄北米合眾國領事館，1903。蔡啟恆譯，《臺灣
之過去與現在》，《臺灣研究叢刊》第 107 種本。（以下所注頁碼皆為蔡
譯本）

德衛生是乙未年（1895）到臺灣採訪日本占領臺灣的戰況，唯一得
到日本軍方許可的外國記者，會說流利的日語，有明顯的親日傾向，因
為遮掩日軍的虐殺暴行，而受到輿論撻伐（詳下章）。

他在書中讚美劉銘傳是偉大的巡撫，兩度讚美劉銘傳把臺灣建設成
中國最進步的一省（頁 177、181，詳下文）。

他說劉銘傳在抗法戰爭中「成績斐然」（頁 181），「戰爭將結束時，
他的才能表現的最為煊赫」（頁 181），他讚美戰時的劉銘傳「不似一般
華人那樣的性格，他靈敏而有決斷，聽到砲聲即命令破壞基隆煤的機械
和設備」（頁 159）。德衛生和孤拔一樣，也認為劉銘傳能把法軍牽制在
基隆，早期，在海岸線，末期，困在「環繞港之丘陵山峰」（頁 159-160），
「法軍無疑的覺得很難攻入內陸，地勢對中國軍隊極為有利」（頁 168）。
德衛生對於劉銘傳在中法戰爭中的表現的總評是：

在中法戰爭時期……幸虧他指導有方，臺灣得安渡戰爭的難關。
（頁 175）

而法國方面則是：「犧牲甚大而所得微不足道」。（頁 173）

伍、伊能嘉矩：用兵如神的劉銘傳

　　伊能嘉矩是最名的臺灣史學者，乙未年（1895）隨軍來臺，當時距
離劉銘傳離臺才四年。明治 38 年（光緒 31，1905）他就出版了《臺灣
巡撫としての劉銘傳》（《臺灣巡撫劉銘傳傳記》、臺北新高堂發行），大
正 14 年（民國 14，1925）去世後，門生故舊整理出版他的鉅著《臺灣
文化志》（昭和 3 年，民國 17，1928，刀江書院、東京），他盛讚劉銘
傳：

> 劉銘傳有不怕死的英雄氣概。基隆之戰，他面對法軍，在槍林彈
> 雨中屹立不搖，毫不退縮。他鼓舞部下說：是人找砲彈槍子，不
> 是砲彈槍子找人，凡忠勇義烈之人，砲彈槍子也會轉彎。
>
> 永曆 7 年，國姓爺在海澄督戰，清軍以大砲轟擊，將卒死傷無數，
> 城壞數十丈，國姓爺指揮自若，部下勸他稍避，國姓爺說：只有
> 砲避我，豈有我避砲之理。古今英雄皆然。法軍轟毀基隆砲臺，
> 劉銘傳退守獅球嶺山後，籌思恢復之策，前軍敗報疊至，劉銘傳
> 在帷幕中作詩賦詞，兵勇見之而心安。可以比擬為古代橫槊賦詩
> 的英雄，士氣因而大振。朝廷發內帑賞賜，劉銘傳分給所部兵勇，
> 其收攬士卒心者如此[78]。

又云：

> 劉銘傳精於騎術，基隆之役，常於槍林彈雨中奔馳，示勇於士卒。
> 善弈，精妙如神，人謂劉公用兵亦如斯[79]。

　　伊能嘉矩筆下橫槊賦詩、衝鋒陷陣、用兵如神、士卒愛戴；在兵弱、
餉缺、砲臺營壘毫無布置的情況下，猶有能卻強敵的儒將和蓋世英雄。
卻盛傳一件令人不堪的傳說，源自於艋舺，傳播於外國人、朝野士大夫
且形諸筆墨公文書（詳下），馬偕說：「艋舺人在法國人侵擾時曾經誹謗、
反對劉銘傳」，卻語焉不詳，（前引文），德衛生在《臺灣島的過去與現

---

[78] 伊能嘉矩，《臺灣文化志（上）》，第三篇〈文治武備沿革〉附錄〈文武の官績〉，百四「劉
　　銘傳」，頁 576。（筆者中譯）
[79] 同前，頁 580。

況》一書中，卻說：「10 月初，法軍在基隆一度大勝，劉銘傳驚逃至艋舺，艋舺人是臺灣北部最好作亂的民眾，包圍、俘虜了劉銘傳，殺了幾個親兵，把劉銘傳關在某寺院中，搶走了金銀財寶，因為謠傳他想逃到南方有城可守的竹塹」[80]。

德衛生把這個故事寫在書中，只說劉要逃到竹塹是「rumored」（謠傳）。但是；伊能嘉矩認為整個事件是「訛聞」，他在《臺灣文化志（下）》第十一章〈清佛戰爭の影響〉中、專寫「劉銘偉の行動に關する一訛聞」一節，批判此事。[81]

伊能嘉矩把德衛生的「the mostturbulst lot in the north」，日譯為「北方に於て最も亂を好む民類にして」，伊能嘉矩認為德衛生引述的是一則「訛聞」，是有人故意中傷的流言，很多官吏也刻意傳述於公文之上，以非難巡撫劉銘傳。他也引用中國古代「三人成市虎」「慈母投機杼」等典故，形容此傳說之無稽[82]。

伊能嘉矩在著作讚美劉銘傳卓絕表現之處甚多，不贅引。一個了不起的日本學者，視劉銘傳為「橫槊賦詩」的「戰神」，毋庸置疑是劉銘傳在中法戰爭中的「總評價」。

# 第四章　中法戰爭期間臺北的中外關係

## 第一節　李彤恩和淡水河封口

李彤恩，《臺灣省通誌、人物志》無此人；2000~2004 年，動員百餘位學者共襄盛舉，全書多達一千三百餘頁的《臺灣歷史辭典》亦無此君。但是，他在 1884~1885 的抗法戰爭和其後的臺灣現代化運動中，卻是備受劉銘傳信賴，且能隨時提供建議、協助的重要角色。

中法戰爭最關鍵性的戰役是滬尾之戰（或稱淡水大捷），滬尾之戰

---

[80] 前書，頁 265-166。
[81] 伊能嘉矩，《臺灣文化志（上）》，目次，頁 6。
[82] 同前書，頁 266。

最關鍵性的軍事行動，則是填塞淡水河，封鎖法艦於淡水河口之外，法軍無法複製馬江之役，溯淡水河而上，占領滬尾和臺北；法軍艦砲亦無法有效支援陸戰。

　　光緒 10 年 10 月 29 日（1884.12.16），左宗棠到達福州，擔任欽差、閩浙總督，隔日就嚴劾劉銘偉，「一失基隆、困守臺北」，「懦怯株守或一時任用非人，運籌未協所致」，直指李彤恩「三次飛書告急，堅稱法人明日來攻滬尾，兵單將弱，萬不可靠」，「劉銘傳為其所動，遽拔大隊往援，而基隆遂不可復問」[83]，11 年 6 月再上一摺，痛斥「劉銘傳飾詞迴護」「李彤恩貽誤軍情」，劉「失地辱國」[84]。左宗堂為了證實劉銘傳所用非人，在第二疏中還特別標出：「查李彤恩曾充晉江縣葉為霖家人，後過臺灣充當滬尾海關書辦，性情巧滑，閩省無人不知」[85]，打擊李彤恩亦即打擊劉銘傳，此說和法軍上尉葛諾特在《法國遠征軍》一書中讚美劉銘傳、李彤恩者大相逕庭（參見本章第一節）。

　　劉銘傳於光緒 11 年正月初二（1885.2.16）奉讀左摺和上諭之後，2 月初七（3.23）也再上一摺嚴詞駁正，最末段敘述關於李彤恩事蹟如下：

> 李彤恩本係滬尾通商委員，臣到臺北，提督孫開華稱其辦事勤能，熟悉洋務……乞退，臣商之提臣，託其致書慰留。6 月 12 日，臣同提臣并臺灣道劉璈至滬尾查看砲臺地基，李彤恩扶病出見……當委兼辦滬尾營務。6 月 15 日，基隆開戰以後，李彤恩稟請買船填石塞口，時值秋茶上市，英商阻擾，李彤恩同英領事往復辯論，始將口門堵塞，次日法船即至……若非李彤恩先期塞口，法船混入一隻，臺北已不堪問。……有言招募土勇者、臣因其所用土槍不能禦敵，不肯操練，未曾招募。李彤恩力保張李成打仗奮勇……8 月 20 日之戰，張李成包抄得力，官紳共見共聞。10 月初餉絀，札令李彤恩來城……向城鄉殷戶借用銀票二十餘萬元，毫無勉強，現已辦成……所辦數事，有裨於大局皆非淺鮮。

[83] 左宗棠，《左文襄公奏牘》，頁 45–48。又，《月摺檔（五）》，頁 3965。
[84] 《月摺檔（五）》，頁 4317–4323。
[85] 同前書，頁 4319。

左宗棠甫到閩一日，不加訪察，遂以劉璈之稟并朱守謨挾嫌傾陷
顛倒是非之言，率行奏參，臣若緘默不言，使出力有功之人忽遭
不白之冤……如果左宗棠所參情事屬實，……應請將臣一併從嚴
治罪……。[86]

左宗棠所謂「性情巧滑，閩省無人不知」，看不起沒有功名、辦洋
務、擔任買辦的李彤恩，是當時一般士大夫的通病。李在劉銘傳手下，
倒成為「有裨大局非淺」的能幹人才。

日本人城崎彥五郎，發現了一批李彤恩遺留的文牘，稱之為《防滬
尾留牘》。大正末期（民國 10－15 年），日本人有意疏浚淡水河，重開
淡水港，昭和 2 年（民國 16，1927）出版山本正一編著的《淡水港の
整備に就て》（《關於淡水港的整治》），書中引述其大要如下：

（光緒 10 年）6 月 26 日稟議……就至港口一帶測量港道，滬尾
港口最狹隘之處在竹滬灣，河幅一百丈餘，滿潮時水深僅二丈四
尺。用商船四隻，載石七千餘擔，中型礮船六隻，載石二千餘擔，
命橫列港門，破船底沉塞。
1、7 月 14 日通知淡水英美領事館：7 月 15 日（陽曆 9 月 4 日）
　　半夜港道已完全填塞。
2、7 月 15 日向劉銘傳報告：據測量，沉船之處水仍相當深，其
　　上擬再沉塞。
3、8 月 13 日稟報：用船十隻沉塞，購大商船五隻，裝石沉塞；
　　後又購大商船五隻，內三隻裝載石條，二隻未至門口，而港
　　口實已穩固，敵船斷難闖入[87]。

《馬偕日記》在 1884 年 9 月 4 日條，記錄了中國軍鑿沉放置石頭
的船隻以封河的事[88]。茶商陶德（John Dcdd）由於商業利益的關係密切，

---

[86] 同前書，頁 4090-4093。
[87] 轉引自姜道章，〈臺灣淡水之歷史與貿易〉，《臺灣研究叢刊》第 90 種本，頁 169-170，臺
　　灣銀行經濟研究室，民國 55 年 9 月，臺北。
[88] 《馬偕日記，1871-1901》，II，頁 27。

記載得比較詳細[89]：

1、1884 年 8 月 11 日（6 月 21）條：淡水河口已經被一些載著石塊的帆船半堵塞了，形成一道人工阻絕線，內側再布置六枚大水雷，船隻進出，由布雷的守兵導引。（頁 18-19，陳政三譯本頁碼，下同）

2、1884 年 8 月 26 日（光緒 10 年 7 月初六）條：「基隆方面傳來法國艦隊即將開抵的消息，淡水河口聚集多艘滿載石頭的船隻，隨時可能進行封港」。（頁 26）

3、1884 年 9 月 1 日（7 月 12）條：淡水英國領事館通告，中方通知，他們即將完全封堵淡水河口，部分載石戎克船已沉港道。（頁 28）

4、1884 年 9 月 4 日（7 月 15）條：昨晚一艘法國砲船，出現在淡水河口阻絕線外，無領港人回應而駛離。9 月 3 日淡水英國領事館通知僑民，中方通知將於午夜封港。（頁 28-29）

5、1884 年 9 月 11 日（7 月 22）條：中國官員大量蒐購戎克船裝石塞港，傍晚英國砲船金龜子號（Cockchafer）號開進阻絕線後，他們乾脆把出口封死。（頁 32-33）

6、1884 年 10 月 2 日（8 月 14）條：10 月 1 日，法軍通知明晨 10 時將攻擊滬尾砲臺，（八艘法國軍艦停泊於今淡水區沙崙海）中國軍隊竟然在清晨 6 時 40 分左右，先發制人向法艦開砲。絕對優勢的法艦猛烈還擊，法國佬陣陣濫射，直到晚上。（頁 41-49）

7、1884 年 10 月 7 日（8 月 19）條：下午法艦登陸艇全部下水，靠近阻絕線北端停泊，明天將有砲轟，接著是陸戰。（頁 57）

8、1884 年 10 月 8 日（8 月 20）條：上午 9 點，法軍艦砲怒吼，法軍決定上岸席捲本城。我們知道淡水會在黃昏前失陷，中國軍隊必將被逐出淡水。外國人在制高點目睹法軍在黑燈塔北方海灘登陸，兩軍在低窪林地激戰，法艦仍然濫射：激烈的戰鬥持續至下午一、二時全部停止。法軍退回登陸處，原

---

[89] 陶德（John Dcdd）原著，陳政三譯，《北臺封鎖記—茶商陶德筆下的清法戰爭》，原民文化，2002，臺北。（條末所注頁碼即譯本頁碼）。

船敗退。（頁 57-61）

淡水兩座砲臺沒造成嚴重損害，低窪處的白砲臺亦無大礙。（頁
65）

9、1884 年 10 月 22 日（9 月初四）條：10 月 20 日孤拔通告，自
10 月 23 日起，封鎖全臺。（頁 71-72）

根據陶德的說法，劉銘傳在 1884 年 8 月 11 日（6 月 21）以前營造
出一條前有沉石、後有水雷而隨時可以封口的封鎖線，砲戰和登陸戰，
劉軍損害都不嚴重。

孤拔司令知道淡水河口設置封鎖線的情報嗎？

一個在金龜子號戰艦服務的領航員、水雷專家英國人在淡水河口安
設水雷的班特利（Bently）投靠了孤拔。1884 年 9 月 29 日，孤拔通知
指揮淡水戰役的副司令李士皮斯：

> 我希望您將瞰制淡水內港及外港的防禦工事予以破壞。其次，您
> 也許要除去一道由沉入水中的戎克船所構成的障礙。為著完全開
> 放水路起見，尚須清除埋在該水路中的魚雷。一張由領港人所繪
> 的略圖，會給您指出砲臺、障礙物和水雷等的相近位置。
>
> 關於敵人所敷設的急雷，最穩妥和最迅捷的方法是占領水雷的點
> 火哨，一旦到達哨內便將水雷予以爆炸。領港人會給您指出一個
> 點火哨的位置。可是這項點火哨的占領以及敵砲的破壞工作必須
> 派兵登陸方能達成任務。請您自行判斷您所屬三艦的陸戰隊，是
> 否足夠。如果不足，您可要求增援。
> 以小艦艇十分安全地占領淡水港並予以封鎖，這便是您所要達到
> 的目的……。[90]

劉銘傳深知「基隆近靠海岸，敵船入口即不為我有」的道理[91]。法
艦久駐基隆港內；而淡水港因為設置封鎖線的關係，法艦無法入港，距

---

[90]　GARNOT 書、黎烈文譯本《法軍侵臺始末》，頁 29-302 之注釋 12，但是葛諾特姑隱其名，
只說他貪五萬法郎，提供地圖並領航。但是，陶德卻指出其人，並謂其化名 Garozzi，數度
批評他的行為（陳譯本，頁 29、141）。

[91]　《月摺檔（五）》，頁 4088。

離淡水砲臺較遠，砲射也效果不彰，陸戰則敗戰退卻。

筆者在第三章第一節中引述孤拔的說法，劉銘傳在基隆、淡水牽制住法國陸、海軍，無法攻擊大陸沿海，使得孤拔進退失據。

葛諾特認為「淡水的失敗」「是難以補救的，從陸上進攻淡水，成了一種瘋狂之舉」，[92]「10 月 8 日對淡水實施的作戰行動，以後再也不曾重演過。這據點變成了中國軍隊對基隆的作戰根據地，直到中法和平條約簽訂為止，法國艦隊僅止於輪流著在淡水河口對這海港加以最嚴格的封鎖而已」[93]。

根據著名的茶商陶德和法軍上尉葛諾特的親歷紀錄，淡水河口封鎖線，使得任何船隻都無法進出淡水河，既無法如陶德預估的，黃昏以前淡水將淪陷，把中國軍隊趕離淡水，反而吃了敗仗，中午就倉皇逃走，隨後只能以海上優勢，封鎖淡水河口，造成了孤拔司令所謂的「深陷於基隆、淡水的泥淖中」，為劉銘傳所牽制。就此而言，李彤恩雖然是籍籍無名之輩，但是因為「熟悉洋務」，「稟請買船、填石、塞口」，再疏通英國領事，完成「將口門堵塞」的戰略計劃，功莫大焉。難怪劉銘傳要重用李彤恩處理複雜的涉外事件和推動現代化的事業。

法國動用大兵，勞師襲遠，應當速戰速決，劉銘傳堅百忍以圖成，淡水之捷，基隆鏖戰，曠日持久，使得法國不知要消耗到何時，不得不求和退兵。

## 第二節　中法戰爭時期臺灣地區的中外關係

鴉片戰爭以後，中國最大的問題是涉外問題，中央面對的是失地、賠款、喪權、辱國；地方所面對的是洋人、洋教與貿易。中央設「總理各國事務衙門」總其成，地方則必須由地方首長處理再轉報總理衙門，通常委任所謂「通商委員」「辦差」，屬於任務差遣而非常役官員。中間則有南、北洋通商大臣，一般由兩江總督和直隸總督兼攝。

---

[92] 《法軍侵臺始末》，頁 31。
[93] 同前書，頁 29。

　　涉外問題中最麻煩的是教案問題。由法國領頭（天主教的保護者），各國爭取在中國傳播基督教（含天主教與新教）的自由。由於基督教的唯一真神信仰，和中國的儒家、道教、佛教、泛靈信仰，存在著根本的矛盾，教民往往又恃洋而驕橫，發生許多衝突，引發國際糾紛，一般稱之為「教案」。地方官員處理教案，動輒得咎。賢能如曾國藩，擔任直隸總督北洋大臣時，也因天津教案而黯然下臺[94]。

　　同治初年，李鴻章創淮軍於上海，劉銘傳就是最初接受西洋操典和新式武器的人，因此，軍中多有洋人擔任顧問、參謀、教官。

　　《馬偕日記》1885 年 5 月 29 日（4 月 16）載：

> 經錫口、水返腳，拜訪劉欽差，他親切地接待我，派了八名他的隨身護衛跟著我，拜訪那裡的美國人[95]。

　　光緒 11 年 5 月 26 日劉銘傳上摺，奏請留用降人云：

> 疊次投降安南人二十八名，法兵十二名，兵酋三名，內有德國人九名、荷蘭人二名、法人四名，除法國人不能回國外，其餘經臣派歸各營教操[96]。

　　以上兩則記錄，顯示劉軍中有如百川匯流之海。

　　伊能嘉矩說劉銘傳善弈，和圍棋名人揚州楊小松互有勝負[97]。陳澹然說：「聘日本名士倉信敦處幕中……暇輒對奕以詢其政俗」[98]，也就是說，連日本人都能用。

　　中法戰爭期間，如何對待住在臺灣的洋人是一大問題。平時就有華洋衝突，戰時更容易失序。洋人多半集中在淡水，更加焦慮，《北臺封鎖記》1884 年 10 月 2 日條記載淡水之戰，陶德在文中說：

> 這兩個月來，清國官方緊守條約承諾，約束屬下不得不冒犯任何

---

[94]　見呂實強，《中國官紳反教的原因（1860-1874）》，中研院近代史研究所，1966，臺北。
[95]　《馬偕日記》，頁 69。
[96]　《月摺檔（五）》，頁 4195-4196。
[97]　伊能嘉矩，《臺灣文化志（上）》，頁 580。
[98]　陳澹然，〈出處略序〉，《劉壯肅公奏議》，頁 9。

外僑；要是在十五或三十年前，是不敢想像的。同樣的情況下，
外僑早就被暴民殺個精光了。事實證明，此地未發生類似廣州、
福州等地的排外事件[99]。

　　陶德的文章剛發表，情勢丕變。由於法軍攻陷基隆之後的燒殺、擄
掠、姦淫以及在滬尾的濫射、亂轟，使得臺北人民充滿了戰亂的恐懼，
再加上前述劉銘傳可能南逃竹塹的謠言，更使民心浮動，馬偕在各地的
教堂，就成為代罪羔羊，10 月 3 日（8 月 15）景美新店教堂首先被毀；
4 日，艋舺教堂再遭民怨；5 日，水返腳、錫口、大龍峒、溪洲等地的
教堂，在同一天被拆毀[100]； 10 月 17 日（8 月 29），三峽教堂又被搶搬，
「英國駐臺北領事費里德」行文向劉銘傳抗議[101]，由於馬偕 12 月 21 日
到香港避難，1885 年 4 月 19 日才回淡水，因而由領事費里德、臺北知
府劉勳、團防局陳霞林會同地保，先行調查損失，再急邀「8 月 16 日
遵旨內渡回籍」的「辦理通商事務委員」李彤恩回臺處理[102]。

　　劉銘傳當然希望臺北教案只停留在地方處理，不要由英國駐北京公
使和總理各國事務衙門交涉，造成國際事件，尤其在中法戰爭期間，「地
方多事、民情痛忿、急變堪虞」，因此交由「同治元年到臺，至今二十
餘年，歷辦通商事務，遇有中外交涉事件，無不立時完結，兩相平允」
的李彤恩辦理[103]。三方勘定的損失是一萬兩千餘元，結果以一萬元整數
結案，更重的是此一事件延遲到中法戰爭結束後才結案，省卻劉銘傳許
多節外生枝的麻煩，堪稱是處理教案最成功的事例[104]。

　　此教案之所以成功化解，沒有鬧到英國駐北京公使和總理各國事務

[99]　《北臺封鎖記》，頁 48。

[100]　尹章義，曾惠明，〈從馬偕（G.L. Mackay，1844-1901）寫給史帝耳（J.B. Steere, 1844-1940）
　　的一封信分析北臺長老會傳教事業成功的原因〉，《第三屆臺灣古文書與歷史研究學術研
　　討會論文集》，頁 131-163，逢甲大學出版社，2009 年 11 月，臺中。

[101]　〈臺灣巡撫劉銘傳咨報臺北府淡水縣屬英教堂被匪搶毀查明償給〉，光緒 12 年正月 26 日
　　（1886.3.1）《法軍侵臺檔》，頁 533。

[102]　劉銘傳，〈遵旨確查李彤恩案據實覆陳摺〉，光緒 12 年 2 月 18 日，《月摺檔（六）》，
　　頁 4669-4671。

[103]　同前，頁 4670。

[104]　同註 94 附〈照抄英領事費來文〉及英國駐北京公使札文，《法軍侵臺檔》，頁 541-542。

衙內會商，也沒有因為牽就洋人壓迫中國人而激變，最重要的因素當然是劉銘傳的睿智和他了解夷情、洋務；其次則是李彤恩和洋人以禮相待，以友情相羈縻。

1888 年 10 月 15 日（光緒 14 年 9 月 11），李彤恩過世，馬偕在次日的日記中說：

> 李高公昨晚在大稻埕平靜的過世了……我與他的交往，他證明了自己是公正且誠信的人。我最好的中國官員朋友走了……朋友陸續離去……在晚上禮拜提到他的過世。
>
> 聽到李高公過世，所有旗幟降半旗，領事的也一樣[105]。

李彤恩和洋人建立深厚的交情，不但使得大家為他降半旗，也使得在淡水河口設立封鎖線這一事件上，雖然危害了洋人的利益，幾經折衝，也終能順利封口。

光緒 11 年 10 月，劉銘傳奏參孫開華云：

> 孫開華與李彤恩同居一室。李彤恩經營填海塞口、安放水雷，孫開華毫不預聞[106]。

李彤恩的海防知識來自於「西人所著海防新論」，由同文館中譯出版，其中攔船之法有用沉物及用浮物。用沉物者曰籠石、曰沈船、曰釘樁、曰浮樁，而水雷為攻守利器[107]。最熟悉這些戰術和武器的，又莫如劉銘傳，劉銘傳從天津帶到臺灣的一百二十多名親兵當中，即有砲隊教習三十名和水雷教習四名[108]。劉銘傳有備而來，二者在抗法戰爭中都發揮了最大作用。

但要實踐封口行動、設置封鎖線，反對最力的則是洋商。一經封口，貨輪無法進出，生意就做不成了。李彤恩負責疏通洋商，協助他的就是

---

[105] 《馬偕日記》，頁 276。

[106] 錫珍、衛榮光，〈查明已革道員被參各款訊有贓私實據按例案擬摺〉，光緒 11 年 10 月 18 日，《月摺檔（六）》，頁 4550-4582。附〈劉銘傳密陳孫開華惡跡片〉，頁 4583-4584。

[107] 孫元度，〈奏陳海防事宜摺〉光緒 11 年 6 月 17 日，《月摺檔（五）》，頁 4264-4284 之 4270-4584。

[108] 《月摺檔（四）》，頁 3590。

散布劉銘傳「訛聞」的法來格。

光緒 11 年 7 月 11 日（1885.8.20）李彤恩稟請劉銘傳奏請總理各國事務衙門獎賞法來格云：

> 竊查滬尾海口，當上年六月始議封塞之際，正值秋茶上市，各洋商虛聲恫嚇，益難施工。幸得稅務司法來格諭以利害，極力開導，乃未敢出面阻撓。嗣請羈縻引港洋人以為我用，防被法人勾引為患。八月十三日法船到滬，升旗約戰，法來格即先期致函通知，預為之備[109]。

法來格曾經發四份呈文給總署，傳播劉銘傳的醜聞，但是，在請獎的時候，劉銘傳不計前嫌，仍然為法來格請獎，因為法來格幫助李彤恩跟外商溝通而產生具體的成效，在中法戰爭立下了大功。嚴格地說，淡水封鎖線的建立，阻止了閩江口和馬尾船廠被毀事件在臺灣複製，法軍無法占領淡水，進而溯江而上占領臺北，法國「據地為質」的策略徹底失敗，反而因為基隆鏖戰和封鎖北臺所牽制，曠日持久，拖垮了法國的財政，茹斐禮要求國會增加鉅額軍費，國會不允而倉皇下臺（1885.2.15），四天後，中法重啟談判，結束中、法戰爭。

## 第五章　劉銘傳狼狼逃遁被囚禁羞辱謠言的真相

中法戰爭中最難堪的事，莫如伊能嘉矩所謂的「訛聞」（謠言）。亦即劉銘傳輕棄基隆欲逃竹塹，經艋舺被圍困受辱之事。

在第三章第二節中，筆者略述了伊能所謂「訛聞」。伊能嘉矩說是「延きて斯種の中傷を外人間に流布するに至れる、所謂三傳の市虎なリレを知るべし」[110]。

其實；最早中傷劉銘傳的是他的政敵。最早傳播劉銘傳的訛聞的外國人，也不是德衛生而是「淡水新關稅務司法來格」和淡水茶商陶德，

---

[109] 〈福建巡撫劉銘傳咨商請獎滬尾基隆稅關出力洋員〉，光緒 11 年 8 月 12 日（9.8），《法軍侵臺檔》，頁 514。及 11 月 26 日（12.2）軍機處奏稿，P.522。

[110] 能嘉矩，《臺灣文化志（下）》，頁 580。

市虎也非三傳而是十傳。本節希望能撥開迷霧、尋求其真相。

　　打擊劉銘傳最有力者，莫過於左宗棠。左宗棠雖然讀到「十虎」所稟報的攻訐之語，但是，所上兩份嚴參痛斥劉銘傳的奏摺，皆僅止於追究其失地之責，未及於此「訛聞」，仍不失古大臣之風。

## 第一章、陶德傳播訛聞

　　最初流布此「中傷」「訛聞」之人，並非伊能嘉矩所謂之德衛生，德衛生只是將訛聞當作真有其事，廣為傳播而已。首先傳播謠言（rumored）的是住在淡水的茶商陶德。陶德在《北臺封鎖記》1884 年10 月 3 日，淡水條中說：

> 代誌大條囉！法軍在 10 月 1 日登陸基隆，雖被守軍逼退兩次，但終於成功占領港口。清軍節節敗退，死傷慘重，被俘不少。劉銘傳終於下令撤退，狼狽的撤往大稻埕和淡水。法軍乘勝追擊，越過嶺腳（Liang Kah），直逼基隆河畔的七堵，法國兵還在基隆市燒殺擄掠。

> 從大稻埕傳來，劉銘傳帶著一千名士兵逃到艋舺，有意挾帶珠寶、金銀、細軟、糧秣，再往南逃到三十哩外的竹塹（Teuckcham），但被艋舺民眾發現，他們抓住劉銘傳，把他軟禁在廟裏。艋舺人口約四萬，早期被視為北部最難治的區域。在清法戰爭危機中，假如艋舺暴民勢壓官權，將對大稻埕造成連鎖反應。

> 昨天不知為何法軍不攻占淡水，卻選擇先攻基隆？攻取基隆反而相對困難，但法國人做到了。所以，只要派三百人登陸，就足以橫掃淡水的守軍、民團[111]。

　　陶德很明白的說，這是從「大稻埕傳來」的說法，並非親歷的事實。

---

[111]　陶德書、陳政三譯本，頁 51。

## 第二章、德衛生把謠言當事實傳播

陶德在 10 月 8 日條中，預言「淡水會在黃昏前失陷」；10 月 3 日條也預言「只要三百人」便足以成事，顯然孤拔讓他失望了。陶德所傳播的謠言是「從大稻埕傳來」，並非目睹，德衛生把這個「從大稻埕傳來」的謠言當成是事實。

> Early in October the French had a victorious engagement in the Vicinity of Kelung，and Liu Ming-chuan，with a thousand Soldiers，Hed to Banka，a suburb of Taipehfu. The inhabitants of this city - some 40,000 - who were considered the most turbulent lot in the north killed some few soldiers，seized Liu Ming-chuan，and took him to a temple where he was made a sort of prisoner，it having been rumored about that he had an idea of taking the treasury，money，and stores，and making for Teckcham a walled town some thirty miles south of Tamsui.[112]

在《臺灣島的歷史與現況》一書中，引述陶德的《北臺封鎖記》，引文（quote）都是小號字，此節用大字，表示這是他自己的觀點。

德衛生非常推崇劉銘傳，能夠寫一段偉人的糗事，或許他認為是揭露偉人的真面目，無傷大雅且有趣。但是，伊能嘉矩認為這是很嚴重的「中傷」（今稱為人格謀殺）。傳播劉銘傳醜聞的洋人，還有和陶德一樣，住在滬尾的淡水新關務司法來格。

## 第三節、法來格上公文散播謠言

光緒 10 年 8 月 15 日（1884.10.3），法來格向總稅務司赫德呈報：

> 初一日（即 8 月 13 日），法人復於基隆地開砲攻擊；兵士登岸，遂取基隆全地。中國帶兵總兵，陣亡二員。劉爵帥向臺北府敗退。彼意以為，在彼背城一戰，繼可退入臺灣之南地也，余等於本口

---

112　J. W. Davidson，p.227。

岸遙揣，法兵必自基隆行陸路至此，與彼之兵船會合。隱窺夫伊
等之意，不外乎臺地北半盡歸其掌握耳。

於斯時也，我見有多兵在海灘叢林後埋伏；俟法兵登岸，乘便截
擊[113]。

法來格雖然任職於中國海關，終究是洋人，心向法國並不令人意
外，只是任意「遙揣」法軍勝利，而劉銘傳指揮得當，法軍既未循基隆
河谷到達臺北，反而在淡水吃了敗仗。8月17（10.7）法來格再上一稟：

劉爵帥退至板加地方，該地人民怒而圍之，捉爵帥髮，由轎中拽
出肆毆，且詬之為漢奸、為懦夫。爵帥惟曰：好！好！爾等欲我
戰爭？我今即回基隆去。但爾輩誰為願隨我去者？言甫畢，計挺
身前之願隨爵帥去者約有千五百人。爵帥即以火槍、銀錢分給此
眾，帥之而行。聞沿途添收樂從人民，已計有七千之多[114]。

此稟繪聲繪影，簡直是令人匪夷所思，難怪左宗棠嚴劾、痛責劉銘
傳之兩份奏摺，皆未言及於此。

法來格與陶德同駐於滬尾，陶德自稱其消息來源為「從大稻埕傳
來」，法來格則未說明其消息來源。據德衛生所記，陶德、法來格等人
都在滬尾山上觀戰，並不在大稻埕或艋舺[115]，消息來源或許相同。假若
真有此事，就不是馬偕所謂的「毀謗反對」而是毆辱、侵犯，劉銘傳不
可能不採取霹靂手段斷然處置。何況，據當時擔任劉銘傳營務處的候補
道朱守謨致函劉璈謂：

爵帥因得滬尾開仗之信，將基營全拔回郡，帥節已於十四晚刻，
回駐考棚，揣帥意，必以臺北府城首尾可以兼顧，居中調度，固

[113] 《法軍侵臺檔》，頁216。〈總稅務司赫德面遞節略縷述滬尾中法戰況〉（9月13日一西
曆10.31）。

[114] 頁217。該節略收錄法來格四稟。10月22日呈稟，敘孫開華之功，不及於劉銘傳（頁218-220）；
10月20日一稟呈謂：「此間孫軍門則時以『長勝孫』三字自詡」，「劉爵帥往日英名今已
全失……為鄉民所禁，不得出衙」（頁214）。

[115] 德衛生書，黎烈文譯本，頁160-1691。

是正辦[116]。

既然劉銘傳駐節在臺北府城內東北角的考棚內（含臺北市公園路以東，青島西路以北，中山南路以西，忠孝東路以南之地），就絕非艋舺人民所能接近。因比，臺灣道劉璈和營務處朱守謨，雖然都視劉銘傳如讎寇，卻都沒有在文中敘述法來格所說的荒謬故事。

## 第四節、在臺中國官員的說法

最早傳播劉銘傳輕棄基隆、失土辱國，歸咎於李彤恩三次飛書，乞劉銘傳棄基隆而保滬者，為基隆通判梁純夫。

廣州《述報》光緒 10 年 9 月 28 日（1884.11.15），轉載《申報》所刊〈基隆廳梁上臺灣道稟稿〉，乃梁第二次「詳細具稟」稿，全文敘述 8 月 13 日晚，劉銘傳與章高元、曹志忠、蘇得勝三人討論如何攻擊法軍，前敵營務處李彤恩兩度飛函，謂「法明日上午 10 時定攻滬尾，滬兵單，孫軍之勇萬不能靠，若不派兵救援，滬尾必失，攻破之後，長馳到臺北」，當時劉銘傳尚無拔營之意，三更時候，李彤恩第三信飛到，劉漏夜密令章、曹、蘇即時拔隊，星夜馳赴臺北，「14 上午到郡，知滬尾已經開仗」。基隆之失，「皆誤於李彤恩之張皇妄報，不斬李彤恩，無以謝基隆、臺北百姓」[117]。

梁純夫有守土之責，劉銘傳更是「巡撫銜督辦臺灣事務」的臺灣抗法總指揮，不能置身事外，而李彤恩只是滬尾的商務委員[118]，沒有劉銘傳的授權，就沒有任何權力和責任，梁只想推卸責任而已。此稟也沒有言及劉銘傳在艋舺被囚受辱之「醜聞」。

劉璈將此稟送給《申報》發表，劉銘傳遂成為朝野君臣交相指責的

---

[116] 劉璈，〈稟基隆失守大隊拔回臺北府城緣由〉（光緒 10 年 8 月 21 日）附抄〈致行營營務處朱道覆函〉，《巡臺退思錄》，頁 286。《臺灣文獻叢刊》第 21 種本。

[117] 《述報法兵侵臺紀事殘輯》，頁 133-136。《臺灣文獻叢刊》第 253 種本。

[118] 閩浙總督何璟、福州將軍穆圖善，〈福廈臺三口辦理通商出力各員請獎摺〉（光緒 9 年 4 月 22 日），《月摺檔（四）》，頁 3447。「浙江補用知府李彤恩……於剿服臺灣番社案內保獎……光緒元年 12 月 16 日奉旨著照所請……5 年 3 月在臺北府賑捐案內報捐同知……」，李彤恩顯然是同治 13 年投效沈葆楨出力、又助丁日昌勸捐有功人員。

眾矢之的。

　　既然前引梁純夫的〈上臺灣道稟稿〉，朱守謨的〈致行營務處朱道覆函〉和劉璈的〈稟基隆失守大隊拔回臺北府城緣由〉第三份最早的公文都沒有記載劉銘傳被艋舺人囚禁侮辱的醜聞。假若確有其事，他們攻訐惟嚴，斷無輕輕饒過劉銘傳的理由。

　　如前所述，左宗棠至福州之隔日，即據劉璈、朱守謨之言，嚴參劉銘傳、李彤恩；11 月初六日，連任職於總理衙門之鴻臚寺卿鄧承脩都根據梁純夫一稟及法來格三稟嚴參劉銘傳，謂劉「未嘗接一仗殺一敵」，「知為李彤恩所誤，愧悔莫追，神魂若失，舉動語言驟改常度，竟似有心疾者，閩人皆知」[119]。竟然把精神失常的惡名，冠在劉銘傳頭上。

　　光緒 11 年正月，劉銘傳嚴參朱守謨。原來劉由京渡臺之初，道經上海，「記名道懇請相隨」，所以「委朱守謨辦理營務」，想不到朱惡行多端，基隆戰後又造謠說是李彤恩得銀數十萬，出賣基隆，導致「城廂紳民一時譁譟」，滬尾之捷之後「紳民始各恍然深悟，不撤基隆，滬尾必陷，滬尾不保，臺北必亡，浮言始息」，因此，朱守謨裝病擅離職守，卻不從滬尾港回大陸，反而到臺南、福州「肆口讒謗」，劉銘傳要求朝廷將朱「革職、永不敘用」[120]。

　　此奏出現了「紳民譁譟」之說。

　　左參李；劉參朱，上諭命湘系大老前陝甘總督楊岳斌查辦。正月初二，劉銘傳接到左宗棠嚴參他和李彤恩的摺子之後，於 2 月初七，又上了一個〈為左宗棠奏報臺北情形，奉旨查辦李彤恩一案，詳細具陳以明是非摺〉，逐項駁斥左宗棠的說法，其奏甚長，茲摘其與艋舺人囚禁侮辱劉銘傳的謠言可能相關者於下：

　　1. 孤拔未來之先，8 月初九、十，劉已經接到香港，上海傳來的情報，已經致函孫開華，李彤恩「如果敵犯滬尾，即撤基隆之守來援，囑令堅守以待」，「已有成約，無用李彤恩虛詞搖

---

[119] 《月摺檔（五）》，頁 3947-3950。類此之參奏甚多，湖北學政高釗中參劉且發驛遞因而被下詔切責（頁 3978-3982），類此者甚多，不贅引。

[120] 劉銘傳，〈奏參朱守謨片〉，《劉壯肅公奏議》，頁 421-423。

惑」[121]。

2. 「滬尾捷後，俱以李彤恩所募張李成土勇得力」，不但孫開華，曹志忠，蘇得勝，柳泰和，各請添募千人；臺北知府陳星聚和梁純夫要求募二千，朱守謨還提出包取基隆的說法。甚至「臺北府書識陳華」也要求比准，楚營多三倍的月餉，招募土勇一千五百人，包取基隆。劉銘傳只答應「如果能克基隆，立給賞銀兩萬」。「陳華所募皆城外艋舺市井之徒，器械毫無」，「該勇俱知臺北府無兵，只臣親兵數十名，即聚眾吶喊鼓譟[122]。

劉銘傳的文稿中又出現「聚眾吶喊鼓譟」的情節。

楊岳斌於正月21日從卑南登陸，2月初三到臺南，3月20到臺北（1885.5.4），而3月1日（4.15）臺北已經因為法國要求重開和議而停戰，所謂「援臺」只是虛應故事2月19日（4.4）中、法代表已經簽定中法和議三條、其二為雙方停戰。6月23日（1885.8.3）楊岳斌向朝廷提出調查報告[123]，但是，在此之前的4月17日（5.30），〈欽差大臣左宗棠函陳提督孫開華密報朱道參案及輕棄基隆情罪〉已經送往總理各國事務衙門，函中謂先看到楊岳斌所抄的「省三中丞奏摺底稿」，「又忽接孫開華3月11日」的「密緘」，左則「照錄密呈」，密緘主體部分如下：

其基隆退守及在艋舺縣雇夫搬運軍裝、餉項前赴新竹，商民罷市、聚眾阻止各情形，其耳之目之者，除紳民外尚有福寧鎮曹鎮、管帶陳永隆、臺北府陳、基隆廳梁、艋舺營張參將，現皆在防、在任，不難密檄行查[124]。

此函的重點在於：

1. 劉銘傳曾經命令淡水縣令雇挑夫準備搬運「軍裝、餉項」往新竹，因紳民反對而未果。

---

[121] 《月摺檔（五）》，頁4081-4082。

[122] 同前，頁4082-4085。此摺當在〈參奏朱守謨片〉之前，惟《劉壯肅公奏議》繫該片為1月，姑從之。

[123] 楊岳彬，〈遵旨確查據實覆陳摺〉，光緒11年6月23日，《月摺檔（五）》，頁4303-4308。

[124] 《法軍侵臺檔》，頁440-441。

2. 紳民反對的行動包括「商民罷市、聚眾阻止」。

以當時的情境，孫開華等人，應該更樂於報導劉銘傳在臺北被艋舺人民囚禁、羞辱的事蹟，但是在孫開華致左宗棠的密緘中，也沒寫入「囚禁、羞辱」之事。

綜合以上所引述的中外人士們，當時親見、目睹的紀錄，都沒有劉銘傳曾遭囚禁羞辱之說；只有陶德聽到「從大稻埕傳來」劉銘傳「挾帶珠寶、金銀、細軟」（孫函謂軍裝、餉項）要「退守後路」（劉銘傳語），而艋舺民眾「怒而圍之……捉爵帥髮由轎中拽出肆毆、且詬之為漢奸、為儒夫」。但是，遙揣「劉帥向臺北府敗退」「彼意以為，在彼背城一戰、繼可退入臺灣之南地」，而且隨後就有七千人追隨劉銘傳到前線抗法，都是法來格聽到的謠傳和遙揣。

陶德和法來格都是好事之徒，洋人樂見劉銘傳「出洋相」，故而傳播受辱的情節，令劉銘傳出醜。德衛生不探索真相，又把謠言當真實的事件來傳播，以訛傳訛，遂成為伊能嘉矩所謂的「訛聞」和「三傳の市虎」。

## 第五節、黃啟明膨風（誇大）龍山寺的影響力

民國 42 年 4 月（1953）《臺北文物》出版「艋舺專號」，黃啟明撰有〈艋舺與龍山寺〉一文，為了褒美龍山寺的影響力，再度渲染劉銘傳的故事：

> 因為龍山寺既是地方團結之中心，而其管理人又代出賢能，所以該寺寺董的勢力是很力的……，據說當光緒 10 年（公元 1884）法國侵寇基隆，進犯獅球嶺時，本省防務的欽差大臣劉銘傳，虞及臺北終會失守，正準備南遷的時候，艋舺人士聞知很覺不安，群情鼎沸，該寺董事及地方士紳，即集議龍山寺，作成陳情文，蓋上「龍山寺」的公印……請勿南遷；同時把通南部的艋舺地方各隘門關閉，拒絕官軍南下……後來劉銘傳任臺灣巡撫，想在料館口（現在龍山國民學校附近）建造通往新莊的大橋時，因該大橋東端，適在豪族黃川流大廈正面，該黃川流因恐傷害及他門前

的竹圍，乃擅自草擬陳情文，偷蓋「龍山寺」公印，偽造輿論呈上撫署說……艋舺人士反對在料館口附近造橋，請移造別處等等。劉銘傳為尊重艋舺的民意，竟將大橋改造在下流地方[125]。

　　黃啟明誇大龍山寺的影響力無可厚非，他所舉的兩個故事假若是真實的，也說明劉銘傳尊重民意。劉銘傳時代有所謂「紳權」之說，劉在臺前後七年，頗得地方士紳之助力，否則清賦、築鐵路、發展臺北商業、推動臺灣現代化，都寸步難行[126]。但是，其一，艋舺關隘門，劉銘傳仍得難下，其二，鐵道橋取河道窄處，料館口遠比大橋頭為寬，故二者皆屬無稽之談。果如黃啟明所言，艋舺地區根本不可能發生分類械鬥。不過，縱使誇張如黃啟明，也沒有渲染劉銘傳被艋舺人囚禁、捉頭髮羞辱等情節。

　　因此，筆者判斷，人民恐慌、抱怨、聚眾抗議、罷市都有可能，但是法來格誤信謠言（或者捏造）所謂的提髮、肆毆和陶德所謂的「軟禁」都斷無可能。可是，德衛生又增加了「killed some few soldiers，sejzed Liu Ming-Oluan，and took him to a temple where he was made a sort of prisones」（艋舺人殺了幾個兵，捉了劉銘傳，把他送進一個廟裡，他暫時變成囚徒），更是渲染得離譜。

　　劉銘傳自謂：「特簡於海疆緊要之區；優容於眾口交讒之際」[127]。如果真有陶德、法來格和德衛生等人所傳播的醜聞，劉銘傳又如何能「優容於眾口交讒之際」呢？英雄也有脆弱的時候，梁純夫、朱守謨、劉璈、孫開華等人的說法都可能是真的，甚至陶德和法來格繪聲繪影的說法也可能不是無的放矢，但是法軍統帥孤拔和葛諾特上尉所謂劉銘傳堅持和法軍惡戰幾乎一年，把法軍牽制在基隆和淡水，法軍不得不求和退兵的說法，才是無庸置疑的。

---

[125] 黃啟明，〈艋舺與龍山寺〉，《臺北文物》二卷一期，頁48，臺北市文獻委員會，民國42年4月，臺北。

[126] 陳澹然，〈獎賢略序九〉，《劉壯肅公奏議》，頁36-40。「軍事之難，莫如籌餉；而官之所忌，莫若紳權。公獨唯紳是賴」。

[127] 劉銘傳，〈假期已滿目病未痊仍請續假調理摺〉，光緒11年2月18，《月摺檔（六）》，頁4663。

# 第六章　偉大的巡撫劉銘傳

## 第一節、馬士：偉大的巡撫劉銘傳

標題稱劉銘傳為「偉大的巡撫」，並非筆者杜撰，而是出自馬士（H. B. Morss）所撰寫的《1882-1891，臺灣淡水關報告書》。曹永和在該報告書序文中說：

> 不但因著者均曾主持海關，有詳細、具體而可靠的數字，為經濟史的重要資料；而且恰好這一時期是清末列強覬覦臺灣，經中法戰爭、建省，劉銘傳主政至去職的臺灣歷史最重要十年間的紀實，故可謂極寶貴的資料[128]。

就筆者和本文而言，更重要者有四：

其一，這是一份海關的報告書，真實、客觀是其先決條件。

其二，撰稿者是外國人，比較沒有人際關係的利害衝突和情緒好惡的問題。

其三，撰稿者不必為劉銘傳的行為負責，既不是他的政敵，也不必面對輿論、言官和大清帝國的朝野君臣。

其四，馬士的報告前後十年，恰好涵蓋了劉銘傳主政的七年，徹頭徹尾、鉅細靡遺的都在其親歷、目睹之中，曹永和稱其「紀實」，洵非虛語。

馬士在報告中提到劉銘傳在中法戰爭中的貢獻：

> 1884 年 7 月 16 日抵達臺灣島。兩週後法軍出現並開始進攻，認為臺灣指日可下；然而他們卻發覺他們的敵手增援了一個人，一個有頭腦和意志的人。第一顆砲彈方發出，劉銘傳即馳赴基隆並加以指揮。他下令將政府經營的煤坑中的貯煤和機械予以破壞一對一個中國官員來說，這是一個大膽的措施，他要對他所有的行動的後果負責；他始終將法軍封圍在基隆，並阻止法軍在淡水取

---

[128] 曹永和，〈《臺灣經濟史六集》序〉，臺灣銀行經濟研究室，《臺灣經濟史六集》，頁 1-2，民國 46 年，臺北。

得立足地[129]。

馬士的紀錄和法軍提督孤拔致法國海軍部長的電文以及葛諾特上尉的說法，高度一致；除了張之洞之外，這是一般中國官員所無法理解的。一般官員利用小勝小敗作為獎賞或攻訐的口實卻缺乏宏觀大戰略來觀察中法戰爭。

馬士對於劉銘傳的巡撫表現評述如下：

> 如果報導這十年的事蹟而不提及劉銘傳（不論提到多少），則沒有一篇報告書是完整的，這位偉大的巡撫曾獻身於為中國拯救臺灣的難局中，挽救了臺灣之後，他繼續排除所有政治和財政上的障礙，將臺灣紊亂的狀態重新加以整頓，並在開發臺灣富饒的天然資源方面，做了一些開始的工作。他從事了若干計畫，企圖鼓勵臺灣工業的發展；臺北至基隆間修築的鐵路，以及臺北至臺南間設計成的鐵路，都是他不朽的事蹟。他還致力於臺灣省的防務，曾以英製和德製的重砲裝備了數所設計最優良的砲臺，並於臺北設立一兵工廠，用以製造軍火。當他於 1891 年 6 月離開時，一般人均感到失去了劉巡撫，亦即臺灣失去了它的一部[130]。

除此之外，尚有如下：

1、行政上的革新進而促成工業上的改革（頁 85 及 104，此為《報告書》中譯本之頁碼，下同）。

2、臺北、大稻埕、艋舺三區合成的商業中心，構成淡水港的貿易基礎（頁 85）。

3、稅收增加了 123%；關稅增加了 63%（頁 92）。

4、人口大量增加和大量駐軍使得糧食無法再輸出（頁 87、96）。

5、建築鐵路、疏浚基隆港（頁 98、99）。

6、設臺北~臺南之間的陸路電報和淡水~福州的海底電線，「和大陸以至全世界各地連繫」（頁 99）。

---

[129] H. B. Morse，《1882-1891 年臺灣淡水海關報書》，《臺灣經濟史六集》，頁 106。
[130] 同前。

7、設置電燈、開築道路、邀請資本家投資興建房屋（頁99）。

8、修築臺北的城牆，重新安排城門和街道。

9、開山撫番，迄今未獲結局（頁101-102）。

## 第二節、馬偕：開明、能幹、正直且寬大的巡撫劉銘傳

筆者在第三章第二節中，敘述了馬偕讚美劉銘傳思想很新，處事果決明快；在第四章第二節中，敘述劉銘傳在李彤恩的協助下，把臺北的教案問題，局限在臺北就處理完畢，沒有形成國際問題，影響抗法戰爭。

馬偕在《臺灣遙寄》一書中說，法軍司令孤拔和副司令李士皮斯都告訴他「實在厭惡這種戰爭」[131]。書中也有幾則與劉銘傳「新政」攸關的紀錄：（頁碼來自譯本《臺灣六記》）

1、在艋舺、大稻埕及臺北府之間的路上。這幾個市適成一個三角形，各相距三里，其相連的道路都是寬潤而良好的。是幹練而進取的巡撫劉銘傳所開闢的。約有150輛人力車每天在這些路上走著。政府曾經打算建設一條英國馬車路線，然而因為馬不能和苦力競爭而作罷。

　有一條鐵路設在基隆及竹塹之間，長約50哩。所用的車頭都是英國或德國製的，車廂是依英國的格式裝配的。這條鐵路完全是中國人所有和管理的。」（譯本，頁72）

2、大稻埕，這個市鎮是在離艋舺一哩的淡水河邊，與新建了城牆的臺北府差不多相連，是臺灣北部的商業最進步的地方。橫跨河道的鐵橋長達1,464呎。所有的英國及其他西洋各國的商人都在該處有商行。（譯本，頁66）

3、有個中國軍官率領一隊兵駐在平原中；但他們不薙髮，也不留辮子。老人都將頭髮剪短；但若干青年則思想不同，以將他們的長黑髮在中央分開為時髦。（譯本，頁102）

第三則紀錄非常駭人聽聞，不薙髮、不留辮子是殺頭的罪，在

---

[131]　G. W. Machasy 原著、J. A. Macdonald 編輯，《From Far Formuosa》，P.199。譯本，頁83。

新軍中竟然有人膽大包天。

> 4、開明的巡撫劉銘傳完全禁絕了「普渡祭」的那些野蠻風俗。(譯本,頁 54)
>
> 5、中國人不稱該城市為「淡水」,而稱為「滬尾」(Ho-be),因淡水是其所在的縣名。領事界的文件中名之為 Tamsuy,係誤以縣名為鎮名。(譯本,頁 116)

第五則顯示馬偕不僅是傳教士,也是實事求是的學者。

## 第三節、德衛生:睿智、開明、進步、精明能幹的巡撫劉銘傳

德衛生(Janes W. Davidson)能說流利的日語[132],他是唯一一個被日軍核准隨軍採訪的外國記者。他的報導很偏頗,經常遮掩日軍的殘酷暴行,「被西方人士認為只敢寫有利於日方的消息而已」[133],他的《The Island of Formosa,Past and Present(臺灣的歷史與現況)》也充滿了抑中揚日的情緒,歌頌日本占領臺灣。縱使如此,他也讚美劉銘傳是「偉大的執政者」,用「intelligent」(睿智),「liberalnind」(開明),「progressine」(進步主義的),「capable」(精明能幹的)等詞形容劉銘傳。假如我們知道他在臺灣九年(1895—1904),1898 年起擔任美國第一任駐淡水領事,經歷了樺山資紀(民政水野遵)、桂太郎、乃木希典(民政曾根靜夫)等走馬看花、心不在焉的總督和民政局長;也親歷了 1898 年兒玉源太郎任總督,後藤新平任民政長官的施政,而該書也是在 1903 年出版於德衛生在大稻埕的「北米合眾國領事館」,卻如此讚美他看不起的中國的臺灣巡撫劉銘傳,是多麼不容易的事。

德衛生在《臺灣的歷史與現況》一書中,特設第十七章「Progressive Formosa:A Province of China,1886—1894(進步的臺灣:中國的一省,1886—1894)。筆者在第三章第二節中,引述德衛生讚美劉銘傳在中法戰爭中的傑出表現;在第三節中,筆者則引述德衛生把謠言寫成「確有

---

[132] 陳俊宏編著,《禮密臣細說臺灣民主國》,頁 201,南天書局,2003,臺北。
[133] 前書,五之(三)〈西方媒體的譴責〉,頁 63-69。

其事」，糟蹋劉銘傳在艋舺被囚禁、受辱。在第十七章中，德衛生也捏造「劉銘傳為激怒的民眾所囚」的故事[134]。德衛生在讚美劉銘傳時，總忘不了以先進國的水準來評量劉銘傳：

1、關於行政改革與財稅獨立

> 臺灣的政治改革一方面雖然是大有利益的美事，而另一方面則不但須增加捐稅以供給擴大的新制度的合法正規費用，也要額外勒索以滿足大批的大小官吏的欲望。因此臺灣的漢人大抵以為這些改革是弊多於利。以前臺灣是福建的一府，只對茶、樟腦及鴉片徵稅。此外亦收田賦及鹽稅以作行政費，又由福建省政府每年津貼墨銀 66 萬元。改制之後，不但行政費大增，又因改良防衛工程，建築鐵路，舉辦種種新事業，費用也很浩大。因此於 1886 年對輸出的土產採用釐金制度。輸入物一律免稅，只有鴉片每箱須納稅 150 至 180 元。茶和樟腦是北部的主要物產，以前也課捐稅，所以北部的人民還不大怨恨；而在南部則因糖須納新稅，損失甚大，漢人和洋人都很反對。漢人以為劉銘傳是這種課稅的禍首而痛恨他……談論清國的財政問題總是很討厭的；但當時的臺灣政府銳意發展實業，在全島上實施種種建設和改進，卻是很可欽佩[135]。

　　劉銘傳在《條陳臺澎善後事宜》中就列入「全臺賦稅急宜清查以裕餉需……以臺灣之入供臺澎之用……惟清賦一事要在官紳得力」[136]，其難處即在解決二百年來未升科之「隱田」不徵稅的問題。「如臺北淡水田園三百餘里，僅徵糧一萬三千餘石，私升隱匿不可勝計」，在臺灣南北各設清賦總局，「期於三、五年後能照部議，以臺地自有之財供臺地之用；應可自成一省，永保巖疆」[137]。可是，「清丈之始，官紳半設難

---

[134] 德衛生著、蔡啟恆中譯，《臺灣的過去與現在》，頁 176。

[135] 前書，頁 176-177。

[136] 《月摺檔（五）》，頁 4289-4290。

[137] 劉銘傳，〈為丈量田畝清查賦稅申明賞罰以求實濟摺〉，光緒 12 年 5 月初八日，《月摺檔（六）》，頁 4736-4740。《劉壯肅公奏議》，頁 303-305，繫於 4 月 18 日。

詞、阻撓大計」[138]，「有言林爽文之變係因升科逼迫」。[139]劉銘傳為了臺灣必須財政獨立「庶可自成一省」，「寧為怨府」「力排眾議」[140]，斷然施行。事後劉銘傳歸功於沈應奎與程起鶚云：

> 臺灣民情強悍、土豪把持，清丈升科，事事草創，較之內地，尤為難辦。臣自光緒 13 年 4 月奏請開辦以來，其中雖有彰化之變，嘉義之誤，卒能三年竣事，非臣之力，實署藩司沈應奎、臺灣府知府程起鶚二人之功[141]。

士紳協助則以林維源最為得力，林家是臺灣最大的地主，也是劉銘傳在開墾、撫番、鐵路、招商各方面最大的「幫辦」[142]，朝廷「賞加二品頂戴」以示獎勵。劉銘傳所謂「彰化之變」即施九緞在彰化、鹿港與施家珍、施藻修、蔡德芳等驅使「逆謀圍城、戕害提督大員」[143]，劉銘傳迅速出兵平息，未釀大禍[144]。

臺灣苛捐雜稅項目繁多，劉銘傳實施「一條鞭制」，「以便鄉愚易知從，胥吏無所腋削」[145]，則是稅賦現代化的重大進化。

清丈之前，升科田園六萬八千餘甲；清丈之後，四十三萬二千餘甲[146]，原徵銀十八萬三千餘兩，清丈後徵銀六十七萬四千餘兩[147]。臺灣田賦比

---

[138] 劉銘傳，〈陳報臺灣啟徵新賦日期請獎各紳摺〉，光緒 14 年 6 月 19 日，《劉壯肅公奏議》，頁 313。

[139] 同註 137，頁 4739。

[140] 劉銘傳，〈臺畝清丈將竣擬仿同安下沙定賦摺〉，光緒 13 年 9 月 24 日，《劉壯肅公奏議》，頁 308。

[141] 劉銘傳，〈全臺清丈單完竣核定田糧年額徵數摺之附片〉，《月摺檔（七）》，頁 5700-5701。

[142] 同註 138，頁 313-314。

[143] 劉銘傳，〈查明佑縣功過並官紳庇匪情形摺〉，光緒 14 年 11 月初六日，《劉壯肅公奏議》，頁 445。

[144] 劉銘傳，〈彰化土匪搶劫鹽館圍攻城池先後派兵剿平摺〉，光緒 14 年 10 月 17 日，《月摺檔（六）》，頁 5277-5286。

[145] 同 140，頁 309。

[146] 張之萬，〈議奏臺灣巡撫劉銘傳奏全臺清丈給單歷用經費核實造銷摺〉《月摺檔（七）》，頁 6068。

[147] 劉銘傳，〈臺灣清賦全功告竣謹將在事尤出力官紳員弁請獎摺〉，光緒 16 年 6 月初七日，《月摺檔（七）》，頁 5809-5810。

廣西、四川、貴州正額為多，成為穩定財政的基礎[148]。

　　德衛生的評述，大體無誤，和德衛生有近似觀點的則是 1891 年來臺考察的日本駐廈門領事上野專一，他在《臺灣視察手記》中讚美劉銘傳之餘也說：

> 近年來臺灣島民民心不平，肇因於臺灣改設行省後，官吏對住民的苛稅。劉銘傳自從蒞任臺灣巡撫以來，專心輸入西洋文明事物，不察島上住民心理的向背。加上他急速且果斷地施行土地政策，結果行政費用節節攀升，為了彌補歲入，不得不向住民課繁重的地租和雜稅……劉銘傳終究會離開臺灣的[149]。

　　殊不知五年之後（1896）日本占領臺灣，日本政府也要求「臺灣財政自立」。日本人實施土地調查、全面清丈、提高稅率，更使臺灣「人民沸騰」[150]，經過五年的清丈，田園更多達七十七萬七千餘甲[151]。在異族高壓統治下，臺灣人民只好把劉銘傳清丈之餘的「隱田」三十四萬五千餘甲，乖乖的獻出來清丈、繳稅而不敢反抗。

　　財政為百政之母，有錢不見得辦得好事，沒錢則一事無成。劉銘傳謀求財政獨立，是推動臺灣現代化的必要手段。矢內原忠雄在《日本帝國主義下之臺灣》一書中說：

> 劉的使命，是自行資本主義的開發臺灣，以謀富國強兵，藉抗資本主義列強的野心。他的事業，諸如基隆新竹間鐵路的建築、汽船的購入及沿岸與大陸、香港、新嘉坡、西貢、菲律賓間的通航、郵政制度、樟腦專賣、「理番事業」，都是為了完成這一使命。而其土地量丈調查事業，亦屬一端……對於土地，制定單一而明瞭的所有權，確定納稅及交易，這是資本主義的近代政府在任何殖

---

[148] 同註 140，劉銘傳謂：「實非微臣始願所及」，《劉壯肅公奏議》，頁 130。

[149] 轉引自張隆志，〈誰是首任臺灣巡撫：19 世紀中國、西方及日本人眼中的劉銘傳〉，《什麼人物為何重要—臺灣史上重要人物》，頁 138。國立歷史博物館，民國 99 年 9 月，臺北。

[150] 江丙坤，《臺灣地租改正の研究》，頁 82，東京大學出版會，1974，東京。此語引自帝國議會「第十三四帝國議會貴族院臺灣事業公債法案特別委員會速記錄」第一號（明治 32 年 3 月 9 日），頁 2。

[151] 前書，頁 252。

民地所首先着手的事業。於是乎，劉銘傳實行臺灣最早的土地量
丈，整理隱田，又想確定土地業主權之所在。

劉銘傳未曾成功的土地調查事業，在日本占領臺灣之後，乃依明
確的意識、周詳的計畫與強大的權力予以實行。

確定土地權利關係，使土地的交易獲得安全。這種經濟上的利
益，主要成為資本的引誘，給予日本資本家對於臺灣的土地投資
及企業設立以安全。正如當時出版的竹越氏著書所說：「內使田
制安全，外使資本家安心，可以投資於田園，故其效果是無限
的」。這樣，土地調查成為臺灣資本主義化、日本資本征服臺灣
的必要前提或基礎工程[152]。

在那個年代，「現代化」這個名詞尚未出現，「資本主義化」可視為
「現代化」的代名詞。

筆者在〈臺北的歷史飛躍與臺北人的精神特質〉一文第三、四、五、
六節「從部落主義到資本主義的飛躍」中，即指出「土地商品化」、「淡
水社船」環島貿易和兩岸貿易、「合夥投資拓墾臺北荒埔」、「合夥投資
開鑿灌溉渠」、灌溉渠私有且商品化和「合夥投資興建寺廟」（寺廟商品
化），都是資本主義化的表徵。在「王土」觀念下的「土地國家總有制」
框架下，「隱田」的交易，屬於「地下經濟」的範疇，存在相當大的風
險[153]。劉銘傳降低此風險又增加財稅收入，支撐臺灣現代化的發展。

2、關於現代化的物質文明建設

德衛生說：「臺灣政府銳意發展實業，在全島上實施種種建設和改
進，卻是很可欽佩」。他欽佩的是那些建設呢？

①建城之後，「重新規劃街道……街上裝了電燈，這大概是全清國
正式採用電燈的嚆矢」（蔡譯本，頁177）。

---

[152] 矢內原忠雄原著、周憲文譯，《日本帝國主義下之臺灣》頁7-8。臺灣銀行經濟研究室，《臺灣研叢刊》第39種本，民國45年，臺北。

[153] 尹章義，〈臺北的歷史飛躍與臺北人的精神特質〉，《臺北文獻》直字第154期，頁61－106。民國94年12月，臺北。

②城外開闢了幾條大馬路，1881 年開始用人力車。（頁 177）。

③買了專門敷設海底電線的惠州號，1887 年完成安平~澎湖線；1888年完成臺南~臺北陸上電線；1888 年完成淡水~福州海底電線；「將臺灣與世界的電線系統連結」。

④突破清國官吏的守舊和風水迷信，「當時全清國還沒有一條官辦的鐵路，劉氏卻在臺灣先造一條」，德衛生指出了許多不妥處，「現在清國各處正在討論建築鐵路的問題，我們報告在臺灣築路的情形，也許可供參考的價值」。（頁 171-178，此即今人所謂「臺灣經驗」）

⑤「劉銘傳很有抱負，要使生番開化」（頁 180-182）（德衛生不知道劉銘傳曾經辦過番學堂，邵友濂接任後立即停辦）。

德衛生用了 13 頁敘述劉銘傳推動臺灣現代化的事業（原書頁碼243-256），敘述邵友濂和唐景崧總共只有 11 行（原書頁碼 255-256）。他在文中提到中日甲午戰爭時期朝廷要再度重用劉銘傳，劉因病不能應命，光緒 21 年底，劉銘傳在籍病故，次年 2 月，上諭褒揚，德衛生英譯此「Imperial decree」於下：[154]

> He died in1896, and in an lmperal decree his demise is thus recorded:
>
> "A few years ago we regretfully permitted him to retire into private life owing to serious maladies contracted while serving his country. Recently, we were anticipating the pleasure of receiving him again into our councils, to rely upon his advice and to shower upon him further marks of our respect and admiration of his high qualities, wheu the sad news of his lamented death now reaches us, which we receive with great regret. As a last token of our appreciation of Liu Ming-chuan's loyal services to the dynasty, we hereby command that he be granted the posthumous title of Senior Guardian of the Heir Apparent and let his funeral obsequies be couducted on lines usually granted to the rank of a Governor. Special memorial temples are

---

[154] 《月摺檔（六）》，頁 5282-5283。德衛生節略其事蹟，並未全譯。

further ordered to be built in the provinces where he has served, and let his martial deeds be recorded in the dynastic history. Any 'black marks' against Liu's name in Boards are also hereby ordered to be erased, and let the said Boards further report to us what pecuniary grants should be made to the deceased officer's family." Here follows a list of honors conferred upon his sons.（原著頁 253）

蔡啟恆中譯：

他在 1896 年逝世，清帝賜上諭哀悼如下：

> 「數年前因其戮力從公，積勞成疾，姑准退休，方擬再予陞用，參預機要，以資倚俾，並賜殊榮，以示嘉獎。突聞靈耗，曷勝震悼！該員忠貞幹練，勳績卓著，應予褒獎，追贈太子少傅，其葬儀准照總督官職之例，並特准在其曾任官職各省立祠紀念。其勳業宣付史館。前在部中所記過失悉予註銷。其遺屬如何撫卹，着該部簽呈核辦」文末附有一表。列舉賞賜其子孫之爵祿。（中譯本頁 181）

此舉顯示德衛生雖然重日輕中，卻非常欽佩劉銘傳，也非常推崇劉在推動臺灣現代化上的貢獻，德衛生完稿時後藤新平已經統治臺灣五年，德衛生並無一語推崇後藤新平。

## 第四節、美國公使田貝：臺灣是中國最進步的一省

劉銘傳為了開闢財源以支付百務齊擎，其中徵收糖和百貨釐金對於臺南、打狗洋商影響較大，樟腦專賣也影響洋商採辦樟腦，適巧又發生美商旗昌洋行買辦虧欠款項，地方官延不追賠一案，美國駐華公使田貝（Charlee Denby）遂於光緒 14 年 4 月初九日（1888.9.19）到臺灣訪問，並尋求發展美國商務的機會，特別注意劉銘傳的新政，他給國務院的報告如下：

> 臺北府城的街道寬潤，按照西式布置。城內已有電燈設備，巡撫衙門內電光通明。淡水至福州口間的海底電線，既已安設竣事，

臺灣境內的陸上電線，也已經由基隆向南敷設，且已通至臺北。臺北府城附近，設有機器局，專製槍彈武器。有西式機器設備的鋸木廠，鋸裁建造鐵路的木料。府城內設有新式學堂一所，兼授西學。人力車則購自日本，供作臺北府與大稻埕間的交通工具。近復委託美商旗昌洋行定購輪船兩艘，準備開闢淡水與津滬間的航線，載運客貨往來。所有這些新政，完全是出於臺灣巡撫的開明措施，清廷不甚過問，由劉銘傳獨任艱巨，以實現其建設臺灣鞏固海防的理想。

臺灣在目前是中國最進步的一個省份，當局正在進行一連串進步的建設計畫，假如其進行的結果順利，必然大為刺激商務，大量增進貿易。

從臺灣巡撫個人特具堅毅的性格看來，終必成功；但由於建設計畫項目繁多，已經訂定的建造或購置合同，需要支付的款項龐大，如何籌集鉅款，仍將成為其困難的問題。然而，劉銘傳的作為，顯然是指向革新的途徑，劉銘傳如果真的嘗試成功，其最大的意義，莫過於因此而促使中國大陸各地仿照施行，隨而為中國帶來無限的進步[155]。（黃嘉謨譯述）

　　田貝希望取得基隆的煤，就地裝載茶葉逕運紐約而不必經過廈門轉口，又希望美商能承包臺灣的鐵路，他看好劉銘傳所推動的臺灣現代化，因為裡面充滿商機。他認為財務是劉銘傳的問題，如果劉銘傳成功了，大陸各地將群起效法，中國進步可期。

## 第五節、利史：劉銘傳推動臺灣近代化聞名歐洲

　　Ludwig Riess 是德國著名的史學家，1887 年（明治 20）到東京帝國大學任教，傳播蘭克學派的「歷史主義」—科學的史學—非常重視原始資訊的蒐集與運用，對於日本近代史學發展影響很大。

---

[155] 黃嘉謨，《美國與臺灣（1784-1895）》，頁 390-391。中央研究院近代史研究所專刊本（14），民國 55 年，臺北。

　　Riess 非常博學，研究範圍很廣，包括英國的選舉權、羅馬史、Hansa
同盟的原始檔案，東亞經濟、政治史和日本島原基督徒受迫害史。1897
年出版《臺灣島史》以 1895 年為斷限。1898 年（明治 31）吉國藤吉翻
譯成日文，風靡一時。伊能嘉矩的《劉銘傳傳》即引述利史的評價作為
總結：

> 劉銘傳是熱中於推動臺灣現代化的人，1891 年辭職之前的六年
> 間，努力把近世科學技術發展的好處，廣布於中國東方的孤島—
> 臺灣，因而劉銘傳的令名，前所未有的傳播於歐洲[156]。

　　只有博學如 Riess，才有可能寫下劉銘傳推動臺灣「近世科技發展」
聞名於歐洲的評價。

## 第六節、魏茲：中國最有才能最有創造性的政治家

　　Albrecht Wirth 也是德國著名史學家。1895 及 1897 兩度旅行來臺（明
治 28、30，光緒 21、23），「曾經親自受過日本人懇切的歡迎及慷慨的
招待」[157]。他在日本與 Riess 過從甚密，在他的著作中，也經常引用 Riess
的著作。他所寫的《臺灣之歷史》，在臺灣有周學普的翻譯本。他在該
書中，並不掩蓋日本人的殘酷與暴政（不同於德衛生）；也專闢一章來
敘述劉銘傳的事蹟，僅摘前人未及者於下：

> 劉氏是除了李鴻章以外，中國現在最有才能的人物，有創造性的
> 政治家。
> 他堅忍地工作，其成績超過所有的前任者，實在是國姓爺以後臺
> 灣歷史上最重要的人物。
>
> 他也獎勵工業，貸款以設立製糖工廠等等。他決意要用最新式的
> 技術改進臺灣的北部，對於南部則不大重視，在臺灣用了從各國

---

[156]　吉國藤吉譯本，頁 174-175。筆者不識德文，無法直接抱出原著，至感抱歉。伊能嘉矩，
　　《臺灣文化志（上）》，頁 580。
[157]　Albrecht Wirth 原著、周學普譯，《臺灣之歷史》，頁 73。臺灣銀行經濟研究室《臺灣研究
　　叢刊》第 54 種，《臺灣經濟史六集》，民國 46 年，臺北。

來的各種複雜的機械及技術家。因此,劉銘傳在歐洲很有聲望[158]。

## 第七節、伊能嘉矩:臺灣近世文明的推動者

伊能嘉矩,明治 28 年 11 月以陸軍省雇員名義來臺(光緒 21、1895),從陳文卿習閩南語,從劉銘傳幕僚李少丞研修會典律例,蒐集老字據(古文書)、手稿等大量原始材料,著作甚豐,明治 38 年(光緒 31,1905)出版《領臺十年史》和《臺灣巡撫としての劉銘傳》之後,返回日本,著述不輟,大正 14 年(民國 14、1925)9 月因病過世,享年 59 歲。[159]死前《臺灣文化志》全稿已成,僅書名未定,昭和 3 年(民國 17、1928)三巨冊三千頁的鉅著出版。伊能嘉矩原擬書名為《清國治下の臺灣》,遺稿出版者因其涉獵甚廣、無所不包,故改定為《臺灣文化志》[160]。

伊能嘉矩對於劉銘傳推崇備至,已如前述,其〈劉銘傳傳〉引用利史的論述作為結論,也見於本章第五節,不再贅述。

劉銘傳於光緒 17 年 3 月初四日,上〈四請開缺摺〉云:

臺灣新設省分,一切規模制度俱皆草創,非若內地循章守法[161]。

劉銘傳推動的新政「俱皆草創」,沒有既存的章法足資遵循。新的業務必須新的機構和具有新知識的人才來推動。伊能嘉矩研習《大清會典》,他知道清朝在京官、外官之外,經題准即可設置「特設官司」,概屬差委,職銜為總辦、督辦,可置會辦、提調、委員等職員[162]。因此,伊能嘉矩在《臺灣文化志》第三篇「文治武備沿革」第一章〈文治の規〉第十一節就是「特設官司」(專責機構)。劉銘傳增設了許多因應新增業務的需要而以「局」為名的新興事業機構,茲據伊能所列,分述如下:[163]

---

[158] 前書,頁 62。

[159] 伊能嘉矩,《臺灣文化志(上)》,卷首所附〈伊能先生小傳〉。

[160] 矢內原忠雄原著、周憲文譯本,《日本帝國主義下之臺灣》序言。

[161] 《月摺檔(七)》,頁 6128。《劉壯肅公奏議》,頁 118-119。劉書之文字與《月摺檔》略有異同,疑為編者陳澹然擅改,今從《月摺檔》。

[162] 伊能嘉矩,《臺灣文化志(上)》,頁 234。

[163] 同前書,頁 234-246。

1、全臺保總甲局：丈量田畝、清查賦課之前，先編審保甲。

2、全臺清賦局：光緒 13 年分省後，在臺北、臺南二府設總局、各廳縣設分局，18 年 5 月整理完結，撤局。

3、全臺釐金局：光緒 13 年分省後設，在各口岸及貨物集散地設分局及分卡、抽收出口貨物稅。

4、臺灣海關：淡水為本關，基隆、安平、打狗為支關，分省之前歸福州將軍管理，分省後歸臺灣巡撫管理。

5、臺灣商務總局：分省之後設於臺北，設分局於臺南，主管招商和涉外事務。

6、臺灣郵政總局：光緒 14 年裁鋪遞，設新式郵政組織。

7、臺灣電報總局：設於臺北，陸上線連絡全臺各地，海底線連絡臺北—福州。

8、臺灣鐵路總局：光緒 13 年 4 月設於臺北，光緒 19 年邵友濂停建鐵路，鐵路事務由商務總局兼辦，改稱鐵路商務總局。

9、臺灣煤務局：洋人覬覦之戰略物質，瑯嶠事件（日本）和中法戰爭都以此為目標，原屬臺灣道管轄，光緒 14 年改歸巡撫，由於官辦或商辦，華商或洋商辦理，朝廷屢屢挑剔，導致劉銘傳辭職離臺。

10、臺灣腦務總局：樟腦亦如煤礦，為洋商覬覦之商品、製造火藥的原料。光緒 13 年設腦務總局，各產腦地置分局辦理收購輸出，由於英人抗議，幾至干戈相向，16 年 11 月裁撤。

11、全臺撫墾總局：設於北番（泰雅族）咽喉之大嵙崁、尋設蘭雅廳（大溪、桃園）。沿山漢番交錯區屈尺（新店、臺北）、三角湧（三峽、臺北）、咸菜甕（關西、新竹）、大湖（苗栗）、東勢角（臺中）、罩蘭（卓蘭、苗栗）、叭哩沙（三星、宜蘭）、雲林、隘寮（集集、南投）、恆春（屏東）、卑南（臺東）、秀姑巒（海端、臺東）、花蓮港等地設分局。是分局最多的新設機構。德衛生說「劉銘傳很有抱負，要使生番開化」，是為明證。

12、發審局：相對獨立的司法機關。

13、軍械機器局。

14、軍裝局。

15、火藥局。

16、填築基隆口總辦及委員。

17、清理街道委員：各個重要市街之道路衛生、整理。

伊能列舉如此多的項目，可謂百廢俱興，難怪見多識廣的美國駐華公使田貝（C.Denby）1888 年 7 月 20 日（光緒 14 年 6 月 12）在呈遞給國務院的公文中，就已經盛讚「臺灣在目前是中國最進步一個省份」，但也憂慮「如何籌集鉅款的問題」（見前）。

伊能嘉矩在盛讚劉銘傳之餘，也看到更深層的問題：

> 劉銘傳臺灣辦理善後事宜條陳中，以辦防、練兵、清賦、撫番為四大要務，擔任臺灣巡撫之後，亦將此四大要務完整展現為第一要義。而新省百事草創之際，伴隨而來的經費浩繁，其財源不得不求之重稅，歲入既定才可以度支歲出。

> 建省之初五年，仰賴福建省、閩海關及其他五關的協款八百萬兩，其他就要「以臺地自有之財供臺地之用」，劉銘傳要妥籌協款停止之後的臺灣財政獨立，以應付百事草創的大量支出。

> 如此急進騰踔的新政，當然和從前習慣於保守退嬰的朝野輿論相牴牾。不滿其新政的守舊份子、甚至煽惑愚民起來造反，施九緞之亂即其顯例。這些事都和劉銘傳保衛臺灣、推動臺灣進化的初衷相齟齬。光緒 17 年 4 月，劉銘傳稱病卸任後，清廷治臺一變為緊縮政策，繼任的邵友濂仰承上意……剛開始的新營事業，過半都中止或裁撤，少數重要設施，表面上繼續發展，實際上多曠滯依違[164]。（筆者中譯）

伊能嘉矩在臺十年（1895.11-1905.12），目睹後藤新平治臺（1898.3-1906.9），他在《臺灣文化志》中，讚譽劉銘傳之處尚多，散布於經政、農工、交通、番政、拓殖、教學等篇，不贅述。

---

[164]　同前書，頁 311-312。

### 第八節、田中一二：一代英傑劉銘傳

1920 年（大正 9、民國 9）7 月，臺灣總督府公布改訂地方制度，設臺北、臺中、臺南、新竹、高雄五州，下設臺北、臺中、臺南三市。1931 年，臺灣通信社社長田中一二，為慶祝臺北設市十周年，出版《臺北市史—昭和六年》以「呈現偉觀、壯觀之偉大臺北」[165]。雖然日本已經統治臺灣三十六年，但是，田中一二仍然盛讚劉銘傳：

> 英傑劉銘傳，根據其所奏呈的方策，於光緒 11 年（1885 年），將臺灣改為一行省，任命他為臺灣巡撫，有賴鬼才縱橫之其手腕，使其刷新改革臺灣之統治……導進新式西洋文明，在統治設施上也斷然實行許多新改革，使面目完全改觀……由於其斷然銳意實行的新改善設施，有失於太過急遽，在財政上或者在統治上，都受到官場的非難抨擊，民間也聞有怨嗟之聲等，因受四周圍的事情所嫁禍，劉銘傳終於馬失前蹄，但是，其名將永垂不朽，可能永久都不致於被遺忘。[166]

田中一二是日本人，在日人統治臺灣三十六年之後，經歷了八任總督、前七任都是在職武官，和劉銘傳的性質相仿；其中又經歷九任民政長官，仍然如此懷念、推崇劉銘傳，在欽佩、推崇中又懷有些許遺憾，深獲我心，作為本文的結語。

# 第七章　結論—劉銘傳的歷史評價

人物的臧否很難、歷史人物的評價尤難，力求鑑空衡平更難。若能以相同時代、相同情境的歷史人物相互比較，或許可能有些眉目。

以下則就中法戰爭和建設臺灣兩部分作結：

面臨法軍的侵略，各地督撫大多濡滯、拖延、逗留已如前述，光緒

---

[165] 田中一二原著、李朝熙譯，《臺北市史—昭和六年》〈序〉，頁 7（序於 1931 年冬）。臺北市文獻委員會，民國 87 年，臺北。

[166] 田中一二原著、李朝熙譯，《臺北市史—昭和六年》。臺北市文獻委員會，民國 87 年，臺北。（此節摘自譯本頁 30-32）。

10 年 10 月御史趙爾巽奏參鮑超云：

> 鮑超一軍，自奉旨至今數月矣，尚未離夔府一步，已坐耗二十餘
> 萬之帑……比之劉銘傳、王德榜等，彼何以受命即行，此何以濡
> 滯若此？[167]

茲以下表作為比較之基礎：

**表一：中法戰爭期間負責大員自受命至抵任時間表（前者為光緒紀元，後者為西元）**

| 姓名 | 職務 | 受命時間 | 抵任時間 |
|---|---|---|---|
| 劉銘傳 | 督辦臺灣事務 | 10.閏 5.4（1884.6.26） | 10.閏 5.24（1884.7.16） |
| 左宗棠 | 督辦福建軍務 | 10.7.18（1884.9.9） | 10.10.27（1884.12.14） |
| 楊岳斌 | 籌辦福建防務，幫辦福建軍務 | 9.12.4（1884.1.1） | 10.12.14（1885.1.29）到閩<br>11.3.20（1885.5.4）到臺北 |

根據上表，劉銘傳如趙爾巽所言，是「受命即行」而且神速抵達臺灣（二十天）；左宗棠是濡滯慢行，好整以暇，前後一百天才到福建；楊岳斌更是觀望、龜速，經過一年才到福建，光緒 11 年正月 21 日（1885.3.7），才從卑南廳（今臺東）登陸臺灣，3 月初一（4.15）臺北停戰，3 月 20 日（1885.5.4）楊岳斌才到臺北，前後多達一年又五個多月。不比不知道，一比嚇一跳，諸將的「怯懦觀望、遲滯慢行」，不知要急死多少趙爾巽，又如何能和劉銘傳相比擬？

劉銘傳棄基保臺北、滬尾，成為眾矢之的，朝臣競相奏參，「謗書盈篋」，幾乎成為明末的袁崇煥，左宗棠更挾恨兩度嚴劾。還好，清末雖然守舊、腐敗，仍勝過大明王朝，信賴劉銘傳，上諭：

> 該撫夙著戰功，朝廷深資倚任，斷不為浮言所惑……毋庸以造言

---

[167] 趙爾巽，〈兵貴迅速宜另簡統帥進攻越南摺〉，《月摺檔（五）》，頁 3942-3944。

掣肘為慮[168]。

劉銘傳「單騎援臺」，無兵、無餉，內有劉璈、湘軍掣肘，不聽號令。援兵、助餉姍姍遲滯，「戰無策應之師、守無可拒之險」，是誰造成陶德所謂「劉銘傳必然傷心無比」的臺北防務呢？

茲將在此之前負責臺灣防務之長官及其任期列表如下：

**表二：中法戰爭前負責臺灣防務大員任期時間表（前者為光緒紀元，後者為西元）**

| 姓名 | 職務 | 到任時間 | 離任時間 |
|---|---|---|---|
| 何璟 | 閩浙總督 | 3.5（1887.6） | 10.7.27（1884.9.16） |
| 張兆棟 | 福建巡撫 | 8.9（1882.10） | 10.9.11（1884.10.29） |
| 劉璈 | 臺灣兵備道 | 7.08.10（1881.10.2） | 11.5.26（1885.7.08） |
| 劉銘傳 | 巡撫、福建臺灣巡撫 | 10.閏5.4（1884.6.26） | 17.4.28（1891.6.04） |

朝廷之所以在提督武職之上加「巡撫」銜，命令劉銘傳趕到臺灣「督辦臺灣軍務」，就是因為劉銘傳「夙著戰功，勇於任事，而何璟、張兆棟「皆吏才而非將才」[169]，而且何璟擔任閩浙總督，依例應與巡撫輪流到臺灣巡察防務，但是，何自光緒3年上任以來，沒有到過臺灣[170]。「會辦北洋事宜通政司吳大澂」奏云：

> 張佩綸之會辦福建海疆事宜，劉銘傳之督辦臺灣事宜，到閩未及一月而法船驟至，措手不及……。閩中有餉無械，有兵無將，有險要無布置……皆何璟不辦海防之罪……迄未聞該督撫奏報軍情，引咎自責；臺諫直言之臣絕不論及閩防之功過……該督撫即可置身事外哉？……疆吏不能保全億萬人之身家，而天獨能保全其爵位，似此庸愚怯懦貽誤地方，中外商民皆知其不勝任……從

168　《光緒朝東華續錄選輯》，頁97-98。光緒17年11月戊辰（28日）條。
169　黃國瑾編修，光緒9年8月初三日奏。《月摺檔（四）》，頁3481-3482。
170　《清季申報臺灣紀事輯錄》，頁1075。光緒8年11月初六日條。

重治罪，為疆臣之辜恩溺職者戒[171]。

7月3日上奏，7月28日何璟即革職而以楊昌濬為閩浙總督[172]，慈禧太后謂：「福建督撫事先漫無籌備，臨時又不振奮，致為法人暗算」[173]。9月11日，張兆棟亦革職，「以劉銘傳為福建巡撫，仍駐紮臺灣督辦防務」[174]，劉銘傳原為「賞給巡撫」之虛銜，如此一來，不僅「督辦臺灣防務」，也是實質的「福建巡撫」，清廷的權衡、可見一斑。何璟當了八年多閩浙總督，張兆棟當了三年巡撫，劉璈也當了三年多臺灣兵備道，都是「漫無籌備」；劉璈與何璟、張兆棟、吳光亮皆水火不容，更容不下劉銘傳。近人常引述出身於討厭劉銘傳（光緒14.11.11日上諭：「臺南尤甚」）的臺南人連橫，在《臺灣通史・劉璈傳》（頁1031）中的說法：二劉「南北俱舉必有可觀，劉銘傳竟不能容之」之說，抨擊劉銘傳。其實是劉璈容不下任何人（包括劉銘傳），而且以其頑固、守舊，對於劉銘傳的新政，傷害更大。

再談劉銘傳在中法戰爭中的表現。

西人的評價當然以法軍統帥孤拔致法國海軍部長的電文最為重要，他認為劉銘傳在基隆和滬尾牽制了法國的陸軍和海軍，進退兩難，無法攻擊中國大陸沿海，不停的增兵增餉，法國政府不堪負荷，茹斐禮內閣倒臺，不得不求和退兵。

當時在軍中的葛諾特上尉在《1884年至1885年臺灣法國遠征軍》一書中更肯定劉銘傳的戰略和戰術，把法軍困在基隆一隅，打敗了法國。

至於馬偕則認為在戰爭中，劉銘傳、李彤恩處理教案明快果決，沒有形成中英交涉而導致困擾。

德衛生認為劉靈敏而有決斷，幸虧有劉銘傳，臺灣才能安渡難關。他也認為劉銘傳圍困、牽制法軍功勞很大。

日本占領臺灣之初十年，在臺灣從事調查研究，撰寫《臺灣文化志》

---

[171] 《月摺檔（五）》，頁3638-3640。

[172] 同註168書，頁76。

[173] 《述報法兵侵臺紀事殘輯》，頁18。光緒10年9月初一。

[174] 同註172。

的伊能嘉矩，雖然身為日本人，卻讚美劉銘傳是「不怕死的英雄」媲美國姓爺鄭成功。劉銘傳是精於騎術，用兵如神，在兵弱、餉缺、砲臺營壘毫無布置的情況下，猶能力卻強敵的儒將和蓋世英雄。

伊能嘉矩對於德衛生散播關於劉銘傳的「訛聞」一事非常不滿，專闢一節批判此事。筆者也專闢第五章「劉銘傳狼狽遞逃被囚禁羞辱事件的真相」，列舉當時劉銘傳的政敵的即時記錄，論證並無其事。而是劉銘傳棄基隆保臺北、保滬尾的戰略，引起臺北人民的惶恐而造成的騷動。傳播「訛聞」的是茶商陶德和稅務司法來格以及德衛生，都是外國人，連劉銘傳的政敵都不曾傳播被囚、受辱的「訛聞」。

陶德希望法軍攻打滬尾時，日落以前就能占領滬尾，想不到劉銘傳未能遂其所願，中國軍隊竟然一大早就提前砲轟法艦，中午以前就將法軍趕下海，因而惱羞成怒，「見笑轉生氣」，恐怕才是這些外國人努力造謠的原因。

再談建省與推動臺灣現代化。

最早說「臺灣在目前是中國最進步的一個省份」的是美國公使田貝。光緒 14 年（1888）4 月，他為了釐金、關稅、樟腦專賣等問題和考察商務，專程跑到臺灣來一趟，目睹了劉銘傳的新政和臺灣的進步而下的斷言。

其次則是日本駐廈門領事上野專一，他在《臺灣視察手記》（1891）中盛讚劉銘傳「專心輸入西洋文明事物」。

其次則是久任淡水關稅務司和史學家馬士，他在《1882-1891 臺灣淡水關報告書》中，列舉了許多劉銘傳所推動的現代化事業，結論是「偉大的巡撫劉銘傳」。

久居臺灣的傳教士馬偕認為劉銘傳是「開明、能幹、正直且寬大的巡撫」，他記錄了許多劉銘傳的現代化事業，比較特別的是，他強調劉所建的鐵路「完全是中國人所有和管理」，他還看到一個很特殊的現象：臺灣東部的某一支部隊不薙髮，也不留辮子，還有些青年留中分頭。

德衛生是日軍侵臺時唯一獲准採訪的外籍記者，後來擔任美國駐臺北領事，態度親日抑中偏見極深，曾經因為遮掩日軍的暴行而為各國媒

體撻伐。1903 年他在大稻埕的「北米合眾國領事館出版《臺灣的歷史與現況》一書，他經歷了四年總督和三任民政長官，目睹了後藤新平的施政，但是，他在書中專設一章：「進步的臺灣—中國的一省，1886-1894」，他臚列了劉銘傳推動臺灣現代化的事業，有些事業他也強烈抨擊，甚至散播劉銘傳的「訛聞」，但是，他說劉銘傳是「可欽佩的」，甚至於說「劉銘傳很有抱負，要使生番開化」。（在英文原著）他用 13 頁篇幅敘述劉銘傳的現代化事業，卻只用了 11 行敘述邵友濂和唐景崧。

德衛生在書中讚美劉銘傳是偉大執政者，兩度讚美劉銘傳把臺灣建設成全中國最進步的一省。他用「intelligent」、「liberalmind」、「progressive」和「capoble」來形容劉銘傳的人格特質。劉銘傳死後，他在書中還翻譯了清廷褒揚劉銘傳的〈上諭〉（Imperial decree）來表示他對於這位偉大巡撫的欽佩。

和日本關係密切的德國史學家利史在《臺灣島史》一書中說：劉銘傳是熱中推動現代化的人，他努力把近世科技發展的好處，廣布於臺灣，因而在歐洲享有令名。

另一位和日本關係密切的德國史學家魏茲，1895 和 1897 曾經兩度來臺，受到日本人「懇切的歡迎和慷慨的招待」，他在《臺灣之歷史》一書中，也闢劉銘傳專章，讚美劉銘傳是除了李鴻章之外「中國現在最有才能的人物，有創造性的政治家」，「其成績超過所有的前任者，實在是國姓爺以後，臺灣歷史上最重要的人物」。

伊能嘉矩雖然是日本人，卻受過很好的中國語言和中國法制、習慣的訓練，他列舉了劉銘傳為了因應推動現代化的事業，新設的十幾二十個專賣新機構，說明劉銘傳的新政大業，雖然劉銘傳在臺灣長達七年之久，但是，他認為劉的「急進騰踔的新政」，太讓保守的中國朝野受不了才去職，爾後進展「曠滯依違」，四年後就落入日本人手中。

伊能嘉矩特別記錄了一則故事：

> 甲午戰後日清議和時，劉銘傳方臥病在床。李鴻章致書合肥，詢問近況之後說：「臺灣割讓實非得已，足下銳意經營臺灣的文明

設施，是日本人最歡迎的地方，仁兄多年經營盡瘁的治績，日本人必定會繼承不廢，請兄安心」[175]。

筆者無意研究此事之真偽，也無意說日本人得了便宜還賣乖，只是日本人因為明治維新的「急進騰踴」，把清末中國人筆下的「蕞爾島國」變成了世界強國，而中國人的「曠滯依違」積弱不振，葬送了劉銘傳苦心經營的臺灣。

前舉那麼多人欽佩、讚美劉銘傳，中國人又如何呢？

光緒 14 年 11 月 11 日（1888.12.13）上諭：

> 有人奏疆臣不勝職任，據實糾參一摺，據稱：劉銘傳於撫番、清丈，徒事鋪張，致有卑南之變之事，並任用匪人，漫視民瘼，以致奸民土匪乘機作亂⋯⋯又片奏彰化各處因科派單費、一鄉盡逃，臺南尤甚⋯⋯劉銘傳自簡任臺灣巡撫以來，辦事尚為得力，惟恐操之過急⋯⋯著即抄給劉銘傳閱看，該撫當仰體朝廷開誠訓戒，示以謗書之意⋯⋯一面清釐正賦，禁革規費，並嚴查貪吏，從重懲辦，勿稍瞻徇⋯⋯。[176]

抗法戰爭時，既已「謗書盈篋」，甚至於以左宗棠之尊，湘軍之力，共相抨擊；而朝廷猶力挺劉銘傳，終於挺到法國求和退兵，主要的助力就是醇親王奕譞，「臺自任劉布置」[177]，放手讓劉銘傳施展。而湘系大老閩浙總督楊昌濬與劉銘傳數度深談之後，也理解劉銘傳「創興一切新政，其意不但為保障東南七省已也，且將舉一隅之設施，為全國樹之範焉」[178]，故而經常與劉銘傳聯名上疏，協力合衷以濟。此外則以北洋大臣直隸總督李鴻章為奧援，劉為李之滬上舊部也。

朝廷把參劾的奏摺視為「謗書」，抄給劉銘傳參考，明顯認為那些參奏者所言，都是細微末節、藉端尋釁或公報私仇，或者以原本就存在的老問題來找麻煩，至於「清釐正賦」是百政之本，習於偷漏稅賦的業

---

[175] 伊能嘉矩，《臺灣文化志（上）》，頁 578。

[176] 《諭旨檔（六）》，頁 595-5096。

[177] 《醇親王奕譞致軍機處尺牘》，《法軍侵臺檔補編》，頁 87。

[178] 《劉壯肅公奏議》，頁 50。

戶、百姓起而抗爭，也在預料之中，無論如何都要推行財政獨立的現代化工程，希望劉銘傳堅持到底，建設臺灣成為中國第一個現代化的模範省，給全國各省作榜樣。因此，劉銘傳才可能在守舊派的攻擊、派系的鬥爭，洋商的糾葛和臺灣既得利益者的抗爭中「急進騰踔」，光緒 15 年冬醇王薨，劉銘傳失掉最大靠山，接著光緒帝的老師翁同龢當國，劉銘傳就難以施展[179]。中國的海關請英國人李國泰和赫德管理了幾十年，劉銘傳為了解決基隆煤礦十餘年的沈疴，想請英商合作就不可以，招臺商官商合辦也不可以，還提出所謂「可疑者三，必不可行者五」之說[180]，事已至此，劉銘傳知其不可為，16 年秋接到諭旨之後，堅決請辭，四度堅辭，終於在 17 年 4 月 23 日（1891.5.30）奉上諭「准其開缺」[181]，25 日具摺謝恩，28 日即行交卸（1891.6.4）[182]。他最後的理事奏摺是「臺灣現存各局驟難裁併」[183]，希望他去職之後，新政仍然能維持運作。

　　1888 年 4 月到臺灣，代表各國駐中國使節團，交涉釐金、關稅和樟腦專賣並視察臺灣商務的美國駐華公使田貝，就看出了中國朝廷的用心和劉銘傳新政的重要性，他在考察報告中說：

> 劉銘傳如果真的嘗試成功，其最大的意義，莫過於因此而促使中國大陸各地仿照而施行，隨而為中國帶來為限的進步。（參見本文第六章第四節）

　　前引伊能嘉矩所謂李鴻章致函劉銘傳之說，可以看出日人據臺之歡欣鼓舞。

　　日本人占領臺灣三十六年之後，田中一二在《臺北市史—昭和六年》一書中，仍然盛讚劉銘傳推動現代化之功，而稱他為「鬼才縱橫」之「一代英傑」。

　　臺灣光復之後，國人對於劉銘傳建設臺灣之功，推崇備至，各地有

---

[179] 同前書，頁 7、35。

[180] 光緒 16 年 8 月 22 日上諭，《諭旨檔（六）》，頁 5150-5153。

[181] 《劉壯肅公奏議》，頁 119。

[182] 同前書，頁 120。

[183] 《諭旨檔（六）》，頁 5178。

銘傳路，銘傳幼稚園、銘傳國小、銘傳中學和銘傳大學。與劉銘傳相關的論文、專書，數以百計，網路資料庫檢索方便，不贅錄。

　　若干人在日治時代嗜到殖民化的果實和收到皇民化的紅利，不滿於中華民國政府來臺之後，所獲優待不如日治時代，時有擁日貶中之說。1980 年以後，臺灣民主化、多元化之大變啟動，反對國民黨一黨獨大之反對運動，揚起反中、媚美、親日的大旗，將日人伊能嘉矩、田中一二、竹越與三郎、矢內原忠雄都不曾推崇的後藤新平力捧為臺灣現代化的推手來壓抑劉銘傳。

　　劉銘傳在極為艱困的歷史環境中，肇始臺灣的現代化；後藤新平則是承日本明治維新之餘緒，以帝國主義殖民地統治者，藉其「強力的權力」來推動現代化，「臺灣之資本主義的發達，對於日本資本之帝國主義的發展，大有貢獻」[184]，與「劉的使命，是自行資本主義開發臺灣，以謀富國強兵，藉抗資本主義列國之野心」[185]，二者如何能比擬？身為臺灣人，自稱具有臺灣意識、愛臺灣之人，如此親日、媚日，伊能嘉矩、田中一二、矢內原忠雄都無法接受。

　　國府遷臺之後，大陸學者以階級鬥爭為經，以反清、反封建為緯，痛批劉銘傳者如過江之鯽，不贅舉。近年則高舉抗日民族主義以及統一論、統戰主義之大旗一反昔日之痛批為力棒也不贅述[186]。

　　個人顛倒是非、扭曲史實是說謊；一個時代、一群人基於某種意識形態，某種利益，顛倒是非、扭曲史實，則是集體謊言。以上所言，以劉銘傳為政治工具，為歷史芻狗者，雖能群吠於一時，終無損於劉銘傳為抗法的民族英雄、偉大的巡撫，推動臺灣現代化的奠基者，使臺灣成為中國最進步之一省，為「一代英傑」之史實。

　　史學以求真、存真為第一無上要義，一切的詮釋、解讀、評價、論述，都必須以歷史的真實為基礎；歷史人物的評價尤其如此。不探索

---

[184] 矢內原忠雄著、周憲文譯，《日本帝國主義下之臺灣》，頁 6。

[185] 同前書，頁 7。

[186] 參閱張隆志，〈誰是首任臺灣巡撫：19 世紀中國、西方及日本人眼中的劉銘傳〉，《什麼人物、為何重要—臺灣史上重要人物類（一）》，國立歷史博物館，民國 99 年 9 月，臺北。

真相，抄掇昔人片面、無據之論說來評價劉銘傳，最多也不過是「橫看成嶺側成峰」，得到「不識廬山真面目」的效果；至於把承日本明治維新的餘緒，挾殖民帝國主義政府的武力鎮壓以施政（矢內原忠雄語）的後藤新平，拿來和在守舊、落後的中國，突破萬難「以謀富國強兵，藉抗資本主義列強的野心」（矢內原忠雄語）而「急進騰踔」（伊能嘉矩語）「斷然銳意實行新政」（田中一二語），「把臺灣建設成中國最進步的一個省份」（美國公使田貝、德衛生等語）的劉銘傳相比擬，恐怕也是謝星樓所謂「尿壺比玉器」，徒貽人以不倫不類之譏而已。

　　尹章義完稿於 2014 年 8 月 5 日（法軍砲轟基隆壹百參拾年紀念日），新店，萬山千水樓

原文刊於《臺北文獻》直字 189 期，79-170 頁，臺北市文獻會，民國 103 年 9 月，臺北。原稿對於各國人士之評斷，皆以原文、譯文並列，以昭公信。編輯單位認為英、德、法、日各國文字打字校對困難，且篇幅甚鉅，故刪除英、日文泰半而德、法文盡去之，甚為可惜。章義識於 2017 年 12 月 22 日。

# 大清帝國的落日餘暉——
# 臺北設府築城史新證

## 第一章　導論—臺北設府築城史研究的回顧

臺北是臺北人的炫麗舞臺。臺北不同於臺南的平淡，臺北設府築城史本身就充滿活力，是一齣高潮迭起、曲折離奇的大戲。

康熙 22 年（1683）施琅平臺。次年，臺灣收歸版圖，設臺灣府，下轄臺灣、鳳山、諸羅三縣。急水溪以北，包括今臺南市的北部，臺灣中、北部，甚至於臺灣東部，都是諸羅縣的轄區[1]。但是，諸羅縣番社林立，很少見到漢人。

康熙 35 年（1696），福州火藥庫爆炸。次年，杭州人郁永河奉派到「臺灣之雞籠淡水」採硫製藥以資彌補。他在臺灣府城住了一個月，希望能購齊採硫器具，看到的是「圞圞鼎沸」，談到雞籠、淡水則稱「絕域」[2]，他卻在淡水工作了半年，他在《採磺日記》（習稱《裨海紀遊》中說：

> 近者，海內恆苦貧，臺郡獨似富庶，市中百物價倍、購者無吝色；貿易之肆，期約不愆；傭人計日百錢，趑趄不應召；牧豎屠兒，腰纏常數十金[3]。

他又說：

> 臺土宜稼，收穫倍蓰；為賈販適外洋諸國，則財用不匱；民富土沃，又當四達之海，即今內地民人，襁至而輻輳，皆願出於其市[4]。
> 街市以一折三，中通車行、傍列市肆，髣髴京師大街，但隘陋耳[5]。

---

[1] 藍鼎元，〈呈巡使黃玉圃先生〉：「諸羅千里縣，內地一省同」。《重修臺灣府志》卷24〈藝文志，詩之二〉，頁 761，《臺灣文獻叢刊》第 105 種本。

[2] 郁永河，《裨海紀遊》，頁 16，《臺灣文獻叢刊》第 44 種本。

[3] 同前書，頁 30。

[4] 同前書，頁 31。

[5] 同前書，頁 12-13。

　　當時的臺北，除了通事、社長、社人之類和番社來往交易為生的漢
人之外，惟有「番兒」二十二社[6]。郁永河住在河口，隨著社長張大乘
船逆流而上，「前望兩山夾峙處，曰甘答門，水道甚隘；入門、水忽廣，
瀦為大湖，渺無涯涘」[7]。

　　郁永河所見，即今人所謂之，「康熙臺北大湖」。張大告訴他大湖形
成的故事：

> 此地高山四繞，周廣百餘里，中為平原，惟一溪流水，麻少翁等
> 三社緣溪而居。甲戌四月，地動不休，番人怖恐，相率徙去，俄
> 陷為巨浸，距今不三年耳。指淺處猶有竹樹梢出水面，三社舊址
> 可識，滄桑之變，信有之乎[8]。

甲戌即康熙 33 年（1694）。

　　郁永河在臺灣的經歷，對於臺灣土曠人稀的描述，尤其是「周廣百
餘里、中為平原」的臺北盆地，對於康熙末年的移民潮，起了推波助瀾
的作用。

　　近人也奇蹟似的發現了兩份和臺北的開發關係密切的文件。

　　其一是康熙 48 年（1709）7 月，陳賴章墾號申請開墾臺北平原的
〈墾荒告示〉，告示中說明，在此之前，「約開有田園五十餘甲」；實際
上應不止此數，顯然是郁永河之後漢人入墾的成果[9]。

　　其二，是康熙 48 年 11 月，陳賴章、陳國起、戴天樞等三家墾號「合
夥招耕」的合約。這份合約把原本競爭激烈的三個拓墾公司，變成一個
勢力強大的拓墾集團，奠定了「農業資本主義」在臺北的經營模式[10]，
同時組成「淡水社船」船隊，經營環島和兩岸貿易[11]。這兩份文件不但

---

[6]　同前書，頁 24。

[7]　同前書，頁 23。

[8]　同前。

[9]　參見尹章義，〈臺北平原拓墾史研究（1697-1772）〉《臺北文獻》直字第 53、54 期合刊本，
　　臺北市文獻委員會，民國 70 年 4 月，臺北。收於《臺灣開發史研究》，頁 62-64，聯經出
　　版公司，民國 79 年 12 月，臺北。

[10]　同前書，頁 65-67。

[11]　尹章義，〈新莊巡檢之設置及其職權與功能〉，《食貨月刊》復刊第 11 卷 8、9 兩期，食
　　貨月刊，民國 70 年 11、12 月，臺北。收於《臺灣開發史研究》，頁 303。

臺灣各地所未見，全中國各地也未見，故而學者稱之為「世間稀有的古文書」，它也反映了臺北歷史的炫麗與燦爛。

康熙56年（1717）陳夢林纂修《諸羅縣志》，觀察到臺北的急遽發展：

> 淡水……地廣土沃、可容萬夫之耕……不數年，淡水一大都會矣[12]。

在行政系統中，行政區的設置，永遠趕不上地方的發展。

今天，一個下港人（臺灣南部人、含昔日的臺南府城人）提著行李箱，告訴鄰居：我要來去臺北。指的是臺北盆地及其周邊地區（包括臺北市和新北市）。但是，古早時代並非如此。

明末，中國人稱臺灣南部為「東番」或北港[13]，臺灣北部為「淡水雞籠」（當時尚不知有臺北盆地）[14]。

西元1624年，荷蘭人被驅趕離開澎湖轉據今臺南安平沙汕，他們稱安平為「臺灣」；沿襲葡萄牙人的說法，稱今天的臺南市為福爾摩沙（Formosa）。

1661年鄭成功東渡打敗荷蘭人建立奉大明正朝的延平王國，以安平（臺灣）為東都，在今臺南市區設承天府，南北分設天興、萬年兩縣，番地則設安撫司，由總督周全斌管轄，今臺北屬之[15]。

1683年，施琅平臺。次年，臺灣收歸大清帝國的版圖，屬福建省管轄，設臺灣府、下轄臺灣、鳳山、諸羅三縣，當時人稱臺灣縣（今臺南市中心）以外的地區為「草地」，而急水溪以北的諸羅縣轄區都稱為「臺

---

[12]　周鍾瑄纂修，《諸羅縣志、外紀》，頁143。臺灣銀行經濟研究室編印，《臺灣方志彙刊卷六》本，民國47年，臺北。

[13]　陳第字季立、福建連江人，明萬曆32年12月，（壬寅、1603）隨浯嶼遊擊沈有容勦倭於東番，遍歷臺灣南部各地，撰〈東番記〉一文，是第一篇親臨、目擊、耳聞的紀錄，收於沈有容輯，《閩海贈言》一書中，參見臺灣銀行經濟研究室刊行之《臺灣文獻叢刊》（以下簡稱《臺灣文獻叢刊》，不再說明刊印者及時地）第56種本。

[14]　尹章義，〈與清修《明史》外國列傳《雞籠》篇相關的幾個問題的初步探索〉，《東吳歷史學報》第十期，頁151-177，東吳大學史學系，2003.12，臺北。

[15]　尹章義，〈臺南發展史—臺灣開發史第四章〉，《漢聲雜誌》22期，頁104-115，漢聲出版公司，1989.08，臺北。

北」[16]。

康熙 36 年（1697），郁永河到臺北採硫，仍稱「淡水雞籠」（參見前文）。

康熙 60 年（1721），朱一貴事件爆發，臺灣南部大亂，清廷為了加強控制，在濁水溪以北、大甲溪以南之地設彰化縣（1723 年）；大甲溪以北設淡水廳，（廳治卻選在竹塹，今新竹市）和竹塹、八里坌兩個巡檢（從九品）。八里坌巡檢亦即今臺北地區的地方長官，相當於今天的警察分局長[17]。直到乾隆末年，臺北指的是今天的臺中和彰化[18]，現今臺北區則稱為「淡北」——淡水廳北部，直至設府置縣之前[19]。

乾隆 15 年（1750）八里坌巡檢遷到繁榮的新莊，乾隆 32 年（1767）改稱新莊巡檢[20]。

乾隆 51 年底（1787）林爽文事件爆發，臺北的天地會徒眾響應，卻演變成臺北地區的第一次大械鬥，一個月就平息，臺灣中、南部則繼續大亂了一年，事後，清廷再度調整行政組織、加強管理。由於地方文官員——尤其是淡水同知和上淡水營都司——貪圖港口陋規和稽查升科（繳納田賦），處理治安、詞訟之利，只將巡檢調升為縣丞（副縣長級，從八品），仍納於淡水同知轄下[21]。新莊縣丞和淡水社船，直到光緒

---

[16] 尹章義，〈臺北平原拓墾史研究（1697-1792）〉，《臺北文獻》53、54 期合刊本，頁 1-190。

[17] 尹章義，〈新莊巡檢之設置及其職權與功能—清代守巡檢之一個案研究〉，《食貨月刊》復刊第 11 卷 8-9 期，1981 年 11-12 月出版，食貨出版社，臺北。收入《臺灣開發史研究》。光緒元年（1875）沈葆楨撰寫〈臺北擬建一府三縣摺〉時，淡水社船仍在運作。

[18] 林爽文之役，擔任閩浙總督李侍堯的幕僚，著名的史學家趙翼和嘉慶、道光在臺灣擔任臺灣海防同知、噶瑪蘭通判和臺灣道（1819-1843）的姚瑩，都認為以嘉義、彰化為臺北非常不恰當；錯誤的方位認知必定影響全臺布局。參見尹章義，〈臺灣地名個案研究之一臺北〉，《臺北文獻》72 期，頁 113-128，臺北市文獻會，1985.06，臺北。收入《臺灣開發史研究》一書。

[19] 同治 10 年（1871）陳培桂等修，《淡水廳志、水利》：「淡北外港有水田旱田之別」，頁；57〈番社〉：「淡北武勝灣屯」，頁 58；〈荐礮〉：「淡北石碳拳三二保」，頁 71，不贅舉。

[20] 沈葆楨，〈臺北擬建一府三縣摺〉（1875）和臺灣道夏獻綸，《臺灣輿圖》（1879）都稱「淡北」，詳下。

[21] 尹章義，〈新莊縣丞未曾移駐艋舺考〉，《臺灣文獻》57、58 期合刊本，1982.03 臺北文獻委員會，臺北。

元年（1875）沈葆楨的〈臺北擬建一府三縣擢〉中依然存在[22]，直到光緒5年（1879）才「議裁」[23]。

　　光緒5年擔任臺灣最高長官的臺灣道夏獻綸曾說：「臺灣富庶，以淡水稱最」[24]。沈葆楨也說：「臺北精華，在北路淡水、雞籠一代」[25]，又說：「臺地所產之靛、煤、茶葉、樟腦為大宗，而皆出於淡北」[26]，這樣的寶地竟然從雍正9年到光緒5年（1731-1879）的一百五十年間，都由「佐雜微員」治理，中央政府顢頇無能，又任由佐雜微員治理富庶之區，借端貪墨；視臺北為利藪[27]。

　　光緒元年6月18日沈葆楨上〈臺北擬建一府三縣擢〉，遲至12月20日才核准[28]。臺北既設臺北府和淡水、新竹、宜蘭三縣之後，「臺北」才成為正式地名沿用至今。既然如此，應當趕緊設府分治，為什麼遲至光緒4年（1878）才設府？5年（1879）閏3月淡水、新竹才分別設縣呢？

　　既然光緒4年即設府，為什麼又遲至光緒8年才建城？建城工作由福建巡撫岑毓英主導，要求當年10月就完成；為什麼直到光緒10年，劉銘傳為了法軍侵臺，頂著巡撫銜到臺灣來籌備防務，臺北城仍然沒有完工呢？

　　這些疑點，筆者始終耿耿於懷。

　　1981年，筆者在《臺灣文獻》53、54期合刊本發表〈臺北平原拓墾史研究（1697-1792）〉，以新方法、新觀點、新史料，拓展了臺北史研究的境界；1983年在66期發表〈臺北築城考〉，一改前人之謬說，論定臺北府城建於光緒8-10年（1882-1884）；1985年在72期發表〈臺

[22]　沈葆楨，〈臺北擬建一府三縣擢〉《福建臺灣奏摺》，頁57，《臺灣文獻叢刊》第29種本。

[23]　夏獻綸，，《臺灣輿圖》〈淡水縣輿圖說略〉：「近十二里有新莊縣丞，今議裁」，頁39，《臺灣文獻叢刊》第45種本。

[24]　同前，頁38，該篇首句。

[25]　沈葆楨，同治13年（甲戌，1874）5月丙寅（25日奏摺，《同治甲戌日兵侵臺始末》，頁28，《臺灣文獻叢刊》第38種本。）

[26]　同註11，頁57。

[27]　同註11，頁58，「非佐雜微員所能鎮壓」。

[28]　《德宗實錄》光緒元年12月20日癸未條。《東華續錄》則繫於12月22日乙酉條。

灣地名個案研究之一臺北〉；1989 年在《漢聲雜誌》20 期發表〈臺北盆
地的開發〉，此後，陸續發表許多與臺北相關的論文，並撰寫臺北盆地
內的新莊、泰山、新店、五股、林口等鄉鎮志，對於臺北有比較深入的
了解，[29]對於建城仍然無所知。

　　民國 82 年底，臺北市政府捷運工程局在捷運南港線 CN253B 標工
程施工時，在忠孝西路、館前路口和懷寧街口（原臺北府城北牆中段），
挖到臺北府城牆遺址，由於崩陷面積太大而曝光，引起平面和電子媒體
極大興趣，捷運局不得不依《文化資產保存法》報請相關機構處理，[30]並
委託李乾朗教授從事深入調查，撰成《臺北府城牆及砲臺基座遺址研
究》，對於構成臺北府城基礎的木樁、石礎及其結構，有較深入的科學
研究，揭露了臺北府城牆掩藏多年的地下秘密。[31]

　　1996 年，臺北市政府又委託楊仁江教授，對於臺北府城唯一殘留
的北城門，作了實體的調查和研究，撰成《臺北府城北門之調查研究與
修護計畫》，不但對於臺北府城地上部分，做了深入的科學研究，也秉
持其一貫的精神，對於臺北築城史也做了深入探討。[32]

　　2004 年，為了慶祝臺北建城 120 周年，舉辦「第一屆臺北學國際
學術研討會」，主辦單位希望筆者從比較廣闊的視野，分析臺北城形成
的時、空背景和臺北人與眾不同的精神特質，筆者也從其所願的發表〈臺
北歷史的飛躍發展與臺北人的精神特質〉一文。[33]

　　同年，《歷史月刊》也向筆者邀稿，希望能寫些比較有趣的故事，
尤其是有臺北城的風水。今人看來，風水理論富含迷信色彩，卻是深入
人心；在古代則是重要的「擇址理論」，筆者也遂主編之所願，在該刊

---

[29] 關於筆者寫作有關臺北的論文和地方志甚鉅，難以盡舉，請進中國文化大學史學系網站或輔
　　仁大學歷史系網站檢索。

[30] 臺北府城四面圍牆都已開挖築成地下電車路，只有北城牆一小段城基因為露餡，引起輿論關
　　切而不得上報權責機關處理，其他路段似乎臺北市捷運工程自行處理掉了。

[31] 李乾朗、周宗賢，《臺北府城牆及砲臺基座遺址研究》，臺北市政府捷運工程局，1995.03，
　　臺北。

[32] 楊仁江，《臺北府城北門之調查研究與修護計畫》，臺北市政府，1997.06，臺北。

[33] 臺北市政府文化局編，《第一屆臺北學國際學術研討會論文集》，臺北市政府文化局，2006.01，
　　臺北。

第 195 期，發表了〈臺北簡史—臺北設府築城百廿年祭〉。[34]

今年是臺北設府築城 130 周年，臺北市政府也宣布了臺北府城西門的重現計畫，各方交相詢問臺北府城興工、完成的時間，臺北府城的工、料、施工法；更多的人想了解臺北城的風水。臺北市文獻會邀請筆者參與「臺北建城 130 周年紀念（建城篇）口述歷史座談會」，[35]《臺北文獻》也邀請筆者再寫一篇具有紀念意義的論文，由於盛情難卻，我都一一答應。

筆者發現，遠在康熙 56 年（1717），陳夢林在《諸羅縣志》中即謂：

**雞籠煤炭產於積薪無用之區，移置郡治，即為無窮之利。**[36]

臺灣和福建，非常迷信風水理論，不輕易破壞風水開礦，[37]陳夢林具有如上見識，非常傑出。想不到西元 19 世紀，蒸氣鍋爐架上了船舶、戰艦。列強不必仰賴風濤順利即可操縱自如的侵略中國。位居西太平洋島鏈的中央，又是良港、又富煤藏的雞籠，就成為列強覬覦的目標，其重要性倍升。導致沈葆楨建議在臺北設置一府三縣的同治 13 年（1874）的瑯嶠事件，新興的日本藉口懲番，出兵侵略臺灣，軍隊雖然在恆春登陸，但是外國使節和負責臺灣安危的沈葆楨都知道日本人「意傾臺北」。[38]

光緒元年（1875）12 月 20 日，朝廷核在臺北准設一府三縣，但是，府治到底要設在雞籠還是艋舺，卻始終游移不定，最終由於基隆港腹地太小而改設艋舺。府治雖定而府城卻又延宕，其原因也與地方官態度游移相關。中法戰起，法軍也以基隆為主要目標，縱使如此，臺北盆地仍以其優越條件，終於成為陳夢林筆下所謂的「一大都會」。本文詳細論

---

[34] 《歷史月刊》第 195 期，頁 34-42。歷史智庫出版公司，2004 年 4 月，臺北。

[35] 「臺北建城 130 周年紀念」（建城篇）口述歷史座談會紀錄，參見《臺北文獻》第 187 期，頁 22。

[36] 《諸羅縣志、外紀》，頁 146。

[37] 尹章義、洪健榮等，《五股志》第七篇第一章〈中國傳統風水理論對五股的影響〉，五股鄉公所，1997，臺北。

[38] 日本人派遣間諜成富清風化名劉穆齋潛伏艋舺、軍艦窺基隆、進窺蘇澳花蓮，以及日本與李仙得等據諸事，詳下文。

沈葆楨，〈致李子和制軍〉（閩浙總督李鶴年）：「倭奴駐兵瑯嶠而意傾臺北」，《沈文肅公牘》，頁 19，臺灣省文獻會，中華民國 87 年，南投。

證於下。

　　本文雖然有新觀點、新史料，但是，為了論述完整和行文方便，其中必有若干文字和筆者過去的論述有重疊之處，則請各位讀者體諒。

# 第二章　　列強覬覦雞籠煤礦

## 第一節　　第二次的國際角力決定臺北的命運

　　1661 年（永曆 15，順治 18）鄭成功打敗了日本、西班牙、葡萄牙和荷蘭人，成為東亞的海上霸主，在臺灣奉大明正朔，成立由永曆皇帝冊封的延平王國。[39]

　　15 世紀末期，歐洲濱海各國，興起擴張主義的浪潮。16 世紀中，英國、西班牙、葡萄牙、法國都從征服活動中飽掠金銀財寶和香料等物質富裕母國。

　　1579 年耶穌會士到達澳門，1583 年，利瑪竇進入肇慶，展開對華傳教工作，他們很訝異於中華帝國的文明鼎盛、科技發達和人民生活的富裕。[40]消息傳回歐洲，引起歐洲各國的覬覦，葡萄牙、西班牙、法蘭西、英吉利相繼東來。

　　1600 年，英國數個遠方貿易公司為了增強競爭力，合組東印度公司，是結合政府、海軍、海商、海盜為一體且擁有獨占權的武裝貿易集團；西班牙在法國北方的屬地，以阿姆斯特丹、鹿特丹為首，聯合各北方城邦，建立「自由尼德蘭」和「聯省共和國」（荷蘭的前身）。在抗西戰爭期間，1702 年即組織「聯合東印度公司」（簡稱 VOC），由國會授

---

[39] 尹章義，〈延平王國的性質及其在國史上的地位―兼答廈門大學鄧孔昭教授〉，《長共海濤論延守―紀念鄭成功驅荷復臺三百四十周年學術研究會論文集》，上海古籍出版社，2003.7，上海。又刊於《歷史月刊》2002 年 6 月號；《輔仁歷史學報》第 13 期，2002 年 6 月，輔仁大學史學系，臺北。

[40] 尹章義、曾惠明，〈晚明中醫與西醫的一場戰爭―利瑪竇利用三稜鏡征服中國〉，《歷史月刊》234 期，歷史智庫出版公司，2007 年 7 月，臺北。

又：尹章義、曾惠明，〈明清之際中醫與西醫的第二場戰爭―鄧玉函的落伍解剖學和吳有姓《瘟疫論》傳染病學的飛躍〉，《歷史月刊》235 期，歷史智庫出版公司，2007 年 8 月，臺北。

權，給予好望角以東的貿易權 21 年，賦予設置軍隊、法官、傳教士，代表政府宣戰、媾和、訂約及以占有土地、建立堡壘等特權。

　　1602 年 VOC 即派韋麻郎率艦隊東來，兩度攻打澳門的葡萄牙人，不克；1604 年轉據澎湖，不久為沈有容所逐退。1619 年，荷人將英吉利人趕出雅加達，建巴達維亞城，設總督，作為荷蘭東方帝國的首府。1622 年荷人再據澎湖，1624 年為俞大猷之子俞咨皋所逐，轉據臺灣沙汕，建奧倫治城（今安平，1627 年稱熱蘭遮城），打敗日本人和西班牙人（1626 年據雞籠淡水，1642 年被荷人逐出），1661 年鄭成功以大明招討大將軍延平王朱成功的名義東征，次年荷蘭人敗退，前後據臺 38 年。[41]

　　17 世紀的臺灣爭奪戰，延平王國大勝。當時歐洲與中國的科技旗鼓相當；朱成功為海上霸主鄭芝龍之子，熟悉東亞海域，能征慣戰，又心懷國仇家恨，故能一舉打敗荷蘭、建立延平王國。

　　1840 年，英國派遣遠征軍，以要求中國賠償林則徐焚燬鴉片煙的英商的損失，發動「鴉片戰爭」，中國慘敗，受到歷史上從來沒有的屈辱，簽訂〈廣州和約〉、〈南京條約〉。從此以後，外亂接踵，敗戰之餘、喪權辱國的條約不斷。當時的中國人深受列強之侵侮，知道列強仰仗「船堅砲利」，遂興起「師夷長技以制夷」的念頭而展開一連串的「洋務運動」、「自強運動」，到了民國初年，則歸總為「德先生與賽先生」（民主與科學）。

　　19 世紀的西力東漸不僅改變了中國的歷史、更決定了臺灣、臺北的命運。[42]

---

[41] 摘自尹章義，〈臺南發展史〉，《漢聲雜誌》第 22 期，漢聲雜誌社，1989 年 8 月，臺北。以及〈福爾摩沙原住民部落對抗荷蘭帝國的戰爭〉第一章「邪惡的西班牙帝國」；第二章「荷蘭帝國與聯合東印度公司的形成」；第三章「紅毛番一詞的由來」，《歷史月刊》185 期，歷史智庫出版公司，2003 年 6 月，臺北。

[42] 葉振輝，〈鴉片戰爭與臺灣〉，《臺灣文獻》43 期，臺灣省文獻會，1992.06，臺中。

## 第二節 火輪東來

英國遠征軍凡英軍四千、兵船十六、武裝輪船四，1840 年 6 月抵粵、4 月占定海，8 月進逼天津大沽口，舉國大震。1841 年 8 月，英軍二度北上，陷廈門、定海、鎮海、寧波，1842 年 5 月陷乍浦，6 月陷吳淞、上海，7 月攻占鎮江、兵臨南京城下。[43]

英軍之所以能摧枯拉朽，所恃者在於「巨艦」和最新科學利器的「火輪船」。傳統船艦端賴人力和風帆，仰賴「風濤順利」，尤其在東亞海上，受季節風之影響極大，無法隨意調整動向，是為致命傷。巨艦和船堅（包鐵皮）砲利（巨砲）非中國所不能為，但是「火輪船」則是中國人「聞所未聞，見所未見」。關於火輪船之具體、細部描述，首見於道光 22 年 11 月 21 日（1842.12.22）閩浙總督怡良的奏摺中：

> 夷酋僕鼎喳於十九日抵廈……有話欲與臣面說……二十四日行抵廈門，接見竇振彪，知二十二日與夷酋相見，絕不言及何事，但與該提督觀看兵船、火輪、砲位……未刻帶同委員等至彼船上，亦請看其船式制度、火輪砲位，極言其所造之難、行走之速。臣雖不知兵，而其長大、堅厚之狀與師船迥不相同則瞭然可觀。

> 其兩旁所列之砲，長不及四五尺而有三千斤之重，圍圓皆有七、八尺；蓋在船施砲，總以能旋轉裝藥為主。至火輪之輪，高有兩丈餘，兩邊各有機軸轉，與車之同為一軸者不同。其艙中惟有兩櫃，機輪悉在其中，但見橫列六大竈，各深八、九尺。據說每日用煤四十擔，用水五萬數千餘斤，但如何激動火輪，則無從測其端倪。

> 二十六日未刻，僕酋上岸，於沿海公所再晤……出文底請臣閱看……如不為咨遞，則伊自遣火輪船送至江寧等語……茲復見夷人馳入，則沿海濱江一帶無不震恐……臣密詢內地能否仿作？

---

　　竇振彪說：內地無此木材，亦無從得此大砲⋯⋯

　　⋯⋯內地之兵亦不能駕駛⋯⋯即有其人，尚須看臨時之風水⋯⋯
　　外海之戰，無不乘潮乘風，一有不利，祇能儘力往前，斷不能逆
　　風潮而退回。[44]

　　英軍之強，不僅在船堅砲利，更在於蒸氣鍋爐產生的龐大動力，不
必「乘潮乘風」即可以進退自如，左轉右彎、操縱靈活，不像當時中國
兵船「祇能儘力往前，斷不能逆風潮而退回」，因此，中國微弱的水師
只有挨打的份！

　　既然閩浙總督怡良「密詢」能否仿作，朝中大臣自然也希望中國能
製造火輪戰船和英軍抗衡，因此，以造船、購艦，建立北、南洋海軍為
主要目標的洋務運動便逐漸展開，產煤的雞籠的地位，也倏然重要起來。

　　其實早在道光 20 年（1840）7 月初 8（丙申），閩浙總督鄧廷楨追
查「英夷火輪船、兵船」的奏摺即云：

　　閩洋緊要之區，以廈門、臺灣為最；而臺灣尤為該夷歆羨之地。[45]

　　假若「英夷」歆羨的只是貿易經商之利，臺灣與全國各地無殊，既
然是「尤為歆羨之地」？其中的關鍵就在於產煤的雞籠。

　　當時的臺灣道是桐城名進士姚瑩，而一代名將，晉封太子太保的前
福建水師提督王得祿也退休在籍（嘉義），姚瑩向他請教之後奏報：

　　前提臣王得祿，曾在粵洋，深悉夷情。臣姚瑩函詢戰守機宜，據
　　云：夷人船高砲烈，不宜輕與決戰海上，應以嚴守口岸、密防內
　　奸為先。[46]

　　王得祿放棄海戰而嚴守陸地的戰略，非常高明。但是他提到「夷人
船高砲烈」而沒提到火輪，姚瑩在鴉片戰爭期間的奏摺也不曾提到火

---

[44] 道光 22 年 11 月 21 日乙酉，閩浙總督怡良奏言，《籌辦夷務始末選輯》，頁 108-110，《臺灣文獻叢刊》第 203 種本。

[45] 《籌辦夷務始末選輯》，頁 14-15。

[46] 姚瑩，〈會商臺灣夷務奏〉，道光 20 年 9 月 22 日奏。

輪，或許英船只是探煤而已。

　　鴉片戰爭期間，英艦五犯臺灣俱嚐敗績。[47]

　　第一次是 1841 年 9 月中，英艦突入雞籠口，與守兵砲戰，運兵船「尼爾不達號」（Nerbudda）觸礁，斃 32 人、擒 133 人。第二次是 1842年 3 月，守軍計誘巡弋之英艦安（Ann）號入大安港觸礁，斃數十，擒49 人。兩獲英俘共 182 人，除了移監途中和在獄中亡故者外，均於 1842年 6 月 6 日之前在臺灣府校場處死。

　　鴉片戰爭期間，大陸沿海全面潰敗，在臺灣卻是俘獲三艘英艦、俘虜近二百人，並奪回英軍在定海、鎮海掠奪的武器和物品。[48]由於殺俘事件，臺灣地區的最高文官臺灣道姚瑩和最高武官臺灣鎮達洪阿兩人，在建立大功獲重賞之後，又因為要平撫英人的抗爭而「治以貪功妄殺之罪，革職拏問」[49]

　　1712 年，英國人紐科門發明活塞往復運動型蒸氣機，1765 年，瓦特發明迴轉運動蒸氣機，1800 年發明高壓蒸氣機。1807 年美國人富爾頓，將蒸氣機用在船上，1815 年生產蒸氣動力戰艦，1818 年生產鐵殼蒸氣動力船，風帆成為輔助動力。1933 年，蒸氣機用在鐵路上，具有大量運輸的功能。歐美各國的科技發展，使得他們對外擴張更具優勢。中國並沒有相應的發明，水師仍停留在風帆時代，面對新的形勢，「用兵之道全未經歷」因而「束手無策」。[50]

　　列強各國的火輪船東來，必須就地添煤、加水，雞籠既是良港又富煤礦，自然變成各國覬覦的對象，其重要性因而條升。

## 第三節　列國環伺雞籠煤

　　1847 年（道光 27）英艦忠誠號到雞籠，戈敦少校（Cordon）確認

---

[47] 道光 22 年（1842）軍機大臣穆彰阿等奏，附達洪阿、姚瑩供詞，《籌辦夷務始末選輯》，頁 149-150。

[48] 同註 42。

[49] 道光 22 年 12 月 11 日乙酉，上諭，《籌辦夷務始末選輯》，頁 123-124。

[50] 《籌辦夷務始末選輯》，頁 111-112。

雞籠產煤、質量均佳。1850 年，英國駐華公使兼香港總督「夷酋嗳唵」（S. G. Bonba）行文閩浙總督，要求雞籠之媒供應英國船艦之用。

1850 年（道光 30）7 月 25 日乙酉，閩浙總督劉韻珂等奏：

> 臣劉韻珂接夷酋嗳唵照會，欲求採購雞籠山煤，以備火輪之用。臣以臺灣非通商之地……該地向不產煤，居民亦從無燒煤之事。雞籠山為全臺總脈……久禁開挖，以培風水，此事斷不能行。本年三月二十六日，有英吉利火輪船一隻駛進雞籠口停泊，謂：欲赴天津公幹，船中缺少煤炭，求為代買……臣復飭淡水文武時時密查，如有私挖煤炭者，立即杖斃，以杜勾串夷人之漸。[51]

上諭謂：

> 所稱該夷欲求採購臺灣雞籠山煤炭一節，該督等以不應違約，正詞拒絕，自是正辦。[52]

顯然朝廷也知道所謂「向不產煤」、「全臺風水總脈」等，都是推諉之詞，邪僻之言，根本阻止不了英國人的索求。果然，嗳唵又生一計，要求將福建港口「另換臺灣地方作為港口」[53]已為雞籠開港寫下伏筆。

同年 9 月 20 日（甲寅），閩浙總督劉韻珂等又奏：

> 自道光二十六年以後，節據臺鎮、道稟報：淡水廳屬之雞籠山一帶洋面，時有英夷船隻駛往游奕。臣等查知，雞籠附近各山有產煤處所，該夷火輪船隻需用此物；其頻年駛往，未必不有所垂涎……糾合各鄉士民，公同查禁，並刊立禁碑嚴密防範在案。本年三月，駐福州夷目金執爾呈投英酋嗳唵照會，果以採煤一事遽行干請，經臣等備文照覆，正言拒止。[54]

雞籠位居西太洋航線南北孔道之中，既為良港富煤炭，地位置又絕

---

[51] 《籌辦夷務始末選輯》，頁 152-153。

[52] 同前書，頁 154。

[53] 道光 30 年（1850）7 月 26 日丙辰，欽差大臣兩廣總督徐廣縉、廣東巡撫葉名琛奏，頁 158-160。又，同日福建巡撫徐繼畬奏，同前書，頁 160。

[54] 同前書，頁 156-157。

佳，各國覬覦，勢所必然。新興的美國也不例外。

1783 年獨立戰爭剛結束，美政府便改裝一艘武裝私掠船「中國女皇號」（Empress of China）從事東方貿易，1832 年又成立美國東印度艦隊。1848 年美國政府決定開闢由舊金山到上海的北太平洋航線，準備在產煤著稱的雞籠，設立貿易基地和儲煤站，擴展對中貿易。

1852 年，美國以四艘動力軍艦組成遠征軍，由培裏（M. O. Perng）率領東來，到香港與東印度船隊會合，再到日本叩關，1854 年 2 月訂定神奈川條約，日本開放對美貿易，並以函館、下田為美艦基地。[55]

1854 年 6 月，培里派亞伯上校（Captain Abbot）率兩艦到雞籠藉口尋找海難漂流民調查煤的分布和蘊藏量，二艦全程逆風、逆流到達。測繪雞籠港圖和煤礦分布圖，購煤、添水之後離去。培里認為美國政府應該單獨在臺灣採取機先行動，建立一個美國殖民地，做為美國發展東方商務的中心。[56]

1856 年（咸豐 6）英法聯軍攻陷廣州，強迫清廷增開商埠，1858 年 5 月，清廷與俄、美、英、法四國，增開「臺灣」為口岸，法約中增列「臺灣淡水」字樣，1860 年（咸豐 10 年）中英、中法訂立北京續約，增設淡水之八里坌為口岸，設滬尾海關。

1861 年（咸豐 11）12 月，設立「總理各國通商事務衙門」，以恭親王奕訢親自掌理中國一切涉外事宜，臺灣（今臺南）淡水皆為轄下條約通商口岸。

1861 年（咸豐 11）4 月 14 日，總理衙門奏，日耳曼（德意志，今德國）要求「在臺灣之雞籠、浙江之溫州開港通商」，該衙門以「均為各國條約內所無」而「嚴行駁斥」。[57]

---

[55] 尹章義，〈美國的擴張主義與臺灣的命運—160 年來美臺關係的回顧〉，《歷史月刊》219 期，歷史智庫出版公司，2006 年 4 月，臺北。

[56] 庄司萬太郎，〈米國人の臺灣領有計畫〉，《史學科研究年報》第一輯，頁 361-427，臺北帝國大學文政學部，臺北。黃嘉謨，《美國與臺灣—1784-1895》，中央研究院近代史研究所，1966，臺北。第二章第二節「臺灣煤礦勘探」，頁 22-80 以及第三章第二節「建立臺灣基地的主張」，頁 134-141。

[57] 《籌辦夷務始末選輯》，頁 253-254。

　　連新興的德意志都要插手雞籠的煤礦，可見各國覬覦之殷切。

　　1861 年（咸豐 11）到臺灣擔任英國領事官的郇和，1863 年（同治 2）移駐淡水（6 月 22 日開關啟徵），要求以雞籠作為淡水的外口，設立副稅司管理。[58]也於是年 8 月 19 日開關啟徵，各國輪船終於可以自由進出雞籠港添煤加水了。[59]

　　1867 年（同治 6 年）9 月，總理衙門由於議戰議和、修約改口，列強以各種詭謀譎計輔以船砲威脅，而束手無策，遂以「總理衙門信函」，向相關的官員們請教，希望官員們「審時度勢，妥籌萬全以濟時艱」，起首即謂：

> 泰西各國，僻處海外，其先散而無統，不過一島夷耳。自有輪船、輪車。而遠者可近、遲者可速，互相要約，居然一列國也。[60]

　　雖然不了解輪船、輪車形成的政治、經濟與意識型態背景，總理衙門卻深知蒸氣鍋爐所產生的動力驅動的交通工具和戰艦，澈底改變了「泰西各國」和中國的命運，輪船和輪車成為中國自強的第一要務。

## 第四節　福建船政局與日軍侵臺

　　1861 年（咸豐 11），曾國藩在安慶設立「內軍械所」，製造洋槍洋砲，洋務運動正式展開。1862 年（同治元），李鴻章在上海設洋砲局。1863 年 5 月，左宗棠出任閩浙德督、攻下杭州，試製小輪在西湖試航，[61]1865 年江南機器製造總局成立，左宗棠赴粵督師，1860 年 5 月初回閩，18 日即上《擬購機器雇洋匠試造輪船先陳大概摺》云：

> 自海上用兵以來，泰西各國火輪兵船直達天津，藩籬竟成虛設，星馳飆舉，無足擋之……從前中外臣工，屢議雇、買、代造，而

---

[58] 同治 2 年 8 月 25 日己亥，福州將軍者齡、閩浙總督左宗棠、福建巡撫徐宗幹等奏，同前書，頁 279-280。

[59] 同治 3 年（1864）正月 17 日己未，閩浙總督左宗棠等奏，同前書，頁 280-282。

[60] 同前書，頁 294。

[61] 左宗棠，《左宗棠全集、奏稿三》，頁 640。

> 未敢輕議設局製造……防海之害而收其利，非整理水師不可，欲
> 整理水師，非設局監造輪船不可。[62]

是年7月設立「福建船政局」，8月左宗棠即調任陝甘總督，9月上
〈請簡派重臣接管輪船局務摺〉，推荐沈葆楨接管：「臣維輪船一事，勢
在必行，豈可以去職在邇，忽為擱置……丁憂在籍前江西撫臣沈葆楨，
在官在籍久負清望，為中外所仰……臣曾三次造廬商請，沈葆楨始終敬
謝不遑……」，[63]沈葆楨承諾擔任「總理福建船政大臣」之後，左仍奏請：

> 此后船局遇有陳奏事件，仍由沈葆楨會銜以昭大信。[64]

欲以二人之威望，確保國輪國造的政策能順利執行。前引「總理衙門
信函」之奏摺，仍然重述其事，可見二人連手，果然受到格外的重視。[65]

雖然如此，左宗棠仍上〈船局創始之初本可期以速效片〉：

> 此時東南要務，以造輪船為先著，人皆知之。其所以不敢遽議及
> 此者，以事體重大，工費繁重，難要其成，遂莫執其咎，其留意
> 此事者，又率存姑為嘗試之心，欲泯其學習制造之迹，彼亦靳不
> 肯與……既開設船局，名正言順……此局創設固已嫌遲，然所重
> 者，在盡洋人之藝事與夫駕駛之方，實未可期以速效……創始之
> 初，所費必多……現在洋人聞有開設船廠之舉……如有靡費之
> 說，不可聽也……。[66]

從以上所引述的幾個奏摺，即可看出當時要推動國輪國造政策，面
臨多少艱難，經費固然是一大問題，守舊派和洋商的阻礙，更是難以逾
越的一道鴻溝，而沈葆楨所遇到的最大障礙，竟然就是福建巡撫吳棠。
左宗棠接任陝甘總督之後，朝廷就任命英桂、吳棠接手以為箝制，[67]幾

---

[62] 同前書，頁610。

[63] 同前書，頁131-134。

[64] 同前書，頁344。

[65] 同治6年（1867）9月15日乙丑，〈總理各國事務恭親王等奏引〉，同前書，頁293。

[66] 同註2，頁169-170。

[67] 同治5年9月27日上諭：「諭左宗棠變通閩浙兵制、減兵加餉、練兵造船未盡事宜由英桂
　　等辦理」，《左宗棠全集、奏稿三》，頁128。

經折衝之後，仍由沈葆楨總理船政，[68]但是福建巡撫吳棠卻始終萬般掣肘，終於左宗棠以西征陝甘捻亂之功和準備西征新疆回亂，堅持一切以船政為重。清廷才將吳棠升任四川總督、離開福建，才搬開攔路的大石頭[69]。

　　從同治 6 年起，開闢廠區、整地、造船塢、造焦煤煉製廠、煉鋼廠、訓練造船工人、管輪。迨及同治 13 年（1874）日軍攻臺發動琅嶠事件之前，沈葆楨已經造成千噸以上大船十艘、五百噸以上的小船五艘，[70]可見其勇於任事、成就非凡，琅嶠事起，清廷即「派沈葆楨帶領船輪、兵弁以巡閩為名，前往臺灣一帶，密為籌辦」，[71]不久即「授沈葆楨為欽差臺灣等處海防兼理各國事務大臣，以重事權，所有福建鎮道等官均歸節制，江蘇、廣東沿海各口輪船，准其調遣」。[72]所謂養兵千日用在一時，左宗棠苦心擘畫、沈葆楨努力經營的福建船政局和初具規模的船隊、水師，在甲戌援臺之役，及時用上，也使得沈葆楨與臺北結下不解之緣，其聲望也日隆。

　　煉製焦煤、煉鋼、輪船都需要大量雞籠煤。

　　1869 年（同治 8）9 月，總理各國事務衙門與列強議修新約時，各

---

[68] 同治 5 年 10 月 13 日上諭「渝沈葆楨總理船政」，同前書，頁 137。

[69] 李國祁，《中國現代化的區域研究—閩浙臺地區，1860-1916》，頁 281-282，中央研究院近代史研究所，1982，臺北。

　　左宗棠出任陝甘總督辦軍務、處理西捻、回亂和新疆南、北路的阿古柏政權，直到光緒 3 年阿古柏自盡、奪回伊犁；同一時期，李鴻章、沈葆楨等又要處理日本侵臺和海防問題，當時大清帝國民窮財盡，資源有限，捉襟見肘，故論者有所謂「海防與塞防之爭」的說法，其實中國同時遭受西北維吾爾獨立運動和英俄的壓迫，東方沿海又有列強火輪、鐵甲船的壓力，如何分配有限資源，相當為難。左宗棠深知海防的重要，西北邊塞初定後又擔任兩江總督，中法戰爭爆發，劉銘傳援臺，左宗棠為欽差大臣督辦福建軍務，是故，所謂「海防塞防之爭」的說法，甚屬無謂。

[70] 沈葆楨在福州造船廠的造船清單，明治 7 年（1874）8 月，日本人根據日意格（Prosper Giquel）著述的小冊子謂：「1869 年後於福州造船下水之十五艘軍艦之明細書，譯自法國牧師日意格著述之小冊子，因其人為造船廠之師傅，故確是以為證」，見於國史館臺灣文獻館編印，日本臺灣蕃地事務局所編之史料《處蕃提要》，頁 367-368。該館黃得峰、王學新譯本，2005，南投。

[71] 王元穉，《甲戌公牘鈔存》，頁 29，同治 13 年 3 月 29 日占諭。《臺灣文獻叢刊》，第 39 種本。

[72] 同前書，頁 38，同治 13 年 4 月 14 日上諭。

國緊盯雞籠煤供給洋船一事，曾國藩、李鴻章、沈葆楨等「覆議摺內均以該國屢次堅請，有不允不休之勢，自可酌量開辦……況中國現已自造輪船，亦不能不豫為取用地步，非專為洋人開採」。[73]雞籠官營挖煤，終成定局，船政局亦大量使用雞籠煤。

同治 13 年（1874）日本出兵臺灣，5 月初 2 日，淡水廳陳星聚稟稱：

> 「有日本兵船一隻，船名牧源源吾，載兵一百多名，由臺南繞後山一帶過噶瑪蘭洋面，駛進雞籠口，買煤一百五十噸開去。」[74]

日本侵略臺灣，竟然還到雞籠買煤，這是多麼駭人聽聞的事，從此以後，雞籠在清廷心目中，不啻為東南第一要地。

# 第三章　牡丹社事件與臺北地位的倏升

## 第一節　日本矢志占有臺灣

明治 7 年（同治 13、1874）5 月 6 日（3 月 21 日）下午 7 時，日本陸軍少佐兼福州領事、征臺軍前鋒福島九成少校，乘坐日本軍艦「有功丸」，在落日餘暉下，毫無阻攔地駛進臺灣南端的瑯嶠港，隨行的有美軍海軍少校克沙勒（Dougas Cassel）和中尉華生（Tames R. Wassen），7 日晨，福島請美軍軍官一同登陸，克沙勒請福島一人先行上岸，並且祝賀福島是大日本帝國遠征軍登陸臺灣第一人。10 日，日艦明光丸、日新號到達；13 日，孟春號抵達，14 日三國丸抵達，一路暢行無阻。[75]

5 月 9 日（3 月 24 日），英國駐打狗領事額勒格里和英軍賈美綸聽到消息，趕往瑯嶠查看，5 月 10 日回程，又見日本兵船兩艘駛往瑯嶠，即時告知臺灣道夏獻綸，夏獻綸稟報上司福州將軍文煜和浙閩總督李鶴

---

[73] 《籌辦夷務始末選輯》，頁 368。

[74] 同註 33 書，頁 71。又：欽差大臣沈葆楨等奏，頁 72。

[75] 福島九成，明治 7 年 5 月 16 日，〈上函大隈長官有關兵艦抵瑯嶠港當地實況併附筆談等其他文件〉，《處蕃提要》，頁 174-175。

年，並謂：「傳說日本曾經告知北京大臣，以生番係屬界外，准其前來勦辦」，[76]文煜轉陳當時掌管涉外事務和海防的總理各國事務衙門（當時簡稱「總署」）。總署首先以在中國的外國使節提供的消息和日本、香港、上海等地的新聞報導，各地方官的奏報略有異同為理由，推卸責任的私心自忖，覆函給文將軍謂：「以理揆之而疑其未確」、「以勢度之而疑其未確」，[77]或謂：「似有未確」。[78]等到事證明確了，又把責任推給臺灣地區的最高長官臺灣道夏獻綸謂：

　　臺灣道視為番界尋釁，勢難禁止，殊屬意存推諉，不知緩急。[79]

　　其實根據日方特派使節外務大丞柳原前光 6 月 21 日和總理各國事務大臣吏部尚書毛昶熙、戶部尚書董恂在總理衙門的對談紀錄中，柳原質問中國「將如何處置施以殘殺之生番」，總理大臣即謂：「生番我朝實莫可奈何，由於乃化外之野番，故極難治」，又謂：「不制止生番暴戾，為我政教之所未逮也」。故而柳原主張「化外孤立之番夷，則僅歸於我獨立國所處置」。[80]

　　也就是說，中國中央與地方的高官，對於現代國家的「主權觀」，缺乏最基本的認識，也都推諉責任。

　　當時在總署任職的中級官僚孫士達，是夜即招柳原的隨從鄭永寧至其寓所謂：「老衰之大臣等輕率答話，甚為迂濶」。[81]殊不知事關國家主權，掌管涉外事務的總理大臣，既不可迂濶，更不可「輕率答話」！孫士達也忘了大夫無私交之義，他的言行也被日本人記錄下來。

　　在中國朝野心目中，日本只是「蕞爾一島國」[82]或「東洋一貧弱小

[76] 夏獻綸，〈臺灣道稟總督將軍〉，《甲戌公牘鈔存》，頁 8，《臺灣文獻叢刊》第 39 種本。鈔存者王元穉，閩縣人，臺灣道幕。

[77] 同前書，頁 18-19，〈總署覆福州將軍文煜函〉。

[78] 同前書，頁 20，〈總署致文將軍函〉。

[79] 4 月丙戌（14 日、05.29）〈總理各國事務恭親王等奏〉，《同治甲戌日兵侵臺始末》頁 5-7。《臺灣文獻叢刊》第 38 種本。又《甲戌公牘鈔存》，頁 36-37。

[80] 《處番提要》，頁 92-93。

[81] 同前書，頁 93。

[82] 《申報》，同治 13 年 7 月初 7（0818），〈再書「日本紳民公稟」後〉。《臺灣文獻叢刊》《清季申報臺灣紀事輯錄》，頁 263，第 247 種本。

邦」，[83]為什麼「東洋一小國，新習西洋兵法，竟敢借端發難」，[84]又為什麼「以一小國之不馴」，大清帝國「備禦己苦無策？」，[85]為什麼小日本敢於興兵犯臺，直入無人之境？

其實原因極其複雜：

日本據臺初期研究臺灣的權威學者伊能嘉矩的《臺灣文化誌》一書，專設「日本の臺灣經略の動機」一章，他認為寬永年間（1624-1643）異國渡海禁令發布之前，臺灣是日本渡航中國和南洋的中繼站，是日本的勢力範圍；異國渡海禁令頒布之後，日本人絕跡。才落入中國人手中。但是；日本受到西力東漸的影響，明治維新成就了舊夢重溫的機運，而琉球希望在臺灣東北角先取得「渡唐船碇泊場」（中琉貿易站）再漸次擴張領域的構想，則是明治7年（1874）「征番」的先驅和明治28年（1895）占領臺灣的導引。[86]

伊能引用《管子、形勢》：「蛟龍得水而神可立」一語來形容前述蛻變，[87]可以看出日本人的躊躇滿志。其實，伊能過分神化也簡化了日本侵略臺灣，出兵瑯嶠的原因。

鴉片戰爭之後，雖然有識之士已經了解於列強的船堅砲利，但是，絕大多數人仍然沈溺於天朝的美夢之中；而日本人在 1853 年，美國和俄羅斯艦隊相繼造訪之後，立即應薩摩藩主島津齊彬之請，容許造大船和對外貿易，結束鎖國時代。1868 年，開化派各藩聯軍打敗了幕府，以王政復古為名，建立新政府，展開新謂「明治維新」的大改革。1869年，各大藩合議「版籍奉還」，1871 年正式完成「廢藩置縣」，全國統一聽從中央政府的號令，脫離封建制度邁向現代國家。

封建制度崩壞，造成日本政治、社會的失序、混亂，其中最嚴重的是各藩既廢，武士階級失去依託所造成的失業問題，這些以殺人為專業

[83] 《申報》，同治 13 年 5 月 13 日（06.26）〈西友談兵〉，同前書，頁 149。

[84] 同治 13 年 10 月丁酉《同治甲戌日兵侵臺始末》，頁 201。

[85] 同治 13 年 9 月丙寅（27 日），〈總理各國事務恭親王等奏〉，同前書，頁 181。

[86] 伊能嘉矩，《臺灣文化志》下卷第十三篇，第九章，頁 146-155。刀江書院，昭和 3 年（1928），東京。此書伊能嘉矩未能完成，身後由弟子整編出版。

[87] 同前書，頁 146。

的無職浪人，到底有多少呢？1872 年 9 月，日本外務卿副島種臣和美國駐廈門領事、南北戰爭時的將軍李仙得（Charles Le Gendre, 1830-1899）討論如何出兵侵臺時，他告訴李仙得：

> 目前日本有四十餘萬武士，皆為剛猛難御之輩，若有事皆欣然願意出兵。[88]

為了解決這個問題，明治政府想出兩個辦法，其一是設置北海道開拓使，鼓勵士族、屯田兵移住，其次則是擴張領土，侵略中國和韓國，納為殖民地，大量移住日本人，以紓解壓力。

1870 年，佐田白茅建議出兵韓國，引發朝臣爭議，兩派相持不下，1873 年底，以西鄉隆盛為首的征韓派失利，西鄉與板垣退助、江藤新平、副島種臣等辭職下野，次年 2 月江藤新平帶領征韓黨人起兵攻擊政府，是為佐賀之亂。征臺派大隈重信、大久保利通、木戶孝允等迅速派兵鎮壓。為了安撫征韓派，以「問罪生番」為名，設置「臺灣蕃地事務局」以大隈重信為事務局長官，以西鄉隆盛的弟弟西鄉從道為臺灣番地事務都督，而且臨時把他從少將提升為中將。[89]

前述以鄰為壑的說法和做法，中國人當然不以為然。直隸總督北洋大臣李鴻章獲得的情報謂：

> 頃由長崎信來，知日本派柄川宮總督其事，李仙得參議……實情是舊藩部屬武士新近內亂，不愜國家請征高麗不允，恐再作亂，姑使之往打生番，不計勝敗，是驅若輩以從事而已，乃國家調停安插苦衷，可謂荒謬絕倫矣。[90]

李鴻章也認為日本人不會撤兵：

> 該國果欲將舊藩部兵發至遠方安置，免在日本生事，亦未必肯實

---

[88] 《處蕃提要》，頁 84。

[89] 《處蕃提要》，頁 ?-114。

[90] 李鴻章，〈同治 13（1874）3 月 12 日上海探信〉《李文忠公選集》，《臺灣文獻叢刊》第 131 種本。

意調回；即派大員前往理論，彼眾我寡，恐其無甚裨益。[91]

李鴻章想不到沈葆楨調兵遣將，購買巨砲、鐵甲船，以實力為後盾的行動，竟然迫使日本撤兵，挽救臺灣於將傾。雖然 20 年後，日本仍然完成了占領臺灣的美夢。

另外一個當時中國人沒有注意到的原因，日本人要把「兩屬」一同時向中、日兩國進貢的琉球，收歸日本版圖的事件，透過為琉球被殺的難民出兵報復的行動，受到中國政府的實質承認。之後有機會再謀圖占領臺灣。

1871 年（同治 10、明治 4 辛末）八重山宮古島 69 人乘船漂流至臺灣，12 人生還。次年壬申 7 月 27 日，鹿兒島縣參事大山綱良遣人至琉球始得知其事，乃報請朝廷：「伏請依仗皇威、欲興問罪之師、征討彼等」，[92]其實不是琉球人的意思。是年 9 月 14，日本將「薩摩附庸之藩……陞為琉球藩王」。[93]在此之前，明治政府已經實際廢藩置縣，琉球附庸之薩摩藩已經消失，改為鹿兒島縣，此舉如同兒戲。之所以如此，只是為侵臺之舉找一個藉口而已。但是，日本當局也深知此舉改變不了琉球「兩屬」的事實。因此，大隈重信和大久保利通兩人決定的《臺灣蕃地處分要略》第三條即謂：

> 清官若以琉球向彼本國遣使貢獻之故，而認為應為兩國所屬時，應不再回顧其關係……因為控制琉球之實權，皆在於我帝國，且如我方之目的在於處理完臺灣問題之後，立即使其停止遣使貢獻之非禮，故無須枉費力氣與清政府辯論。[94]

也就是說，「處理完臺灣問題之後」，日本也可能處理琉球「兩屬」問題，日本也知道「報復我藩屬之琉球人民遭殺害」，相應的是「琉球

---

[91] 李鴻章，〈論臺灣〉，同治 13 年 4 月 21 日，同前書，頁 27。

[92] 《大山鹿兒島縣參事陳報琉球島民於臺灣遭殺害而擬問罪案附琉球王子遭難始末報告書》（壬申 7 月 28 日），《處蕃提要》，頁 61。

[93] 同前書，頁 70。

[94] 同前書，頁 102。副島種臣與李仙得對談時，副島也說：「此次與清國談判非常困難，其原因在於琉球屬於清國及日本兩國」，同前書，頁 83。

也是中國的藩屬」，日本並沒有擅自處理之權，以此為藉口，只是要從「控制琉球之實權」進展到「掌握琉球之主權」。

甚次，日本人極力散播美國支持征臺之舉和美國駐廈門領事李仙得為主謀的訊息。各國覬覦臺灣已久，美國只是其中之一；美國獨自占領臺灣或協助日本占領臺灣，必定引起列強抗爭，故而慫恿日本發動代理戰爭，[95]因此，態度一轉為公開反對而「暗地裡默許」。[96]

李鴻章當面問美國駐華公使艾忻敏：

> 日本欲占番地，聞係美國人李仙得唆聳主謀，今李仙得既擒復放……恐仍挑唆出壞主意。[97]

李仙得雖然提出「東亞文明月彎」的概念，鼓勵日本占領朝鮮、琉球、臺灣，這正是日本「大東亞共榮圈」的雛形；[98]但是，涉入瑯嶠事件，李仙得自覺是受美國政府的強逼、拖累，他告訴日本寺島外務卿：

> 個人一己之事不吐不快！敝人去年打算回國時，德隆公使（原美國駐日公使 Charles E. De Long）雖然囑本人為此事而停留，但本人表示回國心意已決，不考慮改變後，德隆公使即一再向我政府申訴，且在政府認同之下，才繼續留任原職。[99]

德隆的繼任者賓漢（J.A. Bingham），反對美國和美國人涉入瑯嶠事件，李仙得函覆美國公使賓漢謂：

> 本人受騙於日本政府者，為閣下前任者在職時，以其官位強力勸誘本人擔任。[100]

也就是說，日本原本就有侵略臺灣的野心和計畫，有了瑯嶠事件這

---

[95] 尹章義，〈美國的擴張主義與臺灣的命運——160 年來美臺關係的回顧〉《歷史月刊》第 219 期，頁 47-54，2006 年 4 月，臺北。

[96] 1874 年 04 月 17 日「抄譯橫濱先驅報（Herald）有關口本出兵臺灣事宜」，《處蕃提要》，頁 133。

[97] 同註 16，頁 84。

[98] 同註 21，原文引自《日本海軍部文件 JN-R34-F44937-45》。

[99] 《處蕃提要》，頁 183。

[100] 同前書，頁 144。

個藉口之後，尋求早就計畫占領臺灣的美國合作，美國公使德隆也興致勃勃。恰巧熟悉閩臺情況的廈門領事李仙得，在回美國途中經過日本橫濱，德隆向副島外務卿推荐李仙得，根據二人的會談紀錄，德隆說：「對外國而言，臺灣也是最想要的地方」；副島說：「這也是我們最想要的地方」；德隆說：「我們樂意見到我友邦擁有並拓殖他國的土地」[101]二者一拍即合，美國提供援助、日本出兵瑯嶠就此定案。二人立即從東京趕往橫濱，和李仙得見面，討論出兵的外交和軍事策略，並堅留李仙得，聘任李仙得為二等官參謀。[102]李仙得遂因其專業而變成日本的幫凶。

由於李仙得長期協助日本侵略中國和韓國，日本政府又刻意誇大李仙得在瑯嶠事件中的角色，意圖營造美、日共同出兵的假像，以從事國際宣傳和日、中交涉，使得美國公使德隆「強力勸誘」，美國「政府認同」之下，勉強擔任日本二等官參謀的事實幾乎湮滅，難怪李仙得深覺委曲，著了日本人的道。李仙得只是日本侵略中國、進占臺灣的棋子。

## 第二節　日本出兵瑯嶠意傾臺北

在出兵侵略臺灣之前，日本做了許多備戰工作，也擬定了外交和作戰計畫，也派人分批潛入臺灣蒐集情報。大久保、大隈兩參議明治7年（1873）2月擬訂《臺灣蕃地處分要略》第八條：

> 應先派遣福島九成、成富清風、吉田清貫、兒玉利國、田中綱常、池田道輝等六名至臺灣，進入熟番之地偵探土地形勢，且令其綏撫懷柔土著，他日處分生番時，可使諸事便利。[103]

在外交上，李仙得給大隈的〈論掠奪生蕃地後置統轄官並訂定其權限並施行政令事宜〉謂：

> 遠征之真正目的在於日本兼併土著所轄之臺灣島一部分，但表面

---

[101] 同前書，頁73-76。

[102] 同前書，頁77-85，兩次會談紀錄和聘由函。

[103] 同前書，頁102-103。

上應著眼於僅僅問罪牡丹社人。[104]

應占據現尚未經他國管轄之「チャシアン」至北緯二十四度三十三分處，東海岸岬角附近，並設武裝殖民地。[105]

　　因此，日本派遣多批間諜潛行入臺，當時各報報導日本出兵的目的「決不僅止於懲罰一二番民而已，且欲殖民於島之東方，並企圖永遠占據之」，[106]並非空穴來風。

　　伊能嘉矩敘述日本人在臺灣埋伏設間云：

樺山資紀、水野遵、黑岡季備、福島九成、兒玉利國、田中綱常、成富清風等先後奉到秘令到臺灣調查，潛行臺灣全島各地。各人都將調查所得撰寫報告獻上，對於策畫征臺頗具貢獻。

明治六年，福島九成到車城，和總理林明國、生員廖周貞會談，得到該地為自墾自領地，和官府無關的說法，其談話筆記提供給日本政府，成為臺灣番地在清國轄外的一種證據。

明治七年，征臺軍出發前一個月左右，樺山資紀、水野遵，受到英國駐打狗領事的幫助，得到臺灣知府具名的護照，進入打狗以南沿海和瑯嶠番界踏勘。水野遵將經歷撰成《征番私記》，是頗具價值的資料。

明治七年四月左右，兒玉利國、田中綱常、成富清風則偽裝日本商人，設朝陽號於淡水，說服娶臺灣婦的彼得，搭乘他的戎克船到噶瑪蘭的蘇澳，再請蘇澳平埔族人為嚮導，登陸花蓮港，告訴一位娶番婦的漢人蘇某，希望占有奇萊平原的計畫，先從懷柔生番著手。由於生番頑硬獰猛，諸人又水土不服，只得放棄占有計畫，空手而回。此外，藤森圖南也自告奮勇，潛入清國內地，所

---

[104] 同前書，頁 10。
[105] 同前書，頁 105。
[106] 同註 22，頁 132。

獲得的情報也貢獻良多。[107]

日人水野遵的《征番日記》談到臺灣彰化縣人廖仕強上書都督說：「前年日本二大人辱臨」，又謂：「所謂二大人者，我海軍士樺山資紀、水野遵也。先是，征番師未發，使二子探偵番情、至彰化縣廖有富家，有富大喜，饗待甚恭；欲推二子為將，拒清兵。二子諭以：我與清同盟，不得相仇，乃辭去」。[108]日本檔案《風港營所雜記》〈彰化縣人廖有富遣使求援之始末〉亦誌其事。[109]

日本間諜形跡很容易敗露，由於大清國統治力薄弱，因而放任日本間諜在臺灣橫行。[110]

同治 13 年（1874）2 月 13 日，鳳山縣知縣李瑛就接到枋寮（今屏東縣枋寮鄉南濱海）巡檢王懋功、千總郭占鰲的報告：「日本國水師官水野遵夥同洋人一名，帶遊歷執照，於 2 月初 7 申刻到枋寮，10 日坐小舟進抵瑯嶠，5 日回旗後，[111]19 日，水野遵、樺山資紀復至枋寮沿海一帶繪製詳圖。水野遵並帶有合眾國領事李讓禮（即李仙得）上年所繪舊圖一紙，沿途查對，因此，各海口易於得悉。」[112]

基層官員覺察此事非比尋常，臺灣地區的最高長官臺灣道夏獻綸，由於資訊來源豐富，明知大禍臨頭，上呈總督、將軍的稟文，依舊推諉搪塞：

> 本年二月二十六日，據鳳山縣李瑛、枋寮巡檢王懋功、枋寮千總郭占鰲等稟報……正在飭查間，於二十九日接署臺灣口稅務司格爾來函，以接閱香港新報內有日本國二月十一日，該國兵部奉伊國主諭令，復預備兵船，並調兵一萬五千名，要來臺灣打仗……

---

[107] 伊能嘉矩，《臺灣文化誌》下冊，第十三篇第十章〈日本の臺灣番地征討〉，頁 173-174。筆者中譯。

[108] 羅大春，〈臺灣海防並開山日記〉《臺灣文獻叢刊》第 308 種本之附錄，頁 83。

[109] 王學新譯，《風港營所雜記》，頁 299-316，國史館臺灣文獻館，民國 92 年，南投。

[110] 成富清風化名劉穆齋，久住艋舺，經營噶瑪蘭、蘇澳及後山奇萊平原（今花蓮），無人覺察。樺山資紀和水野遵同治 12 年，在臺考察 4 個月，戴潮春民變案（咸豐 10 年至同治 3 年；1860-1864）的餘孽廖有富還要封他們為將軍，一起抗清，地方官亦不知情。

[111] 《甲戌公牘鈔存》，頁 2，王懋功、郭占鰲稟文。

[112] 同前書，頁 3-4，王懋功、郭占鰲稟文。

> 職道管見，牡丹社係屬番界，彼如自往剿辦，在我勢難禁止……
> 更未便稍涉張皇一切惟以鎮定處之。[113]

臺灣道這種「彼如自往剿辦，在我勢難禁止」的說法，不啻鼓勵各國（含日本）自由派侵略國境，中國不必設防，日本間諜偵察又算什麼？

既然眾人皆知，日本進軍瑯嶠卻是意在臺北，日本人又有什麼布置呢？

伊能嘉矩所論及的成富清風，在花蓮「由於生番頑硬獰猛，諸人又水土不服」，放棄占有計畫，空手而回，走到噶瑪蘭，終於露了行藏。噶瑪蘭廳通判洪熙恬稟報：

> 四月二十三日，有日本人成富清風者，往頭圍縣丞衙內呈驗執照。據稱：同幫四人，坐美國比多船隻欲往蘇澳，於初六日遭風漂至奇萊，船破，該處生番搶去銀錢，伊坐漁船至地，欲回雞籠，托鄒縣函達，雇夫轎而去。[114]

當局正為日本藉口懲罰臺灣生番為名，出兵瑯嶠而頭痛，奇萊又發生番害，茲事體大，豈可不查辦？

後，洪熙恬又報：

> 蘇澳一帶，自上年以來，常有倭人來往。本月初三日，有日本船一號，駛往後山沿山而去，船內備有糖、酒、嗶吱等物，聲稱欲與生番聯合，在後山起馬頭、做生意，月內尚有輪船要來，其倭人劉穆齋久住艋舺，船主必著係美國人，所雇水手均於後山一帶港路頗熟。[115]

成富清風聯絡各番社、建立殖民地的任務失敗，立即趕赴瑯嶠報告，5 月 21 日夏獻綸所派的坐探鳳山縣丞周有基上報：「日營新到一人，名成富清風，又字穆齋，稱係日本水陸巡查官，自臺北由陸路……有馬

---

[113] 同前書，頁 4-5。
[114] 同前書，頁 57。
[115] 同前書，頁 63，沈葆楨、文祥、李鴻章三銜會奏。

上元與伊同行，言及北路王字頭番不聽通知，要進兵攻剿」。[116]

沈葆楨知道「臺灣精華盡在北路，蘇澳民番關鍵，尤他族所垂涎」，[117]又接到各方「倭人窺伺臺北非祇一日」的消息，立即調派臺灣道夏獻綸率軍駐防蘇澳，並且要求把「倭人成富清風、劉穆齋等，前次在奇萊被搶一等，查辦清楚」，[118]夏獻綸徹查此案的原因是「以免日後倭奴藉口」。[119]深入調查的結果，日本人竟然要「租地蓋屋」，意圖建立基地，造成殖民地的事實。到達奇萊的日本人有城主靜、兒玉利國、上田新助，成富清風等人，物證有摺扇一柄，題名成富清風，清風的名片「印其背曰字穆齋」，因此，劉穆齋、成富清風「其為一人無疑也」。[120]

直到 7 月初 6 日，臺灣地方官才調查清楚，原來成富清風即劉穆齋，潛伏艋舺從事間諜工作已久。日人謀臺北之深，由此可見。

# 第四章　牡丹事件導致臺北設府築城

## 第一節　雞籠地位的倏升

雞籠是良港，自古以來毫無疑義；雞籠的地理位置，居於西太平洋島鏈的中央，是南北潮流的要津，也毫無疑義。但是，作為良港又富煤礦的雞籠，在蒸氣船艦發明之後，煤成為燃料，列強的火輪、鐵甲戰艦東來，雞籠的戰略地位才倏升，變成各國覬覦的地方。

陳夢林在《諸羅縣志》中說：「雞籠煤炭產於積薪無用之區，移置郡治，即為無窮之利」。雞籠三面環山，居民又少，隨手取材，沒有開礦取煤的必要，假如運到臺灣城（郡治，今臺南）就能賣大錢、發揮功能了。但是，以當時的交通運輸條件，運費比煤價更高，因此，基隆煤成為無用之物、棄於地而不足惜。

---

[116] 同前書，頁 89。

[117] 同前書，頁 73。

[118] 同前書，頁 96。

[119] 同前書，頁 102，欽差大臣沈葆楨等奏。

[120] 同前書，頁 122-124，欽差大臣沈葆楨等奏。

　　列強覬覦雞籠煤，中國政府輒以「不許開發破壞風水」拒之。道光30 年（1850）9 月 26 日，閩浙總督劉韻珂、福建巡檢徐繼畬奏：

> 道光二十六年以後，迭據臺灣鎮道稟報：淡水廳屬之雞籠山一帶洋面，時有英夷船隻駛往游弋。臣等知雞籠附近各山有產煤處所，該夷火輪船隻需用此物；其頻年駛往，未必不有所垂涎因恐內地奸民貪利勾串或竟私自採挖，均不可不防其漸……糾合各鄉土民，公同查禁，立刊立禁碑，嚴密防範。[121]

　　道光以前，淡水北投的硫磺礦，因為是製造火藥的原料，嚴禁私採，但是禁者自禁，採者自採，因而陽明火山彙，到處是礦路，金山還有專營硫磺私運的礦港。[122]雞籠煤散布四處，也難禁盜採。左宗棠、沈葆楨設立福州造船廠之後，派法國工程師杜邦（M. Dupont）來臺勘查雞籠煤，以供福州船廠及淡水汽船之用。杜邦查得兩條礦脈，所撰調查報告四處傳抄，中外皆知，洋船私購者增多，故而私採者更多。[123]同治 10 年（1871）陳培桂等撰《淡水廳志》其〈賦役志〉「煤場」門謂：

> 船政局既設，民間私採，幾不可復禁……計得九十二洞……年產少者十餘萬擔，多者三、四十萬石。[124]

　　日本出兵臺灣，處於關鍵的產煤良港的雞籠，倏升為海疆第一要地。

　　沈葆楨獲知日軍登陸瑯嶠，海軍巡弋雞籠、蘇澳沿海之繁，深感「無煤則船為之廢」立刻籌借巨款「趕赴基隆辦煤，以期無誤軍務」。[125]

　　4 月中，朝廷命沈葆楨為欽差大臣，辦理臺灣海防和各國事務，[126]立即函請湘軍名將福建陸路提督羅大春趕到臺北駐防：

---

[121] 道光 30 年（1850）9 月 26 日到劉韻珂等奏，《籌辦夷務始末選輯》，頁 156-157。

[122] 陳培桂等，《淡水廳志、物產、礦案附》，頁 147-148，臺灣銀行經濟研究室，《臺灣方志彙刊》卷一本，民國 45 年，臺北。

[123] 李仙得，《臺灣番事物產與商務》，頁 28-34，《臺灣文獻叢刊》第 46 種本。此書為李讓禮向美國提出之公務報告之中譯本。

[124] 《淡水廳志、賦役志、煤場》，頁 70-71。

[125] 沈葆楨，《沈文肅公牘》，頁 3。臺灣省文獻會，民國 87 年版，南投。

[126] 《穆宗實錄》，同治 13 年 4 月 19 日（531）條。

> 北路為全臺精華所聚，非得獨當一面之才，無可措手。蘇澳為民
> 番交接處，尤為島族所垂涎。公議請節鉞駐蘇澳，目前以杜彼族
> 窺伺，將來以招生番。[127]

又致書閩浙總督李鶴年謂：「北路空虛尤甚，蘇澳彼族所垂涎。日來
瑯嶠難泊，倭船常游弋於北，公議擬請景山駐蘇澳」。[128]4月初，日本在
臺地設謀用間的事被揭發，沈發現「倭人劉穆齋久住艋舺」之後，[129]上
書李鴻章：

> 臺北復有倭奴勾結生番，用皮魯駁船入蘭西口，船破捏稱被搶之
> 事，擬請張奎垣鎮軍（張其光，臺灣總兵）坐揚武前往查辦。[130]

接著就派臺灣道夏獻綸在羅大春未到之前，先行率兵駐劄蘇澳。[131]
同時禁止雞籠煤出運，專供本國各兵船使用，不得供給外國船隻。[132]
雞籠媒礦自瑯嶠事件爆發之後，已成為重要的戰略物資。
必麒麟（W. A. Piching, 1840-），一個自稱「老臺灣」的英國人，1963
年到臺灣安平關服務、1866年進「天利洋行」，蒐購樟腦、茶葉等貨物，
1867年，因為羅發（Rover）號船難，美國水手被龜仔律社屠殺事件，
協助李仙得從事復仇戰爭，由海軍上將比爾（A,Bel1）督師，再敗於生
番，麥肯奈（Capt Mchserozie）少校陣亡，[133]因而與李仙得結緣，帶領
李仙得入山探險，連絡生番，[134]是很著名的中國通和臺灣通。他在1898

---

[127] 同註5，頁12，〈致羅景山軍門〉。

[128] 同註5，頁4。

[129] 沈葆楨，5月壬子11日奏，《同治甲戌日兵侵臺始末》，頁22。

[130] 同註5，頁18。

[131] 同註9，頁70，7月乙巳初5日，沈葆楨奏。

[132] 《甲戌公牘鈔存》，頁35。4月10日〈臺灣鎮道稟總督將軍〉：「查日本遠涉重洋，米糧
煤炭不能多帶，須隨地接濟，所有南北各口，一律禁其購煤炭」。又《申報》，同治13年
6月28（8.10）報導。

[133] 必麒麟著、吳明遠譯，《Pioneedring in Formosa（老臺灣）》第十五號「船難與 劫掠船者」，
頁91-94。臺灣銀行經濟研究室，《臺灣研究叢刊》第60種本，民國48年，臺北。原刊於
1989年。

[134] 李仙得著，羅效德等譯，《李仙得臺灣紀行》第十五、六章「羅張號的船員被謀害，英國
美國去討伐福爾摩沙南部的原住民部落」，頁241-256。國立臺灣歷史博物館，2013，臺南
市

《Pioneering in Formosa（臺灣的開路先鋒）》一書中，談到基隆煤礦，
他說：

> 基隆是一個大煤礦區。煤場位於一個以「煤港」之名見稱於歐洲
> 人的海灣裡……那些有關的人們，終於注意到隱藏在臺灣北部礦
> 田中的重大財源。[135]

必麒麟筆下「那些有關的人們」之首，就是沈葆楨。

必麒麟還看到一個怪現象：

> 臺灣府的艦隊，主要的是一些已經三十年不在水中的舊民船，在
> 那長時間中，海水已經消退，陸地擴展了一哩有餘；結果，那些
> 老船都高高地擱置岸邊；桅、帆都已經朽壞，有些船隻的外皮板，
> 都已經被偷走，當作木材使用了。[136]

臺灣水師額定船艦 93 艘，竟然閒置海岸線外一哩有餘的岸邊，任
其朽腐、破壞。

沈葆楨本人親自踏勘，極目所見「砲臺傾圮，亦無一炮」，[137]諮詢
的結果是「臺地千餘里，竟無一炮」，[138]「營頭不厚，軍械不精」，[139]「臺
地兵役之疲，為向來所未經見」，[140]「官民皆沉酣於鴉片」，[141]「文武皆
以臺缺調劑，遂成貪劣窟宅」，「生番各為種類，言語不通，恩威俱有窒
礙，欲舉而編戶之，非收十年之功不可」。[142]

沈葆楨的總結是「臺地之無備甚於內地」，[143]「此間善後非難，而
苦於經費之不繼」。[144]無論是到外國買鐵甲船、巨砲或者開山、撫番、

---

[135] 同註 13，第三章，頁 18

[136] 同註 13，第八章「中國官吏的腐敗」，頁 47

[137] 《沈文肅公牘》，〈致李雨亭制軍（宗義）〉，頁 22。

[138] 同前書，〈致李子和制軍（李鶴年）〉，頁 23。

[139] 同前書，〈致沈仲復觀察（沈秉成）〉，頁 29。

[140] 同前書，〈致王楠帆中丞（王凱泰）〉，頁 63。

[141] 《沈文肅公牘》，〈致左爵相（左宗棠）〉，頁 91。

[142] 同前書，〈致彭宮保（彭玉麟）〉，頁 246。

[143] 同前書，〈致李少荃中堂（李鴻章）〉，頁 18。

[144] 同前書，〈復劉峴莊制軍（劉坤一）〉，頁 343。

建砲臺、碉堡、製器、養兵、建城，都需要龐大經費，同時並舉，簡直是天文數字。

繼沈葆楨、王凱泰之後，督辦臺灣事務的福州船政兼福建巡撫丁日昌謂：「自道光十二年，土匪張丙之案起，至同治三年土匪戴萬生之案止，約費軍餉並攤款共銀五百三十四萬兩，又米銀四十二萬兩，民捐尚不在內……日本瑯嶠事起，臺灣辦理海防，至今用餉已百餘萬，淮軍月餉尚不在內」，[145]又謂：「日本瑯嶠一役，合沿海七省，因臺事而設防，耗餉何止千餘萬」。[146]沈葆楨、王凱泰、丁日昌都寄望於雞籠煤礦。

沈葆楨致函郭嵩燾謂：「臺灣之利，自當以煤為最，足支臺餉，放手辦之數年，臻斯境界」，[147]致書王凱泰云：「礦利一開，他務尚可推廣也」，[148]又云：「煤礦之利，不容不開」[149]。他寫信給臺灣地區最高的行政長官臺灣道夏獻綸：「開礦與造船不同，造船日費日多，開礦即有貨可賣，有稅可收，事雖極繁，費當不甚鉅」。[150]

既然大家都有共識，光緒元年（1875）4 月 26 日上諭命沈葆楨任兩江總督兼充辦理通商事務大臣，[151]6 月 10 日，他還和閩浙總督文煜、福建巡檢王凱泰奏請「臺北擬建一府三縣」，[152]同日還附〈臺北議購開煤機器片〉，命令辦理委員何思綺、李彤恩和負責勘煤的洋人翟薩坐輪船到臺灣府，向沈報告勘查結果並商議購買機器、請教洋技師協助開煤的辦法，[153]可見沈葆楨對於煤務的重視。

[145] 光緒 2 年 12 月 16 日，福建巡撫丁日昌奏。《清季臺灣洋務史料》，臺灣銀行經濟研究室，《臺灣文獻叢刊》第 278 種，頁 9。
[146] 同前，頁 11。
[147] 《沈文肅公牘》，頁 373。
[148] 同前書，頁 204。
[149] 同前書，頁 88。
[150] 同前書，頁 80。
[151] 沈葆楨，《福建臺灣奏摺》，《臺灣文獻叢刊》第？種本，頁 51。
[152] 同前書，頁 55-59。
[153] 同前書，頁 59-60。

## 第二節　臺北府治—艋舺、雞籠的角力

光緒元年春（1875），沈葆楨致書王凱泰：

景山催北路建城設官，霄軒催中路建城設官，非但不容已，且亦
不容緩，然瑯嶠一席，且喚奈何，烏能同時並舉，只得靦顏謝之。[154]

景山是羅大春，霄軒是吳光亮，前者主持臺北開山撫番；後者主持
中部開山撫番。

羅大春是福建陸路提督，6 月 22 日渡臺謁見沈葆楨，7 月 1 日起程
由陸路北上，初 8 抵艋舺、初 10 抵雞籠、13 日抵蘇澳，迄光緒元年 7
月底，統領臺北防務，[155]經常來往於各地巡視，又以看病、養病為由，
長住於艋舺，[156]與臺北士紳來往密切，[157]強調臺北的重要性，催促「建
城設官」也理所當然。

光緒元年 6 月 19 日，沈葆楨受命為兩江總督南洋大臣之後，上〈臺
北擬建一府三縣摺〉，詳論臺北之重要，引述者已多不贅引。但是，關
於臺北府治及府城擇址部分，為本文主旨，茲引述於下：

伏查艋舺當雞籠、龜崙兩大山之間，沃壤平原、兩溪環抱，村落
衢市，蔚成大觀；西至海口三十里，直達八里坌、滬尾兩口，並
有觀音山、大屯山以為屏障，且與省城五虎門遙對，非特淡蘭要
區，實為全臺北門之管鑰。擬於該處創建府治，名曰臺北府，自
彰化以北直達後山，胥歸控制；仍隸於臺灣兵備道……惟雞籠一
區，以建縣治，則其地不足；而通商以後，竟成都會，且煤務方
興、末技之民四集，海防既重，訟事尤繁，該處向未設官，亦非
佐雜微員所能鎮壓，若事事受成於艋舺，則又官與民交困。應請
改噶瑪蘭通判為臺北府分防通判，移駐雞籠以治之。……其建設
城署，請查田賦來教職營汛，應裁、應改、應增，容俟奉旨允准

---

154 同前書，頁 286-287。
155 羅大春，《羅景山臺灣海防并開山日記》，《堅多節壘文鈔》手抄本。
156 《沈文肅公牘》〈致羅華門〉，頁 297。
157 同註 35，6 月 12 日條：「板橋林紳維源、維讓兄弟許捐萬金建雞籠、滬尾砲臺」，相關紀錄甚多，不贅引。沈葆楨，〈致書羅軍門景山〉：「可否勸板橋林家，向已開路級屯墾」，《沈文肅公牘》，頁 162。又，〈致羅景山軍門〉：「板橋林家意在奇萊」，頁 173。

後，再由臺灣道議詳核奏，期臻周密。[158]

臺北一地依然，只是事經瑯嶠事件，「倭兵在臺南而意往臺北」，[159] 清廷頓然覺醒。事前，以新莊縣丞區區微員治理臺北，事後，竟然一躍而設臺北府，下轄淡水、宜蘭、新竹三縣和基隆一通判。[160] 接續沈葆楨處理臺灣事務者為福建巡撫王凱泰，[161] 東渡臺灣之後就「染患瘴癘一病不起」，[162] 經營臺灣的重任又落在丁日昌的肩上。[163] 光緒 2 年 10 月 18 日，丁日昌由福州逕自到雞籠查看煤礦，接著到蘇澳，看見「生番數年來依舊殺人，並不知有所謂就撫之說」，[164] 經過卑南到臺灣府，就上了〈臺北所屬廳縣員缺照部章變通辦理疏〉：

> 查臺北府所屬廳縣員缺應有淡水、新竹、宜蘭三縣及臺北府通判一廳……本應遵議，同時並設。惟查臺北府……未有衙署以為辦公之地，未有書差以供執事之役……擬以現裁之淡水同知竹塹廳署，暫作臺北府署，其議設之淡水、新竹二縣……暫由臺北府兼攝，由該府設局經營艋舺府治之地……與其同時更張，經費難集，不如次第辦理……淡水同知本缺陳星聚，應請另行改補。[165]

簡而言之就是臺北府暫設竹塹，淡、新二縣的業務由臺北府兼營，這是草創時期的權宜之計，毫無疑義；但是在艋舺築城設府的工作就延宕下來。

12 月 16，丁日昌又上了〈統籌臺灣全局擬開辦輪路、礦務請簡派

---

[158] 沈葆楨，《福建臺灣奏摺》，頁 55-59。

[159] 沈葆楨，〈致左爵相（左宗棠）〉《沈文肅公牘》，頁 91。

[160] 《德宗實錄》，光緒元年 12 月 20 日條（1876.01.16）。

[161] 《德宗實錄》，光緒元年 7 月 28 日（08.28）條。

[162] 《李文忠公選集》〈復沈幼丹制軍〉，頁 144。

[163] 光緒元年 11 月 14 日上諭，丁日昌補授建巡撫「臺灣撫番開山各事宜，關係緊要……廠船政，並著該撫督率委員講求製造……」。《臺灣海防檔》《臺灣文獻叢刊》第 110 種本。頁 25。

[164] 丁日昌，〈勘臺灣北路後山大略情形疏〉，《丁中丞（日昌）政書》，頁 457-460，文海出版社影刊手抄本，《撫閩奏稿一》。

[165] 同前書，頁 491-494。

熟悉工程大員駐臺督理摺〉：[166]

> 謀國貴於可大可久，臺灣目前情形，不在兵力之不敷，而在餉需
> 之不足；不患番洋之不靖，而患聲氣之不通……竊以臺事設置郡
> 縣，無益之葰苓也；輪路礦務，奏功之鍼砭也。輪路宜於臺灣而
> 不必宜於內地，礦務籌諸現在即可取效於將來。[167]

　　既然設郡縣只是無益的補藥，那就不必急著辦；輪路、礦務既然是
救命的鍼砭，那就得趕緊辦。於是，丁日昌又列了十利和十害，「山中
之煤無盡，公家之利無窮」，全文洋洋灑灑五千言，可謂淋漓盡致，不
贅引。

　　丁日昌是沈葆楨、李鴻章提拔的人才，李、沈重視雞籠煤礦；踵繼
前人，是好事一樁，「惟鐵路一端，當時未經議及」，[168]已經引起沈葆楨
的不悅；至於說「設置郡縣，無益之葰苓也」，簡直是向提拔自己的恩
人兼上司宣戰。總理各國事務衙門不敢等閒視之，就交給李、沈二人表
達意見，光緒 3 年 2 月 24 日的覆文也是洋洋灑灑六千言，「臺灣煤礦已
有權輿，即可收其贏餘以開硫磺、煤油、樟腦諸利，鐵甲、水雷眼前姑
且從緩」，「鐵路需費過鉅，若煤、鐵開採有效，就地取材，工力較省」，
結論是：

> 丁日昌勇於任事，不避難辛……臺灣一切事件，自應統歸丁日昌
> 一手經理…俱奉旨准行。[169]

　　以子之矛、攻子之盾，有本事你自己做，別向中央求助！
　　丁日昌的奏摺又附了一個〈改設臺北府片〉：

> 臺灣礦利皆聚於臺北而外人心目所注也在臺北。雞籠口岸寬穩、
> 可泊大號兵船，又有煤炭可資船用，故外人尤為垂涎；上年沈葆

---

[166] 《清季臺灣洋務史料》，頁 7-15。
[167] 同前書，頁 8。
[168] 光緒 3 年 2 月 24 日，〈總理各國事務衙門奕訢等議奏丁日昌等籌議臺灣事宜請旨遵行摺〉，《清季臺灣洋務史料》，頁 17。
[169] 同前，頁 26。

　　槙奏准將艋舺建設臺北府城，此次臣親往閱看設郡之地，係在一
片平田，毫無憑藉，工重費繁，似尚未得窾要。竊維雞籠現雖荒
僻，將來礦務一興，商賈必定輻輳且有險可守，實扼全臺形勝，
距艋舺不過一日之程，似宜暫將新設臺北府移駐於此，俟察看一
二年後，應否仍照原議……現署臺灣府知府候補同知向燾，曾任
淡水同知，民情愛戴、辦事穩實，堪以調署臺北府知府，飭令暫
駐雞籠，會籌防務、礦務以及擬開鐵路並將砲臺基址、前被洋人
私租者清理收回；其沿海曠地，數年後生理繁盛，必將寸地尺金，
亦當預先布置，及早歸為官地，庶免臨時轇轕，致滋口舌。[170]

　　當時，沈葆楨報准開雞籠煤礦，夏獻綸督辦，請洋匠翟薩等以機器
採煤，每日出煤兩百噸，從礦區到港邊的九里鐵路也鋪好了，[171]他在雞
籠蓋了新的「煤務公署洋屋」，[172]兼為臺北知府的公署；又調派在福州
船政局「總監工程已逾十載」精通洋務的「布政使銜廣東題奏道葉文
瀾」、「駐臺督辦煤礦」。[173]由於當時中國塞防、海防兩頭燒，臺防幾乎
得不到挹注，丁日昌也很需要臺灣道和臺北府知府為煤礦和鐵路等新政
在民間募款。臺北府治設在雞籠，知府向燾留在雞籠，可以收指臂之效。
他預期雞籠必定蒸蒸日上，大發利市，濱海的土地「必將寸土尺金」。
可是，總理衙門和李鴻章、沈葆楨等人並不支持他的雄才大略，「臺灣
事件，自應統歸丁日昌一手經理」，不答應他「求效過速，若欲諸務同
時並舉，斷斷無此財力」而命他先處理好礦務，累積了足夠資本再處理
鐵路。但是對於他奏請「暫將新設臺北府轉往雞籠」和「現署臺北府知
府向燾調署臺北府知府，飭令暫駐雞籠」一事，卻是「著照所請」，[174]向
燾成為臺北府第一任知府。

　　光緒 2 年 12 月，丁日昌就奉旨賞病假 3 個月，3 年 3 月再度請假

[170] 《丁中丞（日昌）政書》，頁 524-525。

[171] 《申報》，光緒 3 年 2 月初 1 條，頁 661。又《申報》光緒 3 年 4 月 7 日條，頁 675-676。

[172] 《丁中丞政書》，頁 527。

[173] 同前書，頁 539-544，〈請派大員督辦臺務院〉。

[174] 丁日昌，〈統籌臺灣全局擬請開辦輪路礦務以裕軍實而固邊防摺〉，附〈改設臺灣府片〉，
光緒 3 年正月 22 日，軍機大臣奉旨：「著照所請，該部知道，欽此」。故官博物院影刊《清
宮月摺檔臺灣史料》，頁 2482，民國 83 年，臺北。（以下簡稱《月摺檔》）。

「回省調理」，[175]由船政大臣吳贊誠接辦「臺灣防務事宜」。[176]吳是丁的多年船政同事兼好友。[177]

　　光緒 3 年（1877）4 月 28 日吳從旗後登岸，[178]查勘臺灣防務並往後山各地巡視，「寒熱交作」也病倒了，[179]由於「病體支離」，不得不於 7 月 24 日內渡延醫治療，[180]不久也因番亂，9 月 5 日再趕到雞籠，[181]吳贊誠讚美雞籠云：

> 綜計全臺南北各港口，四時均可泊輪船者，惟有雞籠一港。[182]

　　光緒 4 年 4 月初 7，吳贊誠署理福建巡撫，5 月 11 日就因病請辭，在〈陳病狀請辭閩撫摺〉中說：

> 丁日昌以全力整頓，尚以省、臺不能兼顧，慮多疏漏，況以臣駑下之資兼病弱之軀，萬難綜理。[183]

　　朝廷以為又是畏難稱病或稱病拿翹的官場把戲，其實吳於光緒 4 年（1878）12 月 22 日回福州，在丁日昌家就中風了。

　　吳不似丁那樣雄才大略，也不恃才傲物，對於臺灣事務，也就蕭規曹隨，不提自己的主張，更不願和丁日昌、沈葆楨、李鴻章唱反調。吳以吏才和平著稱，也因此而受輿論「諸事盡廢」之譏。[184]

　　不過，吳贊誠在光緒 4 年 9 月到 11 月的奏摺中，在地名的運用上，出現了明顯的變化：

　　他在光緒 4 年 9 月的奏摺中說：

---

[175] 《丁中丞政書》，頁 571。

[176] 吳贊誠，〈遵旨赴臺並布置船政事宜摺〉，《吳光祿使閩奏稿選》，頁 1，臺灣銀行經濟研究室，《臺灣文獻叢刊》第 231 種本。

[177] 吳贊誠病重，在丁日昌家治療調理，見〈驟患急病請假調理摺〉，同前書，頁 39。

[178] 同前書，頁 4，〈初到臺灣勘閱砲臺防勇情形摺〉。

[179] 同前書，〈查勘臺灣後山情形並籌應辦事宜摺〉，頁 7-12。

[180] 同前書，頁 16。

[181] 同前書，頁 21，〈官軍攻毀後山番社並搜除安撫情形摺〉。

[182] 同前書，光緒 4 年 10 月，〈番眾悔罪自殺投現辦撫緝並撤裁營勇摺〉，頁 24-28。

[183] 同前書，頁 34-35。

[184] 《清季申報臺灣紀事輯錄》，光緒 4 年 11 月初 4，〈西人論臺灣履棄各事確有所見說〉。

> 九月初一日起程東渡，即赴雞籠、艋舺一帶，擇要駐紮，就近調度。[185]

他在 4 年 10 月的奏摺中說：

> 九月二十三日，偕孫開華回抵雞籠，擬赴艋舺暫駐，部屬一切。[186]

他在 4 年 11 月的奏摺中說：

> 臣自後山回抵基隆，於十月初九甲飭派永保輪船將駐防吳全城一營撤勇，全數載到基隆……即由基隆出至艋舺，醫治旬餘。[187]

前兩摺還在用「雞籠」一詞，11 月的奏摺，就改用「基隆」一詞，顯然臺北設府、縣，分治、府治所在和築城地點已經作了決定。

# 第五章　丁日昌新政的挫敗與雞籠地位的逆轉

## 第一節　丁日昌設臺北府廳於雞籠

　　光緒元年（1875）6 月 10 日（07.12），沈葆楨和閩浙總督文煜、福建巡撫王凱泰，奏設臺北一府三縣，12 月 20 日（1876.01.16）朝廷決定設臺北府，下轄淡水、新竹、宜蘭三縣，原設淡水廳撤廢，噶瑪蘭通判改設「臺北府分防通判」駐雞籠。[188]

　　沈葆楨在奏設臺北府摺中，權衡艋舺、雞籠二地之條件後，認為「雞籠一區，以建縣治則腹地不足」，所以設「分防通判」治之，而艋舺則是氣宇恢宏的四達之地，「擬於該處創建府治」，[189]軍機大臣和各部會議，吏部認為「應准如所請」；工部認為「各官應建衙署工程，工竣之

---

[185] 同前書，頁 17，〈陳報後山番情未靖定期渡臺相機剿撫摺〉。

[186] 同註 62。

[187] 同前書，頁 33，光緒 4 年 11 月 26 日，〈由臺北陸行赴臺南沿途訪察情形事竣回省片〉。

[188] 《德宗實錄》，光緒元年 12 月 21 日條。

[189] 福建巡撫王凱泰、福州將軍文煜、閩浙總督李鶴年、辦理臺灣籌處海防兼理 各國事務沈葆楨等奏：「為臺北口岸四通荒壤日關外防內治、政令難圍，擬建府治，統轄一所三縣以便控馭而固地方」摺。《月摺檔》，頁 2019-2038。

日，造冊送部核銷；戶部要求清查田賦。並未言及城池建築，也沒有知府、知縣人選。[190]

　　光緒元年 11 月，丁日昌繼王凱泰接任巡撫，[191]次年 2 月，吳贊誠接任總理船政大臣。[192]光緒 2 年（1876）6 月，丁日昌由福州逕自到雞籠查看煤礦、巡視臺北之後，就上了〈臺北所屬廳縣員缺照部章變更疏〉，[193]12 月 16 日又上〈統籌臺灣全局擬請開辦輪路礦務摺〉；他在此摺中提出煤礦和鐵路是臺灣防務當務之急的根本的說法。煤礦和鐵路的基地都在雞籠；他又提出設置郡縣是不急之務的說法，臺北毋庸設府。[194]他在此摺之後，附上〈改設臺北府片〉，具體的提出以雞籠暫時取代艋舺的辦法，也具體地提出了首任臺北知府向燾：

> 查現有署臺北府知府候補同知向燾，曾任淡水同知，民情愛戴，辦事穩實，堪以調署臺北府知府，飭令暫駐雞籠，會籌防務、礦務以及擬開鐵路……。[195]

　　第四章第二節所引〈改設臺北府片〉，出自抄本《丁中丞（日昌）政書》；此處所引，出自國立故宮博物院所藏之《清宮月摺檔》。前者是丁氏門人自抄私藏本；此處所引則是清宮大內所藏之官方檔案。二者都可能傳抄致誤，與丁日昌的原摺略有出入。《丁中丞政書》謂：「現署臺灣府知府……」而《月摺檔》則謂：「現有署臺北府知府……」。雖然一字之差，卻也不無影響。

　　前者意指當時向燾正在署理臺灣府知府任上，調到雞籠署臺北府知府；後者卻指向燾是本任署臺北府知府，由於「民情愛戴、辦事穩實」，因此「堪以」正式的公文「調署臺北府知府」。若然，則向燾署理臺北府知府，在丁日昌上此摺及附片之前，否則，其調任即在「光緒 3 年正

[190] 〈恭王奏為遵議臺北擬建府廳縣治摺〉，《申報》，頁 587-596。光緒 2 年 2 月 20 日條。
[191] 光緒元年 11 月 14 日，上諭丁日昌補授福建巡撫，《臺灣海防檔》，頁 25。
[192] 同前書，頁 31-32。
[193] 《丁日昌政書》，頁 491-494。
[194] 《月摺檔》，頁 2415-2420。《清季臺灣洋務史料》，頁 7-15。
[195] 《月摺檔》，頁 2481-2482。

月 22 日軍機大臣奉旨著照所請」之後。

　　光緒元年（1875）12 月 20 日，准許建一府三縣之前的 11 月 14 日「王凱泰因病出缺」，「丁日昌補授」福建巡撫。[196]即便是准設一府三縣之後的 12 月底任命向燾署臺北府知府，也都是丁日昌就近找個人地兩宜、駕輕就熟的人署理。根據丁日昌主稿、沈葆楨、何璟聯名的〈新設海疆要缺知府治理需才謹合詞揀調賢員摺〉中說：

> 臣日昌蒞任後，去冬始獲東渡，親勘臺北一帶情形，旋經奏明以署臺灣府知府候補同知向燾調署斯缺，暫駐雞籠。[197]

　　所謂「去冬」意指光緒 2 年 10 月 18 日起至 12 月 16 日上〈統籌臺灣全局擬請開辦輪路礦務摺〉及其所附〈改設臺北府片〉之間。在進一步的史料發現之前，似可推定向燾始任於光緒 2 年 10 月底，其卸任則在另一位試署臺北府林達泉光緒 3 年 3 月到任時（詳下）。

　　楊仁江花了很多時間，翻遍了《淡新檔案》，在民事門第一類人事第一款失蹤案中，發現〈調補府正堂特授淡水分府陳〉的「兵卷」中，有一份光緒 3 年 6 月〈接臺北府向　奉撫憲營務處何來函〉：「行營有林孝廉名友松，前往南路，杳無音信，臺地有無其人，速即查覆」的公文，向燾在函中自署「愚弟」。[198]

　　很明顯的這是臺北府向轉函檢憲營務處核給淡水廳同知陳星聚的公文。

　　臺北府的第二任知府是林達泉。

　　丁日昌調向燾署臺北府知府是就近取便，他中意的是他的左右手林達泉。光緒 5 年（1879）閏 3 月 22 日，上諭命丁日昌加總督銜，會同沈葆楨辦理南洋海防。丁日昌上奏懇辭摺中，首先提到懇辭的理由是身體不好，「臣與王凱泰、吳贊誠先後駐紮臺灣，王凱泰受瘴身故，吳贊

---

[196] 《臺灣海防檔》，頁 25，〈上諭丁日昌補授福建巡撫〉。

[197] 《月摺檔》，頁 2679-1682。軍機大臣的奉旨核本是光緒 3 年 5 月 16 日。

[198] 楊仁江，《臺北府城北門之調查研究與修護計畫》，頁 46-49。楊仁江建築師事務所，民國 86 年 6 月，臺北。

誠則得半身不遂之症，臣亦得兩足痿痺之症」，[199]第二個理由則是缺乏得力助手：

> 凡舉辦大事，左右必有得力數人，寄以耳目采訪之事。臣在吳在閩時，有李鳳苞、林達泉等助臣心思耳目所不及。今或遠在外國或歿於臺灣，尚有得力親知數人，亦先後在臺物故，目下並無一親信可靠之人在臣左右。[200]

準此可知，大埔舉人林達泉是揭陽人，丁日昌巡撫的心腹耳目，丁希望將林調署臺北府知府，協助他完成「丁日昌新政」之大業。林則以鞠躬盡瘁，死而後已回報。

又據〈江督沈（葆楨）奏為合詞揀調新設海疆要缺知府摺〉：

> 竊照福建新設臺北府一缺，經臣葆楨前在海防大臣任內奏請添設，奉旨允行；臣葆楨旋蒙恩擢兩江。臣日昌蒞任後，去冬始獲東渡，親勘臺北一帶情形，旋經奏明：以署臺灣府知府候補同知向燾調署斯缺，暫駐雞籠，並聲明新設該府所屬三縣，應俟選擇得人，再行更調在案……茲創建之初，請調人員，亟應格外慎重，臣等再四思維，查有江蘇海州直隸州知州林達泉，廣東舉人，器識閎達……臣葆楨、臣日昌上年往復函商，惟該員允堪是選，臣璟前過金陵，與臣葆楨商及人才，亦以為非該員不能勝任愉快，意見不謀而合……此摺係臣日昌主稿。[201]

既然需要「往復函商」，顯然沈葆楨並非欣然同意，而是經不起丁日昌的堅持。此案雖然最終通過，但是，主管人事的吏部非常有意見，據〈大學士管理吏部事務寶鋆為隔省調署知府與例未符奏明請旨摺〉載：

> 同治九年二月十三日上諭：臺灣府出缺，即著該督撫奏明，請旨於閩、浙兩省知府揀員調補……向無准調他省現任人員試署……如奉旨准以林達泉升署，係屬欽奉特旨准署；嗣後無論該省、別

---

[199] 丁日昌，〈奏為不能勝會辦南洋海防之任摺〉，《月摺檔》，頁3118。

[200] 同前書，頁3120，〈李鳳苞帶領船政學生往英國〉，《月摺檔》，頁2442。

[201] 《清季申報臺灣紀事輯錄》（以下簡稱《申報》），頁704-706。臺灣銀行經濟研究室，《臺灣文獻叢刊》第247種本。

省何缺，不得援照此案辦理……

至兩江總督沈葆楨籍隸福建，會同保升本籍地方官員，與定制不
符，嗣後如有會銜保升本籍地方官員者，應請交部議處。

又，海州直隸州知州係江蘇巡撫所轄，此次該督等會銜保奏摺
內，江蘇巡撫並未列銜。[202]

丁日昌借重沈葆楨、何璟的威望，寧可冒違反吏部三項重大人事法
規之大不諱，也要隔省把不合格的林達泉超擢「升署」臺北府知府，他
希望透過這項人事人命，力保「丁日昌新政」在臺推動。

林達泉的至友何如璋在〈臺北府知府林君之神道碑銘並序〉中說：

戊寅三月（光緒 4 年，1878），君抵臺北任。府治新設，百度草
創，君定經制、核征課、籌防、墾荒，兼辦營務。時值後山番擾，
君冒署瘴治事，畫夜不少休……會封君卜至，君日夕悲號，疽發
於背，竟以十月九日卒於官署。[203]

林達泉上任時主管臺灣事務的福建巡撫是吳贊誠，基本上是執行丁
日昌以煤礦、鐵路優先的政策，也忙於懲番、理番，都是以雞籠為基地，
因此何如璋對於設府築城，一個字都沒寫。

沈葆楨奏請表彰林達泉「請付史館列入循吏傳」的奏摺中也說：

臺北瘴癘地，該守毅然而行。到閩，即上治臺各策，釐積牘、興
防務，以餘力勸辦晉、豫賑捐集款甚鉅。[204]

林達泉和向燾一樣，把雞籠當作臺北府治，基本上是協助丁日昌和
吳贊誠處理營務、防務、理番，行有餘力才處理一般行政。無暇推動分
治和築城的事。[205]

---

[202] 《申報》，頁 740-743。光緒 3 年 9 月 20 日（10.26）轉錄 9 月初 9 日《京報》。

[203] 根據何如璋，〈臺北府知府林君之神道碑銘並序〉，《臺灣慣習記事》第二卷第六號，頁
466-472。

[204] 《申報》，頁 873。光緒 4 年 7 月 15 日（09.01）。

[205] 光緒 5 年 4 月初 8，《京報》「閩浙總督何等奏新設府縣酌定缺次繁簡因地制宜摺」。《清

　　丁日昌既然「以現裁之淡水同知竹塹廳署，暫作臺北府署」，又說：「設置郡縣，無益之葆苓」，又批評沈葆楨指定的城址「係在一片平田，毫無憑藉，工重費繁，似尚未得竅要」，認為雞籠「商賈必定輻輳且有險可守」，主張「似宜暫將新設臺北府移駐於此」。這樣的態度，使得竹塹士紳也起而爭奪築城之利；臺北士紳眼看設府、築城之利將為雞籠、竹塹所奪，「繁盛的生理」和「寸土尺金」炒地皮的利益，都由丁日昌轉移給雞籠人，也起而喧鬧，林達泉不得不揭榜宣示。光緒 20 年（1894）所修的《臺灣通志》〈林達泉傳〉載：

> 臺民請移府治新竹，達泉榜通衢⋯⋯此地四山環抱，山水交匯，府治於此創建，實足收山川之靈秀而蔚為人物，且艋舺居臺北之中⋯⋯而滬尾、雞籠二口實為通商口岸，與福建省會水程相距不過三百餘里，較之安平、旗後尤有遠近安危之異，十年之後，日新月盛，臬道將移節於此，時勢所趨，聖賢君相不能遏也。[206]

　　臺北府知府必須要在大街之上張貼大字報以息民怒，可見臺北人患得患失之焦慮已經沸騰。

　　光緒 4 年（1878）10 月 9 日，林達泉病逝，加上客觀環境的鉅變，艋舺和雞籠的角力終於落幕。

　　陳朝龍等人纂輯的《新竹縣採訪冊》〈沿革〉載：

> 光緒四年（1878），臺北新設府治，淡水同知裁缺。時新設臺北府知府林建泉、陳星聚先後蒞任，皆暫以淡水廳署為府署。至五月閏三月，淡、新分治，知府陳星聚始移治臺北。[207]

　　臺北設府、築城，直到光緒 5 年（1879）3 月，第三任臺北知府手

季申報臺灣紀事輯錄》，頁 851：「林守達泉自上年三月到任，六月即赴基隆；八月回竹塹一次，未及旬日又赴基隆，所有竹塹以南詞訟，均不遑辦理」，顯然大半時間都在基隆，竹塹只是旅邸。

[206] 臺灣省文獻會印行，《清光緒臺灣通志》〈林達泉〉，（民國 45 年 6 月，《臺灣叢書》第五種影印本，頁 945-946。連橫認為此議乃對劉璈邊巡道於彰化之議而發，見《臺灣通史》，〈劉璈傳〉，頁 1029，實誤。

[207] 《新竹縣採訪冊》卷一「沿革」頁 19，又同書卷二「廨署」條同，頁 61，《臺灣文獻叢刊》第 145 種本。

上才敲定，或許比較接近事實。

## 第二節　丁日昌的潰敗與雞籠地位的逆轉

丁日昌胸懷大志，對於中國的現代化，不但有構想、也有具體的辦法，臺灣是他的實驗室、是實踐理想的地方。

丁日昌（1823-1882，道光 3-光緒 8）廣東豐順人，以廩貢生出辦鄉團，因深明西學精通洋務受知於曾國藩與李鴻章、左宗棠，1863 年籌辦上海機器局，荐升蘇松太道，兩淮鹽運使，江蘇布政使、巡撫。以丁母憂回籍。

同治 13 年（1874），日本侵臺事起，特詔起丁於家，命為北洋幫辦大臣，[208]丁日昌上了一個條陳給總理各國事務衙門，「謹將緊要應辦事宜擬列數條」，發給「南北洋大臣、濱海、沿江各督撫將軍詳細籌議」，[209]隨後，「丁日昌續擬海洋水師章程六條」，歸入會議海防各摺內一並妥議，[210]此一章程由李鴻章代呈，[211]丁日昌提出練兵、簡器、造船、籌餉、用人、持久等六策。李鴻章說：「丁雨生海洋水師章程尚是同治 7 年在蘇撫任內擬就。其時因曾文正創立〈江省內外洋艇船章程〉，意見不合，乃有此議。鴻章昔曾見過文正，初不謂然，旋悔之，而未及更改，嗣後沿訛襲謬，仍逐年添造無用之艇船，殊可哂也」。李鴻章譏笑曾國藩來證明丁日昌有先見之明。[212]丁日昌建議買大鐵甲船，建議成立三支外洋海軍，分統於三洋提督，都引起廣泛討論。光緒元年 4 月，大抵得到「擬請就北洋創設水師一軍，俟力漸充，就一化三」的結論。[213]目的在於「以屏蔽京畿門戶為最重津口」，[214]臺灣海防的原始動機消失了。

---

[208]　《申報》，頁 558-559，光緒元年 9 月 30 日（10.28），〈丁中丞總理船政事宜〉條。

[209]　《月摺檔》，同治 13 年 9 月 27 奕訢奏，頁 1745-1755。

[210]　《清宮洋務始末臺灣史料》，頁 1122（以下簡稱《洋務檔》），國立故宮博物院 影刊該院所藏檔案。該院民國 88 年，臺北。

[211]　《洋務檔》，頁 1254。

[212]　李鴻章，〈論海防籌餉（5 月 11 日）〉，《李文忠公選集》，頁 130。

[213]　《洋務檔》，頁 1283-299，光緒？年 4 月 26 日奕訢等奏。

[214]　同註 212，頁 13。

　　丁日昌接辦船政和擔任福建巡撫之後，如第四章所述，他上了一個洋洋灑灑六千言的〈統籌臺灣全局擬開辦鐵路、礦務請簡派熟悉工程大員駐臺督辦摺〉，朝廷要李鴻章、沈葆楨表示意見，李、沈也洋洋灑灑的寫了五千字認為「臺灣事件，自應統歸丁日昌一手經理」。丁所提的擬購鐵甲船、練水雷軍、鎗砲隊、造砲臺、開鐵路、立電線、開礦；招墾各務「俱奉旨准行」，也只撥了一些經費和南洋海防經費的一半給他。[215]光緒 3 年 5 月，丁日昌到福州請款，「省中司道稟稱：鐵甲船每號須銀百餘萬兩，庫局萬分支絀，無款可籌」。[216]丁日昌說：「其提集經費一節，臣人微言輕……若由臣催收，必致百呼而無一諾」。[217]

　　丁日昌希望能向海關借撥銀二十萬兩，經營礦、路若有盈餘再行奉還，「戶部查江海各關洋稅供支京、協各項要餉，需款浩繁，恐無力兼顧臺餉，礙難借補」。[218]臺灣只是福建的一府，要臺灣自籌「臺餉」無論在法理上、行政上都毫無依據。原來的海防經費專款專用，分解南北洋大臣，也由於沈葆楨建議全都給北洋創立北洋水師，「令各省將海防經費統解北洋兌收」，朝廷只撥其中一部分給丁日昌，也落得「無款可籌」的結果，丁日昌只好請求「將南北洋經費仍歸南北洋大臣提收」且「臺防經費解歸北洋大臣衙門」實屬萬般無奈。[219]

---

[215] 李鴻章，〈復何筱宋制軍（11 月 28 日）〉，同前書，頁 190。

[216] 丁日昌，光緒 3 年 5 月初 4 日，〈福建巡撫丁日昌奏請將議撥臺灣辦理輪路經費變通購鐵甲船而於臺灣先行舉辦馬車路以利師行摺〉，《清季臺灣洋務史料》，頁 29-33。

[217] 同前書，頁 32。

[218] 光緒 3 年 2 月 24 日，〈總理各國事務衙門奕訢等議奏丁日昌等籌議臺灣事宜請旨遵行摺〉，《清季臺灣洋務史料》，頁 23。

[219] 丁日昌，光緒 3 年 7 月 20 日，〈福建巡撫丁日昌奏請將辦理臺灣輪路經費移辦鐵甲一案歸南北洋大臣督辦摺〉，同前書，頁 35-38。以及何璟，光緒 3 年 11 月 27 日，〈閩浙總督何璟等奏請將臺灣輪路移辦鐵甲船經費解歸北洋大臣衙門兌收摺〉，同前書，頁 38-39。
章義按：海防經費盡入李鴻章之手，其人吏才無礙，並不思有所作為，故而甲午一戰，北洋海軍慘敗，臺灣淪入日人之手，此為前兆也。
李鴻章，光緒 6 年 2 月 11 日，〈議請訂購鐵甲〉：「中國之購鐵甲原為抵禦日本及西洋來華鐵甲用……自同治 13 年中外倡議，忽忽已閱七載，迄無成局。幼丹（沈葆楨）以死諫，雨生（丁日昌）以病事……」，《李文忠公選集》，頁 328-329。又，光緒元年 3 月 1 日〈請撥海防經費摺〉：「戶部原撥海防經費……原為經驗臺防起見……臺防尤為急需……及今五年，北洋受款不下千萬……論者猶謂臣歲糜巨幣，不克振作有為」。同前書，頁 339-340，342。

　　鴉片戰爭之後，由於蒸氣機的發明，泰西火輪東來，雞籠的地位日形重要。同治 13 年（1874）的日本侵略臺灣事件，雞籠成為中國海疆的第一要地，清廷也精銳盡出，把沈葆楨、王凱泰、吳贊誠、丁日昌派到臺灣主持臺灣防務，丁日昌的新政，無論礦務、輪路都以雞籠為基地，臺北府治遂以雞籠取代了艋舺。豈料不旋踵，拱衛京畿的北洋防務囊括了所有的資源，臺灣防務形同雞肋，雞籠的地位也就急轉直下了。

　　李鴻章是傑出的吏才，龐大的北洋經費，成為他討好太后和結好權貴的本錢，他也知道人家批評他「歲糜巨帑，不克振作有為」，他也不在乎。甲午戰爭中國一敗塗地，肇因於此。

　　丁日昌雖然受阻於李鴻章、沈葆楨、何璟等人，但是他勇於上進絕不輕易妥協。他曾經上奏，說明自己從反對電線、輪路一變為戮力以赴的原因：

> 臣前在上海，曾密飭廳縣，將洋人私設之電線……一律拆毀。今春在閩，前任督撫與洋人已議合同，由廈門設至省城之電線……合同作為廢紙。是臣平日於電線、輪路等事本不以然。惟至臺灣查看情形，勢有必須辦輪路、電線、礦務，而後始能一勞永逸。前此到臺諸臣未必不見及於此，特以議論新奇、恐招眾謗，故噤不敢發耳。[220]

　　丁日昌也知道要辦事，非錢不可。他在〈臺事宜速統籌全局摺〉中便提他的籌款計畫：「若能於江海等關各借撥二十萬以為權輿，再由官紳百姓湊集公司數十萬，自可次第舉辦……仍請敕下南北洋大臣密速籌議，以免道旁築室，徒托空言耳」。[221]

　　殊不知李鴻章、沈葆楨、何璟等人都在背後算計他，說他壞話，甚至於他為李鴻章主持的賑災任務，募款百餘萬，李還譏笑他一事無成。[222]

[220] 丁日昌，〈查勘北路後順由淡水、彰化一帶起早回郡謹將布置大略情形奏聞摺〉之附片，光緒 3 年正月 22 日，《月摺檔》，頁 2498-2499。

[221] 丁日昌，〈為臺事宜速統籌全局摺〉，《月摺檔》，頁 2418-2419，光緒 2 年 1 月 19 日。

[222] 李鴻章，〈致沈幼丹（葆楨）制軍（3 月 13 甲）〉：「筱宋致召民書，深怨雨生（丁日昌）祇知有己，不知有人」，《李文忠公選集》，頁 203。又，〈復何筱宋（璟）制軍（7 月 11日）〉：「性情無常神明躁憂，斷難與人共事……調早調閩督，免致閣下為難」，頁 206。〈復

　　國家的公款不給丁日昌，卻責成他辦理臺灣防務，巧婦如何作無米之炊？李鴻章每函丁日昌「每以鞠躬盡瘁相屬」，[223]直欲逼死丁而後已。

　　丁日昌豈真束手無策？適如〈臺事宜速統籌全局摺〉中所言：「由官紳百姓湊集公司數十萬」，是一個辦法。光緒3年2月，丁日昌上〈臺屬紳士稟定捐輸鉅款以濟時艱請從優獎勵摺〉：

> 臺灣現擬辦理開礦、招墾、鐵路、電線各事宜，需款甚鉅，自須官民合力同心共籌辦法才能有濟，茲有臺屬淡水屬紳士道銜候選知府林維讓、三品銜候選道林維源，家貲殷富，深知現在舉辦礦務、鐵路等事，有益於國計民生……稟明七二兌洋銀五十萬元合三十六萬兩，分作三期、八個月內繳清，以助臺灣礦務、鐵路之用。[224]

　　其次則是借洋款。同治13年8月，閩浙總督以臺灣防務吃緊，奏借洋款二百萬兩；10月，陝甘總督左宗棠曾奏借洋款三百萬兩。[225]丁日昌也循此途徑請李鴻章代為籌款。

　　光緒3年（1877）7月，朝廷答應給丁日昌三個月假回籍養病，[226]丁仍請李代訂三十八噸砲船二號、買土耳其鐵甲船、買水雷都不成，其中關於旗後（今高雄）鐵路答覆如下：

> 臺灣至旗後鐵路需銀五、六十萬兩，已向麗如銀行商借，利息給需八釐……若執事不出任事，即作罷論。[227]

　　很顯然，丁日昌也希望透過借洋債來經營臺灣的鐵路或其他事業。但是，利息太高並不合算，因而作罷。丁日昌又奏，「即就職員林維讓

---

何筱宋制軍（7月21日）：「雨帥前此議論太多，並無一件辦到，時人頗相譏剌」，頁275。
　　章義按：丁日昌為李鴻章募款百餘萬猶罹如此譏剌，豈有天理乎？《沈文肅公牘》中負面誣詞亦多，不贅引。

[223] 李鴻章，〈復何筱宋制軍（7月11）〉，《李文忠公選集》，頁225。

[224] 《月摺檔》，頁2574-2575。

[225] 同前書，頁1952，光緒元年5月總理各國事務衙門奏。

[226] 同註223。又《清季臺灣洋務史料》，頁37。

[227] 李鴻章，〈復丁雨生（9月6日）〉，同前書，頁231。

等擬捐款之數催收湊用，免動正款」。[228]借款不成，轉用私募捐款之意也。當時河南發生災荒，「彼災之重為從來所未有而庫空如洗、本省又鮮富紳捐借」乃向各省求援。[229]刑部侍郎袁保恆「道經保定，督臣李鴻章代為策畫」，「告以臺灣修鐵路經費」由臺北府林達泉經管，「因不敷工費，尚未興修，不妨暫時挪移」。[230]

袁保恆視丁日昌如眼中釘，光緒 2 年 12 月曾奏請設巡撫於臺灣，福建全省事務專歸總督辦理，不增設藩、臬以及府、州、廳、縣等官，讓丁日昌光桿一巡撫，孤立無援，置之死地而後已，[231]得李鴻章釜底抽薪之計，欣喜萬分，立即上奏，要求何璟、丁日昌「查明此項捐款已否動用，能否借備豫省賑需、迅速奏明辦理」。[232]

當是時，打狗（今高雄）至臺灣府城的鐵路已經備料動土。已將上海至吳淞之鐵路拆下之鐵軌運至打狗，[233]鐵路不日可成，將海防築路私募專款轉為河南災荒賑款的大帽子壓下，丁日昌好生為難。李鴻章又託人命林維源（捐款人）到潮州揭陽丁府當面和丁日昌商議，饑荒已久的山西，也加入爭奪戰，丁日昌無可奈何，只好將鐵路停辦、將鐵路捐款挪為晉賑、豫賑之用。[234]同時再向潮州、臺灣以及香港、南洋僑界募款

---

[228] 光緒 4 年（1878）正月 21 日，〈戶部尚書魁齡等奏會籌預省賑需摺〉，《月摺檔》，頁 2830。

[229] 同前書，頁 2823。

[230] 同前書，頁 2825。

[231] 《申報》，頁 661，光緒 3 年 2 月初 3〈侍郎袁（保恆）奏請福建巡撫改為臺灣巡撫片〉。詳細分析見 2 月初 5 日〈論改福建巡撫為臺灣巡撫〉，頁 662-664。李鴻章，〈復沈幼丹（葆楨）制軍（正月 17）〉云：「臺事昨始議復，與尊疏大意略同。筱陽請改為臺灣巡撫，凡與雨生齟齬者皆附和之」，《李文忠公選集》，頁 201。《德宗實錄》光緒 10 年（1884）11 月 20 日條：「李鴻章……據劉璈意在掣壞臺北」，璈因此被劾，死在東北。

[232] 《月摺檔》，頁 2823-2830。

[233] 《申報》，頁 774，光緒 4 年 4 月初 9 條。

[234] 李鴻章，〈復何筱宋制軍（2 月初 10）〉，李坐擁北洋海防經費百餘萬，「不得已將海防存項再提墊十二萬兩」，《李文忠公選集》，頁 254。對於他教唆袁保恆盡耗臺灣鐵路捐款一事，李在〈復何筱宋制軍（3 月 23 日）〉中說：「鴻章知臺餉極絀，未敢以獻沅翁（山西巡撫曾國藩）。適筱陽奉命出任豫賑，過保諄商，為此無中生有之策，遽爾入奏，屬弟加函轉懇執事（閩浙總督何璟）及雨帥（丁日昌）挪移。雨生聞事在緊急，林維源又赴揭陽面議，遂乘 勢和盤托出……筱陽（袁保恆）子和（李鶴年）二公辯爭……如何指定的款歸還，則未議及……以後即年穀順成，兩省之力皆不足以還欠」，頁 256-257。李鴻章保北洋鉅款鉅款而慷丁日昌臺灣建鐵路捐款之概，所謂「無中生有之策」使得臺防消蝕，鐵路遲至劉銘傳十年之後，師法丁日昌私募鉅款，才建基隆至新竹一段鐵路。甲午之戰，北洋

百餘萬。[235]所謂臺灣鐵路也頓成泡影。

　　李鴻章「無中生有之策」，釜底抽薪，把丁日昌私募的鐵路款攤在陽光之下，讓山西、河南各地諸侯競相爭奪。丁日昌確知事無可為，遂上〈病勢反覆請准開缺調理摺〉，[236]清廷於光緒4年4月初6核准。[237]丁既去，「臺事遂不可問」。[238]迨及是年10月9日，林達泉卒於官署，「設臺北府治於雞籠的政策，也從此銷聲匿跡。

# 第六章　臺北府治和府城城址的初定

## 第一節　臺北府治艋舺勝出

　　光緒元年（1875）6月18日，沈葆楨聯合王凱泰、文煜、李鶴年上〈臺北擬建一府三縣摺〉，[239]「擬於艋舺創建府治」，「其建設城署、清查田賦及教佐營汛、應裁、應改、應增，容俟奉旨允准後，再由臺灣道議詳核周，期臻周密」。[240]

---

　　海軍慘敗於日軍，臺灣遂淪入日人之手。李鴻章之自私自利、泄沓無能、害人誤事兼害臺，於此自我辯解之函，表露無疑。

[235] 李鴻章，〈丁日昌謁誠勘募奏〉，《月摺檔》，頁2869。又

《申報》光緒4年9月23日（轉錄9月12日京報），《前閩無丁（日昌）奏為解餉助賑片》：「除4月間解過八萬圓外，現據臺北府知府林達泉稟稱：近又續捐三、四萬元，可速解」，頁801。

[236] 《申報》，頁780-782。光緒4年5月初7日條。

[237] 同前，頁779。

[238] 《申報》11月初3日，〈西人論臺灣〉：「丁中丞因病解任，臺事遂不可問……火輪之鐵條等物……乃棄置海漬……盡成廢物……即此數端，已令人無解於 有治法而無治人也」，頁807-808。

《申報》11月初4日，〈西人論臺灣廢棄各事確有所見所〉：「譬如火車路鐵條，費巨萬之銀購之而又費若干水始得到臺，乃竟廢置勿用……招致游民墾種亦不聞舉辦……其治臺也，事事俱有成效……」

光緒6年，李鶴年推荐岑毓英督辦臺灣防務摺云：「前撫臣丁日昌復詳陳經畫臺灣事宜，指注頗有遠略，乃丁日昌病去，而臺事漸少講求……兩年以來，未聞有渡臺之舉」，《月摺檔》，頁3247，視前之陽捧陰損，不啻馬後砲也。

[239] 福建巡撫王凱泰、福州將軍文煜、閩浙總督李鶴年、辦理臺灣等處海防兼理各國事務大臣沈葆楨，〈為臺北口岸開通、荒壤日闢、外防內治政殊難周，擬建府治，統轄一廳三縣以便控馭而固地方摺〉，《月摺檔》，頁2019-2028沈葆楨，《福建臺灣奏摺》，頁55-59，

[240] 《月摺檔》，頁2026。《福建臺灣奏摺》，頁58-59。

沈葆楨知道劉璈「嗜堪輿如性命」,[241]因此「令專辦築城建邑諸事」,[242]因此,瑯嶠和臺北府城城址的初步勘定,皆由劉璈經手。

光緒 2 年（1876）10 月丁日昌到雞籠,11 月 29 日到艋舺「閱看該處擬建府城形勢」[243]之後,循陸路南下。光緒 3 年（1877）正月初 2 到達「新建恆春城」,只見該城「三面皆山,不甚得地,城中男女僅四百九十餘人,而城寬至六、七里之遙,且中無水源,殊不合法,惟工程已有一半,又未便另行改置,已切囑經理城工員紳等,認真撙節,勿得仍前泄沓」。[244]

恆春城的失當,使得丁查看臺北城址之後所上的〈宜暫將新設臺北府移住於雞籠片〉得到有力的佐證。他認為初步擇定的城址,「係在一片平田,毫無憑藉,工重費繁,似尚未得竅要。」[245]

甲午戰爭爆發,1895 年 3 月到臺灣來擔任戰地記者的 J. w. Davidson 在所著《The Island of Formosa, past and presant》一書中說,臺北城「基地原為稻田,土地太鬆軟,經不起此種重結構的壓力,乃在城牆預定地栽植竹類,以為約在三四年內,竹類成長後,地基就充分堅固,可以支住磚石砌成的巨大城牆」。[246]

日本據臺之際,明治 28 年（1895）出版的《臺灣志》中形容常晴的臺北城內:

> 城內乃新闢之地,並非普建街衢,尚存三分之一為水田。[247]

---

[241] 《沈文肅公牘》,頁 2026。

[242] 沈葆楨,同治 13 年 12 月 20 日,〈為履勘瑯嶠勢擬即築城設官以鎮民番而消 窺伺摺〉,《月摺檔》,頁 1906-1910。

[243] 丁日昌,〈查勘地路後順由淡水彰化一帶起旱回郡摺〉,同前,頁 2483。

[244] 丁日昌,〈巡查臺灣南路鳳山恆春等處並察勘旗後砲臺摺〉,同前,頁 2570。

[245] 同前,頁 2480。

[246] James W. Davidson: "The Island of Formosa Past and Present" First published byMacmillan & Company, London and New York and Kelly & Walsh Ltd., Yokohama, Shanghai, Hong Kong, and Singapore, 1903 年筆者擁有書明治 36 年 1 月臺灣版,日本橫濱印刷,成文書局複製本,譯本引自臺灣經濟研究室《臺灣研究叢刊》第 107 種本,頁 151。其實所謂植竹改良地基法並無實效。竹科植物很淺,無法有效改良地基,縱使是深根喬木也效果有限,參見李乾朗對於臺北城牆地基的實證研究以及筆者根據《淡水廳築城案卷》所作的分析。

[247] 日軍參謀本部,《臺灣志》,頁 51。明治 28 年 1 月,該部,東京。（筆者中譯）

　　本文第四章曾經引述丁日昌的〈改設臺北府片〉，他預測雞籠改設府治後，「其沿海曠地，數年後生理繁盛，必將寸地尺金」。殊不知<u>艋舺</u>東北方的一大片沼澤、水田，一旦變成官衙林立、考生匯聚、圓圓鼎沸且外有城牆保護的市地之後，土地炒作的利益，遠比基隆濱港地區的市地更要多得多，艋舺和大稻埕的商人和野心勃勃的板橋林家，豈有不極力爭取之理？

　　這些「艋舺士紳」透過羅大春、夏獻綸、沈葆楨，爭取到臺北府治和府城城址預定地，殊不料丁日昌提出的「雞籠優先論」，差一點打破了他們的美夢。丁日昌的說法，攪亂了「艋舺士紳」的布局，竹塹的士紳也起而效尤。丁日昌心腹在臺北的代理人林達泉承受極大的壓力。尤其是板橋林家光緒 3 年正月，高達洋銀五十二萬元的「臺灣礦務、鐵路」捐款，[248] 以及李鴻章以「無中生有之策」迫使丁日昌「和盤托出」，把臺灣海防經費，轉為豫賑、晉賑之用，還要在臺北募勸七、八萬元之多，[249]丁日昌既然不得不放棄了臺灣海防、放棄了煤務和鐵路，也不得不放棄「雞籠優先論」。直接在臺北承受壓力的林達泉也承受丁日昌的轉折，發表《全臺形勢論》，[250] 也不得不摘要「榜諸通衢」，宣布府治設在艋舺「聖賢君相不能遏也」。[251]

　　政策轉向，府治和府城城址決定的第一個確證是光緒 4 年 10 月署理福建巡撫吳贊誠、閩浙總督何璟、福建學政孫貽經等所上的〈新設臺北府及所屬之縣各廳等學請將文武學額分別改撥加增並於艋舺地方建設考棚摺〉。[252]學額改訂的前題自是臺北設府和宜蘭、淡水、新竹、基隆分治。

　　唐宋以來，學額的分配和改訂是國家的大事。科舉制度是以客觀標

---

[248] 《月摺檔》，頁 2574、2829。

[249] 李鴻章，〈臺灣紳捐借撥濟賑摺（5 月 14）〉，《李文忠公選集》，頁 267-268。又李鴻章，〈丁日昌勸捐得力摺（5 月 14 甲）〉，同前書，頁 269-270。

[250] 溫廷敬編集，《茶陽三家文鈔》，頁 161-165，大通出版社，《近代中國史料叢刊第三輯》，臺北。

[251] 清光緒 20 年（1894）《臺灣通志・林達泉傳》，臺灣省文獻會，《臺灣叢書》第五種影刊本，頁 945-946。

[252] 《月摺檔》，頁 2916-2921。《申報》，頁 814-817。

準挑選、培植人才，也是國家權力的分享，因此，新的行政區一定要奏定學額。[253]

前述吳贊誠等人的奏摺中說：「即於艋舺地方建設考棚辦理」歲、科考試。淡水廳試有一千三、四百人；噶瑪蘭廳試有六、七百人，分立三縣之後「各有六、七百人」。試想這麼龐大的消費群，文具、服裝、餐旅費是多麼大的商機？

臺北府的設立和三縣一廳分治的第二個確證是光緒 5 年（1879）3月，閩浙總督何璟、福建巡撫李明墀所上的〈新設海外府縣員缺酌定缺次繁簡並移、改、添設佐雜緣由摺〉：

> 刻下艋舺地方考棚，民捐民辦業已告成，舉額已分，明春即應考試。臺北府衙署，年內計可完工，諸務均已次第興辦，設縣尤不可緩……據福建臺灣道夏獻綸通盤籌畫……臣等覆查該司等議……皆係因地制宜起見……仰望天恩……准照所請。[254]

員額、職等都已議訂，顯然是丁日昌這塊擋路的大石頭移開之後，臺北府治和淡水、新竹兩縣分治的程序迅速進行的結果。

## 第二節　陳星聚鞠躬盡瘁臺北城

光緒 20 年（18 歸 4）陳朝龍等為了上級撰修《臺灣通志》而纂輯《新竹縣採訪冊》，在〈沿革〉志中載：

> 光緒四年（1878），臺北新設府治，淡水同知裁缺。時新設臺北府知府林達泉、陳星聚先後蒞任，皆暫以淡水廳署為府署。至五年閏三月，淡、新分治，知府陳星聚始移治臺北。[255]

---

[253] 尹章義，〈臺灣←→福建←→京師─「科舉社群」對於臺灣開發以及臺灣與大陸關係之影響〉，《近代中國區域史研究會論文集》。中央研究院近代史研究所，民國 75 年 12 月，臺北。收於尹章義，《臺灣開發史研究》，頁 527-583。聯經出版公司，民國 78 年 12 月，臺北。

[254] 《申報》光緒 5 年（1879）4 月 19 日（6.08）條，轉錄 4 月初 8 日《京報》。

[255] 《臺灣文獻叢刊》第 145 種本，頁 10。又，同書「廨署」條，頁 61。

在光緒 24 年（1898，明治 31）所修的《新竹縣志初稿》〈陳星聚傳〉中說：

> 陳星聚，河南臨潁人；道光己酉科舉人。同治十二年（1873）任淡水廳同知……考試數次，所得皆知名士，分治裁缺後，調補中路同知；撫番開山，不遺餘力。六閱月即升臺北府知府，事皆開創，費出捐籌，勞瘁不辭，形神益憊，而城工一役，經營尤久，迨工程畢後，乞疾引退，適值法逆旋擾基、滬，又復維持一載，焦慮苦思，夜以繼日，因病請假，卒於臺北府署。[256]

裁淡水同知缺調補中路同知，再升任臺北府其中間隔「六閱月」，即林達泉任臺北府知府時期。〈陳星聚傳〉特別強調他開府臺北，為了籌款和建城而鞠躬盡瘁的事蹟。

光緒 5 年（1879）4 月，〈閩浙總督何（璟）等奏新設府縣酌定缺次繁簡因地制宜摺〉載：

> 光緒三年（1877），又經奏准將淡水同知一缺裁汰，……其噶瑪蘭舊治改為宜蘭縣，即以原設之通判衙署作縣署，縣中公事均由臺北府勘轉。惟議設之淡水、新竹兩縣事屬草創，頭緒紛煩，未能同時並舉，請將淡水、新竹兩縣，暫由臺北府兼攝。[257]

此即「淡水同知」裁汰的過程。臺北府暫設竹塹，臺北府知府兼任淡水和新竹兩縣知縣，一人身兼三職。

由於纂輯《新竹縣採訪冊》和《新竹縣志初稿》的人，都是陳星聚在淡水同知任內「考試數次所得知名士」，而新竹設縣至光緒 20 年又僅16 年，故待陳星聚特厚，述其事蹟獨詳。

第一任臺北府知府向燾是候補同知調署臺北府知府，第二任林達泉是知州試署臺北府知府。光緒 2 年，丁日昌上〈臺北所屬廳縣員缺照部章變通辦理疏〉，裁淡水同知而以臺北府知府駐竹塹廳署，兼攝新竹、淡水二縣事（參見第四章第二節），陳星聚便「委署臺灣府中路同知」，

---

[256] 同前書第 61 種本，〈列傳，名宦，陳星聚傳〉，頁 165-166。
[257] 《申報》，光緒 5 年 4 月 8 條。頁 851。

林達泉死後，陳以「准補中路同知代理臺北知府」，[258] 由於數年之間，都沒有「本任知府」，光緒 6 年閩浙總督何璟、福建巡撫勒方錡奏請以趙均補臺北知府，朝廷准了，還沒到任，何璟、勒方錡又將趙均調補臺灣府知府，[259] 趙均占臺北知府的缺，坐臺灣知府的堂，陳星聚依舊是占臺灣府中路同知的缺，代理臺北知府。光緒 7 年 2 月，趙均在署臺灣府知府任上，丁母憂開缺，才將陳星聚「以候補知府、准補臺灣府中路同知補授臺北府」。[260]

　　以上所述，都是人事銓敘紀錄，林達泉開缺、陳星聚代理之後，就一直在臺北府知府任上坐堂不曾中斷，《新竹縣採訪冊》和《新竹縣志初稿》中，陳星聚的學生們的紀錄都是實錄。

　　日人據臺之後，為了清丈全臺土地而設置「臨時臺灣土地調查局」，在光緒 30 年（1904，明治 37）印行的《大租取調書附屬參考書》中，留下一份陳星聚開府臺北的〈招建告示〉：

> 賞戴花翎、署理臺北府正堂卓異候陞陳，為出示招建事。照得臺北艋舺地方，奉設府治，現在城基街道均已分別勘定。街路既定，民房為先，所有起蓋民房地基若不酌議定章，民無適從，轉恐懷疑觀望。因飭公正紳董酌中公議，凡起蓋民房地基，每座廣闊一丈八尺，進深二十四丈，先給地基現銷一十五圓，仍每年議納地租銀二圓。據各紳會議稟覆，經本府詳奉泉道憲批准飭遵在案。陳諭飭各紳董廣為招建外，合行出示曉諭。為此，示仰紳董、郊舖、農佃，軍民人等知悉：爾等須知新設府城街道，現辦招建民房，務宜即日來城遵照公議定章，就地起蓋。每座應深二十四丈，寬一丈八尺，先備現銷地基銀一十五圓，每年仍交地租二圓，各向田主交根立字，赴局報明勘給地基，聽其立時起蓋。至於造屋多寡，或一人而獨造數座，或數人而合造一座，各隨力之所能，聽爾紳民之便。總期多多益善，尤望速速前來。自示之後，無論近處遠來，既有定章可遵，給價交租絕無額外多索，務望踴躍爭

先，切勿遲疑觀望，切切，特示。

光緒五年三月　日給[261]

這是臺北城市發展史上非常重要的一份公文。

首先，陳星聚開府臺北的「現在」，「城基街道分別勘定」。正如《新竹縣志初稿、陳星聚傳》所云：「事皆開創」，正如本文前數章所述，丁日昌一改沈葆楨的「臺北府治艋舺政策」為「臺北府治雞籠政策」。向燾為丁所任命，林達泉又為丁之心腹耳目，在丁日昌負責臺灣防務和福建巡撫期間，根本不可能不經丁日昌許可，越過福建巡撫而執行「臺北府治設於艋舺政策」。因此，林達泉去世、丁日昌去職之後的臺北知府，在政策轉向，府治確定設在「艋舺」，淡水、新竹確定各自設縣之後，陳星聚才可能執行「臺北府治設於艋舺」的政策。

羅大春、沈葆楨設定臺北府治「艋舺」的目標，那個「艋舺」是實體艋舺東北側的一大片水田和沼澤，並沒有確定的地點，陳星聚「勘定城基街道」決定了臺北城城址。

由於臺北城的「城基」，經過福建巡撫岑毓英和臺灣道劉璈等長官數度大幅更改，變化太大，很難復元陳星聚原始設計的風水結構。但是，臺北城內東北角的原始「街道」的輪廓尚存，可以略窺其一二，且容筆者於次章論述。

其次，陳星聚的告示乃根據「公議定章」公告招建，願意起蓋的人，要「赴局報明」之後始克「勘給地基」。顯然「艋舺士紳」處心積慮研商、官民會議已久，不但「奉臬道憲批准」設有定章規範，更且設置專門機構（局），處理申請登記、丈量、分配等工作。

再次，每座寬一丈八是因應橫標木材的尺寸而訂，加上縱深廿四丈，臺北城內建物基地的標準化於此奠基。

再次，「現銷基地銀一十五圓，每年仍交地租二圓」，比一般店地高出甚多，真可謂「寸土尺金」，地主等於只租不賣，不但每一單位每年

---

261 本文所據為《臺灣文獻叢刊》第 152 種未，《清代臺灣大租調查書》第五冊，第五章第三節第三十三例，頁 922-923。

有二圓的租金，付承租權時、租賃者還要付十五元的訂租對價（現銷基地銀）。

府城之內，既有衙署官僚，又有工匠、駐軍、考生等消費群，何時能「生理繁盛、寸土尺金」（丁日昌〈改設臺北府片〉中語）則有待時間的考驗。

# 第七章　興建臺北府城的曲折過程

## 第一節　陳星聚初定臺北府城風水格局

古人將所知的宇宙分為天、地、人三部分，謂之三才。三才彼此相屬而不可分。

古人的知天術可分別為天文學、星象學、星野學以及曆法與節氣。星象學專注於天文學與人的關係；星野學關切天文學與地的關係。

古人的知地術可分別為地質學、地形學、自然地理、人文地理以及諸學相關的風水學。

以上諸學都是以視覺為基礎的「矇眛科學」。古人也努力尋覓構成宇宙萬物的基本元素，而產生素樸的五元素論—金、木、水、火、土，彼此相生相剋，以此構成萬物。由於元素太少。在解析萬物的成分時，捉襟見肘，不得不多方設法自圓其說而形成玄學。

風水學原為知地術中的擇址學，是綜合性的「矇眛科學」，秦漢以後，摻入五元素論和陰陽學，玄學迷信的成分大增。風水學者評量其同業，而有「大師觀星斗，師傅看水口，痞子拿著羅盤滿街走」的說法。大師上知天文、下知地理；寡學之輩則分不清東西南北，必須依羅盤執業。古人篤信風水之說，朱熹雖然有「此地不發，是無地理，此地若發是無天理」的批文，他自己也信風水。

在陳星聚的時代，風水家約略可分為理氣與巒頭兩大派。沈葆楨主理臺政，任命「嗜堪輿如性命」的劉璈「專辦築城建邑諸事」，劉璈所辦的第一件事就是：丁日昌非常不滿，也很快就傾頹的恆春城。《恆春

縣志》中詳細的論述了劉璈的風水觀和規畫理念，劉璈的風水之學屬於巒頭派，也就是重視山水對位關係的派別，尤其是重視目力所及最高最大的山一祖山，而以祖山為靠山。劉璈規畫恆春城時，以東北方向的三臺山為祖山。[262]陳星聚屬於理氣派、上觀天象、下察地理，天象以北斗為準，地理則以子午經線為準。

　　陳星聚最原始規畫的臺北府城到底有多大，筆者沒有讀到相關紀錄，不敢輕斷；但是，若以陳星聚親手完成的臺北府衙門之前的府前街（今重慶南路一段）、府後街（今館前路）、府衙南側為今漢口街，府直街（今開封街，直達府衙之道路）、北門街（今漢口街以北之博愛路）、西門街（今衡陽路）之格局與走向觀察，臺北府城內原規畫應為南北、東西向之棋盤格局，而府前街南連文武廟（文武街、今師院附屬幼稚園一帶）當即府城之中軸線，恰與子午經線相合，而北門街和府後街則為兩條翼軸。[263]

　　陳星聚的風水學是理氣派，重視格局、氣勢。他決定將臺北府城建在艋舺、大稻埕之間而稍東的一片水田上，鼎足而三，雙子城就成了三垣城。

　　廖道南〈瑞應河清賦〉云：「五星聚而三垣輝，七緯順而九道平。」三垣乃星座名，指上垣太微、中垣紫微環列，翊衛之象、天市，主權衡、聚市交易。可以說是與陳星聚的名字相互呼應，旺上加旺的祥瑞規畫，在小盆地中展現大格局，非等閒之輩。[264]

　　民國 39 年底中華民國政府遷臺，臺北成為新的戰時首都，隨著人口的增加與國府的經營，益加繁榮。1967 年升格為院轄市，次年且將內湖、南港、景美、士林、北投等郊區六鄉鎮劃歸臺北市，總面積 272.14 平方公里，儼然一大都會矣！民國 99 年新北市又升格為直轄，2116 平方公里之中設，納入直轄市，「寸土尺金」，富不可言。

---

[262] 尹章義，《臺北簡史—臺北設府築城百廿年祭》，《歷史月刊》，195 期，頁 36，歷史智庫出版公司，2004 年 4 月，臺北。

[263] 同前，頁 36。

[264] 同前，頁 35。

陳星聚當年規畫臺北為「三垣市」，三垣之上垣為太微。《史記》〈天官書〉：「太微，三光之庭，」《晉書》〈天文志〉：「太微，天子庭也，五帝之座也，十二諸侯府也。」既為「中華民國在臺灣」之首都，即應太微之象。陳星聚雖然酸腐，其堪輿之術呼應在百年之後，似乎比劉璈高明得多。

惟不知《晉書》〈天文志〉之「五帝」當作何解也？[265]

## 第二節　岑毓英啟建臺北府城改訂風水格局

光緒 6 年（1880）10 月，李鴻章有感於丁日昌離職之後，「臺事漸少講求，兩年以來未聞有督撫渡臺之舉」，「東洋有事，臺、澎實當要衝，該省督撫內，必得知兵有威望之重臣，隨時親臨其地，相機布置」，而「何璟、勒方錡皆廉慎有餘而才略不足」，推薦「勳績夙著、不避難險、堅忍耐苦、足智多謀」的貴州巡撫岑毓英替代勒方錡擔任福建巡撫「督辦臺灣防務」。[266]

沒有督撫渡臺就沒有大官奏請和督辦臺北建城、陳星聚只能處理建築衙署和民宅招建。按照李鴻章的說法，那兩年之間，停滯的不僅是臺北城工，全臺防務都停滯了。李鴻章認為岑毓英「於洋務少閱歷」，但是，其他的優點足以超越。

岑毓英沒有忸怩作態，盡速趕到福建，他在謝恩摺中說：

> 讀地理家形勢之書，貴定謀於未雨；當天下事艱難之會，敢虗力於為山。[267]

這樣的氣魄，果然在光緒 8 年 5 月就受命署理雲貴總督，[268]「讀地理家形勢之書」，對於臺北城的風水結構，不可能沒有意見。

---

[265] 同前，頁 42。

[266] 光緒 6 年 7 月 11 日，李鴻章，〈薦岑毓英任福建巡撫督辦臺灣防務片〉，《月摺檔》，頁 3247-3249。同日，張之洞也推薦劉璈為臺灣道，頁 3250-3251。

[267] 岑毓英，〈謝調福建巡撫恩摺〉，《岑襄勤公奏稿選錄》，《臺灣文獻叢刊》第 309 種，《臺灣關係文獻集》，頁 103。

[268] 岑毓英，《交卸福建巡撫篆起程赴滇日期摺》，前書，頁 135。

光緒 7 年（1881）7 月岑毓英擔任福建巡撫，他的首要任務就是渡臺籌防。同年閏 7 月 18 日抵基隆，遍歷臺灣南北之後，於 9 月初 3 旋省。他在〈渡臺查明情形會籌防務摺〉中說：

> 新設臺北府、淡水、宜蘭各縣尚無城垣，臺灣府城暨各縣城池亦間有損壞，不足以資捍衛；此又臣等之所深慮也。[269]

新設的臺北府既然無城，顯然陳星聚尚未進行築城。巡撫岑毓英親巡其地，又深慮其無城捍衛，當然就督促陳星聚積極進行築城工作了。伊能嘉矩最先發表的〈本島諸城之建築及其管理法〉一文中調查所得，謂臺北府城之建設計畫和與諸紳、商之協議是在光緒 7 年（1881）之說，當屬確實有據。[270]

岑毓英內渡兩月，又於 11 月 14 日抵基隆、17 日抵臺北，[271]再渡之前奏報到臺灣之目的是「籌辦防務，撫番事定，並督修城池、砲臺、河堤各工程」，[272]他 22 日抵大甲溪畔時，「紳民所捐修堤夫役皆已齊集，當即督飭開辦」，[273]可見他「籌捐」和其他的準備工作都安排妥當了。

岑毓英於光緒 8 年（1882）正月初 4 自大甲溪旋臺北府，「督同官紳布置修籌府城、添紮砲臺營碼各事」。[274]伊能嘉矩最初調查所得謂臺北府城於 8 年 1 月 24 日興工，與岑毓英在臺北的時間也相符。

岑毓英於 5 月初 10 內渡回省，[275]隨即受命署理雲貴總督而離開福建，臺灣的一切，遂由臺灣道劉璈主持。[276]

岑毓英交卸福建撫篆起程赴滇時所上奏摺稱：

[269] 同前書，頁 114-115。

[270] 伊能嘉矩，〈本島諸城之建築及管理方法〉，《臺灣 慣習記事》二卷一號，頁 49-50，光緒 27 年（明治 34，1901），臺灣慣習研究會，臺北。

[271] 岑毓英，〈到臺籌辦開山撫番等事片〉（12 月 18 日），頁 123。

[272] 岑毓英，〈再行渡臺片〉（11 月 4 日），頁 122。

[273] 同註 271。

[274] 岑毓英，〈嘉義土匪莊某等滋事片〉（光緒 8 年正月 26 日），127。

[275] 岑毓英，〈黔軍起程回黔片〉（8 年 5 月 22 日），頁 129。

[276] 張樹聲，《通籌邊備疏附法人窺取越南北邊片》建議「將岑毓英量移重鎮」而 對於臺灣道劉璈則「照昔姚瑩任臺灣道時故事，略重事權，責以成效，則劉璈得展其才，臺事亦可期就理」，《臺灣文獻叢刊》第 288 種，《道咸同光四 期奏議選輯》，頁 180。

> 前奏請修築之基隆砲城、營碉及大甲溪堤工亦已告竣⋯⋯臺北府
> 城池，營碉一時不能蕆事⋯⋯。[277]

臺北府城未竟其功是岑毓英感到遺憾的事。

岑毓英在臺北城工上做了些什麼事呢？

《申報》光緒 8 年 2 月初 7 日載：

> 大甲溪之橋工，即用土民興築，亦可將就成事。惟臺北府縣垣城
> 工，非熟手工匠，勢難創建。緣城垣之高矮，城垛之大小，皆有
> 及數，必須按地勢以繪圖，方能照圖建築也。去臘已札知府卓維
> 芳赴粵顧覓匠人百餘名，約定正月內到香港候船來閩。趕緊興
> 工，大約中和節後，即可築登登而削憑憑矣！[278]

築城不是一般土木工程，必須按照設計規範來製圖，再按圖施作，
因此，派他隨行的左右手卓維芳經管。岑毓英在光緒 8 年正月的〈嘉義
土匪莊某等滋事片〉中提到「督同官紳布置修築府城」幾個字，到底岑
在臺北除了籌備建城外又有何實質進展呢？

光緒 8 年 5 月初 7 日，岑毓英奉上諭「署理雲貴總督」，[279]循例要
做交代，他在〈修理大甲溪及基隆營碉報銷片〉中說：

> 惟臺北府知府陳星聚等新設臺北府城⋯⋯尚未完工⋯⋯其臺北
> 府工程，係由臺防經費撥發暨淡水、新竹、宜蘭三縣紳民量力捐
> 助，統俟工程完竣，一併彙案報銷。[280]

打亂岑毓英的「布置」的是比他稍晚接任臺灣道的劉璈。[281]5 月初
10 岑毓英離開臺北回福州，5 月 21 日的《申報》就報導：

> 臺北府城，前經岑宮保親臨履勘，劃定基址；周經一千八百餘丈，

---

[277] 岑毓英，〈交卸福建撫篆起程赴滇日期摺〉（6 月 1 日），頁 135。

[278] 《申報》，光緒 8 年 2 月初 7 日，頁 1050。

[279] 岑毓英，〈謝雲貴總督恩摺〉（5 月 24 日），《岑襄勤公奏稿選錄》，頁 130。

[280] 同前書，頁 132。

[281] 岑毓英，〈渡臺查明情形會籌防務摺〉（9 月 26 日），同前書，頁 15。「現在新授臺灣道劉璈業已到任」。

環城以濠，均已工從事於畚揭。劉道憲昨復到勘，又為更改規模，全城舊定基址均棄不用，故前功頓棄，估其經費，應多需銀二萬餘圓，在工人役，擬稟撫轅，求為定奪。[282]

劉璈之所以膽敢如此，除了他囂張跋扈的性格之外，他知道岑毓英是因為接到了署理雲貴總督的聖旨才匆匆離臺，不會再處理「臺灣防務」。

從《申報》的報導，我們知道：

1、岑毓英「親臨履勘、劃定基址」，其中也包含他的風水觀，但是，根據目前所掌握的資料，很難判斷他的規畫。

2、他已經在開挖地基和濠溝，已經花了二萬餘圓。

3、劉璈「更改規模」非常澈底，「全城基址均棄不用」，因此，筆者也無法根據基址判斷岑毓英的想法。

4、「在工人役擬稟撫轅，求為定奪」。岑毓英既去，不宜處理臺事，臺灣道劉璈成為臺灣的最高長官，所以才敢任意胡為，這樣的行為模式，也為他招來殺身之禍。築城工人說說氣話，還是得依劉的構想進行。

岑毓英「讀地理家形勢之書」，同治年間他在雲南平定杜文季之亂，曾經改建大理府城和麗江府土城，[283]行饜勝之術，是風水學中大師級的成功手法。劉璈在恆春的表現，則是澈底的失敗。[284]但是，劉璈在臺北府城卻將岑毓英的「全城舊定基址均棄不用」，澈底的滅跡，筆者也無法略窺岑毓英風水之學的堂奧於一二。

岑毓英下令：「臺北城限本年十月內完工」，[285]劉璈接手之後，頓成

---

[282]《申報》，頁1058。

[283]《岑襄勤公（毓英）遺集》，近代中國史料叢刊續編第三十八輯，文海出版社影刊本，卷七，〈拆毀社逆偽城改修城署片〉，頁15，卷八〈麗江府土城改建磚城摺〉，頁3。

[284]〈閩浙總督何（璟）奏新建城垣被風裂痕筋賠修情形片〉，《申報》光緒7年正月24日：「恆春縣新城建在沙坪之上，基本甚結實，此次西風及西北風旋轉靡常，致有東城裂痕一縷，直長六十丈左右；又西城低陷入九丈，並剝蝕牆上石灰不少」。又，劉銘傳，〈新郡縣興造城署工程摺〉：「從前修建恆春縣城，經費二十萬，現在倒塌不堪」，《劉壯肅公奏議》，頁292，《臺灣文獻叢刊》第27種本。

[285]《淡水檔案》，頁16305-16335，光緒8年5月13日，論催趕繳事：「惟臺北城限本年10月內完工」。

泡影。

### 第三節　劉璈浪費民脂民膏破壞臺北城風水格局

劉璈字蘭洲，湖南岳陽人。

光緒 7 年正月，張之洞推荐劉璈為臺灣道：

> 竊聞甘肅軍管差委候補道劉璈，曩在左宗棠軍中，才識雄毅兼有
> 權略，前官浙西，治行第一。曾隨沈葆禎渡臺辦理倭案。聞其平
> 居私議，自謂惡寒喜熱，若有事臺灣，慨然願以身任。[286]

劉璈隨左宗棠西征，卻貪緣攀附，得張之洞之助，求得臺灣道一職，
9 月初 6 到閩，何即催他渡臺，[287] 謁見岑毓英，「即日接篆視事」。[288]

光緒 8 年 5 月初 10 日，岑毓英剛離開臺北，劉璈就破壞了他所建
好的「周徑一千八百餘丈」城基，縮小基地、調整方位，改成「周徑一
千五百零七丈」的臺北城基，「應多需銀二萬餘元」，浪費民脂民膏。

由於岑毓英劃定的城址已經湮滅不彰，難以判斷是否因為基地地質
或交通動線等原因，以當時的大環境和迷信風水的氛圍而言，比較大的
可能性是更改臺北城的風水結構。於公，可以抑制陳星聚風水結構的王
氣；於私，可以壓壓岑毓英的氣勢、長長自己威風。

光緒 8 年（1882）9 月 18 日，劉璈乘坐「萬年清」號輪船內渡，
就命「萬年清」載運石材東渡。《申報》10 月 18 日載：

> 臺灣道劉蘭洲觀察，上月十八日乘坐萬年清輪船內渡，適因臺北
> 需石運用，即派萬年清船裝載石條、石塊趕赴臺北，於二十二日
> 展輪啟行。[289]

劉璈規畫的臺北府城，東西兩側都是四百一十二丈，北側三百四十
丈，南側三百四十三丈，略呈梯形。城壁厚一丈二，高一丈五，短高三

---

[286] 張之洞，〈推薦劉璈、方耀智片〉，《月摺檔》，頁 3250-3325。

[287] 《申報》，9 月 26 日，〈閩督何（璟）奏道員渡臺片〉，頁 1011。

[288] 《申報》，10 月初 1 日，〈閩撫岑（毓英）奏新授道到臺接印片〉，頁 1011。

[289] 《申報》，10 月 18 日，〈福州雜事二則〉，頁 1074。

尺，共一丈八，城外環以濠塹，闢五門及門樓，另設窩舖四座，設砲臺，東、北門另建外廓城（俗稱甕門）。四圍共一千五百零七丈，比岑毓英「已興工從事於畚捔」的「周徑一千八百餘丈，環城以濠」的基址，少了三百餘丈。

劉璈規畫恆春城時，以東北方向的三臺山為祖山，規畫臺北城則以大屯山的最高峰—1120 公尺的七星山為祖山，臺北城的北牆窄，南牆寬，東西兩牆的交會點即是北方的七星山巔。

根據陳星聚原始規畫的街道推測，臺北城內的道路應為東西向和南北向之棋盤格局，其中軸也與子午經線相合。而劉璈的東城牆則向東調整了十六度。按照巒頭派的理論，臺北府城西方是淡水河，東方遠處是以四獸山為主的群山，中軸線必須東旋以趨吉避凶。中軸線東旋十六度和縮減三百餘丈的結果，打亂了陳星聚原來的風水格局。不但街道無法成為棋盤；北門成為西北角門，南門成為東南角門；東門成為東南門。故而，不得不增設小南門和東便門，只有西門還算位置適中。而唯一約略和劉璈所訂定的中軸線同一方向只有北門街。

劉璈敗地理的結果，很快就得到報應。

光緒 21 年（1895）甲午戰敗，大清朝割讓臺灣給日本。5 月 29 日，日軍從三貂角登陸，6 月 14 日進抵水返腳，辜顯榮往迎，日軍於 16 日傍晚時分到達北門城外。

臺北城號稱「巖疆鎖鑰」，北門街又是臺北府城的分經線（中軸線），北門街的一位婦人陳法，為日本軍送下竹梯、日軍越城而入，不發一槍一彈就進了臺北城。花費四十二萬銀員，偌大一個臺北城，沒有發揮一絲一毫功能。

劉璈由於迷信、守舊、囂張、頑固，光緒 11 年（1885），和他那個戰功彪炳、具有新思想的長官臺灣巡撫劉銘傳互相參劾而革職，流放黑龍江，擔任黑龍江將軍的幕客而病死北大荒。俗話說：「靠山山會倒」，西哲云：「性格決定命運」，風水之說，可信乎？不可信乎？[290]

---

290 尹章義，〈臺北築城考〉，《臺北文獻》直字第 66 期，臺北市文獻會，民國 72 年 12 月，

## 第四節　張兆棟巡視臺北城卸責林維源

自從日據時代開始，許多人看到臺北城北門有一方良月吉日建的「承恩門」的門額，上面所署的年份是「光緒壬午年」，壬午是光緒 8 年，大家都以為那是臺北府城完工的年代，如前所述，其實是岑毓英肇建的年份。[291]

岑毓英之後到臺灣來的是負臺防重責的巡撫張兆棟。

光緒 8 年（1882）11 月 19 日張兆棟起程「擬至臺北基隆上岸」由於北風當令，經澎湖至臺南安平登岸，循陸路北上，12 月 19 日至臺北「與該管知府籌商一切」；[292]光緒 9 月 1 日（1883）他視察臺北府城的奏報如下：

> 臺北府城工，經該管知府陳星聚督同紳董籌款興築。現在東城一帶垣塘已成，雉堞尚未舉辦；北城亦接續興工，惟經費不敷，深慮功虧一簣。臣思城垣為海疆保，必得地方紳士力任仔肩方可竣事，尚有三品卿銜候選道林維源，向為臺北巨富，遇事頗稱急公，因急檄飭專辦，庶責無旁貸，城工可望有成。[293]

根據張兆棟的巡察報告，我們知道：

1、臺北府城最早完工的是東城牆，但是，還沒有加做雉堞。其他城牆尚未興工。

2、北面城牆接著興工，但是經費不足，恐怕就此停工。

3、張兆棟認為，地方紳富林維源接手負責，或許可以成功，因此他「急檄飭專辦」，希望林維源一肩承擔。

板橋林家在光緒 2、3 年之間，曾經應丁日昌之請，捐出洋銀五十二萬元作海防經費，辦理礦務和鐵路，當初林家答應丁日昌的原因有：

其一，礦務、鐵路是生財之道，如果辦成，林家可分享鉅利。

---

臺北。

[291] 張兆棟，光緒 9 月 1 日〈巡視臺灣南北各路及籌辦情形摺〉，《月摺檔》，頁 3420。

[292] 同前，頁 3432-3433。

[293] 丁日昌、李鴻章、何璟和福建巡撫李明墀等奏〈為紳士捐輸巨款擬全數繳清恭首擬請破格優獎摺〉，光緒 5 年 3 月 13 日，《月摺檔》，頁 3163-3167。又，《申報》，頁 877-878。

其二，林家希望捐出前所未有的鉅款得到朝廷的破格獎賞封贈。[294]

其三，林維源之父林國芳於咸豐 10 年「因起佃激成鬥案」而革職，林家希望捐出鉅款而重啟此案，「如無應議罪名或情堪原宥」可以開復原官。

其四，林家要求唯許將來「永不再捐」，朝廷諭示允承，[295]實務上勢必引來更多的勸募者。

如前所述，這一筆鉅款由丁日昌奏准為興建臺南到高雄的鐵路之用，由丁的親信臺北府知府林達泉保管。不料，李鴻章來了個「無中生有之策」，把這筆鉅款告知丁的政敵刑部侍郎袁保恆，來個釜底抽薪之計，把這筆鉅款轉為豫賑、晉賑救災之用（參見本文第五章第二節）。

礦務和鐵路都是可以產生鉅利的生產事業，而賑捐卻是有去無回而且求之者無饜的無底洞。

光緒 5 年，山西又罹大旱，在臺設置「晉賑公所」，特函林維源勸募云：

> 前年直、秦、晉、豫奇荒，執事傾私室之力，紓難公家，捐貲之鉅，為亘古史月所未見……臺北素多善士，惟執事領袖魏然……。[296]

板橋林家簡直成為寸磔的肥羊，現代人所謂的提款機。連整個臺北府民應當負責的臺北城工，福建巡撫張兆棟也要林維源一肩獨擔，亦可見富室之難為。

光緒 9 年（1883）11 月 11 日，劉璈稟告張兆棟和總督何璟：

> 林紳維源城捐一事，前稟擬捐十萬，而林紳仍推病不出。職道抵郡，僅據遣丁具稟，歷數艱苦，無力加捐等情。陳守（星聚）察

---

[294] 同前，（何璟片），頁 3168-3169。又，《申報》，光緒 5 年 7 月 21 日，頁 879。

[295] 《申報》，光緒 5 年 10 月 14 日，〈全臺協募晉賑公所致林時甫觀察書〉，頁 920-921。《申報》，光緒 5 年 12 初 6 日，又一扎云：「那城捐務……無可生色……不得不望於臺北紳富……臺灣富庶，海內艷稱……」，頁 927-928。

[296] 劉璈，〈稟復函飭調移山後勇營加招土勇並勸捐城工兼另勸林紳捐助防務 由〉，《巡臺退思錄》，《臺灣文獻叢刊》第 21 種本，頁 225-227。

其情詞,亦有難色。因陳霞林與林紳挾有世仇,漳、泉各紳富來柵,而同勸諭,令其公議……

林紳以城工應照前撫憲歷辦晉賑、堤工、城工三次捐案底冊照數公捐,不應偏累一家……職道等諭以案奉奏歸專辦,又經稟定捐數,不容推辭……窺其意,似以此次城捐一破成案,後永受累……職道與陳守以城工需費甚急,礙難再延,亦未便以合郡之公,偏加抑勒,兼以防務吃緊,需助孔多,衹得憑公酌議:勸令淡水中上各戶,仍照前案底冊,一體勻捐,下戶免派。惟林紳前案派捐一萬三千二百元,應令照案加倍捐出二萬六千四百元,以杜藉口。新竹、宣蘭衹捐上戶,其中下戶皆免,仍由府出示曉諭……捐案既定,城工自可尅期告成。

林紳係全臺巨富,才亦優長,城捐既藉眾擎,防務應歸首倡,已勒令自備資斧,招募壯勇二千五百名……報效兩年,約費銀三十萬兩。林紳疑懼交集,不敢承任又不敢竟辭……。[297]

劉璈《巡臺退思錄》此稟之後附〈督憲何批〉:

所有臺北城工費,前據該道稟詳,尚短銀十二萬餘元,業經本部堂會同撫部院逕檄林紳維源如數捐鮮解。茲據稟,仍照勻捐定案,自可毋庸再議。[298]

大富大貴人家絕不是省油的燈。

根據張兆棟的奏摺、劉璈的稟文和何璟的批文這三份文件,我們知道:

1、張巡撫「急檄飭專」是成功了,但是要林家一肩獨挑卻失敗了。

2、林家先答應捐十萬,虛與委蛇,給巡撫面;再施拖刀計「推病不出」。

3、疏通臺灣道劉璈和臺北知府陳星聚,再集眾紳富,會商公議。

---

[297] 同註 290。

[298] 同前,頁 227。《巡臺退思錄》 中,臺北城工款告急之文甚多,不贅引。

4、因為法國侵占越南，並放消息要攻打臺灣，海防和臺防再度吃緊，政府還有求於林家，不得不和林家妥協。

5、會中彼此推諉妥協，既不偏累一家，也不依歷次晉賑、堤工、城工捐案底冊照數公捐，而是由淡水縣中上戶和新竹、宜蘭的上戶一體勻捐。

6、林家按照前捐底冊加倍捐出，共二萬六千四百元。

7、張兆棟上奏時，劉璈稟報：臺北城工缺款十三萬元，約為築城總款四十二萬元的三分之一，也就是說，臺北府城只完成三分之二，林家給總督巡撫面子，表面答應「如數損解」，實務上又玩出「一體勻捐」的把戲，板橋林家只捐了他們承允的五分之一就定案。

經過這樣一番折騰，錢捐出了嗎？城建妥了嗎？

根據張兆棟的說法，「現在」，「東城一帶垣塘已成，雉堞尚未舉辦；北城亦接續興工」，顯然劉璈和陳星聚二人都執行不少。按照滄桑之際伊能嘉矩的調查報告，先完成的「東壁」，「築造較其他三壁尤堅」，每丈所費「一百四十圓」，其他三壁「每丈一百二十五元」，正是張兆棟所目睹的東側城牆。[299]

光緒 9 年（1883）底，中法越南戰爭方熾，傳言法國將出兵中國沿海向中國施壓，是以張兆棟渡臺，巡視臺灣防務，臺北城亦是臺防項目之一。既然建成經費已經會議公決「勻捐」定案，劉璈稟承「城工自可尅期告成」，做到了嗎？

## 第五節　劉銘傳在砲艦轟隆中完成臺北城

光緒 10 年（1884）5 月 11 日，李鴻章和法國全權代表海軍上校 Fournier 簽訂了天津條約，中法越南戰爭告一段落。6 月 23、24 日法軍接收諒山，在北黎受黑旗軍優擊，中國人稱之為諒山大捷，法國人稱之為「北黎伏擊」，戰端再起。[300]

---

[299] 參見尹章義，〈臺北設府築城考〉，《臺灣開發史研究》，頁 402-403。

[300] Le Capitaine Garnot, "L'EXPÉDITION FRANÇAISE DE FORMOSE, 1884-1885"AVANT-PROPOS, LIBRAIRIE CH. DELAGRAVE, PARIS, 1894.黎烈文中譯，《法

　　天津條約訂定前之 4 月，法國派巡洋艦 Volta 號駛入基隆巷，從事測繪並強行購煤，中國積極備戰。[301]

　　6 月 26 日，法國政府將東京艦隊與中國海艦隊組合中國遠征艦隊，以孤拔中將（Courhet）為司令，海軍少將李浦斯（Leepes）副之。法國總監飛瑞（J. Ferry）主張占領基隆，因為基隆是良港又富煤礦；孤拔認為應該改福州、吳淞或者威海衛，向京畿施壓。8 月 2 日，孤拔奉令攻占基隆。[302]（以上循法國紀錄用西曆）

　　中國方面，自從法軍巡洋艦 Volta 號騷擾基隆之後，知道基隆之戰必不可免，6 月 26 日（國曆潤 5 月初 4）命令前直隸提督劉銘傳「著賞給巡撫銜督辦臺灣事務所有臺灣鎮道以下各官均歸節制」。[303]是月，福建巡撫張兆棟函查臺灣各地城工進度，臺北府答：

　　　淡水系附廓，目下城工未竣。[304]

　　閏 5 月 24 日（07.16）劉銘傳潛抵基隆，28 日到臺北（0720），[305]當時的情況是：

　　　淡水新城，尚未完工，無險可守。[306]

　　劉銘傳潛抵基隆巡防 20 天後的 8 月 5 日上午 8 時整，法軍三艘戰艦，同時向基隆港各砲臺「發出猛烈又準確的砲火」，9 時，法軍登陸占領臺、市區和附近礦山，展開長達 11 個月的攻防戰。[307]9 月 4 日起封鎖滬尾淡

---

軍侵臺始末》，臺灣銀行經濟研究室，《臺灣研究叢刊》第 73 種本，頁 10。為了注釋方便，以下引述中譯本，簡稱《侵臺始末》。

[301] 《侵臺始末》，頁 12-13。

[302] 同前書，頁 12。

[303] 《國立故宮博物館館刊》，《清宮廷寄檔臺灣史料》，頁 1790。該院，民國 87 年，臺北。

[304] 《淡水新竹檔》，「軍事類」，第三款「城工」，第 1630116 號。

[305] 劉銘傳，〈恭報到臺日期並籌辦臺北防務摺（10 年 6 月初 4 臺北府發）〉，《劉壯肅公奏議》，頁 165。

[306] 劉銘傳，〈法船併犯臺北基滬俱危移保後路摺（10 年 8 月 15 臺北府發）〉，同前書，頁 175。

[307] 同註 39，頁 13。

水港。10 月 1 日，法軍通告將於 10 月 2 日攻擊滬尾砲臺，[308]10 月 2 日
清晨 6 時許，清軍竟然先發制人向法艦開火，10 月 8 日法軍登陸，發生
激烈陸戰，法軍敗退，法方稱之為「這是一次最嚴重的挫敗」，[309]中方稱
之為「滬尾大捷」。10 月 23 日法軍封鎖全臺，[310]（1885）年 6 月 9 日中
法天津條約簽訂，法軍於 6 月 21 日撤出基隆。[311]

　　劉銘傳以其威望和戰爭的壓力，兵馬倥傯中完成臺北府城的興建。[312]

　　中法戰後，劉銘傳留臺辦防，9 月詔改福建巡撫為臺灣巡撫，福建巡
撫事務，[313]劉銘傳認為必須籌款、清丈，一切分析妥當後，始克建省。[314]
仍以設防為重，光緒 11 年初即在臺北府城北門外，購買民田積方三千八百
九十丈，自 11 年 6 月迄 12 年 2 月，建機器局軍械所，製造後膛槍子彈。[315]

　　此後，劉銘傳在城內砌築官道、馬路，招商蓋造鋪面，營建辦公官
廨，興建地方廟宇，據其光緒 15 年 7 月初 7 日〈臺北建造衙署廟宇動
用工科地價銀兩立案摺〉載：

> 竊查臺北自光緒初年分設縣治，僅將城垣、文廟、試院、府署陸
> 續營建；其餘地方工程，因民力不逮，多未興辦。臣於光緒 10
> 年奉命東渡，即就臺北駐紮。其時城內盡屬水田，不特屋宇無多，
> 且無與馬可通之路；先經飭據淡水縣勘購民田，按折方論丈給
> 價，砌築橫直官道。一面招商蓋造鋪面，闤闠漸興。嗣議籌辦分
> 省，中路省會一時驟難猝辦，撫、藩大吏以及各局執事職員，不
> 能不先營辦公之地。且臺北踞上游，海口形勢吃重；將來或須添
> 設道員或巡撫隨時分駐，地方公廨以後亦不能少。爰於城之西市
> 隔勘建巡撫行署並造親兵營房，即於附近添造藩司行署、銀庫、

---

[308] 同前，頁 25。

[309] 同前，頁 26-27，Garnot 稱：「這是一次最嚴重的戰敗，與中國的任何協商，已經成為不可能」，頁 28。

[310] 同前書，頁 38-39。

[311] 同前書，頁 122-124。

[312] 伊能嘉矩，〈本舭諸城之建築及管理辦法〉調查所得。

[313] 《德宗實錄》光緒 11 年 9 月 5 日（10.12）條。

[314] 《德宗實錄》光緒 11 年 12 月 12 日（1886.01.16）條。又，劉銘傳，〈遵議臺灣建省事宜摺（12 年 6 月 13 日）〉，《劉壯肅公奏議》，頁 279-280。

[315] 劉銘傳，〈奏報造成機器局軍械所並未成大機器廠摺〉，同前書，頁 265-266。

庫大使署、各局局所。至淡水改廳為舊治現為新竹縣所駐。淡水縣暫駐城外民房，先未有署；因於城東勘建，並造監獄及典史官廨。其艋舺營參將有城守之責，舊署隔城，辦公不便；一併移駐城中。此外，地方廟祀有關帝廟、天后宮、大士殿、風神廟、龍神廟，沿海胥資護佑，尤不可缺；並經興建，次第蔵工。所需料件，分批由官輪運自福州；較之就地購用，稍為節省。臣查臺地近年整頓，一切貸釐、鹽、茶等項涓滴歸公，已無所餘之款。此等工程款項，平時原可責令紳富捐補。惟現當清丈田畝升科之際，既未便踵前陋習，按田種派，且臺北城工並海防捐輸，借資民力已多，地方亦形竭蹶。再四籌思，惟有將各項工程動用工料地價銀兩，核實開單，恭呈御覽；仰墾天恩飭部立案，准予造冊彙案報銷，以昭核實。

謹將臺北建造衙署、廟宇等項動用工料地價銀兩，繕具清單，恭呈御覽。謹開：

—建造巡撫行署並親兵營房工料地價等項，共需銀三萬四千五百五十二兩二錢。

—建造藩司行署，銀庫並庫大使署暨各局局所工料地價等項，共需銀三萬一千九十六兩九錢九分。

—建蓋淡水縣並典史署暨監獄工料地價等項，共需銀三千八百二十兩八錢九分。

—建蓋艋舺營兼城守參將衙署工料地，共需銀五千五百二十八兩三錢六分。

—建造關帝廟工料地價，共需銀九千四百八十五兩。

—建造天后宮工料地價，共需銀九千八百八十兩。

—建造大士殿工料地價，共需銀五千四百八十九兩。

—建造風神廟工料地價，共需銀四千八百九十兩。

—建造龍神廟工料地價，共銀四千八百九十兩。

—購城內民田砌築橫直官道地價工費，共銀四千六百五十四兩。

以上統共銀一十二萬四千三百八十六兩四錢四分。[316]

316 劉銘傳，〈臺北建造衙署廟宇動用地價銀兩立案摺〉，同前書，頁290-291。又，《劉銘傳撫臺前後檔案》，《臺灣文獻叢刊》第276種本，頁179-181。

　　清末的樹林秀才黃純青，民國42年12月在「城內及附郊耆宿座談會」中回憶：

> 我這時剛剛十八歲，光緒十八年我曾應考來城內，記得那時候還是地廣人稀，是官衙多，有淡水縣、登瀛書院、考棚等，而考棚最大，可收容二千多人。劉銘傳任期很長，是自光緒十年至十七年的，他在任中建設的建築物最多，計有：光緒十二年五月設的清賦局，十三年五月設的全臺鐵路商總局，十四年一月設的臺北郵政總局，十四年三月設的番學堂，十二年設的電報學堂，此外還設西學堂、善後局、稅釐局、機器局、罩裝局、通商局、官醫局、郵政局、電報局、撫墾局、官銀局。
>
> 又文廟、武廟、城隍廟、天后宮等則都是和臺北城同時建設的，臺灣建省後，光緒十七年省會自臺中移臺北，臺北府城改為省城。沈應奎之後，繼劉銘傳的邵友濂採取消極政策，所以也很少有可觀的建設，這時候建設的是撫臺衙、布政衙。現在的中山堂就是建在撫臺衙、布政衙遺址上的，劉銘傳任期中還在城內建了浴室，叫做沂水園，這恐怕就是本省浴室的濫觴。[317]

　　黃老的哲嗣黃得時教授另撰〈城內的沿革和臺北承—古往今來話臺北〉，譯述伊能嘉矩〈本島諸城の建築及管理の方法〉和〈臺灣築城沿革考〉而成，茲摘引其關於城內部分如下：

> 築城的募款，是開始於光緒四年，當時已有人認為城內將來的發展，正是不可限量的，所以在同年就有艋舺人洪祥雲，李清琳等，由業主吳鴻昌給出現時之館前街（元府後街二丁目二十八，二十九，三十番戶）的土地，築造店鋪，這是城內店鋪的嚆矢。其後，大稻埕人張夢星，王慶雲等，亦來現在之開封街一段（原府直街），各處的人亦相繼來現在之重慶南路一段（原府前街），先後從事建築，漸成衢街。

---

同光緒五年建臺北府衙於現在的開封街一段和漢口街一段之間（菸酒專賣局臺北分局後面），確立政治的中心，後來該地一帶街名，都冠「府」字：如府前街（現在之重慶南路），府後街（現在之館前街），府直街（現在之開封街）等。

光緒六年，建立文廟於現在的省立第一女中附近，光緒十三年建立武廟，十五年竣工。附近一帶叫文武街。同時置臺北府儒學，儒學是知府所轄，六年起工，七年竣工。

同年，艋舺土地後街貢生洪騰雲，捐出全部基地和一切經費建設考棚行署於新北門街，後奏建石坊於現在的衡陽街，樑曰「急公好義」，街名亦叫石坊街。登瀛書院亦於同年建設，十六年改築於西門街，日據後改稱「淡水館」，為公私集合之場所，附近一帶書院街。又光緒七年，建城隍廟於現在的糖業公司右邊，光緒十四年建天后宮於石坊街（現在新公國北西畔）。

光緒十二年（1886）創建巡撫及布政司兩衙門的時候，巡撫劉銘傳認為新開之城市，人煙稀少，殊屬可惜，乃勸誘上海、浙江、蘇州等地的豪商紳士，募資五萬兩，建設興市公司以來，頓形繁榮，街容為之一新。[318]

# 第八章　臺北府城的建置

## 第一節　兩度派捐城工經費

漢代鄭玄（康成，127-200）在《周禮、夏官、險固》注云：「野之險則山川自然之形；國之固則人所捍築以為防者也」。[319]明代王圻（嘉靖44年進士，生卒年不詳）在《三才圖會、宮室》謂：「築城以衛君，造郭以守民」。[320]中國為築城民族，有長牆、有國城，而京師、省會、

---

318　同前書，頁23。

319　陳夢雷，《古今圖書集成、考工典、城池部、彙考一》，頁1，鼎文書局影刊本。

320　王圻，《三才圖會、宮室》，頁35，成文書局影刊本。

府治、州縣治，無不有城；尚有寨、堡、柵、圍不虞萬數。各地地方志無不有城池志，藝文志無不有築城記，《古今圖書集成》所收數以千計衛君守民的說法，堪稱典型。

築一自成體系的合圍之城護衛官府、百姓，屬於專勢自衛；秦漢以來，築城塞外，烽燧亭障相隨則是以守為攻，常有鑿空之舉於大漠之中建一孤城。左宗棠以築碉堡進逼之法施之於捻亂、回亂，沈葆楨亦以此法用之於開山撫番。

在濱海設置城堡以衛官守民則始於洪武 20 年（1387），湯和巡海築城設官以防倭寇，[321]其次則是同治 13 年（1874），清廷傾全國之力，在新領土—臺灣島上防禦倭寇。以借洋債、各省協餉、捐納等途徑籌集「海防經費」，[322]譬如臺灣城、安平洋式砲臺、恆春縣城，均由「海防經費」撥付，[323]開山撫番及碉堡亦然。[324]

臺北府城的經費又如何籌措呢？

明治 34 年（光緒 27，1901），伊能嘉矩以其調查所得，撰成〈本島諸城之建築及管理方法〉一文，刊布於次年元月出版之《臺灣慣習記事》第一卷第一號中，茲翻譯其「臺北城」部分如下：

　　臺北城之建設計畫擬定於光緒七年（明治 14，1881），臺北府知
　　府陳星聚在職時，召集轄區內紳士、紳商協議而成。八年一月二

---

[321] 尹章義，〈湯和與明初東南海防〉，《國立編館館刊》6 卷 1 期，頁 93-134，國立編譯館，民國 66 年 6 月，臺北。

[322] 文祥，〈請飭寬籌海防經費摺〉，同治 13 年元月乙酉（13 日），《同治甲戌日身治始末》頁 59~60，《臺灣文獻叢刊》第 38 種本。又，上諭：「布置設防，用款甚鉅，著戶部通盤籌盤畫，凡一切不急之需，竭力撙節，將海防經費，先事豫籌，庶各海疆大吏不至以餉項支絀，致誤事機」，同前書，頁 60。

[323] 沈葆楨，〈報明臺郡城工完竣片〉，光緒元年 3 月 13 日：「臺郡城垣周圍二千七百餘丈……分派委員、紳士趕緊修築，所需工料銀兩，即在海防經費項下動支」，〈福建臺灣奏摺〉，頁 36，《臺灣文獻叢刊》第 29 種本。又，《恆春縣志、建置志、城池》，頁 52，《臺灣文獻叢刊》第 75 種本。「查恆春城垣，係前兩江督部沈葆楨，在臺督辦海防時，奏奉諭旨設縣建造，用經費銀一十六七千餘兩，先由已故高提督登玉會同前縣周令有基、區故令則逕自領款築造」。

[324] 沈葆楨，〈辦理臺灣等處海防情形摺（8 月己丑、19 日）〉：「番社愈進愈險，施工亦愈深愈難……且開通，便須分縶一哨，衛以碉堡勇夫……營養念多，餉費愈鉅」，同前書，頁 130-131。

十四日興工,十年十一月竣工,其建設費凡四十二萬餘圓,其額
乃出自各縣紳士、紳商之義捐,其負擔額如左:

―淡水縣轄區……二十萬圓

―新竹縣轄區……十萬圓

―宜蘭縣轄區……十萬圓

上列經費尚不足兩萬圓,再勸誘轄下人士捐出,或云,其不足之
數,由清賦項下補充。工程價款,城牆一丈之工資二十七圓,砂
石、石灰等費另計,總額為一百二十五圓,東壁築造較其他三壁
尤堅,所費達一百四十圓云云。[325]

　　伊能嘉矩或許是根據《淡水新竹檔案》中的「城工」卷寫成。在《淡
新檔》中,「城工」是歸屬於「軍事」類應由「臺防經費」開銷。

　　如前所述,日本人雖然登陸琊嶠,可是意在臺北,羅大春分守北部,
數度致函沈葆楨「催北路建城設官」以為防守之計。

　　而沈在受命為兩江總督之後、離臺之前的光緒元年 6 月,奏請「臺
北設一府三縣」,理應由海防經費項下撥付「城工費」,何以卻由三縣合
力負擔?而不足的兩萬元又「由清賦項下補充呢?

　　丁日昌一心一意以新政為念,視開煤礦和築鐵為臺疆第一要務,「設
置郡縣,無益之蒭苓也」,他向板橋林家募得鉅款五十二萬元,也是「以
助臺灣礦務、鐵路之用」的「海防專款」,根本沒有在艋舺設治建城的
意思。首任和次任臺北知府向燾和林達泉,更是執行丁日昌的意志,毫
無建城的動作。

　　陳星聚是老於官場的俗吏,也無意挑起築城的重擔,真正推動建城
工作的是從貴州巡撫調任福建巡撫的岑毓英。李鴻章在推薦岑毓英時,
在說了他許多優點,卻也指出他「於洋務少閱歷」的問題。

　　今存《淡水新竹檔案》資料中其建設類工程案中存有關於大甲溪堤
工之案卷,編號 14507-10 的文件,正是光緒 8 年(1882)正月 26 日(興
工後兩日),岑毓英給新竹知縣徐令光的一份〈飭諭〉,文云:

---

325 《臺灣慣習記事》第一卷第一號,頁 49-50。

該紳民好義急公，不難眾擎易舉，惟現在臺北新建府城，亦由新竹縣攤捐經費五萬圓，恐爾等慮及兩役，不免推諉觀望，茲酌定：凡認捐修築後壠河堤經費各戶，即免其再捐府城經費。[326]

光緒 7 年（1881）7 月岑毓英擔任福建巡撫。同年閏 7 月 18 日抵基隆，遍歷臺灣北部之後，於 9 月初 3 旋省。他在〈渡臺查明情形會籌防務摺〉中說：

新設臺北府、淡水、宜蘭各縣尚無城垣，臺灣府城暨各縣城池亦間有損壞，不足以資捍衛；此又臣等之所深慮也。[327]

新設的臺北府既然無城，顯然陳星聚尚未進行築城。

岑毓英內渡兩月，又於 11 月 14 日抵基隆、17 日抵臺北。再渡之前奏報到臺灣之目的是「籌防務，撫番事定，並督修城池、砲臺、河堤各工程」[328]他 22 日抵大甲溪畔時，「紳民所捐修堤夫役皆已齊集，當即督飭開辦」[329]可見他「籌捐」和其他的準備工作都安排妥當了。

岑毓英於光緒 8 年（1882）正月初 4 自大甲溪旋歸臺北府，「督同官紳布置修築府城、添紮砲臺營碼各事」[330]。

顯然，岑毓英巡臺之後內渡兩月期間，他「督修城池、砲臺、河堤各工程」的進度並沒有暫停；前引光緒 8 年正月 26 日的〈飭諭〉，更可見臺北府城經費，由三縣「紳民攤捐」一事，也在 7 年 9 月之後積極進行。

《淡水新竹檔案》光緒 8 年 3 月初 8 日的〈勸捐諭文〉中說：

現奉宮保撫憲札開，以臺北郡城年久未造，亟應乘時建築，以資捍衛，所需經費酌定由官處籌撥，并就淡水、宜蘭二縣紳民捐助

---

[326] 《淡水新竹檔案》，頁 14507-14510。

[327] 岑毓英，〈渡臺查明情形會籌防務摺〉，《臺灣文獻叢刊》第 309 種，《臺灣關係文獻集》零之十四，《岑勤襄公奏稿選錄》，頁 114-115。

[328] 岑毓英，〈再行渡臺片（11 月 4 日）〉，同前書，頁 122。

[329] 岑毓英，〈到臺籌辦開山撫番等事片〉，同前書，頁 123。

[330] 岑毓英，〈嘉義土匪莊某等滋事片〉，光緒 8 年正月 26 日，同前書，頁 127。

外，新竹應派捐番銀五萬，即速解繳臺北府轉撥應用。[331]

此諭中所謂「所需經費酌定由官處籌撥」，適足以說明岑毓英「去臘」、「已札知府卓維芳赴粵顧覓匠人百餘名，約定正月內到香港候船來閩」[332]和光緒 8 年 2 月初 1 日，在臺北城內開設城工局以及各縣各處成立臺北府城工分局[333]之前的一切開銷，都是「由官處籌撥」，因為捐款尚未到局，無從動支。

光緒 8 年 5 月 29 日，岑毓英〈修理大甲溪及基隆營碉報銷片〉載：

> 所有大甲溪堤工，除紳民捐夫不計外，共由臺防經費項下動支工料籌款銀七萬一千九百八十餘兩……其臺北府工程，係由臺防經費撥發暨淡水、新竹、宜蘭三縣紳民量力捐助；統俟工程完竣，一併彙案報銷。[334]

由此可知，岑毓英所建大甲溪堤工、營碉、臺北城工，皆曾動支海防經費，前引〈勸捐諭文〉中所謂「由官處籌撥」，所撥即「海防經費」。但其數不詳。臺北城工的捐項亦如其他事務捐款，總要三催四請，甚至要將地方官記過、撤職才推得動。

光緒 8 年 5 月 13 日新竹縣給各局紳商的〈催繳諭文〉云：

> 查新竹應捐臺北城工費五萬元已據城鄉殷戶認捐足數迄今未據備繳，殊屬玩延，惟此項城工捐款原議繳由城局解府，現在既奉本府憲飭令繳縣轉解，自應遵照辦理，除諭飭城局紳士催繳，並分諭嚴催。[335]

這一份〈催繳諭文〉中也引述了臺北府的稟文，內稱宜蘭縣攤捐的城工經費五萬元，要求分兩年繳清。臺北府認為府城經費待用孔亟，且巡撫岑毓英要求城工應於 8 年 10 月完工，因此，宜蘭知縣應當趕緊催

---

[331] 《淡水新竹檔案》，頁 16303-16310。

[332] 《申報》，光緒 8 年 2 月初 7 日，頁 105。

[333] 同註 331。

[334] 同註 327，頁 132。

[335] 同註 333。

收解府應用，「本年十月以前一律解繳清楚」。[336]

　　三縣之中，只有新竹縣最麻煩，紳商抗捐、罷捐者甚多，各地城工分局威脅利誘甚至解縣究辦、押令追繳。但是，也有紳董乘機糾眾勒索，知縣將紳董撤換之後仍然要追繳。[337]擔任淡水廳同知又升任臺北府知府的陳星聚深表不滿，7 月 11 日發文切責：

> 欽加三品銜臺北府正堂加一級隨帶加八級紀錄四次陳：查臺北建築郡城應需經費奉前撫憲岑飭令淡、新、宜三縣紳富勻捐，現已年半，計淡水縣原捐十萬元，已收解八萬餘元，宜蘭地方瘠苦，殷富無多，曾於勸辦時，稟明分作兩年捐解清楚，刻下亦解至三萬一仟餘元，核算六成有餘，惟該縣捐項僅繳解過銀二萬四千餘元，尚不及五成。似此泄沓從事，要工憑何支應，捐款何日可清，實深憤懣。城工需用孔急，全賴捐款濟應，該縣身任地方，不得置身事外，而該訓導劉鳴，係本府稟留幫催，尤應破除情面，實力嚴追解完。如有頑戶抗繳，應據實稟明，以憑提解究懲。仰新竹縣遵照並專移劉訓導分別趕催，大批報解。務於本年十月前一律清完，毋稍徇延，致於未便，切切。[338]

　　3 月初 8 的〈勸捐諭文〉：「新竹應派捐番銀五萬元」，宜蘭縣也是五萬元。7 月 11 日的〈切責諭示〉：「淡水縣原捐拾萬元」，都只有伊能嘉矩調查報告的半數。根據陳星聚的〈切責諭示〉、光緒 8 年 7 月 11 日之前，淡水縣已達成七成以上，宜蘭原本要求「分作兩年捐解」，也達成六成二，只有新竹縣，達成率不及五成，或許是 8 年正月岑毓英給新竹縣徐令的〈飭諭〉中「凡認捐修築後壠河堤經費各戶，即免其再捐府城經費」一說，反而造成各戶「推諉觀望」的異常現象。[339]

　　經過陳星聚的努力催收，城工可以陸續進行。可是，由於前述臺灣道劉璈擅改岑毓英所定的城址另起爐灶，浪費數萬銀元事件，各方為掩

---

[336] 同前。

[337] 《淡水新竹檔案》，頁 16303-16312、16314、16315、16317。

[338] 同前書，頁 16305-16335。

[339] 同註 326。

飾其事，到底浪費多少城工費用和時間，都諱莫如深，尤其是臺北知府陳星聚，既不敢得罪上司，又要疏通士紳和地方官，更要填補虧空，肯定苦不堪言。

接替岑毓英的張兆棟，於光緒 8 年 11 月 19 日起程巡視臺灣，12 月 19 日到達臺北，「與該管知府籌商一切」，才知道前述的荒唐事與糊塗帳，「經費不敷，深慮功虧一簣」責任重大，因而急檄林維源「飭專辦」。[340]

劉璈原本稟報督撫，「臺北城工費，尚短缺十三萬餘元」，[341] 總督何璟認為「尚須責派紳民捐助」。[342] 巡撫張兆棟巡臺之後，想到一個簡單的方法，由總督何璟和巡撫張兆棟兩人「會檄林維源如數捐解」，[343] 林維源表面上敷衍，實際上經過一番稱病不出的拖延戰術和疏通、激烈爭議和協商，又走回「合郡紳富會商」的老路。

光緒 9 年 11 月劉璈稟復督撫：

> 職道等諭以案奉奏歸專辦，又經稟定捐數，不容推辭。[344]

林維源堅持主張：

> 城工應照前撫憲歷辦晉賑、堤工、城工三次捐案底冊，照數公捐，不應偏累一家。[345]

此說合情合理，因而「憑公酌議，勸會淡水中上各戶，仍照前案底冊，一體勻捐，下戶免派；新竹宜蘭祇捐上戶，其中下戶皆免」，而林維源則依「前案派捐一萬三千二百元」、「照案加倍捐出二萬六千四百元」。[346]

[340] 張兆棟，光緒 9 年 1 月，〈巡視臺灣南地各路及籌辦情形摺〉，《月摺檔》，頁 3420。

[341] 劉璈，〈稟復函飭調移山後勇營加招土勇并勸捐工兼林紳捐助防務由（光緒 9 年 11 月 11 日）〉，巡臺退思錄》，頁 227，〈督憲何批〉。

[342] 劉璈，〈稟辦全臺相試會館賓興及育嬰養濟義倉各事宜由（光緒 9 年正月初 6 日）〉，同前書，頁 114，〈督憲何批〉。

[343] 同註 314，頁 227-228，〈督憲何批〉和〈撫憲張批〉。

[344] 同註 314，頁 226。

[345] 同註 314，頁 226。

[346] 同前。

　　臺北城工的捐款，第一次是光緒 8 年 2 月至 10 月，由三縣地主根據所收小租攤派捐款，新竹縣由於城工捐和堤工捐接連、且岑毓英 8 年元月，已諭示答應新竹人捐過堤工即可免除城工捐，因此發生不少糾紛。

　　臺北城工的第二次捐款則於光緒 9 年 11 月再啟。

　　福建巡撫張兆棟接到劉璈的報告，臺北城工款還短缺十三萬元，8 年 12 月，親自到臺北勘查，於 9 年元月上奏，「急檄」林維源「飭專辦」不成之後，經紳富會議協商決定淡水縣中上戶和新竹、宜蘭兩縣上戶勻捐。

　　眾所矚目的板橋林家，第一次派捐一萬三千二百元，第二次兩萬六千四百元，總共三萬九千六百元。陳霞林「亦願加捐」，但是，劉璈沒有寫下數目。[347]

　　劉璈的職位是「分巡臺灣兵備道」，不但是臺灣最高的行政長官，也掌管臺灣防辦，臺灣防兵四十營，絕大部分是湘軍，臺防經費都在他手中，甚至於劉銘傳到臺之後，劉璈依然坐擁重兵、鉅款以自重，既不撥兵北上，庫存百餘萬兩也不撥款以濟臺北之用，每年貪污二十萬兩。光緒 11 年 5 月，劉銘傳上〈嚴劾劉璈摺〉把他扳倒；[348]劉璈經常弄些花樣，不經報可，擅自動支銀兩，屢次被閩浙總督何璟嚴加申飭，他仍然我行我素。[349]臺北城的經費異常龐大，除了他擅改城基，浪費兩萬餘元，恐怕也有不少是中飽私囊。

　　光緒 8 年 7 月 27 日，劉璈有〈飭臺灣府核議改設移駐各項經費由〉，文中聲稱「臺北府治城工方籌鉅款，力已不支」，[350]當時臺北城興工未久，海防經費不計，三縣捐款已近二十萬元，卻又向總督何璟報告：「尚短銀十三萬餘元」，[351]光緒 9 年 10 月，在臺北舉辦「紳富會議」，決定

---

[347] 同前。

[348] 《劉壯肅公奏議》，頁 424。

[349] 劉璈，《巡臺退思錄》中，何璟嚴飭之語甚多，譬如：「未經呈報，擅自提銀在北京購建全臺會館，在福州建臺南、臺北試館」，頁 11-115；又「尤有甚者，發庫款十二萬金生息，本部堂未預聞知，該道竟飾稱面稟，何欺罔若此！」，頁 136，類此者甚多，不贅引。

[350] 同前書，頁 9。

[351] 同前書，頁 227。

再度「仍照前案底冊」，發動第二次派捐，[352]劉的稟文本當將各項金額交代清楚，可是，除了林維源可以隨時謁見或致函督撫，劉璈清楚寫明其金額之外，其他項目都沒有具體金額，真可謂一本糊塗帳。

劉銘傳於光緒 10 年閏 5 月底到臺北，其時「淡水新城尚未完工，無險可守」，[353]直到是年 11 月臺北府城完工，理應由劉銘傳經手，劉璈在兵馬倥傯中，卻隻字未提。光緒 15 年報銷「臺北建造衙署廟宇等項工程動用工料地價銀兩」，亦不及於城工經費，這在當時是很不尋常的事。

黃得時剿襲伊能嘉矩在〈臺灣築城沿革考〉中的說法，認為築城經費只用了二十萬是不確實的，[354]因為光緒 8 年 7 月 11 日陳星聚的〈勸捐諭文〉中，淡水縣收解八萬餘元；宜蘭縣三萬一仟餘元；新竹縣最差也有二萬四仟餘元，合起來已超過十四萬元，不算續收，也不計攤捐之前的海防經費，只算劉璈所謂尚缺十三萬餘元，加起來也超過二十七萬餘元；再加上第二次攤捐其數不詳的經費，板橋林家的三萬九千六百元也不另計。也超過二十萬兩（以七二銀元兌計算，應為二十七萬餘元）為數甚多。因此，筆者認為伊能嘉矩在〈本島諸城之建築管理法〉一文中所記述的四十二萬餘元，應該是取材於《淡水新竹檔案》築城卷，也是比較可信的數字。除非有更新、更可靠的訊息出現，在現有的資料中，以伊能在該文中的數字，可信度最高。

## 第二節　臺北城工的工匠與建材

同治 13 年 12 月 23 日（1876 年 1 月 30 日），沈葆楨上〈請瑯嶠築城設官摺〉云：

> （猴洞）不產巨杉無陶瓦，屋材、甎甓必須內地轉運而來，匠石亦宜遠致。城地所用，已墾成田，不能不給價以卹貧戶，未免繁

---

[352] 同前書，頁 225-226。

[353] 《劉壯肅公奏議》，頁 175。

[354] 同前書，頁 290-291。伊能數字見於其文頁 41，黃文數字見於其文頁 22，因未說明資料來源，故謂之抄襲。

費。[355]

又，〈委員募工集料片〉：

> 其應建城垣，集料鳩工，臺地尤難應手。現今委員挈資赴泉州選募工匠民夫五百人，並帶應用器具航海來臺，以資版築。[356]

恆春築城不僅建材必須由內地取材，工匠也由泉州選募，沈葆楨建安平砲臺、修臺灣郡城，也必須取材內地。[357]

道光 7 年（1827）淡水廳在竹塹造石城，材料磚石，也必須「由內地定燒，運回運用」，[358]「一切石板、石柱等項，特由內地打造，雇船搬運；並雇匠在於本地卑轄九芎林內山等處，採打石條、石碎，填築城身運用，愈鑿愈遠、工力較繁」，填築城身的填充料，則搭配本地石料。[359]

光緒 7 年（1881）7 月，福建巡撫岑毓英巡視臺灣了解情況之後，9 月初 3 回福州、11 月 17 日再到臺北「督修城池、砲臺、河堤各工程」，22 日抵達大甲溪畔。光緒 8 年正月初 4 又回到臺北「督同官紳布置修築府城、添紮砲臺營碉各事」，岑毓英認為堤工「用土民興築亦可將就成事」，臺北城工則非專家熟手不可，7 年 11 月來臺之前即「札知府卓維芳赴粵顧覓匠人百餘名」。[360]

岑毓英和沈葆楨不同，因為地緣關係，沈顧匠人於泉州，岑則顧匠人於廣東，但是，材料都取自泉州、廈門。

岑毓英督辦大甲溪堤工之時，臺灣道劉璈謁見，光緒 7 年 11 月 29 日即到撲子口（今臺中縣豐原地方大甲溪畔）查勘，「擬建拱橋一道，分作十數甕約寬六、七尺，高五丈之譜；須顧內地慣造拱橋之石匠到地審量、方可定局。橋裡陪石，本地尚可採辦；其作甕、披尖、露面各石

---

[355]　〈福建臺灣奏摺〉，頁 24。

[356]　《申報》，光緒元年 11 月初 4（12.01），頁 562。

[357]　同治 13 年 10 月壬辰（23 日）〈辦理臺灣等處海防大臣沈葆楨等奏〉，《同治甲戌日兵臺始末》，頁 199，《臺灣文獻叢刊》第 38 種本。

[358]　《淡水廳築城案卷》，頁 16。

[359]　同前書，頁 40。

[360]　《申報》，光緒 8 年 2 月初 7 日，頁 1050。

料，須赴內地採運，約估工料經費，總在十數萬金」。[361]建橋的工匠和材料，也都要取自內地。

光緒8年5月，劉璈擅自改動了岑毓英所定而且已經開挖城基的城址，浪費公帑「二萬餘圓」，他也到泉州採購石條、石塊，用「萬年清」輪船運來臺北。[362]

劉銘傳光緒10年閏5月24日潛抵基隆之後，5月25日勘察基隆砲臺，「一材一料，類皆取購廈門」，[363]他「督促海口社寮砲臺日夜築修，惟運料無船，萬端束手」。[364]

再者，光緒13年（1887）5月，劉銘傳上添購輪船片：

> 再，臺北本有伏波、威利、萬年清輪船三艘，運載木材、磚瓦，辦理砲臺城署各工……現在基隆、滬尾並臺南安、旗、澎湖等處砲臺，正在工程緊急之時，載運需船，待料停工，所糜甚鉅……德國會刺輪船……價銀仍由捐輸項下撥給……。[365]

劉銘傳初來乍到，即知築造砲臺的「一材一料」都是在廈門採購；臺灣解圍之後，也自備三艘輪船「運載木材、磚瓦」，若然，臺北城工的材料，應是只有法軍封鎖臺灣時，才可能就地取材。使用本地材料。

伊能嘉矩明治36年（光緒29，1903）6月在《臺灣慣習記事》三卷六號〈臺灣築城沿革考之八「臺北城」〉關於築城材料部分謂：

> 據說，築城所需石材，最初計畫採掘大龍洞圓山的石頭，惟因張姓和陳姓地主不答應，改採士林嘰哩岸山石試用，由於石質脆軟，無法耐久而不用。再改採大直北勢湖山石使用；門樓所需的磚瓦，叫劍潭大直北勢湖庄和枋寮街等處的工場燒製；所需的石

---

[361] 劉璈，〈稟奉查勘彰化撲子口等處地形由〉（，光緒7年12月初6日），《巡臺退思錄》，頁6。劉璈在稟文中所稱撲子口、翁子之間擬建石拱橋，惟翁子即翁仔社地，撲子口即撲子籬社地，兩地都在今豐原地北境，都在大甲溪南，不必建橋。不知劉璈何以如此離譜。

[362] 《申報》，頁1074。

[363] 《劉壯肅公奏議》，頁165。

[364] 同前書，頁168。

[365] 同前書，頁253。

　　灰則由大稻埕河溝頭的燒灰場燒製。[366]

　　民國 42 年 12 月 5 日，臺北市文獻委員會舉辦「城內及附郊耆宿座談會」，黃得時根據伊能嘉矩前引文字發言，在座耆宿郭芬芝當場嚴斥謂：「據我所知道的，磚卻是唐山（內地產），因為這時候臺灣還沒有磚窯，都是從大陸運來，所以每一磚都有二指紋」。[367]

　　其實據清代文獻，各築城當事人的奏報，「一材一料」都取自大陸，只有法軍封鎖臺北期間，兩岸船隻不能來往，才可能就地取材。

　　再者，築城所需石材，原擬採大龍峒圓山之石的說法，也是傳聞失實。

　　劉璈、劉銘傳都備有專輪自大陸運石來臺，清代臺灣建材多半來自大陸，石材以壓艙方式東運，其價甚廉且石質較優；而臺灣工資高於大陸、石質也遜於大陸，故本地採石業並不興盛，自無法提供建城之用，交通斷絕，又另當別論。

　　至於圓山採石不成，由於地主張、陳兩姓不允之說，黃得時亦襲自伊能嘉矩。

　　圓山之石是否堪為築城之用姑且不論，其實早在咸豐年間該地即立有〈示禁剖鑿劍潭山石條碑〉，文云：

> 據艋舺街永和郊總理張錦回稟稱：緣淡水劍潭古寺，崇奉觀音大士，聲靈赫濯、護國佑民，敷受萬邦，於今百餘載……前因該地奸民希圖獲利，橫將寺後龍身行節處所，剖取石片、殘害龍骨，以致……出示嚴禁剖石，無許放畜牛羊…倘敢抗違，一經察出，或被告發，本分府定即按法嚴辦，決不姑寬……。[368]

　　圓山古稱「龍峒山」，《淡水廳志、古蹟考、龍峒山條》載：

> 龍峒山即大隆同，平地突起如龍，地臨大溪。溪底石磴與劍潭山

---

[366]　《臺灣慣習記事》三卷六號，頁 13-16。筆者中譯。

[367]　〈咸豐 2 年示禁剖鑿劍潭山石條碑〉，《大臺北古契字三集》，頁 59，臺北市文獻會，民國 98 年，臺北。

[368]　《淡水廳志》，頁 149，臺灣銀行經濟研究室，《臺灣文獻叢刊第 46 種本》，民國 15 年，臺北。

　　後石壁相接，有洞，側身入，以火燭之、僅通人，行約數百武。[369]

　　龍峒山是大龍峒人的風水寶地，所有人據說是張水。[370]大龍峒為北臺文風最盛的地方。道光、同治年間，中舉者有陳維藻、陳維英、陳樹藍、張書紳、鄭廷揚、張夢星等人。[371]

　　陳維英特別重視培養人才，陳氏一門，舉人中式者三人，補博士弟子員（俗稱秀才）者十五人，[372]前述舉人中，張書紳、陳樹藍皆出於門下，他姓子弟補博士弟子員者數十人，大龍峒因而有「百步一舉五步一秀」的美稱，[373]富豪之家則有張怡記（張夢星）、王美記（王慶壽），臺北建城，捐建出力頗多。[374]陳維英又築書齋太古巢於圓山東麓基隆河西畔。在重視風水的年代，取圓山之石、建艋舺之城，是非常嚴重的事，根本不可能有人提出這種破壞一方風水、極其挑釁的想法，約莫是日本人一廂情願的臆想。

　　臺北府城的興建到底集資若干、開銷多少，由於劉璈擅改城基、浪費兩萬餘元，加上他貪墨的可能性，原始稟報已故作模糊；陳星聚是否如實作帳，是否確實建立案卷，亦未可知。惟一較為可信的是伊能嘉矩可能根據《淡新檔》臺北城工卷而轉述的四十二萬元。劉璈於岑毓英限定的 8 年 10 月並未達成任務，稟報督撫何璟、張兆棟，還缺十三萬元。因無施工紀錄可資計算，只得依此約略推估，當時施作至三分之二。假定從光緒 9 年初至 10 年閏 5 月底劉銘傳到達臺北，其間一年半都「待款、待料停工」，而法軍封鎖臺北之後才不得不就地取材，最多也不過就地取材三分之一。

　　認知臺北府城建材最科學的方法，莫過於檢驗實體。

　　日本人拆除城牆和西門。光復以後，由於城樓多朽壞，小南門、南

---

[369] 同前。

[370] 《臺北文物》二卷二期，〈大龍峒耆宿座談會紀錄〉，頁 67，陳錫慶的發言。臺北市文獻，民國 42 年 8 月，臺北。

[371] 吳槐，〈龍峒聞見雜錄〉，同前書，頁 58。

[372] 同前，「科舉門第」，頁 58-59。

[373] 《臺北文物》，第二卷第二期，頁 65。

[374] 同註 370，頁 59，「豪門殷戶」。

門、東門都拆除城樓另建新樓，城門座尚存。無論拆卸或新建，都缺乏施工紀錄。

四座城門的基座尚存，自可以現代的檢驗方法，做石材的成分分析，北門城樓的各種材料亦可依法檢驗，拆卸的石材，如今散布各處亦可如法砲製。但是，至今付諸闕如。

民國 82 年底，臺北市政府捷運工程局在捷運南港線 CN253B 標工程施工時，在忠孝西路、館前路口和懷寧街口（原臺北府城北牆中段），挖到臺北府城牆遺址，由於崩陷面積太大而曝光，引起平面和電子媒體極大興趣，捷運局不得不依《文化資產保存法》報請相關機處理，並委託李乾朗教授從事深入調查，撰成《臺北府城牆及砲臺基座遺址研究》（以下簡稱《李報告》），對於構成臺北府城基礎的木椿、石礎及其結構，有較深入科學研究。

根據《李報告》，他們發掘 A（館前路口）B（懷寧街口）兩區。B 區地表下以九層石條重疊做為基礎，共發現三百四十四塊；[375] A 區在七層石條（643 塊）之下鋪有三層橫木（又稱睡木，傳遞重力），長三至五公尺，橫木之下又有垂直打入地下的木椿群，每根一至二公尺，深入地面下約七公尺，已觸及硬土層，[376] 共發現橫木 52 根，木椿 776 根。[377]

檢驗報告之四、「木椿橫木分析」：

> 依據臺大森林系王松永教授初步判斷，原認為是目前臺灣瀕臨絕種的油杉。但進一步分析化驗後，因木椿與橫木埋在石層下，受重壓已有百年之久，顯微鏡下切片之細胞已經變形，以致無法辨識屬於那一類樹種。[378]

筆者認為「初步判斷」是「油杉」，結論是「無法辨識屬於那一類樹種」，是受到研究者既有成見的誤導。

---

[375] 李乾朗等，《臺北府城牆及砲臺基座遺址所》（以下簡稱《李報告》），頁 112，臺市市政府捷運工程局，民國 84 年，臺北。

[376] 同前書，頁 72。

[377] 同註 370。

[378] 同註 370，頁 69。

　　首先，研究者在該報告第四章第二節「城牆之建材來源」中說：「關
於臺北府城的建材，未見清末文獻記載」，根據筆者在本節中所述，當
時的主政者記述，工匠和建材都來自大陸，該《李報告》的研究群，沒
有蒐集當時人的紀錄，當然便「未見清末文獻記載」，因而武斷地認為
臺北城的建材，都是「就地取材」，殊不知實情是「一材一料」都取自
大陸，只有法軍封臺北期間，才可能「就地取材」。因為「材料知識庫」
局限於臺灣，用科學的方法找不到對照組，故而得不出結論。其實北門
城樓中的木料就是極佳的對照組，且清代建物留存者亦不少，科學的比
較並不困難。其實臺灣的清代建築，大量使用福州杉（油杉），是眾所
周知的事實，若是偏要在本地樹種中去尋覓，得不出科學的結論，也是
理所必然。

　　其次是關於石材，分析結果，有兩輝安山岩、玄武岩和石英砂岩。[379]
該報告又引述黃得時在「城內及附郊耆宿座談會」和〈城內的沿革與臺
北城〉一文中的說法：

　　　　築城所用的石材，起初擬採掘圓山的山石，惟因該山所有者張、
　　　　陳兩姓不肯。其後，改採嘰哩岸山石試用。結果，因為石質太脆
　　　　軟而不用。最後，才採取大直山北勢湖的山。門樓所用的磚瓦，
　　　　是命劍潭大直莊北勢湖和枋寮莊的磚窯煉製的。對於老一輩的臺
　　　　北人而言，建城材料的來源可能言之鑿鑿。日據時期出版的伊能
　　　　嘉矩《臺灣文化志》中提及築城時總理工事的地方士紳，如林維
　　　　源、潘成清、王廷理……，但未提及建材之來源。[380]

　　其實黃得時在座談會的發言及文章中關於建材之來源的說法，都剽
竊自伊能嘉矩的〈臺灣築城沿革考、第八臺北城〉一文中的傳聞，而且
伊能嘉矩在一開始便聲稱：這是「傳聞」，明指這個說法不見得可靠，[381]
在座談會當場，同為耆宿之一的郭芬芝即指出黃得時的部分謬誤（其實

[379] 同註370，頁66，「石材鎖定分析報告」。
[380] 同註370，頁77。
[381] 伊能嘉矩，〈臺灣築城沿革考、第八臺北城〉《臺灣慣習記事》《第三卷第六號》，頁14。
　　　臺灣慣習研究會，明治36年（1903）11月，臺北。

是伊能嘉矩將傳聞入書）〉。[382]

　　臺灣的衙署、住宅、砲臺等之建材，多取材於大陸，劉璈以「萬年清」輪船運輸石材供臺北府城工之用；劉銘傳以三艘輪船運輸建材來臺，已如前述；筆者根據經費的使用，也推論至少三分之二以上的建材來自大陸。而臺北府城至少有一座北門的城座、城樓為光緒原物，小南門、南門和東門的城樓雖已另建，城座也是原物，不難以科學方法作分析、比較研究，很可惜研究者們受到黃得時的誤導，以為臺北府城的建材都是就地取材，僅就本島北部的石質與樹種加以比對，而得到如下結論：

　　　　我們初步比對此次所出土之石條，發現絕大多數接近唭哩岸所產之石材，少數為灰色的安山岩，材質接近觀音山石。至於大直北勢湖所產之食材，尚待進一步採集標本化驗才能判定用於何處。[383]

　　這樣不確定的結論，錯失了以科學方法研究臺北府城的建材的良好機會，殊為可惜。

## 第三節　臺北府城的規模與施作

　　臺北府城的城基，最早由臺北府知府陳星聚在光緒 5 年初設定，接著由福建巡撫岑毓英於光緒 7 年底「劃定基址」，開挖地基之後，臺灣道劉璈又於光緒 8 年 5 月「更改規模」，[384]光緒 8 年 5 月 21 日，《申報》報導：

　　明治 36 年（1903），伊能嘉矩在〈臺灣築城沿革考、第八臺北城〉中說：

　　　　臺北城是以砒石砌壘而成的方形建物，東、西畔各四百十二丈，南畔三百四十二丈，北畔三百四十丈，總計城圍一千五百零六

---

[382] 〈城內及附郊耆宿座談會紀錄〉，《臺北文物》二卷四期，頁 120，臺北市文獻會，民國 43 年 1 月，臺北。

[383] 同註 370，頁 77。

[384] 《申報》，頁 1058。詳參本文第七章第二、三節。

丈，環城以濠。設五門樓及窩舖四座。通往大稻埕的叫「承恩」；通往景尾的大南門叫「麗正」；通往艋舺八甲街的小南門叫「重熙」；通往艋舺新起街的西門叫「寶成」；通往三板橋、錫口的東門叫「照正」。北、東二門添建外廊，廊門門額題四字曰「巖疆鎮鑰」。[385]

伊能嘉矩所謂的城圍一千五百零六丈，比《申報》所謂岑毓英所定基址「圍徑一千八百餘丈」少三百餘丈，應為劉璈所定規模。比沈葆楨動用海防經費修築的「臺郡城」——二千七百餘丈為小；[386]是淡水廳的廳城（竹塹）、八百六十丈的兩倍。[387]

伊能嘉矩研究臺灣各地省、府、廳、州、縣城凡十二座，認為臺北府城「規模完備、全臺第一」。[388]

在此之前，淡水廳城於道光 7 年（1827）6 月初 10 開工，至道光 9 年（1829）8 月 20 日竣工，將土城改建為石城，[389]署淡水同知李慎彝〈造送工料細數銀兩清冊〉云：

> 竹塹地方捐建石城，全座分社東、西、南、北四門，周圍計長八百六十丈，牆身高一丈五尺，雉堞九百七十四垛、高三尺；城外雉堞高一丈八尺，城內高一丈六尺；上一丈二尺，基底一丈六尺，深一丈。城樓四座，每座兩層，計高二丈零寸。東、西、南三門，城上各砲臺下座，水洞一個；北門砲臺二座，水洞兩侗。四城內堆房一座，每座各四間。城外濠溝通共長八百六十丈，南門濠溝一丈二尺、餘俱濶八尺，各深七尺。四城改設道路四道，每面濶一丈二尺，通共長七百七十二丈三尺。東、西城外吊橋各一座，各長二丈六尺、濶五尺。一切石板、石柱等項，特由內地打造，

---

[385] 同註 380。筆者中譯。

[386] 《福建臺灣奏摺》，頁 36-37。

[387] 鄭用錫，《淡水廳志稿，城池》，道光年間修，臺灣省文獻會，《臺灣歷史文獻叢刊》本，頁 31-32，民國 87 年、南投。

[388] 伊能嘉矩，《臺灣文化志》第三篇第四章「城垣の沿革」，頁 636-637。刀江書院，昭和 3 年（1928），東京。

[389] 《淡水廳築城案卷》，〈淡水同知報竣城工備造清冊〉，《臺灣文獻叢刊》第 171 種本，頁 92。

雇船搬運。並雇匠在於本地卑轄九芎林內山等處，採打石條、石碎，填築城身應用。[390]

　　除了規畫、定址之外，先由堪輿師定方位並擇日興工，由弓手勘丈、繪匠製圖，[391]施工時先開挖基址、寬一丈六尺，深一丈，填築基石如之。再砌石築造城垣內牆及外牆、高一丈五尺，同時填築並夯實城垣中腹，城垣中腹與內外牆齊高時，再造城垣面馬道、寬一丈；馬道之後造雉堞，高三尺、寬八尺五寸，配以甓磚。城門另建，城門樓所用石柱、木料、桶釘、門刈、大鐵釘、銼春銼圈等極為繁複，不贅述。[392]

　　假若臺北府城工仿照淡水廳城工之規範辦理，臺北城址之地質遠較竹塹軟爛，則其開挖應深達一丈以上，以填築基石，一如臺北市政府捷運工程局於捷運施工時，在忠孝西路與館前路口、懷寧街口之地表下，所發掘之九層、七層石條下鋪三層橫木（睡木），再下則打木樁及餘硬土層做為城址基礎，即屬合式。

　　筆者在第六章第一節中，引述 1895 年 3 月到臺灣來的美國記者德衛生（J. W Davidson）所說，臺北知府陳星聚，因為臺北府城基地太軟而植竹以改良地質，以支撐石牆的重結構之說，於此就有很大問題。陳星聚由淡水同知升任，無論攤捐、施作，勢必都要以《淡水廳築城案卷》為參考、依據。淡水廳城工之基址開挖深達一丈，植竹之說則有如兒戲。不知為傳言之誤，抑或大衛遜到臺北之後，見城中散布竹叢、農舍而妄自猜想？

　　關於城垣中腹實土與護城濠的問題，楊仁江認為：

> 為了加強防禦，臺北府城也和其它城池一樣，在城垣外側設有護城濠。濠的形式，係按地理形勢自然彎曲，與平直的城牆或相隔，或相近鄰，以防城基因負荷過重而崩塌。護城濠除了戰時具有遲滯敵人的功用外，還是建城時取土的主要來源。臺北府城的牆垣是用條石堆壘，內側再實以沙土，由於牆厚達一丈二尺以上，故

---

[390] 同前書，頁 3940，〈淡水同知造送工料細數銀兩清冊〉。
[391] 同前書，頁 40。
[392] 同註 389，頁 40-86。

牆內填充沙土的需求量極大，掘濠取土便是一舉兩得的辦法。[393]

依淡水廳城之規範，開挖地基深達一丈，而濠溝又濶八尺及一丈二尺，深七尺，城垣中腹實土的土方根本不是問題。關於雉堞（城垛）的高度，楊仁江認為：

> 根據日劇時期所留存日軍看守城垣的舊照片看，粉白色的雉堞是與站立在旁邊的人影同高或較高的，換句話，雉堞的高度至少在一般人的五尺身高以上至六尺之間，以恆春城和長城八達嶺看，大約在五尺六寸之間。[394]

臺北府城的雉堞比淡水廳城的雉堞高兩尺餘，又增設鎗孔，顯然因為時代的差異，因應後鏜鎗和後鏜砲的威力而調整。此外，舊照片顯示，臺北府城城垣的內側，沒有設置雉堞，若非尚待完成，便是省錢的打算，具有因不慎而跌落城下的危險。

臺北城垣四面城牆的長度，楊仁江推估如下：

> 東畔：在今中山南路，城垣長四百一十二丈，約一千兩百三十六公尺。
> 西畔：在今中華路，城垣長四百一十二丈，約一千兩百三十六公尺。
> 南畔：在今愛國西路，城垣長三百四十二丈，約一千零二十六尺。
> 北畔：在今忠孝西路，城垣長三百四十丈，約一千零二十公尺。[395]

臺北府城分設五門，其位置與功能如下：

一、東門：或稱景福門、照正門，位於東畔城垣中央略偏南處，是城內通往錫口（今松山）的主要孔道。門外築有圓弧形的甕城，甕城外門與內門不相對，而開於東北側，以造成迂迴遲滯的效果。

二、西門：亦稱寶成門，位於西畔城垣近中央處，是城內通往艋舺新起街（今長沙街一帶）八甲庄的主要孔道。

---

[393] 楊仁江，《臺北府城北門之調查研究與修護計畫》，頁97-100。
[394] 同前書，頁94。
[395] 同前書，頁96。

三、南門：亦稱麗正門或大南門，位於南畔城垣東側，是城內通往景尾（今景美）新店的主要門戶。

四、小南門：或稱重熙門，位於南畔城垣西側，是城內通往枋橋（今板橋）的主要孔道。

五、北門：或稱承恩門，位於北畔城垣西側，是城內通往北門外街抵達大稻埕的主要孔道，也是衙署官員由淡水河進入城內的門戶，因此在門外河溝頭附近設有接官亭，以送迎來去各官。北門外設甕城，甕城的平面為矩形與東門的形式不同，外門設在東北角，門上有額題「巖疆鎖鑰」四字。[396]

由於東門、南門、小南門和北門等四座城門的基座尚存，故得以實際測量，城座高為十七尺（5.13 公尺），其長寬如下：[397]

表 1：

| 名稱 | 城座寬 X 長 | 寬長比例 | 內拱寬／深 | 外拱寬／深 | 餘深 |
|---|---|---|---|---|---|
| 東門 | 1104X1454 | 1:1.317 | 399/499 | 363/394 | 211 |
| 南門 | 1093X1449 | 1:1.326 | 402/496 | 366/383 | 214 |
| 小南門 | 994X1127 | 1:1.1338 | 326/498 | 300/314 | 182 |
| 北門 | 1065X1146 | 1:1.357 | 406/456 | 370/396 | 213 |

五座城樓，約由三種形式構成：第一種是小南門的歇山柱廊式城樓，城樓大木結構外露，造型輕盈優美，木作工藝細緻，堪稱五門之首，而柱廊所表現深邃柔美的出檐，與城座上厚實潔白的雉堞，不僅傳達了建築藝術的精緻，也道出軍事防禦的內涵。第二種是北門與東門的歇山牆廊式城樓，城座以上仍由木結構建造，但外圍卻由兩重磚砌實牆環圍，除必要的門洞外，粉刷平整的外牆只開狹小的方窗和圓窗，並與石砌的城座外皮平齊，使得整座建築看來宛若牢不可破的方形堡壘，充分傳達了「巖疆鎖鑰」的威儀。儘管形式相同，兩個門樓卻略有差異，如：東門檐下多了一帶夾有空心花磚的灰泥飾以及側牆上拱門兩邊加開小窗。第三種是西門和南門的重檐歇山式城樓，自山牆以上部分以嵌有空

---

[396] 同前書，頁 100-101。
[397] 同前書，頁 102。

心花磚的牆面墊高，成為硬山重檐形式的屋面，造型上較前者更富戲劇性。[398]

除此五門之外，尚有伊能嘉矩嘆為「規模周備，全臺第一」的甕城、砲臺、窩舖、水關等設施，李乾朗根據老地圖和老照片，推定各種設施在今天的相應位置如下：[399]

一、東畔城牆：

1 砲臺（中山南路與濟南路交點附近）。

2 砲臺（中山南路與中正紀念堂牌樓門口交點附近）。

3 東門甕城（東門城樓之東側下，略呈半月形，約在圓環道路下方）。

4 東南角窩舖（中山南路與愛國路交點）。

二、西畔城牆：

1 砲臺（愛國西路與重慶南路交點以西約一百公尺處）。

2 砲臺（愛國西路與博愛路交點以西約六十公尺處）。

3 水關（愛國西路與重慶南路交點附近）。

4 西南角窩舖（愛國西路與中華路交點處）。

三、南畔城牆：

1 砲臺（中華路與開封街交點處以南約五十公尺處）。

2 砲臺（中華路與武昌街交點）。

3 砲臺（中華路與貴陽路交點附近）。

4 水關（中華路與開封街交點）。

四、北畔城牆：

1 砲臺（公園路與忠孝西路交點附近）。

2 東北角窩舖（中山南路與忠孝西路交點之圓環）。

3 水關（忠孝西路與館前路交點）。

4 砲臺（忠孝西路與懷寧街交點）。

5 西北角窩舖（塔城街與忠孝西路交點）。

6 北門甕城（在北門之外側約四十公尺處，呈長方形）。

---

[398] 同前書，頁107。

[399] 《李報告》，頁101-102。

# 第九章　夕陽西沉—消滅臺北城

## 第一節　兵不血刃　日軍入城

「築城以衛君，造廓以守民」，道盡了古代城廓的功能。

臺北設府築城不是為了械鬥、民變，而是為了海防和抵禦外侮。經歷兩位欽差大臣（沈葆楨、劉銘傳）；五任福建巡撫（王凱泰、吳贊誠、丁日昌、岑毓英、張兆棟）；一任臺灣巡撫（劉銘傳）；兩任臺灣兵備道（夏獻綸、劉璈）；三任知府（何璡、林達泉、陳星聚）。民間紳富題捐經費又擔任建城工事總理的林維源、潘盛清、王廷理、王玉華、葉逢春、李清琳、陳鴻儀、陳霞林、潘慶靖、王天賜、廖春魁、白其祥、陳夢岩、陳受益等人，[400]經歷波折，終於在法軍圍攻基隆、滬尾，封鎖北臺的戰鼓聲中完成。

使用的建材，僅石條（石塊）一項，依李乾朗和林一宏推估多達三萬至六萬塊。[401]城門樓的建材一方面可依據北門城樓的建材推估，亦可根據《淡水廳築城案卷》內，各個城樓的細目推估，實情如何，尚待他日建築學者試作估算。

光緒 11 年（1884）5 月初 5 上諭：「前直隸提督劉銘傳，著賞給巡

---

[400] 伊能嘉矩，〈臺灣築城沿革考、第八臺北城〉，《臺灣慣習記事》三卷六號，頁 14。

[401] 《李報告》，頁 78：「按照臺北府城的規模，大約可以推測當時所耗用的石材數量，據文獻記載，城壁四周共長 1506 丈，內外壁則為兩倍，約 3012 丈。內壁高 15 尺，外壁有雉堞，高 18 尺。總計石材面積在 5 萬平方尺以上，如果馬道亦鋪石材，那麼則近 7 萬平方尺。如果再加上五座城門，砲臺與水關基礎，每根石條以 3 平方尺計，則大約採集 3 萬根以上之石條。」林一宏在「臺北建城 130 周年紀念（建城篇）口述歷史座談會」中說：「不過，這 3 萬條石材的計算也有一個大漏洞，因為它的計算依據，牆只有薄薄一層，然而內牆或外牆，是用頂順砌去砌出牆面的，牆石材的表面積大略要以二倍計算。另外，基礎石材到底有幾層？這個並不太清楚，也是最難估計的部分。因為大部分的遺跡在拆城的時候，在下水道興建的時候就遭受破壞，第二次又被捷運施工影響。據我們所知，在中華路一側，其實挖出來的石條應該比忠孝西路更多，不過當時的承包商並沒有像在北邊三線道那樣努力的記錄和陳報，所以有很多遺跡已經消失不復再現，確實很難估算。不過 3 萬條石材確實是低估，我認為考量丁順砌法和地基石材數量的合理性，乘以 2 或 2.5 來計算，約 6 萬到 7 萬條石材可能是比較合理的推測」，《臺北文獻》直字 187 期，頁 310，民國 103 年 3 月，臺北。若依《淡水廳築城案卷》中的規範，地基應開挖深達一丈，臺北地質軟爛，應當更深才能承重。

撫銜，督辦臺灣事務。所有臺灣鎮、道以下各官，均歸節制。」

9月11日，「以劉銘傳為福建巡撫，仍駐紮臺灣督辦防務」。11年6月23日，由於劉銘傳退守基隆河谷，分兵援救滬尾而失基隆以及劉銘傳、劉璈失和，彼此攻訐而左宗棠又護劉璈而攻評劉銘傳，中央命閩浙總督楊昌濬兼福建巡撫；劉銘傳專辦臺灣善後事宜；7月初4，又准左宗棠「賞假調理」，調離「督辦福建軍務」職，以平息爭議。

9月初5，中央下令「著將福建巡撫改為臺灣巡撫；所有一切改設事宜」命閩浙總督楊昌濬「詳細籌議，奏明辦理」。劉銘傳認為臺灣缺錢、缺人又百廢待興，「必俟撫番、清賦，措置無遺、財堪自立」，「五年後籌進止」，引疾乞歸，疏凡三上，詔：「不許」。12年2月，楊昌濬親自渡臺與劉懇談，答應「閩臺一氣」和每年四十四萬圓協餉，4月，劉乃親赴福州籌辦臺灣建省事宜。13年2月16日，中央接納楊昌濬「添設臺北道不如設藩司」的建議，決定設布政使，24日以河南按察使邵友濂為「福建臺灣布政使」，9月，邵友濂抵臺上任，臺灣正式建省。前述的行政程序，並沒有遲滯臺灣建省以及劉銘傳建設臺灣的工作。論證劉銘傳推動臺灣現代化大業的文字已多，不再贅述，僅引述1874年到中國海關任職，1896年升任稅務司的美國著名近代史學者馬士（H.B.Morse）所撰寫的《1882-1891年臺灣淡水海關報告書》，除了敘述建省、修鐵路、道路、路燈、航運、消弭戰爭、叛亂、疾病、開山撫番，推動行改革，促進國際貿易等「較諸大陸上舊省份所可能施行者更為大膽」的改革之外，最後，報告特設〈十七、卓著的官員〉一節：

> 如果報告這十年的事蹟而不提及劉銘傳（原注：不論提到多少），則沒有一篇報告書是完整的。這位偉大的巡撫曾經獻身於為中國拯救臺灣的難局中，挽救了臺灣之後，他繼續排除所有政治和財政上的障礙，將臺灣紊亂的狀態重新加以整頓……1884年7月16日……法軍……發覺他們的敵手增援了一個人，一個有頭腦和意志的人……（在基隆）他下令將政府經營的煤坑中的貯煤和機械予以破壞—對一個中國官員來說，這是一個大膽的措施……他始終將法軍封圍在基隆，並阻止法軍在淡水取得立足地……臺

灣工業的發展……鐵路，都是他不朽的事蹟……以英製和德製的
重砲裝備了數所設計最優良的砲臺，並於臺北設立一兵工廠，用
以製造軍火。當他 1891 年 6 月離開時，一般人均感到失去了劉
巡撫，亦即臺灣失去了它的一部分。

　　馬士在報告中特別提到劉銘傳興建基隆、淡水兩港和鐵路「不是著
眼於戰略的觀點，而是為了有助於臺北—大稻埕—艋舺三區合成的商業
中心地的貿易；這三個地區共同構成了淡水港的貿易基礎。」[402]

　　這也正是陳星聚的風水結構—三垣城的反映。

　　劉銘傳對於臺北城內的建設，已於本文第七章第五節引述他的〈臺
北建造衙署宇等項工動用工料地價銀兩立案摺〉，此處不再贅述。

　　光緒 20 年（1894，甲午，明治 27），中、日兩國因朝鮮而開戰，
臺灣戒嚴。當年丁日昌力主購艦造船，成立海軍，沈葆楨倡議將南洋經
費盡歸北洋，由李鴻章主導。李鴻章老於吏事、長袖善舞，坐擁鉅貲而
北洋艦隊卻柔弱無力。次年正月，北洋艦隊為日本海軍所敗，潰不成軍，
3 月，簽訂《馬關條約》割讓臺灣、澎湖。5 月 29 日，日軍登陸澳底（在
今新北市貢寮區），6 月 3 日陷基隆，6 日，發兵往臺北，在艋舺「瑞
昌成」號經商的鹿港人辜顯榮循鐵道往汐止，向日軍報告臺北軍情、帶
領日軍進攻臺北。[403]8 日，日軍抵達北門城外，姚戀官之妻陳法助日軍
進城，[404]偌大一座臺北府城，日軍不發一槍一彈即輕易取下，既不衛君、
亦不守民，大清帝國的餘暉，無聲無息的墜落。

　　日本人對於劉銘傳讚譽備至不下於馬士，在日本統治臺灣 36 年之
後、田中一二所著的《臺北市史—昭和六年》最稱典型：

　　清朝政府起用英傑劉銘傳，任命他為臺灣巡撫，有賴其鬼才縱橫
之手腕，刷新改革臺灣之統治。……劉銘傳被任命為巡撫到臺北

[402] H.B.Morse 原著、謙祥譯，《1882-1891 年臺灣淡水海關報告書》，臺灣銀行濟研究室，《臺
灣研究叢刊》第 54 得種本，頁 106，民國 46 年，臺北。
[403] 臺北省文獻會，《臺灣前期武裝抗日運動有關檔案》，頁 33-36，該會，民國 68 年，南投。
[404] 山本運一，〈談烈婦陳法〉，《科學の臺灣》第五卷第三號，頁 1721。臺灣博物館學會，
昭和 12 年 6 月，臺北。

赴任時，艋舺已在過去達到繁榮的顛峰，如今僅在誇耀其古老，尚不失為盛衢之狀態，因而就首先策畫要促進城內之繁榮……另一方面，對於做為商業地區正在發展的大稻埕，更期望其能做為商業地區更加發展，為要擴大街區，便積極興工開設新街衢，將商戶匯集於此地，且闢為商業交易地區，做為物資集散地區的設施大行興建，因使其面目一新。職是之故外商來往者日益增多。美德二國領事館相繼開設於此，本島的巨商富賈也將根據地設置於此地。是故以致商業交易或物資之集散亦旺盛起來，完全成為商業地區呈現。繁榮的景象，成為重要物資的集散之地。

其對於改革建新，均表現了許多銳意斷然實行的政績，導進泰西的新文明，促進城內或大稻埕之發展，這非但不僅是無可否認的事實。況且劉銘傳將巡撫衙門設置於臺北城內，自己居住於此處，以統轄全島的文武行政事務，由此臺北始名實俱成為臺灣之首都，這是值得大書特書的一件事。而且今日做為吾人（日人）總督府的所在地，即將建設成為文明之大都市，做為我國（指日本）有數的都市之一，即將出現大臺北，這可說完全由劉氏將臺北定為臺灣之首都有以致之。在此意義上，對於臺北來說，劉銘傳之名將永垂不朽，可能永久都不致於被遺忘。[405]

1920 年，臺灣改訂地方制度，設五廳、二州、三市。臺北地區即設臺北廳與臺北市，該書為紀念臺北設市十周年之作，由臺灣通信社同仁編寫，田中一二為該社社長。日本人自詡已將臺北「建設為堂堂之大都市」，此書即為「呈現偉觀壯觀之偉大臺北」而作。[406] 該書對於劉銘傳推崇備至，不下於馬士（H.B. Mose），足證公道自在人心，偉大的巡撫得到客觀的評價，只可惜大清帝國的中央政府時相掣肘，不讓劉銘傳盡情發揮其長才，終於念憤而去，不數年，不發一槍一彈，臺北竟淪陷於日人之手。反思中法戰爭之艱困，劉銘傳堅百忍以禦敵，在戰鼓聲

---

[405] 田中一二原著、李朝熙譯，《臺北市史—昭和六年》，頁 30-32。臺北市文獻會，民國 87 年，臺北。

[406] 同前書，〈臺灣通信社編輯同仁序〉，頁 6-7。

中完成臺北城，不禁令人感慨系之。

## 第二節　消滅臺北城

建城艱難，拆城隨意。

光緒 21 年（明治 28，1895）6 月 17 日才在臺北舉行始政典禮，7 月中日軍參謀本部就在東京出版《臺灣志》。第一任臺灣總督樺山資紀和第一任民政長官，正好都是日本於同治 13 年（1874）出兵瑯嶠之前的特務搭檔，事隔 20 年，又相伴統治臺灣。《臺灣志》的公開出版而且由參謀本部具名，顯然是誇耀日本人為了占領臺灣事前所做的情報和研究工作。《臺灣志》形容臺北城：

> 臺北城西南一大市街，即艋舺、二千餘戶，商店櫛比，街衢陋穢，是典型的中國市街；北門外五丁許，臨淡水河又一市街，即大稻埕，千五百餘戶，商業繁盛；此二市合城內，三市街凡四千餘戶。光緒 20 年 6 月，因臺灣府地理不便，以此府為省會。

> 府城內設臺北府、淡水縣等衙門及文廟、武廟、天后宮等非常壯麗的三大廟，市街開闊，絕非中國一般市街可比；大街寬十八尺，背街也有十二尺。由於是新設城市，三分之一仍是水田，不數年，應不留水田痕跡。街屋都是兩層樓，絕非污穢遍地的中國風格。夜間有七八盞電燈照耀全城。馬車和人力車通行於市，很像上海的日租界。商業大抵是福建人的天下，資金雄厚；本地人很少大店，商品以雜貨、乾貨為多，很少一店只賣一種商品，可見其商業規模有限。

> 城內有二三處私立郵局，可與十八省通郵。但效率不彰，寄一封信到上海，郵資十錢，少則十天，多則匝月才能寄到。

> 官家所建家屋都是連棟式，很像日本東京的銀座；中等家屋，月

租約四銀元。[407]

　　臺北城是在一片空曠的水田和沼澤中建立,雖然環城以濠,如何把水排到濠溝中仍是問題。

　　日本據臺翌年 1896 年(明治 29、光緒 22)3 月 3 日,總督府民政局就對臺北廳下了一道命令,謂:「臺北城內水田,因排水工事上需要,須悉數予以收用,但收用水田每坪代價定為三十錢以內」,同年同月 11 日民政局長又令飭臺北縣:「臺北城內外另附表之官民有房屋,凡於排水工事施行有障礙者,應飭令拆除,並飭須於本月退出。至於民有房屋及宅地,須多收買,仰即調查其價格申報為要」。然而當其命令實施,規定的價格,無人願被收買,當局不得已也只有買收排水工事進行上所必要之北門街靠北的民房三幢。日當局經過這番的波折,痛感應從速設立臺北市區計畫委員會,以便統籌計畫,並制定土地收用規程,以便隨時做為收用土地房產的根據。到了 1897 年(明治 30、光緒 23)4 月 29 日公布設立臺北市區計畫委員會,並令派藤田軍醫部長等十一名為委員,幹事一名,由總督府直接協助臺北縣推進此事。

　　總督府土木部,則積極進行工程,當時臺北城內排水工事及買收水田所需都由「臨時軍事費」支出。1899 年(明治 32、光緒 25)6 月以市區計畫委員長名義建議拓寬臺北城北門及西門通道。[408]

　　〈臺北城北門及西門取擴建議書〉中認為臺北城北門及西門位於臺北市街的幹線上,腹地狹小,往來交通頻繁,常造成人車衝突及其他危險,尤其將來事業發達,通行量日增,此等危險更應加以防範,故建議增修此二城門,以聯絡大稻埕及艋舺;並於道路傍兩設人行步道,以減少人車衝突之意外,其編列預算總計一萬兩千五百日圓。內容包括:(1)北門及西門人行步道與新設道路鋪築、北門損壞牆垣修復、新設木橋及

---

[407] 日軍參謀本部編纂課編輯,《臺灣志》,頁 50-52。參謀本部,明治 28 年 7 月 13 日發行,東京。扉頁又署明治 28 年 1 月;發賣所為東京神田區表神保町一番地角八尾書店,顯然是公開發賣。引文由筆者中譯。

[408] 蘇省行,〈日據時期城內市街建設〉,《臺北文獻》二卷四期,頁 49 -50。臺北市文獻會,民國 43 年 1 月,臺北。

通路修築費等共五千一百三十日圓；（2）徵收及補償西門內外民宅七千四百日圓。[409]

光緒 26 年（明治 33，1900）8 月 23 日由臺北縣知事暨市區計畫委員會委員長村上義雄以臺北縣告示第 64 號發布，名為《臺北城內市區計畫》，將臺北城垣至護城濠間的空地全部規畫為公園，並將城內劃分為撫臺街等十三個街區，區內道路貫穿臺北城垣以便和城外連通，並在原設五門之外另加九門，而成為總數達十四門的城。這十四個門的名稱分別是：

一、北畔：北門、北東門、北中門、新北門。
二、東畔：東北門、東門、新東門。
三、南畔：大南門、南中門、南東門、小南門。
四、西畔：西南門、西門、新西門。

計畫中並劃定文武街二丁目（今總統府現址）為總督府預定地，石坊街二丁目（今總統府左前停車場）為民政長官官邸，石坊街三丁目為公園（今臺北公園所在地），新北門街三丁目（今臺北賓館）為總督官邸。[410]

到此為止，日本政府只有擴大城門、多開城門，方便對外交通的想法，並沒有消滅臺北城的計畫。

其實，陳星聚三垣城風水結構，把臺北府城設在艋舺東北、大稻埕東南，雖然是古代的擇址術，卻也是非常好的現代都市設計觀念—不破壞舊聚落而發展新城區。劉銘傳努力建設府城城內和大稻埕，也保留了艋舺原有的風貌。日本人並沒有非拆臺北城不可的理由，《臺北城內市區計畫》就是一個明顯的例子。

光緒 13 年（1887）劉銘傳興修鐵路，17 年，基隆—臺北線完工；15 年（1889）臺北—新莊線也完成，17 年過龜崙嶺到桃園，19 年（1893）到新竹。1895 和 1897 年兩次颱風，臺北橋修好又陷落，海山口附近河岸崩陷、鐵道流失；龜崙嶺路堤崩潰，日本人決定將鐵路改道，由臺北

---

[409] 楊仁江前揭書，頁 111。
[410] 《縣報》第 188 號，臺北縣告示第 64 號，《臺北城內市區計畫》，明治 33 年 8 月。

經艋舺、板橋、樹林到桃園，1889 年開工，1901 年（明治 34、光緒 27）8 月，臺北經板橋到桃園的鐵路通車。[411]

1889 年，臺北~板橋鐵路開工，原來的臺北~新莊線是由臺北站北行過臺北橋經三重埔到新莊，改為由臺北站沿著臺北城西城牆西側到艋舺，先拆去北門城外廓，再在臺北城西北角貫穿兩個通路走鐵道。因此，1900 年村上義雄《臺北城內市區計畫》的附圖上，就有一條鐵路穿越臺北城的西北角，在北城牆和西城牆上，各開了一個缺口，北城門的外廓也消失了。[412]

鐵路貫穿臺北城，給日本人找到一個很好的藉口，以妨害交通為名，拆除象徵大清帝國主權的城牆。於是，從拓寬兩個城門，到增加九個城門，兩個月之後的 10 月 26 日，再提出《臺北城北門及西門擴展設計變更建議》，變成了拆除臺北城，並且形成拆除全臺灣城廓的政策。[413]

1901 年，日本人在劍潭山山麓營建臺灣神社，同時建造明治橋和敕使街道（今中山北、南路、神社的參拜道路），就拆除了東側城牆。[414]1902 年（明治 35、光緒 28）臺北縣上半年事務報告之附件〈有關臺北城壁保管事項〉載：

> 臺北城壁業由總督府交下，本期間中為供官有建築物新築及土木工程之用，各處已拆毀三百三十間二尺六寸，現今尚存原形者不及三分之一。[415]

又根據 1904 年（明治 37、光緒 30）的《臺灣總督府事務成績提要》載：

> 城牆的處分：本島的城牆，在各方已平靖的今天，不但成為無用之物，而且成為市區改正計畫的障礙。所以很早就決定要拆

---

[411] 尹章義，《新莊發展史》第 5 章〈鐵路的興廢與新莊的發展〉，頁 51-62。新莊市公所，民國 69 年 7 月，新莊。

[412] 楊仁江前揭書，頁 117。

[413] 《臺北市史─昭和六年》，頁 71。

[414] 《臺北市史─昭和六年》，頁 75、83。

[415] 同註 413，頁 50-51。

除，……本年中處理的有：宜蘭、嘉義、新竹城垣的一部分或全部，並將建築材料交給陸軍處理；臺北城垣的石材一部分已經分前後幾次交給土木局處置。[416]

拆下來的石材，做為建設官方建築物之圍牆、下水道，[417]地坪、磚牆基礎[418]等建材之用，散布於臺北各建物。

按照前述《變更建議》的構想，城門和城牆都要拆，不料西門拆到一半，輿論興起「舊時代的遺物」應予保存的呼聲，民政長官後藤新平認為既然城都拆了，留下幾個城門也無妨，北門、東門、南門和小南門等四座城門和城樓因而倖存。[419]

城垣拆除後，日人將城址及其左右腹地開闢成當時看來相當寬闊的三線道路，東、西、北三條各寬四十五公尺四五，南側寬七〇公尺。全長總計四千五百六十四公尺。所謂三線道路，是以植樹綠化的安全島將道路分割為三條道路，中央行車，兩側走人；這是花園大道的規格，不只是在臺灣，甚至在日本本土都是創舉。城垣、城濠接鄰地區加總，恰是三線道路形成的具體優勢。

1919 年 4 月 10 日，日本以法律第四十四號公布《史蹟名勝天然紀念物保存法》，開始對其本土文化資產進行保護。次年，內務省公布調查要目保存認定種類，其中史蹟包括了「古城址、城砦、防壘、古戰場、官府址及其他與政治、軍事有關的史蹟」。1922 年 12 月 29 日通令該法適用於臺灣，1930 年 9 月 21 日，臺灣總督府才以三十五號令公布《史蹟名勝天然紀念保存法施行規則》，並組成史蹟名勝天然紀念物調查委員會對臺灣全島的古蹟進行調查與指定。臺北府城的四座城門，終於在1935 年 12 月成為指定保存的史蹟。[420]

民國 34 年（1945）臺灣光復，39 年，國民政府遷臺。民國 55 年

---

[416] 臺灣總督府，《臺灣總督府事務成績提要》，成文出版社影刊，民國 75 年，臺北。

[417] 《臺北市史—昭和六年》，頁 71。

[418] 林一宏、黃俊銘，〈國定古蹟專賣局臺北樟腦廠地下出土遺構與基地變遷的歷史考證〉，《國立臺灣博物館學刊》63 卷 1 期，民國 99 年 3 月，臺北。

[419] 同註 417。

[420] 楊仁江前揭書，頁 112-113。

（1966），臺北市改制為院轄市前夕，為了整頓市容，把東門、南門、小南門的古樸城樓，改成北方宮殿式色彩豐富的城樓。民國71年（1982）5月26日，《文化資產保存法》公布實施之後，已經走進歷史的臺北城，才不致於再受人類主觀意識的改變而激烈變動。

# 第十章　結論─城門在風雨中屹立

臺北是個生氣蓬勃、多彩多姿的地方。

臺灣是位於中國海岸線中央的離島，臺灣海峽長約三百公里、平均寬約二百公里，最窄處新竹至福建平潭島之間只有一百三十公里；臺灣也位居西太洋列島中央，北連琉球、日本；南接菲律賓，是風帆時代西太平洋航線的中央，是現代的戰略要地。

17世紀初，葡萄牙、荷蘭、西班牙、日本、中國爭奪臺灣島，海上霸主國姓爺朱成功（鄭森）打退各國占領臺灣建立奉大明正朔，是中國海權擴張的大勝利，從此，中國人大量移至臺灣。康熙22年（1683）結束海峽兩岸的內戰，次年正式設置臺灣府、下轄臺灣、鳳山、諸羅三縣等行政區，收歸中國版圖。[421]

康熙36年（1697），郁永河到淡水採硫，進入「可容萬夫之耕」的臺北平原，消息傳出，移民蜂聚。康熙60年（1721）朱一貴事件，憂臺北空虛，設淡水廳（同知、治竹塹），治理大甲溪以北之地。雍正9年（1731）設「八里坌巡檢」（從九品），管理今臺北市、新北市與基隆市。乾隆15年（1750）移駐新莊，乾隆32年改稱「新莊巡檢」。乾隆52年（1787）林爽文事件，全臺大亂，波及臺北，54年（1789）因「地廣人稠、巡檢難資佐理」，改設「新莊縣丞」。[422]巡檢縣丞這種

---

[421] 參見尹章義，《臺灣發展史》第二章〈元明兩漢中國的海權發展與臺灣經營〉；第三章〈葡萄牙、荷蘭、西班牙在臺灣的活動〉；第四章〈海上霸主─延平王國〉以及第五章〈大清帝國統治臺灣的行政結構（1683-895）〉。交通部觀光局，民國89年2月，臺北。

[422] 尹章義，〈新莊巡檢之設置及其職權與功能〉，《食貨月刊》復刊第11卷第8期（上）及第9期（下），民國70年11月及12月，臺北，收於《臺灣開發史研究》，聯經出版公司，民國78年12月，臺北。

佐雜微吏治理臺北，直到光緒 4 年（1878）臺北設府，光緒 5 年（1879）新竹、淡水分別設縣，臺北改歸淡水縣管理才結束長達 150 年的「佐雜治理時代」。[423]

臺北何以從縣丞一躍而設知府呢？

道光 20 年（1840），英國人因為販賣鴉片不順遂而攻打中國，是謂「鴉片戰爭」，派艦侵擾臺灣，兩度為臺灣人所敗。燃煤蒸氣機鐵甲戰艦的發明，使得產煤的良港—雞籠變成新式海軍最佳的駐泊港，再度成為列強競逐之地。

同治 13 年（1874）美國發動「替代戰爭」，唆使日本攻打臺灣，登陸琅嶠（今恆春）而意在臺北（今基隆、蘇澳）。沈葆楨受命為主持臺灣海防的欽差大臣，接受福建陸路提督羅大春建議，於光緒元年（1875）6 月 18（07.20）上《臺北擬建一府三縣摺》，設臺北府治於艋舺。

沈葆楨調升兩江總督之後，接手主持臺灣防務的是福建巡撫丁日昌。丁日昌是當時最了解夷情、精通洋務、最堅決推行自強運動的政治家。李鴻章曾經致書郭嵩燾謂：「果真傾國考求（西法），未必遂無轉機，但考求者僅執事與雨生（丁日昌）、鴻章三數人，庸有濟耶？幼丹（沈葆楨）識見不廣，又甚偏愎」。[424]在同一封信中，李某又告知郭嵩燾：「近因籌辦本境賑撫一事寢食俱廢。洋務平靜，中外無議及者，鴻章亦遂擱置」。[425]李某老於吏事、八面玲瓏，洋務、自強，說說而已，只要輿論不談，他就隨時擱置，誤事誤國，莫此為甚。

丁日昌以為自己在臺灣得到施展的機會，認為應該以煤礦、鐵路、電報、海軍為主，他說：「設置郡縣，無益之蓰苓」，直指沈葆楨的設府築城是沒有意義的事，若要設府，府治也應該設在基隆，不僅是海防要地，也可以就近掌控煤務、鐵路。光緒 21 年（1895）6 月，日軍兵不血刃就長驅直入，證明臺北府城果然是「無益之蓰苓」。

---

[423]　尹章義，〈新莊縣丞未曾移駐艋舺考〉，《臺北文獻》直字 57、58 期合刊，民國 71 年 3 月，臺北，收入《臺灣開發史研究》一書。

[424]　李鴻章，〈復郭筠僊星使（光緒 4 年正月 26）〉，《李文忠公選集》，頁 251。

[425]　同註 322，頁 251。

　　沈葆楨把臺灣的海防經費都送到李鴻章的北洋衙門。丁日昌向民間
募集所得建築臺灣鐵路的經費，也被李鴻章拿去套交情，送到丁日昌的
政敵袁保恆手中，挪為他用，「丁日昌新政」夢碎。丁去職後，臺北設
府築城的工作才順利進行，城工的鉅款四十二萬元，成為貪墨之淵藪，
停停建建，到光緒 10 年（1884）中法戰爭，法軍攻陷基隆、封鎖滬尾
（今淡水河口），才在抵抗第三次異族入侵的欽差大臣劉銘傳手上完成。

　　劉銘傳繼丁日昌之後，在臺灣實施「劉銘傳新政」，由於劉的官銜
是「臺灣巡撫」，他努力把臺北建設成現代化都市和臺灣的行政中心備
受讚譽，又因為推行新政過激，「馬失前蹄」而離職，連日本人都為之
叫唏噓不已。[426]

　　光緒 21 年（1895），日本人終於一償宿願，以戰爭為手段取得臺灣，
6 月 8 日，在辜顯榮、陳法等人協助下，不發一槍一彈的進入臺北城。
臺北城彷彿近年臺灣流行的蚊子館，浪費鉅額公款，成為貪墨之徒的「葆
苓」，除此之外，一無用處。

　　日人占領臺北之後，原本只想多打幾個城洞，方便交通，後來發覺，
臺灣各地的城廓，都是大清帝國的主權象徵，必欲除之後快。於是，臺
北城區的都市計畫，突然變成了消滅臺北城的計畫。不數年，整個臺北
城解體，石材因為經久耐用而散布各地，做為官方建物的圍牆、下水道
或磚牆的地基、地坪，只留下幾座城門，供人憑弔。

　　1920 年代，全世界都興起解放的新思潮，日本也出現所謂「大正
民主」的解放期，保護歷史文物古蹟和名勝、天然紀念物的思想擡頭，
於 1919 年制訂了相關法規，1922 年底，決定臺灣也一體適用。但是，
直到 1930 年臺灣總督府才公布《史蹟名勝天然紀念物保存法施行細
則》，1935 年把尚未滅絕的四座城門，指定為應保存的史蹟。

　　民國 71 年（1982）5 月 26 日，中華民國政府公布《文化資產保存
法》，丁日昌視為「無益的葆苓」的臺北府城倖存的四座城門，終於成
為凜然不可侵犯的文化資產，在風雨飄搖中屹立於車水馬龍的臺北街

---

[426] 田中一二，《臺北市史－昭和六年》，頁 31、32。田中認為劉銘傳「為統治臺灣要鞠躬盡
　　瘁」，但是「馬失前蹄，創新改革設施做到半途而未竟全功，」殊為可惜。

頭。

　　尹章義完稿於 2014 年 5 月 14 日，新店

　　萬山千水樓

　　附誌：欣逢臺北建城 130 周年慶，感謝臺北市文獻會的邀約，余以古稀之齡，仍得不負所託，完成使命。在此，特別感謝對於臺北城實體研究最有成就的李乾朗和楊仁江兩教授，授權容我引述他們的研究成果，利用他們的繪圖和照片，謝謝！

原文刊於《臺北文獻》直字 188 期，《臺北建城 130 周年慶專輯》，頁 37-188，民國 103 年 6 月，臺北市文獻會，臺北。

# 從暴力邊緣到戰爭邊緣——
# 臺灣的民主化與民進黨的執政之路

## 「三弱政權」

公元二〇〇〇年三月十八日，陳水扁以百分之三十九・三的得票率，險勝宋楚瑜的百分之三十六・八和連戰的百分之二十三・一，而當選中華民國總統。次日，《新新聞》以〈迎向弱領袖、弱政府、弱社會新局〉社評發出警訊，此前十年形成的惡質民主和負面發展，以政治正確壓縮自由：因為討好各方使得決策能力和行政效率都告廢弛導致「不作為」狀態；假民主之名四處製造敵人，形成自由、效率、和平的大倒退：「都必須以更寬的胸襟、更好的能力來一一解決。」

中國史上第一次輪替執政、和平轉移政權固然值得欣喜，現實問題更需要及時獲得解決，《新新聞》對於「三弱政權」的質疑，代表當時有識之士的看法，但是，一般百姓仍對民進黨政府存有幻想。

## 臺灣的民主化與民進黨的異化

輪替執政是政治民主化的必然成果，但不必然是民主政治所獨有。國民黨在臺灣持續執政的五十五年間（一九四六~二〇〇〇），辦過一七一次公職和民代選舉。除了一九八〇年底，因應中美斷交而延遲一次之外，未曾中止。參與競選者六十萬人次，蘊育了臺灣民主化的條件與土壤。

日治時代的民權士紳和隨國府遷臺的異議分子、自由主義者匯流成臺灣民主化的種籽。一九五七年透過「在野黨及無黨派人士本屆地方選舉檢討會」發展成「中國民主黨籌備會」，一九六〇年組成助選團為「新黨人士」打拼，當選席次達到地方會議的百分之二十。政黨政治的春雷由於國民黨的鎮壓而終未能形成沛然春雨。

　　國民黨以反共為名，嚴密控制黨、政、軍、特、言論、思想，當然無法滿足人民的需求，隨著「蔣經國維新」政局的發展，相信權者和智者可以結合開創新局而又失望的知識分子；利用黨政矛盾，以欲迎還拒策略和國民黨勾搭周旋，以遂私欲的地方山頭、失意政客；以信仰有組織的少數可以控制無組織的多數、嚮往革命的浪漫青年，相濡以沫，為了求生取暖，在八〇年代中期，匯流成「黨外」政治運動風潮。

　　由於兩岸關係的緊張，美國利益的涉人，經濟的穩定發展和臺灣社會結構脆弱以及恐懼動亂的過敏性，臺灣不存在武裝革命的條件。黨外陣營在議會鬥爭和街頭運動的兩條路線中，為了給國民黨最大壓力以換取最大效益，在實踐中發展出「暴力邊緣路線」，循著「衝突→妥協→進取→再衝突……」的模式，迫使國民黨逐步退讓、釋出權力。久而久之，食髓知味，奪權成為目的，民主化反成手段。

　　黨外陣營缺乏執政的優勢，卻也不必肩負政治責任而取得主導議題的優勢。歷史和現實的悲情和反對一黨專政、反對國民黨成為問政主軸；為了切割選民、建立自己的政治版圖，炒作族群和統獨議題，成為收穫豐碩而又由社會付出代價的無本生意。言論與資訊自由化、行政中立、軍警國家化以及法治、社會、經濟等議題，需要相當的學養與實務經驗，不能空喊口號，反對黨一旦執政，還要受到人民的檢驗，早晚要付出代價，有所不宜，反成次要議題。

　　蔣經國主政時期，臺灣的政治民主化、經濟發展，在「黨外」陣營的衝撞和監督下，獲致長足的進步。一九八六年，在比較開放的大氣候中，「民主進步黨」順利成立。成立之初，黨名並未冠上臺灣或中國字樣，一方面是刻意模糊，另一方面也希望形成「統一戰線」，吸納左、右、統、獨各方的養分。一九八七年國府開放大陸探親，兩岸對立情勢趨緩，在一般議題的刺激效果遞減，民進黨將喪失議題優勢的疑慮下，將統獨問題無限上綱為國家定位問題。

# 李登輝創造陳水扁奇蹟

　　一九八八年，李登輝繼蔣經國之後，出任中華民國總統和中國國民黨主席。經過短暫的整肅行動，成為黨、政、軍、法、特、財經大權一手掌握的新政治強人，接著從事「元首叛國、黨魁謀逆」的勾當（楊培先生語），企圖把中國國民黨變成臺灣國民黨，把中華民國變成臺灣國。為了鞏固他的權勢，扶植財閥、貪官污吏和地方黑金人物進入中央體制；兩岸之間則師法民進黨暴力邊緣路線之故技，走「戰爭邊緣路線」；對外則採「走出去」四處製造麻煩的外交策略，度假、過境、演講、醫病什麼花樣都玩。對內則數度與民進黨合作修憲，首先是省長民選，眼看宋楚瑜坐大，恐懼「葉爾欽效應」發生，隨即凍省（廢省，去中國化），又建立總統直選「一次投票、相對多數」以及取消立法院對行政院長同意權，傾向於總統制的「雙首長制」，都是為民進黨的執政創造條件而量身打造的憲法。

　　一九九八年敗在馬英九手下的陳水扁，意外的成為二○○○年總統民選的民進黨候選人。李登輝重施一九九四年臺北市長選舉以黃大洲拉趙少康下馬之故技，極力阻止連戰與宋楚瑜合作，再度送陳水扁榮登「三弱牌總統」寶座。

　　李登輝的出現，對於中華民國和中國國民黨而言，都是異數。陳水扁的勝出，則是李登輝這個異數分裂國民黨之後，再挾國民黨豐厚的資源，全力創造民進黨執政的臺灣政治奇蹟，則更是歷史的偶然。

## 李後時代好表現

　　李登輝像一隻鬥雞，四處尋釁開打，無暇處理國政，陳水扁面對的是政治腐敗、經濟低迷、社會紊亂、分裂的局面。對於有能力的人，滿目瘡痍是個收拾人心、重振經濟的好機會；對於無能的人，百廢待舉是不可能的任務。

　　人民對於陳水扁充滿了期待，以為他是改革者，雖然得票率不滿百

分之四十，即位之初的滿意度卻高達百分之八十，可是，八掌溪事件、停建核四、兼任黨主席、一邊一國的提出、農漁民大遊行和不停的換行政院長、部會首長，而尹清楓案、拉法葉案，國安祕密帳戶案……，陳水扁說，「縱使動搖國本也要辦」，又說，「為了怕失去政權不改革是懦夫的行為」，可是，支票都沒有兌現。國家資源的分配，輸向綠色商人、銀行家、建築商、特定企業，淘空國庫幾千億。所謂全民內閣、戰鬥內閣，其實都是燒錢內閣和選舉內閣。陳水扁任滿三年，滿意度徘徊在百分之三十至四十之間，比他的得票率——死忠支持者還低。

民進黨最大的收穫是嚐到了權力的滋味，五、六千個職位隨他任命，幾兆資金隨他調配，一大票東藏西藏的黑錢隨他取用。總統身邊成天圍著綠衣紅頂商人和失格人，總統夫人可以在股市呼風喚雨，誤入叢林的小白兔可以當幾十天經濟部長，幫夫人推車的婦人的夫婿榮任國營公司的董事長。都是陞官圖中的奇蹟。

## 扁政府好好反省，別賴三賴四了！

世界經濟論壇（WEF）所公布的二○○二年全球競爭力指標（GCI），臺灣在科技指標中排名第二，公部門的競爭力排名二十七，貪污程度第二十三，契約與法律排名三十三，政府效能和基礎建設都排名第二十。

扁政府經常把他們無能，歸罪於常任文官系統。其實這一批經過高普考篩選的人士，正是臺灣社會的精英，所謂的臺灣奇蹟，也正是同一批人創造的。將帥無能累死三軍，正是扁政府的寫照。

在外交上，扁政府採取四處放火的策略，結果只燒到自己，全怪中共打壓！中共打壓臺灣十年何嘗中止？在兩岸關係上，扁政府沿襲李登輝的戰爭邊緣路線，天天想辦法激怒中共，巴不得匪幹口出惡言，射幾枚飛彈，提高阿扁的國際能見度，拉抬民進黨的選情。譬如在《跨世紀中國政策白皮書的》的〈防禦性措施〉中有一小項目，民進黨誇口要「分散出口市場，降低對中國市場的依賴程度」，文章寫得天花亂墜，結果

拿不出一點辦法來。二○○二年，臺灣對大陸貿易總額四百一十億美金，較二○○一年成長百分之三十七。若非對大陸出超兩百五十億美元，臺灣的經濟情況更糟。空言對抗、實則依賴，莫此為甚。僅此一端即無能為力，其他則更不堪聞問。

　　扁政府從來不檢討自己的過失，只要出了問題，就賴在在野黨身上，筆者對於藍營三黨沒有盡到監督與抗爭的責任，深深不以為然。譬如歷任行政院長的預算執行力不足，法案通過比例太低，只見游錫堃院長和部會首長奴欺主，痛批在野黨，在野黨竟然無計可施。在國會席次過半的在野黨如果盡責的話，三年來應該讓扁政府的法案一項都過不了，而只通過在野黨所提的法案；同時實施憲法所賦予的倒閣權，逼迫陳水扁行使被動解散國會權，尋求最新的民意，再進行法定程序罷免總統，少數執政的不合理現象從臺灣政壇消失之後，臺灣的民主化才可能大步邁進。

　　附件：
　　章義教授吾兄：
　　或因為這對話將很激烈有同仁以為不妥，弟所策劃的綠色執政平議，必須取消，其實這是三篇，三篇，三篇文章的套組計畫，因另有蔡英文教授的當代政治思想家，整體真可做為民主政治的教材來閱讀，可惜，而我對兩位實在抱歉！敬請
　　　見諒

東年 2003.8.5

原文為《歷史月刊》所邀稿，三校後因故難產，章義識於 2017.12.12。

# 臺灣佛教史之展開（1661~1895AD）

## 一、序說

　　明永曆十五年（順治十八年辛丑，西元一六六一年）是臺灣歷史發展的關鍵年代，也是臺灣宗教史和佛教發展史的關鍵年代。

　　明天啟四年（一六二四）以前，臺灣各地散居著大體上同屬原馬來人（Prato Malay）系統的先住民。他們的文化相當孤立，沒有受到印度、阿拉伯與基督教文明的影響，中國文化對此地的影響也相當有限。

　　天啟二年（一六二二）荷蘭人企圖攻佔澳門不果而轉據澎湖，受到中國強大的壓力，又於天啟四年轉據臺灣（今臺南安平一帶）。根據荷蘭人的勘查報告，當時已有相當數量的中國人移居臺灣，除了「游移型」的漁民、商人、海盜之外，也有「定著型」的移民散布在先住民各社之間，在今天臺南縣佳里鎮一帶，還形成一種馬來話大量雜用中國話的「混合語」[1]。這些中國人是否影響了先住民的宗教信仰則無踪跡可尋。

　　天啟四年至永曆十五年之間（1624~1661），荷蘭以其政治及經濟力量在臺灣南部先住民之間傳播基督教[2]。西元一六三六年開始引進中國人到臺灣來開墾土地，種植米、蔗、靛菁。至西元一六四〇年止移民人數達到一萬一千人左右，此後隨著中國大陸政局的演變，移民人數或增或減，根據 C.E.S——一般人認為這是最後一任臺灣長官揆一（F. Coyett）的化名——所發表的〈被遺誤的臺灣〉一文的記載，在臺灣繳交人頭稅的中國人約為二萬五千人，加上婦孺當在五萬人以上[3]。荷蘭人佔領澎

---

[1] 參見拙著〈臺灣開發史上與客家人相關的幾個問題〉（客家雜誌八期、一九九〇年八月，臺北）第二節荷鄭之前客家人卽已移民臺灣之謎。

[2] 村上直次郎譯注中村孝志校注《バタウィア城日誌》（平凡社東洋文庫第一七〇①、二〇五②、二七一③）第二冊附錄二「臺灣キリスト教教化關係史料（一）以及第三冊附錄一「臺灣キリスト教教化關係史料（二）。有關西班牙人在臺灣北部傳教的情形可參閱同書第一冊附錄之三「イスバニアの北部臺灣統治」。

[3] 參見拙著〈臺南發展史〉（漢聲雜誌第二十二期，一九八九、六，臺北）第三節「荷蘭人的經營」。

湖之前，澎湖已經興建了崇祀航海神的媽祖廟；荷蘭人佔領臺灣之後，日漸增加的漢移民在今天臺南市區興建了崇祀醫師吳真人（又稱大道公、保生大帝）的慈濟宮（又稱真君廟、開山廟）也有明確的記載[4]。「大眾信仰」隨移民東渡，盛行於閩粵的佛教也於是時隨緣來臺，應是合理的推論[5]。

臺灣佛教史之展開，若就信實之史料而言，當自鄭氏延平王國東遷始。

## 二、鄭氏東遷與佛教來臺

明永曆十五年（一六六一）四月鄭成功經過長達十五年的奮鬪，眼見反清復明的事業一時無望而移師臺灣。是年十二月，荷蘭人遷離，以荷蘭人的政治、經濟力量為基礎而傳播的基督教，也因而中斷了近兩百年。

在鼎革、戰亂之際，不少人遁入佛門或禮佛唸經，以紀國恥家痛或者表示生命的某一段落的結束。以金門一島為例，便有許逢翼「僧衣衰袖，閉戶自晦，勵節以終」；楊期演「僧帽道披，晦跡後溪邨」；楊秉機「削髮為僧」；盧饒研「為釋衲裝，灌園自給」[6]。也有人「削髮為僧」以利行止，鄭成功東渡之初，「兵部司務林英」便削髮為僧，從永曆帝所處的雲南到廈門，再由廈門東渡臺灣，向鄭成功報告西南情勢，以及在路上所得到的永曆帝為吳三桂所擄的消息[7]。這當然和僧、道在中國社會中的特殊地位有關。

---

[4] 薛志亮《續修臺灣縣志》（嘉慶十二年，臺灣銀行經濟研究室臺灣研究叢刊第六一種）卷五寺廟志頁一三五。章義按：開山即含有最早的寺廟之意。

[5] 高拱乾《臺灣府志》（康熙三十五年修，中華書局影刊本）卷九外志「寺廟」門「觀音宮」條載：「在府治鎮北坊……俗呼為觀音亭，相傳最遠」（頁九五〇）。清修方志稱鄭氏時代多稱「偽時」或「鄭氏時」，此處稱「相傳最遠」，揆其文義，當在鄭氏以前之荷蘭時代或更早的時代。惟本條繫料並不明確。此處所言，仍屬推測。

[6] 林焜熿《金門志》（道光十六年修，臺灣文獻叢刊第八〇種）卷九人物隱逸傳，頁二二三—二二五。

[7] 江日昇《臺灣外紀》（臺灣文獻叢刊第六十種本）康熙六年四月修，頁二〇九。

　　鄭氏三世（鄭成功、鄭經、鄭克臧和鄭克塽（在臺期間（1661~1683），政治氣氛之抑鬱較鄭氏遷臺前有過之而無不及，佛教也得到發展的良機，康熙二十三年（一六八四）臺灣設一府三縣，第一任臺灣知府蔣毓英所修的《臺灣府志》卷九〈人物志〉除了勳臣節烈之外，僅有六人入傳，謹將六人事蹟列表於下[8]

| 姓名 | 事蹟 |
|------|------|
| 王忠孝 | 來臺不仕偽鄭，維日與流寓諸人肆意詩酒，作方外人。 |
| 辜朝薦 | 至臺灣尋卒。 |
| 盧若騰 | 邂跡臺灣效黃冠故事杜門著書。 |
| 沈佺期 | 以醫術濟臺人。 |
| 李茂春 | 偽藩延以教其子經……知經非令器，素不加禮，構一禪宇匾曰夢蝶。與住僧禮誦經文為娛，自號李菩薩。 |
| 沈光文 | 知經無能為，且以一賦寓譏諷，為忌者所中，幾死……乃改服為僧，入山不出，於目加溜灣番社傍教授生徒兼以醫藥濟人。 |

　　六人之中一人早死、一人以醫術濟人，其他四個人或為在家眾或為出家眾，都成為佛門弟子。

　　乾隆十年（一七四五）范咸重修臺灣府志，在鄭氏時代人物中又增列了一位張士㮰，也是「持長齋、焚香、烹茗，日以書史自娛，飄然於世俗之外」[9]，應屬佛門在家眾。

　　國亡家破的沈痛和反清復明的挫折，使得王、盧、李、沈、張等人以佛門為遁世之依托；對於當權的鄭氏權貴而言，恢復困難的無力感，也使他們因緣近佛。陳永華是鄭成功的參軍，鄭經繼嗣後以永華為「總制」，又是鄭經子克塽的岳父，鄭經西返大陸響應三藩之役「委國政於永華」[10]，永華建聖廟、立學校之餘，在開山里赤山莊（今六甲鄉）建了一座崇祀觀音的「龍湖巖」[11]，寺前「龍湖潭」「周環里許，遍植荷花，

[8] 蔣毓英《臺灣府志》（康熙二十四年修，中華書局影刊本），頁二二〇－二二四。沈光文詩「山間八首」之二云：「生平未了志，每每託逃禪」（見范志頁二六九三）。

[9] 范咸《重修臺灣府志》（乾隆十年修，中華書局影刊本），卷十二人物志，頁二〇六四。

[10] 蔣志人物志節烈陳氏烈傳，頁二二六－二二五。

[11] 蔣志卷六廟宇志，頁一二五。

左右列樹……遊之者擬之輞川圖畫」[12]。彌陀寺建於鄭經時代[13]，可能是鄭氏建洲子尾別墅時所建。

除了龍湖巖、彌陀寺之外，鄭氏時代還建了「準提堂」、「萬福庵」、「觀音堂」（寧南坊）「觀音亭」（鎮北坊）「觀音宮」（廣儲東里）和竹林寺[14]等佛寺。

康熙二十三年至二十八年間（一六八四~九）在臺的首任臺灣知府蔣毓英在《臺灣府志》風俗志中記載：

> 「佞佛諂鬼，各尚茹素，或八九齋、朔望齋或長齋，無論男女老幼，常相率入禮拜堂，誦經聽講，僧俗罔辨，男女混淆，廉恥既喪，倫常漸乖，故異端之教不可不距也」。

在歲時志中又載：

> 「四月八日各院僧於閏月前沿門索施作龍華會，俗謂之洗佛……。皆系內地人民流寓到臺，則與內地相彷佛云」[15]。

蔣毓英從儒家的倫常和僧俗、兩性關係來觀察在「禮拜堂」中所見到的現象，因而把佛教視為「異端之教」而有「距佛」之說；蔣氏的記錄也顯示佛教在鄭氏時代已相當普及而且也影響民眾的生活。

在蔣毓英的紀錄中，另一個值得我們注意的現象是齋教或菜堂之類道場是否在鄭氏時代已經傳播來臺？「持齋」、「禮拜堂」、「誦經聽講」、「僧俗罔辨」，似乎不止於「在家眾」而已，或許也有某種「齋教」的形式存在[16]。

在歲時志之末，蔣毓英則強調移民來自大陸，臺灣的歲時風俗也和

---

[12] 周鐘瑄《諸羅縣志》（康熙五十六年修，臺灣銀行經濟研究室臺灣研究叢刊第五五種）卷十二古蹟志，頁一四二以及寺廟志頁一四一。

[13] 薛志卷五寺觀志頁一三六。

[14] 陳文達《臺灣縣志》（康熙五十九年修，臺灣文獻叢刊第一〇三種）卷九寺廟志頁二一〇—二一三。

[15] 蔣志卷五風俗志頁九七，卷六歲時志頁一〇八—一二〇。

[16] 鄭志明〈臺灣齋教的淵源及流變〉（臺北文獻六十七期，73、4、臺北）及林萬傳《先天道研究》（靝巨書局73、12、臺南）都認為齋教各派遲至咸豐（一八五一—六一）以後才傳到臺灣來。

大陸「相彷彿」。

## 三、新朝士夫護持與禪宗東渡弘法

康熙二十二年（一六八三）施琅東征平臺，次年在臺灣設一府三縣（臺灣府和臺灣、諸羅、鳳山三縣）；鄭氏舊屬、官兵則遣往內地各省安插，若干鄭氏遺留的大宅院，成為接收者的燙手山芋。

施琅東征克澎湖，鄭克塽君臣議降，寧靖王朱術桂自殺，宅院（一元子園亭）交給僧聖知改設為觀音寺。施琅入臺，率諸鎮捐俸整修，康熙二十三年祀媽祖於正殿，改稱「天妃宮」，宮後仍然建有「禪室」，「付住持僧奉祀」[17]。

鄭經為其母董氏所建的「北園別館」[18]，入清後曾荒置，康熙二十九年臺灣總兵王化行、臺廈道王效宗等「因其故址建為寺宇，佛像最勝，住僧雲集」[19]。據王化行所撰的「始建海會寺記」：

> 「臺灣版圖新闢——惟少一梵刹福佑海天。附郭大橋頭有廢舍一所……是三寶地也，何不就此立寺招僧伽以修勝果……會有僧志中者，自齠齓之年皈依沙門……從江右雲遊，來聞其事，願募緣成之，於是同人各捐俸資……始於庚午八月七日，成於明年四月八日，名曰海會。道場丕建，法筵宏開。瞻妙相之莊嚴，雷音寺見於東土；聽法華之朗頌，祇樹園來自西天……沙門者、弱門也。佛法雖大，王法衛之……入世制之以王法，出世超之以佛法，顯微之旨，殊途同歸。故凡天下梵利，皆賴士大夫護持。後之遊於此宦於此者，肯一瞻禮，悉皆龍華會上人。少存菩提心，卽見金剛力；其造福於海邦，豈有量哉？」[20]

王化行、王效宗等人和蔣毓英的立場差異極大。蔣氏觀察到民眾沾

---

[17] 蔣志廟宇志頁一二三。高志外志頁九五〇。
[18] 范志卷十九園亭志，頁二三四二。
[19] 高志卷九外志寺觀頁九四九。
[20] 薛志卷七藝文二，頁一八六。

染佛俗而有「距佛」的想法；王氏等人則有「王法佛法殊途同歸」且各
有所用，而有「王法衛佛法」的構想。臺灣的高官既有「護持梵剎」之
意，志中和尚也深知「不依王者則法事不立」，於是便共建「海會寺」，
成為臨濟宗在臺灣的大本山，循泉州開元寺之舊慣，亦稱「開元寺」。
康熙以來，曾經有「榴禪寺」、「海靖寺」等別名，却仍以「開元寺」著
稱於世。

　　王化行等把鄭氏名園改為梵剎，一方面解決了廢舍難居在風水、
傳聞以及官員侵佔接收財產等難題；也為臺灣佛教史的傳播展開了新的
一頁。

　　其次是李茂春的夢蝶園。此園在鄭氏時代已經「易以陶瓦，清流修
築，日增勝槩」崇祀準提佛而稱「準提庵」[21]，滄桑之際「僧歸花落」
亦曾荒閒[22]，蔣毓英曾以寺後曠地二甲零為「香燈費」，康熙四十七年鳳
山知縣宋永清又增建前殿和鐘鼓樓。得到知府、知縣的護持，以「法華
寺」之名著稱於世[23]，為曹洞宗海外名剎。

　　另有「竹溪寺」，創建年代各志失載。康熙三十年（一六九一）來
臺擔任海防同知的齊體物，在高拱乾所修的《臺灣府志》（康熙三十四
年修）藝文志中留詩作近三十首，其中詠「竹溪寺」云：「梵宮偏得占
名山，屼作蠻州第一觀；澗引遠泉穿竹響，鶴期朝磬候僧餐；夜深佛火
搖鮫室，雨裏檳榔綴法壇；不是許珣多愛寺，須知司馬是閒官」[24]。竹

---

[21]　高志卷九外志頁九五二。

[22]　方豪〈「僧」「寺」入詩〉（臺灣文獻十五卷四期）頁二四八：「夢蝶園改為法華寺，其間
也有一段荒蕪時期……此一史料，余無意中得之茂才黃元弼詩中，詩曰：舊時書舍幾經遷？
翠柏修篁引客憐，人去蝶囘渾是夢（註曰：寺舊名夢蝶園），僧歸花落已多年」。

[23]　陳文達《臺灣縣志》卷九寺廟志法華寺條云：「偽時漳人李茂春攜茅亭以居，名夢蝶處。後
僧人鳩眾易以瓦，供準提佛於中，改名法華寺。康熙四十七年，鳳山知縣宋永清建前殿一
座以祀火神……建鐘鼓樓二座……退食之暇，時憩息焉」（頁二〇八）。薛志亮《續修臺
灣縣志》卷五寺觀志法華寺條云：「舊為夢蝶園，康熙二十二年改為寺，知府蔣毓英以寺
後曠地二甲零為香燈費……」（頁一三六）。章義按：高志尚無法華寺之名而稱準提庵，
而陳、薛二志所言歧異，故有是說。康熙六十年地震，寺毀，僧伯夫與心覺、心慧「不募
諸施」而重修之。見乾隆八年劉良璧撰「重修法華寺碑記」。

[24]　高志頁一一九三。陳志謂：「竹溪寺……徑曲林茂、溪流環拱，竹木花果，堪稱勝致；匾其
山門曰小西天」（頁二一二）。

溪寺景緻優雅，規模宏大，「澗引遠泉穿竹響」引人入勝。詠竹溪寺之
詩作甚多，不贅引。

　　竹溪寺為僅次於開元寺的臨濟宗大寺。據臺灣海防廳衙門檔案
載：「大南門外之竹溪寺係前分憲所建；油香田園，亦其所充。寺中住
持僧，必向本衙門稟請頂充」[25]，據此，則竹溪寺當為齊體物本人或其
前任梁爾壽（康熙二十四年至二十九年任）所建。惟確實時間仍難以確
定。

　　除了臨濟宗、曹洞宗相繼來臺建立大寺做為傳宗基地之外，福州的
黃檗宗也於康熙二十七年在左營守備孟大志的支持下興建了「黃檗
寺」，三十一年燬於火，三十二年寺僧募款重建，「前祀關帝、後祀觀音
三世尊佛，僧房齋舍畢備，周圍植竹、花木果子甚多」[26]。

　　康熙三十一年（一六九二），某佚名僧侶募建廣慈庵於東安坊[27]。

　　鄭經時創建的彌陀寺，滄桑之際，乏人照應，年久傾圮，僧徒散去，
成為荒寺。康熙末武彝山僧名一峰者立志重建，四處募化，五十七、八
年間重建中殿、閻君殿、三官殿和僧房六間。

　　中國傳統地方志書將宗教信仰大別為「官方祀典」和「民間信仰」
兩種類型，前者源於易經中「聖人以神道設教而天下服矣」的說法，將
適於「神道設教」的信仰對象列入「祀典志」，有官方固定的經費和管
理人員；而後者則列入「雜記志」（或外志、外編）之「寺廟門」，並無
特定經費及管理人。

　　康熙五十九年（一七二○）陳文達等纂修的《臺灣縣志》「典禮志」
所載有文廟、城隍、山川壇、厲壇、土地祠、名宦祠、鄉賢祠；而「雜
記志」「寺廟門」所載寺廟共六十所，其中佛寺為黃檗寺、法華寺、廣
慈庵、觀音堂、準提室（寺）、觀音亭、竹林寺、彌陀寺、海會寺，竹
溪寺、觀音亭、觀音宮（三所）等十四所。約佔總數百分之二十三點三。

　　惟如前所引各文以及《臺灣縣志》所載：黃檗寺中前祀關帝、後祀

---

[25] 佚名《安平縣雜記》（臺灣文獻叢刊第五二種）「臺灣海防廳沿革」，頁三八。
[26] 陳志卷九寺廟志，頁二○七。
[27] 同前，頁二○八。

觀音三世尊佛；法華寺前殿祀火神；寧靖王故居改建之「大媽祖廟」後有禪室、有僧住持；觀音堂原為五帝廟，康熙末改祀觀音；鹿耳門媽祖廟前殿祀媽祖、後殿祀觀音「兩旁建僧舍六間，僧人居之以奉香火」；彌陀寺中有「閻君殿」和「三官殿」；厲壇原屬祀典，而「鄉厲壇」（臺灣縣民所建）則前祀厲鬼（大眾爺），後祀觀音[28]。明顯地呈現儒、道、釋三教雜處融合的現象。

康熙六十年，臺灣發生「朱一貴事變」，全臺陷於混亂。藍鼎元隨族兄南澳總兵藍廷珍東渡平亂。事定之後，藍鼎元在「覆臺變在事武職四十一員看語」一文中，記載把總陳宋「望門投匿，欲薙髮為僧，因魁偉多髭，僧不納」；把總張文學「往獅子巖為僧」；把總周應遂「往黃檗寺為僧」，並在寺中密製大清旗，與千總康朝功、把總李先春、韓勝等謀為內應；千總何太武「削髮為僧，與黃檗寺謀內應」。

藍鼎元也記錄黃檗寺僧寄淵為康朝功等人「密送飯食」，得以不死；把總陳喜為朱一貴黨林曹所獲，也得到僧寂興的保護而得免一死[29]。朱一貴利用佛教作亂，官兵也利用佛教「避難」，而黃檗寺更成為反抗朱一貴的秘密活動中心。

綜前所述，康熙中葉由於新朝士夫的護持，開元寺、法華寺、竹溪寺、黃檗寺相繼建立，盛傳於福建的禪佛教臨濟宗、曹洞宗、黃檗宗和武夷山僧都東渡臺灣弘揚佛法。在弘法的過程中，佛教和「官方祀典」、「民間崇拜」等中國傳統的大眾信仰彼此相容，互不排斥，是以佛教在府城得到極佳的發展機會。朱一貴利用佛教作亂；官兵不僅利用佛教避難，更以黃檗作為響應東征官兵的秘密基地，似乎康熙末年佛教在臺灣府城盛行的狀況，已不下於福建的福州和漳、泉兩地。

---

[28] 陳志卷九寺廟，頁二〇七－二一五。
[29] 藍鼎元《東征集》（臺灣文獻叢刊第十二種）卷六，頁九七－九九。

# 四、康熙中期以後佛教隨著移民蹤跡和大眾信仰的傳播而發展

荷蘭人統治臺灣時期（一六二四～一六六一），移民多半集中在今天臺南市區一帶地方；鄭氏延平王國治臺灣期間（一六六一～一六八三），漢移民——特別軍隊和官方的屯墾——散布到今天的高屏溪和八掌溪之間。康熙二十三年，臺灣設一府三縣。臺灣縣轄區大抵即今臺南市區一帶。鳳山縣大抵以二層行溪為界，也稱臺灣南路，但是鳳山縣轄區也包括現臺南市區南部和安平一帶。諸羅縣大抵以鹽水溪為界，也稱臺灣北路。終康熙之世，轄區包括了鹽水以南、二層行溪以北近山一帶，現今的臺南縣東部地區，以及鹽水溪以北到基隆甚至包括山後（宜蘭、花蓮、臺東）地區，除了臺灣、鳳山兩縣外，幾乎環島一週。藍鼎元在「臺灣近詠」詩中說：「諸羅中千里縣，內地一省同」，也就是轄區遼闊的意思。

當臺灣府城（臺灣縣同城，今臺南市區）的官僚以王法護持佛法，廣建禪寺，而臨濟宗、曹洞宗、黃檗宗的和尚們也大量來臺廣設道場的同時；臨濟宗的和尚勝芝和茂義、茂伽、普機也於康熙二十八年（一六八九）「分派」來臺，到達今天高雄市左營的龜山山麓，搭蓋草亭「登山伐木烹茗濟渴行人」，一面「募建寺宮、崇祀佛神、護官庇民、安海行舟」；一面「勞苦勤耕、築田、蓋店以資香燈」，就在左營建立了臨濟宗名剎「興隆寺」。據興隆寺「開山碑」的記載，他們也得到當時鳳山知縣和南路營守備的資助[30]。興隆寺是鳳山縣（二層行溪以南）最早的佛寺。

康熙五十八年李丕煜主修的《鳳山縣志》卷十外志寺廟門的紀錄，共有寺廟二十二所，其中有四所供奉觀音菩薩的佛寺[31]，約佔總數的百

---

[30] 參見拙著〈高雄發展史〉（漢聲雜誌第二一期，78、8、臺北）頁一二○，以及所附原碑照片。

[31] 李丕煜《鳳山縣志》（康熙五十八年修，中華大典臺灣方志彙編第五冊排印本、57、10、臺北）卷十外志寺廟門，頁一六○一一六二。

分之十八點二。

　　乾隆二十八年（一七六三）王瑛曾重修的《鳳山縣志》因為疆域重
劃的關係（在今天臺南市南區和安平一帶的廟宇劃為臺灣縣轄區）卷十
外志寺廟門所載，僅寺廟二十一所，佛寺則新增了元興寺（鼓山麓，乾
隆八年僧經元募建）、泗洲寺、龍山寺（在今鳳山市）和一所觀音寺，
共計八所佛寺[32]。約佔寺廟總數的百分之三十八。

### 次述北路諸羅縣佛教之傳播

　　康熙三十三年（一六九四）僧樹璧奉媽祖神像至笨港，三十九年建
笨港天妃廟，這是八掌溪以北最早的寺廟。康熙五十一年（一七一二）
通事賴科鳩合民番興建淡水干豆門（關渡）天妃廟，五十四年重建，易
茅以瓦，知縣周鍾瑄顏其廟曰「靈山」，是濁水溪以北最早的寺廟[33]。前
者為佛教僧侶所建；後者為先住民與漢移民合建，初期由廟祝林助主持[34]，
後來改由臨濟宗僧石興主持，是後經六代出家眾、四代在家眾相繼主
持，前後兩百一十年，近年則由信徒管理[35]。類似的情況在臺灣相當普
遍，後文當再詳述。

　　諸羅縣轄區最早的佛寺是前述鄭氏時代陳永華營建的龍湖岩觀音
寺。設縣之後，僧德功得候補通判何廷鳳捐地，康熙三十七年（一六九
八）在鹹水港募建一座觀音寺。據康熙五十六年纂修的《諸羅縣志》所
載，諸羅縣轄下共有寺廟十四座，其中有四座觀音寺，約佔總數的百分
之二十八點六。而康熙五十二年建於今嘉義市內的關帝廟也是前祀關
帝，後祀觀音[36]。

　　綜合康熙五十六年至五十九年之間所修的《諸羅縣志》《鳳山縣志》
和《臺灣縣志》的記載，當時全臺有寺廟九十六所，其中佛寺二十二所，

---

[32] 王瑛曾《重修鳳山縣志》（版本同 31）卷十雜志寺廟門，頁二六七－二六八。

[33] 周鍾瑄《諸羅縣志》卷十二雜記志寺廟門，頁一四○。

[34] 藍鼎元《東征集》，頁二五○。

[35] 參見北投關渡宮刊行之「關渡宮媽祖簡介」（無版權頁與頁碼）。

[36] 同 33，頁一四○－一四一。

約為總數的百分之二十三。

　　現代學者在研究宗教現象時，往往依宗教組織形式之有無，將宗教大別為制度化宗教和普化宗教（或稱非制度性宗教、民間宗教、通俗信仰）[37]。但是在各種地方志書中，卻將宗教大別為「官方祀典」和「民間崇拜」兩大類，近代學者視為制度化宗教的佛教和道教，都歸屬於「民間崇拜」的「大眾信仰」宗教，而「官方祀典」也同時是「民間崇拜」的對象。因此，在研究傳統宗教（相對於晚近西方傳入之基督教等宗教以及若干新興宗教）時，依宗教組織形式有無所做之分類，是否能顯示當時宗教的實態便產生很大問題。

　　其次，就康熙時代各種宗教史料來分析，「官方祀典」民「民間崇拜」以及被現代學者歸類為制度化宗教的佛教和道教，在當時並沒有明顯的區分。除了蔣毓英基於「神道設教」的立場指責佛教「男女混淆」「僧俗罔辨」，有乖倫常而斥為異端，提出「距佛說」之外，一般地方官吏都支持、幫助各種宗教的發展，地方志書中將佛教、道教和其他信仰也一視同仁的紀錄在民間崇拜的類別中。

　　最重要的是在地方志書和各種史料中顯示：佛教寺廟中有道教和其他宗教神祇供奉其中；而道教和其他信仰的寺廟中，也有佛教的釋迦牟尼佛、觀音菩薩供奉其中，這些寺廟中也有不少備有僧舍、禪房或由佛教僧侶主持。呈現出「神道設教」的「祀典信仰」和道教、佛教以及「民間崇拜」的各種信仰融合的現象。

## 五、康熙以後臺灣南北兩路佛教的發展及其具體現象

　　康熙末年所修的《諸羅縣志》《鳳山縣志》和《臺灣縣志》對於宗教現象的記述未必周全，卻提供我們同時期和同質性很高的史料做基礎來瞭解當臺灣北、南、中三路宗教發展的大要。

---

[37] 參見鄭志明〈從臺灣俗諺談傳統社會的宗教思想〉（史聯八期、75、6）以及劉汝錫〈從羣體性宗教活動看臺灣的媽祖信仰〉（臺灣文獻三十七卷三期，75、9）。

　　康熙六十年朱一貴事變之後，清廷為了加強行政的控制，把諸羅縣畫分為諸羅（後改為嘉義）彰化兩縣和淡水廳三個地方單位，使臺灣由一府三縣成為一府四縣一廳。雍正九年（一七三一）又在臺灣北路（地理上的中、北部）增設鹿仔港（鹿港鎮）貓霧捒（臺中市南屯區）竹塹（新竹市）和八里坌（臺北縣八里鄉，不久遷往新莊市，改稱新莊巡檢）四個巡檢司，更充分的反映當時漢移民開發臺灣的情形以及漢移民實際分布的狀況。

　　除了乾隆二十九年（一七六四）余文儀主修的《續修臺灣府志》之外，雍正到光緒年間臺灣各行政區並未全面修志，是以乾隆三十年以後只能分時、分區概述各地區宗教發展的概況。

　　乾隆二十九年余文儀續修《臺灣府志》將寺廟分屬典禮志祠祀門與雜記志寺廟門。典禮志所載壇、祠，關帝、天后等廟凡一二三所；雜記志所載寺廟凡九十五所，其中佛寺三十四所，佔寺廟總數約百分之十五點六；臺灣縣新增清水寺和岡山超峰石觀音亭；鳳山縣無新增佛寺；諸羅縣新增南浦寺和大山（仙）巖二佛寺；彰化縣有觀音亭、碧山巖、虎山巖三寺；淡水廳則增劍潭觀音寺和新直山西雲巖二寺[38]。

　　嘉慶十二年（一八〇七）薛志亮續修《臺灣縣志》中，關帝廟和天后廟改列政志「壇廟」門，卷五外編寺廟門，增列了龍山寺、萬壽寺、重慶寺[39]等佛寺。石萬壽在〈臺南市宗教誌〉中列出雍正、乾隆新增寺廟、土地廟共六十七所[40]，亦無新增佛寺，似乎佛教在今天臺南市一帶已進入發展的瓶頸。

　　道光十年（一八三〇）周璽所修的《彰化縣志》將寺觀附載於「祀典志」壇祭和祠廟門之後，總共壇祠寺廟七十六所，其中佛寺有碧山岩、虎山岩、清水岩、寶藏寺、龍山寺、定光庵和三所觀音亭，佛寺九所約佔寺廟總數百分之十六。其中鹿港龍山寺「前殿祀觀音佛祖、後殿祀北

---

[38] 余文儀《續修臺灣府志》（臺灣文獻叢刊第一二一種）卷十九雜記志寺廟門，頁六四五一六五一。同時續修的《鳳山縣志》和府志一樣，也無新增佛寺。

[39] 薛志頁一三四一一三七。

[40] 石萬壽〈臺南市宗教誌〉（臺灣文獻32卷4期），頁四。

「極上帝」，也是佛、道合一的寺廟[41]。

同治十年（一八七一）陳培桂主修的《淡水廳志》則將佛寺和其他宗教信仰分列。在卷六典禮志祠祀門和祠廟門中列有祀典和道教、民間崇拜之祠寺凡六十九所。其中竹塹城隍廟「後殿祀觀音佛祖」，而天后宮亦有「廟僧」。《淡水廳志》卷十三古蹟考後附寺觀、亭園兩項記錄，其中寺觀門即為佛寺，計有竹蓮寺、靈泉寺（竹塹）、壽中岩寺（龜崙嶺）蓮座山觀音寺、龍山寺、慈雲寺（艋舺）劍潭寺、芝山寺、石壁潭寺（即寶藏巖）西雲岩寺、鄞山寺和竹塹、艋舺各一所地藏菴，共計十三所，約佔總數百分之十九[42]。

地方志書所示，大抵為修志者所注意到的寺廟，大抵可以反映宗教發展的趨勢。地方志書的記載相當精簡，不易反映宗教現象的具體內容。接著筆者將蒐集所得，雍正以後各寺廟中的碑記，足以反映宗教現象的記載臚列於下，以便進一步瞭解雍正以後佛教在臺灣發展的形式。

| | 時　間 | 地　點 | 記事 | 備考 |
|---|---|---|---|---|
| 1 | 雍正三年（一七二五） | 雲林湖山岩 | 墾主林克明仝柴裡社業主大茄臘等於湖山岩興建廟宇……巍峨雕塑，法身莊嚴。 | 嘉慶十三年「募建湖山岩碑記」 |
| 2 | 雍正十三年（一七四二） | 彰化關帝廟 | 五閱月而廟成；延戒僧覺欽為主持以奉香燈。 | 秦士望「關帝廟碑記」 |
| 3 | 乾隆六年（一七四二） | 臺南水仙尊王廟 | 住持僧齋俸……佛祖壽誕。 | 三益堂碑記 |
| 4 | 乾隆十五年（一七五〇） | 嘉義水上苦林寺 | 諸邑西南一大寺觀，開山若修乩童彌生重興……黃政、蓮枝、山海、住僧砵傳…… | 重興苦竹寺碑記 |
| 5 | 乾隆十六年（一七五一） | 麻豆北極殿 | 夫興建廟宇必兼設齋房以為禮佛之所由來尚矣。 | 捐建北極殿齋房碑記（主祀玄天上帝） |
| 6 | 乾隆十八年（一七五三） | 鳳山雙慈亭 | 是廟昔奉觀音佛祖，迨乾隆癸酉年增建前進，兼祀天上聖母，故名之曰雙慈亭……住持僧色琴。 | 「重修雙慈亭碑記」 |

[41] 周璽《彰化縣志》（中華大典臺灣叢書第一輯）頁一五一～一六〇。

[42] 陳培桂《淡水廳志》（臺灣研究叢刊第四六種）卷六典禮志祠祀門與祠廟門，頁八五－八七。

| 7 | 乾隆廿八年（一七六三） | 左營城隍廟 | 放糸索社土目……有園三十餘甲……為香資僧糧，付僧意端掌管收租。 | 城隍廟碑記 |
|---|---|---|---|---|
| 8 | 乾隆廿九年（一七六四） | 新莊慈佑宮 | 本宮內主持僧須守規矩。 | 聖母香燈碑記 |
| 9 | 乾隆卅八年（一七七三） | 嘉義彌陀寺 | 乾隆壬申歲，有僧宛藏者……修行沙門，卓錫於此，開山募建。 | 周大本「彌陀寺記」 |
| 10 | 乾隆卅九年（一七七四） | 屏東萬丹上帝廟 | 南靖李君……置店二崁……送上帝廟付僧執掌。……林君遺下店一崁，為之送上帝廟付僧收稅奉祀。 | 新建上帝廟祠祀碑記（主祀玄天上帝） |
| 11 | 乾隆四十二年（一七七七） | 嘉義市朝天宮 | 僧妙深隨師克岐衍同住嘉邑溫陵廟奉祀聖母香煙。 | 溫陵廟增置廟產碑記 |
| 12 | 乾隆五十一年（一七八六） | 鹿港龍山寺 | 交住持僧收掌生息。 | 龍山寺捐題碑（主祀觀音佛祖） |
| 13 | 乾隆五十七年（一七九二） | 鹿港新媽祖宮 | 第廟貌雖崇……寺僧香火之費，齋供之需尚懸而有待也。 | 金榮「天后宮田產碑記」 |
| 14 | 乾隆六十年（一七九五） | 臺南市大觀音亭 | 諸善信喜點廟中燈油，僅敷住僧齋膳。 | 大觀音亭公置瓦店碑記 |
| 15 | 乾隆六十年（一七九五） | 臺南鹽水庇護宮 | 棟宇聿新；廣列僧房以駐。 | 重興庇護宮碑記（主祀玄天上帝） |
| 16 | 嘉慶元年（一七九六） | 淡水福佑宮（媽祖） | 福佑宮住持廣西。 | 望高樓碑誌 |
| 17 | 嘉慶十六年（一八一三） | 嘉義玉枕山碧雲寺 | 崇奉觀音大士；住持僧家富於煙霞貧於供養。 | 玉枕火山碧雲寺募為緣葉碑記 |
| 18 | 嘉慶十八年（一八一三） | 新莊慈佑宮 | 祀天上聖母、文昌帝君、觀音佛祖。 | 慈佑宮碑誌 |
| 19 | 嘉慶二十年（一八一五） | 雲林二林仁和宮媽祖廟 | 住持僧念遠。 | 仁和宮捐題碑 |
| 20 | 嘉慶廿四年（一八一九） | 南投竹山社寮開漳聖王廟 | 施落聖王以為油香之資，隨卽給墾交僧執掌。 | 開漳聖王油香碑記 |
| 21 | 嘉慶廿四年（一八一九） | 臺南市普濟殿 | 博採堪輿之論，增郭福地之門肇增清幽僧舍。 | 普濟殿重興碑記（主祀池王爺） |
| 22 | 道光元年（一八二一） | 嘉義地藏菴 | 城北厲壇……康熙丁酉年大檀越……捐捨興建廟殿、僧室、骸間……住僧盛華 | 嚴禁僧民私相借貸貽典廟園告示碑 |

| 23 | 道光二年<br>（一八二二） | 屏東萬丹<br>萬泉寺 | 以奠觀音菩薩,列位神尊……本廟住持應璋就街中莊眾捐題,督匠重修。 | 萬泉寺重修碑記 |
|---|---|---|---|---|
| 24 | 道光十四年<br>（一八三四） | 雲林北斗<br>奠安宮 | 店地……稅銀共六十餘大元充入本廟,付與住持,歷年收稅以供齋費。 | 奠安宮里人捐君元章喜充香資齋糧碑記（媽祖） |
| 25 | 道光廿二年<br>（一八四二） | 臺　南<br>銀同祖廟 | 創建銀同祖廟,中祀天上聖母暨保生大帝神像,旁置小室數椽,以便延僧主持,供奉香火。 | 銀同祖廟碑記(亦祀文昌帝君) |
| 26 | 道光廿三年<br>（一八四三） | 彰化花壇<br>虎山岩 | 白沙岩奉祀佛祖,持僧寬讓。 | 虎山岩充業配祀碑 |
| 27 | 道光廿五年<br>（一八四五） | 澎　湖<br>天后宮 | 住持僧信照重修更易七間。 | 天后宮喜助香油碑記 |
| 28 | 道光廿五年<br>（一八四五） | 臺　北<br>劍潭寺 | 有僧榮華者,奉大士雲遊至此;以筊卜得建福地……以大士示夢,凌晨有八舟自滬之籠可募化。 | 重新劍潭寺碑記 |
| 29 | 咸豐二年<br>（一八五二） | 臺　北<br>劍潭寺 | 崇奉觀音大士……鑿傷龍身,有礙廟宇。 | 示禁剖取劍潭古寺山石碑 |
| 30 | 咸豐五年<br>（一八五五） | 臺南玉井<br>北極殿 | 本廟齋糧有限,僧眾奉佛維艱。 | 北極殿碑記(主祀玄天上帝) |
| 31 | 同治十三年<br>（一八七四） | 臺南縣玉井<br>北極殿 | 嘉慶甲子九年建造……三進,前三川,中玄天上帝殿,後觀音佛祖殿。 | 重修大式壠祖廟碑記 |

　　前列三十一則碑文,都是瞭解當時宗教現象的第一手史料,與其他寺廟的自印簡介以及近人的調查報告之史料價值迥異。茲將分析前列史料的結果條述如下:（括弧中的數字是前表的編號）

　　一、佛教與官方祀典廟宇結合:嘉義厲壇（地藏菴）建僧室,延僧住持（22）;左營城隍廟由僧意端主持（7）;彰化關帝廟延戒僧覺欽為主持（2）。媽祖廟亦延僧主持（8、11、13、16、18、19、27）。

　　二、佛教與道教與民間崇拜的其他信仰結合,成為大眾信仰共同的對象。人民根據需要而加以組合,譬如:玄天上帝廟祀觀音菩薩（10、31）;媽祖廟祀觀音佛祖、文昌帝君（18）;佛寺兼祀「列位神尊」（23）。

　　三、大眾無論興建那一種寺廟,都習慣於「兼設齋房以為禮佛之所」

（5、15、21、25所述以及其他各條所呈現象）。

四、信徒、施主對於主持僧侶的角色有相當的期待，也有明訂約束條例的現象（8、22）。

五、佛教僧侶、佛寺也接受占卜之類的「前知信仰」，如堪輿風水（21、29）卜筮示夢（28）等等。

六、佛僧與乩童有合作的現象（4）。

七、先住民也有接受漢移民宗教信仰的跡象（1、7）。

# 六、雅（聖）俗分途與齋教的傳播

傳統士夫好與方外遊。沈光文「州守新構僧舍于南溪，人多往遊余未及也」詩云：「沿溪傍水便開山，我亦聞之擬往還，一日無僧渾不可，十年作客幾能閒」[43]。陳斗南「遊大奎璧淨度菴」詩云：「黃龍白馬現今朝，頻訪山僧不憚遙」[44]。

既然「頻訪山僧不憚遙」或者「一日無僧渾不可」，其僧必非庸俗之輩。

王明標「法華寺」詩云：「老僧談妙諦，古佛坐蓮花」[45]。盧九圍「海會寺」詩云：「高僧自證無生訣，懶向他年論劫灰」[46]。高僧說法，士夫與之交接，進一步則以詩文會友。

孫湘南「重集夢蝶草亭」詩云：「曾作詩中畫，山僧問舊題」[47]，費應豫「彌陀寺」詩云：「山僧無俗韻，盡日檢醫方」[48]。僧人與士夫作詩唱和之外，還行醫濟人。張湄「彌陀寺」詩云：「客愧乘槎使，僧兼賣卜人」[49]，彌陀寺僧還替乾隆六年來臺擔任巡臺御史的張湄占卜算命，

---

[43] 范志卷二十三藝文四，頁二六九五。
[44] 同前，頁二七七三。
[45] 余志卷十九雜記志寺廟門附考，頁六五一。
[46] 前書卷二十五藝文志六，頁九三八。
[47] 范志卷十九雜記志園亭門附考，頁二三四九。
[48] 余志卷二六藝文志七，頁九五四。
[49] 同前，頁九九〇。

看來僧人兼醫卜，也算是多才多藝。

余文儀續修《臺灣府志》和薛志亮續修《臺灣縣志》的藝文志中都收錄了「僧喝能」的詩兩首，「鯽潭霽月」和「雁門煙雨」，清新可喜，喝能可說是詩僧中的高手。

《余志》藝文志所收「赤崁竹枝詞」中元節詩自注云：「中元節，好事作頭家，醵金延僧施燄口」[50]。有超凡脫俗的僧侶，也有和大眾生活結合的僧侶。前章曾述及各寺廟碑記中所顯示的佛教僧侶信仰堪輿、風水、卜筮、夢占的現象；此處則出現「施燄口」的記載。

與大眾生活結合最緊密的佛僧，往往也有娶妻的現象。光緒初年宦遊臺北的黃逢昶有「臺灣竹枝詞」一首描述「僧家取妻」的情況：

> 「莫道僧無父子親，也曾舊好結朱陳；禪林花放桃千樹，根葉迎春一色新。」

黃逢昶自注云：

> 「僧家娶妻，不獨臺灣；閩中多有之」[51]。

僧家取妻並不是臺灣特有的現象，而是隨著移民自福建移出區傳播到臺灣來的。

光緒二十年（一八九四）前後，可能是由當年修志者所遺留下來的《安平縣雜記》中，有一則有關「僧侶」的紀錄，茲節錄於下：

> 「臺之僧侶多來自內地，持齋守戒律者甚少，出家之人不娶妻、不茹葷，臺僧多娶妻茹葷者……」。
> 「臺無叢林，惟大北門外海會寺（即開元寺）有小叢林之稱。今已廢墜……大約臺之僧侶，有持齋、不持齋之分。佛事亦有禪和、香花之別……禪和派惟課誦經懺、報鐘鼓而已；香花派則鼓吹喧闐，民間喪葬多用之……鄉下僧少，均用道士，間有請禪和者」。
> 「七月盂蘭會，各里廟亦有請僧侶建醮、演放珈瑜燄口，以拯幽

---

[50] 同前，頁九八○。
[51] 黃逢昶《臺灣生熟番紀事》（臺灣文獻第五十一種）臺灣竹枝詞，頁二八。

魂」[52]。

這是瞭解清末臺灣佛教相當重要的一則紀錄。不但僧侶有「持齋」「不持齋」之分；佛事也有「禪和」、「香花」之別，三者聖俗自有分際，並不致於混淆，教外人不明實象才導致以訛傳訛的結果。

《安平縣雜記》中也有關於「菜堂」的紀錄：「菜公、菜婆者，即佛經優婆夷、優婆塞之類。有龍華、金臺、先天等名目，不茹葷，朝夕誦經禮佛，別為一派，另築精舍，佛誕日大眾一會焉。初入菜堂者，領小乘牒文；二、三年者，領中乘、上乘牒文。聞有秘密咒語，不入其教者，不得而知也。菜公亦能做香花、禪和諸佛事。延請者，不索謝金，送手巾、摺扇而已。此近於儒家者流也」[53]。此處的「菜堂」近日之研究者亦有稱之為「齋教」者。

筆者在本文第一章中認為隨鄭氏東渡臺灣的李茂春、張士榔等人很可能將「齋教」帶到臺灣來傳播；而蔣毓英在《臺灣府志》的形式。由於缺乏直接而確鑿的證據，姑且存而不論。

石萬壽根據菜堂各派傳抄的資料，認為金幢派康熙中東傳，龍華派於乾隆中來臺，而先天派則遲至咸豐年間始東傳[54]。據林萬傳之研究，先天派後至而發展迅速，尤其是日本人佔領臺灣之後，成為臺灣「道場」之主力[55]。

# 七、結論

一九一五年（大正四、民國四）四月，日本統治臺灣二十年，經歷一連串的抗日事件之後，臺南噍吧哖、甲仙埔等地又爆發了由余清芳、

---

[52] 《安平縣雜記》（臺灣文獻叢刊第五十二種），頁二○－二一。

[53] 同前頁二二－二三。

[54] 同 40，頁三五－三六。據「西華祖堂碑記」（金幢派），該堂「創設於乾隆十五年庚午間」，由「鐘、翁、吳、劉諸公發起」。又據道光七年「香沁堂碑」（新竹新埔、龍華派菜堂）：「開山道人鍾兆皇……持齋奉佛祖圖遂平生之志，創結香沁堂齋家」，「菜堂」客家人可能稱之為「齋家」。

[55] 林萬傳《先天道研究》（靝巨書局、73、12、臺南）頁一一二六四～一一二六七。

江定、羅俊等人所領導的大規模武裝抗日事件，臺灣人民被殺害的不計其數，被捕兩千人，被判死刑的多達八百六十六人。這個事件和臺灣傳統宗教——特別是齋教有密切的關係。抗日分子以西來庵為連絡中心，所以此事件又稱作「西來庵事件」。

「西來庵事件」發生過後，日本人體會到臺傳統宗教影響力之大，尤其是「被奸黠之徒利用」所造成的「不測之弊」。於是繼土地、人口、慣習之後，於一九一五年九月以後，對臺灣宗教展開調查，「以作釐訂宗教政策之參考」。一九一七年在臺灣總督府內設置「寺社課」，一九一九年三月印行《臺灣宗教調查報告書》第一卷。此後調查中斷。一九三九年再度展開調查，經過四個月又無功而止。

宗教調查委由全島個各地「公學校」執行，由於調查者的語言、能力、勤惰和對於調查政策支持程度不一，調查報告也良莠不齊。譬如嘉義、桃園等大部份地區都屬「敷衍了事型」，報告極其草率，臺北地區相較之下則比較踏實。

《臺灣宗教調查報告書》第一卷的統計報告，臺灣地區在一九一五——九一八年調查期間，有齋堂一七二所、寺廟三三〇四所。寺廟之中，儒教一六五所、道教三〇六二所、佛教七七所。佛教在寺廟總數中僅佔百分之二強。這百分之二應當是指與大眾的生活方式脫節，在整個社會中「獨特化」的佛教而言。這樣的區分法並不符合實際。

同一報告書中關於各寺廟所奉祀的主神所作的統計則有不同的結果。在所有能確定主神的二九六一所寺廟中，主祀觀音菩薩的有三〇四所，主祀釋迦牟尼有五六所，二者合計三百六十所，約占寺廟總數的百分之十二強。

以寺廟主神作為區別宗教屬性的標準，比較符合大眾的區分法則。

綜觀臺灣佛教史的發展，荷蘭人統治臺灣時代，並無明確的史料來說明當時宗教發展的樣態。明末、清初鼎革之際，不少人「逃禪」而遁入佛門，不少新興教派也乘時而興，也有少數人以「易服為僧」做為「方便法門」。鄭氏延平王國東遷，前述的宗教現象也隨之東來。由於政治氣氛的低迷，佛教或「齋教」獲得充分的發展機會，而引起首任臺灣知

府蔣毓英的注意。

康熙二十二年（一六八三）施琅平臺，次年設一府三縣。流行於福建地區的禪宗各派僧侶，紛紛東渡傳教佈道，而地方官和士大夫積極扶植佛教的發展，整修或興建許多頗具規模的佛寺，也協助僧侶、居民興建佛寺。康熙末年，臺灣縣轄區（今臺南市區一帶）佛寺約占寺廟總數的百分之二十三點三。南路的鳳山縣約占百分之十八點二。北路約百分之二十八點六。全臺合計佛寺二十二所，約占寺廟總數的百分之二十三。當時佛教和道教以及「民間崇拜」「官方祀典」都呈現「互補」的現象，都是「大眾信仰」一視同仁的對象，佛教僧侶也成為各類寺廟亟需的主持人，某些僧侶還成為媽祖信仰的推動者。

康熙中期以後，閩、粵移民大量東來，「官方祀典」隨着行政機構的擴張而增加，「民間崇拜」也隨着移民拓墾的脚步而拓展。乾隆初期，佛教在臺灣縣的發展出現瓶頸；而南路和北路佛教的發展也趕不及「官方祀典」「民間崇拜」成長的速度，遲至清末十九世紀，佛教寺廟所占比例約在百分之十六至十九之間。

佛教僧侶多來自福建，部份在臺傳承，依其與大眾生活結合的程度也有雅（聖）俗和持齋不持齋之分，佛事也有禪和與花香之別。對於堪輿、風水、夢占、卜筊、算命等「前知信仰」也頗能隨俗。最俗的僧侶則與在家眾無大異。

「菜堂」是隋、唐以來佛教中土化之後再度深刻儒化而產生的新興佛教信仰形式，也有人稱之為「齋教」，先天派的菜堂（先天道）在日本人佔領臺灣之後，因為該派的領導人取得統治者的信任而得到充分發展的機運，成為唯一能和外來宗教——尤其是日本南傳的佛教——競爭的本土宗派。

「不依王者則法事不立」難免遭受過份依賴政治來發展宗教之譏評。但是，宗教的發展受到政治形勢的影響也是不爭的事實，所謂「王法衞佛法」「士夫護持梵剎」也正是佛教能在臺灣順利開展的基本原因。

至於在教義的闡揚、經典的研究等宗教史上相當重要的層面，由於

筆者涉獵有限，尚無足資稱述者。

本文原為第二屆中國政教關係國際學術研討會論文，收於《臺北文獻》直字 95 期，頁 1-23，1991.03，臺北市文獻委員會，臺北。又收於《臺灣佛教的歷史與文化》論文集，頁 15-47，靈鷲山般若文教基金會國際佛學研究中心，1994.05，臺北。

# 清代臺灣婦女的社會地位

　　「男尊女卑」是世界各地父權家長制社會的普遍現象。漢唐以來，中國受到儒家思想的影響，男女有別、三從四德等婦功、婦德逐漸形成女性的枷鎖。受儒家影響越深的社會，賢、能、節、孝、貞、烈不僅規範了婦女的行為，也規範了婦女的婚嫁和死亡的行為模式；婦女是繁殖繼承人、祭祀者的工具，己身卻不能成為祭祀者和繼承人。

　　鄭氏延平王國建立（一六六一）以來，儒家在臺灣就迅速地發展，隨著漢移民開發的腳步，全臺灣也次第內地化成為「儒漢社會」。由於政權的興替，經濟的發展，移民社會兩性結構的失衡，移民（開拓者）比較激進、開放，以平等待人等人格特質以及具有「成就取向」的價值觀等因素使得儒士們所倡導的婦功、婦德在臺灣並沒有受到特別的重視，相形之下，臺灣婦女的社會地位遠比內地婦女要高許多，雖然距離「兩性平等」還相當遙遠，他們也過著比較人性化和比較有尊嚴的生活。

## 禮教不吃人

　　崇禎九年（一六三六），荷蘭人邀請巴達維亞（今印尼雅加達）的華僑領袖蘇鳴岡等人招募大陸農民到臺灣來發展農業[1]，定居型」的漢人開始移民臺灣。同治十年（一八七一），陳培桂等人所撰寫的《淡水廳志》列女傳前有如下的小序：

> 臺灣舊俗，寬於婦責；近日漸靡禮義，風教聿新，官斯土者，尤宜表揚貞節、矜式里閭[2]

　　修志的儒士們認為：經過兩百多年，臺灣婦女並不像內地婦女那樣受到「吃人的禮教」的凌虐而官方也沒盡到積極鼓勵、表揚「貞節」的

---

[1] 郭輝譯，王詩琅、王世慶校定《巴達維亞城日記》臺中市，臺灣省文獻委員會，第一冊，民國五十九年六月，初版，頁一八〇。

[2] 陳培桂等著，《淡水廳志》，中國方志叢書，臺灣地區第十五種，清同治十年刊本，臺北市，成文出版社影印，民國七十二年，卷十，列傳四，列女，頁六八七。

責任。

　　清代「表揚貞節」由官訂的程序，通常是地方的儒士或鄉紳、地保具結呈報，經學官層轉請旌，皇帝下旨「旌表」，旌表的具體行動則是入祠節孝祠或賜匾、立坊表彰[3]。

　　清代臺灣各地有關旌表的紀錄在嘉慶以前並不多見，嘉慶、道光以後才逐漸增加，真正建祠、立坊表揚的更為罕見。近人所知的貞節牌坊只有八座，嘉慶、道光年間各建了兩座，咸豐、同治年間各一座，光緒年間則有三座。節孝祠更少，臺南孔廟在欞星門邊隔了一個小房間作為「節孝祠」，真正獨立的只有光緒十三年（一八八七）在彰化城東興建的那座「節孝祠」（民國十三年遷建城西八卦山下今址）[4]。反觀蕞爾小島的金門，終清之世只是同安縣轄下的一個里，就有兩座節孝祠和四座牌坊，似乎可以印證《淡水廳志》列女傳小序說法。

## 男多女少稀為貴

　　一六三六年起，定居型的漢人逐漸移民臺灣，由於史料有限，我們並不十分瞭解荷蘭人統治時代臺灣漢人社會的結構。在荷蘭人的紀錄中，當時的漢移民中就有女性的「墾首」和富商，一六三七年一月十日的火災，燒毀了女性富商 Moertvattingh 的石屋和儲存在倉庫中的一千

---

[3] 吳德功著，《彰化節孝冊》，中國方志叢書，臺灣地區第三十一種，民國八年輯原稿本及民國五十年臺灣文獻叢刊排印本，臺北市，成文出版社影印，民國七十二年，〈節孝名稱及報請理由〉頁五~七。
〈節孝名稱及報請理由〉原文：
「婦人嫁後，夫死殉死者曰烈婦。未過門聞夫死而守節至六年者節婦，身故始可報請旌表。若現存節孝婦，守至五十歲始可報請旌表。但凡節婦或養公姑育子，使夫祀不絕，故謂之孝。報節孝者，紳士舉報，內中造明節婦履歷書，居何所，何年嫁，夫何人，居何所，夫何年死，節婦幾年死，必有左右鄰及族長出結保證果係守節清白，不敢冒報。
昔時報者，每名節婦，必將節婦履歷造冊十三通。每通連左右鄰及族長甘結三通，送入教官用印，留一通在署；再送入知縣用印，亦留一通；然後送到知府及臺灣道各用印，留冊一通；再送上省城學臺、布司、按司、督、撫各衙門用印；再送上北京禮部，請皇上批准，將冊一通批回，准其建石坊，春秋地方官致祭。」
[4] 吳德功著，《彰化節孝冊》，吳林氏（臺中吳景春妻），頁六十九~七十。

六百三十四箱白糖[5]。似乎最初的漢移民社會，並沒有強烈的性別歧視。

　　鄭成功東征臺灣建立「延平王國」的同時，清廷也在沿海各省實施片板不許下海的「海禁」政策和把人民遷離海岸線的「遷界」政策以阻絕大陸人民和臺灣的往來。當時追隨東渡的官兵、農民和皇族、文武官員們，攜家帶眷的並不太多，康熙七年（一六六八）施琅「盡陳所建疏」認為「內無眷者十有五六」，臺灣漢人社會因而出現兩性結構失衡現象[6]。鄭氏的船隻雖然經常到大陸沿海向海盜「販買」他們擄掠的婦女，像粵東潮州的邱輝就供應了不少的婦女給鄭氏，臺灣雖然「室家日多」（《臺灣外紀》康熙八年條）[7]，卻仍然沒有解決男多女少的問題。

　　康熙二十二年（一八六三）施琅平臺，次年在臺灣設府，府下轄臺灣（中路）、鳳山（南路）、諸羅（北路）三縣，把鄭氏官兵遣送回內地各省安插。根據康熙二十四年蔣毓英等人所修的《臺灣府志》，當時臺灣的漢人，男性有一萬六千二百七十四人，女性有一萬三千九百五十五人，相當於百分之一一六比一百，兩性的比例相當正常[8]。

　　康熙三十六年（一六九七）在福建任職的浙江人郁永河到臺灣來採購硫磺，當時的漢移民都聚居在今天臺南一帶，他們的生產力強，貿易興旺，購買力、儲蓄率都比內地高，郁永河所見到的臺灣婦女「弓足絕少」，「凡陌上相逢，於裙下不足流盼也」[9]。初至臺灣的郁永河以浙、閩兩地的審美眼光來觀察臺灣女性而不是以臺灣的歷史發展和經驗事實來理解婦女的社會地位，所以才有弓足絕少的感概。

　　在鄭氏和清廷的長期對抗中，粵東潮、惠兩府人多半心向鄭氏，邱輝等潮籍海盜一方面牽制了官軍，一方面也或多或少為鄭氏提供了人力

---

[5] 江樹生譯，《熱蘭遮城日誌》，臺南市，臺南市政府，第一冊，頁二八一。

[6] 施琅著，《靖海紀事》，臺灣文獻叢刊第十三種，臺北市，臺灣銀行經濟研究室，民國四十六年，〈盡陳所見疏〉頁六。

[7] 江日昇著，《臺灣外紀》，臺灣文獻叢刊第六十種，臺北市，臺灣銀行經濟研究室，民國四十九年，〈康熙八年〉頁二八五。

[8] 蔣毓英著，《臺灣府志》，北京，中華書局影印，一九八五年五月，初版一刷，卷七，戶口，頁一三九。

[9] 郁永河，《裨海紀遊》，中國方志叢書，臺灣地區第四十六種，民國方豪合校本附諸家印本，臺北市成文出版社影印，民國七十二年，頁四十七。

和物力的支援。施琅經略臺灣的過程中，也理解到粵東人民所扮演的微妙角色。臺灣收歸版圖成為福建的一府之後，施琅就以「隔省流寓」是違法行為做藉口，禁止粵東人民東渡臺灣[10]。施琅死後，臺灣的地方官才逐漸放寬這項禁令。康熙四十二年（一七〇三）臺灣府城的富商因為勞動人口不足而招募閩西汀州客家人來臺開墾今天高雄旗山、內門一帶，以潮州客家人為主的廣東人隨之大量東遷，客家人東遷刺激了泉州和漳州人，終於造成了前所未有的移民潮，東移的人口，官方有案可稽的每年「以十數萬計」（一七〇七臺灣知府周元文語）[11]。福佬和客家相雜的移民，競墾今天嘉義、雲林、彰化、臺北、臺中、和高屏地區，不滿二十年，開闢數十萬甲田園，使臺灣發展成「糖穀之利甲天下」的繁榮景象（一七二二藍鼎元語）[12]。

# 自由自在逛街、看戲、進香的女性

康熙末年，諸羅（一七一七）臺灣、鳳山（一七二〇）分別刊行了縣志來反映這個朝氣蓬勃的時代。臺灣縣轄區相當於今天臺南市市區及其東郊，泉、漳人聚居於此，荷、鄭時代即已開發，是儒漢化最早的地區。《臺灣縣志》中描述的泉、漳人勤勞淳樸、農業發達、貿易暢旺，工資比內地高兩三倍，極少「游手無賴之徒」[13]。無論士庶，「衣服悉用綾羅」，連轎夫、小販都是「非紗帛不袴」，初到臺灣的內地人總以為臺

---

[10] 余文儀著，《續修臺灣府志》，中國方志叢書，臺灣地區第五種，清乾隆三十九年序刊本，臺北市，成文出版社影印，民國七十三年，卷十一，武備，義民，附考，頁七九六～七九七。

[11] 周元文、宋永清著，《增修臺灣府志》，中國方志叢書，臺灣地區第二種，據日本宮內廳書林部藏清康熙 57 年刊本、民 49 年臺灣文獻叢刊排印本及民 57 年「臺灣方志彙編」方豪校訂節排本，臺北市，成文出版社影印，民國七十二年〈申請嚴禁偷販米穀詳稿〉，頁一〇七一。

[12] 藍鼎元著，《東征集》，臺灣文獻叢刊第十二種，臺北市，臺灣銀行經濟研究室，民國四十七年二月，〈覆制軍臺疆經理書〉頁三十四。

[13] 王禮等著，《臺灣縣志》，中國方志叢書，臺灣地區第八種，清康熙五十九年序刊本及民國五十七年陳漢光校訂排印本，臺北市，成文出版社影印，民國七十二年，卷一，輿地志，風俗（雜俗），頁二一九。

灣「俗尚華侈」,「久之、習為固然」[14]。臺灣居民「男有耕而女無織」,衣料都來自內地,「女紅之害庶幾免矣」[15];臺灣婦女轉向刺繡、妝扮,臺灣連窮人都「男不為奴、女不為婢」[16]的生活條件和淳樸風氣,頗令作者讚嘆。

論及婦女在臺灣社會中的地位,《臺灣縣志》的作者就感慨萬千了。

由於男多女少,婚娶又需要高額的聘金,臺灣現有不少男人年齡都四、五十歲了還沒有結婚,閨女、再醮婦女都不可得,「或買掠販之女為妻」[17]。縣志的作者批評這種風氣:「以掠販之女為妻,吾見其能守貞者鮮矣!而臺之人終於不悟,亦獨何哉?」[18]

其次,像婦女們自由自在的看戲,「團集於檯之左右以觀,子弟之屬代為御車」[19],儒士們認為這是「風之未盡美也」[20]。臺灣的婦女無論已婚未婚都「艷粧市行」[21],對於堅持「閨門不出」[22]才是美德的儒士們而言,臺灣婦女穿著華麗、擁傘而行,在大街上招搖,「其夫不以為怪,父母兄弟亦恬然安之」[23],是「俗之所宜亟變也」[24]。臺灣婦女到寺廟中燒香,「招群呼伴、結隊而行,遊人偏於寺中,邂逅亦不避之」,[25]尤其令這些儒士感到難以忍受。臺廈道陳璸曾經張貼告示,嚴厲禁止,可是成效不彰,縣志的作者也認為「為之夫者與其父兄實不得辭其咎也」[26]。臺灣的丈夫、父兄不在「守貞」這種大德或者自由自在的看戲、逛街、進香等「細行」上要求婦女,當然有其主、客觀的因素。

---

14　王禮等著,《臺灣縣志》,卷一,輿地志,風俗(雜俗),頁二二一。
15　《臺灣縣志》,卷一,頁二二一。
16　《臺灣縣志》,卷一,頁二二二。
17　《臺灣縣志》,卷一,頁二二五。
18　《臺灣縣志》,卷一,頁二二六。
19　《臺灣縣志》,卷一,頁二二七。
20　《臺灣縣志》,卷一,頁二二七。
21　《臺灣縣志》,卷一,頁二二八。
22　《臺灣縣志》,卷一,頁二二八。
23　《臺灣縣志》,卷一,頁二二八。
24　《臺灣縣志》,卷一,頁二二八。
25　《臺灣縣志》,卷一,頁二二八。
26　《臺灣縣志》,卷一,頁二二九。

　　荷蘭、鄭氏以來女性在臺灣漢人社會中形成的相對優勢，加上康熙末期風起雲湧的開拓事業，米、糖外銷，連帶的促始商業、貿易、運輸等各行各業也繁榮起來，需要大量的勞動力，臺灣女性無論主內、主外都成為不可或缺的主導力量，在前述的社會、經濟結構下，所造成的男女近乎平等的社會現象，對於那些執著於傳統儒漢社會女性觀的儒士而言，當然是驚世駭俗難以接受了。

## 合家偷渡與開臺祖媽

　　康熙六十年（一七二一）藍鼎元擔任南澳總兵藍廷珍的記室（秘書）東渡臺灣平朱一貴之亂，他記錄了一個「大埔莊」（潮州大埔人的墾莊，在今臺南白河鎮）的人口數。在朱一貴興亂之前該莊「人烟差盛」，亂事將平，追捕亂黨的時候只剩七十九戶人家，二百五十七人，其中只有女眷一人[27]。許多學者以此數目作為當時臺灣地區比例懸殊的證據。其實大埔莊位居深山之中，又逢大亂之際，此數不宜以常態視之。雍正六年（一七二八）藍鼎元在〈經理臺灣疏〉中又說臺灣「民人數百萬」半閩、半粵，而北路「婦女不及數百人」南路「婦女亦不及數百人」[28]。藍鼎元在疏文中表示有家有室的人「無輕棄走險之思」[29]，堅決主張廢除「婦子渡臺之禁」[30]的看法，不免過甚其詞，誇張了兩性比例的懸殊。筆者以族譜為史料研究臺灣開發史，在少數當時的族譜中所記載的臺灣婦女的數目，就遠超過「數百人」，藍鼎元的說法也不可以盡信。

　　臺灣收入版圖之後，內地人東渡就得請領執照，康熙五十七年至乾隆五十五年間（一七一八～一七九〇），曾經四度頒布嚴禁攜眷渡臺的禁令也四度解禁，就是由於有些官吏認為攜眷入臺可以安定民心，又有一些官吏認為移民的家眷留在內地可以當作人質，政策因而游移不定。另

[27] 《東征集》，卷六，〈紀十八重溪示諸將弁〉，頁八十三。

[28] 藍鼎元，《平臺紀略》，臺灣文獻叢刊第十四種，臺北市，臺灣銀行經濟研究室，民國四十六年〈經理臺灣疏〉，頁十一。

[29] 《平臺紀略》〈經理臺灣疏〉，頁十二。

[30] 《平臺紀略》〈經理臺灣疏〉，頁十二。

一方面再三的禁渡也適足以反映程序偷渡（未請領執照逕行東渡）和實質偷渡（違禁、攜眷偷渡）的盛行。乾隆二十五年（一七六〇）福建巡撫吳士功曾經敘述乾隆二十三年十二月至次年十月間，福建沿海查獲二十五宗偷渡案，共計「老幼男婦九百九十九名」。[31]

最近黃榮洛先生發現嘉慶九年（一八〇四）的一分「帶路移民臺灣合約書」也明白寫著「合家男婦老幼共九人」[32]。就以上兩則史料而論，「老幼男婦」合家移民應是當時相當普遍的移民行為，南北兩路兩性比例固然可能失衡，絕不至於像藍鼎元所指陳的如此懸殊。不過，南北兩路兩性比例懸殊的情況超過臺灣縣，或許是比較合理的推測。

在這兩個男女較為懸殊的區域裡，婦女在社會上的地位也不下於臺灣縣，在《鳳山縣志》和《諸羅縣志》中都有詳實的記載，此處不再贅述。

臺灣各地婦女地位的高張和謀生容易，使得在「男性移民」、「攜眷移民」（含兩性和合家移民）之外，出現了「孀寡移民」的另一種型態——孀寡或受不了社會歧視、族人欺壓的婦女帶著子孫移民臺灣。臺灣的漢人家族在「開臺祖」之外也出現了「開臺祖媽」或「開臺祖婆」。陳亦榮小姐利用族譜從事〈清代漢人在臺灣地區遷徙之研究〉，在他引述的六十五個族譜中，就有六個家族是由祖媽或祖婆開臺，康熙末年有臺北艋舺的黃許氏[33]，乾隆年間有彰化土庫的邱詹氏[34]、新竹的陳楊氏[35]、臺南白沙的謝黃氏[36]，道光年間則有臺北瑞芳的李翁氏[37]和桃園的曾詹

---

[31] 《臺案彙錄丙集》，臺灣文獻叢刊第一七六種，臺北市，臺灣銀行經濟研究室，民國五十二年十一月，〈八一、吏部「為內閣抄出福建巡撫吳士功奏」移會〉，頁二三九。

[32] 黃榮洛，《渡臺悲歌－臺灣的開拓與抗爭史話》，協和臺灣叢刊七，臺北市，臺原出版社，第一版第二刷，民國七十九年四月，〈渡臺帶路切結書〉，頁六十一。

[33] 陳亦榮著，〈清代漢人在臺灣地區遷徙之研究〉，私立東吳大學，民國八十五年五月，初版，〈大溪黃氏族譜〉，頁一〇六。

[34] 〈清代漢人在臺灣地區遷徙之研究〉，〈邱氏族譜〉，頁八十三。

[35] 〈清代漢人在臺灣地區遷徙之研究〉，〈陳四源族譜〉，頁九十八。

[36] 〈清代漢人在臺灣地區遷徙之研究〉，〈寶樹堂祖譜〉，頁一八九。

謝丹香之妻黃氏，原籍貫在閩、漳南靖，乾隆年間渡臺。原居於嘉義哆囉咯大排竹舊社陳春官庄，目的地要前往海山堡大湖庄（桃園）。並非是臺南白沙。

[37] 〈清代漢人在臺灣地區遷徙之研究〉，〈義方李氏家乘〉，頁八十六。

氏[38]。

開臺祖媽和開臺祖婆的出現顯示臺灣的移民社會不只是男人的樂土。

## 臺灣是中國婦女的海外樂土

康熙末期今天的臺南市區已經由先住民的番人社會轉化成漢移民為主的「儒漢社會」；從康熙中期粵、閩移民全面競墾臺灣西部平原，康熙末期嘉義、彰化、雲林、臺中、臺北等地的農業資本家相繼投資於水利設施而於乾隆中期完成臺北平原的「水田化」之後，臺灣西部的易墾區開發殆盡，大量「定居型」漢人的移住，也使的臺灣西部逐漸內地化成為穩定的「儒漢社會」。

在土地急遽開發、荒地消失的過程中，臺灣的人口從十萬上下（一六八〇）增加到兩百萬（一八一一）。康熙、雍正、乾隆三朝因為土地開發而造成大幅度經濟成長的形勢也緩和下來，臺灣居民得生活壓力也大於往昔。康熙、雍正年間「男不為奴、女不為婢」[39]的繁榮富庶景象也產生相當變化。

就女性而言，傳統儒漢社會中基於男尊女卑的觀念和男性繼承制度而形成的童養媳、幼年婢女（查某嫺）、招贅、留媳招夫、納妾、出妻、賣婦女為娼等行為雖然有逐漸增加的跡象，但是，就整體現象而論，臺灣婦女的社會地位仍然比內地要來的高。清末久居臺灣的同安名舉人----撰寫《澎湖廳志》並曾參與撰寫《金門志稿》和《淡水廳志稿》工作——林豪在《一肚皮集》中，對於臺灣婦女的社會地位有如下的描述：

> 臺俗貧人多重男輕女，所謂生男勿喜女勿悲者，此非為門楣計，為一株錢樹子計耳。
> 婦女白皙，縞修容，諳刺繡，其公不亞於蘇、杭；性尤慧黠，能會計持家，遠出男子右，故貿易事多歸之。

---

38　〈清代漢人在臺灣地區遷徙之研究〉，〈曾氏宗族世譜〉，頁八十四。
39　《臺灣縣志》卷一，頁二二二。

　　遇鄉村演劇，則結伴至戲場，男女雜沓，婆娑作態，乃桑間濮上風味，頗不雅觀[40]。

　　林豪筆下一般婦女的社會地位不下於康年末年《臺灣縣志》所描述的情境：貧民則視女兒為搖錢樹，反而「重男輕女」[41]。林豪相當讚美臺灣女性在護膚、裝扮、刺繡方面的成就；對於臺灣女性能會計持家、參與商務「遠出男子右」[42]則仍然堅持內地儒漢社會中大男人沙文主義的眼光，在讚嘆之餘，以「慧黠」二字隱隱然表現出他耿耿於懷既羨且妒的矛盾情緒。

　　臺灣婦女是重要的勞動人口，能會計持家、主持商務，反映在財產繼承或析產制度上則是女兒在出嫁的時候多半有一份「妝奩業」或「妝奩銀」，道光十一年（一八三七）一位父親送給出嫁的女兒二宗水田，在「妝奩字」（嫁妝贈予合約）中就說：

　　未字之時，代理家政，克勤克儉，於頗積囊資，半藉助焉[43]。

　　在光緒十七年（一八九一）的一份「析產遺囑」中，嫡出的女兒每人壹千陸百元，繼室所生和庶出諸女則「每人按以壹千元額為妝奩之需」，而其子「行六禮之費」僅壹千元，而「繼室贍養之需」也不過貳千元[44]。這類的老字據多的不勝枚舉，顯示「妝奩業」或「妝奩銀」在臺灣是相當普遍的現象。

---

[40]　吳子光著，《一肚皮集》，臺灣先賢詩文集彙刊，第三輯，臺灣文獻類編，臺北縣板橋市，龍文出版，萬億圖書公司，卷十六〈臺事紀略十五條〉頁一〇三一。

[41]　《一肚皮集》，卷十六，〈臺事紀署十五條〉，頁一〇三一。

[42]　同註四十一。

[43]　《臺灣私法人事編》，臺灣文獻叢刊第一一七種，宣統二年臨時臺灣舊慣調查會刊行第一部調查第三回報告書臺灣私法第二卷附錄參考書上下卷，臺北市，臺灣銀行經濟研究室，民國五十年，第三章，婚姻，第一節，正式之婚姻，第四，有關妝奩字據（三）妝奩契約書，頁三八二~三八三。

　　妝奩契約書原文：「立永遠妝奩字父□□□，竊謂男女原為一體，父母故無二心，余有長女名□□，性質純良，善事父母，未字之時，代理家政，克勤克儉，於頗積囊資，半藉助焉。……合給永遠妝奩字壹紙，連二宗水田契共拾紙，付交媒人送執存炤。

　　光緒十一年六月二十三日。」本文中書為「道光十一年」，實原文中應為「光緒十一年」。

[44]　《臺灣私法人事編》第三章，婚姻，第一節，正式之婚姻，第四，有關妝奩字據（五）遺囑，頁三八四~三八五。

　　在祭祀方面，臺灣則有所謂「姑娘業」的習俗，未婚女兒的亡魂無所歸屬，一般人家往往也為她們設置一份能供應長年祭祀花費的產業，前勞委會主委鄭水枝先生家，從前就耕種了臺北縣樹林鎮一帶墾首「馬詔文」家的部份「姑娘田」。

# 日本人害苦了臺灣女性

　　臺灣雖然是「儒漢化」相當迅速的省區，由於客觀的環境和移民的人格特質等因素，儒士們所倡導的婦功、婦德並沒有受到特別的重視，人們認可的是婦女的才能和他們對於社會的貢獻。臺灣婦女除了從事生產、經營工商之外，在保鄉衛土、抵禦外侮的時候也和男性一樣，持干戈以衛社稷。語群、族群械鬥的時候，婦女也是戰鬥員；日本人佔領臺灣的歷程，有不少的婦女參與抗日戰爭的紀錄，頗令當時的日本人感到訝異。日治時代的民族抗爭運動，許多婦女也積極參與，如謝玉葉、葉陶、許月里等人都是著名的例子，臺灣民眾黨等團體，還把爭取男女平等列為它們的政綱。

　　日本占領臺灣之後，由於日本社會中階級制度的遺風未泯，而日本人的性別歧視也遠甚於中國的儒漢社會，加上整個日治時代並沒有新的產業容許臺灣婦女施展她們的才能、提升她們的地位，使的臺灣婦女在社會中的地位呈現不升反降的趨勢。

　　近四十年來，教育普及和產業結構的鉅變，使得女性投入公務員、教員和工商業、服務業。如同清代的狀況，職業婦女再度成為社會的中間力量，隨著民主運動的進展，婦女意識日漸覺醒，「兩性平等」不僅是一個觀念，也成為社會發展的趨勢和法律、政治運動的實質目標。

原文刊於《歷史月刊》26 期，頁 33-41，歷史月刊社，民國 79 年 3 月，臺北。

# 什麼是臺灣文學？臺灣文學往哪裡去？

臺灣是地球上作家密度最高的地方。

什麼是臺灣文學？臺灣文學往何處去？對於多半的作家而言，根本不是問題！

什麼是臺灣文學？臺灣文學就是我！我就是臺灣文學！

臺灣文學往哪裡去？你只要讀完我下一篇作品就清楚了！

多半的臺灣作家忙著找一個聳動的題目、驚人的題材，寫吸引人的文章，編動人的書。其次才是上那兒發表？給哪家書店出版？自己開一家出版社怎麼樣？能不能上排行榜？能不能編成電影、電視劇？作家忙著和報紙副刊或雜誌編輯互動，忙著開會、演講、上電視！

有些作家則忙著寫一篇文字流暢、別人看的懂，或者不論流暢不流暢、看不看的懂得文章。

很少有人有機會或者有能力反省自己的作品是否有文學的特質？是不是另一個作家的複製品？是不是一再複製自己的舊作？少數作家有機會檢視自己在文學史上的地位：買本文學史之類的書，在密密麻麻的人名、篇名、書名中，尋找自己的名字和篇章；更少作家關心自己是否已成為碩士、博士論文研究的對象？能不能譯成別國文字在世界各國發行？能不能弄個什麼獎玩一玩？

至於臺灣文學定位則成為開放性的議題。文學評論者、文學史研究者、政治運動家之類的人參與的熱忱更遠甚於作家。

什麼是臺灣文學？至少有以下各種說法：

描寫臺灣人心靈的文學

以臺灣話文寫作的文章

三民主義文學

邊疆文學

在臺灣的中國文學

終清之世臺灣是中國福建省的一府，清末光緒十三年（西元一八八

七）才改設臺灣省，七年之後就割讓給日本了，因此，新進開發的臺灣是福建或中國的邊疆，在當時都沒有引起疑慮。無論是大陸來臺的官吏、文士或臺灣土生土長的作家，由於科考、仕宦、返鄉、遊歷的關係，來往於海峽兩岸，他們的作品雖多半以臺灣的風土、民情、特產作為對象，卻沒有把「臺灣文學」特殊化的跡象。也就是說：在地裡上意識到臺灣是邊疆，但是在文化和文學上卻並沒有這種邊疆意識。北京還是特地為北京人設置保障名額。以作品的文學價值領文壇的風騷，也遠甚於以地方特色來自我標榜。

前幾年東年的「邊疆文學論」一出現就引起相當強烈的批判。批判者急於建立自主性的臺灣文學的心理是相當容易理解的。不過，東年鑑於臺灣文學體質羸弱而形成的危機感，似乎更值得反對「邊疆論」的作家們深思和警惕。報紙副刊和雜誌的編輯選用內容和形式都屬上品的文學作品，正是他們的職責和義理，大陸作家的作品大量出現在近年臺灣各報副刊、雜誌上甚至於貼著「臺灣」標籤的刊物上，不正顯示東年的危機感是先見之明了嗎？臺灣作家若不苦讀深思、好好的用功寫出一些像樣的作品來，這種「邊疆化」的趨勢是難以扼止的，一旦做為政爭工具的邊際作用消失，「臺灣文學」恐怕只能剩一個虛空架子。

民國三十九年國府遷臺，三民主義文學隨之移植到臺灣，並且擴充成無所不包、為政治服務的「三民主義寫實主義」。「無所不包」擴大了文學的領域，為政治服務則強化了臺灣作家心靈的空洞化。於是，西洋戰後體制下流行的現代主義、超現實主義以及存在主義、意識流、虛無主義等等五花八門的奇招怪異式也佔據了臺灣作家的心靈，「有形式而無內容」就成為那個時代臺灣文學作品的主要特徵。

一九七○年代是臺灣遽變而且也是鉅變的時代。

一九七○年，日本企圖佔領臺灣東北方的釣魚臺羣島，國府不聞不問以換取美、日支持的態度，促使臺灣、美國、香港等地掀起反對美、日帝國主義的愛國運動。次年，在世界冷戰體制重組、美國與中共取得和解的情勢下，臺灣的國府被迫退出聯合國。七二年，日本在美國宣佈尼克森總統將訪問中國大陸之後，搶先與臺灣斷絕正式外交關係而承認

中共，隨著尼克森訪問北京，美中（中共）關係正式解凍之後，親美各國亦紛紛轉而承認中共，直到一九七八年美國與臺灣的國府斷交，「中美協防條約」自動失效而達到高潮。

　　國府依賴美、日的「臣妾體制」的崩壞以及對內統治的「權威體制」結構的鬆動，使得臺灣的政治、經濟和文化面都產生極大的活動空間；光復以後在國民黨統治下成長、受教育的新生代，以其活力和浪漫、激情，也使臺灣產生鉅變。表現在政治面的是在野（黨外）政治勢力的崛起和羣眾運動「暴力邊緣路線」的產生；經濟上則是自由化和國際化的要求日漸高亢，文化上呈現普遍的反省運動，使得心靈久以空洞的文化人重新關切看的見、感覺得到的本土文化。玩我們的童話、欣賞我們的藝術，「我們的就是好的」成為新的流行。二十多年來若隱若現的「鄉土、民族」（相對於西化、現在而言）文化工作者，逐漸受到重視。和在野政治勢力的崛起一樣令人震撼的則是「鄉土文學論戰」「三民主義文學／現實主義文學」的朝野大對抗。

　　光復之初，臺灣本地文人和省外來的文人成立「臺灣文化協進會」，出版「臺灣文化」，第一卷第二期還以魯迅做封面人物，刊出魯迅逝世十週年特輯。當時的臺灣作家和清代的臺灣作家沒有什麼不同，沒有人介意這個名詞，也沒有人把「臺灣」特殊化。國府遷臺之初，襲取國府的「四川經驗」，在一省中形成「二元政治」，中央政治維持中國的傳統，由各省人才共治，省級以下則由臺人治臺；在思想上則獨尊三民主義並以三民主義文藝論指導文學和藝術的發展。一九八〇年代的鉅變，國民黨在蔣經國主持下，將中央政權逐漸本土化，重用臺籍政客、拔擢臺籍青年而形成「崔苔青時代」；在野政治勢力也順勢要求中央與地方一元化。在文藝圈裡，堅持三民主義文藝論的在朝當權派似乎沉溺於空洞化的深淵中，還無法體會「時代在變，潮流也在變」的大趨勢，對於新興的「現實主義」的鄉土文學產生「左傾恐懼症」和無法掌握「臺灣」的失落感，深恐連文學也向著「臺灣鄉土」一元化。當然他們更沒有想到「現實主義派」中竟然會分裂出更激烈的「臺灣派」，不僅要建立特殊的「臺灣文學」，更要建立和中國文學分立並具有主體性的「臺灣文學」。

　　八〇年代後期，在野（黨外）政治運動蓬勃地成長。新生代的政客們由於缺乏鄉土的草根性，不得不揚棄前輩們務實的、體制內改革的路線，走上街頭羣眾運動的「暴力邊緣路線」，街頭運動具有啟蒙和凝聚羣眾的功能。

　　運動者便移植、構造、經營一些理論來吸引、驅使羣眾，列寧、毛澤東……等等中外運動家的理論都一一引進，海外臺灣獨立運動者所發展出來的臺灣地位未定論、自決論、臺灣民族論也一一引進臺灣。若干新生代政客和運動者把自決論、獨立論解釋成追求臺灣人幸福唯一的途徑，而臺灣地位未定、臺灣民族論究就成為自決論、獨立論合理化的基礎。某些自認為有「良心」、關心臺灣前途、要為「臺灣人」謀求幸福作家們，為了反映「臺灣人悲情」、描繪「臺灣人的理想國」而努力寫作，這樣的「現實主義文學」的期待，在實質結構上，顯著地呈現和當年「三民主義文藝論」同質化的傾向，而成為政爭的工具。

　　為了產生「獨立自主的臺灣文」，最近的趨勢是發展「以臺灣話文寫作的文學」。隨著民主意識和政治運動的激化，「母語權」成為一項政治訴求，近幾年來，福佬、客家、先住民都展開不同程度的「母語權運動」，其中福佬話由於福佬人在臺灣居民中佔大多數，而且得到民進黨和海外臺灣獨立運動者在人力、物力上的協助，呈現一支獨秀之勢。民進黨籍各縣市長在推行母語時。和他們所極力抨擊的國民黨實在沒有什麼不同。

　　隨著「母語權運動」發展的是「臺語文字化運動」。所謂「臺語」並不包含臺灣所通行的各種語言而單指福佬話，可以說是「福佬沙文主義」的產物。少數人認為「獨立自主的臺灣文學」必須是「臺語文學」；臺語要文學化又必須奠基於「臺灣話文」——也就是以某種文字來記述臺灣話，暫且不論基督教長老會在臺灣推行一百多年的羅馬拼音的成就以及各教會、平民教育會甚至中共在大陸各地進行羅馬拼音字的成果如何？也不論是否能形成文化或文學的「臺灣話文」？假若我們明白臺灣的福佬話其實是大陸閩南語東傳的支流，建立在福佬沙文主義者虛構的「臺語」之上的「臺語文學」，必定經不起經驗事實的驗證。企圖透過

「臺語文學」建立「自主性的臺灣文學」恐怕也只是一場易醒的春夢。

　　三民主義文學已經成為過時的口號；以福佬話文寫作文學作品顯然無法擺脫語言、文字、歷史、文化的從屬性，無法成就獨立自主的臺灣文學；假若我們又不甘於接受邊疆文學或臺灣的中國文學這一類的說法，那麼，臺灣的作家們又當何去何從呢？

　　筆者提出一個「文學作品的形式結構圖」做為分析架構：

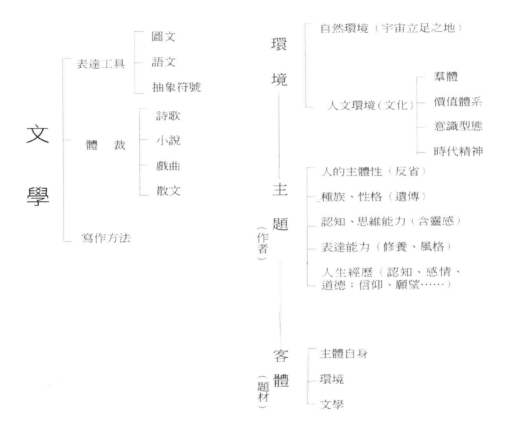

　　就上圖所示的文學作品的形式結構而言，文學作品的主體是作者，作者的主體性經由認知、反省而來，作者的認知、思維能力、表達能力都可以靠主觀意志謀得部分調整，人生經驗亦然，性格改變不易，而「種族」則無法經由主觀意識來轉變。作者受到環境影響，這些影響往往內化成作者的性格與能力，自然環境人力不易改變，主體卻可以離開特定

的自然環境和羣體。價值體系、意識型態、時代精神都是「集體意識」，主體在成長的過程即已受到影響而內化。某些作者也認為他可以影響這些集體意識。

主體可以選擇主體自身、環境和客觀存在的文學作為客體（題材、寫作對象），假若主體有充分的能力，他也可以選擇表達工具、體裁和寫作方法。

作品的屬性大體上就是由前述條件所規範的，因此一個臺灣作家除非以非中國語文、抽象符號或非中國風格的圖像作表達工具，同時又不以自身或臺灣人、臺灣環境、臺灣人的集體意識作為寫做的題材，否則，縱使你用德文、法文、拉丁文寫作，你想從這個複雜的歷史條件所形成的「臺灣文學」的作家行列中逸出，幾乎是不可能的事。

光復以來，臺灣的文學作品多半具有空洞化和工具化的兩個特質，不少具有潛力的作家，都把光陰和精力虛擲在文學之外的場合和無謂的紛爭中，殊不知決定臺灣文學地位的，絕不是文學以外的東西。臺灣作家寫作的客體已經呈現了臺灣文學的特殊性，只有量多質精的「臺灣文學」作品，才能使「臺灣」文學成為中國或華文文學的主流。

拿出像樣的作品來！臺灣作家們。

原文刊於《臺灣文學觀察雜誌》，第 1 期，頁 19-24，民國 79 年 6 月，臺北。

# 從古契、老字據、古文書到古契文物
## ─運用古契文物研究臺灣史卅五年的回顧

## 第一章　發現康熙四十八年（1709）臺北拓墾
## 合約三十五年紀念

　　首先要感謝主辦單位和王所長志宇兄，去年十月，邀請筆者「擔任本次大會演講人」，我很開心的答應了。

　　志宇所長說：「本次會議有意引導有關古文書定義的討論，希望能擴大古文書的研究範疇」，尤其令我欣慰。當我們企圖給核心概念一個定義並試圖確定它的內涵、外延、相似詞、相反詞的時候，也就是一門學問趨近成熟的臨界點，值得大家熱烈歡呼！

　　民國六十九年，我在新莊發現《張廣福文件》，其中最令我吃驚的是康熙四十八年（1709）賴永和、陳逢春、陳憲伯、陳天章、戴歧伯等五個朋友，合組陳賴章、陳國起、戴天樞等三家墾號，合作開墾大佳臘、蔴少翁、淡水港南等三處荒埔的合約，至今恰好三十五年。次年四月，我在《臺北文獻》第53、54 期合刊本，發表〈臺北平原拓墾史研究（1697～1772）〉一文，全文一百九十頁，圖版二十一幅；該刊並以康熙四十八年的合約做為封面。在發現《張廣福文件》和發表〈臺北平原拓墾史研究（1697～1772）〉一文的過程中，不但震驚了臺灣史學界[1]；媒體競相報導，也成為社會熱門議題[2]。

---

[1] 佚名，〈臺灣拓墾史的新發現─尹章義震驚臺灣史學界〉，1981.05.03，《自立晚報文化界週刊》，自立晚報社，臺北。
　吳豐茂，〈編撰新志尹章義新發現資料引起史學者刮目相看〉，1981.02.04，《臺灣時報》六版，臺灣時報社，高雄。

[2] 葉華鏞，〈專訪尹章義─新莊市發現張廣福文件資料完整價值非凡〉，1981.0131，《中國時報》七版，中國時報社，臺北。同日；聯合報、新生報等皆有專題報導。
　黃萬居，〈輔大歷史系教授發現重要原始史料，臺北平原初闢過程得以明朗〉，1981.02.09，《臺灣時報》二版，臺灣時報社，高雄。
　陳宏，〈探索先民披荊斬棘足痕重寫臺北拓墾史實─尹章義教授田野調查有新發現〉，1981.02.28，《大華晚報》二版，大華晚報社，臺北。

　　民國九十四年，臺北市文化局以此文件為核心，舉辦「第一屆臺北學國際研討會」；民國九十八年，又舉辦「臺北（大佳臘）風雲三百年」慶祝活動，不但舉辦了幾場座談會，也舉辦了以上述合約為核心的史料特展、演講、踩街、遊行等群眾活動，大肆慶祝[3]。臺北文化局長兼任文獻會主任委員李永萍盛讚尹章義的「重大發現」不但「突破了百年來學界的誤解」，「更是今天文化局提倡『臺北學』研究的濫觴」[4]。

　　發現康熙四十八年（1709）的臺北拓墾合約已經三十五年，「第八屆臺灣古文書與歷史研究學術研討會」不但是「古契文物學」的回顧與前瞻，也是我個人學術生涯的反省與展望的良好機會。

# 第二章　感謝包遵彭、杜維運、潘志奇和盛清沂等四位師長

　　章學誠說：「吾於史學，蓋有天授，自信發凡起例，多為後世開山」[5]，筆者則多得自於師長的教誨、啓迪。

　　大二選包遵彭先生的明史課，當時他擔任歷史博物館、中央圖書館兩個館長和輔大訓導長，是明史和海權史專家。他寫〈漢代樓船考〉、〈鄭和下西洋寶船考〉都依文獻記載，按一定比例製作模型，放在館前的水池中，測試其性能，又請人教我版本學和文物鑑定，又邀請我擔任助理

佚名，〈尹章義老師昨指出臺北平原拓墾者原是邊臺讀書人〉，1981.02.28，《民生報》十版，民民生報社，臺北。

劉美懿，〈尹章義介紹北市新史科—陳賴章非人名乃是墾號〉，1981.02.28，《新生報》五版，新生報社，臺北。

林淑蘭，〈尹章義教授以清代契約做證據推翻先民拓墾臺北源自萬華淡水一帶的說法〉，1981.03.03，《中央日報》六版，中央日報社，臺北。

佚名，〈尹章義發現臺北市新史料指出臺灣史籍運用錯誤，陳賴章不是人名而是墾號〉，1981.03.03，《世界日報》第十六頁，世界日報社。

林思源，〈新莊拓墾者的真貌—尹章義和《新莊志》〉，1981.07，《亞洲人》週刊 1 卷 3 期，臺北。

3　參見《臺北文獻》第 171 期和 172 期。

4　李永萍，（臺北市文獻委員會主任委員），《大臺北古契字四集》序，該會，2007.11，臺北。

5　章學誠，〈大兒貽選問，家書二〉，《文史通義外篇三》，國史矸究室編印本，頁 333，民國 61 年，臺北。

撰寫《中國海軍史》（民國 59、正中版）。研究史學重視本（實）體的觀念，得自於包先生。

　　杜維運先生是史學方法論、中國史學史和中西史學比較研究的大師，當時從劍橋學成歸國，比較中、西史學方法之異同，尤為精采。杜老師的史學從《廿二史箚記》切入，我也請他授我一經，老師說：你就從《日知錄》著手罷！我的一生幾乎循著亭林先生的腳步走，發覺史學真是經世致用之學。取得碩士學位，杜先生要我教史學方法課程，成為他的接班人，不久，杜先生再度到劍橋進修，又命我接手他在東吳的課，知我、愛我莫如杜先生。後來我被迫承接新莊志的撰寫工作，在此之前，發表了〈班固之生卒年〉一文（《食貨月刊》9 卷 12 期，1980.03，臺北），《史記與漢書之比較研究》一書正在接洽出版事宜，左右為難，杜先生從香港來信：做不成崔述、趙翼做錢大昕、章學誠也無妨。困擾頓時冰釋。

　　潘志奇先生是著名的經濟學家，當時擔任臺灣銀行經濟研究室主任。他是我在臺大的日文代課老師（張庸吾老師是潘夫人，到日本講學），他寫了幾篇光復初期物價的論文，課後我老纏著他問東問西，潘先生很高興，他說：你對臺灣史有興趣，我就送你一些《臺灣文獻叢刊》，我從臺灣銀行的辦公室搬回二百多種，再從舊書攤補了幾十種，差不多齊全了。

　　民國六十八年，鄭余鎮鎮長和顏伯川先生為了準備新莊由鎮升格為市的慶祝事宜，到輔大找人寫《新莊志》，七轉八轉，攤派到我頭上，為了要以「史記與漢書之比較研究」做為升等論文而極力抗拒，最終屈從的原因之一，就是潘老師的支持，獲贈《臺灣文獻叢刊》為其一，其二則是潘老師在輔大經濟系兼課，每周三下午一同搭乘交通車上下班，在車上，師徒並坐，常談的題目是臺灣的經濟發展，尤其是關於農業資本主義的發展（大租戶和圳主），對於日後研究臺灣開發史和撰寫地方志的幫助很大。

　　鄭市長和顏先生跟我議約的時候，交給我一套《臺北縣志》（民國四十九年線裝本）和一本《樹林鎮志》（民國六十五年刊本），兩書都是

盛清沂先生的大作，兩書都有〈開闢志〉，卷末都附錄了「開闢古契」和若干開闢古契的照片。

　　在此之前，雖然翻閱了《臺灣文獻叢刊》中的《清代臺灣大租調查書》（第152種）和《臺灣私法物權篇》（第150種）和臺灣省文獻會刊行的《臺灣省開闢資料彙編》以及《續編》始終覺得那些古契如紙片飄浮空中，和土地和人都沒有什麼關係。我在牯嶺街買到明治38年土地調查局刊行的《臺灣土地慣行一斑》，第一編第一章〈開墾の沿革〉，摘要敘述了全臺各地的開拓者和大租戶，文後附載了一些「參照」文件，它的敘述，既沒有明載訊息來源，「參照」內容也和敘述似乎無關。蒐集前述出版品，也不過聊備一格，近乎無感。

　　盛先生根據他所蒐集的「古契」來敘述臺北縣各鄉鎮和樹林鎮的開闢志，頓時讓古契鮮活起來，古契中的訊息也直接和大地產生了連繫，不是冷冰冰的文字。這種感覺，在我研究明清史的過程中，都不曾經歷過，也不曾想像過。跟著盛先生的腳步，史料的視野豁然開朗，新史料讓我享受到有如醍醐灌頂的美味，一切委屈都化為烏有，代之而起的是「赴湯蹈火，萬苦不辭」（盛先生語，詳下）的樂趣。

　　我向盛清沂先生請教，如何取得這些和土地直接連繫的古契？盛先生說：那些古契都得自於地方上的世家大族和大地主的後裔，只要先找對人，就能借到古契，每一片土地，都有土地所有權相關古契，絕無例外，只看你能否到手！

　　盛先生為我的「實際調查研究法」指點了明路，從此以後，我就走上了以古契文物做為基本材料的光明大道。[6]

## 第三章　實際調查研究法的第一份大禮─《張廣福文件》和古契文物的光明大道

　　1971年，我撰寫碩士論文《明代的馬政》，運用了大量的《明實錄》、

---

[6] 盛清沂（《臺北縣志》總編纂，省文獻會編纂組長）〈欣聞重修臺變通志〉，《臺灣文獻》35卷2期，1984.07，臺中。

《明清檔案》和地方志得到很高的評價。但是，和此後我利用古契文物做研究，其史料價值無法比擬（詳次章：史料的分級）。

根據盛先生的提示，我請新莊鎮公所提供一份新莊的世家大族、大地主和耆老的名單；以此名單為基礎，加上新莊各寺廟捐獻者的名單，我編製出一份古今雜揉的訪談名單，以鄰為單位、請研究助理逐戶尋訪。民國六十九年十月二十九日，研究助理賴麗卿找到了《新莊地藏庵重修碑記》中所載，曾經兩度捐貲重修「地藏庵」的「世家張廣福」的後裔。張澄河、許梅夫婦從葛洛禮颱風（1963）的泥濘中，清洗出一百多件臺北古契，筆者稱之為《張廣福文件》[7]，其中最驚人的就是前述康熙四十八年（1709）十一月，陳賴章、陳國起、戴天樞等五家墾號拓墾臺北三宗荒埔的合約。

我以《張廣福文件》為基料，民國七十一年一月出版了《新莊（臺北）平原拓墾史》一書（新莊市公所），做為鄭余鎮競選立法委員的宣傳品，媒體競相報導[8]。高票當選之後，鄭委員告訴我：花了兩億多、開闢二省道的宣傳效果，遠不如新莊志。或許有鑑於此，臺灣各鄉鎮都競相修志。

臺北市文獻會的編纂組長劉曉東先生，希望我以全臺北為對象，另撰一文，投稿《臺北文獻》。於是，我將蒐集到的古契文書和一些罕為人知的已刊資訊，撰寫成九萬多字的〈臺北平原拓墾史研究（1697~1792）〉，於是年四月底，在《臺北文獻》第53、54期合刊本刊出（詳本文第一章）。五月三日，《自立晚報》〈文化界周刊〉以〈臺灣拓墾史的新發現—尹章義震驚臺灣史學界〉為題，做了全版詳盡的報導，也再度引起媒體的關注[9]。

盛清沂先生目睹了我運用「實際調查研究法」的收穫和利用古契文物的研究成果，欣慰異常。民國73年（1984）4月，在臺灣省文獻會

---

[7] 1981.04，〈臺北平原拓墾史研究（1697-1792）〉，《臺北文獻》，53、54期合刊，頁1-190，臺北市文獻會，臺北。（ISSN：1021-0660）及於《臺灣開發史研究》，頁65，聯經出版公司，民國78年，臺北。

[8] 仝(1)及(2)

[9] 仝(1)

「重修臺灣通志座談會」上演講：「環觀近來臺灣史的研究，已開始有新的突破。不止在舊書堆中研究而已經深入民間來找尋第一手的直接史料。這股風氣由本會同仁王世慶兄蒐集民間資料開其端，由輔仁大學尹章義教授開展了這種研究風氣。此後，有些青年學者，不甘後人，踵事增華，深入農村調查，情願自掏腰包，尋找第一手史料，換取真實的學術……有赴湯蹈火萬苦不辭的勇氣。」[10]

1989 年，目錄學和臺灣文獻專家高志彬，評論《新莊志》：「尹氏以其所受學院之嚴謹治史訓練，動用助理全面從事田野調查，遍採公私收藏之文獻，一掃僅以舊有資料『閉門造車』纂組之修志陋習，於舊有文獻既能廣搜博采，幾無遺漏；於民間秘藏之資料，亦能覓得、重見天日。除『張廣福文件』、『永泰淡水租業契總』兩大宗原始資料外，於現有可見之舊有志書、舊籍、論著、史料，凡『臺灣文獻叢刊』所收、中央圖書館臺灣分館所藏者，幾皆搜羅殆盡；餘如田野採集之碑碣、民間所藏之族譜、新莊鎮市公所及各機關之報告、報紙（除全國性之報紙外，又有地方報刊『新泰豹』），亦幾盡所能得者，廣予採據。綜觀臺灣鄉鎮志書之引據資料，要以此志所採者為最富。」[11]

1990 年，中研院臺灣史研究所所長許雪姬，評論拙著《臺灣開發史研究》一書（1989 年聯經出版公司《臺灣研究叢刊》本）時指出：「本書共收錄了輔仁大學尹章義教授的大作十二篇，除了第一篇『臺灣開發史的階段論和類型論』為民國七十七年的作品外，其餘十一篇都是民國七十年到民國七十五年間的作品。據作者言，踏入臺灣史學界始於臺北縣新莊鎮公所之請，撰寫「新莊發展史」與「新莊志」，由那時起到現在為止已經十年了。在這十年中尹先生搜集史料之勤、運用史料之慎、完成論文之多，在臺灣史學界來說，委實不多見。」[12]

---

[10]　仝(6)

[11]　高志彬，（中國目錄學、臺灣文獻專家）《臺灣文獻書目解題，第一種方志類第五冊》，頁160-164，中央圖書館臺灣分館，1989.06，臺北。

[12]　許雪姬（前中研院近史所研究員，中央研究院臺灣史研究所所長），〈尹著「臺灣開發史研究」評介〉《臺灣史田野研究通訊》第 14 期，頁 18-23，中研院臺灣史田野研究室，990.03，臺北南港。

又說「本書最大的貢獻在於：1. 縷析一些向來說法訛誤來源，並以確實可信的史料予以訂正。2. 以蒐集、研究老字據，為臺灣開發史的研究走出一條康莊大道。3. 作者將臺灣開發史研究的經驗，歸納出一些臺灣開發史的特色、類型、階段，頗有助於後來之研究者。4. 指出現階段臺灣修志的缺陷，為目前的修志工作發出警鐘，值得有關單位深刻地反省。」[13]

1999 年，中研究臺史所研究員林王茹，分析 1976~1989 年間，臺灣修志的特點：「第四是資料採集的再度被重視，特別是利用古文書、族譜來重建拓墾史、聚落的發展、人物志以及講求田野調查工作。例如，上述的《新莊志》蒐集了歷代的檔案、公報、奏疏、地圖、筆記、地契、方志、碑碣……等，重建了新莊市的發展史，而尹章義利用古文書對於臺北平原拓墾史的釐清，更在臺灣史研究上掀起了風潮。」[14]

2007 年，逢甲大學李朝凱、吳升元、吳憶雯等，分析〈戰後以來臺灣古文書研究的回顧與展望〉，在關於「古文書的蒐集、整理與出版」中說：「70 年代中葉以後受到本土化政策開始實行與鄉土意識逐漸興起，不少方志開始編纂。最值得重視的是：1980 年尹章義撰寫《新莊志》，主張新史料的發掘與運用，動用許多助理蒐集史料，其中尹氏利用張廣福古文書對於臺北平原拓墾史的釐清，在臺灣史研究上引起風潮。」[15]

他們在關於：「古文書的研究概況」中說：「最值得注目的學者仍是 80 年代初期的尹章義，尹氏大量使用契約文書進行拓墾研究撰有〈臺北平原拓墾研究 1697~1772〉一文，他藉由墾首的墾批、契字及合約字中分析十七、十八世紀北臺灣大小墾號的組成與拓墾情形，指出拓墾型

---

[13] 仝前。

[14] 林玉茹，（中研院臺史所研究員）〈知識與社會：戰後臺灣方志的發展〉《五十年來臺灣方志成果評估與未來發展學術研討會論文集》，中央研究院臺灣史研究所，1999.05，南港，頁 50-51。

[15] 李朝凱、吳升元、吳憶雯，〈戰後以來臺灣古文書研究的回顧與展望〉《臺灣古文書與歷史研究學術論文集》，頁 287-288，逢甲大學出版社，2007.12，臺中。

態合夥為主，並且拓墾者大多是縉紳階級。」[16]

　　2008 年，中央大學客家文化研究所所長吳學明教授說：「尹章義教授受新莊市公所委託編輯新莊志，其助理賴麗卿發現了相當著名的『張廣福文件』總計兩百件左右，其中包括一份今存最古老的開墾合同—康熙 48 年陳賴章合股開墾臺北平原的墾照，此外尹教授自己收藏的族譜與老字據也不少。尹教授用這些資料為基本史料所做的研究，有相當傑出的表現，是本人發掘『姜家史料』之前臺灣史學界的盛事。」[17]

　　從事學術研究的人都知道，良好的概念架構和最新、最原始和最全面的訊息，是優質成果的兩大前提。文人相輕，自古已然（魏文帝《典論、論文》）。無論是「民間秘藏之資料，亦能覓得重見天日」（高志彬）；「以蒐集、研究老字據，為臺灣開發史的研究，走出一條康莊大道」（許雪姬）；「利用古文書對於臺北平原拓墾史的釐清，更在臺灣史研究上欣起了風潮」（林玉茹、李朝凱、吳升元、吳憶雯）；「古文書的研究，最值得注目的學者，仍是 80 年代初期的尹章義」（李、吳、吳）；「尹教授利用這些資料為基本史料所做的研究，是本人發掘『姜家史料』之前，臺灣史學界的盛事」（吳學明），都是超越「文人相輕」、豁達大度，對筆者的莫大鼓勵。這些都必須歸功於古契文物的史料價值。

# 第四章　古契文物的史料價值

　　一般討論史學方法和史料價值的論述，多歸本於德國史家蘭克（Leopold vom Rake, 1795~1886）所倡導的「科學史學」；史學方法論則推尊於伯倫漢（Ernst Bermbeim, 1889 年出版《Lehr busk der historichen hen Method》，陳韜中譯、商務版）。

　　等者自 1973 年在輔仁大學講授「史學方法」課程，受到夏儂（Claude E. Shannon, 1916 ~2001）等人宣揚的「訊息論」（information theory）的

---

[16] 前書頁 304。

[17] 吳學明，（中央大學客家文化研究所前所長、史學所教授）〈北埔姜家史料與運用〉《第二屆臺灣古文書與歷史研究學術研討會論文集》，頁 85，逢甲大學出版社，2008.11，臺中。

影響，提出「歷史訊息傳遞理論」[18]

　　一般人所謂的「歷史」其實是綜合名詞。由真實、不變的「歷史本體」（事實）和反映歷史本體或構成元素的「歷史訊息」；人類直接觀察、體會之後，利用紀錄工具如影像、聲音、文字或其他符號，所留下來的「記錄」以及非觀察、親歷者的「轉錄」（整體移轉）、重述（部分加工）、轉述（訊息加工）、論述（論者意見大於加工訊息）和綜合論述，一般人都稱之為「歷史」，其實，其間差異很大。

　　歷史本體存在於宇宙間，具有特定的時間、空間、人、物和條件、流變等元素；每種元素都散發特定的訊息，亦即歷史訊息；歷史訊息只是歷史本體的反映。

　　一、以某甲之出生時間為例：

　　1.某甲之誕生（事實，歷史實體：母親、嬰兒、醫師、護士、時間、地點、過程、環境、條件……。

　　2.紀錄：現場即時之影音紀錄。

　　3.直後記載：現場行政護士之紀錄。

　　4.醫師開立之出生證明書（據直後紀錄轉錄或稍晚開立）

　　5.戶政事務所之戶籍登記簿（轉錄出生證明書）

　　6.戶籍謄本、戶口名簿、身份證（轉錄戶籍登記簿）

　　7.幼年之自述（根據父母轉述或第六級載體）

　　8.晚年之自述（記憶有失、口述有誤）

　　9.他人所撰優質傳記（根據 2-6 級史料）

　　10.族譜登載

　　11.國史傳記

　　1→10 是離真趨勢，10→1 是近真趨勢。

　　以上載體，每傳遞一次，都可能喪失若干反映某甲誕生此一事實的訊息而增加若不相干的雜訊，這還不包括狸貓換太子、擇日、男女合婚、兄弟換帖等刻意隱瞞或失憶、曆制換算等誤差。因此，研究者必須循線

---

[18] 尹章義，《臺灣歷史研究法大綱》，111 頁，臺灣史蹟源流研究會，1990 年，臺中。

追溯（Petrespective and prospective study），逐級上追找到更頂級的載體，找到最接近事實的訊息，形成「近真趨勢」，則真象可期。

　　二、再以國史研究常用之載體為例：

1.左史記言、右史記事

2.起居注

3.日曆

4.月檔

5.編年檔

6.以類相從之檔案彙編

7.國史館之紀傳

8.實錄

9.後朝修前朝史

1→9 為「離真趨勢」，9→1 為「近真趨勢」。

　　最初感知歷史本體和歷史訊息的人，透過內心思維的過程，綜合過去的經驗和邏輯，再表述於外，此即歷史訊息的加工，亦即最初的歷史紀錄。不論加工者的認知、思維和表述能力如何，訊息既非本體，加工者又無法掌握全般訊息，加工過程中，由於經驗和邏輯的不同，不免遺漏和抹滅了若干訊息，同時又摻入自具而與歷史本體或訊息無關的訊息。亦即「歷史紀錄」本身即增加或減少了若干訊息，與歷史本體不盡相符。重述和初代轉述者和直接觀察，體會的原始感知與「歷史本體」的關係不同，所具備的認知、思維和表述能力亦不同，二次加工之後的轉述，和本體之間的差異更大。再三轉述的結果是：歷史本體（事實）不變，隨著轉述次數的增加，原始訊息遞減而雜訊與加工者自具訊息漸增，逐次產生「真相遞減」作用而進入人類社會傳播，形成「離真趨勢」，轉述和論述則更加加強此一趨勢。以上所述，不過是歷史訊息的垂直傳遞與真相遞減率。

　　初始的感知者若有兩個或兩個以上，自然產生兩種以上的認知和表述。《維摩詰經・佛國品》：「佛以一音演說法，眾生隨類各得解。」遂產生「同源異說」，在二、三、四次……的「垂直加工」（轉述），每次

垂直加工都增生同源異說，佛陀的「一音」，終於演變成八萬四千法門。佛教如此，耶穌基督和默罕莫德的「一音」也無不如此，所有宗教都有正統與異端邪說之爭，在筆者看來，也不過是歷史訊息傳播的必然—「真相遞減，雜訊漸增」的「離真趨勢」。

以上所述，僅止於傳播者（轉述者）無意間所造成的「離真趨勢」，若是傳播者因其好惡、利害關係或其他原因，刻意作選擇性的提示或隱匿、湮滅、修飾、隨機增減訊息；甚至故作不實論述，任意顛倒黑白是非，則真相湮滅於私慾之中，渺不可及。[19]

由於以上的理解，而產生「史料分級制」。

人君、重臣或利害相關人等竄亂、偽造史文之事，代不絕書，尤其是後朝修前朝之所謂「正史」之不正，更是罄竹難書。若不逐級上溯，形成「近真趨勢」，也不過是「矮人看戲何曾見，都是隨人說短長」（趙翼・論詩）。

再以學者視為拱璧的奏疏為例，林爽文事件時，臺北地區之械鬥情況如下[20]：

1. 臺北地區的天地會作亂與漳、泉、客三語群分類械鬥
2. 地保、紳耆、通事之稟呈
3. 新莊巡檢之稟呈
4. 淡水同知之稟呈
5. 臺灣知府之稟呈
6. 臺灣道之稟呈
7. 福建巡撫之奏疏
8. 閩浙總督之奏疏
9. 駐臺將軍之奏疏
10. 宮內檔案及私藏檔案

---

[19] 尹章義，2014.09，〈東、西洋人眼中的劉銘傳〉，《臺北文獻》直字第 189 期，頁 83-87，臺北市文獻委員會，臺北。

[20] 尹章義，2010.12，〈天地會在林爽文事件中所扮演的角色—以臺北土城大墓公的起源為中心所作的探索〉，《臺北文獻》直字第 174 期，頁 208-238，臺北市文獻委員會，臺北。

　　1→10 是離真趨勢，10→1 是近真趨勢。

　　各級官吏為了規避責任、爭功諉過，多半避重就輕、欺下瞞上，最著名的例子是將「天地會」刻意改寫為「添弟會」[21]。閩浙總督常青於乾隆五十二年（1787）二月到臺灣剿辦林案，屢屢上奏虛報戰功，乾隆帝嚴命常青先行攻打南方的莊大田，再攻打北方的林爽文，常青都趑趄不前，乾隆帝以為莊大田盤踞的南潭「離大營尚遠」，六月初親自詢問了「常青之齎摺差弁饒成龍」，才知道「賊目莊大田所據南潭，距桶盤棧營盤只有五里，似此肘腋之間，任其逼處，竟不思乘勢攻剿，實不可解」，因而下旨痛責[22]。

　　「差弁饒成龍」是下級武職，見到皇上不敢說謊，報告的是親歷的實情，在訊息分級制中，屬於二級訊息，證實了常青的奏摺，是充滿謊言的九級訊息。

　　古契文物中，無論是告示，諭示、合約、墾單、房地契，租稅契照，鬮分或分管契、典胎、借貸契、人事契、訴訟書狀、商業簿記等等，原件本身就是「歷史本體」的古物，古物上的文字記載，更是攸關人民生活的身份、財產、權益的權證、憑證。就土地、財產、權益、身份而言，它又是權益轉移的直接證據，是第一級的歷史訊息。由於它反映歷史事實的證據力無可取代，因此成為質量最優的史料。

# 第五章　古契文物的研究與利用

　　筆者蒐集古契文物作為研究資料，以新莊志為起點，《臺北平原拓墾史研究（1697~1772）》只是副產品，是後，則分頭並進。

## 第一節　關於地方志

　　以我的學生為主（現也多半擔任教授了）學界友人為輔的研究團

---

[21] 仝前。

[22] 《欽定平定臺灣紀略》，乾隆五十二年七月二十六日（辛卯）條，頁 440-441，《臺灣文獻叢刊》第 102 種本。

隊，陸陸續續纂修了《新莊發展史》（1980），《新莊（臺北）平原拓墾史》（1981），《新莊廣福宮調查研究》（1985），《新莊政治發展史》（1989），《新店市誌》（1994），《泰山鄉志》（1994），《五股鄉志》（1997），《林口鄉志》（2001），《後龍鎮志》（2002），《羅東鎮志》（2002），《左鎮鄉志》（2002），萬巒鄉志（2008），新屋鄉志（2009），《續修五股鄉志》（2010），《太麻里鄉志》（2013），《觀音鄉志》（2014），《長濱鄉志》（2015）。

1、1989 年高志彬說：「『新莊志』之纂修，無論就主修、主纂、體例、內容、資料言，皆具特色，開臺灣鄉土志書纂修之新面目。以嚴謹治史訓練，動用助理全面從事田野調查，遍採公私收藏之文獻，一掃僅以舊有資料『閉門造車』纂組修志陋習，於舊有文獻既能廣搜博採，幾無遺漏；於民間秘藏之資料，亦能覓得重見天日。又高聲疾呼力倡以治史之方法以修志，已為臺灣鄉鎮志書之纂修開一新徑、立一典範矣。」[23]

2、1999 年林玉茹說：「尹章義主張方志體例的創新與新史料的發掘與運用，該志也揭櫫『新莊志即新莊地方史，亦即紀錄新莊地方發展，新莊人成就之歷史』的纂述目的，不但動用眾多助理進行一手史料的蒐集，運用現代學術理論與寫作方法，而且也採取個性化的新體例，不再遵循過去修志的固有體例。在原先的構思中《新莊志》分成新莊平原拓墾史、新莊政治發展史、新莊社會經濟發展史、新莊文化史以及新莊史事年表等五部分，完全打破過去修志的格式，這種根據地方特色而立體例的個性化主張，透過尹氏續編的幾部鄉志而繼續發揚。」[24]

3、2004 年，前臺灣省文獻會主委謝嘉梁說：「尹章義提出所謂『方志個性化』的理論，認為方志體例沒有通則，要根據客體的特性而設計。這樣的立論，實也符合近年來對鄉土意識的回應與鄉土教育的需求。」[25]

---

[23] 仝(11)。

[24] 仝(11)，頁 50。

[25] 謝嘉梁，（臺灣省文獻委員會主任委員）〈由行政主管談當前方志纂修面臨的問題〉，前書，頁 396。

絕大多數古今方志，長成一個模樣，而且大部份都是抄掇行政單位的公文檔案而寫成，缺乏地方特色，要呈現地方特色，就必須遂行廣泛而深入的「實際調查」。一個鄉鎮，縱使是熟手也要經過兩年以上的工夫。昔日的臺北縣有廿八個鄉鎮，臺南縣有卅一個鄉鎮，在施行「實際調查研究法」之後，撰稿曠日費時；我不願意俯拾前人的浮濫作品和抄掇行政單位的公文和績效報告成稿，故而不敢承接各縣市的邀約，只做自己有把握的事—只修鄉鎮志。

施行「實際調查研究法」，探訪地方上的世家大族大地主，自然就能發現相當數量的古契文物和家譜，也自然產生了兩個特色：其一，我利用古契文物和家譜研究當地的開發史與家族史，並將古契文物影本做為附錄，其二則是產生了〈家族與人物〉專志的新體例。

4、1999 年，曾品滄說：「於要目中列有『家族與人物』專志，並於其下進行細目分類，纂述家族與各式人物。這種新的人物篇型式，為尹章義實踐其『方志個性化』理論下，所編撰方志的特色之一，包括《泰山志》、《五股志》，除了為人物立傳之外，也為地方上古老的家族立傳，其主要名目為〈家族與人物〉，其下分成『著名的古老家族』、『拓殖志』、『鄉賢志』、『政績志』、『文教』與『藝術』等細目。雖然家族的撰述與人物志寓人物於褒貶的用意不盡符合，但對地方社會、人文發展的瞭解卻有莫大的助益。如果就地方志是一個地方的百科全書這樣的觀點來看，揉合家族歷史與人物傳記的新式編纂型態，確實有其積極的意義。這種嘗試人物篇新型式的作法，是否僅有尹氏個人，以後是否有編者繼續跟進發展，則有待觀察。[26]」

這個新體例，必須以紮實的「實際調查研究法」所蒐集的古契文物和族譜為前提，說得容易，做起來很難。曾品滄判斷：「是否有編者繼續跟進發展，則有待觀察」，確有先見之明。

5、林呈蓉、洪健榮說：「1980 年代初期，尹章義編纂的《新莊志》系列志書開啟學院歷史專業學者修志的範例，而後《泰山志》（1994）、

---

[26] 曾品滄，（國史館研究人員）〈戰後臺灣方志人物的評估—以臺北縣地區為例〉，前書，279-280「戰後方志的編纂形式」。

《新店市誌》（1997）、《五股志》（1997）、《林口鄉志》（2001）、《續修五股鄉志》（2010）落實其一貫的「方志個性化」的理論，成為尹章義團隊所秉持的「因地制宜」的修志風格。」[27]

創造一種風格不容易，長期維持風格更難，其中關鍵就在於「實際調查研究法」的紮實工夫所獲致的古契文物。

以上是修志團隊共同努力的成果。以下則就我個人利用古契文物做為研究基本史料的成果，分析述於下。

## 第二節　關於家族史研究

1、2004 年，林玉茹說：「尹章義《張士箱家族移民發展史─清初閩南士族移民臺灣之一個案研究》（張士箱家族拓展史研纂委員會，1983），是第一本以古文書研究臺灣家族史的專書，不但解開不少臺北拓墾史的謎題，此後更開臺灣家族史研究之風氣。尹書之後，個別家族的研究頓成為重點。」[28]

2、2007 年，李朝凱、吳升元、吳憶雯說：「真正首次以古文書進行家族史專著的是尹章義，尹氏撰寫新莊鎮志時，在田野調查中獲得不少古文書，其後在 1983 年撰成《張士箱家族移民發展史》，不僅利用古文書糾正如陳賴章實為墾號等等拓墾史問題；更利用贌墾合約等契字探討士族對於臺灣拓墾開發的貢獻。」[29]

3、2009 年，許雪姬說：「臺灣家族史的研究，最早的應該是張士箱家族。早期尹章義教授幫他們家族編寫族譜及家族的歷史，所以完成的時間相當的早。國史館臺灣文獻館也把尹教授當時候那本書重新出版。所以嚴格來講，張士箱家族可能是第一本用史學方法以家族的契約

---

[27] 林呈蓉（淡江大學歷史系教授）、洪健榮（國立臺北大學歷史學系助理教授），〈大臺地區地方學研究的回顧與展望〉《二十年來臺灣區域史的研究回顧學術研討會暨 2013 年林本原期金年會》

[28] 林玉茹，（中研院臺史所研究員）、李毓中，（清華大學助理教授）合著《戰後臺灣的歷史學研究 1945～2000：第七冊臺灣史》，頁 170，國家科學委員會，2004，臺北。

[29] 仝(15)書，頁 309-310。

來做的研究。」[30]

## 第三節　關於臺灣開發史研究

1、1999 年，許雪姬說：「尹章義以蒐集、研究老字據，為臺灣開發史的研究走出一條康莊大道。又將臺灣開發史研究的經驗，歸納出一些臺灣開發史的特色、類型、階段，頗有助於後來之研究者。伊能嘉矩臺灣文化志中有關明鄭時期北臺開發的情形是錯誤的，尹章義利用老字據逐一考證，發現除小部分有史實來源外，大部分是傳說；然而伊能氏的說法卻為黃得時等人沿用。」[31]

2、2004 年，林玉茹、李毓中說：「尹章義〈臺北平原拓墾史研究1697～1772〉（《臺北文獻》直 74，1981；氏著，《臺灣開發史》，聯經，1989），利用土地契約文書、族譜等史料，而對於臺北盆地拓墾史有突破性發現。」[32]

3、2007 年，李朝凱、吳升元、吳憶雯等說：「焦點重新放置於區域拓墾的研究脈絡而言，最值得注目的學者仍是 80 年代初期的尹章義，尹氏大量使用契約文書進行拓墾研究撰有〈臺北平原拓墾史研究1697~1772〉一文，他藉由墾首的墾批、契字及合約字中分析十七、十八世紀北臺灣大小墾號的組成與拓墾情形，指出拓墾型態以合夥為主，並且拓墾者大多是縉紳階級。」[33]

## 第四節　關於寺廟與族群關係研究

1、2004 年，李玉茹、李毓中說：「在移民祖籍分佈方面，自陳正祥以來，延續日治時期伊能嘉矩的『先來後到說』，認為漳泉人因先來

---

[30] 許雪姬，（中研院臺史所所長）〈大會專題演講—古文書與家族史研究〉《第三屆臺灣古文書與歷史研究學術研討會論文集》，頁 11，逢甲大學出版社，2009.11，臺中。

[31] 仝(12)。

[32] 林玉茹、李毓中合著《戰後臺灣的歷史學研究 1945～2000：第七冊臺灣史》，頁 146，國家科學委員會，2004，臺北。

[33] 仝(15)書，頁 304。

開墾，所以佔居海濱與平原地帶，粵人則受限於清初禁潮惠人士來臺的禁令晚來臺灣，多分佈在沿山丘陵地帶。一九八五年尹章義首先發難，指出先來後到之問題。尹氏〈閩粵移民的協和與對立—客屬潮州人開發臺北〉(《臺北文獻》直 74，1985；氏著，《臺灣開發史》，聯經 1989)，以新莊三山國王廟為例，認為閩粵移民的分佈並非如伊能嘉矩所言，源於先來後到而有平原與丘陵之別，事實上移民早期共墾共處，後來因為人口漸多、墾地關盡導致分類械鬥，而產生各祖籍民的搬移整合現象。」[34]

　　2、2008 年，杜文偉說：「目前臺灣學界，在討論臺灣開發史與地方廟宇之間的關係，往往纏繞著族群關係來論述，也就是說漢人開發臺灣的過程牽動了族群問題，族群勢力的互動與消長，也影響了地方廟宇的興衰。尹章義〈閩粵移民的協和與對立〉一文可說是這類論文之中最具代表性的，尹文探討閩粵移民在臺北、新莊雜處共墾的關係，進而影響新莊三山國王的興衰。」[35]

## 第五節　關於漢番關係與「通事」的研究

　　1、1999 年，許雪姬說：「尹章義澄清郁永河《裨海紀遊》中有關通事凌屬番社的記載，提出早期扮演漢番之間橋梁、對開發北臺做出貢獻的李滄、張大等人，(頁 185~187) 糾正了人們對通事負面的刻板印象。清代實行『護番保產』政策，這一看法的提出，對研究清代漢番關係提供了另一個視角。」[36]

　　2、2004 年，李玉茹、李毓中說：「清初是以漢人擔任通事職來管理番社。較早探討通事角色的是尹章義《臺灣北部拓墾初期『通事』所扮演之角色及其功能》(《臺北文獻》直 59／60，1982；氏著，《臺灣開發史》，聯經，1989)。該文是研究通事制度之力作，不但首先闡明通事

---

[34] 林玉茹、李毓中合著《戰後臺灣的歷史學研究 1945～2000：第七冊臺灣史》，頁 176-177，國家科學委員會，2004，臺北。

[35] 杜文偉，〈臺灣三山國王信仰研究概述〉《臺灣文獻》59 卷 3 期，頁 149，國史館臺灣文獻館，2008.09，南投。

[36] 仝(12)。

制度的演變以及通事在漢番土地轉移中的角色，而且指出北臺灣地區的
幾個大墾首都都是漢通事出身。」[37]

3、2007 年，李朝凱、吳升元、吳憶雯說：「尹章義是運用契約文
書，探究拓墾初期在大肚溪北一帶漢人通事的角色與職務上的演變，及
其於官府、漢人以及番社三者的關係。」[38]

## 第六節　關於地方官制的研究

2004 年，林玉茹、李毓中說：「一九八〇年代降，有關巡檢和縣丞
設置及其駐紮變遷成為地方官制研究的焦點。尹章義〈新莊巡檢之設置
及其職權功能〉（上、下）（《食貨》11：8、9，1981；氏著，《臺灣開發
史》，聯經，1989）、〈新莊縣丞未曾移駐艋舺考〉（《臺北文獻》直66，
1983），最先考證新莊巡檢的職能和移駐問題。」[39]

## 第七節　關於科舉制度與兩岸關係的研究

2004 年，林玉茹、李毓中說：「尹章義〈臺灣、福建、京師—『科
舉社群』對於臺灣開發以及臺灣與大陸關係之影響〉（《近代中國區域史
研討會論文集》（上），中研院近史所，1986；氏著，《臺灣開發史》，聯
經，1989），跳脫過去科舉制度沿革的方式，指出科舉制度促使臺灣土
著化、儒漢化以及中土化，強化了中央與邊陲臺灣之間的關係。」[40]

## 第八節　關於臺灣築城問題與臺北城的研究

2004 年，林玉茹、李毓中說：「清代在臺是否築城一直是清初治臺
與防務相當重要的議題，尹章義〈臺北設府築城考〉」《臺北文獻》直

---

[37] 仝(33)書，頁 93。
[38] 仝(15)書，頁 314。
[39] 仝(34)書，頁 98。
[40] 仝(34)書，頁 157-158。

66，1983），修正日治至戰後以來有關臺北築城時間的謬誤。」[41]

尹章義於 2014 年 6 月，在《臺北文獻》188 期，頁 38~188 發表〈大清帝國的落日餘暉—臺北設府築城史新證〉，利用新史料更廣泛的研究了臺北設府築城的經過，也更深入的研究「臺北城」的實體，譬如建材、工法等等議題。

### 第九節　關於族譜的撰寫

2011 年，許明鎮說：「輔大歷史系尹章義教授，由於研究臺北平原拓墾史、新莊開發史的緣故，發現了張士箱家族墾殖開圳臺灣中部（雲林、彰化），北部（新莊、樹林）的種種事蹟與貢獻，除了在民國 72 年（1983）7 月出版了《張士箱家族移民發展史》一書以外。更在張士箱後人的請求與支持之下，更加深入尋求訪談全省各地張士箱家族的後代，遂再有了本譜的編寫與出版。

張士箱四大房（方高、方升、方遠、方大）歷經繁衍發展，至今已有 11 世，張士箱的子孫現在主要散居在雲林縣崙背、褒忠、莿桐、虎尾與臺北縣樹林、新莊、三芝等地，有些尚且已經好幾代不相識了，竟因尹教授的深入研究與族譜的收集，而讓散居各地的族親幾百年後能夠再次的相認，團結一起。並於民國 72 年（1983），由張福祿先生（三福化工董事長）召集族人，在樹林祖宅建立了「張方大紀念堂」，用以紀念先祖，並回饋社會、從事文教與慈善事業。

本譜一共分成二十章，分章深入論述與記載，不只是像坊間出版的一般性族譜；本譜也因為出自歷史學家尹教授之手，因此資料蒐集非常深入周詳。人物的解說與事蹟的闡明亦歷歷清晰分明，極為突出難得，這是一般編譜家所難企及的。」[42]

---

[41] 仝(34)書，頁 108。

[42] 許明鎮，〈臺灣十二年著名族譜介紹〉，《臺灣源流》第 56、57 期合刊本，臺灣姓氏源流學會，民國 100 年 10 月，臺中。

## 第十節　關於客家史的研究

1998 年，戴寶村、溫振華說：「臺灣客家史研究概況，輔仁大學尹章義教授在〈臺灣客家史研究的回顧與展望〉（《客家》86-89 期，1997）一文中有詳細的討論，不一一贅引，倒是臺北地區的客家史相關論著甚少，尹氏從事臺北區拓墾史的研究而注意到客家人在拓墾史上的地位，遂有系列連帶兼敘及北臺客家史的論著，如〈臺北平原拓墾史研究〉（《臺北文獻》53／54 期合刊，1981）、〈臺灣北部拓墾初期通是所扮演的角色與功能〉（《臺北文獻》59 期，1982）〈閩粵移民的協和與對立—以客屬潮州人開發臺北及新莊三山國王廟為中心所作的研究〉（《臺北文獻》74 期，1985），均收於《臺灣發史研究》（聯經出版公司，1989）一書中；另有一篇〈臺灣移民開發史上與客家人相關的幾個問題〉收於《中國海洋發展史論文集第四集》（中研院中山人文社會科學研究所；此外在他的主導的《新莊志》、《新店市志》、《泰山鄉志》、《五股鄉志》等地方志書中，均特別注意到客家人活動的歷史記錄，揭舉諸多長期為人忽略的史實。」[43]

## 第十一節　關於臺北史的研究

2013 年，林呈蓉、洪健榮說：「《臺北文獻》的內容，主要刊載專題論文、史料解析、史蹟介紹、論述目錄、大事紀要以及各類藝文報導。在專題論文方面，長期以來《臺北文獻》成為許多臺北學研究者或使臺灣史學者展露頭角、揚名立萬的園地，曾刊載不少大臺北地方學研究中極具分量的作品。1980 年代初期，直字第 53、54 合期（1981 年 3 月）中尹章義〈臺北平原拓墾史研究（1697~1772）〉，共 190 頁，獨佔該期學術論文的版面，為目前清代北臺漢人拓墾史研究的代表作。在此之後，尹章義陸續於《臺北文獻》發表〈新莊縣丞未曾移駐艋舺考〉（第 57、58 期，198）、〈臺北築城考〉（第 66 期，1983）、〈臺北市二十方古

---

[43] 戴寶村、溫振華合著《大臺北都會圈客家史》，臺北市文獻委員會，1998，臺北，第一章第一節「臺北地區客家史研究概況」，頁 20。

蹟碑文之商榷：兼論臺灣古蹟史實研究之危機〉（第 67 期，1984）、〈臺灣地名研究個案之一：臺北〉（第 72 期，1985）、〈閩粵移民的協和與對立：以客屬潮州人開發臺北以及新莊三山國王廟的興衰史為中心所作的研究〉（第 74 期，1985）、〈臺北的歷史飛越與臺北人的精神特質〉（第 154 期，2005）、〈從原住民的獵場到臺北、新北兩大直轄市—臺北開發三百年史綱〉（第 170 期，2009）、〈天地會在林爽文事件中所扮演的角色—以臺北土城大公墓的起源為中心所作的探索〉（第 174 期，2010）、〈臺北成淵中學百年史與張福祿〉（第 177 期，2011）、〈從天地會『賊首』到『義首』到開蘭『墾首』—吳沙的出身以及『聚眾奪地、違例開邊』的藉口〉（第 181 期，2012），另有〈臺北盆地的開發〉（《漢聲雜誌》第 20 期，1989）、〈臺灣族群開發比較研究法—以臺北高屏地區為例〉（《客家文化通訊研究》第 2 期，1999）、〈臺北設府築城一百二十年祭〉（《歷史月刊》第 195 期，2004）等專論，《新莊志》、《新店志》、《泰山志》、《五股志》系列志書與《張士箱家族移民發展史》（1983），在近二十年來大臺北地區地方學的研究居功厥偉。」[44]

## 第十二節　關於人物傳記的研究

古契文物對於家族歷史與人物傳記的用處，在本章第一節中，已經引述曾品滄的說法，再摘述幾則於下：

1、1999 年許雪姬說：「林秀俊的事蹟：作者利用張廣福文件及漳浦盤龍社林氏宗譜，查明林秀俊的生卒年，及其三子海廟、海宗、海文成立『林三合』墾號的過程。（也指出淡水廳志中有關暗坑圳的開鑿是業戶杜登選等所為，實則杜登選為林登選之誤，登選為海廟之子），同時一併指出臺灣通史、臺灣省開關資料續編，西河林氏大族譜之誤謬。」[45]

2、2007 年，曾品滄說：「修志者往往苦於史料難徵，不得不參考前志，或逕引日治或戰後各種人物辭典，如《臺灣列紳傳》、《臺灣人士

---

[44] 仝(27)。
[45] 仝(12)。

鑑》、《臺灣近代名人誌》等。這種取材自前志或人物辭典的作法，若能詳加考證，再轉以實地訪查，亦無不可，然而部分戰後方志的人物篇，卻是充斥抄綴的引文。這種直接取材自前志或人物辭典，而未加考證的作法。使得若干方志的人物篇產生以下若干現象：史料錯誤或編纂者抄錯，而導致人物篇內容不正確，甚至有一錯再錯的情形。以《臺北縣志》為例，其〈人物志〉林成祖傳，因直接引自連橫《臺灣通史》，故有林成祖在林爽文之役時，受株連被逮入京的錯誤記載，這項錯誤在尹章義《新莊志─卷首》中，已加以考證澄清，盛清沂後來編纂的《板橋市志》（1988 年版）亦加以更正，詎料一九九八年編纂的《中和市志》（中華綜合發展研究院編），仍直接引用《臺北縣志》原文，再次載入林成祖被逮入京的記載。」[46]

　　3、2007 年，李永萍說：「民國七十年，尹章義教授因纂修《新莊志》，在新莊地方從事田野調查採集工作時，由張福祿先生提供一張康熙四十八年十一月，上淡水：大佳臘地方、淡水港及北路麻少翁社等三所荒埔的墾契所有人，即戴岐伯、陳憲伯、陳逢春、賴永和、陳天章等五人，所『同立合約』乙紙，這張『古文書』的出現是漢人在大臺北地區移墾時的一項重大發現，更是今天文化局提倡『臺北學』研究的濫觴。在此，值得一提的是尹教授從這張同立合約字裡，對『墾戶陳賴章』的名稱，提出『陳賴章』不是人名，而是『墾戶』的名稱，這項發現突破了百年來學界的誤解，當時的報紙曾有大篇幅的報導。」[47]

　　我在〈臺北平原拓墾史研究（1697~1792）和《新店市誌》中，利用乾隆 38 年（1773）的《大坪林五莊全之公訂水路車路合約字》，全面改寫了《瑠公史蹟碑》和各種出版品中的郭錫瑠傳。在〈從天地會「賊首」到「義首」到開蘭「墾首」─吳沙的出身以及「聚眾奪地、違例開邊」的藉口〉（《臺北文獻》181 期，2012）一文，也利用宜蘭的古契文

[46] 曾品滄，（國史館研究人員）《五十年來臺灣方志成果評估與未來發展學術研討會論文集，〈戰後臺灣方志人物篇的評估─以臺北縣地區為〉之四之一「史料的運用」》，中央研究院臺灣史研究所，1999，頁 286-287。

[47] 李永萍，（臺北市文獻委員會主任委員）《大臺北古契字四集》序，該會，2007.11，臺北。

物，全面改寫了吳沙的傳記。

## 第十三節　關於古契文物的鑑定

包遵彭先生訓練我鑑定古文物和善本書，對於利用古契文物做研究的幫助很大。媒體上大肆報導我蒐集並利用古契文物做研究的消息，很多人抱著古契文物到學校來，請我鑑定，祭祀公業或個人發生土地所有權糾紛（參見圖一）和古文物買賣糾紛（參見圖二），也常要求法院聘請我當鑑定人（參見圖一）。假若法院提出這樣的要求，我會建議法院先行敦請宮博物院、中央研究院或法務部調查局鑒定，得不到滿意的結果，並有回文（參見圖三），我才接受鑑定人的委任。在《刑事訴訟法》中；「傳聞」「不得作為證據」（大多數的歷史訊息是傳聞），證人、鑑定人「為虛偽陳述者」要處七年以下有期徒刑；比搶奪、竊盜、侵佔和偽造文書罪都重。曾經被板橋、士林、桃園、金門等地方法院和臺灣高等法院臺中高分院，福建高院金門分院多次聘請擔任鑑定人，謹將某庭長詢問關於「科學方法鑑定」之覆函摘錄，供各位同好參考：

> 「所謂「科學方法」，即以鉅量之經驗為依據，在設定量之經驗中，歸納出原理原則，以此原理原則，評量設定量之外之事物，而行之有效之方法。
>
> 鑑定古文物亦然。
>
> 古文物為歷史本體，其信度與效度最高。由於其歷史價值或市場價值甚高，自古以來即有造偽之行為。專家學者累積鉅量之經驗與紀錄，而形成科技史與造偽史。
>
> 近年，由於科技發達，鑑定者往往也尋求科技儀器之輔助。但是，若無大量經驗數據或原理原則為依據，儀器輔助鑑定即無法執行。
>
> 近年少數古文物鑑定曾試行：
>
> 1、化學分析：成份分析、結構分析（成份相同而結構異）、氧化分析……
>
> 2、物理分析：硬度、密度、韌度、膨脹係數、導電係數、吸水

　　係數……

3、光學分析：折射、反射、光性、螢光、分光、原子吸收光譜、色澤分析、色散分析……

4、生物分析：微生物、霉菌、病毒……

5、附著物分析：不同的時、區，空氣中的成份不同。

儀器輔助分析的障礙：

1、數據不足。

2、缺乏以鉅量數據而歸納的原理原則。

3、古契文物絕大多數屬單一性，並無其他參數。

4、古契文物多為高價性、不容許儀器輔足分析時所必須施作之破壞性採樣。

職是之故，本案在臺灣士林地方院時期，曾經函請法務部調查局試行鑑定，民國99年　月　日，該局以「調科字第　　　　號」函覆，內容之二：「無紙張及筆墨之樣本檔案可資參對，故歉難依其氧化狀況或材質成份判斷送鑑文件係何年所製作」；之三：「尚無經確效之檢驗方法可供鑑驗，故歉難確定」；其四：「請依送鑑目的，補送可與系爭……並請於來文分別敘明，各送鑑文件中，何者為系爭待鑑筆跡，何為不爭執之參對字樣，俾利鑑析。」

　　通篇回函，其實只是告知法院，無論是紙張或紙張上的文字和文字的筆跡、意涵，法務部調查局都無法運用科學儀器，做化學、物理、光學、生物和附著物分析；因為「無紙張及筆墨之樣本檔案可資參對」；因為「尚無確效之檢驗方法可供鑑驗」；因為沒有「不爭執之參對字樣，俾利鑑析」。故而束手無策。

　　筆者堅持，只擔任法院指定的鑑定人，寧可承擔刑事重罪的風險，而不擔任原告或被告某一方的鑑定人，確立自己的信度並避免捲入不必要的紛爭。

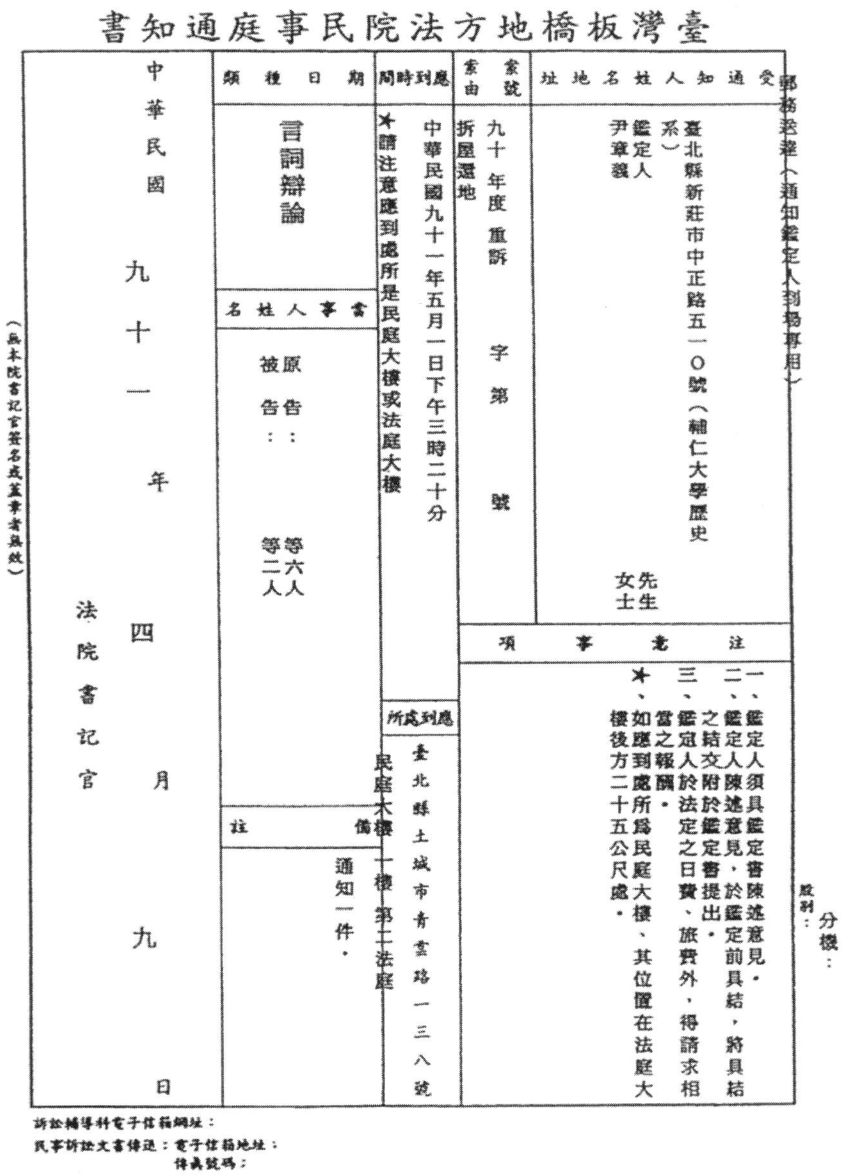

## 臺灣板橋地方法院民事庭通知書

郵務送達（通知鑑定人到場專用）

受通知人姓名地址：
臺北縣新莊市中正路五一○號（輔仁大學歷史系）
鑑定人
尹章義
女先生士

案號：九十年度重訴字第　號
案由：拆屋還地
應到時間：中華民國九十一年五月一日下午三時二十分
★請注意應到處所是民庭大樓或法庭大樓
種類：言詞辯論

書事人姓名：
原告：　　等六人
被告：　　等二人

中華民國九十一年四月九日
法院書記官

（具本院書記官簽名處蓋事書局章戳效）

應到處所：臺北縣土城市青雲路一三八號
民庭大樓十樓第十一法庭

附件：通知一件

股別：
分機：

注意事項
一、鑑定人須具備陳述意見，於鑑定前具結，將具結
二、鑑定人陳述意見，於鑑定前具結，將具結之結狀交附於鑑定報告提出。
三、鑑定人於法定之日費、旅費外，得請求相當之報酬。
★、如應到處所為民庭大樓、其位置在法庭大樓後方二十五公尺處。

訴訟輔導科電子信箱網址：
民事訴訟文書傳送：電子信箱地址：
　　　傳真號碼：

圖一

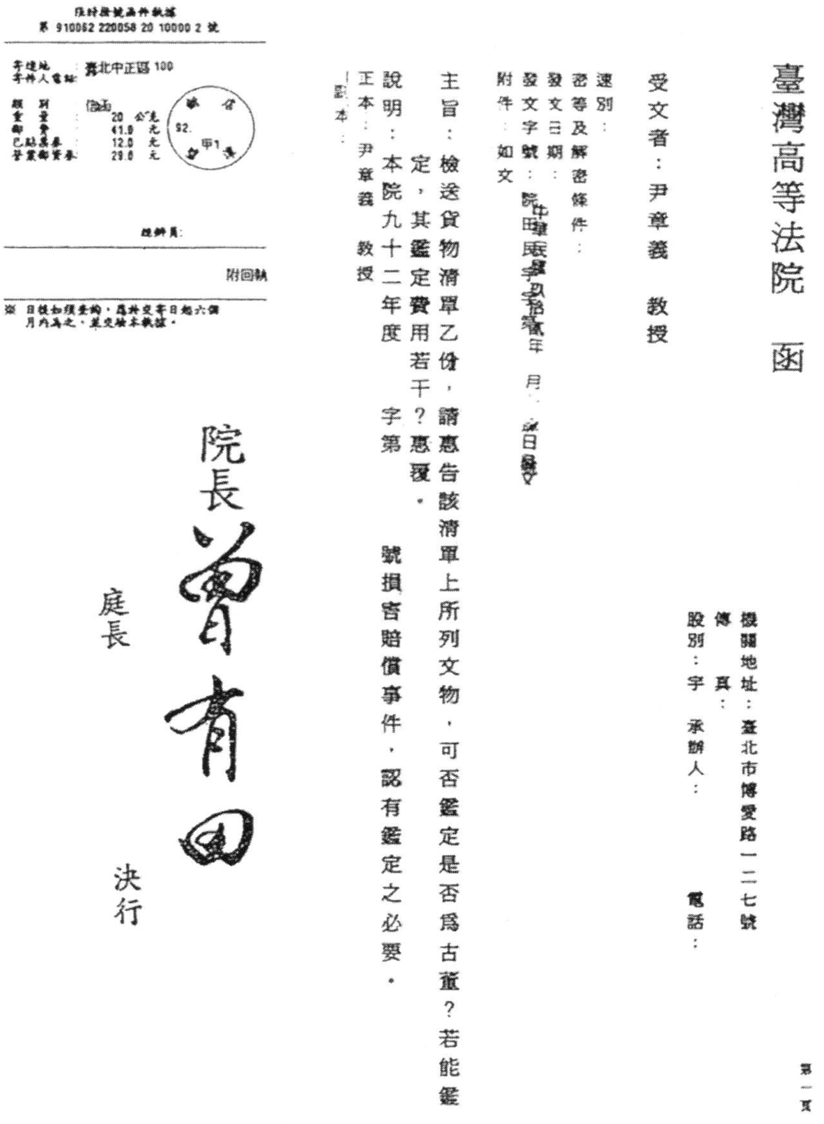

臺灣高等法院 函

受文者：尹章義 教授

機關地址：臺北市博愛路一二七號
傳 真：
股別：宇 承辦人：  電話：

速別：
密等及解密條件：
發文日期：中華民國九十二年 月 日
發文字號：院田辰字第〇〇〇號
附件：如文

主旨：檢送貨物清單乙份，請惠告該清單上所列文物，可否鑑定是否為古董？若能鑑定，其鑑定費用若干？惠覆。

說明：本院九十二年度字第 號損害賠償事件，認有鑑定之必要。

正本：尹章義 教授
副本：

院長 曾有田

庭長

決行

附回執

第一頁

圖二

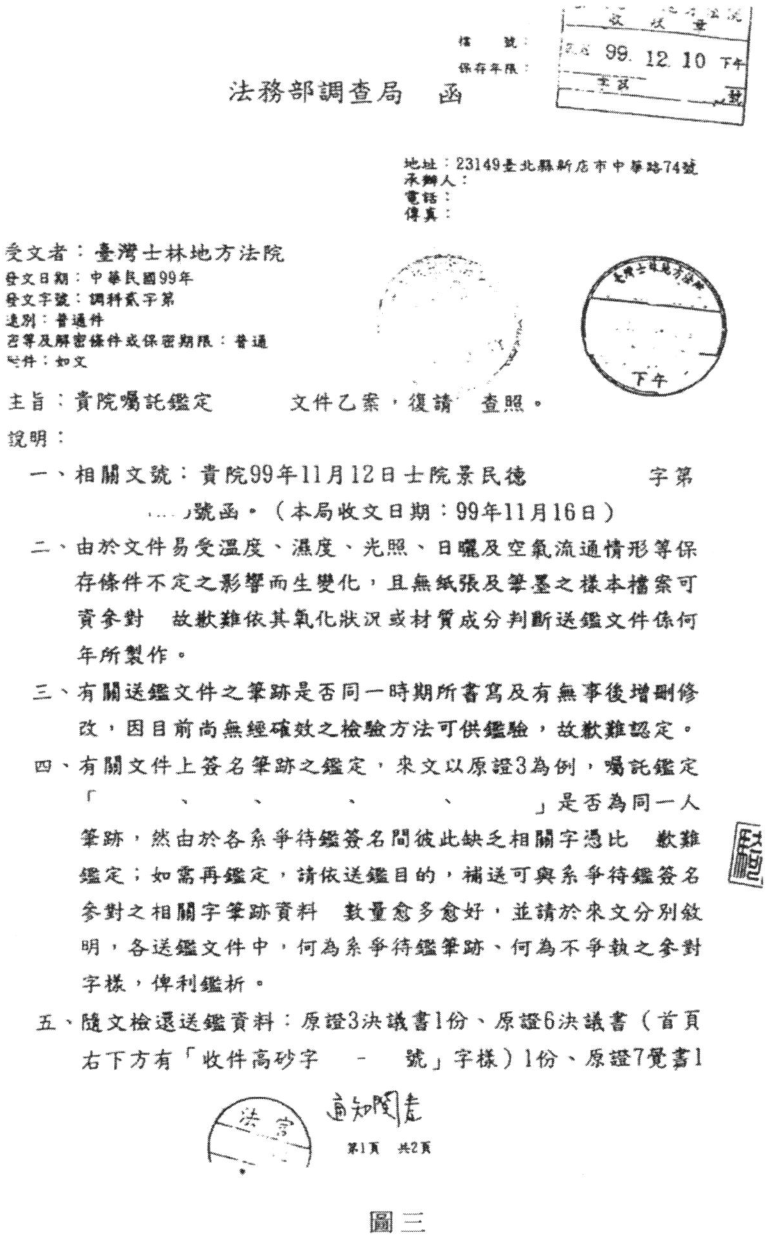

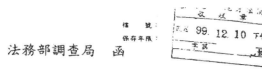

法務部調查局　函

地址：23149臺北縣新店市中華路74號
承辦人：
電話：
傳真：

受文者：臺灣士林地方法院
發文日期：中華民國99年
發文字號：調科貳字第
速別：普通件
密等及解密條件或保密期限：普通
附件：如文

主旨：貴院囑託鑑定　　　文件乙案，復請　查照。

說明：

一、相關文號：貴院99年11月12日士院景民德　　　　字第
　　　　……號函。（本局收文日期：99年11月16日）

二、由於文件易受溫度、濕度、光照、日曬及空氣流通情形等保
　　存條件不定之影響而生變化，且無紙張及筆墨之樣本檔案可
　　資參對　故歉難依其氧化狀況或材質成分判斷送鑑文件係何
　　年所製作。

三、有關送鑑文件之筆跡是否同一時期所書寫及有無事後增刪修
　　改，因目前尚無經確效之檢驗方法可供鑑驗，故歉難認定。

四、有關文件上簽名筆跡之鑑定，來文以原證3為例，囑託鑑定
　　「　、　　、　　、　　　」是否為同一人
　　筆跡，然由於各系爭待鑑簽名間彼此缺乏相關字憑比　歉難
　　鑑定；如需再鑑定，請依送鑑目的，補送可與系爭待鑑簽名
　　參對之相關字筆跡資料　數量愈多愈好　並請於來文分別敘
　　明，各送鑑文件中，何為系爭待鑑筆跡、何為不爭執之參對
　　字樣，俾利鑑析。

五、隨文檢還送鑑資料：原證3決議書1份、原證6決議書（首頁
　　右下方有「收件高砂字　－　　號」字樣）1份、原證7覺書1

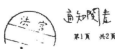

第1頁　共2頁

圖三

# 第六章　古契文物——一個擴大綿延的概念

　　最早意識到「古契文物」在研究上的價值，有如前所述，是經由盛清沂的《臺北縣志》和《樹林鎮志》，二書所附的古契照片，算是二級史料，排印古契則是三級史料。臺灣銀行經濟研究室刊行的《臺灣私法商事編》（第 91 種）、《臺灣私法人事編》（第 17 種）、《臺灣私法物權編》（第 150 種）和《清代臺灣大租調查書》（第 152 種）則是四級史料，因為它是根據日治時代各種排印本的再排本。王世慶蒐集、影印的《臺灣公私藏古文書彙編》，筆者視為 1.5 級史料。

　　我在施作「實際調查研究法」時，所蒐集的「古契」（新莊、樹林地區的耆老都是如此稱呼）則是「歷史訊息本體」的一級史料。因為它是本體，在市面上流通、買賣，都被視為古文物（俗稱古董）。

　　1985 年我發表〈老字據與臺灣開發史研究〉，摘錄於下：

> 字據指契字、憑據，亦即與人民生活的身分、財產、權益相關而可資為憑證的各種公私文件。

> 老字據則指根據中國傳統的律令、習俗而發生的行為所立的字據。

> 現代社會民法、刑法、行政法及其關係法相當齊備，財產登錄於國家機關的制度也極為妥慎、精密。因此，現代之契字、憑據多為官方所定頒的表格，縱使另立字據也相當簡要，多半止於記載「標的」本身，很少及於與標的相關的其他人或物以及相關的權利義務關係。

> 民國初年或清代以前，習俗固然因時因地甚至因人而異，律令未若今日齊備，財產登錄制度亦未若今日之精密。因此，字據除了要將「標的」本身以及相關權利義務關係載入，甚至也要將「標的」的歷史以及與其他人或物之關係載入。

以房屋、土地等不動產為例：現代之土地或建物所有權狀皆由地政機關發給，「標的」之標示以地號、建號以及面積為主；傳統中國之土地、建物之所有權狀，則為自撰或代書人所撰，「標的」既無地號、建號，則必於字據上詳載面積、四至甚至有助於辨識之人文、自然景物。至於 在字據上詳細的紀錄債權、繼承、共有等約定，說明土地移轉的歷史和所有權持有的情形，以補習俗、律令或登錄制度之不足，尤為常見之現象。

前述老字據大抵都是清代和清以前的產品，民國以後也並未全面斷絕，而呈現新、舊字據並存的情形。書齋（萬山千水樓）中藏有若干民國以後江西、湖南、浙江等地土地、房屋買賣的新、舊並存的字據，最晚的已至大陸淪陷前夕，可見新舊字據的過渡期相當長。

臺灣的情況與大陸略有不同。日治初期仍然有新、舊字據雜陳的現象，大正（民國元年至十五年，1911~1926）時期就較為罕見。故而在研究臺灣史的場合，日治初期過渡型的字據我也視之為老字據。

老字據目下流行的名詞是「古文書」，據屈萬里先生的說法，這類詞語「和臭味」太重；方豪先生曾有改稱「舊文書」之議，漢和夾雜，亦不妥當；劉篁村稱之為「古字據」，似較可取；呂實強先生認為「古」字不妥，筆者認為呂先生所持的理由未必充分，而且民間也習用「古契」 一詞，但為免致紛擾起見，改稱「老字據。」[48]

　　因為限定在「開發史研究」，故而採用「老字據」一詞，可以說是「古契文物」一詞最小的範圍（外延）。2008 年，我在本所第二屆研討會發表論文，把我在美國發現的十四份拜帖（有如今之名片）納入「古

---

48 尹章義，1985.09，〈老字據與臺灣開發史的研究〉，國學文獻館主辦「臺灣地區開闢史料學術座談會」宣讀論文。收錄於《臺灣開發史研究》論文集中，頁 441-467，聯經出版公司，1989.12，臺北。亦收錄於《臺灣地區開闢史料學術論文集》，頁 77-102，聯經出版公司，1996.06，臺北。

契文物」[49]；次年在第三屆研討會發表論文，又納入馬階（G.L. Mackay）寫給史帝耳（J.B. Steere）明信片[50]；2010 年在第四屆研討會發表開會演講，介紹真理大學寶藏的《馬叡廉檔案》，又將日記、老照片和馬階使用的煙斗、拐杖納入[51]，「古契文物」一詞就完全滿足了。

其實，民國 90 年（2001）逢甲大學成立「歷史與文物管理研究所」，以「文物」為主詞，就是睿智的命名。民國 96 年舉辦「臺灣古文書與歷史研究學術研討會」，「臺灣古文書學會」配合辦理「臺灣古文書暨文物展覽」，該會的展品「古文書及相關文物」，正是「古契文物」的明證。會議的主題限縮在「古文書」，可能是適應臺灣學者絕大多數利用老字據的歷史訊息做研究，疏於研究實體（古文物）有關。

李朝凱、吳升元、吳憶雯等人在〈戰後以來臺灣古文書研究的回顧與展望〉一文中，列舉了古契、契紙、契券、契據、字紙、字據、舊文書、古字據、老字據、古契字、民間文書或契約文書等十二個名稱和王世慶的分類（沒有界定）。

「尹章義則將古文書定名為『老字據』，意指『根據中國傳統的律令、習俗而發生的行為所立的字據』，尹氏的定義較具包容性與詮釋性，但對於日治時期以後古文書受到殖民化與近代化的衝擊而產生的變異，則未能加以含括。」[52]

他們肯定我的定義「較具包容性與詮釋性」；卻忽略了如前引拙文，我不但論述了日治時代的演變且比較了兩岸的分途。

他們又說：「綜合言之，現今對於古文書的定義相當具有彈性與變

---

[49] May 2008,（與曾惠明合作），〈清代臺灣所遺民間原始文件在史學研究上的價值—以美國安阿保密西根大學教授 Joseph Beal Steere, 1844-1940,（史帝耳）蒐藏的十四份臺灣最初的長老會教徒的紅紙拜帖為例〉，1-33 頁，逢甲大學出版社，民國 97 年 5 月出版，臺中市，臺灣。

[50] 2009.11,〈從馬階（G.L. Mackay, 1844~1901）寫給史帝耳（J.B. Steere, 1844~1940）的一封信分析北臺長老會傳教事業成功的原因〉，《第三屆臺灣古文書與歷史研究學術研討會論文集》，頁 131-163，逢甲大學出版社，臺中。

[51] 2010.06,〈偕叡廉，（George Leslie Machay, 1844.03.21~1901.01.04）檔案〉，《第四屆臺灣古文書與歷史研究學術研討會論文集》，頁 1-10，逢甲大學出版社，臺中。

[52] 仝(15)書，頁 280。

化。綜合來說，學者的定義並不一致，像是洪麗完就契約的特性而言，將契約文書上溯至西周銘文；曾光正就材質言，將國府時期愛國獎券列入古文書，各家對於古文書一詞的內容、時間範圍與屬性並不完全統合，明顯透露出『古文書』一詞實為曖昧而模糊的概念，並且不斷的擴大解釋中，就此種學術現況來說，我們可以說古文書一詞大約等同於『涉及人民權利的文獻』，並且持續隨著各別學者的詮釋、學科領域的不同而有彈性調整的變異。」[53]

他們再度肯定了我賦予「字據」一詞的定義，也指出了「古契文物」一詞名稱的多歧與內涵的擴大。

他們在同時發表的另一篇論文〈《臺灣總督府檔案抄錄契約文書》評介〉一文中，聲稱：「似乎以『契約文書』稱呼，更能符合這批史料的特性與型態」，是具有嚴謹的邏輯規範的說法。評論人曾品滄指出：「這篇論文的篇名為〈臺灣契約文書研究的回顧與展望〉，用的是『契約文書』，但全篇文章裡面，最常用的卻是『古文書』一詞，即使主講人認為契約文書完全等於古文書，個人還是建議能否題目與內容一致較為妥當。」[54]

他們就把原本妥適的篇名，改成不倫不類的刊出篇名。既然文建會副主委吳密察、臺大教授李文良都使用了「契約文書」一詞，李朝凱等人也認同，為什麼又要「捨良而從滄」？可見李朝凱等人雖然原本不以「古文書」一詞為然，卻又積重難返，就像「歷史與文物研究所」只剩古文書；而「臺灣古文書學會」的展出，卻兼及「古文書及相關文物」，一樣的矛盾與背反。

日本人又如何界定「古文書」一詞呢？

涂豐恩在〈臺灣契約文書的蒐集與分類（1898~2008）〉一文中，約略述及日本人的觀點，岸本美緒認為「『契』字的外延與其擴大到大動產的歸屬證明，還不如被限定在當事人相互合意而達到的約定這一範圍」；久米武邦認為「古文書是，不以讓人閱讀為目的，只要就當下事

[53] 仝前，頁282。
[54] 仝前，頁375。

件之必要而寫的文書」[55]。這兩種說法我都不贊同，因為他們排斥了名片、明信片和老照片！而「合意」一詞，又排斥了諭示、告示、訴訟書狀……等非「合意」文件。

　　跟我的想法比較接近的是田中琢等編的《日本史辭典》「古文書」條，筆者中譯如下：「嚴格的說，古文書是只剩下傳遞訊息的功能而失去證據力的文書。就歷史學而言，多半指授者給受者的文件。從史料學的觀點，文書的特質在於作成與發給，作成／發給者（或機關）與接受者／對象之間，發生一定的社會關係的時間點發給。故而與無論是記述或是自體和記載一次性的社會關係的紀錄或編纂物不同，毫無疑問。書寫文字的材料多半是紙，木、竹、布、石、金屬、陶板等都存在。」[56]

　　這個定義，排除了岸本美緒要求的「合意」（只限定在契約），也排除了久米武邦的「不以讓人閱讀為目的」，「包容性與詮釋性」都很高，也更具抽象性。更重要的是，它的附加詮釋，融入了幾乎所有可能傳遞歷史訊息的「物」，（還有皮革等載體無法盡舉）。

　　《日本史辭典》〈古文書〉條，雖然盡可能的列舉書寫訊息的載體，但是，仍然未納入「古物」本體。

　　久居臺灣的田中一二，在《臺北市史─昭和六年》中認為：

> 「刊物亦即單行本，在領臺之前，即已刊行相當多，能做為有益文獻者雖然亦不少，但大部份則有關官憲所刊行者，即所謂《臺灣府志》或《淡水廳志》等，今日已做為古文書受重視。此類古文書真可說稀有之至寶。」[57]

　　田中之書，刊行於 1931 年，這也代表當時住在臺灣的一般日本人的看法，也就是說，日本人把古本《臺灣府志》或《淡水廳志》，都視為「古文書」，僅此一端，就擴張了狹義「古文書」的內涵與外延。

[55] 涂豐恩，〈臺灣契約文書的蒐集與分類〉，《臺灣文獻》63卷2期，頁245-302，2012.06，南投。
[56] 田中琢等編《新版日本史辭典》，頁414，1996，角川書店，東京。
[57] 田中一二著，李朝熙譯，《臺北市史─昭和六年》，頁137。臺北市文獻會，民國87年，臺北。

　　根據我個人的研究經驗，就算是「合意」的限制，「寺廟」就提供我們許多歷史訊息。新莊、鹿港、臺南、宜蘭、屏東、彰化、新竹、臺中、高雄、雲林等地聳立的百餘座三山國王廟，就告訴我們：客屬潮州移民就住在這裡，其他祖籍神明寺廟也有同樣的功能。

　　寺廟中保存的古契檔案、石碑、棟樑上的銘記、柱上的楹聯、甚至於石材、木材、樣式、工法等等，都是歷史本體，也富含豐富的二、三級歷史訊息（這些歷史訊息，我都曾經運用）。譬如三山國王廟的分布，就和昭和元年（1926-7）所調查的「臺灣在籍鄉貫別調查」顯示的客屬潮州人的分布高度一致，寺廟的衰頹、神明的交替，則代表移民的再遷徙[58]。其他的古蹟、古文物也有相同的價值。因此，大陸學者和行政單位，在使用「文物」一詞，也包括古蹟和考古遺址[59]，就是基於這種思維。假如我們堅守「古文書」一詞，必將喪失鉅量的歷史本體和二、三級歷史訊息，殊為不值。

　　綜上所論，我支持王志宇教授和逢甲大學歷史與文物研究所的呼籲，並提出「古契文物」一詞，做為擴大綿延的概念。

　　概念的定義如下：「凡是能精確傳遞歷史訊息給後人的物體或直接反映歷史實體的訊息的紀錄，都是古契文物。在臺灣，以自古遺留，與人民的生活、身份、財產、權益相關而可資為憑證的各種公私文件為大宗。」

# 第七章　結論─古契文物相伴三十五年的幸福

　　1967 年到臺大唸碩士，因地利之便，經常逛牯嶺街，蒐集到不少

---

[58] 1985.12，〈閩粵移民的協和與對立─以客屬潮州人開發臺北以及新莊三山國王廟的興衰史為中心所作的研究〉，《臺北文獻》，74 期，頁 1-27，臺北市文獻會，臺北。又收於《臺灣開發史研究》，頁 349-380，聯經出版公司，1989.12，臺北。（ISSN：1021-0660；ISBN：957-08-0093-3）

[59] 尹章義，1993.06，《大陸地區古蹟現況與維護整修相關之法令制度研究》，393 頁，內政部，臺北。
　　1994.07，《大陸文化資產（文物）維護之行政體制及相關法令之調查研究》，528 頁，行政院文化建設委員會，臺北。（ISBN：957-89895-7-1）

好書，《臺灣文獻叢刊》每本兩元，順手買了幾十本。次年，一位臺灣留美學生（女性，忘卻姓名）到所裡來介紹當時剛萌芽的徽州研究，引起我更關切臺灣的古契，在牯嶺街也找到幾種古契的集冊。

當時我正在寫的題目是「明清之際的奴變」，那是比秘密社會更為隱蔽的題目，官方和常人都極力揭發游俠和黑社會；但是，整個社會，包括游俠和黑社會，都在虐待奴隸和僕人。同學陳永發從美國回來，勸我換一個不會惹禍的題目，由於當時中共大肆歌頌農民革命，研究中國的奴隸社會。漢書與史記的比較研究，是我的最愛，由於變換題目，時間急迫，不得不改寫《明代的馬政》，運用大量的《明實錄》和宮廷檔案、地方志和文集，在當時，已經是很好的史料，因而高分過關。

讀了盛清沂的《臺北縣志》，和《樹林鎮志》，古契文物不再是聊備一格的牯嶺街戰利品，而是我和吾士吾民的直接連繫，發現《張廣福文件》之後，「實際調查研究法」正式成立，康熙四十八年的臺北拓墾合約，更讓我充滿信心，不必依賴日本人所蒐集的像在空中飄盪的紙片，我能發掘更美好、更直接的古契文物，利用這些古契文物，描繪最真實、最感人的臺灣史。

卅五年來，我寫了參百多篇臺灣史論文，出版了十六種地方志，行有餘力，還研究臺灣的地質、斷層、地震和耐震設計，六十歲從輔仁大學退休轉到中國文化大學，又鑽研醫學和醫院的安全，七十歲再度退休。若不是我學會了利用古契文物做基料，不可能有這麼幸福快樂的人生。

很高興利用這機會，回顧卅五年來的研究工作，也讚佩逢甲大學獨具慧眼，成立歷史與文物研究所，更感佩所內同仁，年年舉辦學術研討會。敬祝大家身體健康、幸福快樂。

本文為逢甲大學主辦「第八屆臺灣古文書與歷史研究學術研討會」開幕典禮上的《專題演講》論文，民國 105 年 5 月 23 日，逢甲大學第六國際會議廳，臺中。

**國家圖書館出版品預行編目資料**

尹章義臺灣史研究名家論集（二編）/尹章義　著者. -- 初版. -
臺北市：蘭臺, 2018.06
面；　公分. -- (臺灣史研究名家論集；2)
ISBN　978-986-5633-70-7　（全套：精裝）

1.臺灣研究　2.臺灣史　3.文集
733.09　　　　　　　　　　　　　　　　107002074

臺灣史研究名家論集 2

# 尹章義臺灣史研究名家論集（二編）

著　　　者：尹章義
主　　　編：卓克華
編　　　輯：高雅婷、沈彥伶、塗語嫻
封面設計：塗宇樵
出 版 者：蘭臺出版社
發　　　行：蘭臺出版社
地　　　址：台北市中正區重慶南路 1 段 121 號 8 樓之 14
電　　　話：(02)2331-1675 或(02)2331-1691
傳　　　真：(02)2382-6225
E—MAIL：books5w@gmail.com 或 books5w@yahoo.com.tw
網路書店：http://bookstv.com.tw/、http://store.pchome.com.tw/yesbooks/、
　　　　　博客來網路書店、博客思網路書店、三民書局

總 經 銷：聯合發行股份有限公司

電　　　話：(02) 2917-8022　　　　傳　真：(02) 2915-7212
劃撥戶名：蘭臺出版社　帳號：18995335
香港代理：香港聯合零售有限公司
地　　　址：香港新界大蒲汀麗路 36 號中華商務印刷大樓
　　　　　　C&C Building, 36,Ting, Lai, Road, Tai,Po, New,Territories
電　　　話：(852) 2150-2100　　　　傳真：(852) 2356-0735
經　　　銷：廈門外圖集團有限公司
地　　　址：廈門市湖里區悅華路 8 號 4 樓
電　　　話：86-592-2230177　　　　傳　真：86-592-5365089
出版日期：2018 年 6 月初版
定　　　價：新臺幣 30000 元整（套書，不零售）
ISBN：978-986-5633-70-7

# 《臺灣史研究名家論集》

## （共十四冊）卓克華總編，汪毅夫等人著作

王志宇、汪毅夫、卓克華、周宗賢、林仁川、林國平、韋煙灶、
徐亞湘、陳支平、陳哲三、陳進傳、鄭喜夫、鄧孔昭、戴文鋒

ISBN：978-986-5633-47-9

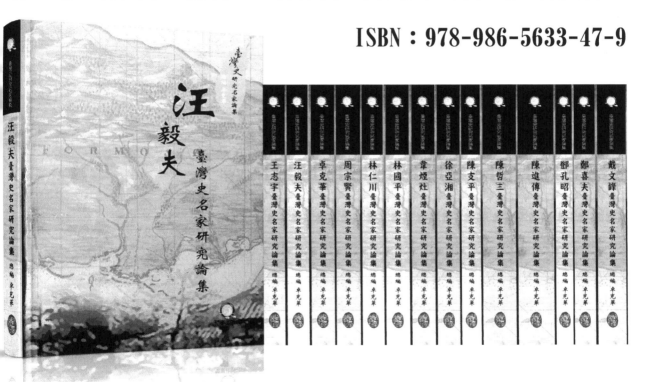

**這套叢書是兩岸研究台灣史的必備文獻，解決兩岸問題也可以從中找到契機！**

　　這套叢書是十四位兩岸台灣史的權威歷史名家的著述精華，精采可期，將是臺
灣史研究的一座豐功碑及里程碑，可以藏諸名山，垂範後世，開啓門徑，臺灣史的
未來新方向即孕育在這套叢書中。展視書稿，披卷流連，略綴數語以說明叢刊的成
書經過，及對臺灣史的一些想法，期待與焦慮。

9 789865 633479　28000

臺灣史料研究叢書(套書)定價：28000元

# 《臺灣史研究名家論集》 共十四冊

## 陳支平──總序

　　臺灣史研究的興盛，主要是從二十世紀八十年代開始的。臺灣史研究的興起與興盛，一開始便與政治有著密切的聯繫。從大陸方面講，「文化大革命」的結束與「改革開放」政策的實行，使得大陸各界，當然包括政界和學界，把較多的注意力放置在臺灣問題之上。而從臺灣方面講，隨著「本土意識」的增強，以及之後的「臺獨」運動的推進，學界也把較多的精力轉移到對於臺灣歷史文化及其現狀的研究之上。經過二三十年的摸索與磨練，臺灣歷史文化的學術研究，逐漸蔚為大觀，成果喜人。以大陸的習慣性語言來定位，臺灣史研究，可以稱之為「臺灣史研究學科」了。未完待續……

## 汪毅夫──簡介

1950年3月生，臺灣省臺南市人。曾任福建社會科學院研究員，現任中華全國臺灣同胞聯誼會會長，福建師範大學社會歷史學院兼職教授、博士生導師，享受國務院特殊津貼專家。撰有學術著作《中國文化與閩臺社會》、《閩臺區域社會研究》、《閩臺緣與閩南風》、《閩臺地方史研究》、《閩臺地方史論稿》、《閩臺婦女史研究》等15種，200餘萬字。曾獲福建省社會科學優秀成果獎7項。

## 汪毅夫名家論集─目次

《汪毅夫臺灣史研究名家論集》
臺灣史研究名家論集──總序 卓克華　　11
臺灣史研究名家論集──推薦序 陳支平　　14

閩台地方史
明清鄉約制度與閩台鄉土社會　　1
試論明清時期的閩台鄉約　　18
分爨析產與閩台民間習慣法──以《泉州、臺灣張士箱家族文件彙編》
為中心的研究　　38
從彰化吳家檔看臺灣歷史社會　　50
訟師唆訟：清代閩省內地和閩省臺地共同的社會問題 66

科舉與地域人群
地域歷史人群研究：臺灣進士　　81
遭遇清末民初的社會變遷和社會問題──《地域歷史人群研究：臺灣進士》之續篇　　97
清代臺灣的幕友　　111
順天府鄉試與北京的會館──寫給北京臺灣會館的學術報告　　124
科舉史料考釋舉隅──寫給北京臺灣會館的學術報告之二　　130

閩台婦女史
清代福建的溺女之風與童養婚俗　　141
清代福建救濟女嬰的育嬰堂及其同類設施　　155
赤腳婢、奶丫頭及其他──從晚清詩文看閩、台兩地的錮婢之風　　174
性別壓迫：「典賣其妻」、「買女贅婿」和「命長媳轉偶」──閩、台兩地的部分證言、證物和案例 185
閩台冥婚舊俗之研究　　196
清至民國時期福建的婢女救濟及其績效　　210

兩岸關係史
1945─1948：福建文人與臺灣文學　222
魏建功等「語文學術專家」與光復初期臺灣的國語運動 235
西觀樓藏閩南語歌仔冊《台省民主歌》之研究　257
閩台關係研究的兩個問題──寫給中國閩台緣博物館的學術報告　268
流動的廟宇與閩台海上的水神信仰　288
從福建方志和筆記看民間信仰　302

100 台北市中正區重慶南路1段121號8樓之14
TEL：（8862）2331 1675 FAX：（8862）2382 6225
E-mail：books5w@gmail.com
網址：http://bookstv.com.tw